DIREITO PENAL

PARTE ESPECIAL:
ARTS. 235 A 311-A DO CP

Diretora de Conteúdo e Operações Editoriais
JULIANA MAYUMI ONO

Gerente de Conteúdo
MILISA CRISTINE ROMERA

Editorial: Aline Marchesi da Silva, Diego Garcia Mendonça, Karolina de Albuquerque Araújo e Quenia Becker

Gerente de Conteúdo Tax: Vanessa Miranda de M. Pereira

Direitos Autorais: Viviane M. C. Carmezim

Assistente de Conteúdo Editorial: Juliana Menezes Drumond

Analista de Projetos: Camilla Dantara Ventura

Estagiários: Alan H. S. Moreira, Ana Amalia Strojnowski, Bárbara Baraldi e Bruna Mestriner

Produção Editorial
Coordenação
ANDRÉIA R. SCHNEIDER NUNES CARVALHAES

Especialistas Editoriais: Gabriele Lais Sant'Anna dos Santos e Maria Angélica Leite

Analista de Projetos: Larissa Gonçalves de Moura

Analistas de Operações Editoriais: Alana Fagundes Valério, Caroline Vieira, Damares Regina Felício, Danielle Castro de Morais, Mariana Plastino Andrade, Mayara Macioni Pinto e Patrícia Melhado Navarra

Analistas de Qualidade Editorial: Ana Paula Cavalcanti, Fernanda Lessa, Thaís Pereira e Victória Menezes Pereira

Designer Editorial: Lucas Kfouri

Estagiárias: Maria Carolina Ferreira, Sofia Mattos e Tainá Luz Carvalho

Capa: Linotec

Líder de Inovações de Conteúdo para Print
CAMILLA FUREGATO DA SILVA

Visual Law: Ana Amalia Strojnowski, Bárbara Baraldi, Deborah Prata, Fernanda Lessa, Lucas Kfouri, Thaís Pereira e Vanessa Mafra

Equipe de Conteúdo Digital
Coordenação
MARCELLO ANTONIO MASTROROSA PEDRO

Analistas: Gabriel George Martins, Jonatan Souza, Maria Cristina Lopes Araujo e Rodrigo Araujo

Gerente de Operações e Produção Gráfica
MAURICIO ALVES MONTE

Analistas de Produção Gráfica: Aline Ferrarezi Regis e Jéssica Maria Ferreira Bueno

Estagiária de Produção Gráfica: Ana Paula Evangelista

Dados Internacionais de Catalogação na Publicação (CIP)
(Câmara Brasileira do Livro, SP, Brasil)

Souza, Luciano Anderson de
Direito penal: parte especial : vol. 4 : arts. 235 A 311-A do CP / Luciano Anderson de Souza. -- 2. ed. -- São Paulo : Thomson Reuters Brasil, 2021.

Bibliografia
ISBN 978-65-5614-971-4

1. Direito penal 2. Direito penal - Brasil I. Título.

21-54408 CDU-343(81)

Índices para catálogo sistemático:
1. Brasil : Direito penal 343(81)

Maria Alice Ferreira - Bibliotecária - CRB-8/7964

LUCIANO ANDERSON DE SOUZA

DIREITO PENAL

PARTE ESPECIAL: ARTS. 235 A 311-A DO CP

DE ACORDO COM:

- Súmulas e decisões recentes do STF e STJ
- Lei nº 13.979/2020 (Medidas para enfrentamento da Covid-19)
- Lei nº 13.964/2019 (Lei Anticrime)

4

VOLUME

DESTAQUES DA EDIÇÃO:

- Análise da admissibilidade ou não do acordo de não persecução penal
- Visual Law

2ª EDIÇÃO
Revista, atualizada e ampliada

THOMSON REUTERS
REVISTA DOS TRIBUNAIS™

Direito Penal

Volume 4

Parte Especial: Arts. 235 a 311-A do CP

Luciano Anderson de Souza

2ª edição revista, atualizada e ampliada
1ª Edição: Agosto de 2020

Thomson Reuters Brasil Conteúdo e Tecnologia Ltda.

Juliana Mayumi Ono
Diretora Responsável

Av. Dr. Cardoso de Melo, 1855 – 13º andar – Vila Olímpia
CEP 04548-005, São Paulo, SP, Brasil

Central de Relacionamento Thomson Reuters Selo Revista dos Tribunais

(atendimento, em dias úteis, das 09h às 18h)

Tel. 0800-702-2433

e-mail de atendimento ao consumidor: sacrt@thomsonreuters.com

e-mail para submissão dos originais: aval.livro@thomsonreuters.com

Conheça mais sobre Thomson Reuters: www.thomsonreuters.com.br

Acesse o nosso *eComm*

www.livrariart.com.br

Impresso no Brasil [02-2021]

Universitário Texto

Fechamento desta edição [30.12.2020]

ISBN 978-65-5614-971-4

À memória do Professor Antonio Luis Chaves Camargo, fonte de inspiração na docência e no amor ao Direito Penal.

Nota do autor ao v. 4, 2ª edição

O presente quarto volume de nossa coleção *Direito Penal* é apresentado ao público leitor, contendo a análise dos *crimes contra a família*, dos *crimes contra a incolumidade pública*, dos *crimes contra a paz pública* e, finalmente, dos *crimes contra a fé pública*, previstos nos arts. 235 a 311-A do Código Penal. Dessa forma, são tratados, integralmente, todos os delitos constantes em quatro títulos da Parte Especial do Código Penal, isto é, VII a X.

A obra apresenta relevante referência jurisprudencial, com destaque para as Cortes Superiores, e encontra-se atualizada de acordo com o Pacote Anticrime (Lei 13.964/2019) e a Lei de medidas para enfrentamento da Covid-19 (Lei 13.979/2020). Sobre essa última, mencione-se que o trabalho foi, tanto em sua inaugural como presente edição,levado a efeito em plena pandemia de Covid-19, tendo havido a preocupação em se trazer os problemas jurídico-penais relativos à saúde pública em torno da grave questão.

Nesta segunda edição foram incluídos novos julgados, revisado o conteúdo e acrescida a informação, ao final de cada capítulo, acerca da possibilidade ou não do acordo de não persecução penal.

Agradeço a todos os estudantes, de graduação e de pós-graduação, profissionais do Direito e candidatos a concursos públicos que prestigiam nossas obras, possibilitando a permanência de sua publicação e constante aperfeiçoamento.

Finalmente, renovo minha felicitação aos profissionais da editora Revista dos Tribunais Thomson Reuters Brasil.

São Paulo, dezembro de 2020.

O Autor

Outras obras do autor publicadas pela Thomson Reuters Revista dos Tribunais

Crimes Contra Administração Pública – 2ª edição

Direito Penal: Volume 1 – Parte Geral – 2ª edição

Direito Penal: Volume 2 – Parte Especial: arts. 121 a 154-A – 2ª edição

Direito Penal: Volume 3 – Parte Especial: arts. 155 a 234-B do CP – 2ª edição

Direito Penal: Volume 5 – Parte Especial: arts. 312 a 359-H do CP – 2ª edição

Direito Penal Econômico – Volume 1: Leis Penais Especiais – 1ª edição

Direito Penal Econômico – Volume 2: Leis Penais Especiais – 1ª edição

Comentários ao Pacote Anticrime – 1ª edição

Código Penal comentado – 1ª edição (Coordenação)

Revista de Direito Penal Econômico e Compliance – RDPec (Coordenação)

Sumário

Parte II
DOS CRIMES CONTRA A INCOLUMIDADE PÚBLICA

Visual Law

Parte IV
DOS CRIMES CONTRA A FÉ PÚBLICA

Visual Law

Parte I
DOS CRIMES CONTRA A FAMÍLIA

1 BIGAMIA (ART. 235)

Sumário: 1.1. Considerações iniciais – 1.2. Objetividade jurídica – 1.3. Sujeitos do delito – 1.4. Tipicidade objetiva e subjetiva – 1.5. Consumação e tentativa – 1.6. Figura privilegiada – 1.7. Causa de exclusão da tipicidade – 1.8. Pena e ação penal.

Bigamia

Art. 235. Contrair alguém, sendo casado, novo casamento:

Pena - reclusão, de 2 (dois) a 6 (seis) anos.

§ 1° Aquele que, não sendo casado, contrai casamento com pessoa casada, conhecendo essa circunstância, é punido com reclusão ou detenção, de 1 (um) a 3 (três) anos.

§ 2° Anulado por qualquer motivo o primeiro casamento, ou o outro por motivo que não a bigamia, considera-se inexistente o crime.

1.1. CONSIDERAÇÕES INICIAIS

O Título VII da Parte Especial do Código Penal trata dos *crimes contra a família*, sendo inaugurado pelo delito de *bigamia*. Essa divisão é novidade introduzida no Código Penal pátrio de 1940. Alguns dos crimes hoje agrupados sob o mesmo título já existiam, porém dispersos pelas codificações precedentes[1].

O Título em destaque é dividido em quatro Capítulos. O Capítulo I cuida dos *crimes contra o casamento*, estendendo-se do art. 235 ao art. 240 – este último, revogado em 2005, relativo ao adultério. Já o Capítulo II diz respeito aos *crimes contra o estado de filiação*, abarcando os arts. 241 a 243. O Capítulo III, a seu turno, refere-se aos *crimes contra a assistência familiar*, compreendidos entre os arts. 244 a 247. Por fim, o Capítulo IV dispõe sobre os *crimes contra o pátrio poder, tutela e curatela*, estatuídos nos arts. 248 e 249.

A proteção à *família*, particularmente quanto ao *casamento*, é bastante antiga.

1. NORONHA, E. Magalhães. *Direito penal*. São Paulo: Saraiva, 1995, v. 3, p. 293.

Em Roma, entre os períodos da República e do Império, a bigamia era tolerada, apenas cerceando-se a *poligamia*. Posteriormente, a bigamia foi incriminada pelo imperador Diocleciano (séc. III d.C.) como tentativa de se coibir essa última.

No período medieval, a bigamia era equiparada ao adultério, recebendo, em geral, sanção pecuniária. Exceção a isso foi a *Constitutio Criminalis Carolina*, de 1532, do Sacro Império Romano Germânico, que punia a conduta com a morte. No Direito Canônico, a bigamia acarretava a excomunhão[2], a mais grave das sanções de cunho religioso.

O Código Penal francês de 1791, bem como o Código napoleônico (1810), tipificaram a bigamia. A partir de então, a incriminação disseminou-se de forma autônoma nas legislações ocidentais.

As Ordenações Filipinas incriminaram semelhante figura, cominando pena de morte. No Brasil independente, o Código Criminal do Império (1830), inspirado no francês, trazia em seu bojo a infração em destaque, dita "*polygamia*"[3], dentre os "*crimes contra a segurança do estado civil, e doméstico*", inexistindo a nomenclatura "*crimes contra a família*".

Interessante notar que a Constituição de 1824 não cuidara da família em seu texto, sendo o casamento regulado exclusivamente pelo Direito Canônico. Apenas com o Decreto nº 1.144/1861 estendeu-se os efeitos civis do casamento celebrado em outras religiões que não a oficial, a católica apostólica romana.

Por sua vez, o Código de 1890 manteve as balizas do anterior, apenas modificando pontualmente a redação do tipo[4], o que ensejou entendimento minoritário de que a "*bigamia*" não seria mais punida[5]. O alcance do tipo mudou de concreção com a Constituição de 1891, que dispunha que a "*República só reconhece o casamento civil, cuja celebração será gratuita*" (art. 72, § 4º).

O Código de 1940 utilizou-se da expressão "*bigamia*", figura que se encontra incriminada no art. 235, cuja redação mantém-se a original. O fundamento dos crimes contra a família atualmente encontra-se no art. 226, *caput*, da Constituição de 1988.

---

2. HUNGRIA, Nélson. *Comentários ao Código Penal*. Rio de Janeiro: Forense, 1955, v. VIII, p. 362.
3. "*Art. 249. Contrahir matrimonio segunda, ou mais vezes, sem se ter dissolvido o primeiro. Penas – de prisão com trabalho por um a seis annos, e de multa correspondente à metade do tempo*".
4. "*Art. 283. Contrahir casamento, mais de uma vez, sem estar o anterior dissolvido por sentença de nullidade, ou por morte do outro conjuge: Pena – de prisão cellular por um a seis annos. Paragrapho unico. Si a pessoa tiver prévio conhecimento de que é casado aquelle com quem contrahir casamento, incorrerá nas penas de cumplicidade*".
5. BITENCOURT, Cezar Roberto. *Tratado de direito penal*: parte especial. São Paulo: Saraiva, 2018, v. 4, pp. 247.

Parte da doutrina enaltece a previsão em destaque, ressaltando a defesa da família[6], enquanto outra parcela[7] aduz que o conflito engendrado por crimes como o de bigamia poderia ser cuidado em esferas extrapenais, respeitando-se, assim, o princípio da intervenção mínima.

1.2. OBJETIVIDADE JURÍDICA

Quanto ao *bem jurídico* tutelado, protege-se a ordem jurídica matrimonial, assentada no casamento monogâmico, de tal sorte que a bigamia "*ataca a família em sua base ou fundamento, que é a ordenação jurídica do matrimônio*"[8].

Nessa linha, Nucci[9] menciona como objeto jurídico o "*interesse estatal na preservação da família como base da sociedade e do casamento monogâmico, eleito como forma mais estável de constituição familiar*".

Vale pontuar que o citado art. 226 da Constituição Federal estabelece que a família é base da sociedade e tem especial proteção do Estado.

A *união estável*, embora tutelada de forma similar pelo art. 226, § 3º, da Carta, não é alcançada pelo tipo, vez que não se admite analogia *in malam partem* em matéria penal.

1.3. SUJEITOS DO DELITO

Sujeito ativo do delito de bigamia é a *pessoa já casada*, que contrai novo casamento sem o devido desfazimento do primeiro (art. 235, *caput*). Desta feita, trata-se de *crime próprio*, ou especial.

Ainda, pode ser sujeito ativo a pessoa que, não sendo casada – *v.g.*, solteira, divorciada, viúva –, contrai matrimônio com pessoa que sabe ser casada (art. 235, § 1º).

---

6. "*A elevada valoração da família justifica que os principais elementos de sua composição e dinâmica mereçam proteção jurídico-penal e, assim, os bens e interesses tratados pelos direitos dos povos e agasalhados nas suas constituições recebam tratamento criminal com o fito de, empregada a sanção punitiva, estimular-se o comportamento humano compatível com o respeito daqueles valores*", cf. PENTEADO, Jaques de Camargo. *A família e a justiça penal*. São Paulo: Ed. RT, 1998, p. 32.
7. Neste sentido, *e.g.*, NUCCI, Guilherme de Souza. *Curso de direito penal*: parte especial. Rio de Janeiro: Forense, 2018, v. 3, p. 154; BUSATO, Paulo César. *Direito penal*: parte especial. São Paulo: Atlas, 2016, v. 3, p. 4.
8. NORONHA, E. Magalhães. *Direito penal*..., cit., pp. 294-295.
9. NUCCI, Guilherme de Souza. *Curso de*..., cit., p. 152.

Neste caso, há uma quebra na *teorista monista do concurso de pessoas* (a qual consagra que todos os intervenientes em um fato delitivo respondem pelo mesmo crime), vez que a um agente é imputada a figura do *caput* enquanto a outro se atribui a do § 1º.

Ademais disso, cuida-se de *crime plurissubjetivo*, ou de concurso necessário, em que é preciso que intervenha mais de uma pessoa, mesmo que uma delas esteja de boa-fé. *In casu*, há conduta convergente dos participantes[10] (*delito bilateral*, ou de encontro).

É plenamente possível o *concurso eventual de pessoas*, como em caso de instigação ou de auxílio, como fornecimento de dinheiro para que haja o segundo casamento. Não obstante, o partícipe deverá responder pela pena da *figura privilegiada*, isto é, do § 1º do art. 235, não pela de seu *caput*, isso porque "*se aquele que se casa, possibilitando a consumação do crime, tem pena menor, também o partícipe deve ser beneficiado pela redução*"[11].

Na mesma linha, será partícipe da bigamia a testemunha que, tendo conhecimento do casamento anterior, declara não haver impedimento dessa natureza[12].

Comumente a doutrina aponta como *sujeito passivo* o Estado e, secundariamente, também o cônjuge do primeiro matrimônio, além da pessoa não casada que contraiu matrimônio com a pessoa já casada, desde que não saiba de tal impedimento[13].

1.4. TIPICIDADE OBJETIVA E SUBJETIVA

O art. 235 tipifica a conduta de "*contrair alguém, sendo casado, novo casamento*". Assim, o que se nota é que o presente delito tem como pressuposto a existência formal de um primeiro casamento[14], o qual não foi devidamente dissolvido para que se contraísse novas núpcias com outra pessoa. Por conseguinte, ausente tal pressuposto, o crime inexiste – ou seja, não se trata de caso de extinção de punibilidade[15].

---

10. Cf. SOUZA, Luciano Anderson de. *Direito penal*: parte geral. São Paulo: Ed. RT, 2019, v. 1, p. 191.
11. DELMANTO, Celso *et al*. *Código Penal comentado*. São Paulo: Saraiva, 2010, p. 731.
12. PRADO, Luiz Regis. *Curso de direito penal brasileiro*. São Paulo: Ed. RT, 2018, v. II, p. 514.
13. Dentre outros, NORONHA, E. Magalhães. *Direito penal*..., cit., p. 295; NUCCI, Guilherme de Souza. *Curso de*..., cit., p. 151. Bitencourt, por sua vez, entende que podem ser sujeito passivo somente quem contrai matrimônio com pessoa que não sabe ser casada, e o cônjuge do casamento anterior. BITENCOURT, Cezar Roberto. *Tratado de*..., cit., p. 247.
14. É preciso que o casamento anterior seja válido e eficaz, sendo a validade pressuposto básico desse matrimônio. Desta feita, o casamento inválido não seria pressuposto para o delito.
15. NORONHA, E. Magalhães. *Direito penal*..., cit., p. 295. Ademais, o autor entende que o termo mais adequado seria "extinção" do delito.

A discussão da validade do primeiro casamento na esfera cível é questão prejudicial e, nos termos do art. 92 do Código de Processo Penal[16], o curso da ação penal será suspenso até que a questão seja resolvida no âmbito civil com o trânsito em julgado.

Contrair casamento traz a ideia de realizar-se a celebração de matrimônio, sendo que, na hipótese, já haveria um primeiro casamento do sujeito ativo que não estaria desfeito.

Observe-se que o art. 1.521 do Código Civil estabelece hipóteses em que há impedimento para casar, dentre as quais, as pessoas casadas (inciso VI). O art. 1.548, inciso II, por sua vez, dispõe que uma das hipóteses de casamento nulo é aquele que viola impedimento.

Reitere-se que, mesmo com a Constituição, em seu art. 226, § 3º, reconhecendo a *união estável* como entidade familiar, esta não enseja a configuração típica, sob pena de analogia *in malam partem*. Dessa maneira, *e.g.*, não comete bigamia aquele que, ainda casado, começa união estável com outra pessoa.

Aliás, situações assim não são tão raras, ocorrendo, muitas vezes, em contextos em que, apesar do primeiro casamento formalmente existir, houve uma separação "*de fato*" entre os cônjuges do matrimônio anterior, que não mais possuem qualquer relação. Não há interesse jurídico-penal na questão.

Demais disso, vale destacar que, consoante entendimento exarado pelo STF[17] em 2011, a *união estável homoafetiva* pode ser reconhecida como entidade familiar e assim, ser convertida em casamento. Também, é recorrente a celebração direta do casamento nesse caso[18]. Destarte, é possível que haja o casamento entre pessoas do mesmo sexo, sendo perfeitamente possível o perfazimento do delito de bigamia em caso de matrimônio entre dois homens ou duas mulheres, sendo um deles casado[19].

Quanto ao *casamento religioso*, este, por si só, não é pressuposto para o perfazimento do delito. Contudo, é possível que o casamento religioso tenha *efeitos civis*,

---

16. "*Art. 92. Se a decisão sobre a existência da infração depender da solução de controvérsia, que o juiz repute séria e fundada, sobre o estado civil das pessoas, o curso da ação penal ficará suspenso até que no juízo cível seja a controvérsia dirimida por sentença passada em julgado, sem prejuízo, entretanto, da inquirição das testemunhas e de outras provas de natureza urgente. Parágrafo único. Se for o crime de ação pública, o Ministério Público, quando necessário, promoverá a ação civil ou prosseguirá na que tiver sido iniciada, com a citação dos interessados*".

17. Veja-se, *e.g.*, ADI 4.277/DF, rel. Min. Ayres Britto, Tribunal Pleno, j. 05/05/2011.

18. Destaca-se que a Resolução 175/2013 do CNJ fixou que "*é vedada às autoridades competentes a recusa de habilitação, celebração de casamento civil ou de conversão de união estável em casamento entre pessoas de mesmo sexo*" (art. 1º).

19. Outrora, era comum a doutrina considerar inexistente o casamento entre pessoas do mesmo sexo, *v.g.*, NORONHA, E. Magalhães. *Direito penal...*, cit., p. 296.

como se extrai do art. 226, § 2º da Constituição, hipótese em que poderá atuar como pressuposto do delito em comento. Nessa senda, os artigos 1.515 e 1.516 do Código Civil[20] versam sobre o casamento religioso com efeitos civis.

Vale pontuar que, para realizar-se o casamento, é preciso que haja um processo de habilitação, o qual tem de ser instruído por uma série de documentos, tais como a "*certidão de nascimento ou documento equivalente*", a "*declaração do estado civil, do domicílio e da residência atual dos contraentes e de seus pais, se forem conhecidos*", e a "*certidão de óbito do cônjuge falecido, de sentença declaratória de nulidade ou de anulação de casamento, transitada em julgado, ou do registro da sentença de divórcio*" (art. 1.525, incisos I, IV e V, respectivamente, do Código Civil).

Dessa forma, evidencia-se que o crime de bigamia necessariamente é perpetrado valendo-se o agente do lançamento de informações falsas, o que configura o *crime de falsidade ideológica* (art. 299 do *Codex*)[21]. Desta feita, há questionamento se haveria concurso material de crimes ou a incidência do princípio da consunção – a partir da ideia que o documento falso seria necessário para perpetrar o crime de bigamia.

Entende-se ser o caso de aplicar o *princípio da consunção*, de maneira que o delito de bigamia absorverá a falsidade ideológica, visto que esta é precedente daquela[22]. Em outras palavras, o crime-fim absorve o crime-meio.

---

20. "*Art. 1.515. O casamento religioso, que atender às exigências da lei para a validade do casamento civil, equipara-se a este, desde que registrado no registro próprio, produzindo efeitos a partir da data de sua celebração*"; "*art. 1.516. O registro do casamento religioso submete-se aos mesmos requisitos exigidos para o casamento civil. § 1º O registro civil do casamento religioso deverá ser promovido dentro de noventa dias de sua realização, mediante comunicação do celebrante ao ofício competente, ou por iniciativa de qualquer interessado, desde que haja sido homologada previamente a habilitação regulada neste Código. Após o referido prazo, o registro dependerá de nova habilitação. § 2º O casamento religioso, celebrado sem as formalidades exigidas neste Código, terá efeitos civis se, a requerimento do casal, for registrado, a qualquer tempo, no registro civil, mediante prévia habilitação perante a autoridade competente e observado o prazo do art. 1.532. § 3º Será nulo o registro civil do casamento religioso se, antes dele, qualquer dos consorciados houver contraído com outrem casamento civil*".

21. "*Art. 299 – Omitir, em documento público ou particular, declaração que dele devia constar, ou nele inserir ou fazer inserir declaração falsa ou diversa da que devia ser escrita, com o fim de prejudicar direito, criar obrigação ou alterar a verdade sobre fato juridicamente relevante: Pena – reclusão, de um a cinco anos, e multa, se o documento é público, e reclusão de um a três anos, e multa, se o documento é particular. Parágrafo único – Se o agente é funcionário público, e comete o crime prevalecendo-se do cargo, ou se a falsificação ou alteração é de assentamento de registro civil, aumenta-se a pena de sexta parte*".

22. BITENCOURT, Cezar Roberto. *Tratado de*..., cit., p. 248. No mesmo sentido, PRADO, Luiz Regis. *Curso de*..., cit., p. 515. Nesta senda, o STJ, a partir do princípio da consunção, e constatada, no caso, atipicidade afastando a bigamia, já admitiu a extensão dos efeitos do trancamento da ação penal de bigamia para a precedente falsidade ideológica, cf. HC 39.583/MS, relª. Minª. Laurita Vaz, 5ª Turma, j. 08/03/2005, DJ 11/04/2005.

Na visão de Noronha[23], o crime de bigamia se perfaz mesmo se o outro cônjuge do primeiro matrimônio é declarado *ausente*, pois esse instituto só teria reflexos em matéria de sucessão. Nesse âmbito, o art. 1.571 § 1º do Código Civil dispõe que "*casamento válido só se dissolve pela morte de um dos cônjuges ou pelo divórcio, aplicando-se a presunção estabelecida neste Código quanto ao ausente*". O art. 6º, por sua vez, fixa que "*a existência da pessoa natural termina com a morte; presume-se esta, quanto aos ausentes, nos casos em que a lei autoriza a abertura de sucessão definitiva*"[24].

Registre-se que a *separação judicial* não extingue o casamento, de maneira que poderá ser cometida a bigamia por pessoa separada judicialmente[25].

Não obstante a denominação de "*bigamia*", destaca-se que também é punida a *poligamia*, caso em que haverá concurso material de delitos ou crime continuado, a depender do caso concreto[26]. Ou seja, se atendidos os pressupostos do art. 71, *caput*, do Código Penal (mesmas condições de tempo, local etc.), haverá continuidade delitiva; ausentes um dos requisitos, o concurso será material.

Quanto à possibilidade de configurar-se erro de proibição, somente será possível "*caso o agente demonstre efetivo desconhecimento da potencialidade lesiva de sua conduta. Se se utilizarem inúmeras evasivas e tergiversações para encobrir o ato, estar-se-á demonstrado que tinha plena ciência da proibição do segundo casamento*" [27]. Também pode haver situação em que se configure erro de tipo (*e.g.*, o agente acredita estar divorciado porque foi enganado por seu advogado, que recebeu para tanto e não procedeu ao contratado).

Ademais, destaque-se que, conforme o art. 111, inciso IV, do *Codex*, para o crime de bigamia, a prescrição começa a correr *da data em que o fato se tornou conhecido*, e não da data da celebração do segundo casamento. Assim, entende-se que o prazo começa a correr a partir da *notitia criminis* levada ao conhecimento da autoridade pública[28].

Trata-se de *crime de forma vinculada*, que só pode ser perpetrado com a celebração do segundo casamento.

---

23. NORONHA, E. Magalhães. *Direito penal*..., cit., p. 297. Na mesma linha, PRADO, Luiz Regis. *Curso de*..., cit., p. 514.
24. Dispõe o art. 37: "*Dez anos depois de passada em julgado a sentença que concede a abertura da sucessão provisória, poderão os interessados requerer a sucessão definitiva e o levantamento das cauções prestadas*".
25. Vale destacar que no Direito de Família há entendimento que, com o advento da Emenda Constitucional 66/2010, a separação judicial não mais subsistiria no ordenamento pátrio.
26. PRADO, Luiz Regis. *Curso de*..., cit., p. 514. Em sentido semelhante, BITENCOURT, Cezar Roberto. *Tratado de*..., cit., pp. 248-249.
27. NUCCI, Guilherme de Souza. *Curso de*..., cit., p. 153.
28. Cf. STJ, RHC 7.206/RJ, 5ª Turma, rel. Min. José Dantas, j. 28/04/1998, DJ 25/05/1998.

Vale lembrar que, pelo Código Civil, a idade núbil, isto é, a idade em que é possível casar-se, é de 16 anos – sendo que há formalidades especiais para as pessoas entre 16 e 18 anos –, sendo vedado o casamento de quem tem idade inferior à núbil (*v.g.*, arts. 1.517 e 1.520). Todavia, o art. 27 do Código Penal dispõe que os menores de 18 anos "*são penalmente inimputáveis, ficando sujeitos às normas estabelecidas na legislação especial*".

O *elemento subjetivo do tipo* é o dolo (direto ou eventual), independentemente de qualquer finalidade específica (*tipo congruente*). Não há previsão da modalidade culposa. Basta a conduta dolosa de apenas um dos contraentes, podendo o outro estar de boa-fé. Caso essa outra pessoa seja não casada e saiba do impedimento do outro, responderá pela figura privilegiada.

1.5. CONSUMAÇÃO E TENTATIVA

Consuma-se o delito com a celebração do casamento (*crime material*, ou causal[29]), isto é, com a autoridade pública declarando os indivíduos casados, não meramente com resposta afirmativa dos nubentes em se casar[30].

Nesse âmbito, o art. 1.514 do Código Civil estatui que "*o casamento se realiza no momento em que o homem e a mulher manifestam, perante o juiz, a sua vontade de estabelecer vínculo conjugal, e o juiz os declara casados*". Ainda, o artigo 1.535[31] dispõe que "*presentes os contraentes, em pessoa ou por procurador especial, juntamente com as testemunhas e o oficial do registro, o presidente do ato, ouvida aos nubentes a afirmação de que pretendem casar por livre e espontânea vontade, declarará efetuado o casamento*".

Trata-se de *delito instantâneo com efeitos permanentes*. Não é o momento consumativo que se protrai no tempo, mas sim a consequência da ação já finalizada[32] que, *in casu*, é contrair o casamento.

---

29. Trata-se de crime material, que exige o resultado naturalístico de efetiva ofensa aos laços matrimoniais, cf. NUCCI, Guilherme de Souza. *Curso de*..., cit., p. 152.

30. BITENCOURT, Cezar Roberto. *Tratado de*..., cit., p. 249. Noronha, por sua vez, entende que a consumação se dá com a declaração da vontade positiva dos nubentes. NORONHA, E. Magalhães. *Direito penal*..., cit., p. 297. Lacerda, por sua vez, aduz que o momento *executivo* se dá com o consentimento do agente para casar, de modo que são atos preparatórios as medidas tomadas para que haja essa declaração de vontade. LACERDA, Romão Gomes de. *In*: HUNGRIA, Nélson. *Comentários ao*..., cit., p. 359.

31. "*Art. 1.535. Presentes os contraentes, em pessoa ou por procurador especial, juntamente com as testemunhas e o oficial do registro, o presidente do ato, ouvida aos nubentes a afirmação de que pretendem casar por livre e espontânea vontade, declarará efetuado o casamento, nestes termos: 'De acordo com a vontade que ambos acabais de afirmar perante mim, de vos receberdes por marido e mulher, eu, em nome da lei, vos declaro casados.'*".

32. Cf. SOUZA, Luciano Anderson de. *Direito penal*..., cit., p. 192.

Admite-se a *tentativa*, dado o caráter plurissubsistente da conduta. Para a posição dominante, a execução do crime inicia-se com o consentimento do sujeito ativo durante a celebração do casamento, vez que anteriormente a isso não se pode assegurar que o agente vá anuir com a pergunta do celebrante. De conseguinte, se após a resposta afirmativa do sujeito ativo a homologação não se der por circunstâncias alheias à vontade do agente, deverá ser reconhecido o *conatus*[33].

É pacífico que a mera publicação dos *proclamas* configura simples atos preparatórios, impuníveis.

1.6. FIGURA PRIVILEGIADA

O art. 235, § 1º estatui figura privilegiada para "*aquele que, não sendo casado, contrai casamento com pessoa casada, conhecendo essa circunstância*".

Tal figura privilegiada é, conforme sinalizado, uma exceção à teoria monista concernente ao concurso de pessoas.

Assim, a pessoa já casada incide nas penas previstas no *caput*, enquanto a outra, não casada, mas que sabe que o outro ainda tem um casamento constituído, incide nas penas do § 1º.

A expressão "*conhecendo essa circunstância*" é indicativo que o elemento subjetivo é o *dolo direto*.

1.7. CAUSA DE EXCLUSÃO DA TIPICIDADE

O art. 235, § 2º, do Código Penal traz *causa de exclusão de tipicidade*, estabelecendo que "*anulado por qualquer motivo o primeiro casamento, ou o outro por motivo que não a bigamia, considera-se inexistente o crime*". Ou seja, o crime não deixa de existir se o segundo casamento é anulado em virtude da bigamia; visto que, tal anulação seria o efeito civil desse delito perpetrado[34].

Por outro lado, se há anulação por outra causa que não a bigamia, não mais existirá o delito. O que se nota então é que o segundo matrimônio, assim como o primeiro, deve ser válido para a configuração do tipo.

---

33. Entendimento minoritário advoga pelo reconhecimento do início da execução com a celebração do casamento, cf. PIERANGELI, José Henrique. *Manual de direito penal brasileiro*. São Paulo: Ed. RT, 2007, p. 543.
34. NUCCI, Guilherme de Souza. *Curso de...*, cit., p. 151.

Além disso, observe-se que a anulação do primeiro casamento produz efeitos *ex tunc*, de tal sorte que não haverá uma situação em que o agente contraiu um novo matrimônio enquanto ainda tinha outro casamento[35].

O entendimento recorrente é que, apesar do uso da palavra *anulado*, o dispositivo supramencionado abarca tanto as causas de nulidade, como as causas de anulabilidade do casamento (*e.g.*, artigo 1.548 e seguintes do Código Civil).

1.8. PENA E AÇÃO PENAL

O delito de *bigamia* é sancionado com pena de reclusão, de dois a seis anos (art. 235, *caput*).

Há também *figura privilegiada*, com pena de reclusão ou detenção, de um a três anos (art. 235, § 1º). Note-se que o magistrado poderá optar entre a reclusão ou a detenção, analisando-se o caso concreto levando em consideração as circunstâncias, consoante o art. 59 do Código Penal.

A *ação penal é pública incondicionada.*

A figura privilegiada, exclusivamente, admite a *suspensão condicional do processo* (art. 89 da Lei nº 9.099/1995).

Preenchidos os requisitos do art. 28-A do Código de Processo Penal, é cabível o *acordo de não persecução penal.*

35. Nesse influxo, a Exposição de Motivos da Parte Especial do Código Penal, em seu item 76, dispõe que "*o crime de bigamia existe desde que, ao tempo do segundo casamento, estava vigente o primeiro; mas, se este, a seguir, é judicialmente declarado nulo, o crime se extingue, pois que a declaração de nulidade retroage* ex tunc. *Igualmente não subsistirá o crime se vier a ser anulado o segundo casamento, por motivo outro que não o próprio impedimento do matrimônio anterior (pois a bigamia não pode excluir-se a si mesma)*".

2 INDUZIMENTO A ERRO ESSENCIAL E OCULTAÇÃO DE IMPEDIMENTO (ART. 236)

Sumário: 2.1. Considerações iniciais – 2.2. Objetividade jurídica – 2.3. Sujeitos do delito – 2.4. Tipicidade objetiva e subjetiva – 2.5. Consumação e tentativa – 2.6. Pena e ação penal.

Induzimento a erro essencial e ocultação de impedimento

Art. 236. Contrair casamento, induzindo em erro essencial o outro contraente, ou ocultando-lhe impedimento que não seja casamento anterior:

Pena – detenção, de 6 (seis) meses a 2 (dois) anos.

Parágrafo único. A ação penal depende de queixa do contraente enganado e não pode ser intentada senão depois de transitar em julgado a sentença que, por motivo de erro ou impedimento, anule o casamento.

2.1. CONSIDERAÇÕES INICIAIS

O crime de *induzimento a erro essencial e ocultação de impedimento* é novidade introduzida no ordenamento pátrio pelo Código Penal de 1940, mantendo-se sua redação original desde então. Semelhante figura teve inspiração nos códigos norueguês e italiano[1].

A conduta é bastante aproximada à de *bigamia* (art. 235), com a diferença de que o óbice à nova celebração de casamento não se encontra em matrimônio anterior, mas em outra situação de impedimento ou em caso de indução a erro.

Parte da doutrina considera a infração em foco defasada e inadequada, devendo ser abolida do *Codex*, tendo em vista o princípio da intervenção mínima, razão pela qual tal situação poderia ser tratada exclusivamente na esfera cível[2].

1. BITENCOURT, Cezar Roberto. *Tratado de direito penal*: parte especial. São Paulo: Saraiva, 2018, v. 4, p. 251.
2. NUCCI, Guilherme de Souza. *Curso de direito penal*: parte especial. Rio de Janeiro: Forense, 2018, v. 3, p. 157.

2.2. OBJETIVIDADE JURÍDICA

Leciona Noronha[3], inspirado em Manzini, que há a defesa da constituição regular da família, visto que "*ofende-se, portanto, a formação legal da família, mediante um fato que viola a disciplina jurídica do patrimônio e determina a dissolução daquela*".

O objeto jurídico liga-se, então, ao interesse do Estado em manter a regularidade dos casamentos realizados, pois estes são forma comum de formar a família, base da sociedade[4].

Bitencourt[5], não obstante, pondera que "*a conduta do agente não objetiva atingir nem o matrimônio nem a família regularmente constituída, mas somente assegurar a regularidade e a legalidade do instituto matrimonial*".

2.3. SUJEITOS DO DELITO

Qualquer pessoa pode ser um *sujeito ativo*, desde que não seja casada, pois poderia incorrer, na verdade, em *bigamia* (art. 235 do *Codex*)[6]. Trata-se de *crime comum*, ou geral[7].

Em tese, pode ocorrer situação na qual os indivíduos que vão contrair o matrimônio estejam um enganando ao outro, caso em que cada um responderá autonomamente pelo crime[8]. Nessa senda, Prado[9] entende que se ambos conhecem a existência do impedimento absoluto anterior, haveria perfazimento do tipo previsto no artigo 237 do *Codex*[10].

3. NORONHA, E. Magalhães. *Direito penal*. São Paulo: Saraiva, 1995, v. 3, p. 300.
4. NUCCI, Guilherme de Souza. *Curso de...*, cit., p. 157.
5. BITENCOURT, Cezar Roberto. *Tratado de...*, cit., p. 251.
6. "*Art. 235 – Contrair alguém, sendo casado, novo casamento: Pena – reclusão, de dois a seis anos. § 1º – Aquele que, não sendo casado, contrai casamento com pessoa casada, conhecendo essa circunstância, é punido com reclusão ou detenção, de um a três anos. § 2º – Anulado por qualquer motivo o primeiro casamento, ou o outro por motivo que não a bigamia, considera-se inexistente o crime*".
7. Para Nucci, haveria *crime próprio*, que requer um agente qualificado, o cônjuge, cf. NUCCI, Guilherme de Souza. *Curso de...*, cit., p. 157.
8. BITENCOURT, Cezar Roberto. *Tratado de...*, cit., p. 252.
9. PRADO, Luiz Regis. *Curso de direito penal brasileiro*. São Paulo: Ed. RT, 2018, v. II, p. 519.
10. "*Art. 237 – Contrair casamento, conhecendo a existência de impedimento que lhe cause a nulidade absoluta: Pena – detenção, de três meses a um ano*".

Comumente, aponta-se na doutrina que *sujeito passivo* é o Estado, além do outro contraente que foi enganado[11]. Bitencourt[12], por sua vez, entende que não se deve considerar o Estado como sujeito passivo, mas sim apenas a pessoa que contraiu casamento sendo induzida em erro essencial ou lhe sendo ocultado impedimento – que não um casamento anterior do agente.

Vale destacar que, se um dos cônjuges estava de boa-fé ao celebrar o casamento, os seus efeitos civis só a ele e aos filhos aproveitarão (art. 1.561, § 1º, do Código Civil).

O crime é *unissubjetivo*[13], tendo em vista que a conduta não é necessariamente convergente com outrem; ao revés, em geral, lhe é contrária. A exigência de uma vítima é recorrente em matéria criminal e não torna o delito plurissubjetivo.

2.4. TIPICIDADE OBJETIVA E SUBJETIVA

O art. 236 do Código Penal tipifica a conduta de "*contrair casamento, induzindo em erro essencial o outro contraente, ou ocultando-lhe impedimento que não seja casamento anterior*".

Assim, há a incriminação de contrair casamento: a) induzindo em erro essencial o outro contraente; e b) ocultando do outro contraente impedimento que não seja casamento anterior. *Contrair casamento* diz respeito a celebrar matrimônio. Como já visto anteriormente, é perfeitamente possível que haja casamento entre pessoas do mesmo sexo.

Induzir refere-se a persuadir, incutir[14].

Quanto à noção de *erro essencial*, cuida-se de *norma penal em branco homogênea*, devendo recorrer-se ao Código Civil. Dessa maneira, seu artigo 1.557 elenca como *erro essencial* sobre a pessoa do outro cônjuge: a) aquilo que diz respeito à *sua identidade, sua honra e boa fama, sendo esse erro tal que o seu conhecimento ulterior torne insuportável a vida em comum ao cônjuge enganado* (inciso I); b) *a ignorância de crime,*

---

11. *E.g.*, NORONHA, E. Magalhães. *Direito penal*..., cit., p. 300; PRADO, Luiz Regis. *Curso de*..., cit., p. 517.
12. BITENCOURT, Cezar Roberto. *Tratado de*..., cit., p. 252.
13. Neste sentido, *e.g.*, BITENCOURT, Cezar Roberto. *Tratado de*..., cit., p. 253. Contrariamente, Nucci, *e.g.*, entende ser o caso de *crime plurissubjetivo* no qual haveria conduta convergente dos envolvidos, mesmo que um deles esteja de boa-fé, cf. NUCCI, Guilherme de Souza. *Curso de*..., cit., p. 158.
14. LACERDA, Romão Côrtes de. *In*: HUNGRIA, Nélson. *Comentários ao Código Penal*. Rio de Janeiro: Forense, 1955, v. VIII, p. 364, entende que o induzimento deve ser alcançado mediante fraude, não bastando simples reticência.

anterior ao casamento, que, por sua natureza, torne insuportável a vida conjugal (inciso II); c) *a ignorância, anterior ao casamento, de defeito físico irremediável que não caracterize deficiência ou de moléstia grave e transmissível, por contágio ou por herança, capaz de pôr em risco a saúde do outro cônjuge ou de sua descendência* (inciso III).

Por meio de uma ação do agente, a vítima é induzida a crer que não existem no outro tais situações que ensejam o erro essencial. Por exemplo, um gêmeo usurpa o lugar do outro, fingindo se passar pelo outro irmão e assim contrair casamento com a noiva deste, configurando-se erro sobre a identidade.

Ocultar refere-se a esconder, camuflar[15].

O Código Civil também nos fornece as situações que configurariam *impedimento* para o casamento. Consoante seu art. 1.521, não podem casar: a) os ascendentes com os descendentes, seja o parentesco natural ou civil (inciso I), *e.g.*, casamentos entre pais e filhos; b) os afins em linha reta (inciso II), *v.g.*, casamento entre genro e sogra; c) o adotante com quem foi cônjuge do adotado e o adotado com quem o foi do adotante (inciso III); d) os irmãos, unilaterais ou bilaterais, e demais colaterais, até o terceiro grau (inciso IV), *v.g.*, casamento entre tio e sobrinho[16]; e) o adotado com o filho do adotante (inciso V); f) o cônjuge sobrevivente com o condenado por homicídio ou tentativa de homicídio contra o seu consorte (inciso VII).

Destaque-se que o *homicídio* consumado, ou sua tentativa, que ensejam o impedimento referem-se ao perpetrado dolosamente, não culposamente. Demais disso, para que tal impedimento se opere, não é preciso que haja decisão penal condenatória transitada em julgado.

Dessa forma, *v.g.*, comete o crime aquele que, desejando se casar com a esposa de seu rival, mata-o, ocultando da mulher tal fato, e posteriormente vem a contrair casamento com ela.

Reitere-se que o impedimento ocultado não pode ser concernente a *casamento anterior*[17], pois tal configurará, na verdade, o crime de *bigamia* (art. 235 do Código Penal).

---

15. LACERDA, Romão Gomes de. *In*: HUNGRIA, Nélson. *Comentários ao...*, cit., pp. 366-367 entende que se o outro contraente sabia do impedimento, não haveria crime, pois o delito fala em "*ocultando-lhe*".

16. Vale destacar que o Decreto-Lei nº 3.200/1941 estabelece regramento de certas condições em que seria possível o casamento entre colaterais de terceiro grau, v.g.: "*art. 2º Os colaterais do terceiro grau, que pretendam casar-se, ou seus representantes legais, se forem menores, requererão ao juiz competente para a habilitação que nomeie dois médicos de reconhecida capacidade, isentos de suspensão, para examiná-los e atestar-lhes a sanidade, afirmando não haver inconveniente, sob o ponto de vista da sanidade, afirmando não haver inconveniente, sob o ponto de vista da saúde de qualquer deles e da prole, na realização do matrimônio* [...]".

17. Semelhante impedimento encontra-se no inciso VI do art. 1.521 supramencionado, pelo qual não podem contrair matrimônio pessoas já casadas.

Fragoso[18] entende que a ocultação deve se dar por uma conduta comissiva do agente, sendo "*indispensável que o delito se realize através do exercício de uma atividade finalística conscientemente dirigida ao fim proposto (ocultação do impedimento)*". Assim, não se configuraria o art. 236 no caso em que há mero silêncio ou ocultação fraudulenta por omissão – nesse caso, há os que apontam incidir, na verdade, o art. 237 do *Codex*. Outro ponto de vista[19], contudo, considera que a conduta comissiva se dá em relação ao verbo "*induzir*", enquanto que "*ocultar*" diria respeito apenas a uma omissão dolosa do sujeito ativo.

A doutrina[20], em geral, entende tratar-se de *crime de forma vinculada*, que só pode ser cometido mediante a indução em erro essencial ou mediante a ocultação do impedimento. Bitencourt[21], por sua vez, assevera que se trataria de *crime de forma livre*, podendo o agente valer-se de qualquer meio idôneo para ludibriar a vítima.

Vale pontuar que a idade a partir da qual é possível casar-se é de 16 anos – sendo que há formalidades especiais para as pessoas entre 16 e 18 anos –, sendo vedado o casamento de quem tem idade inferior à núbil (v.g., arts. 1.517 e 1.520 do Código Civil). Em contrapartida, o art. 27 do Código Penal dispõe que os menores de 18 anos "*são penalmente inimputáveis, ficando sujeitos às normas estabelecidas na legislação especial*".

O *elemento subjetivo do tipo* é o dolo, vontade livre e consciente de contrair casamento, induzindo em erro essencial o outro contraente, ou ocultando-lhe impedimento que não seja casamento anterior. Não há elemento subjetivo especial previsto (*tipo congruente*).

Não há modalidade culposa.

2.5. CONSUMAÇÃO E TENTATIVA

Consuma-se o delito com a efetiva celebração do casamento. Trata-se de *crime instantâneo, de efeitos permanentes*. Nesse diapasão, o art. 1.514 do Código Civil estatui que o casamento se realiza no momento em que as duas pessoas manifestam, perante o juiz, a sua vontade de estabelecer vínculo conjugal, e o juiz os declara casados.

Trata-se de *crime material*, ou causal, visto que há alteração no mundo exterior, mudando-se o estado civil dos cônjuges[22]. Há uma corrente, contudo, que entende

18. FRAGOSO, Heleno Cláudio. *Lições de direito penal:* parte especial. Rio de Janeiro: Forense, 1986, v. II.
19. NUCCI, Guilherme de Souza. *Curso de...*, cit., p. 157.
20. Por exemplo, NUCCI, Guilherme de Souza. *Curso de...*, cit., pp. 157-158.
21. BITENCOURT, Cezar Roberto. *Tratado de...*, cit., pp. 252-253.
22. BITENCOURT, Cezar Roberto. *Tratado de...*, cit., p. 253.

ser *crime formal*, que não exige a efetiva dissolução do matrimônio por conta do erro ou impedimento para sua consumação[23].

Entende-se que não é possível a configuração de *tentativa*[24], dado o teor do parágrafo único do art. 236, pelo qual a ação penal só pode ser intentada depois de transitar em julgado a sentença que anule o casamento por conta de erro ou impedimento.

2.6. PENA E AÇÃO PENAL

O delito de *induzimento a erro essencial e ocultação de impedimento* é sancionado com pena de detenção, de seis meses a dois anos (art. 236, *caput*).

Consoante o art. 236, parágrafo único, "*a ação penal depende de queixa do contraente enganado e não pode ser intentada senão depois de transitar em julgado a sentença que, por motivo de erro ou impedimento, anule o casamento*".

Destarte, cuida-se da única hipótese insculpida no Código Penal de *ação penal privada personalíssima*, sendo que a queixa só pode ser oferecida pelo contraente enganado. Sendo assim, não há possibilidade de transmissão do direito de queixa, de tal sorte que, *e.g.*, se o contraente enganado possui menos de 18 anos, há que esperar sua maioridade, e se vem a falecer, há extinção da punibilidade do sujeito ativo.

Ademais, é preciso que *transite em julgado a decisão de anulação*, data a partir da qual começará a correr a prescrição. Há divergências doutrinárias quanto à natureza jurídica do previsto. Um ponto de vista[25] considera tratar-se de *causa mista*, envolvendo uma condição objetiva de punibilidade e condição de procedibilidade. Uma segunda visão[26] entende ser *condição objetiva de punibilidade*. Por fim, uma terceira corrente[27], com a qual compactuamos, vislumbra ser uma *condição de procedibilidade*.

Vale destacar que, pelo art. 1.548, II, do Código Civil, é nulo o casamento contraído com violação de impedimento, de maneira que a decretação de nulidade de casamento, pode ser promovida mediante ação direta, por qualquer interessado, ou pelo Ministério Público (art. 1.549).

---

23. Neste influxo, *v.g.*, BUSATO, Paulo César. *Direito penal*: parte especial. São Paulo: Atlas, 2016, v. 3, p. 17; NUCCI, Guilherme de Souza. *Curso de*..., cit., p. 157.
24. *V.g.*, BITENCOURT, Cezar Roberto. *Tratado de*..., cit., p. 253, e PRADO, Luiz Regis. *Curso de*..., cit., p. 519, aduzem que a tentativa é juridicamente impossível.
25. *V.g.*, NUCCI, Guilherme de Souza. *Curso de*..., cit., p. 158.
26. *E.g.*, NORONHA, E. Magalhães. *Direito penal*..., cit., p. 303.
27. Dentre outros, BITENCOURT, Cezar Roberto. *Tratado de*..., cit., p. 252; PRADO, Luiz Regis. *Curso de*..., cit., p. 519.

O casamento contraído em erro essencial quanto à pessoa do outro é anulável (art. 1.550, III, c/c art. 1.556), sendo que somente o cônjuge que incidiu em erro, pode demandar a anulação do casamento. Não obstante, a coabitação, desde que presente a ciência do vício, valida o ato, ressalvadas as hipóteses do inciso III do art. 1.557 (art. 1.559). O prazo para ser intentada a ação de anulação do casamento, a contar da data da celebração, é de três anos (art. 1.560, III).

Sendo admitida transação penal, é incabível o *acordo de não persecução penal* (art. 28-A, § 2º, I, do Código de Processo Penal).

3 CONHECIMENTO PRÉVIO DE IMPEDIMENTO (ART. 237)

Sumário: 3.1. Considerações iniciais – 3.2. Objetividade jurídica – 3.3. Sujeitos do delito – 3.4. Tipicidade objetiva e subjetiva – 3.5. Consumação e tentativa – 3.6. Pena e ação penal.

Conhecimento prévio de impedimento

Art. 237. Contrair casamento, conhecendo a existência de impedimento que lhe cause a nulidade absoluta:

Pena - detenção, de 3 (três) meses a 1 (um) ano.

3.1. CONSIDERAÇÕES INICIAIS

O delito de *conhecimento prévio de impedimento* trata-se de figura recente, ausente nos Códigos de 1830 e 1890, sendo introduzida no ordenamento pátrio com o advento do Código Penal de 1940, mantendo-se a redação típica original desde então.

Mesmo o crime previsto no art. 237 sendo menos grave que o fixado no artigo precedente do *Codex* (*induzimento a erro essencial e ocultação de impedimento*)[1], sua existência justifica-se, pois "*não deixa de ser igualmente gravoso às relações sociais como um todo, e, em particular, relativamente ao próprio instituto jurídico do matrimônio*"[2]. Não obstante, pondera-se que talvez fosse mais acertado alocar o delito em comento em um parágrafo do art. 236[3].

1. "*Art. 236 – Contrair casamento, induzindo em erro essencial o outro contraente, ou ocultando-lhe impedimento que não seja casamento anterior: Pena – detenção, de seis meses a dois anos. Parágrafo único – A ação penal depende de queixa do contraente enganado e não pode ser intentada senão depois de transitar em julgado a sentença que, por motivo de erro ou impedimento, anule o casamento*".
2. BITENCOURT, Cezar Roberto. *Tratado de direito penal:* parte especial. São Paulo: Saraiva, 2018, v. 4, p. 255.
3. BITENCOURT, Cezar Roberto. *Tratado de...*, cit., p. 255.

3.2. OBJETIVIDADE JURÍDICA

Quanto ao *bem jurídico* tutelado, entende-se que há a proteção da constituição regular da família, buscando-se impedir uma ofensa à disciplina jurídica do matrimônio[4].

3.3. SUJEITOS DO DELITO

Qualquer pessoa pode ser um *sujeito ativo* do crime, desde que não casada – caso em que há o crime de *bigamia* (art. 235)[5]. Trata-se de *crime comum*, ou geral[6].

Há possibilidade de coautoria se ambos os indivíduos sabem da causa impeditiva e comungam do fato. Ainda, pode haver autoria colateral, quando um não sabe que o outro tem conhecimento da existência do impedimento.

Em geral, aponta-se como *sujeito passivo* o Estado, além do indivíduo que não tinha conhecimento da causa impeditiva do matrimônio[7]. Bitencourt[8], por sua vez, escalona como sujeito passivo imediato o indivíduo que contrai o matrimônio sem saber do impedimento e, secundariamente, o Estado.

O crime é *unissubjetivo*, tendo em vista que a conduta não é necessariamente convergente com outrem. A exigência de uma vítima é recorrente em matéria criminal e não torna o delito plurissubjetivo.

3.4. TIPICIDADE OBJETIVA E SUBJETIVA

O art. 237 do Código Penal tipifica a conduta de "*contrair casamento, conhecendo a existência de impedimento que lhe cause a nulidade absoluta*".

---

4. NORONHA, E. Magalhães. *Direito penal*. São Paulo: Saraiva, 1995, v. 3, p. 303.
5. "*Art. 235 – Contrair alguém, sendo casado, novo casamento: Pena – reclusão, de dois a seis anos. § 1º – Aquele que, não sendo casado, contrai casamento com pessoa casada, conhecendo essa circunstância, é punido com reclusão ou detenção, de um a três anos. § 2º – Anulado por qualquer motivo o primeiro casamento, ou o outro por motivo que não a bigamia, considera-se inexistente o crime*".
6. Diversamente, Nucci entende ser o caso de crime próprio, cf. NUCCI, Guilherme de Souza. *Curso de direito penal:* parte especial. Rio de Janeiro: Forense, 2018, v. 3, p. 160.
7. Dentre outros, *e.g.*, PRADO, Luiz Regis. *Curso de direito penal brasileiro*. São Paulo: Ed. RT, 2018, v. II, p. 520.
8. BITENCOURT, Cezar Roberto. *Tratado de...*, cit., p. 256.

Contrair casamento diz respeito à celebração do matrimônio, pouco importando se este se dá entre pessoas de sexos diferentes ou não. Nesse âmbito, o artigo 1.511 do Código Civil estatui que "*o casamento estabelece comunhão plena de vida, com base na igualdade de direitos e deveres dos cônjuges*".

O tipo exige que o *impedimento* cause *nulidade absoluta*. Trata-se de *norma penal em branco*, de tal sorte que é preciso recorrer-se ao Código Civil. Nesse diapasão, o art. 1.521 do Código Civil estabelece as hipóteses de impedimento. Assim, estão impedidos de casar *os ascendentes com os descendentes, seja o parentesco natural ou civil* (inciso I) – por exemplo, casamentos entre pais e filhos, avós e netos, adotante com adotado –; *os afins em linha reta* (inciso II), *e.g.*, casamento entre nora e sogro, genro e sogra.

Também não podem se casar *o adotante com quem foi cônjuge do adotado e o adotado com quem o foi do adotante* (inciso III); *os irmãos, unilaterais ou bilaterais, e demais colaterais, até o terceiro grau* (inciso IV) – *e.g.*, casamento entre tia e sobrinho[9]; bem como *o adotado com o filho do adotante* (inciso V).

Por fim, não pode contrair matrimônio *o cônjuge sobrevivente com o condenado por homicídio ou tentativa de homicídio contra o seu consorte* (inciso VII). Nesse contexto, destaque-se que o homicídio, consumado ou tentado, que enseja o impedimento refere-se ao perpetrado dolosamente, não culposamente. Demais disso, para que o impedimento se opere, não é preciso que haja decisão penal condenatória transitada em julgado.

Ressalte-se que o impedimento não pode ser relativo à pessoa já ser casada (art. 1.521, VI), dado que tal configura, na verdade, o crime de *bigamia* (art. 235 do *Codex*).

O art. 1.548, II do Código Civil estabelece que é *nulo* o casamento contraído com *violação de impedimento*. Ainda, consoante o art. 1.549, a decretação de nulidade de casamento, pode ser promovida mediante ação direta, por qualquer interessado, ou pelo Ministério Público.

O delito ora estudado é *subsidiário* em relação ao insculpido no art. 236 do Código Penal, de modo que não é preciso uma conduta ativa do agente, bastando uma omissão em declarar uma causa de impedimento que sabe existir.

Nesse influxo, acerca da diferença entre o delito em comento e o insculpido no art. 236, vê-se que no caso do art. 237 "*não se exige comportamento ativo do agente, a fraude veiculada pelo emprego de um ou mais meios; basta não declarar a causa dirimente absoluta, suficiente, pois, a simples omissão*" [10]. Dessa forma, não é necessário emprego de fraude, ardil. Ademais, note-se que o art. 236 também poderia envolver a indução a erro essencial quanto à pessoa, enquanto que o art. 237 apenas abarca o impedimento.

---

9. Como será mencionado adiante, o Decreto-Lei nº 3.200/1941 estabelece certas condições em que seria possível o casamento entre colaterais de terceiro grau.
10. NORONHA, E. Magalhães. *Direito penal*..., cit., p. 303.

Ademais, vale destacar o Decreto-Lei nº 3.200/1941, o qual estabelece possibilidade de haver casamento entre parentes colaterais de terceiro grau, grosso modo, pela realização de exames médicos relativos à sanidade dos nubentes e à saúde dos nubentes e da prole, que eventualmente pode ser afetada pelas núpcias (art. 2º)[11].

Em seu art. 3º, o diploma estatui que incorre na pena do art. 237 do Código Penal o nubente que "*para frustrar os efeitos do exame médico desfavorável, pretender habilitar-se, ou habilitar-se para casamento, perante outro juiz*". Noronha[12] considera tratar-se de um dispositivo severo, visto que se equipara uma tentativa, consubstanciada em "*pretender habilitar-se*", a uma consumação, que é "*habilitar-se*".

Na ótica da doutrina majoritária[13], há *crime de forma vinculada*, que só pode ser cometido pelo casamento. Já Bitencourt[14] entende ser o caso de *crime de forma livre*.

Vale pontuar que pelo Código Civil é possível casar-se a partir dos 16 anos – sendo que há formalidades especiais para as pessoas entre 16 e 18 anos –, sendo vedado o casamento contraído por quem tem idade inferior a esta (*e.g.*, arts. 1.517 e 1.520). Por outro lado, o art. 27 do Código Penal estatui que os menores de 18 anos "*são penalmente inimputáveis, ficando sujeitos às normas estabelecidas na legislação especial*".

---

11. "*Art. 2º Os colaterais do terceiro grau, que pretendam casar-se, ou seus representantes legais, se forem menores, requererão ao juiz competente para a habilitação que nomeie dois médicos de reconhecida capacidade, isentos de suspensão, para examiná-los e atestar-lhes a sanidade, afirmando não haver inconveniente, sob o ponto de vista da sanidade, afirmando não haver inconveniente, sob o ponto de vista da saúde de qualquer deles e da prole, na realização do matrimônio. § 1º Se os dois médicos divergirem quanto à conveniência do matrimônio, poderão os nubentes, conjuntamente, requerer ao juiz que nomeie terceiro, como desempatador. § 2º Sempre que, a critério do juiz, não for possível a nomeação de dois médicos idôneos, poderá ele incumbir do exame um só médico, cujo parecer será conclusivo. § 3º O exame médico será feito extrajudicialmente, sem qualquer formalidade, mediante simples apresentação do requerimento despachado pelo juiz. § 4º Poderá o exame médico concluir não apenas pela declaração da possibilidade ou da irrestrita inconveniência do casamento, mas ainda pelo reconhecimento de sua viabilidade em época ulterior, uma vez feito, por um dos nubentes ou por ambos, o necessário tratamento de saúde. Nesta última hipótese, provando a realização do tratamento, poderão os interessados pedir ao juiz que determine novo exame médico, na forma do presente artigo. § 5º (Revogado pela Lei nº 5.891, de 1973) § 6º O atestado, constante de um só ou mais instrumentos, será entregue aos interessados, não podendo qualquer deles divulgar o que se refira ao outro, sob as penas do art. 153 do Código Penal. § 7º Quando o atestado dos dois médicos, havendo ou não desempatador, ou do único médico, no caso do par. 2º deste artigo, afirmar a inexistência de motivo que desaconselhe o matrimônio, poderão os interessados promover o processo de habilitação, apresentando, com o requerimento inicial, a prova de sanidade, devidamente autenticada. Se o atestado declarar a inconveniência do casamento, prevalecerá, em toda a plenitude, o impedimento matrimonial. § 8º Sempre que na localidade não se encontrar médico, que possa ser nomeado, o juiz designará profissional de localidade próxima, a que irão os nubentes. § 9º (Revogado pela Lei nº 5.891, de 1973)*".
12. NORONHA, E. Magalhães. *Direito penal...*, cit., p. 304.
13. Dentre outros, v.g., NUCCI, Guilherme de Souza. *Curso de...*, cit., p. 160.
14. BITENCOURT, Cezar Roberto. *Tratado de...*, cit., p. 257.

O *elemento subjetivo* é o dolo direto[15]. Não se vislumbra elemento subjetivo especial do tipo (*tipo congruente*).

Não há previsão da modalidade culposa.

3.5. CONSUMAÇÃO E TENTATIVA

Consuma-se o delito com a efetiva celebração do matrimônio. Vale pontuar o disposto no art. 1.535 do Código Civil, pelo qual "*presentes os contraentes, em pessoa ou por procurador especial, juntamente com as testemunhas e o oficial do registro, o presidente do ato, ouvida aos nubentes a afirmação de que pretendem casar por livre e espontânea vontade, declarará efetuado o casamento*"[16].

Cuida-se de *crime material*, ou causal, que exige o resultado naturalístico de efetiva declaração de casamento.

Admite-se a figura da *tentativa*, apesar da difícil constatação[17].

Entende-se que a publicação dos *proclamas* não passaria de atos preparatórios.

3.6. PENA E AÇÃO PENAL

O delito de *conhecimento prévio de impedimento* é sancionado com pena de detenção, de três meses a um ano (art. 237).

A *ação penal é pública incondicionada*. Aponta-se como justificativa para a ação penal ser pública – dado que o art. 236, mais grave, é de ação penal privada personalíssima – o fato de que o delito ora estudado pode ser perpetrado por ambos os cônjuges em coautoria[18].

A competência para processo e julgamento é do Juizado Especial Criminal, tendo em vista que se trata de *infração penal de menor potencial ofensivo*.

Admite-se a *suspensão condicional do processo* (art. 89 da Lei nº 9.099/1995).

Sendo admitida transação penal, é incabível o *acordo de não persecução penal* (art. 28-A, § 2º, I, do Código de Processo Penal).

---

15. No mesmo sentido, *e.g.*, PENTEADO, Jaques de Camargo. *A família e a justiça penal*. São Paulo: Ed. RT, 1998, p. 42.
16. *Vide* também artigo 1.514 do Código Civil.
17. NORONHA, E. Magalhães. *Direito penal*..., cit., p. 304.
18. *E.g.*, BITENCOURT, Cezar Roberto. *Tratado de*..., cit., p. 257; PRADO, Luiz Regis. *Curso de*..., cit., p. 521.

4 SIMULAÇÃO DE AUTORIDADE PARA CELEBRAÇÃO DE CASAMENTO (ART. 238)

Sumário: 4.1. Considerações iniciais – 4.2. Objetividade jurídica – 4.3. Sujeitos do delito – 4.4. Tipicidade objetiva e subjetiva – 4.5. Consumação e tentativa – 4.6. Pena e ação penal.

Simulação de autoridade para celebração de casamento

Art. 238. Atribuir-se falsamente autoridade para celebração de casamento:

Pena - detenção, de 1 (um) a 3 (três) anos, se o fato não constitui elemento de crime mais grave.

4.1. CONSIDERAÇÕES INICIAIS

O delito de *simulação de autoridade para celebração de casamento* é mais grave que os dois anteriores, visto que há uma frustração da expectativa dos nubentes, bem como de outras pessoas próximas, como parentes e padrinhos. Demais disso, a celebração de casamento nessas condições pode culminar em sua anulação, que pode afetar as relações civis e comerciais dos nubentes no futuro[1].

Ainda, presente figura delitiva consubstancia-se em modalidade especial – mais grave – de *usurpação de função pública* (art. 328, *caput*, do Código Penal[2]). Em face de sua subsidiariedade, todavia, se do fato praticado o agente auferir vantagem, o crime será o de *usurpação de função pública qualificada*[3].

1. BITENCOURT, Cezar Roberto. *Tratado de direito penal*: parte especial. São Paulo: Saraiva, 2018, v. 4, p. 258.
2. "*Art. 328 – Usurpar o exercício de função pública: Pena – detenção, de três meses a dois anos, e multa.* [...]".
3. "*Art. 328* [...] *Parágrafo único – Se do fato o agente aufere vantagem: Pena – reclusão, de dois a cinco anos, e multa*". No sentido aqui defendido, cf. LACERDA, Romão Côrtes de. *In*: HUNGRIA, Nélson. *Comentários ao Código Penal*. Rio de Janeiro: Forense, 1955, v. VIII, p. 372.

4.2. OBJETIVIDADE JURÍDICA

Quanto ao *bem jurídico*, protege-se a disciplina jurídica do casamento[4]. Também se tutelam, secundariamente, as funções públicas.

4.3. SUJEITOS DO DELITO

Qualquer pessoa pode ser um *sujeito ativo* do delito. Cuida-se de *crime comum*, ou geral. É suficiente que o agente se atribua uma função que não detém, qual seja, a de celebrar casamento, podendo inclusive ser funcionário público que carece dessa atribuição[5].

Sujeito passivo é o Estado, bem como as pessoas que se casaram de boa-fé[6].

4.4. TIPICIDADE OBJETIVA E SUBJETIVA

O art. 238 do Código Penal incrimina a conduta de "*atribuir-se falsamente autoridade para celebração de casamento*".

Atribuir-se liga-se à ideia de imputar-se, designar-se; sendo que tal se dá *falsamente*, isto é, de forma contrária a realidade, com fingimento. Desta feita, o agente, por meio de suas atitudes, visa ter a aparência de uma pessoa que verdadeiramente teria a função de celebrar o casamento[7]. Cria-se, assim, uma situação de perigo *in concreto*[8].

A expressão "*falsamente*" é *elemento normativo do tipo* que faz referência específica a uma possível causa de justificação, dizendo respeito à antijuridicidade. Assim, "*se a atribuição não se reveste do caráter de falsidade, excluem a tipicidade e a ilicitude da conduta*"[9].

---

4. NORONHA, E. Magalhães. *Direito penal*. São Paulo: Saraiva, 1995, v. 3, p. 305.
5. PRADO, Luiz Regis. *Curso de direito penal brasileiro*. São Paulo: Ed. RT, 2018, v. II, p. 522.
6. NORONHA, E. Magalhães. *Direito penal*..., cit., p. 305. BITENCOURT, Cezar Roberto. *Tratado de*..., cit., p. 259 não inclui o Estado como sujeito passivo.
7. Assim, requer-se uma "*conduta inequívoca do agente, a demonstrar que ele se diz com essa competência*". NORONHA, E. Magalhães. *Direito penal*..., cit., p. 306. Em sentido semelhante, BITENCOURT, Cezar Roberto. *Tratado de*..., cit., p. 259, que entende que o uso da palavra "competência" seria impróprio.
8. LACERDA, Romão Côrtes de. *In*: HUNGRIA, Nélson. *Comentários ao*..., cit., p. 372.
9. PRADO, Luiz Regis. *Curso de*..., cit., p. 523.

Quanto à *autoridade* que o agente busca se atribuir falsamente para celebrar o matrimônio, o entendimento mais seguido é de que não se pode considerar o oficial de registro como autoridade celebrante[10]. Dessa maneira, considera-se dentro de tal noção somente o *juiz de paz*.

Nesse influxo, o art. 98, inciso II, da Constituição Federal[11], estatui que deverá ser criada uma justiça de paz, remunerada, composta de cidadãos eleitos pelo voto direto, universal e secreto, com mandato de quatro anos e competência para, na forma da lei, entre outras atribuições, celebrar casamentos[12].

Atualmente, em geral, é necessário observar a legislação de cada Estado no tocante à justiça de paz. No Estado de São Paulo, por exemplo, a Constituição Estadual dispõe em seu artigo 16 que "*até a elaboração da lei que criar e organizar a Justiça de Paz, ficam mantidos os atuais juízes e suplentes de juiz de casamentos, até a posse de novos titulares, assegurando-lhes os direitos e atribuições conferidos aos juízes de paz de que tratam o art. 98, II, da Constituição Federal, o art. 30 do Ato das Disposições Constitucionais Transitórias e o art. 89 desta Constituição*"[13].

Nesse âmbito, note-se que pode haver *concurso de pessoas* entre um indivíduo que finge ser juiz de paz, a autoridade que celebraria o casamento, e outro fingindo ser o escrivão, que não o celebraria[14].

Vale destacar que há a possibilidade de que o casamento religioso tenha efeitos civis, conforme o art. 226, § 2º, da Constituição Federal, e arts. 1.515 e 1.516 do Código

---

10. E.g., NORONHA, E. Magalhães. *Direito penal*..., cit., p. 306; NUCCI, Guilherme de Souza. *Curso de*..., cit., p. 162. Admitindo o oficial do registro, LACERDA, Romão Gomes de. *In*: HUNGRIA, Nélson. *Comentários ao*..., cit., p. 373.
11. "*Art. 98. A União, no Distrito Federal e nos Territórios, e os Estados criarão: I – juizados especiais, providos por juízes togados, ou togados e leigos, competentes para a conciliação, o julgamento e a execução de causas cíveis de menor complexidade e infrações penais de menor potencial ofensivo, mediante os procedimentos oral e sumaríssimo, permitidos, nas hipóteses previstas em lei, a transação e o julgamento de recursos por turmas de juízes de primeiro grau; II – justiça de paz, remunerada, composta de cidadãos eleitos pelo voto direto, universal e secreto, com mandato de quatro anos e competência para, na forma da lei, celebrar casamentos, verificar, de ofício ou em face de impugnação apresentada, o processo de habilitação e exercer atribuições conciliatórias, sem caráter jurisdicional, além de outras previstas na legislação*".
12. O art. 30 do ADCT dispõe que "*a legislação que criar a justiça de paz manterá os atuais juízes de paz até a posse dos novos titulares, assegurando-lhes os direitos e atribuições conferidos a estes, e designará o dia para a eleição prevista no art. 98, II, da Constituição*".
13. Destaque-se que, em 2017, a Procuradoria Geral da República propôs no STF uma Ação Direta de Inconstitucionalidade por Omissão (ADO 40), ainda em andamento, requerendo o cumprimento do artigo 98, inciso II, da Constituição Federal em relação a 20 Estados e o Distrito Federal.
14. BITENCOURT, Cezar Roberto. *Tratado de*..., cit., p. 261.

Civil. Dessarte, também poderá praticar o delito aquele que, em tal situação, se faça passar pelo ministro religioso[15].

Nota-se que há a *subsidiariedade expressa*, dado que somente incide o artigo 238 *se o fato não constitui crime mais grave*[16].

Nesse diapasão, reitere-se que o art. 238 é forma específica do art. 328 do Código Penal, referente ao delito de *usurpação de função pública*. Assim, o art. 328 irá prevalecer se o agente aufere vantagem, hipótese que é apenada mais gravemente em seu parágrafo único (reclusão, de dois a cinco anos e multa).

O artigo 1.550, inciso VI, do Código Civil dispõe que o casamento é anulável por incompetência da autoridade celebrante. Nesse caso, há prazo de dois anos para ser intentada a ação de anulação do casamento, a contar da data da celebração (art. 1.560, II). Não obstante, tal questão não é empecilho para a propositura da ação penal.

O *elemento subjetivo do tipo* é o dolo, vontade livre e consciente de atribuir-se autoridade para a celebração de casamento. Não se exige elemento subjetivo especial do tipo (*tipo congruente*).

Não há previsão da modalidade culposa.

4.5. CONSUMAÇÃO E TENTATIVA

Consoante o pensamento majoritário[17], *consuma-se* o delito com "*a prática de ato revelador de que o agente se atribui autoridade para a celebração de matrimônio*", não sendo necessário que se realize a efetiva celebração do casamento[18].

Trata-se de *crime formal*, de consumação antecipada, ou de resultado cortado. Basta a prática de ato revelador da assunção ilegítima da condição de autoridade apta à celebração do matrimônio, independentemente de sua efetiva realização.

---

15. NUCCI, Guilherme de Souza. *Curso de*..., cit., p. 162.
16. Nesse sentido, veja-se a Exposição de Motivos da Parte Especial do Código Penal, item 77.
17. NORONHA, E. Magalhães. *Direito penal*..., cit., p. 307. PRADO, Luiz Regis. *Curso de*..., cit., p. 524 assevera que eventual realização do casamento pode configurar o art. 239 do Código Penal, relativo ao crime de simulação de casamento.
18. Já Bitencourt estatui que a consumação se dá "*quando o agente pratica ato próprio da autoridade que se atribui falsamente*", razão pela qual o simples "*atribuir-se*" dessa autoridade não passaria de ato preparatório, sendo necessária a efetiva realização do matrimônio, cf. BITENCOURT, Cezar Roberto. *Tratado de*..., cit., p. 260.

Quanto à possibilidade de admitir-se a *tentativa*, parcela da doutrina considera ser o presente crime unissubsistente, não sendo possível o *conatus*[19], enquanto outra corrente entende-o plurissubsistente, que permitiria a forma tentada[20].

Não nos parece possível a tentativa. Ou há um ato demonstrativo da autoatribuição indevida, restando o crime consumado, ou não, sendo eventual comportamento preliminar ao ato preparatório.

4.6. PENA E AÇÃO PENAL

O delito de *simulação de autoridade para celebração de casamento* é sancionado com pena de detenção, de um a três anos, se o fato não constitui crime mais grave (art. 238).

A *ação penal é pública incondicionada.*

Admite-se a *suspensão condicional do processo* (art. 89 da Lei nº 9.099/1995).

Preenchidos os requisitos do art. 28-A do Código de Processo Penal, é cabível o *acordo de não persecução penal.*

19. Não admitindo a tentativa, LACERDA, Romão Gomes de. *In*: HUNGRIA, Nélson. *Comentários ao*..., cit., p. 373. Bitencourt parece não admitir a tentativa, ponderando que se trata de delito que já representa uma antecipação da punibilidade de condutas que seriam atos preparatórios, que não seriam puníveis, cf. BITENCOURT, Cezar Roberto. *Tratado de*..., cit., p. 260.

20. Nesse sentido, admitindo então a tentativa, NUCCI, Guilherme de Souza. *Curso de*..., cit., p. 163; NORONHA, E. Magalhães. *Direito penal*..., cit., p. 307; PRADO, Luiz Regis. *Curso de*..., cit., p. 524; PENTEADO, Jaques de Camargo. *A família e a justiça penal*. São Paulo: Ed. RT, 1998, p. 43.

5 SIMULAÇÃO DE CASAMENTO (ART. 239)

SUMÁRIO: 5.1. Considerações iniciais – 5.2. Objetividade jurídica – 5.3. Sujeitos do delito – 5.4. Tipicidade objetiva e subjetiva – 5.5. Consumação e tentativa – 5.6. Pena e ação penal.

Simulação de casamento

Art. 239. Simular casamento mediante engano de outra pessoa:

Pena - detenção, de 1 (um) a 3 (três) anos, se o fato não constitui elemento de crime mais grave.

5.1. CONSIDERAÇÕES INICIAIS

Os Códigos Penais pátrios de 1830 e 1890 não possuíam previsão semelhante, de tal sorte que o delito de *simulação de casamento* é inovação introduzida no Código Penal de 1940, mantendo-se a sua redação original desde então. Lacerda[1] aduz que o crime insculpido no art. 239 é "*irmão gêmeo*" do tratado no art. 238 do *Codex*[2], no sentido de que, nos dois casos, o casamento constitui uma farsa.

A diferença entre as figuras encontra-se no fato de que, enquanto no crime de *simulação de autoridade para celebração de casamento*, o embuste se encontra na falsa autoridade celebrante, na presente figura de *simulação de casamento*, a trapaça é perpetrada por um dos nubentes, ou, excepcionalmente, ambos.

Do mesmo modo que o delito insculpido no artigo precedente, cuida-se de incriminação expressamente *subsidiária*.

1. LACERDA, Romão Côrtes de. *In*: HUNGRIA, Nélson. *Comentários ao Código Penal*. Rio de Janeiro: Forense, 1955, v. VIII, p. 375.
2. "*Art. 238 – Atribuir-se falsamente autoridade para celebração de casamento: Pena – detenção, de um a três anos, se o fato não constitui crime mais grave*".

5.2. OBJETIVIDADE JURÍDICA

Quanto *bem jurídico*, protege-se a disciplina legal do casamento[3], além da regular formação da família[4].

5.3. SUJEITOS DO DELITO

Qualquer pessoa pode ser um *sujeito ativo* do delito de simulação de casamento (*crime comum*, ou geral).

Nesse diapasão, observa Prado[5] que "*todos os que participarem do casamento, tendo ciência da simulação, serão havidos como coautores do delito*", de tal sorte que não há a exigência de que a pessoa que engane o outro contraente seja a mesma que vai simular se casar com ele.

Assim, pode figurar como autor do crime um dos nubentes, que ludibria o outro, bem como o juiz ou testemunhas que enganam ambos os nubentes[6].

Sujeito passivo é o Estado, bem como a pessoa que foi enganada[7].

Ainda, vale lembrar que é possível que pessoas entre 16 e 18 anos se casem. Em tal caso, é preciso que haja autorização dos pais ou do representante legal do menor de idade (artigo 1.517 do Código Civil). Desta feita, podem os pais, ou o representante legal, figurarem tanto como sujeitos ativos – desde que tenham ciência da simulação –, quanto como sujeitos passivos.

5.4. TIPICIDADE OBJETIVA E SUBJETIVA

O artigo 239 incrimina a conduta de "*simular casamento mediante engano de outra pessoa*".

---

3. NORONHA, E. Magalhães. *Direito penal*. São Paulo: Saraiva, 1995, v. 3, p. 307; PENTEADO, Jaques de Camargo. *A família e a justiça penal*. São Paulo: Ed. RT, 1998, p. 44. Nucci fala em proteção da formalização do casamento, cf. NUCCI, Guilherme de Souza. *Curso de direito penal*: parte especial. Rio de Janeiro: Forense, 2018, v. 3, p. 164.
4. BITENCOURT, Cezar Roberto. *Tratado de direito penal*: parte especial. São Paulo: Saraiva, 2018, v. 4, p. 262.
5. PRADO, Luiz Regis. *Curso de direito penal brasileiro*. São Paulo: Ed. RT, 2018, v. II, p. 525. LACERDA, Romão Gomes de. *In*: HUNGRIA, Nélson. *Comentários ao*..., cit., p. 374, entende que somente o contraente pode simular, pois é ele quem casa.
6. Cf. NORONHA, E. Magalhães. *Direito penal*..., cit., p. 307.
7. Bitencourt coloca o Estado como sujeito passivo mediato, cf. BITENCOURT, Cezar Roberto. *Tratado de*..., cit., p. 263.

Simular traz a ideia de fingir, disfarçar. Desta feita, a simulação se dá com o emprego de *engano*, isto é, com o uso de fraude, ardil, engodo para que se construa a aparência de realidade. Pouco importa para tal simulação que a autoridade que vai celebrar o casamento não tenha poderes para tanto. É necessário o emprego de qualquer meio idôneo a ludibriar, criando-se uma percepção errônea da realidade.

Nesse influxo, assevera Noronha[8] que "*é mister que o ato tenha eficácia fraudulenta, o que, entretanto, deve ser relacionado à pessoa da vítima, devendo atentar-se a que, em nossos meios rurais, a simplicidade e a credulidade, às vezes, tocam às raias do inverossímil. Não há razão para não se proteger essas pessoas*".

Bitencourt[9] entende que se ambos os nubentes simulam o casamento, não incidiria o crime em comento, pois não haveria o "*engano de outra pessoa*". Não obstante, a redação do tipo permite interpretação diversa, pois os nubentes podem ter por objetivo enganar os pais, tutores ou curadores de um ou ambos.

Não há crime se, *e.g.*, há uma simulação de casamento com *animus jocandi*, para "*brincar*" com amigos, pois na hipótese a ação não se volta contra o outro nubente ou terceiro capaz de consentir em seu lugar.

Como sinalizado, cuida-se de *crime subsidiário*. O presente delito resta absorvido quando o agente possui um fim especial, como farsa encetada para fins de obtenção de vantagem econômica, caracterizadora de *estelionato* (art. 171 do Código Penal), ou para manter relação sexual, ensejadora de *violação sexual mediante fraude* (art. 215).

Trata-se de *crime de forma vinculada*, que somente pode ser cometido por meio do ato solene à celebração do casamento.

O *elemento subjetivo do tipo* é o dolo, não se exigindo a presença de um especial fim de agir, isto é, de elemento subjetivo especial do tipo (*tipo congruente*).

Não há previsão da modalidade culposa.

5.5. CONSUMAÇÃO E TENTATIVA

Consuma-se o delito com a efetiva simulação do casamento. A simulação não precisa ser integral, ou seja, não é preciso que haja cópia fiel do que seria o ato de casamento verdadeiro[10], bastando que haja a eficácia do ato em enganar a vítima.

8. NORONHA, E. Magalhães. *Direito penal*..., cit., p. 307. Em sentido semelhante, PRADO, Luiz Regis. *Curso de*..., cit., p. 525.
9. BITENCOURT, Cezar Roberto. *Tratado de*..., cit., p. 263. É também o entendimento de LACERDA, Romão Gomes de. *In*: HUNGRIA, Nélson. *Comentários ao*..., cit., pp. 374-375.
10. NORONHA, E. Magalhães. *Direito penal*..., cit., p. 308; PENTEADO, Jaques de Camargo. *A família*..., cit., p. 45; PRADO, Luiz Regis. *Curso de*..., cit., p. 526, dentre outros.

Cuida-se de *crime formal*, de consumação antecipada, ou de resultado cortado, vez que não se exige o êxito no alcance da falsa declaração de casado[11].

Admite-se a figura da *tentativa*, dado o caráter *plurissubsistente* do delito.

5.6. PENA E AÇÃO PENAL

O delito de *simulação de casamento* é sancionado com pena de detenção, de um a três anos, se o fato não constitui elemento de crime mais grave (art. 239).

A *ação penal é pública incondicionada*.

Admite-se a *suspensão condicional do processo* (art. 89 da Lei nº 9.099/1995).

Preenchidos os requisitos do art. 28-A do Código de Processo Penal, é cabível o *acordo de não persecução penal*.

11. Na ótica de Noronha, *e.g.*, trata-se de *crime material*, cf. NORONHA, E. Magalhães. *Direito penal*..., cit., p. 308.

6 REGISTRO DE NASCIMENTO INEXISTENTE (ART. 241)

Sumário: 6.1. Considerações iniciais – 6.2. Objetividade jurídica – 6.3. Sujeitos do delito – 6.4. Tipicidade objetiva e subjetiva – 6.5. Consumação e tentativa – 6.6. Pena e ação penal.

Registro de nascimento inexistente

Art. 241. Promover no registro civil a inscrição de nascimento inexistente:

Pena – reclusão, de 2 (dois) a 6 (seis) anos.

6.1. CONSIDERAÇÕES INICIAIS

O delito insculpido no art. 241 do Código Penal inaugura o Capítulo II do Título VII da Parte Especial, relativo aos *crimes contra o estado de filiação*. Nas palavras de Noronha[1], cuidam-se de delitos "*contra essa situação que vincula uma pessoa a uma família e do qual se originam efeitos e consequências da mais elevada importância consubstanciando não só interesses privados como públicos*".

Havia figura semelhante no Código Penal de 1890, o qual exigia um especial fim de agir. O atual crime de *registro de nascimento inexistente* não sofreu alterações, mantendo-se a redação original do Código de 1940, o qual teve influência do ordenamento italiano[2].

6.2. OBJETIVIDADE JURÍDICA

Na ótica de Noronha[3], há a tutela do "*interesse social na constituição regular da família, tendo-se em vista especialmente o estado de filiação*". Também se considera a proteção da fé pública de que gozam os documentos oficiais[4].

1. NORONHA, E. Magalhães. *Direito penal*. São Paulo: Saraiva, 1995, v. 3, p. 314.
2. LACERDA, Romão Côrtes de. *In*: HUNGRIA, Nélson. *Comentários ao Código Penal*. Rio de Janeiro: Forense, 1955, v. VIII, p. 386.
3. NORONHA, E. Magalhães. *Direito penal*..., cit., p. 315.
4. BITENCOURT, Cezar Roberto. *Tratado de direito penal*: parte especial. São Paulo: Saraiva, 2018, v. 4, p. 265. No mesmo sentido, PRADO, Luiz Regis. *Curso de direito penal brasileiro*. São Paulo: Ed. RT, 2018, v. II, p. 527.

Nesse influxo, há a proteção da regular formação da família, além, em especial, da segurança das fontes probatórias do estado de filiação[5].

6.3. SUJEITOS DO DELITO

Qualquer pessoa pode ser um *sujeito ativo* do crime em análise, independentemente de fazer ou não parte da família que "*ganha um membro*" a partir do registro inexistente (*v.g.*, pode ser autor o oficial do Registro Civil)[6]. Assim, trata-se de *crime comum*, ou geral.

É possível que haja o *concurso de pessoas*, *e.g.*, no caso em que o médico, consciente da futura falsidade que será perpetrada, atua como partícipe fornecendo o atestado do nascimento que não existiu, ou no caso de coautoria entre os pais ou mães fictícios.

Sujeito passivo é o Estado. Também se admite como eventual vítima "*a pessoa a quem semelhante registro causar prejuízo ou dano*"[7].

6.4. TIPICIDADE OBJETIVA E SUBJETIVA

O art. 241 do Código Penal incrimina a conduta de "*promover no registro civil a inscrição de nascimento inexistente*".

Promover traz a ideia de requerer, acionar, solicitar. *Nascimento* traz a ideia do início da vida humana.

Destarte, *nascimento inexistente* é tido como aquele que não aconteceu na realidade, que não veio a cabo, ou mesmo em que o feto já veio ao mundo sem vida. Assim o registro pode se dar, *e.g.*, quando se indica um filho de mulher que não está grávida, ou ainda não deu à luz, ou em casos de natimorto que é registrado como vivo.

Vale destacar que a Lei nº 6.015/1973, em seu art. 29, inciso I, estatui que os nascimentos serão registrados no registro civil de pessoas naturais. O art. 50 do diploma, por sua vez, fixa que "*todo nascimento que ocorrer no território nacional deverá*

---

5. PRADO, Luiz Regis. *Curso de...*, cit., p. 527.
6. PENTEADO, Jaques de Camargo. *A família e a justiça penal*. São Paulo: Ed. RT, 1998, p. 54.
7. NORONHA, E. Magalhães. *Direito penal...*, cit., p. 315. BITENCOURT, Cezar Roberto. *Tratado de...*, cit., p. 266, entende que o Estado é sujeito passivo mediato.

ser dado a registro, no lugar em que tiver ocorrido o parto ou no lugar da residência dos pais, dentro do prazo de quinze dias, que será ampliado em até três meses para os lugares distantes mais de trinta quilômetros da sede do cartório".

Demais disso, o § 1º do art. 52 prevê que "*quando o oficial tiver motivo para duvidar da declaração, poderá ir à casa do recém-nascido verificar a sua existência, ou exigir a atestação do médico ou parteira que tiver assistido o parto, ou o testemunho de duas pessoas que não forem os pais e tiverem visto o recém-nascido*".

Ainda, o art. 53 da referida lei trata dos casos em que a criança nasceu morta ou morreu no parto, nos quais será feito o assento com os elementos que couberem e com remissão ao óbito. Quando a criança já nasce morta, o registro será feito no livro "C Auxiliar", com os elementos que couberem (§ 1º).

Entende-se que o delito insculpido no art. 241 absorve o crime de *falsidade ideológica* (art. 299 do Código Penal)[8].

Quanto à prescrição, considera-se que esta deve correr da data em que o fato se tornou conhecido, aplicando-se a regra do art. 111, IV, do *Codex*[9]. Isso porque, apesar do presente delito encontrar-se dentre os crimes contra o estado de filiação, existe uma falsificação de Registro Civil[10].

O *elemento subjetivo do tipo* é o dolo, vontade livre e consciente de promover no Registro Civil a inscrição de nascimento inexistente. Não se exige elemento subjetivo especial do tipo (*tipo congruente*).

Não há previsão da modalidade culposa.

6.5. CONSUMAÇÃO E TENTATIVA

Consuma-se o delito com a inscrição no Registro Civil. Cuida-se de *crime material, instantâneo com efeitos permanentes*.

Admite-se a *tentativa*, *v.g.*, no caso em que o sujeito ativo busca promover o registro, porém a autoridade apta a fazê-lo se recusa a tal.

---

8. NUCCI, Guilherme de Souza. *Curso de direito penal*: parte especial. Rio de Janeiro: Forense, 2018, v. 3, p. 169. BITENCOURT, Cezar Roberto. *Tratado de*..., cit., p. 266, para tanto, refere-se tanto à questão da especialidade quanto à questão da consunção.
9. "*Art. 111 – A prescrição, antes de transitar em julgado a sentença final, começa a correr: [...] IV – nos de bigamia e nos de falsificação ou alteração de assentamento do registro civil, da data em que o fato se tornou conhecido*".
10. NORONHA, E. Magalhães. *Direito penal*..., cit., p. 316; NUCCI, Guilherme de Souza. *Curso de*..., cit., p. 170.

6.6. PENA E AÇÃO PENAL

O delito de *registro de nascimento inexistente* é sancionado com pena de reclusão, de dois a seis anos (art. 241).

A *ação penal é pública incondicionada.*

Preenchidos os requisitos do art. 28-A do Código de Processo Penal, é cabível o *acordo de não persecução penal.*

7 PARTO SUPOSTO. SUPRESSÃO OU ALTERAÇÃO DE DIREITO INERENTE AO ESTADO CIVIL DE RECÉM--NASCIDO (ART. 242)

SUMÁRIO: 7.1. Considerações iniciais – 7.2. Objetividade jurídica – 7.3. Sujeitos do delito – 7.4. Tipicidade objetiva e subjetiva – 7.5. Consumação e tentativa – 7.6. Figura privilegiada – 7.7. Pena e ação penal.

Parto suposto. Supressão ou alteração de direito inerente ao estado civil de recém-nascido

Art. 242. Dar parto alheio como próprio; registrar como seu o filho de outrem; ocultar recém-nascido ou substituí-lo, suprimindo ou alterando direito inerente ao estado civil:

Pena – reclusão, de 2 (dois) a 6 (seis) anos.

Parágrafo único. Se o crime é praticado por motivo de reconhecida nobreza:

Pena – detenção, de 1 (um) a 2 (dois) anos, podendo o juiz deixar de aplicar a pena.

7.1. CONSIDERAÇÕES INICIAIS

A Consolidação das Leis Penais já possuía figuras semelhantes em seu bojo, assim como o Código Penal Republicano (1890). O Código Penal italiano também possui previsões assemelhadas, tratadas em dispositivos distintos. Neste particular aspecto, então, o *Codex* de 1940 se afastou de sua grande inspiração legislativa.

O presente delito sofreu alterações pela Lei nº 6.898/1981, a qual inclui no *caput* do art. 242 do Código Penal a conduta relativa a "*registrar como seu o filho de outrem*". Ainda, na hipótese da figura privilegiada, foi incluída a possibilidade do juiz deixar de aplicar a pena.

Assim, atualmente, o art. 242 possui em seu *caput*, em linhas gerais, três modalidades delituosas, quais sejam, *parto suposto* (1ª parte); *registrar filho de outrem como seu* (2ª parte); e *substituir ou ocultar recém-nascido* (3ª parte). Demais disso, há hipótese de figura privilegiada (art. 242, parágrafo único).

7.2. OBJETIVIDADE JURÍDICA

Protege-se a autenticidade do parto, além do estado de filiação[1].

7.3. SUJEITOS DO DELITO

Quanto à hipótese do parto suposto, *sujeito ativo* é necessariamente mulher. Assim, trata-se de *crime próprio*, ou especial. Não há óbice para que haja *concurso de pessoas*, inclusive com a mãe verdadeira da criança.

Sujeito passivo é o Estado. Também se admite como vítima a "*pessoa prejudicada pela perda de direito que teria não fosse a existência desse filho*"[2].

Já nos demais casos, qualquer pessoa pode ser um *sujeito ativo*, tratando-se, portanto, de *crime comum*[3].

Sujeito passivo é o Estado, além do recém-nascido[4]. Em geral, na hipótese de substituição de recém-nascido, estão envolvidos dois bebês como ofendidos, salvo na hipótese em que há natimorto.

Em suma, além do Estado, podem ser vítimas o recém-nascido, as pessoas prejudicadas pelo registro e os eventuais herdeiros lesados.

7.4. TIPICIDADE OBJETIVA E SUBJETIVA

O art. 242 do *Codex* tipifica as condutas de: a) *dar parto alheio como próprio*; b) *registrar como seu o filho de outrem*; e c) *ocultar recém-nascido ou substituí-lo, suprimindo ou alterando direito inerente ao estado civil*.

---

1. NORONHA, E. Magalhães. *Direito penal*. São Paulo: Saraiva, 1995, v. 3, p. 316. Na ótica de Bitencourt, protege-se "*a segurança do estado de filiação e a fé pública dos documentos oficiais*", cf. BITENCOURT, Cezar Roberto. *Tratado de direito penal*: parte especial. São Paulo: Saraiva, 2018, v. 4, p. 268.
2. NORONHA, E. Magalhães. *Direito penal*..., cit., p. 316.
3. NUCCI, Guilherme de Souza. *Curso de direito penal*: parte especial. Rio de Janeiro: Forense, 2018, v. 3, p. 173, entende que no caso da figura relativa a registrar como seu filho de outrem, são sujeitos ativos o pai ou a mãe.
4. Esse é considerado por NORONHA, E. Magalhães. *Direito penal*..., cit., p. 318, como o bebê de até uma semana. Prado, por sua vez, com razão, entende que "*não é conveniente a adoção de uma fórmula fixa, mas admitir a aferição precisa do termo pelas circunstâncias do caso submetido à apreciação concreta*", cf. PRADO, Luiz Regis. *Curso de direito penal brasileiro*. São Paulo: Ed. RT, 2018, v. II, p. 530.

Cuida-se de *tipo misto cumulativo* quando observados os três fragmentos em separado. Considera-se, ainda, de *tipo misto alternativo*, ou de conteúdo variado, quando analisada a terceira figura, que fala em ocultar *ou* substituir recém-nascido.

Destarte, *v.g.*, pode haver concurso material de crimes no caso do agente que substitui recém-nascido e posteriormente o registra como se filho seu fosse[5].

No tocante à primeira hipótese, relativa a *dar parto alheio como próprio*, trata-se de situação em que o agente atribui para si um parto que aconteceu com outra pessoa, ou seja, diz respeito a atribuir a si a maternidade do filho de outrem. O entendimento recorrente é que é preciso que haja uma simulação de gravidez[6]. Assim, *e.g.*, pode ser o caso de uma mulher que usa uma barriga falsa, e sustenta que deu à luz a um bebê que, na verdade, nasceu do ventre de outra mulher.

Não configura o delito simplesmente afirmar que uma criança é seu filho quando não o é. Para caracterização da infração em destaque, é preciso uma situação, "*um estado de certa duração, a positivar mesmo o dolo do sujeito ativo, e que caracterize a introdução do menor na família*"[7].

Observe que a redação típica diz respeito a *dar parto alheio como próprio*, e não o contrário, dando-se parto próprio como alheio. Por conseguinte, nesse segundo caso, ocorre o crime de *falsidade ideológica* (art. 299 do Código Penal)[8].

No caso de *registrar como seu o filho de outrem*, o Registro Civil da criança é feito com dados que não condizem com a realidade de sua filiação biológica, em desacordo com o ordenamento pátrio.

Vale pontuar que a Lei nº 6.015/1973 dispõe que "*todo nascimento que ocorrer no território nacional deverá ser dado a registro, no lugar em que tiver ocorrido o parto ou no lugar da residência dos pais, dentro do prazo de quinze dias, que será ampliado em até três meses para os lugares distantes mais de trinta quilômetros da sede do cartório*" (art. 50)[9].

---

5. Cf. PRADO, Luiz Regis. *Curso de...*, cit., p. 529.
6. NUCCI, Guilherme de Souza. *Curso de...*, cit., p. 172.
7. NORONHA, E. Magalhães. *Direito penal...*, cit., p. 317. No mesmo sentido, PRADO, Luiz Regis. *Curso de...*, cit., pp. 529-530.
8. LACERDA, Romão Côrtes de. *In*: HUNGRIA, Nélson. *Comentários ao Código Penal*. Rio de Janeiro: Forense, 1955, v. VIII, p. 390.
9. Ainda, o art. 52 estatui que "*São obrigados a fazer declaração de nascimento: 1º) o pai ou a mãe, isoladamente ou em conjunto, observado o disposto no § 2º do art. 54; 2º) no caso de falta ou de impedimento de um dos indicados no item 1º, outro indicado, que terá o prazo para declaração prorrogado por 45 (quarenta e cinco) dias; 3º) no impedimento de ambos, o parente mais próximo, sendo maior achando-se presente; 4º) em falta ou impedimento do parente referido no número anterior os administradores de hospitais ou os médicos e parteiras, que tiverem assistido o parto; 5º) pessoa idônea da casa em que ocorrer, sendo fora da residência da mãe; 6º) finalmente, as pessoas (VETADO) encarregadas da guarda do menor. § 1º Quando o oficial tiver motivo para duvidar da declaração, poderá ir à casa do recém-nascido verificar a sua existência, ou exigir a atestação do médico ou parteira que tiver assistido o parto, ou o testemunho de*

Exemplo de registro de filho de outrem seria a chamada "*adoção à brasileira*"[10], na qual, sem se seguir o trâmite para a adoção presente na legislação, pessoas que não são os pais biológicos da criança a registram, como se assim ela fosse. Grosso modo, é modo de se abstrair da formalidade da adoção. É o caso de uma pessoa que deseja ter filhos e, sabendo da precária situação econômica de sua vizinha adolescente grávida, acaba registrando a criança como se na verdade fosse sua.

Ademais, com os avanços tecnológicos, não é incomum que por meio da *internet* ou redes sociais, pessoas ajustem a entrega de crianças para que haja o registro em desacordo com a filiação biológica, v.g., uma mulher que está grávida e se vale desse meio para encontrar uma família que tenha interesse em "*adotar*" o bebê que está para nascer, em desconformidade com o ordenamento pátrio.

Em que pese a fraude havida no registro do nascimento, o Superior Tribunal de Justiça já se manifestou no sentido de que "*não é do melhor interesse da criança o acolhimento institucional ou familiar temporário, salvo diante de evidente risco à sua integridade física ou psíquica*"[11].

Nessas situações, o crime de falsidade resta absorvido, tendo em vista o princípio da consunção.

Por fim, na hipótese de *ocultar ou substituir recém-nascido, suprimindo ou alterando direito inerente ao estado civil* há um *tipo misto alternativo*, ou de conteúdo variado, de tal sorte que, conforme o caso, haverá crime único mesmo com a prática de ambos os verbos.

Ocultar diz respeito a esconder, encobrir o recém-nascido, de modo a *suprimir seu direito inerente ao estado civil*. Exemplo seria o caso em que o nascimento não é levado ao Registro Civil, o que poderia afetar uma eventual herança destinada à criança.

Noronha[12] aduz que não é preciso que o bebê fique escondido aos olhos de qualquer pessoa, mas sim que haja uma lesão ao seu direito relativo ao estado de família pela sua não apresentação.

---

duas pessoas que não forem os pais e tiverem visto o recém-nascido. § 2º Tratando-se de registro fora do prazo legal, o oficial, em caso de dúvida, poderá requerer ao Juiz as providências que forem cabíveis para esclarecimento do fato. § 3º O oficial de registro civil comunicará o registro de nascimento ao Ministério da Economia e ao INSS pelo Sistema Nacional de Informações de Registro Civil (Sirc) ou por outro meio que venha a substituí-lo".

10. Nesse influxo, quanto à "*adoção à brasileira*", o STJ já manifestou entendimento no sentido de que "*não tem o condão de romper os vínculos civis entre o filho e os pais biológicos, os quais devem ser restabelecidos sempre que ele manifestar o desejo de desfazer o liame jurídico decorrente do registro ilegal, restabelecendo-se todos os consectários legais resultantes da paternidade biológica*", cf. AgRg no REsp 1.417.597/RS, rel. Min. Marco Aurélio Bellizze, 3ª Turma, j. 05/11/2015, DJe 17/11/2015.
11. HC 29.1103/SP, rel. Min. Sidnei Beneti, 3ª Turma, j. 05/08/2014, DJe 29/08/2014.
12. NORONHA, E. Magalhães. *Direito penal*..., cit., p. 318.

Considera-se que não se configuraria o presente delito no caso em que não é realizado o registro civil do natimorto, visto que não haveria situação de alterar ou suprimir direito ao estado civil.

Substituir recém-nascido diz respeito a trocar, permutar, a criança. Assim, em geral, ocorre uma troca de bebês, os quais são inseridos em famílias diversas das que biologicamente seriam suas, o que afeta seu estado de filiação. Ou seja, o infante assume os direitos do estado civil que pertenciam a outro, *alterando direito inerente ao estado civil*. A substituição pode acontecer antes ou depois da realização do registro civil.

Há entendimento no sentido de que para o art. 242 do *Codex*, a regra de prescrição a ser seguida é a traçada pelo art. 111, inciso IV, de maneira que esta começaria a correr a partir da data em que o ato ficou conhecido[13].

Nucci[14] entende que em todos os casos incide a consequência de suprimir ou alterar direito inerente ao estado civil. Por outro lado, há corrente considerando que tal consequência diz respeito somente às situações de substituir ou ocultar recém-nascido.

Vale destacar que o art. 229 do Estatuto da Criança e do Adolescente[15] tipifica, inclusive admitindo a forma culposa, a conduta de "*deixar o médico, enfermeiro ou dirigente de estabelecimento de atenção à saúde de gestante de identificar corretamente o neonato e a parturiente, por ocasião do parto*".

Em quaisquer dos casos, o *elemento subjetivo do tipo* é o dolo, e não há previsão de modalidade culposa.

No caso de ocultação ou substituição de recém-nascido, há *elemento subjetivo especial do tipo*, concernente a alterar ou suprimir direito inerente ao estado civil da criança[16].

---

13. *E.g.*, NUCCI, Guilherme de Souza. *Curso de...*, cit., p. 174. PRADO, Luiz Regis. *Curso de...*, cit., p. 532, entende que semelhante regra especial somente deve ser aplicada à hipótese de "*registrar como seu o filho de outrem*".
14. NUCCI, Guilherme de Souza. *Curso de...*, cit., p. 171.
15. "*Art. 229. Deixar o médico, enfermeiro ou dirigente de estabelecimento de atenção à saúde de gestante de identificar corretamente o neonato e a parturiente, por ocasião do parto, bem como deixar de proceder aos exames referidos no art. 10 desta Lei: Pena – detenção de seis meses a dois anos. Parágrafo único. Se o crime é culposo: Pena – detenção de dois a seis meses, ou multa*".
16. *V.g.*, NORONHA, E. Magalhães. *Direito penal...*, cit., p. 318; PRADO, Luiz Regis. *Curso de...*, cit., p. 531. Já NUCCI, Guilherme de Souza. *Curso de...*, cit., p. 173, entende que este especial fim de agir aplica-se a quaisquer das figuras, pois, do contrário, restaria esvaziado o presente delito contra o estado de filiação.

7.5. CONSUMAÇÃO E TENTATIVA

Na hipótese do art. 242, *caput*, 1ª parte, *consuma-se* o delito com a caracterização do novo estado da criança. Dessa maneira, a consumação se verifica com a situação duradoura que realmente culmine na alteração do *status familiae* do infante[17].

Na hipótese do art. 242, *caput*, 2ª parte, *consuma-se* o crime com a realização efetiva do registro de criança filha de outrem como se própria fosse com a supressão do direito.

Na hipótese do art. 242, *caput*, 3ª parte, *consuma-se* o crime com a alteração ou supressão de direito inerente ao estado civil do recém-nascido. Nesse âmbito, seguindo a lição de Manzini, Noronha[18] aduz que haverá uma situação material ou formal que importe na alteração ou supressão do referido direito.

Trata-se de *crime material* que precisa da efetiva supressão ou alteração do estado civil.

Na modalidade de "*ocultar*", considera-se que há *crime permanente*.

Em quaisquer das hipóteses, admite-se a *tentativa*.

7.6. FIGURA PRIVILEGIADA

O parágrafo único estabelece *figura privilegiada* no caso em que o delito, não importa qual a modalidade da conduta do agente, é praticado "*por motivo de reconhecida nobreza*". Tal motivo é visto como aquele de humanidade, generosidade, altruísmo, solidariedade.

Conforme as circunstâncias do caso concreto, a margem de pena será menor ou, ainda, o juiz pode deixar de aplicar a pena, isto é, conceder perdão judicial, o qual é *causa de extinção da punibilidade* do agente, nos termos do art. 107, inciso IX, do Código Penal.

Exemplo poderia ser a já referida hipótese de "*adoção à brasileira*", na qual, *e.g.*, diante do falecimento da mãe da criança no parto, ficando o bebê sem parentes vivos, uma amiga da genitora registre a criança como se sua filha fosse.

---

17. PRADO, Luiz Regis. *Curso de...*, cit., p. 531.
18. Pontua Noronha que "*a troca ou substituição de crianças que, ato contínuo ou imediatamente, não traduz, por si, consumação, pois mal se poderá falar em alteração de estado civil, isto é, ainda não se estabeleceu situação que não é correspondente à realidade*", cf. NORONHA, E. Magalhães. *Direito penal...*, cit., p. 319.

Por conseguinte, a situação que enseja a figura privilegiada terá de ser analisada conforme o caso concreto, visto que tal delito também pode relacionar-se não a sentimentos de generosidade, mas sim estar inserto em um contexto de tráfico de crianças, por exemplo.

O Tribunal de Justiça do Estado de São Paulo[19], *e.g.*, já concedeu o perdão judicial em situação na qual havia paternidade socioafetiva[20], em que o apelante nutria afeto e carinho pela criança, e, até mesmo, buscava regularizar sua situação quanto à modificação da guarda.

7.7. PENA E AÇÃO PENAL

O delito de *parto suposto e supressão ou alteração de direito inerente ao estado civil de recém-nascido* é sancionado com pena de reclusão, de dois a seis anos (art. 242, *caput*).

Há *figura privilegiada*. Assim, se o crime é perpetrado por motivo de reconhecida nobreza, a pena de detenção, de um a dois anos, ou o juiz pode deixar de aplicar a pena. (art. 242, parágrafo único).

A *ação penal é pública incondicionada*.

Preenchidos os requisitos do art. 28-A do Código de Processo Penal, é cabível o *acordo de não persecução penal*.

---

19. Apelação Criminal nº 0000119-09.2016.8.26.0516, 12ª Câmara de Direito Criminal, rel. João Morenghi, Comarca Roseira, j. 12/02/2019, DJe 14/02/2019.

20. Destaque-se que o Supremo Tribunal Federal, em sede de Repercussão Geral, por maioria, exarou entendimento no sentido de que "*a paternidade socioafetiva, declarada ou não em registro público, não impede o reconhecimento do vínculo de filiação concomitante baseado na origem biológica, com os efeitos jurídicos próprios*", cf. STF, RE 898.060/SC, Tribunal Pleno, rel. Min. Luiz Fux, j. 21/09/2016.

8 SONEGAÇÃO DE ESTADO DE FILIAÇÃO (ART. 243)

SUMÁRIO: 8.1. Considerações iniciais – 8.2. Objetividade jurídica – 8.3. Sujeitos do delito – 8.4. Tipicidade objetiva e subjetiva – 8.5. Consumação e tentativa – 8.6. Pena e ação penal.

Sonegação de estado de filiação

Art. 243. Deixar em asilo de expostos ou outra instituição de assistência filho próprio ou alheio, ocultando-lhe a filiação ou atribuindo-lhe outra, com o fim de prejudicar direito inerente ao estado civil:

Pena – reclusão, de 1 (um) a 5 (cinco) anos, e multa.

8.1. CONSIDERAÇÕES INICIAIS

O Código de 1890 já possuía a incriminação de *sonegação de estado de filiação* em seu art. 287, no qual se entendia que a criança já deveria estar inscrita no Registro Civil para que houvesse o delito, requisito que estava presente na legislação italiana. O *Codex* de 1940 erigiu a figura no art. 243, cuja redação mantém-se a original.

Cumpre salientar que a Constituição Federal, em seu art. 227, § 6º, estabelece que "*os filhos, havidos ou não da relação do casamento, ou por adoção, terão os mesmos direitos e qualificações, proibidas quaisquer designações discriminatórias relativas à filiação*"[1].

8.2. OBJETIVIDADE JURÍDICA

Protege-se a ordem jurídica familiar, em especial, o estado de filiação[2].

---

1. No mesmo sentido dispõe o art. 1.596 do Código Civil, pelo qual "*os filhos, havidos ou não da relação de casamento, ou por adoção, terão os mesmos direitos e qualificações, proibidas quaisquer designações discriminatórias relativas à filiação*".
2. Bitencourt também menciona a proteção da fé pública dos documentos oficiais, cf. BITENCOURT, Cezar Roberto. *Tratado de direito penal*: parte especial. São Paulo: Saraiva, 2018, v. 4, p. 271.

8.3. SUJEITOS DO DELITO

Qualquer pessoa pode ser um *sujeito ativo* do crime em análise, não apenas o ascendente da vítima (dada a menção a "*filho alheio*"). Trata-se de *crime comum*, ou geral.

Sujeito passivo é o Estado, bem como o indivíduo que tem lesado seu direito ao estado civil[3].

8.4. TIPICIDADE OBJETIVA E SUBJETIVA

O art. 243 incrimina a conduta de "*deixar em asilo de expostos ou outra instituição de assistência filho próprio ou alheio, ocultando-lhe a filiação ou atribuindo-lhe outra, com o fim de prejudicar direito inerente ao estado civil*".

Deixar diz respeito a largar, afastar-se, abandonar, no caso, *filho próprio ou alheio*.

Asilo de expostos refere-se a orfanatos e abrigos para crianças abandonadas. A expressão *outra instituição de assistência* traz uma abertura, ligando-se a quaisquer creches, abrigos, seja a instituição pública ou particular. Assim, *e.g.*, não se perfaz o tipo quando a criança é deixada em outros lugares que não os mencionados, como em casa de particular – situação em que pode haver o crime de *abandono de incapaz*[4] (art. 133 do Código Penal), ou mesmo de *exposição ou abandono de recém-nascido* (art. 134)[5].

Destarte, comete o delito aquele que, *v.g.*, abandona filho de outrem em um orfanato, a fim de ocultar sua filiação, de tal sorte que a criança não figure como herdeira de sua verdadeira família.

O tipo pode se dar tanto por uma conduta *puramente comissiva*, como pode haver situação de *delito omissivo impróprio*, na hipótese em que há o dever legal de agir do

---

3. BITENCOURT, Cezar Roberto. *Tratado de*..., cit., p. 271, aloca o Estado como sujeito passivo mediato.
4. Nucci pontua que em caso de abandono em lugar ermo, sobrevivendo a criança, seria o caso de tentativa de homicídio, cf. NUCCI, Guilherme de Souza. *Curso de direito penal*: parte especial. Rio de Janeiro: Forense, 2018, v. 3, p. 176.
5. "*Art. 133 – Abandonar pessoa que está sob seu cuidado, guarda, vigilância ou autoridade, e, por qualquer motivo, incapaz de defender-se dos riscos resultantes do abandono: Pena – detenção, de seis meses a três anos. § 1º – Se do abandono resulta lesão corporal de natureza grave: Pena – reclusão, de um a cinco anos. § 2º – Se resulta a morte: Pena – reclusão, de quatro a doze anos. § 3º – As penas cominadas neste artigo aumentam-se de um terço: I – se o abandono ocorre em lugar ermo; II – se o agente é ascendente ou descendente, cônjuge, irmão, tutor ou curador da vítima. III – se a vítima é maior de 60 (sessenta) anos*". "*Art. 134 – Expor ou abandonar recém--nascido, para ocultar desonra própria: Pena – detenção, de seis meses a dois anos. § 1º – Se do fato resulta lesão corporal de natureza grave: Pena – detenção, de um a três anos. § 2º – Se resulta a morte: Pena – detenção, de dois a seis anos*".

sujeito ativo, consoante o art. 13 do *Codex*, que não evita a alteração do estado de filiação do indivíduo.

Considera-se que, para a configuração do delito em comento, o abandono do filho próprio ou alheio tem de estar acompanhado da *ocultação da filiação* – isto é, não é informado o estado de filiação do indivíduo – ou da *atribuição de outra filiação* – ou seja, há manifestação sobre uma filiação que não condiz com a realidade. Dessa forma, se a filiação informada é a correta, ou se a pessoa não tem o conhecimento sobre a real filiação, não se configurará o presente delito[6].

Noronha[7] entende que o art. 243 é uma modalidade do crime insculpido no art. 242, relativo à ocultação de recém-nascido, de modo a suprimir seu direito inerente ao estado civil.

Há que se diferenciar o delito em comento daquele previsto no art. 242, *in fine*, do *Codex*[8] relativo a ocultar ou substituir recém-nascido, suprimindo ou alterando direito inerente ao estado civil. Note-se que no caso do art. 242, o tipo refere-se apenas ao recém-nascido, sem especificar um local em que a criança seja ocultada ou substituída; já o art. 243 não se restringe ao recém-nascido, mas o local em que a pessoa é deixada somente pode ser um asilo de expostos ou outra instituição de assistência.

O delito em comento traz em seu bojo questões relativas ao estado civil da pessoa. Nesse diapasão, estatui o art. 92 do Código de Processo Penal que "*se a decisão sobre a existência da infração depender da solução de controvérsia, que o juiz repute séria e fundada, sobre o estado civil das pessoas, o curso da ação penal ficará suspenso até que no juízo cível seja a controvérsia dirimida por sentença passada em julgado, sem prejuízo, entretanto, da inquirição das testemunhas e de outras provas de natureza urgente*".

O *elemento subjetivo do tipo* é o dolo. Há *elemento subjetivo especial do tipo*, isto é, um especial fim de agir concernente ao intuito de *prejudicar direito inerente ao estado civil* (*tipo congruente*).

Na visão de Lacerda[9], seria mais acertado que tal fim fosse suprimido, pois o fato de deixar, *e.g.*, em asilo de expostos, filho próprio ou alheio, ocultando-lhe a filiação ou atribuindo-lhe outra, já prejudicaria o estado de filiação.

Não há previsão da modalidade culposa.

---

6. PRADO, Luiz Regis. *Curso de direito penal brasileiro*. São Paulo: Ed. RT, 2018, v. II, p. 534.
7. NORONHA, E. Magalhães. *Direito penal*. São Paulo: Saraiva, 1998, v. 3, p. 320.
8. "*Art. 242 – Dar parto alheio como próprio; registrar como seu o filho de outrem; ocultar recém-nascido ou substituí-lo, suprimindo ou alterando direito inerente ao estado civil: Pena – reclusão, de dois a seis anos. Parágrafo único – Se o crime é praticado por motivo de reconhecida nobreza: Pena – detenção, de um a dois anos, podendo o juiz deixar de aplicar a pena*".
9. LACERDA, Romão Côrtes de. *In*: HUNGRIA, Nélson. *Comentários ao Código Penal*. Rio de Janeiro: Forense, 1955, v. VIII, p. 399.

8.5. CONSUMAÇÃO E TENTATIVA

Consuma-se o delito com o efetivo abandono do indivíduo nas condições delineadas na redação típica.

Admite-se a figura da *tentativa*, dado o caráter plurissubsistente da infração.

8.6. PENA E AÇÃO PENAL

O delito de *sonegação de estado de filiação* é sancionado cumulativamente com pena de reclusão, de um a cinco anos, e multa (art. 243).

A *ação penal é pública incondicionada.*

Admite-se a *suspensão condicional do processo* (art. 89 da Lei nº 9.099/1995).

Preenchidos os requisitos do art. 28-A do Código de Processo Penal, é cabível o *acordo de não persecução penal*.

9 ABANDONO MATERIAL (ART. 244)

SUMÁRIO: 9.1. Considerações iniciais – 9.2. Objetividade jurídica – 9.3. Sujeitos do delito – 9.4. Tipicidade objetiva e subjetiva – 9.5. Consumação e tentativa – 9.6. Figura equiparada – 9.7. Pena e ação penal.

Abandono material

Art. 244. Deixar, sem justa causa, de prover a subsistência do cônjuge, ou de filho menor de 18 (dezoito) anos ou inapto para o trabalho, ou de ascendente inválido ou maior de 60 (sessenta) anos, não lhes proporcionando os recursos necessários ou faltando ao pagamento de pensão alimentícia judicialmente acordada, fixada ou majorada; deixar, sem justa causa, de socorrer descendente ou ascendente, gravemente enfermo:

Pena – detenção, de 1 (um) a 4 (quatro) anos, e multa, de uma a dez vezes o maior salário mínimo vigente no País.

Parágrafo único. Nas mesmas penas incide quem, sendo solvente, frustra ou ilide, de qualquer modo, inclusive por abandono injustificado de emprego ou função, o pagamento de pensão alimentícia judicialmente acordada, fixada ou majorada.

9.1. CONSIDERAÇÕES INICIAIS

O delito de *abandono material* inaugura o Capítulo III do Título VII da Parte Especial do Código Penal, relativo aos *crimes contra a assistência familiar*. Assevera Noronha[1] que tais crimes cuidam da subsistência e permanência da família – sendo que os Capítulos anteriores cuidavam de sua organização –, tipificando ações que podem desagregá-la e dissolvê-la. Assim, haveria a defesa de interesses não só privados, mas também sociais.

O art. 244 do Código Penal sofreu alterações legislativas ao longo do tempo. A Lei nº 5.478/1968, além de incluir o parágrafo único, adicionou ao *caput* do dispositivo

1. NORONHA, E. Magalhães. *Direito penal*. São Paulo: Saraiva, 1995, v. 3, p. 323.

a referência à pensão judicialmente acordada ou majorada. Ainda, aumentou-se a pena, que originalmente era de detenção, de três meses a um ano, ou multa, e passou a ser de detenção de um a quatro anos e multa. A Lei nº 10.741/2003 (Estatuto do Idoso), por sua vez, também modificou a redação típica, vindo a retirar a expressão "*valetudinário*", passando a mencionar o "*maior de sessenta anos*".

9.2. OBJETIVIDADE JURÍDICA

Quanto ao *bem jurídico*, protege-se a família, sobretudo quanto ao apoio material, o dever de assistência recíproca. Bitencourt[2], seguindo os ensinamentos de Maggiore, fala na proteção da estrutura e do organismo familiar.

Vale observar o art. 229 da Constituição Federal, dispondo que "*os pais têm o dever de assistir, criar e educar os filhos menores, e os filhos maiores têm o dever de ajudar e amparar os pais na velhice, carência ou enfermidade*". Ainda, o art. 230 da Carta estatui que "*a família, a sociedade e o Estado têm o dever de amparar as pessoas idosas, assegurando sua participação na comunidade, defendendo sua dignidade e bem-estar e garantindo-lhes o direito à vida*".

9.3. SUJEITOS DO DELITO

Sujeito ativo, na hipótese do art. 244, *caput*, 1ª parte, pode ser o cônjuge, genitor ou descendente da vítima. No caso do art. 244, *caput*, 2ª parte, figura como agente o devedor de pensão alimentícia da vítima. Demais disso, quanto ao art. 244, *caput, in fine*, o sujeito ativo pode ser ascendente ou descendente da vítima. Trata-se, destarte, de *crime próprio*, ou especial.

Sujeitos passivos podem ser o cônjuge, o filho menor de 18 anos ou o inapto para o trabalho, ou o ascendente inválido ou maior de 60 anos do sujeito ativo (art. 244, *caput*, 1ª parte), bem como o credor de pensão alimentícia (art. 244, *caput*, 2ª parte) e o ascendente ou descendente gravemente enfermos do sujeito ativo (art. 244, *caput*, *in fine*). Há entendimento que também inclui, secundariamente, o Estado como vítima[3].

---

2. BITENCOURT, Cezar Roberto. *Tratado de direito penal*: parte especial. São Paulo: Saraiva, 2018, v. 4, p. 274.
3. E.g., NUCCI, Guilherme de Souza. *Curso de direito penal*: parte especial. Rio de Janeiro: Forense, 2018, v. 3, p. 182, mencionando o interesse do Estado na proteção da família.

9.4. TIPICIDADE OBJETIVA E SUBJETIVA

A construção do art. 244 do *Codex* denota a tipificação de três condutas, quais sejam: a) *deixar, sem justa causa, de prover a subsistência do cônjuge, ou de filho menor de 18 anos ou inapto para o trabalho, ou de ascendente inválido ou maior de 60 anos, não lhes proporcionando os recursos necessários*; b) *faltar ao pagamento de pensão alimentícia judicialmente acordada, fixada ou majorada*; e c) *deixar, sem justa causa, de socorrer descendente ou ascendente, gravemente enfermo*. Cuida-se de *tipo misto cumulativo e alternativo*. Dessa maneira, há a cumulatividade no caso em que o agente deixa de prover a subsistência e também deixa de prestar socorro; há alternatividade entre deixar de prover a subsistência não dando a pensão alimentícia ou os recursos necessários.

Preliminarmente, há de se atentar que a incriminação em destaque não estabelece responsabilizações objetivas e nem fomenta a possibilidade de prisão por dívidas, de modo que pressuposto fundamental de qualquer das hipóteses previstas é, além da obrigação jurídica de prestar assistência material, a *efetiva necessidade do sujeito passivo*.

No caso do art. 244, *caput*, 1ª parte, o agente *deixa de prover a subsistência de seu cônjuge, filho menor de 18 anos ou inapto para o trabalho, ou de ascendente inválido ou maior de 60 anos, não lhes proporcionando os recursos necessários*.

O *cônjuge* é com quem o agente encontra-se casado, independentemente do casamento ser hetero ou homoafetivo. Não é abarcado pelo tipo o caso de *união estável*, apesar de seu reconhecimento constitucional como entidade familiar, sob pena de operar-se analogia *in malam partem*.

Filho menor de 18 anos refere-se àquele menor, isto é, que ainda é criança ou adolescente, trazendo a ideia de que estes ainda não teriam meios suficientes para cuidarem de si próprios.

A respeito, todavia, é preciso a análise do caso concreto. Por exemplo, com o avanço da sociedade e da tecnologia, muitos adolescentes ou mesmo crianças já possuem sua fonte de renda (*v.g.*, *youtubers*, *digital influencers*, atores mirins etc.), de modo que inexiste a figura delitiva se os pais não utilizam recursos próprios, mas apenas os gerados pelo próprio descendente. Demais disso, vê-se que a *emancipação* (art. 5º, parágrafo único, do Código Civil), por si só, não impacta em qualquer medida a regra penal (mesmo porque, quando da promulgação do Código Penal, em 1940, o Código Civil de 1916, então vigente, considerava a pessoa entre 18 e 21 anos menor, relativamente incapaz, e nem por isso fixou-se no art. 244 ora em estudo o marco de 21 anos). Dessa maneira, se o filho detiver menos de 18 anos e estiver passando necessidades, poderá ocorrer o crime de abandono material.

Quanto ao filho *inapto para o trabalho*, tal inaptidão não necessariamente decorre de uma deficiência física ou mental, também podendo verificar-se em situações em que o indivíduo sofre um acidente e precisa ficar de repouso em recuperação.

Cumpre salientar que não há que se fazer distinção entre filhos havidos dentro ou fora do casamento, nem entre os que possuem vínculos sanguíneos ou adotados. O art. 227, § 6º da Constituição estabelece que "*os filhos, havidos ou não da relação do casamento, ou por adoção, terão os mesmos direitos e qualificações, proibidas quaisquer designações discriminatórias relativas à filiação*".

Note-se que, nesta primeira figura delitiva, não há menção aos descendentes em geral – apenas ao filho menor de 18 anos ou inapto para o trabalho –, de modo que não incide no crime o avô que deixa de prover a subsistência do neto.

Ascendente diz respeito a pais, avós, bisavós, e assim sucessivamente. O ascendente ser *inválido* traz a ideia de que este se encontra em situação na qual não consegue, por si mesmo, angariar meios para sobreviver, por exemplo, quando possui uma grave enfermidade. *Ascendente maior de 60 anos* é aquele que já é idoso, nos termos da Lei nº 10.741/2003 (Estatuto do Idoso).

Deixar de prover a subsistência, não proporcionando os recursos necessários diz respeito a não prover, não fornecer os recursos indispensáveis, o mínimo necessário suficiente para viabilizar-se a sobrevivência dos indivíduos elencados, *v.g.*, alimentação, vestuário, medicamento, de tal sorte que, como visto, se eles possuírem meios para sustentar-se, não restará configurado o delito.

Não obstante, na ótica de Noronha[4], basta que não seja fornecido um dos meios de subsistência, isto é, não é preciso para que incida o tipo que o agente deixe de prover todos os recursos, mas apenas alguns deles, ou mesmo que o faça de modo insuficiente. Bitencourt[5], por sua vez, entende que há atipicidade no caso em que o agente consegue prover parcialmente o sustento.

Perceba-se que a falta de algo essencial caracteriza o atingimento à subsistência, não sendo necessária, para configuração do tipo, a plena miséria do sujeito passivo. Dessa maneira, mostra-se irretocável a observação de Noronha.

Observa-se ser preciso que a pessoa fique realmente desamparada, não se perfazendo o tipo se outra pessoa vier a lhe prestar assistência.

Eventualmente, a obrigação de prover a subsistência pode caber a mais de uma pessoa, assim, "*todas figuram como autores colaterais do delito e a assistência dispensada por uma delas, se suficiente, exime as demais*"[6].

No caso do art. 244, *caput*, 2ª parte, o sujeito ativo *falta ao pagamento de pensão alimentícia judicialmente acordada, fixada ou majorada*. Cuida-se do chamado "*abandono pecuniário*"[7].

---

4. Cf. NORONHA, E. Magalhães. *Direito penal*..., cit., p. 325.
5. BITENCOURT, Cezar Roberto. *Tratado de*..., cit., p. 275.
6. PRADO, Luiz Regis. *Curso de direito penal brasileiro*. São Paulo: Ed. RT, 2018, v. II, p. 537.
7. FRAGOSO, Heleno Cláudio. *Lições de direito penal*: parte especial. Rio de Janeiro: Forense, 1986, v. II.

O Código Civil, entre seus arts. 1.694 a 1.710, trata sobre os alimentos. Consoante o art. 1.695, "*são devidos os alimentos quando quem os pretende não tem bens suficientes, nem pode prover, pelo seu trabalho, à própria mantença, e aquele, de quem se reclamam, pode fornecê-los, sem desfalque do necessário ao seu sustento*". Ainda, "*o direito à prestação de alimentos é recíproco entre pais e filhos, e extensivo a todos os ascendentes, recaindo a obrigação nos mais próximos em grau, uns em falta de outros*" (art. 1.696).

Demais disso, o art. 1.694[8] estabelece que "*podem os parentes, os cônjuges ou companheiros pedir uns aos outros os alimentos de que necessitem para viver de modo compatível com a sua condição social, inclusive para atender às necessidades de sua educação*".

Nota-se que os alimentos têm abrangência maior do que os meios necessários à subsistência, dada a menção dos alimentos para que a pessoa viva "*de modo compatível com a sua condição social*". Ademais, há que se observar não apenas a necessidade de quem pleiteia os alimentos, mas também as possibilidades, as condições que a outra pessoa terá de prestá-los, sem prejuízo da própria subsistência.

Vale ressaltar que, no âmbito do cumprimento de sentença que reconheça a exigibilidade de prestar alimentos, no caso de débito alimentar de até três prestações anteriores ao ajuizamento de execução de alimentos e as que se vencerem no curso do processo, há a possibilidade de haver prisão do devedor (art. 528 do Código de Processo Civil)[9]. Tal prisão é civil, não se confundindo com eventuais sanções penais.

---

8. "Art. 1.694. *Podem os parentes, os cônjuges ou companheiros pedir uns aos outros os alimentos de que necessitem para viver de modo compatível com a sua condição social, inclusive para atender às necessidades de sua educação. § 1º Os alimentos devem ser fixados na proporção das necessidades do reclamante e dos recursos da pessoa obrigada. § 2º Os alimentos serão apenas os indispensáveis à subsistência, quando a situação de necessidade resultar de culpa de quem os pleiteia*".

9. "Art. 528. *No cumprimento de sentença que condene ao pagamento de prestação alimentícia ou de decisão interlocutória que fixe alimentos, o juiz, a requerimento do exequente, mandará intimar o executado pessoalmente para, em 3 (três) dias, pagar o débito, provar que o fez ou justificar a impossibilidade de efetuá-lo. § 1º Caso o executado, no prazo referido no caput , não efetue o pagamento, não prove que o efetuou ou não apresente justificativa da impossibilidade de efetuá-lo, o juiz mandará protestar o pronunciamento judicial, aplicando-se, no que couber, o disposto no art. 517. § 2º Somente a comprovação de fato que gere a impossibilidade absoluta de pagar justificará o inadimplemento. § 3º Se o executado não pagar ou se a justificativa apresentada não for aceita, o juiz, além de mandar protestar o pronunciamento judicial na forma do § 1º, decretar-lhe-á a prisão pelo prazo de 1 (um) a 3 (três) meses. § 4º A prisão será cumprida em regime fechado, devendo o preso ficar separado dos presos comuns. § 5º O cumprimento da pena não exime o executado do pagamento das prestações vencidas e vincendas. § 6º Paga a prestação alimentícia, o juiz suspenderá o cumprimento da ordem de prisão. § 7º O débito alimentar que autoriza a prisão civil do alimentante é o que compreende até as 3 (três) prestações anteriores ao ajuizamento da execução e as que se vencerem no curso do processo. § 8º O exequente pode optar por promover o cumprimento da sentença ou decisão desde logo, nos termos do disposto neste Livro, Título II, Capítulo III, caso em que não será admissível a prisão do executado, e, recaindo a penhora em dinheiro, a concessão de efeito suspensivo à impugnação não obsta a que*

Aliás, nessa mesma seara processual (independentemente da quantidade de obrigações vencidas), o art. 532 do CPC dispõe que "*verificada a conduta procrastinatória do executado, o juiz deverá, se for o caso, dar ciência ao Ministério Público dos indícios da prática do crime de abandono material*".

De todo modo, o simples inadimplemento de pensão não configura, por si só o crime, sendo preciso aferir o comprometimento da subsistência da vítima, a possibilidade objetiva de adimplemento da prestação e o dolo de abandono do agente.

Por fim, na hipótese do art. 244, *caput*, *in fine*, cuida-se do agente que *deixa, sem justa causa, de socorrer descendente ou ascendente, gravemente enfermo*[10].

Note-se que não há menção ao cônjuge, mas somente ao descendente, *v.g.*, filhos e netos, e ao ascendente, *e.g.*, pais, avós. Apesar dessas restrições quanto às possíveis vítimas, é possível que, a depender do caso concreto, reste configurada a primeira modalidade do crime, pois deixar de socorrer pode estar atrelado a não fornecer os recursos necessários para a sobrevivência.

Dessa maneira, o agente pode deixar de prestar o socorro, por exemplo, não fornecendo recursos médicos ou ajuda material. Demais disso, não é qualquer enfermidade a que o tipo se refere, mas sim à *enfermidade grave*, a ser devidamente demonstrada, *v.g.*, por laudos médicos.

O tipo alude a uma *ausência de justa causa* no que tange à primeira e à última figura, isto é, não há amparo legal para que se deixe de prover a subsistência ou prestar o socorro, assim, *v.g.*, não incorre no crime aquele que se encontra em estado de necessidade, ou mesmo quem se encontra muito doente ou desempregado. Vale pontuar que Romão Lacerda[11] traz como exemplo de justa causa o fato de não se seguir a ordem de prestar alimentos[12]. Outro ponto de vista[13], contudo, com acerto,

---

o exequente levante mensalmente a importância da prestação. § 9º Além das opções previstas no art. 516 , parágrafo único, o exequente pode promover o cumprimento da sentença ou decisão que condena ao pagamento de prestação alimentícia no juízo de seu domicílio". Ainda, a Súmula 309 do STJ dispõe que "*o débito alimentar que autoriza a prisão civil do alimentante é o que compreende as três prestações anteriores à citação e as que vencerem no curso do processo*".

10. Para LACERDA, Romão Côrtes de. *In*: HUNGRIA, Nélson. *Comentários ao Código Penal*. Rio de Janeiro: Forense, 1955, v. VIII, p. 432, cuida-se de hipótese mais relacionada ao abandono moral do que material. Discordando dessa visão, cf. NORONHA, E. Magalhães. *Direito penal...*, cit., p. 326. Assiste razão a esse último, mesmo porque, a rubrica lateral ("*abandono material*") não deixa de integrar o tipo, conformando sua interpretação.

11. LACERDA, Romão Côrtes de. *In*: HUNGRIA, Nélson. *Comentários ao...*, cit., p. 433. Concordando, *v.g.*, cf. NORONHA, E. Magalhães. *Direito penal...*, cit., p. 329.

12. Nessa senda, o art. 1.697 do Código Civil dispõe que "*na falta dos ascendentes cabe a obrigação aos descendentes, guardada a ordem de sucessão e, faltando estes, aos irmãos, assim germanos como unilaterais*". Pontue-se que o art. 244 do Código Penal não abarca como possíveis sujeitos ativos do delito os irmãos.

13. FRAGOSO, Heleno Cláudio. *Lições de...*, cit., p. 130; PRADO, Luiz Regis. *Curso de...*, cit., p. 537, nota de rodapé 3.

entende que a inobservância da ordem estabelecida na lei civil é irrelevante para o perfazimento do delito.

Vale pontuar que o Superior Tribunal de Justiça (STJ) já admitiu trancamento de ação penal relativa a abandono material aduzindo que, no caso, "*embora o Parquet tenha feito menção de que o denunciado, sem justa causa, tenha faltado com o pagamento de pensão alimentícia, não logrou demonstrar que a omissão foi feita de forma deliberada e sem amparo legal, restando, portanto, ausente na descrição da conduta, o elemento normativo do tipo penal, sem o qual não há falar em crime, mas tão somente em ilícito civil, que, conforme se verifica dos autos, já está sendo analisado em sede própria*"[14].

O *elemento subjetivo do tipo* é o dolo. Não se exige elemento subjetivo especial do tipo (*tipo congruente*).

Não há previsão da modalidade culposa.

Existe modalidade especial de abandono material no Estatuto da Pessoa com Deficiência (Lei nº 13.146/2015): "*art. 90. Abandonar pessoa com deficiência em hospitais, casas de saúde, entidades de abrigamento ou congêneres: Pena – reclusão, de 6 (seis) meses a 3 (três) anos, e multa. Parágrafo único. Na mesma pena incorre quem não prover as necessidades básicas de pessoa com deficiência quando obrigado por lei ou mandado*".

9.5. CONSUMAÇÃO E TENTATIVA

No tocante ao art. 244, *caput*, 1ª parte, *consuma-se* o delito quando o sujeito ativo deixa de prover a subsistência da vítima por tempo juridicamente relevante, não se perfazendo o tipo com o simples atraso.

Quanto ao art. 244, *caput*, 2ª parte, *consuma-se* o delito quando o agente deixa de pagar a pensão alimentícia fixada em decisão judicial "*mediante inequívoca recusa*"[15].

Por fim, no que tange ao art. 244, *caput*, *in fine*, *consuma-se* o delito quando o agente deixa de prestar socorro à vítima.

O delito é *permanente*, não bastando uma simples negativa para sua configuração.

Além disso, trata-se de *crime formal*, de consumação antecipada, ou de resultado cortado, eis que não se exige efetivo prejuízo para o ofendido ou qualquer outro consectário.

Uma vez que se cuida de *crime omissivo próprio*, não se admite a *tentativa*.

---

14. STJ, RHC nº 55.974/SP, 6ª Turma, rel. Min. Ericson Maranho (Desembargador Convocado do TJ/SP), j. 10/03/2015, DJe 20/03/2015.
15. PRADO, Luiz Regis. *Curso de...*, cit., pp. 538-539.

9.6. FIGURA EQUIPARADA

O parágrafo único do art. 244, incluído pela Lei nº 5.478/1968, estabelece *figura equiparada* para aquele que "*sendo solvente, frustra ou ilide, de qualquer modo, inclusive por abandono injustificado de emprego ou função, o pagamento de pensão alimentícia judicialmente acordada, fixada ou majorada*".

Frustrar traz a ideia de enganar. Ademais, entende-se que não se trata da conduta de "*ilidir*", mas sim de "*elidir*", que se liga a eliminar. Em suma, a conduta do agente, por meio de subterfúgios, visa privar o alimentando do que lhe é devido. Ainda, o sujeito ativo deve ser *solvente*, isto é, em linhas gerais, pessoa que os ativos superam o passivo, o que se liga à ideia de que teria condições para cumprir as prestações alimentícias.

Destarte, na hipótese do parágrafo único do art. 244 do *Codex*, figura como *sujeito ativo* o devedor de pensão alimentícia, e como *sujeito passivo*, o credor deste.

Trata-se do caso em que, *v.g.*, o agente deixa o emprego para se furtar do pagamento da pensão, ou ainda, possui meios para fornecer a pensão alimentícia, visto que é *solvente*.

Nesse influxo, observe-se que no âmbito do cumprimento da sentença que reconhece a exigibilidade da obrigação de prestar alimentos, o art. 538 do Código de Processo Civil[16] estabelece hipótese em que é possível requerer que a prestação alimentícia seja descontada diretamente da folha de pagamento – bem como o procedimento para tanto.

Dessa feita, em semelhante caso, pode incorrer na figura equiparada um gerente de empresa que, para evitar o desconto da pensão em sua folha de pagamento, abandona seu emprego.

Vale pontuar que o art. 22 da Lei nº 5.478/1968[17] traz como crime contra a administração da justiça "*deixar o empregador ou funcionário público de prestar ao juízo*

16. "*Art. 529. Quando o executado for funcionário público, militar, diretor ou gerente de empresa ou empregado sujeito à legislação do trabalho, o exequente poderá requerer o desconto em folha de pagamento da importância da prestação alimentícia. § 1º Ao proferir a decisão, o juiz oficiará à autoridade, à empresa ou ao empregador, determinando, sob pena de crime de desobediência, o desconto a partir da primeira remuneração posterior do executado, a contar do protocolo do ofício. § 2º O ofício conterá o nome e o número de inscrição no Cadastro de Pessoas Físicas do exequente e do executado, a importância a ser descontada mensalmente, o tempo de sua duração e a conta na qual deve ser feito o depósito. § 3º Sem prejuízo do pagamento dos alimentos vincendos, o débito objeto de execução pode ser descontado dos rendimentos ou rendas do executado, de forma parcelada, nos termos do* caput *deste artigo, contanto que, somado à parcela devida, não ultrapasse cinquenta por cento de seus ganhos líquidos*".

17. "*Art. 22. Constitui crime contra a administração da Justiça deixar o empregador ou funcionário público de prestar ao juízo competente as informações necessárias à instrução de processo ou execução de sentença ou acordo que fixe pensão alimentícia: Pena – Detenção de 6 (seis) meses a 1 (um) ano, sem prejuízo da pena acessória de suspensão do emprego de 30 (trinta) a*

competente as informações necessárias à instrução de processo ou execução de sentença ou acordo que fixe pensão alimentícia" (*caput*), também atingindo aquele que "*de qualquer modo, ajuda o devedor a eximir-se ao pagamento de pensão alimentícia judicialmente acordada, fixada ou majorada, ou se recusa, ou procrastina a executar ordem de descontos em folhas de pagamento, expedida pelo juiz competente*" (parágrafo único).

O *elemento subjetivo* é o dolo. Não há previsão da modalidade culposa.

Para tal figura, admite-se a *tentativa*, vez que plurissubsistente. Como exemplo, pode-se imaginar o caso em que o empregador não permite que seu funcionário, devedor de pensão alimentícia, trabalhe sem carteira assinada, a fim de evitar o desconto mensal da pensão.

9.7. PENA E AÇÃO PENAL

O delito de *abandono material* é sancionado com pena de detenção, de um a quatro anos e multa (art. 244, *caput*), mesma sanção fixada para a figura equiparada (art. 244, *parágrafo único*).

Apesar da referência à multa em salários mínimos, levada a efeito pelo preceito secundário, o magistrado tem de observar o sistema de dias-multa trazido pela reforma de 1984, visto que o art. 2º da Lei 7.209/1984 estatui que "*são canceladas, na Parte Especial do Código Penal e nas leis especiais alcançadas pelo art. 12 do Código Penal, quaisquer referências a valores de multas, substituindo-se a expressão multa de por multa*"[18].

A *ação penal é pública incondicionada*.

Admite-se a *suspensão condicional do processo* (art. 89 da Lei nº 9.099/1995).

Preenchidos os requisitos do art. 28-A do Código de Processo Penal, é cabível o *acordo de não persecução penal*.

Pontue-se que o art. 92, inciso II, do *Codex* traz como efeito extrapenal específico da condenação "*a incapacidade para o exercício do poder familiar, da tutela ou da curatela nos crimes dolosos sujeitos à pena de reclusão cometidos contra outrem igualmente titular do mesmo poder familiar, contra filho, filha ou outro descendente ou*

---

90 (noventa) dias. Parágrafo único. Nas mesmas penas incide quem, de qualquer modo, ajuda o devedor a eximir-se ao pagamento de pensão alimentícia judicialmente acordada, fixada ou majorada, ou se recusa, ou procrastina a executar ordem de descontos em folhas de pagamento, expedida pelo juiz competente".

18. Em sentido oposto, Nucci afirma que se trata de uma exceção à adoção do dia-multa, oriundo da Reforma de 1984, fixando-se a pena em salários mínimos, cf. NUCCI, Guilherme de Souza. *Curso de*..., cit., p. 183.

contra tutelado ou curatelado". Dessa forma, abarcam-se delitos sujeitos à *reclusão*, o que não é o caso do art. 244[19].

19. Não obstante, Prado entende que é possível a aplicação de tal efeito para o delito ora estudado, desde que haja a devida motivação, cf. PRADO, Luiz Regis. *Curso de*..., cit., p. 539.

10 ENTREGA DE FILHO MENOR A PESSOA INIDÔNEA (ART. 245)

Sumário: 10.1. Considerações iniciais – 10.2. Objetividade jurídica – 10.3. Sujeitos do delito – 10.4. Tipicidade objetiva e subjetiva – 10.5. Consumação e tentativa – 10.6. Figura qualificada – 10.7. Figura equiparada – 10.8. Pena e ação penal.

Entrega de filho menor a pessoa inidônea

Art. 245. Entregar filho menor de 18 (dezoito) anos a pessoa em cuja companhia saiba ou deva saber que o menor fica moral ou materialmente em perigo:

Pena - detenção, de 1 (um) a 2 (dois) anos.

§ 1° A pena é de 1 (um) a 4 (quatro) anos de reclusão, se o agente pratica delito para obter lucro, ou se o menor é enviado para o exterior.

§ 2° Incorre, também, na pena do parágrafo anterior quem, embora excluído o perigo moral ou material, auxilia a efetivação de ato destinado ao envio de menor para o exterior, com o fito de obter lucro.

10.1. CONSIDERAÇÕES INICIAIS

O delito de *entrega de filho menor a pessoa inidônea* integra o Capítulo III do Título VII da Parte Especial do Código Penal, relativo aos *crimes contra a assistência familiar*. A Consolidação das Leis Penais possuía figura semelhante. Demais disso, o Código pátrio também se inspirou, em certa medida, no Código Penal suíço[1].

O art. 245 do *Codex* sofreu modificações por meio da Lei nº 7.251/1984, a qual introduziu pequenas mudanças na redação do *caput*, bem como aumentou a pena cominada, que antes era de detenção, de um a seis meses, e passou a ser de detenção de um a dois anos. Ademais, a referida lei incluiu a figura qualificada, bem como a equiparada. Vale pontuar que já havia previsão da hipótese relativa ao agente ser movido pelo fim de lucro, à qual era previsto aumento de sexta parte da pena, além de multa.

1. LACERDA, Romão Côrtes de. *In*: HUNGRIA, Nélson. *Comentários ao Código Penal*. Rio de Janeiro: Forense, 1955, v. VIII, p. 441.

Como se verá adiante, há entendimento no sentido de que houve revogação tácita do § 2º do art. 245 do Código Penal pelo art. 239 do Estatuto da Criança e do Adolescente (Lei nº 8.069/1990).

10.2. OBJETIVIDADE JURÍDICA

Protege-se a assistência familiar, em especial a assistência a filhos menores de dezoito anos. Na ótica de Noronha[2], tutela-se a criação e educação do menor, que é dever dos pais.

10.3. SUJEITOS DO DELITO

Sujeitos ativos podem ser os pais da vítima, seja a filiação biológica ou adotiva. Cuida-se, portanto, de *crime próprio*, ou especial. Destarte, *e.g.*, o tutor da vítima não pode ser autor do crime, ressalvadas as hipóteses de *concurso de agentes*.

Sujeito passivo é o filho, biológico ou adotivo, menor de dezoito anos, do agente do delito. Destaque-se que, consoante o art. 227, § 6º, da Constituição Federal, "*os filhos, havidos ou não da relação do casamento, ou por adoção, terão os mesmos direitos e qualificações, proibidas quaisquer designações discriminatórias relativas à filiação*".

10.4. TIPICIDADE OBJETIVA E SUBJETIVA

O art. 245 do Código Penal tipifica a conduta de "*entregar filho menor de 18 (dezoito) anos a pessoa em cuja companhia saiba ou deva saber que o menor fica moral ou materialmente em perigo*".

Entregar diz respeito a deixar, relegar, aos cuidados de outra pessoa, o filho *menor de 18 anos*[3], isto é, o filho que ainda é criança ou adolescente – conforme o art. 2º do Estatuto da Criança e do Adolescente. Destarte, cuida-se de *crime comissivo*.

---

2. NORONHA, E. Magalhães. *Direito penal*. São Paulo: Saraiva, 1995, v. 3, p. 331.
3. Em termos político-criminais, Nucci entende que deveria haver redução dessa faixa etária, cf. NUCCI, Guilherme de Souza. *Curso de direito penal*: parte especial. Rio de Janeiro: Forense, 2018, v. 3, p. 185. A evolução dos tempos indica o acerto da opinião.

Assim, *in casu*, a entrega é feita à *pessoa em cuja companhia saiba ou deva saber que o menor fica moral ou materialmente em perigo*, nos termos da rubrica do tipo, pessoa inidônea, pessoa que não seria "*de confiança*".

Perigo material traz ideia de um risco à integridade física da vítima, que pode ser percebido pelos sentidos, *v.g.*, o filho ser exposto a maus-tratos, trabalhos forçados[4]. Já o *perigo moral* não é percebido pelos sentidos, relacionando-se a atividades que comprometeriam a boa formação da pessoa, como a companhia de um ébrio contumaz.

Exemplos recorrentes são os casos em que o filho é entregue à pessoa que se dedica a realizar furtos, à mendicância, a um traficante de drogas, a um indivíduo notoriamente violento, entre outros.

Uma vez que não se admite responsabilidade objetiva em matéria penal, a situação de *perigo* deve ser *anterior ou concomitante* à entrega, não se configurando o delito ora estudado se o perigo sobrevém a ela[5].

Cuida-se de *crime de perigo concreto*, sendo suficiente que a entrega se dê por tempo breve, não sendo necessário longo período[6].

Há que se analisar não só a pessoa envolvida na recepção do menor mas também o local de sua entrega[7]. Dessa forma, pode configurar-se o delito tanto no caso de se entregar o filho diretamente à pessoa inidônea como na hipótese em que, mesmo se tratando de indivíduo "*confiável*", o local em que é deixado aos cuidados desse não é idôneo, oferecendo perigo material ou moral ao menor (*e.g.*, casa de prostituição, carceragem, cassino clandestino *etc.*).

O *elemento subjetivo do tipo* é o dolo, independentemente de qualquer especial fim de agir (*tipo congruente*). O entendimento dominante é de que a expressão "*saiba*" é indicativa de dolo direto, enquanto "*deva saber*" traduz a ideia de dolo eventual[8].

---

4. NUCCI, Guilherme de Souza. *Curso de...*, cit., p. 185.
5. FARIA, Bento de. *Código penal brasileiro*. Rio de Janeiro: Record, 1961, v. VI, p. 177.
6. Prado, *v.g.*, entende tratar-se de crime de *perigo abstrato*, cf. PRADO, Luiz Regis. *Curso de direito penal brasileiro*. São Paulo: Thomson Reuters, 2018, v. II, p. 542. Não lhe assiste o costumeiro acerto, uma vez que o tipo penal em destaque expressamente menciona, em sua redação, a situação de perigo, a qual, dessa feita, deve necessariamente se concretizar para o perfazimento da tipicidade.
7. NUCCI, Guilherme de Souza. *Curso de...*, cit., p. 186.
8. Entre outros, *v.g.*, NUCCI, Guilherme de Souza. *Curso de...*, cit., pp. 186-187; BITENCOURT, Cezar Roberto. *Tratado de direito penal*: parte especial. São Paulo: Saraiva, 2018, v. 4, p. 278; PRADO, Luiz Regis. *Curso de...*, cit., p. 541; GRECO, Rogério. *Curso de direito penal*: parte especial. Niterói: Impetus, 2019, v. 3, p. 296. Em sentido oposto, entendendo que "*dever saber*" é indicativo de culpa, *e.g.*, LACERDA, Romão Côrtes de. *In*: HUNGRIA, Nélson. *Comentários ao...*, cit., p. 441; NORONHA, E. Magalhães. *Direito penal...*, cit., p. 333; FRAGOSO, Heleno Cláudio. *Lições de direito penal:* parte especial. Rio de Janeiro: Forense, 1986, v. II.

Não há previsão da modalidade culposa. A compreensão de que a expressão "*deva saber*" seria sinônimo de culpa é insólita, pois significaria admitir a idêntica punição tanto para quem age com dolo como para aquele que o faz culposamente[9].

Cumpre salientar o Estatuto da Criança e do Adolescente, que estatui como crime, sancionado com reclusão de um a quatro anos e multa, "*prometer ou efetivar a entrega de filho ou pupilo a terceiro, mediante paga ou recompensa*" (art. 238, *caput*), incidindo na mesma pena aquele que "*oferece ou efetiva a paga ou recompensa*" (art. 238, parágrafo único).

A incriminação do art. 245 do Código Penal pode conviver com a figura supramencionada, de tal sorte que as características do caso concreto é que indicarão qual figura delitiva ocorreu[10].

10.5. CONSUMAÇÃO E TENTATIVA

Consuma-se o delito com a efetiva entrega do filho menor de dezoito anos à pessoa inidônea.

Cuida-se de *crime material*, ou causal, que exige como resultado naturalístico o efetivo perigo concreto ao sujeito passivo. Além disso, constitui-se em *crime instantâneo*, uma vez que basta a entrega da vítima por curto período, não se exigindo permanência.

Admite-se a figura da *tentativa*, dado o cunho plurissubsistente da conduta, como na hipótese da prisão do sujeito ativo no momento em que está procedendo a entrega do filho menor à pessoa inidônea.

10.6. FIGURA QUALIFICADA

O § 1º do art. 245 traz como *qualificadoras* as hipóteses em que: a) o agente pratica delito para obter lucro; ou b) o menor é enviado para o exterior.

O primeiro caso diz respeito à hipótese em que o sujeito ativo é movido por um *especial fim de agir*, qual seja, a obtenção de vantagem econômica. Desse modo, para que incida a qualificadora, não é preciso que haja a obtenção do lucro, basta a prova de seu intuito.

---

9. PENTEADO, Jaques de Camargo. *A família e a justiça penal*. São Paulo: Revista dos Tribunais, 1998, p. 72.
10. NUCCI, Guilherme de Souza. *Curso de...*, cit., pp. 187-188.

Em relação ao art. 238 do Estatuto da Criança e do Adolescente, mencionado anteriormente, há diferenças em relação à qualificadora do art. 245 do Código Penal, pois há diferenciação nas restrições quanto a possíveis sujeitos ativos, visto que o art. 238 admite como agente o tutor. Demais disso, no art. 238, é preciso que a entrega esteja acompanhada da recompensa ou paga, e não há referência à idoneidade da pessoa a quem a vítima é entregue[11].

No tocante à segunda hipótese, a vítima é levada para fora do território brasileiro, o que pode, *e.g.*, agravar o risco à sua integridade, reduzir suas possibilidades de fugir de tal situação. A fundamentação de tal qualificadora relaciona-se a um maior desvalor da ação, havendo mais dificuldades para a defesa do menor, bem como a razões de política criminal, pois, com o envio do menor ao exterior, o agente pode facilitar sua impunidade.

Em qualquer caso, o § 1º do art. 245 do *Codex* não foi revogado tacitamente pelo art. 238 da Lei nº 8.069/1990, visto que este não exige situação de perigo concreto como a previsão do Codex em foco.

10.7. FIGURA EQUIPARADA

Consoante o § 2º do art. 245, comina-se a pena prevista para a qualificadora à conduta daquele que, "*embora excluído o perigo moral ou material, auxilia a efetivação de ato destinado ao envio de menor para o exterior, com o fito de obter lucro*".

O melhor entendimento é o de que houve uma revogação tácita de tal figura[12] por conta do art. 239 do Estatuto da Criança e do Adolescente, o qual traz como delito "*promover ou auxiliar a efetivação de ato destinado ao envio de criança ou adolescente para o exterior com inobservância das formalidades legais ou com o fito de obter lucro*", apenado com reclusão de quatro a seis anos, e multa – ademais, há qualificadora, com reclusão de seis a oito anos, além da pena correspondente à violência, no caso de emprego de violência, grave ameaça ou fraude.

Observa-se que se trata de figura até mesmo mais abrangente que o § 2º do art. 245 do *Codex*, visto que também incrimina, além daquele que auxilia, aquele que promove o envio de criança ou adolescente para o exterior. Ainda, não é imprescindível que haja o fito de lucro, sendo suficiente a inobservância dolosa das formalidades legais para tanto. Por fim, qualquer pessoa pode figurar como agente, não apenas os pais da vítima.

---

11. PRADO, Luiz Regis. *Curso de...*, cit., p. 542.
12. *E.g.*, NUCCI, Guilherme de Souza. *Curso de...*, cit., p. 188; PRADO, Luiz Regis. *Curso de...*, cit., p. 542.

10.8. PENA E AÇÃO PENAL

O delito de *entrega de filho menor a pessoa inidônea* é sancionado com pena de detenção, de um a dois anos (art. 245, *caput*).

Há *figura qualificada*, apenada com reclusão de um a quatro anos, nos casos em que o agente tem o intuito de obter lucro, ou se o menor é enviado para o exterior (art. 245, § 1º).

Há também figura equiparada à qualificada, ou seja, sancionada com reclusão de um a quatro anos (art. 245, § 2º). Quanto a essa, a melhor compreensão é a de que a disposição restou tacitamente revogada pelo art. 239 da Lei nº 8.069/1990 (Estatuto da Criança e do Adolescente).

A *ação penal é pública incondicionada*.

A previsão do *caput* consiste em *infração penal de menor potencial ofensivo*, sendo de competência do Juizado Especial Criminal (art. 61 da Lei nº 9.099/1995).

Em qualquer caso, admite-se a *suspensão condicional do processo* (art. 89 da Lei nº 9.099/1995).

Sendo admitida transação penal, é incabível o *acordo de não persecução penal* (art. 28-A, § 2º, I, do Código de Processo Penal), exceção feita à forma qualificada, que em tese detém a possibilidade.

11 ABANDONO INTELECTUAL (ART. 246)

SUMÁRIO: 11.1. Considerações iniciais – 11.2. Objetividade jurídica – 11.3. Sujeitos do delito – 11.4. Tipicidade objetiva e subjetiva – 11.5. Consumação e tentativa – 11.6. Pena e ação penal.

Abandono intelectual

Art. 246. Deixar, sem justa causa, de prover à instrução primária de filho em idade escolar:

Pena – detenção, de 15 (quinze) dias a 1 (um) mês, ou multa.

11.1. CONSIDERAÇÕES INICIAIS

O delito de *abandono intelectual* integra os *crimes contra a assistência familiar*, sendo novidade introduzida pelo Código Penal de 1940. O art. 246 não sofreu alterações, mantendo-se a sua redação original.

O tipo penal ora estudado relaciona-se com o *acesso à educação* – em especial por aqueles que estão em idade escolar –, o que incumbe ao Estado, *v.g.*, pelo ensino público gratuito, mas também aos pais, dado que, no exercício do poder familiar, compete a eles dirigir a criação e a educação dos filhos (art. 1.634, inciso I, do Código Civil)[1]. Destarte, o art. 246 do *Codex* visa coibir situações de omissão injustificada nos cuidados com a educação dos filhos.

Nesse diapasão, o art. 227 da Constituição Federal prevê que "*é dever da família, da sociedade e do Estado assegurar à criança, ao adolescente e ao jovem, com absoluta prioridade, o direito à vida, à saúde, à alimentação, à educação, ao lazer, à profissionalização, à cultura, à dignidade, ao respeito, à liberdade e à convivência familiar e comunitária, além de colocá-los a salvo de toda forma de negligência, discriminação, exploração, violência, crueldade e opressão*".

1. Vale pontuar que, no âmbito do Código Civil, há previsão de perda do poder familiar pelo abandono do filho: "*art. 1.638. Perderá por ato judicial o poder familiar o pai ou a mãe que: [...] II – deixar o filho em abandono*".

Cuida-se da reafirmação de direitos que remontam ao Estado do Bem-Estar Social. A Constituição brasileira de 1937, repetindo a alemã de Weimar (1919), já dispunha que "*a educação integral da prole é o primeiro dever e o direito natural dos pais*"[2].

11.2. OBJETIVIDADE JURÍDICA

Quanto ao *bem jurídico* envolvido, protege-se a assistência familiar, em especial no que diz respeito ao acesso à educação de filhos menores, "*procurando assegurar-lhes a educação necessária para facilitar-lhes o convívio social*"[3].

Vale destacar que o art. 205 da Constituição Federal estabelece que "*a educação, direito de todos e dever do Estado e da família, será promovida e incentivada com a colaboração da sociedade, visando ao pleno desenvolvimento da pessoa, seu preparo para o exercício da cidadania e sua qualificação para o trabalho*".

Demais disso, o § 1º do art. 208 da Carta Magna dispõe que "*o acesso ao ensino obrigatório e gratuito é direito público subjetivo*".

Dessa maneira, referidos dispositivos conformam a legitimidade constitucional do interesse tutelado na incriminação em destaque.

11.3. SUJEITOS DO DELITO

Podem ser *sujeitos ativos* os pais da vítima, seja a filiação biológica ou adotiva. Nesse influxo, pontua-se que o art. 229 da Constituição Federal estatui que "*os pais têm o dever de assistir, criar e educar os filhos menores, e os filhos maiores têm o dever de ajudar e amparar os pais na velhice, carência ou enfermidade*". Isto é, fixou-se constitucionalmente um dever dos pais em educar os filhos menores.

Sujeito passivo é o filho do agente do crime, biológico ou adotivo, que esteja em idade escolar.

11.4. TIPICIDADE OBJETIVA E SUBJETIVA

O art. 246 do Código Penal incrimina a conduta de "*deixar, sem justa causa, de prover à instrução primária de filho em idade escolar*".

---

2. LACERDA, Romão Côrtes de. *In*: HUNGRIA, Nélson. *Comentários ao Código Penal*. Rio de Janeiro: Forense, 1955, v. VIII, p. 442.
3. BITENCOURT, Cezar Roberto. *Tratado de direito penal*: parte especial. São Paulo: Saraiva, 2018, v. 4, p. 280.

Prover traz a ideia de proporcionar, providenciar. Assim, o agente do delito *deixa de prover*, não toma as medidas necessárias para que seu filho tenha acesso à instrução primária. Cuida-se, portanto, de *crime omissivo próprio*, ou puro.

O delito de *abandono intelectual* consiste em uma espécie de abandono moral[4].

Nesse diapasão, cumpre salientar a Lei nº 9.394/1996, concernente às Diretrizes e às Bases da Educação Nacional, que, em semelhança à Constituição Federal, dispõe, em seu art. 2º, que "*a educação, dever da família e do Estado, inspirada nos princípios de liberdade e nos ideais de solidariedade humana, tem por finalidade o pleno desenvolvimento do educando, seu preparo para o exercício da cidadania e sua qualificação para o trabalho*".

A referida lei especial, que sofreu alterações pela Lei nº 12.796/2013, trata, em seu art. 4º, inciso I e suas alíneas, sobre a organização da educação básica obrigatória e gratuita dos quatro aos dezessete anos de idade, dividindo-a em pré-escola, ensino fundamental e ensino médio.

Quanto à noção de "*filho em idade escolar*", alude-se ao art. 208, inciso I, da Constituição Federal, o qual estatui que o dever do Estado com a educação será efetivado mediante a garantia, entre outras, de "*educação básica obrigatória e gratuita dos 4 (quatro) aos 17 (dezessete) anos de idade, assegurada inclusive sua oferta gratuita para todos os que a ela não tiveram acesso na idade própria*".

No tocante à expressão "*instrução primária*", há divergências de entendimento.

Uma primeira corrente[5], minoritária, posiciona-se pela abrangência da locução *desde a pré-escola até o ensino médio*, razão pela qual, quanto à "*idade escolar*", esta compreenderia a faixa etária entre quatro e dezessete anos, conforme o art. 208, inciso I, da Carta.

Em contrapartida, a maioria da doutrina compreende que a *instrução primária* abrangeria somente até o ensino fundamental, restringindo-se a faixa etária dos seis até os catorze anos, em conformidade com o regramento do art. 32, *caput*, da Lei nº 9.394/1996 – Lei de Diretrizes e Bases da Educação –, segundo o qual "*o ensino fundamental obrigatório, com duração de 9 (nove) anos, gratuito na escola pública, iniciando-se aos 6 (seis) anos de idade, terá por objetivo a formação básica do cidadão* [...]"[6].

---

4. NUCCI, Guilherme de Souza. *Curso de direito penal*: parte especial. Rio de Janeiro: Forense, 2018, v. 3, p. 189.
5. GRECO, Rogério. *Curso de direito penal*: parte especial. Niterói: Impetus, 2019, v. 3, p. 301; NUCCI, Guilherme de Souza. *Curso de*..., cit., p. 190.
6. Fazendo menção à idade entre sete e catorze anos, indicativo de apenas considerar como instrução primária até o ensino fundamental, *v.g.*, PENTEADO, Jaques de Camargo. *A família e a justiça penal*. São Paulo: Revista dos Tribunais, 1998, p. 73; BITENCOURT, Cezar Roberto. *Tratado de*..., cit., p. 280; PRADO, Luiz Regis. *Curso de direito penal brasileiro*. São Paulo: Thomson Reuters, 2018, v. II, p. 544; BUSATO, Paulo César. *Direito penal*: parte especial. São Paulo: Atlas, 2016, v. 3, p. 54.

Efetivamente, assiste razão ao entendimento dominante, uma vez que instrução primária é aquela de primeiro grau. O elemento normativo "*idade escolar*" deve ser coadunado com o elemento normativo "*instrução primária*", de modo que o tipo penal se atrele ao ensino de primeiro grau obrigatório, iniciado aos seis anos[7], com nove de duração, ou seja, finalizado aos catorze.

Nesse influxo, por exemplo, o Tribunal de Justiça do Estado de São Paulo[8] possui julgado em que se entendeu pela *atipicidade* em caso no qual a omissão que poderia ensejar o abandono intelectual se deu em época em que o filho já teria ingressado no *ensino médio*.

O tipo em comento também revela o *elemento normativo do tipo* consistente na expressão "*ausência de justa causa*", atrelado à omissão do sujeito ativo. Isso significa que o fato será atípico quando houver alguma motivação idônea para o descumprimento da determinação de matrícula e frequência do filho em instituição de ensino. Por exemplo, não há crime no caso de pais que, igualmente analfabetos, deixam o filho na mesma condição, por conta da inacessibilidade, pela distância, da escola pública[9]. Além da miserabilidade ou falta de instrução dos pais, pode-se mencionar, inclusive, a falta de vagas em escolas públicas, dado que o Estado tem de proporcionar educação a todos, em especial àqueles menos favorecidos[10].

O Tribunal de Justiça do Estado de São Paulo[11] já se manifestou no sentido de que "*o trabalho não pode ser justificativa para o descumprimento inerentes do poder familiar. Até porque todos os pais trabalham para conseguir sustentar seus filhos e nem por isso deixam de observar o comparecimento e desenvolvimento nos estudos*".

Sendo assim, conforme o caso concreto, é possível que cometa o crime o pai ou a mãe que não realiza a matrícula do filho em estabelecimento de ensino regular, seja público, seja particular. Note-se que o art. 55 do Estatuto da Criança e do Adolescente prevê que "*os pais ou responsável têm a obrigação de matricular seus filhos ou pupilos na rede regular de ensino*". Além disso, o art. 6º da Lei 9.394/1996 estatui como dever dos pais ou responsáveis efetuar a matrícula das crianças na educação básica a partir dos quatro anos de idade.

---

7. Mesmo porque, convenha-se, aos quatro e cinco anos de idade, a atividade escolar é *pré-primária*, de cunho preponderantemente recreativo. Dessa maneira, inexiste conduta com dignidade penal na hipótese.
8. TJ-SP, Apelação Criminal nº 0002712-47.2016.8.26.0407, 4ª Câmara de Direito Criminal, rel. Des. Luis Soares de Mello, j.14/05/2019, DJ 15/05/2019.
9. NORONHA, E. Magalhães. *Direito penal*. São Paulo: Saraiva, 1995, v. 3, p. 334-335.
10. NUCCI, Guilherme de Souza. *Curso de*..., cit., pp. 189-190.
11. TJ-SP, Apelação Criminal nº 0002611-67.2012.8.26.0595, 4ª Câmara de Direito Criminal, rel. Des. Edison Brandão, j. 18/03/2014, DJ 19/03/2014.

Nessa senda, há controvérsia relativa ao "*ensino domiciliar*" (em inglês, "*homeschooling*") em que a criança ou adolescente não frequenta a escola, aprendendo em casa, seja por meio dos próprios pais, seja por meio de professores particulares. Isso porque, como mencionado, há o dever dos pais, impresso em diferentes diplomas do ordenamento pátrio, de realizar a matrícula de seus filhos em redes de ensino regulares. Dessa feita, questiona-se se o "*homeschooling*" poderia ensejar a configuração do abandono intelectual.

Em sede doutrinária, Noronha[12], *v.g.*, entende que não resta configurado o delito se a educação é ministrada em casa; aliás, entende o autor que "*não se escusam, pois, os pais com a impossibilidade de enviar o filho à escola pública, quando a instrução puder ser ministrada em casa*".

Prado[13], por sua vez, assevera que, "*em que pese sustentar-se que não se perfaz o abandono intelectual quando a educação do menor é ministrada em casa, é forçoso reconhecer que a* ratio legis *da incriminação é compelir os pais a providenciar a escolarização do filho, oferecendo-lhe a educação fundamental no estabelecimento de ensino regular – e não fora dele*".

Cumpre salientar que o STF, em 2018, fixou o tema 822, pelo qual "*não existe direito público subjetivo do aluno ou de sua família ao ensino domiciliar, inexistente na legislação brasileira*". Dessa feita, em Recurso Extraordinário[14], ponderou que "*a*

12. NORONHA, E. Magalhães. *Direito penal*..., cit., p. 334. Também considerando que não se perfaz o delito quando a educação é ministrada em casa, BITENCOURT, Cezar Roberto. *Tratado de*..., cit., p. 280.
13. PRADO, Luiz Regis. *Curso de*..., cit., p. 545.
14. "*CONSTITUCIONAL. EDUCAÇÃO. DIREITO FUNDAMENTAL RELACIONADO À DIGNIDADE DA PESSOA HUMANA E À EFETIVIDADE DA CIDADANIA. DEVER SOLIDÁRIO DO ESTADO E DA FAMÍLIA NA PRESTAÇÃO DO ENSINO FUNDAMENTAL. NECESSIDADE DE LEI FORMAL, EDITADA PELO CONGRESSO NACIONAL, PARA REGULAMENTAR O ENSINO DOMICILIAR. RECURSO DESPROVIDO. 1. A educação é um direito fundamental relacionado à dignidade da pessoa humana e à própria cidadania, pois exerce dupla função: de um lado, qualifica a comunidade como um todo, tornando-a esclarecida, politizada, desenvolvida (CIDADANIA); de outro, dignifica o indivíduo, verdadeiro titular desse direito subjetivo fundamental (DIGNIDADE DA PESSOA HUMANA). No caso da educação básica obrigatória (CF, art. 208, I), os titulares desse direito indisponível à educação são as crianças e adolescentes em idade escolar. 2. É dever da família, sociedade e Estado assegurar à criança, ao adolescente e ao jovem, com absoluta prioridade, a educação. A Constituição Federal consagrou o dever de solidariedade entre a família e o Estado como núcleo principal à formação educacional das crianças, jovens e adolescentes com a dupla finalidade de defesa integral dos direitos das crianças e dos adolescentes e sua formação em cidadania, para que o Brasil possa vencer o grande desafio de uma educação melhor para as novas gerações, imprescindível para os países que se querem ver desenvolvidos. 3. A Constituição Federal não veda de forma absoluta o ensino domiciliar, mas proíbe qualquer de suas espécies que não respeite o dever de solidariedade entre a família e o Estado como núcleo principal à formação educacional das crianças, jovens e adolescentes.*

Constituição Federal não veda de forma absoluta o ensino domiciliar, mas proíbe qualquer de suas espécies que não respeite o dever de solidariedade entre a família e o Estado como núcleo principal à formação educacional das crianças, jovens e adolescentes. São inconstitucionais, portanto, as espécies de unschooling *radical (desescolarização radical),* unschooling *moderado (desescolarização moderada) e* homeschooling *puro, em qualquer de suas variações*".

Demais disso, mesmo considerando que não há direito público subjetivo quanto ao ensino domiciliar, pontua que não há vedação constitucional para criar o ensino domiciliar por lei federal, "*desde que se cumpra a obrigatoriedade, de 4 a 17 anos, e se respeite o dever solidário Família/Estado, o núcleo básico de matérias acadêmicas, a supervisão, avaliação e fiscalização pelo Poder Público; bem como as demais previsões impostas diretamente pelo texto constitucional, inclusive no tocante às finalidades e objetivos do ensino; em especial, evitar a evasão escolar e garantir a socialização do indivíduo, por meio de ampla convivência familiar e comunitária (CF, art. 227)*".

Outro caso apontado na doutrina é situação em que o filho, apesar de matriculado, falta às aulas com habitualidade. Assim, *e.g.*, poderia incorrer no crime o pai que, cientificado das excessivas faltas do filho, se mantém inerte.

Nesse âmbito, a Lei nº 9.394/1996, em seu art. 12, inciso VIII – o qual sofreu alterações pela Lei 13.803/2019 –, estabelece que os estabelecimentos de ensino, respeitadas as normas comuns e as do seu sistema de ensino, terão a incumbência de "*notificar ao Conselho Tutelar do Município a relação dos alunos que apresentem quantidade de faltas acima de 30% (trinta por cento) do percentual permitido em lei*". Assim, entende-se que, "*com base neste parâmetro, torna-se possível uma apuração mais rigorosa e menos subjetiva no âmbito criminal, em que a ocorrência do abandono será analisada em contraste com as disposições da lei que estabelece as regras gerais para a educação*"[15].

São inconstitucionais, portanto, as espécies de unschooling *radical (desescolarização radical),* unschooling *moderado (desescolarização moderada) e* homeschooling *puro, em qualquer de suas variações. 4. O ensino domiciliar não é um direito público subjetivo do aluno ou de sua família, porém não é vedada constitucionalmente sua criação por meio de lei federal, editada pelo Congresso Nacional, na modalidade 'utilitarista' ou 'por conveniência circunstancial', desde que se cumpra a obrigatoriedade, de 4 a 17 anos, e se respeite o dever solidário Família/Estado, o núcleo básico de matérias acadêmicas, a supervisão, avaliação e fiscalização pelo Poder Público; bem como as demais previsões impostas diretamente pelo texto constitucional, inclusive no tocante às finalidades e objetivos do ensino; em especial, evitar a evasão escolar e garantir a socialização do indivíduo, por meio de ampla convivência familiar e comunitária (CF, art. 227). 5. Recurso extraordinário desprovido, com a fixação da seguinte tese (TEMA 822): 'Não existe direito público subjetivo do aluno ou de sua família ao ensino domiciliar, inexistente na legislação brasileira'*" (STF, RE 888815/RS, Tribunal Pleno, rel. Min. Roberto Barroso, rel. p/ Acórdão Min. Alexandre de Moraes, j. 12/09/2018).

15. CUNHA, Rogério Sanches. *Lei 13.803/19*: Notificação de faltas escolares e o crime de abandono intelectual. Disponível em: <https://meusitejuridico.editorajuspodivm.com.

O *elemento subjetivo do tipo* é o dolo, não se exigindo um especial fim de agir (*tipo congruente*). Destarte, "*deve a omissão ser livre e consciente, isto é, o sujeito ativo voluntária e conscientemente deixa de prover à instrução do filho*"[16].

Nao há modalidade culposa.

11.5. CONSUMAÇÃO E TENTATIVA

A *consumação* se dá quando o sujeito ativo, por tempo juridicamente relevante, deixa de prover a educação fundamental do filho em idade escolar. Trata-se de *crime permanente*, cuja consumação se prolonga enquanto a vítima em idade escolar estiver sem qualquer instrução.

Cuida-se de *crime formal*, de consumação antecipada ou de resultado cortado, não se exigindo efetivo prejuízo para a vítima.

Não se admite a figura da *tentativa*, tendo em vista que o crime é omissivo puro.

11.6. PENA E AÇÃO PENAL

O delito de *abandono intelectual* é sancionado alternativamente com pena de detenção, de quinze dias a um mês, ou multa (art. 246).

A *ação penal é pública incondicionada*.

A previsão consiste em *infração penal de menor potencial ofensivo*, sendo de competência do Juizado Especial Criminal (art. 61 da Lei nº 9.099/1995).

Admite-se a *suspensão condicional do processo* (art. 89 da Lei nº 9.099/1995).

Sendo admitida transação penal, é incabível o *acordo de não persecução penal* (art. 28-A, § 2º, I, do Código de Processo Penal).

---

br/2019/01/14/lei-13-80319-notificacao-de-faltas-escolares-e-o-crime-de-abandono-intelectual/>. Acesso em: 21/01/2020.

16. NORONHA, E. Magalhães. *Direito penal*..., cit., p. 334.

12 ABANDONO MORAL (ART. 247)

Sumário: 12.1. Considerações iniciais – 12.2. Objetividade jurídica – 12.3. Sujeitos do delito – 12.4. Tipicidade objetiva e subjetiva – 12.5. Consumação e tentativa – 12.6. Pena e ação penal.

Art. 247. Permitir alguém que menor de 18 (dezoito) anos, sujeito a seu poder ou confiado à sua guarda ou vigilância:

I - frequente casa de jogo ou mal-afamada, ou conviva com pessoa viciosa ou de má vida;

II - frequente espetáculo capaz de pervertê-lo ou de ofender-lhe o pudor, ou participe de representação de igual natureza;

III - resida ou trabalhe em casa de prostituição;

IV - mendigue ou sirva a mendigo para excitar a comiseração pública:

Pena - detenção, de 1 (um) a 3 (três) meses, ou multa.

12.1. CONSIDERAÇÕES INICIAIS

O Código Penal pátrio de 1940 não atribui rubrica específica para o delito insculpido no art. 247, que se localiza na sequência do *abandono intelectual* (art. 246). Dessa feita, a doutrina lhe atribuiu o *nomen iuris* de "*abandono moral*", que é amplamente aceito.

Anteriormente ao atual *Codex*, havia previsão semelhante ao abandono moral na Consolidação das Leis Penais.

O art. 247 não sofreu alterações, mantendo-se a redação original de 1940.

12.2. OBJETIVIDADE JURÍDICA

Há a tutela da incolumidade moral da pessoa menor de dezoito anos, que pode ser atingida pela reiterada presença em determinados locais ou realização de certas atividades possíveis de corrompê-lo[1].

---

1. PRADO, Luiz Regis. *Curso de direito penal brasileiro*. São Paulo: Thomson Reuters, 2018, v. II, p. 546.

Consoante Noronha[2], protege-se "a *formação moral do menor, isto é, de seu caráter e sentimentos, impedindo-se a corrupção, que o levará ao crime e ao cárcere*".

12.3. SUJEITOS DO DELITO

Sujeito ativo pode ser aquele que tem *poder* ou relação de *guarda e vigilância* com a vítima. Há divergência quanto à classificação, havendo entendimentos tanto no sentido de que se trata de *crime comum*[3] quanto de *crime próprio*[4]. Em realidade, o crime é comum, pois não se exige qualidade especial do agente, que pode ser qualquer um. A sujeição a poder ou relação de guarda ou vigilância em face do objeto material da infração são delimitadores da conduta, não características do agente.

Quanto ao "*poder*" a que está sujeita a vítima em relação ao agente, este se refere, por exemplo, àqueles que são titulares do poder familiar[5], como os pais do ofendido. Ademais, considera-se, nessa mesma situação, aquele que é tutor do sujeito passivo[6].

A *guarda ou vigilância* que tem o agente em relação à vítima abarca situações que não possuem tanto rigor quanto casos de tutores e genitores supramencionados. Destarte, abarcam-se, *v.g.*, diretores de escola. Nesse caso, além da ofensa ao menor de idade, há violação da confiança depositada no agente[7].

Na ótica de Lacerda[8], "*respondem, em primeiro lugar, os encarregados de guarda ou vigilância imediatas; mas pode ocorrer coautoria entre estes e os que têm o* poder, *desde que uns e outros* permitam *o que o dispositivo pune*".

Sujeito passivo é o menor de dezoito anos de idade que está sujeito ao poder, à guarda ou à vigilância do sujeito ativo, por exemplo, o filho natural ou adotivo do agente.

2. NORONHA, E. Magalhães. *Direito penal*. São Paulo: Saraiva, 1995, v. 3, p. 335.
3. Entre outros, FARIA, Bento de. *Código penal brasileiro*. Rio de Janeiro: Record, 1961, v. VI, p. 182; BITENCOURT, Cezar Roberto. *Tratado de direito penal*: parte especial. São Paulo: Saraiva, 2018, v. 4, p. 284; PRADO, Luiz Regis. *Curso de*..., cit., p. 546.
4. Exemplificativamente, NUCCI, Guilherme de Souza. *Curso de direito penal*: parte especial. Rio de Janeiro: Forense, 2018, v. 3, p. 193; BUSATO, Paulo César. *Direito penal*: parte especial. São Paulo: Atlas, 2016, v. 3, p. 61; GRECO, Rogério. *Curso de direito penal*: parte especial. Niterói: Impetus, 2019, v. 3, p. 307.
5. Dispõe o art. 1.630 do Código Civil que "*os filhos estão sujeitos ao poder familiar, enquanto menores*".
6. Estabelece o Código Civil: "*Art. 1.728. Os filhos menores são postos em tutela: I – com o falecimento dos pais, ou sendo estes julgados ausentes; II – em caso de os pais decaírem do poder familiar*".
7. NORONHA, E. Magalhães. *Direito penal*..., cit., p. 333.
8. LACERDA, Romão Côrtes de. *In*: HUNGRIA, Nélson. *Comentários ao Código Penal*. Rio de Janeiro: Forense, 1955, v. VIII, p. 473.

12.4. TIPICIDADE OBJETIVA E SUBJETIVA

O art. 247 do *Codex*, em linhas gerais, tipifica a conduta daquele que, responsável por *menor de dezoito anos* – *e.g.*, genitores no exercício do poder familiar e tutores –, *permite*, isto é, tolera, consente, ou aceita, que esse menor de idade se envolva em determinadas situações perniciosas elencadas pelo tipo penal.

Tal assentimento pode ser *expresso*, quando, "*já positivada a ação do menor, o responsável pratica um ato que abertamente ratifica essa conduta*"[9], ou *tácito*, quando o agente não toma providências para obstar as ações do menor, seja por si mesmo, seja pela intervenção do juízo, do conselho tutelar ou da polícia, por exemplo.

Aliás, admite-se que essa "*aquiescência*" por parte do sujeito ativo se dê tanto por condutas *comissivas* quanto por condutas *omissivas*, *e.g.*, sabendo que o menor frequenta casas de jogos e nada faz. Assim, conforme o caso concreto, pode haver *crime comissivo ou omissivo*.

Incide no delito aquele que permite que o menor de dezoito anos, sujeito a seu poder ou confiado a sua guarda ou vigilância: a) *frequente casa de jogo ou mal-afamada, ou conviva com pessoa viciosa ou de má vida* (inciso I); b) *frequente espetáculo capaz de pervertê-lo ou de ofender-lhe o pudor, ou participe de representação de igual natureza* (inciso II); c) *resida ou trabalhe em casa de prostituição* (inciso III); e d) *mendigue ou sirva a mendigo para excitar a comiseração pública* (inciso IV).

Cuida-se de *tipo misto cumulativo*, de modo que, havendo a ocorrência de mais de uma das situações previstas, aplica-se a regra do *concurso material*.

No tocante ao inciso I, *casa de jogo ou mal-afamada*[10] diz respeito, *e.g.*, a cassinos ilegais, cabarés, locais que exploram jogos de azar e apostas, não abarcando locais cujo funcionamento é autorizado pelo Estado, como lotéricas[11]. Há necessidade de que a presença do menor em *casa de jogo ou mal-afamada* se dê com *frequência*, repetidamente, não se configurando o delito se ele comparece vez ou outra nesses estabelecimentos.

Demais disso, vale destacar o art. 80 da Lei nº 8.069/1990 (Estatuto da Criança e do Adolescente), pelo qual "*os responsáveis por estabelecimentos que explorem comercialmente bilhar, sinuca ou congênere ou por casas de jogos, assim entendidas as que realizem apostas, ainda que eventualmente, cuidarão para que não seja permitida a entrada e a permanência de crianças e adolescentes no local, afixando aviso para orientação do público*".

---

9. NORONHA, E. Magalhães. *Direito penal...*, cit., p. 336.
10. Consoante Prado, trata-se de *elemento normativo extrajurídico*, atribuindo a mesma classificação para "*pessoa viciosa ou de má vida*", cf. PRADO, Luiz Regis. *Curso de...*, cit., p. 547.
11. NUCCI, Guilherme de Souza. *Curso de...*, cit., p. 192.

Ainda, o inciso menciona a *convivência* com *pessoa viciosa ou de má vida*. *Pessoa viciosa* liga-se àquela desregrada, como o ébrio contumaz ou o viciado em tóxicos. *Pessoa de má vida* é expressão que se refere a aspectos morais, costumes sociais desta, que podem ser tidos como "*imorais*"[12], como o proxeneta. Note-se que a noção de *pessoa viciosa ou de má vida* muda com o passar das décadas. De toda forma, a respectiva situação apontada pela lei atrela-se a relações de familiaridade ou intimidade com tais pessoas.

Quanto ao inciso II, *espetáculo capaz de perverter ou de ofender o pudor* do menor diz respeito àquele capaz de corromper o pudor, envergonhar, prejudicar a formação moral da vítima, como o *show* de sexo ou de *striptease*. Também há exigência de *frequência*, habitualidade, em tais espetáculos por parte do menor.

Demais disso, esse inciso cuida da situação em que o menor *participa*, integra esse tipo de espetáculo, caso em que não é necessária a habitualidade na participação.

Destaque-se que o art. 240 do Estatuto da Criança e do Adolescente[13] incrimina, em seu § 1º, a conduta daquele que agencia, facilita, recruta, coage, ou de qualquer modo intermedeia a participação de criança ou adolescente em cena de sexo explícito ou pornográfica, ou ainda daquele que com esses contracena.

No que tange ao inciso III, veda-se que o menor de idade tenha como residência ou como local de trabalho a *casa de prostituição*, esta relacionada ao local destinado ao comércio sexual profissional[14]. Nesse contexto, há entendimento de que, *e.g.*, se uma prostituta realiza em sua casa os encontros com os clientes, lá não poderia residir um filho seu menor de idade[15]. De mesmo modo, *v.g.*, um menor não poderia atuar como garçom, dançarino ou *barman* em tais locais[16].

A permissão para que o adolescente vá uma única vez a uma casa de prostituição não perfaz a presente incriminação, a qual exige *frequência*, isto é, habitualidade.

---

12. BITENCOURT, Cezar Roberto. *Tratado de...*, cit., p. 283.
13. "*Art. 240. Produzir, reproduzir, dirigir, fotografar, filmar ou registrar, por qualquer meio, cena de sexo explícito ou pornográfica, envolvendo criança ou adolescente: Pena – reclusão, de 4 (quatro) a 8 (oito) anos, e multa. § 1º Incorre nas mesmas penas quem agencia, facilita, recruta, coage, ou de qualquer modo intermedeia a participação de criança ou adolescente nas cenas referidas no* caput *deste artigo, ou ainda quem com esses contracena. § 2º Aumenta-se a pena de 1/3 (um terço) se o agente comete o crime: I – no exercício de cargo ou função pública ou a pretexto de exercê-la; II – prevalecendo-se de relações domésticas, de coabitação ou de hospitalidade; ou III – prevalecendo-se de relações de parentesco consanguíneo ou afim até o terceiro grau, ou por adoção, de tutor, curador, preceptor, empregador da vítima ou de quem, a qualquer outro título, tenha autoridade sobre ela, ou com seu consentimento.*"
14. PRADO, Luiz Regis. *Curso de...*, cit., p. 547.
15. *V.g.*, NORONHA, E. Magalhães. *Direito penal...*, cit., p. 336; LACERDA, Romão Côrtes de. *In*: HUNGRIA, Nélson. *Comentários ao...*, cit., p. 474.
16. Vale destacar que o inciso XXXIII do art. 7º da Constituição Federal, entre outros pontos, estabelece a proibição de trabalho noturno para os menores de dezoito anos.

Por fim, o inciso IV busca evitar que o próprio menor se dedique à *mendicância*, peça esmolas nas ruas, bem como veda que o menor *sirva*, onerosa ou gratuitamente, à pessoa que já se encontra em tal situação. Note-se que há o fim específico de despertar a compaixão, a piedade, nas pessoas.

Vale pontuar que a *contravenção penal* relativa à *mendicância* foi revogada pela Lei nº 11.983/2009.

O *elemento subjetivo do tipo* é o dolo.

Nas condutas descritas no art. 247, incisos I a II, inexiste especial fim de agir (*tipos congruentes*). Não obstante, na hipótese do inciso IV, há *elemento subjetivo especial do tipo* ligado à mendicância com intuito de *excitar a comiseração pública* – esta relacionada a provocar a compaixão, a piedade. Sendo assim, entende-se que não há o crime no caso em que o menor apenas guia ou ampara o mendigo[17].

Não há previsão da modalidade culposa.

Vale destacar que não se deve confundir o art. 247 com o delito de *entrega de filho menor a pessoa inidônea* (art. 245 do Código Penal)[18]. Consoante Noronha[19], o delito em comento envolve uma forma passiva de abandono moral, enquanto o art. 245, uma forma ativa, visto que, nesse caso, o próprio agente "*entrega*" o menor rumo à situação que representa o perigo moral. De se notar que, ademais, afora a hipótese de participação em espetáculo ofensivo ao pudor, o tipo previsto no art. 247 exige reiteração de comportamento, ao contrário do que ocorre com a figura do art. 245.

12.5. CONSUMAÇÃO E TENTATIVA

Consuma-se o delito quando, "*caracterizados os hábitos ou ações malsãos do menor e deles sabendo o responsável, não toma providência para coibi-los, mantendo-se inerte ou inativo e com isso permitindo-os*"[20]. Demais disso, a maioria das hipóteses concernentes

---

17. LACERDA, Romão Côrtes de. *In*: HUNGRIA, Nélson. *Comentários ao...*, cit., p. 474. Em sentido semelhante, PRADO, Luiz Regis. *Curso de...*, cit., p. 548.

18. "*Art. 245. Entregar filho menor de 18 (dezoito) anos a pessoa em cuja companhia saiba ou deva saber que o menor fica moral ou materialmente em perigo: Pena – detenção, de 1 (um) a 2 (dois) anos. § 1º A pena é de 1 (um) a 4 (quatro) anos de reclusão, se o agente pratica delito para obter lucro, ou se o menor é enviado para o exterior. § 2º Incorre, também, na pena do parágrafo anterior quem, embora excluído o perigo moral ou material, auxilia a efetivação de ato destinado ao envio de menor para o exterior, com o fito de obter lucro.*"

19. NORONHA, E. Magalhães. *Direito penal...*, cit., p. 336.

20. NORONHA, E. Magalhães. *Direito penal...*, cit., p. 337.

ao art. 247 do *Codex* diz respeito a *crime habitual* (incisos I, II, 1ª e 2ª partes, III e IV) e, eventualmente, *permanente* (incisos I, 2ª parte, e III).

Para Bitencourt[21], a consumação se dá "*quando o menor pratica quaisquer das condutas previstas, no caso de permissão anterior; se a permissão for posterior à prática, a consumação dá-se com o assentimento*".

Entende-se que é possível a *tentativa* se a aquiescência do sujeito ativo for anterior à prática da conduta vedada pelo menor[22]. Havendo a simples omissão do agente, não cabe o *conatus*.

12.6. PENA E AÇÃO PENAL

O delito de *abandono moral* é sancionado alternativamente com pena de detenção, de um a três meses, ou multa (art. 247).

A *ação penal é pública incondicionada*.

Trata-se de *infração penal de menor potencial ofensivo*, sendo de competência do Juizado Especial Criminal (art. 61 da Lei nº 9.099/1995).

Admite-se a *suspensão condicional do processo* (art. 89 da Lei nº 9.099/1995).

Sendo admitida transação penal, é incabível o *acordo de não persecução penal* (art. 28-A, § 2º, I, do Código de Processo Penal).

---

21. BITENCOURT, Cezar Roberto. *Tratado de*..., cit., p. 283.
22. BITENCOURT, Cezar Roberto. *Tratado de*..., cit., p. 284. No mesmo sentido, PRADO, Luiz Regis. *Curso de*..., cit., p. 548. NORONHA, E. Magalhães. *Direito penal*..., cit., p. 337, não admite a tentativa.

13 INDUZIMENTO A FUGA, ENTREGA ARBITRÁRIA OU SONEGAÇÃO DE INCAPAZES (ART. 248)

SUMÁRIO: 13.1. Considerações iniciais – 13.2. Objetividade jurídica – 13.3. Sujeitos do delito – 13.4. Tipicidade objetiva e subjetiva – 13.5. Consumação e tentativa – 13.6. Pena e ação penal.

Induzimento a fuga, entrega arbitrária ou sonegação de incapazes

Art. 248. Induzir menor de 18 (dezoito) anos, ou interdito, a fugir do lugar em que se acha por determinação de quem sobre ele exerce autoridade, em virtude de lei ou de ordem judicial; confiar a outrem sem ordem do pai, do tutor ou do curador algum menor de 18 (dezoito) anos ou interdito, ou deixar, sem justa causa, de entregá-lo a quem legitimamente o reclame:

Pena – detenção, de 1 (um) mês a 1 (um) ano, ou multa.

13.1. CONSIDERAÇÕES INICIAIS

O art. 248 inaugura o Capítulo IV do Título VII da Parte Especial do Código Penal, relativo aos *crimes contra o pátrio poder, tutela ou curatela* – sendo esses institutos relacionados ao Direito Civil, delineados adiante. Lacerda[1] considera, com razão, que tal capítulo poderia estar incluído no anterior – relativo aos delitos contra a assistência familiar –, dado que "*os atos nele punidos são tendentes a subtrair o menor ou interdito à assistência que lhe é devida por sua família, seja esta legítima, seja natural, ou representada por institutos de direito de família*".

Parte da doutrina, não obstante, considera que os dois delitos insculpidos no capítulo em destaque não possuem dignidade penal, devendo ser tratados por outros ramos jurídicos[2].

1. LACERDA, Romão Côrtes de. *In*: HUNGRIA, Nélson. *Comentários ao Código Penal*. Rio de Janeiro: Forense, 1955, v. VIII, p. 476.
2. Nesse sentido, *e.g.*, BUSATO, Paulo César. *Direito penal*: parte especial. São Paulo: Atlas, 2016, v. 3, p. 63.

Quanto à expressão "*pátrio poder*", cumpre salientar que, atualmente, a terminologia utilizada pela lei civil é *poder familiar* (*vide* arts. 1.630 a 1.638 do Código Civil). Dessa maneira, vê-se que os *filhos menores* estão sujeitos ao poder familiar (art. 1.630 do Código Civil), que, em regra, será exercido plenamente pelos pais, independentemente da situação conjugal.

Uma das atribuições relativas ao exercício do poder familiar diz respeito a dirigir *a criação e a educação dos filhos* (art. 1.634, inciso I, do Código Civil).

A *tutela* (arts. 1.728 a 1.766 do Código Civil) destina-se aos *filhos menores* em caso de falecimento dos pais, de serem julgados ausentes ou de decaírem do poder familiar (art. 1.728 do Código Civil). Entre as incumbências do tutor, estão as de dirigir a educação, defender, e prestar alimentos ao tutelado, conforme os seus haveres e condições (art. 1.740, inciso I, do Código Civil).

A *curatela* (arts. 1.767 a 1.783 do Código Civil) destina-se, *grosso modo*, aos que já são *maiores de idade* em determinadas situações, que, com o estabelecimento da curatela, são chamados de *interditos*. Tal instituto rege-se de maneira semelhante à tutela, com diferenciações estabelecidas pela lei civil.

Consoante o art. 1.767 do Código Civil, que sofreu alterações pelo Estatuto da Pessoa com Deficiência (Lei nº 13.146/2015), estão sujeitos à curatela: a) aqueles que, por causa transitória ou permanente, não puderem exprimir sua vontade; b) os ébrios habituais e os viciados em tóxico; e c) os pródigos.

Vale pontuar que, quanto às pessoas com deficiência, a Lei nº 13.146/2015 estabeleceu o instituto da tomada de decisão apoiada, que é o "*processo pelo qual a pessoa com deficiência elege pelo menos 2 (duas) pessoas idôneas, com as quais mantenha vínculos e que gozem de sua confiança, para prestar-lhe apoio na tomada de decisão sobre atos da vida civil, fornecendo-lhes os elementos e informações necessários para que possa exercer sua capacidade*" (art. 1.783-A do Código Civil).

O art. 248 do Código Penal, concernente ao *induzimento a fuga, entrega arbitrária ou sonegação de incapazes*, não sofreu alterações, mantendo-se a redação original de 1940. Em realidade, o dispositivo apresenta três condutas criminosas distintas: i) *induzimento a fuga de menor ou interdito*; ii) *entrega não autorizada de menor ou interdito a terceiro* e iii) *sonegação de incapaz*.

13.2. OBJETIVIDADE JURÍDICA

O *bem jurídico* tutelado pela presente incriminação consiste no poder familiar, tutela e curatela.

13.3. SUJEITOS DO DELITO

Sujeito ativo de qualquer das figuras previstas pode ser qualquer pessoa. Cuidam-se, destarte, de *crimes comuns*, ou gerais. Pode ser sujeito ativo do delito o genitor que foi destituído ou suspenso do poder familiar[3].

Entende-se que o cônjuge separado que retém o filho menor por tempo maior do que o acordado não incorre na figura prevista no art. 248, mas sim na do art. 359 do Código Penal[4], relativo ao crime de desobediência à decisão judicial sobre perda ou suspensão de direito.

Sujeitos passivos são o menor de dezoito anos, ou interdito, bem como seus respectivos titulares do poder familiar (os pais), tutores ou curadores[5]. Considera-se que os pais, tutores e curadores são sujeitos passivos imediatos, enquanto os menores ou interditos, mediatos.

Como mencionado anteriormente, aqueles que podem se tornar interditos são os que, por causa transitória ou permanente, não puderem exprimir sua vontade, os ébrios habituais e os viciados em tóxico e os pródigos (art. 1.767 do Código Civil).

Todavia, quanto aos pródigos, há que se destacar o art. 1.782 do Código Civil, estabelecendo que "*a interdição do pródigo só o privará de, sem curador, emprestar, transigir, dar quitação, alienar, hipotecar, demandar ou ser demandado, e praticar, em geral, os atos que não sejam de mera administração*". Sendo assim, Noronha[6] entende que, no tipo em comento, não se incluem situações que envolvam a curatela de pródigos, pois esta diria respeito apenas aos bens desse curatelado, sendo a sua pessoa livre.

13.4. TIPICIDADE OBJETIVA E SUBJETIVA

O art. 248 do Código Penal incrimina as condutas de: a) *induzir menor de 18 (dezoito) anos, ou interdito, a fugir do lugar em que se acha por determinação*

3. NORONHA, E. Magalhães. *Direito penal...*, cit., p. 339; PRADO, Luiz Regis. *Curso de direito penal brasileiro*. São Paulo: Thomson Reuters, 2018, v. II, p. 550, entre outros.

4. "*Art. 359. Exercer função, atividade, direito, autoridade ou múnus, de que foi suspenso ou privado por decisão judicial: Pena – detenção, de 3 (três) meses a 2 (dois) anos, ou multa.*"

5. NORONHA, E. Magalhães. *Direito penal...*, cit., p. 339. Em sentido semelhante, NUCCI, Guilherme de Souza. *Curso de direito penal*: parte especial. Rio de Janeiro: Forense, 2018, v. 3, p. 198. Pontue-se que LACERDA, Romão Côrtes de. *In*: HUNGRIA, Nélson. *Comentários ao...*, cit., p. 477, entende que não figura como vítima o menor ou interdito, mas apenas pai, mãe, tutor ou curador.

6. NORONHA, E. Magalhães. *Direito penal...*, cit., p. 339.

de quem sobre ele exerce autoridade, em virtude de lei ou de ordem judicial; b) *confiar a outrem sem ordem do pai, do tutor ou do curador algum menor de 18 (dezoito) anos ou interdito*; e c) *deixar, sem justa causa, de entregá-lo a quem legitimamente o reclame*.

Trata-se de *tipo misto cumulativo* e *alternativo*. Consoante a redação legal denota, as condutas de "*confiar a outrem*" e de "*deixar de entregar*" são alternativas, uma vez que estão ligadas, em mesma pontuação, pela conjunção alternativa "*ou*", enquanto a de "*induzir a fuga*" é cumulativa em face das anteriores, tendo sido descrita antes de um ponto e vírgula. Por conseguinte, pode haver concurso material entre as duas hipóteses aptas à cumulação.

Caso o agente confie a outrem e deixe de entregar o mesmo objeto material da infração, isto é, o menor ou o interditado judicialmente, o crime será único.

Quanto à primeira previsão, relativa ao "*induzimento a fuga*", *induzir* refere-se a criar uma ideia, convencer a algo. Dessa forma, o sujeito ativo faz surgir, na vítima, a ideia de *fugir*, ausentar-se, evadir-se do local em que se encontra por determinação de quem tem autoridade sobre ela. Note-se que a fuga é empreendida pelos próprios meios do menor, sem menção ao auxílio do instigador.

Não comete o art. 248 o terceiro que, sem ter instigado a fuga, acompanha o indivíduo ao local do destino ou o acolhe em sua casa depois da fuga[7].

É preciso que haja certo *afastamento*, deslocamento no espaço, e *clandestinidade*. Assim, não configura o crime a situação em que, *e.g.*, o agente induz o menor a sair do colégio para ficar, à vista de todos, em casa vizinha de parentes[8].

Há que se pontuar a diferença entre o delito ora estudado e o de *subtração de incapazes* (art. 249 do Código Penal[9]). No caso do art. 248, o induzimento liga-se ao agente persuadir para que o próprio menor ou interdito saia do lugar em que foi colocado pelo seu responsável. Já na hipótese do art. 249, o agente induz o menor a fugir com ele ou para ele.

Quanto à segunda conduta vedada pelo tipo do art. 248 do *Codex*, ligada à "*entrega arbitrária*", *confiar* traz a ideia de entregar aos cuidados de outrem, o que é feito *arbitrariamente*, isto é, sem o consentimento, expresso ou tácito, do responsável. Sendo assim, havendo o consentimento do responsável, o fato é atípico. Exemplo do crime

7. PRADO, Luiz Regis. *Curso de*..., cit., p. 550.
8. NORONHA, E. Magalhães. *Direito penal*..., cit., p. 340.
9. "*Art. 249. Subtrair menor de 18 (dezoito) anos ou interdito ao poder de quem o tem sob sua guarda em virtude de lei ou de ordem judicial: Pena – detenção, de 2 (dois) meses a 2 (dois) anos, se o fato não constitui elemento de outro crime. § 1º O fato de ser o agente pai ou tutor do menor ou curador do interdito não o exime de pena, se destituído ou temporariamente privado do pátrio poder, tutela, curatela ou guarda. § 2º No caso de restituição do menor ou do interdito, se este não sofreu maus-tratos ou privações, o juiz pode deixar de aplicar pena.*"

seria um diretor de escola que dolosamente entrega menor a pessoa que não estava autorizada pelos pais da criança.

O terceiro a quem é entregue o indivíduo, conforme o caso concreto, pode figurar como coautor do crime. Para Lacerda[10], se o terceiro consegue a entrega com o uso de violência física, moral ou por meio de engano a quem faz a entrega, haverá o crime de *subtração de incapazes* (art. 249 do *Codex*).

Por fim, a terceira hipótese criminosa em destaque diz respeito à denominada "*sonegação de incapaz*". *In casu*, o agente *não entrega* o menor ou interdito a quem os *reclama legitimamente*, retendo-os, mantendo-os, em seu poder, *sem justa causa*. Cuida-se de *crime omissivo próprio*, ou puro.

A *justa causa* (*elemento normativo do tipo*) que torna permitida a recusa da entrega relaciona-se a situações em que, *e.g.*, há um risco na devolução do menor, como no caso de um avô que se recusa a devolver os netos aos seus genitores que, apesar de ainda titulares do poder familiar, maltratam as crianças. A *legitimidade* (também *elemento normativo do tipo*) para reclamar o menor ou interdito liga-se a quem tem o direito para tanto, como tutor, curador ou titular do poder familiar. Por exemplo, no exercício do poder familiar, os pais podem reclamar os filhos de quem ilegalmente os detenha (art. 1.634, inciso VIII, do Código Civil).

A hipótese de sonegação de incapaz do art. 248 também não se confunde com a *subtração de incapazes* (art. 249). Na primeira, o agente retém o menor, já na segunda, o agente tira o menor do poder de seu responsável por lei ou ordem judicial[11].

Demais disso, note-se que, no crime de subtração de incapazes, crime mais grave que o do art. 248, é previsto que o juiz pode deixar de aplicar pena caso haja a restituição do menor ou do interdito, sem que este tenha sofrido maus-tratos ou privações. No delito em comento, apesar de ser sancionado menos gravemente, não há previsão dessa possibilidade.

Em todas as hipóteses, o *elemento subjetivo do tipo* é o dolo, não se exigindo especial fim de agir (*tipo congruente*).

Não há previsão da modalidade culposa.

13.5. CONSUMAÇÃO E TENTATIVA

Quanto ao descrito no art. 248, 1ª parte ("*induzir a fuga*"), *consuma-se* o delito com a *efetiva fuga* do menor ou interdito, isto é, com seu afastamento, contra a vontade

10. LACERDA, Romão Côrtes de. *In*: HUNGRIA, Nélson. *Comentários ao*..., cit., p. 478.

11. BITENCOURT, Cezar Roberto. *Tratado de direito penal*: parte especial. São Paulo: Saraiva, 2018, v. 4, p. 286.

expressa ou tácita de seu responsável[12] (*crime material*, ou causal). Não faz sentido entender que o crime seria formal, o qual se consumaria com a simples inculcação de ideia de fuga, porque isso não detém equivalência de ofensividade às demais situações vedadas. Esse entendimento levaria, então, a uma desproporcionalidade intrínseca na construção típica.

Admite-se a *tentativa*.

Quanto ao previsto no art. 248, 2ª parte ("*confiar a outrem*"), *consuma-se* o crime quando a vítima passa para o poder de terceiro, é entregue a este, sem a autorização, expressa ou tácita, de seu responsável.

De igual modo que a hipótese anterior, admite-se o *conatus*.

Quanto ao art. 248, *in fine*, *consuma-se* o delito com a demonstração inequívoca da vontade do sujeito ativo de não entregar o menor ou interdito, desde que a retenção indevida se protraia por tempo juridicamente relevante[13].

Neste último caso, não se admite a *tentativa*, uma vez que se cuida de crime omissivo puro. Trata-se de *crime permanente*.

13.6. PENA E AÇÃO PENAL

O delito de *induzimento a fuga, entrega arbitrária ou sonegação de incapazes* é sancionado alternativamente com pena de detenção, de um mês a um ano, ou multa (art. 248).

A *ação penal é pública incondicionada*.

Trata-se de *infração penal de menor potencial ofensivo*, sendo de competência do Juizado Especial Criminal (art. 61 da Lei nº 9.099/1995).

Admite-se a *suspensão condicional do processo* (art. 89 da Lei nº 9.099/1995).

Sendo admitida transação penal, é incabível o *acordo de não persecução penal* (art. 28-A, § 2º, I, do Código de Processo Penal).

---

12. Esse é o pensamento majoritário da doutrina, *e.g.*, FRAGOSO, Heleno Cláudio. *Lições de direito penal:* parte especial. Rio de Janeiro: Forense, 1986, v. II.; NORONHA, E. Magalhães. *Direito penal*..., cit., p. 340; PRADO, Luiz Regis. *Curso de*..., cit., p. 551; PENTEADO, Jaques de Camargo. *A família e a justiça penal*. São Paulo: Revista dos Tribunais, 1998, p. 82.
13. PRADO, Luiz Regis. *Curso de*..., cit., p. 551.

14 SUBTRAÇÃO DE INCAPAZES (ART. 249)

Sumário: 14.1. Considerações iniciais – 14.2. Objetividade jurídica – 14.3. Sujeitos do delito – 14.4. Tipicidade objetiva e subjetiva – 14.5. Consumação e tentativa – 14.6. Pena e ação penal.

Subtração de incapazes

Art. 249. Subtrair menor de 18 (dezoito) anos ou interdito ao poder de quem o tem sob sua guarda em virtude de lei ou de ordem judicial:

Pena - detenção, de 2 (dois) meses a 2 (dois) anos, se o fato não constitui elemento de outro crime.

§ 1° O fato de ser o agente pai ou tutor do menor ou curador do interdito não o exime de pena, se destituído ou temporariamente privado do pátrio poder, tutela, curatela ou guarda.

§ 2° No caso de restituição do menor ou do interdito, se este não sofreu maus-tratos ou privações, o juiz pode deixar de aplicar pena.

14.1. CONSIDERAÇÕES INICIAIS

O art. 249 do *Codex* é o último dos crimes contra a assistência familiar, também encerrando o Título VII da Parte Especial, dos crimes contra a família.

O delito de *subtração de incapazes* – cujo surgimento ocorre no direito germânico e propagação deve-se ao Código de Napoleão – possuía figuras semelhantes no Código de 1890 e no Código de Menores de 1927, e o Código Penal de 1940 lhe conferiu maior abrangência. O tipo em comento não sofreu alterações, mantendo-se a redação original de 1940.

Nesse âmbito, ficou amplamente conhecido na mídia, no início dos anos 2000, o chamado "*caso Pedrinho*", em que uma mulher, em 1986, disfarçou-se de enfermeira e subtraiu da maternidade um recém-nascido, o qual criou como se fosse seu filho, delito que só foi solucionado anos depois. Houve, então, dúvidas quanto à tipificação da conduta referida, dado que, *e.g.*, no *sequestro e cárcere privado* (art. 148)[1], há uma

1. "*Art. 148. Privar alguém de sua liberdade, mediante sequestro ou cárcere privado: Pena – reclusão, de 1 (um) a 3 (três) anos. § 1º A pena é de reclusão, de 2 (dois) a 5 (cinco) anos: I – se a*

privação de liberdade da vítima e, no caso, o menino levava uma vida normal, andando livremente pela rua, frequentando a escola, *etc*.

Na sentença, a mulher foi condenada – além de pela figura do art. 242, 1ª e 2ª partes, do *Codex*[2], em concurso – por *subtração de incapazes*, e o entendimento foi de que o art. 249 seria crime permanente – afastando-se, então, a tese defensiva de prescrição do tipo.

Ainda, diante da repercussão do caso, surgiu um movimento questionando a pena do art. 249, por suposta brandura. Inclusive, chegou a ser proposto um projeto de lei (Projeto de Lei do Senado nº 50/2004) que pretendia incluir um art. 249-A ao Código Penal, com pena de reclusão, de três anos a seis anos, para os casos em que o agente praticasse o crime "*com o intuito de criar o incapaz como seu filho, ou com o intuito de entregá-lo a terceiro com esta finalidade*"[3].

14.2. OBJETIVIDADE JURÍDICA

Quanto ao *bem jurídico* envolvido, protege-se o poder familiar, a tutela e a curatela. Observa Prado[4] que não são somente tais aspectos que podem ser atingidos, dado que também pode ser vítima o depositário, afetando-se, então, seus interesses fundamentais.

14.3. SUJEITOS DO DELITO

Qualquer pessoa pode ser *sujeito ativo* do delito de subtração de incapazes. Trata-se de *crime comum*, ou geral.

---

vítima é ascendente, descendente, cônjuge ou companheiro do agente ou maior de 60 (sessenta) anos; II – se o crime é praticado mediante internação da vítima em casa de saúde ou hospital; III – se a privação da liberdade dura mais de 15 (quinze) dias. IV – se o crime é praticado contra menor de 18 (dezoito) anos; V – se o crime é praticado com fins libidinosos. § 2º Se resulta à vítima, em razão de maus-tratos ou da natureza da detenção, grave sofrimento físico ou moral: Pena – reclusão, de 2 (dois) a 8 (oito) anos."

2. "*Art. 242. Dar parto alheio como próprio; registrar como seu o filho de outrem; ocultar recém-nascido ou substituí-lo, suprimindo ou alterando direito inerente ao estado civil: Pena – reclusão, de 2 (dois) a 6 (seis) anos. Parágrafo único. Se o crime é praticado por motivo de reconhecida nobreza: Pena – detenção, de 1 (um) a 2 (dois) anos, podendo o juiz deixar de aplicar a pena.*"
3. Após encaminhamento à Câmara dos Deputados, o projeto passou a ser identificado como PL nº 6.428/2005, há anos sem andamento relevante.
4. PRADO, Luiz Regis. *Curso de direito penal brasileiro*. São Paulo: Thomson Reuters, 2018, v. II, p. 552.

Consoante o § 1º do art. 249, igualmente podem figurar como agentes o pai[5], tutor ou curador do menor ou interdito, que estejam destituídos ou temporariamente privados do poder familiar, tutela, curatela ou guarda.

Nessa senda, o Código Civil dispõe que poderá haver *suspensão do poder familiar* nos casos em que os titulares de tal abusarem de sua autoridade, faltando aos deveres a eles inerentes ou arruinando os bens dos filhos. Ainda, suspende-se o poder familiar se o titular for condenado por sentença irrecorrível, em virtude de crime cuja pena exceda a dois anos de prisão (art. 1.637)[6].

Por outro lado, são hipóteses que ensejam *perda do poder familiar*, *e.g.*, entregar de forma irregular o filho a terceiros para fins de adoção e praticar contra outrem igualmente titular do mesmo poder familiar estupro ou outro crime contra a dignidade sexual sujeito à pena de reclusão (art. 1.638, *caput*, V, e parágrafo único, I, "*b*", do Código Civil, respectivamente)[7].

Quanto à hipótese de cônjuges separados, sendo ambos ainda titulares do poder familiar, em que há descumprimento, *e.g.*, do prazo de um poder ficar com o filho, entende-se que pode restar configurado o art. 359 do *Codex*[8]. Note-se que não é possível que o titular do poder familiar pratique o delito ora estudado.

---

5. Pontua Bitencourt que o uso exclusivo da palavra "*pai*" não leva à não incriminação da *mãe* caso ela pratique o delito nas referidas condições, cf. BITENCOURT, Cezar Roberto. *Tratado de direito penal*: parte especial. São Paulo: Saraiva, 2018, v. 4, p. 287. De fato, a disposição é explicativa, e não norma permissiva, de modo que nada autoriza a interpretação de que a mãe estaria excluída da presente incriminação.
6. "*Art. 1.637. Se o pai, ou a mãe, abusar de sua autoridade, faltando aos deveres a eles inerentes ou arruinando os bens dos filhos, cabe ao juiz, requerendo algum parente, ou o Ministério Público, adotar a medida que lhe pareça reclamada pela segurança do menor e seus haveres, até suspendendo o poder familiar, quando convenha. Parágrafo único. Suspende-se igualmente o exercício do poder familiar ao pai ou à mãe condenados por sentença irrecorrível, em virtude de crime cuja pena exceda a dois anos de prisão.*"
7. "*Art. 1.638. Perderá por ato judicial o poder familiar o pai ou a mãe que: I – castigar imoderadamente o filho; II – deixar o filho em abandono; III – praticar atos contrários à moral e aos bons costumes; IV – incidir, reiteradamente, nas faltas previstas no artigo antecedente. V – entregar de forma irregular o filho a terceiros para fins de adoção. Parágrafo único. Perderá também por ato judicial o poder familiar aquele que: I – praticar contra outrem igualmente titular do mesmo poder familiar: a) homicídio, feminicídio ou lesão corporal de natureza grave ou seguida de morte, quando se tratar de crime doloso envolvendo violência doméstica e familiar ou menosprezo ou discriminação à condição de mulher; b) estupro ou outro crime contra a dignidade sexual sujeito à pena de reclusão; II – praticar contra filho, filha ou outro descendente: a) homicídio, feminicídio ou lesão corporal de natureza grave ou seguida de morte, quando se tratar de crime doloso envolvendo violência doméstica e familiar ou menosprezo ou discriminação à condição de mulher; b) estupro, estupro de vulnerável ou outro crime contra a dignidade sexual sujeito à pena de reclusão.*"
8. "*Art. 359. Exercer função, atividade, direito, autoridade ou múnus, de que foi suspenso ou privado por decisão judicial: Pena – detenção, de 3 (três) meses a 2 (dois) anos, ou multa.*"

Sujeitos passivos podem ser aqueles que têm sob sua guarda, em virtude de lei ou de ordem judicial, pessoa menor de dezoito anos ou interditada (isto é, sujeita à curatela), *e.g.*, os titulares do poder familiar, tutores ou curadores. Também são tidos como vítimas os menores de dezoito anos e interditos[9].

Pontue-se que podem ser *interditos*, consoante o art. 1.767 do Código Civil, aqueles que, por causa transitória ou permanente, não puderem exprimir sua vontade; os ébrios habituais e os viciados em tóxico; e os pródigos.

Todavia, assim como no delito anterior, aduz Noronha[10] que, para analisar a configuração do delito em comento, entre as hipóteses de curatela, não se deve incluir o caso do pródigo.

14.4. TIPICIDADE OBJETIVA E SUBJETIVA

O art. 249 do Código Penal incrimina a conduta de "*subtrair menor de 18 (dezoito) anos ou interdito ao poder de quem o tem sob sua guarda em virtude de lei ou de ordem judicial*".

Subtrair traz a ideia de retirar da vigilância, custódia ou proteção. *In casu*, o menor ou interdito é retirado da esfera de vigilância de seu responsável. Dessa feita, "*a ação deve ser tal que crie um estado ou situação em que não mais seja possível a guarda ou vigilância do responsável*"[11].

A referência ao menor ou ao interdito que está sob *guarda em virtude de lei ou de ordem judicial* liga-se, *e.g.*, a situações em que há titularidade de poder familiar – como os pais do menor –, tutela e curatela. Assim, entende-se, *v.g.*, que não se configura o presente delito caso menor seja subtraído de quem o cria sem que tenha a guarda em virtude de lei ou decisão judicial, apenas uma "*guarda de fato*"[12].

---

9. *E.g.*, NUCCI, Guilherme de Souza. *Curso de direito penal*: parte especial. Rio de Janeiro: Forense, 2018, v. 3, p. 201.
10. NORONHA, E. Magalhães. *Direito penal*. São Paulo: Saraiva, 1995, v. 3, p. 342. Também não admitindo a configuração do art. 249 em relação ao pródigo, LACERDA, Romão Côrtes de. *In*: HUNGRIA, Nélson. *Comentários ao Código Penal*. Rio de Janeiro: Forense, 1955, v. VIII, p. 481.
11. NORONHA, E. Magalhães. *Direito penal*..., cit., p. 343. Para o autor, a subtração pode ocorrer no mesmo lugar em que a pessoa se encontra, bastando subtraí-la do poder do sujeito passivo. Em sentido semelhante, PRADO, Luiz Regis. *Curso de*..., cit., p. 553.
12. NORONHA, E. Magalhães. *Direito penal*..., cit., p. 342. No mesmo sentido, PRADO, Luiz Regis. *Curso de*..., cit., p. 553.

O crime é de *forma livre*, podendo ser praticado por várias maneiras, *e.g.*, com o emprego de violência física, moral, e mesmo com o emprego de fraude – o que, aliás, pode ensejar concurso de crimes.

Caso o menor fuja sozinho e, posteriormente, busque proteçao de certo indivíduo, este não cometerá o crime. Todavia, o auxílio, contribuição para a iniciativa do menor, configura o delito previsto no art. 249.

Destaque-se que o tipo em comento é expressamente *subsidiário*, dado que somente se perfaz "*se o fato não constitui elemento de outro crime*". Por conseguinte, *e.g.*, se um menor é subtraído com o intuito de se obter um resgate, haverá uma *extorsão mediante sequestro* (art. 159 do *Codex*).

Há que se diferenciar a figura do induzimento à fuga presente no art. 248 do Código Penal[13], do delito ora estudado. Quanto a isso, veja-se que o crime de *subtração de incapazes* pode ser praticado valendo-se de persuasão, hipótese que se aproxima à de *induzimento a fuga* prevista no art. 248. Todavia, no caso do art. 249, o sujeito ativo intervém materialmente no fato, e, em regra, há o propósito do agente em satisfazer fins próprios. Já no caso do art. 248, a ação do agente limita-se a aconselhar e instigar o incapaz a safar-se por si próprio; além do mais, em geral, há desinteresse por parte do agente no destino do incapaz.

O *elemento subjetivo do tipo* é o dolo.

Não há elemento subjetivo especial do tipo – o que poderia configurar outras figuras delituosas. Por exemplo, vale destacar o art. 237 da Lei nº 8.069/1990 (Estatuto da Criança e do Adolescente)[14], o qual tipifica a conduta de "*subtrair criança ou adolescente ao poder de quem o tem sob sua guarda em virtude de lei ou ordem judicial, com o fim de colocação em lar substituto*". Nota-se que este último tipo abrange subtração semelhante à do art. 249 do *Codex* em relação ao menor de dezoito anos, contudo há finalidade específica de colocação em lar substituto, *e.g.*, criar o menor como se da família do agente fosse.

Aliás, dado que essa figura adveio em 1990, era inaplicável ao mencionado "*caso Pedrinho*", cujos fatos aconteceram anteriormente.

Não há previsão da modalidade culposa.

---

13. "*Art. 248. Induzir menor de 18 (dezoito) anos, ou interdito, a fugir do lugar em que se acha por determinação de quem sobre ele exerce autoridade, em virtude de lei ou de ordem judicial; confiar a outrem sem ordem do pai, do tutor ou do curador algum menor de 18 (dezoito) anos ou interdito, ou deixar, sem justa causa, de entregá-lo a quem legitimamente o reclame: Pena – detenção,* de 1 (um) mês a 1 (um) *ano, ou multa.*"

14. "*Art. 237. Subtrair criança ou adolescente ao poder de quem o tem sob sua guarda em virtude de lei ou ordem judicial, com o fim de colocação em lar substituto: Pena – reclusão de 2 (dois) a 6 (seis) anos, e multa.*"

14.5. CONSUMAÇÃO E TENTATIVA

Consuma-se o delito com a efetiva subtração do incapaz, independentemente de o agente conseguir consolidar o domínio sobre a vítima. Não é necessário que o agente detenha a posse tranquila do incapaz[15].

Admite-se a *tentativa*, dado o caráter plurissubsistente da conduta.

14.6. PENA E AÇÃO PENAL

O delito de *subtração de incapazes* é sancionado com pena de detenção, de dois meses a dois anos, se o fato não constitui elemento de outro crime (art. 249, *caput*).

O § 2º do art. 249 estatui que, "*no caso de restituição do menor ou do interdito, se este não sofreu maus-tratos ou privações, o juiz pode deixar de aplicar pena*". Trata-se de hipótese de *perdão judicial*, o qual extingue a punibilidade. Dessa feita, pode ocorrer se o menor ou o interdito não sofre *maus tratos*, como violência física, ou *privações*, como não lhe ser dada alimentação.

Nesse influxo, o Tribunal de Justiça do Estado de São Paulo já afastou a aplicação do art. 249, § 2º, aduzindo que, "*apesar de não ter a criança sofrido maus-tratos e ter retornado com bom estado de saúde, é certo que a criança foi levada sem roupas, somente de fralda, e devolvida com apenas uma blusa, evidenciando que sofreu privações*"[16].

A *ação penal é pública incondicionada.*

Trata-se de *infração penal de menor potencial ofensivo*, sendo de competência do Juizado Especial Criminal (art. 61 da Lei nº 9.099/1995).

Admite-se a *suspensão condicional do processo* (art. 89 da Lei nº 9.099/1995).

Sendo admitida transação penal, é incabível o *acordo de não persecução penal* (art. 28-A, § 2º, I, do Código de Processo Penal).

---

15. Na ótica de Noronha, a consumação se dá, conforme o caso concreto, "*quando surge o estado de fato em que o responsável não mais pode exercer a guarda do incapaz*", cf. NORONHA, E. Magalhães. *Direito penal*..., cit., p. 343.
16. TJ-SP, Apelação Criminal nº 0004949-40.2016.8.26.0347, 13ª Câmara de Direito Criminal, rel. Des. Luis Augusto de Sampaio Arruda, j. 30/01/2019, DJ 06/02/2019.

DOS CRIMES CONTRA A FAMÍLIA

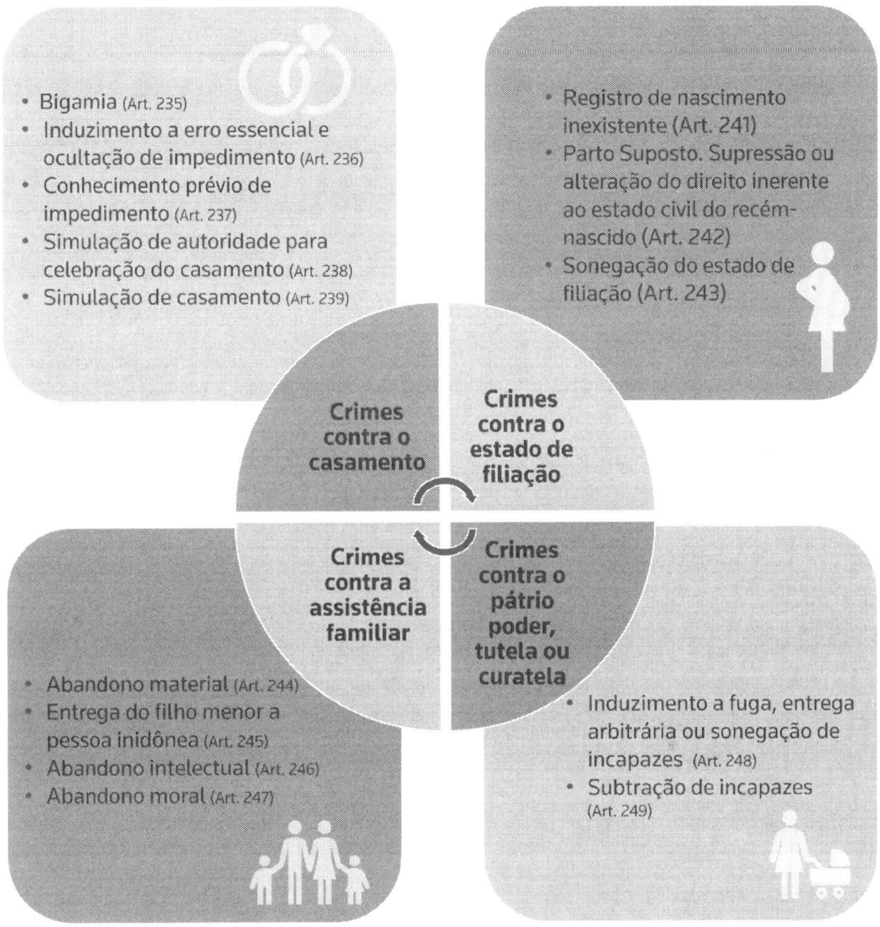

Acesse a versão completa e colorida do Visual Law

Parte II
DOS CRIMES CONTRA A INCOLUMIDADE PÚBLICA

15 INCÊNDIO (ART. 250)

Sumário: 15.1. Nota prévia sobre os crimes contra a incolumidade pública – 15.1.1. Teorias sobre o perigo e os crimes de perigo comum – 15.1.2. O elemento subjetivo nos crimes de perigo comum – 15.2. Considerações iniciais sobre o delito de incêndio – 15.3. Objetividade jurídica – 15.4. Sujeitos do delito – 15.5. Tipicidade objetiva e subjetiva – 15.6. Consumação e tentativa – 15.7. Crime culposo – 15.8. Causas de aumento de pena – 15.9. Pena e ação penal.

Incêndio

Art. 250. Causar incêndio, expondo a perigo a vida, a integridade física ou o patrimônio de outrem:

Pena – reclusão, de 3 (três) a 6 (seis) anos, e multa.

Aumento de pena

§ 1° As penas aumentam-se de 1/3 (um terço):

I – se o crime é cometido com intuito de obter vantagem pecuniária em proveito próprio ou alheio;

II – se o incêndio é:

a) em casa habitada ou destinada a habitação;

b) em edifício público ou destinado a uso público ou a obra de assistência social ou de cultura;

c) em embarcação, aeronave, comboio ou veículo de transporte coletivo;

d) em estação ferroviária ou aeródromo;

e) em estaleiro, fábrica ou oficina;

f) em depósito de explosivo, combustível ou inflamável;

g) em poço petrolífero ou galeria de mineração;

h) em lavoura, pastagem, mata ou floresta.

Incêndio culposo

§ 2° Se culposo o incêndio, a pena é de detenção, de 6 (seis) meses a 2 (dois) anos.

15.1. NOTA PRÉVIA SOBRE OS CRIMES CONTRA A INCOLUMIDADE PÚBLICA

O Título VIII da Parte Especial do Código Penal trata dos *crimes contra a incolumidade pública*, dividindo-se em três capítulos, quais sejam, dos *crimes de perigo comum* (arts. 250 a 259); dos *crimes contra a segurança dos meios de comunicação e transporte e outros serviços públicos* (arts. 260 a 266); e dos crimes *contra a saúde pública* (arts. 267 a 285).

Incolumidade é o estado de preservação ou segurança em face de possíveis eventos lesivos. Refere-se a pessoas ou coisas, ou seja, diretamente aos indivíduos ou a seus interesses patrimoniais.

Desse modo, a *incolumidade pública* envolve a vida, a integridade física e o patrimônio de terceiros. Em outros termos, com essa categoria delitiva, protege-se do *perigo de dano* (concreto ou abstrato) a vida, a integridade física ou o patrimônio de pessoas indeterminadas[1].

O capítulo "*da periclitação da vida ou da saúde*" (isto é, Capítulo III do Título I da Parte Especial do Código Penal), por sua vez, incrimina fatos que põem em risco a *incolumidade individual*, razão pela qual se encontra no título de "*crimes contra a pessoa*".

Quanto aos crimes objeto da presente análise, com inspiração no pensamento de Carrara[2], o Código Penal de 1890 denominava-os de "*crimes contra a tranquilidade pública*". Contudo, consoante Hungria[3], isso dava ideia de alarma público, isto é, pânico geral, o que não é o caso da disciplina em foco. Nesse sentido, de acordo com o antigo ministro do Supremo Tribunal Federal, o Código de 1940 evita qualquer mal-entendido ao referir-se à "*incolumidade pública*".

O Código Penal italiano de 1930 ("*Código Rocco*"), em grande medida inspirador do Código Penal brasileiro de 1940, entendia que os crimes contra a incolumidade pública praticam-se mediante violência ou fraude, mas isso é artificial, não tendo sido a noção acolhida pelo legislador nacional.

1. Nas palavras de Noronha, a incolumidade pública liga-se ao "*complexo de bens e interesses relativos à vida, à integridade corpórea e à saúde de todos e de cada um dos indivíduos que compõem a sociedade*", de tal sorte que esses delitos podem atingir número indeterminado de pessoas, em desfavor da segurança da convivência social, cf. NORONHA, E. Magalhães. *Direito penal*. São Paulo: Saraiva, 1995, v. 3, p. 345.
2. CARRARA, Francesco. *Programa del curso de derecho criminal*: dictado en la real Universidad de Pisa: parte especial. Trad. Sebastian Soler. Buenos Aires: DEPALMA, 1947, v. VI, p. 115 e ss.
3. HUNGRIA, Nélson. *Comentários ao Código Penal*. Rio de Janeiro: Forense, 1958, v. IX, p. 8.

A nota característica do *crime de perigo comum* é a *indeterminação* do alvo. Em última análise, perigo comum é sinônimo de incolumidade pública, mas nosso *Codex* dividiu os crimes contra a incolumidade pública em três categorias, como referido: i) *crimes de perigo comum*, ressaltando a maior capacidade de propagação do perigo nestas hipóteses; ii) *crimes contra a segurança dos meios de comunicação, transporte e outros serviços*, frisando-se específicos objetos materiais de interesse coletivo, e iii) *crimes contra a saúde pública*, voltados às condições hígidas de convivência social.

Em todas essas hipóteses, há a um *perigo concreto ou abstrato* para o bem jurídico tutelado, relativo à *coletividade*, ou número indeterminado de pessoas.

15.1.1. Teorias sobre o perigo e os crimes de perigo comum

É característico dos crimes contra a incolumidade pública serem figuras penais de *perigo*. Dessa maneira, lidam com uma probabilidade de dano, com uma exposição ao perigo, sem ser necessária a efetiva lesão ao bem jurídico para seu perfazimento.

Nesse contexto, dúvidas podem existir sobre o que de fato consiste no perigo, ou seja, o que seria perigo. Há três pensamentos fundamentais a respeito[4]: i) a teoria subjetiva; ii) a teoria objetiva; e iii) a teoria objetivo-subjetiva.

De acordo com a *teoria subjetiva* (elaborada por von Buri), perigo é produto da representação do espírito humano e nada tem de objetivo. Cuida-se, então, de uma hipótese, não de um fato. Perceba-se que, para esse ponto de vista, a aferição do perigo dependeria da crença subjetiva dos indivíduos.

A *teoria objetiva* (desenvolvida por von Kries), por sua vez, entende que o perigo é um trecho da realidade. Dessa forma, existe a possibilidade objetiva do acontecimento, sendo, portanto, um perigo algo aferido objetivamente. Trata-se de um estado de fato que contém as condições de um evento lesivo.

Por fim, a *teoria objetivo-subjetiva* (de Arturo Rocco) compreende que o perigo é uma possibilidade de dano, mas, acerca de tal possibilidade, é necessário proceder-se a um juízo, nos seguintes termos: a) *premissa maior*: segundo a regra da experiência, quando há determinado fenômeno, há tal consequência; b) *premissa menor*: a existência do fenômeno; c) *conclusão*: a possibilidade de superveniência da consequência.

Esta última é a teoria adotada por Hungria[5] e que se disseminou no Brasil.

Quanto ao perigo comum, Hungria[6] assevera que "é o perigo dirigido contra um círculo, previamente incalculável na sua extensão, de pessoas ou coisas não

4. HUNGRIA, Nélson. *Comentários ao...*, cit., pp. 11-13.
5. HUNGRIA, Nélson. *Comentários ao...*, cit., pp.13-14.
6. HUNGRIA, Nélson. *Comentários ao...*, cit., p. 10.

individualmente determinadas. Cumpre observar, entretanto, que não deixa de haver perigo comum ainda quando uma só pessoa ou coisa venha a ser efetivamente ameaçada, desde que não individuada ou *individuável* ex ante".

São crimes de perigo comum, previstos no Código Penal: a) *incêndio* (art. 250); b) *explosão* (art. 251); c) *uso de gás tóxico ou asfixiante* (art. 252); d) *fabrico, fornecimento, aquisição, posse ou transporte de explosivos ou gás tóxico ou asfixiante* (art. 253); e) *inundação* (art. 254); f) *perigo de inundação* (art. 255); g) *desabamento ou desmoronamento* (art. 256); h) *subtração, ocultação ou inutilização de material de salvamento* (art. 257); *e* i) *difusão de doença ou praga* (art. 258 – nesse caso, figura foi revogada tacitamente pelo art. 61 da Lei dos Crimes Ambientais).

Os crimes de *fabrico, fornecimento, aquisição, posse ou transporte de explosivos ou gás tóxico ou asfixiante* e de *subtração, ocultação ou inutilização de material de salvamento* são de *perigo abstrato*, tendo o legislador presumido o perigo à incolumidade pública com o simples comportamento delitivo. Todas as demais figuras são crimes de *perigo concreto*, devendo necessariamente ser comprovado o perigo para a caracterização do delito.

Diversos desses crimes de perigo comum surgem na história em decorrência do interesse em se reprimir movimentos sociais ou atos de guerra. É o caso da *explosão*, tipo penal disseminado no final do século XIX pelas leis alemã e francesa. O *fabrico, fornecimento, aquisição, posse ou transporte de explosivos ou gás tóxico ou asfixiante* surge no início do século XX, contra o anarquismo (a previsão brasileira, por decreto, dá-se em 1921).

O *uso de gás tóxico ou asfixiante*, a seu turno, remonta ao período posterior à Primeira Guerra Mundial, em face da utilização desse expediente pelos alemães (a iniciativa foi do Código dinamarquês, de 1930). Os demais, à exceção da *subtração, ocultação ou inutilização de material de salvamento*, decorrem dos perigos que cercam a vida em comum da coletividade.

Com intuito de reprimir mais gravemente os movimentos sociais, durante o período da ditadura militar brasileira, editou-se a Lei de Segurança Nacional (Lei nº 7.170/1983), que pune mais severamente a conduta de incendiar ou causar explosão em razão de "*inconformismo político*" (art. 20 do diploma). Essa lei merece a reflexão de nossos tribunais no sentindo de verificar a sua recepção ou não pela ordem democrática instaurada pela Constituição de 1988. De qualquer forma, insta observar que o bem jurídico tutelado não é o mesmo que o dos crimes contra a incolumidade pública.

15.1.2. O elemento subjetivo nos crimes de perigo comum

Os crimes em análise são, como visto, *de perigo*, não *de dano*, de maneira que não é preciso efetivamente lesionar o bem jurídico, mas simplesmente expô-lo a perigo.

Vale lembrar que o tipo de injusto punível divide-se em *tipo objetivo*, que prevê o comportamento vedado, e *tipo subjetivo*, que diz respeito ao vínculo psicológico do agente quanto ao comportamento delitivo, sendo integrado pelo dolo como seu elemento geral e, eventualmente, por elementos especiais. A culpa representa um elemento normativo do tipo, uma vez que constitui a ausência de um vínculo subjetivo, tendo o agente atuado de forma que viole um dever objetivo de cuidado[7].

O *dolo*, elemento subjetivo geral dos crimes, possui um elemento intelectivo, relativo à consciência atual de realização do tipo objetivo, e um elemento volitivo, concernente à vontade de realizar o crime, a qual tem de abarcar a conduta, o resultado e o nexo causal. No *dolo direto*, *e.g.*, no caso dos crimes contra a incolumidade pública, o agente deseja o resultado de perigo ao bem jurídico protegido, há uma intenção de periclitar a incolumidade pública. No *dolo eventual*, ocorre uma assunção de produção do resultado de perigo ao bem jurídico protegido, isto é, uma aceitação do resultado previsto[8].

Nesse contexto, no dolo de perigo, seja direto, seja eventual, há a intenção ou ao menos a aceitação de produzir o resultado de perigo ao bem jurídico protegido, que é, como visto, a incolumidade pública.

Em geral, os crimes de perigo comum são dolosos. Não obstante, admitem a forma culposa as seguintes figuras: i) *incêndio;* ii) *explosão;* iii) *uso de gás tóxico ou asfixiante;* iv) *desabamento ou desmoronamento;* v) *difusão de praga ou doença.*

15.2. CONSIDERAÇÕES INICIAIS SOBRE O DELITO DE INCÊNDIO

O *incêndio* já na Antiguidade era sancionado, mas não com a autonomia atual. No Direito romano, era tido como um meio para a prática de homicídio, tendo sido mencionado, inclusive, na Lei das XII Tábuas. No período imperial, havia distinção entre o incêndio que danificava a propriedade e aquele que gerava perigo às pessoas[9]. A figura ganhou autonomia, não obstante, com o Direito germânico. Na Idade Média, aliás, o tema era sensível, chegando a pena atribuída à prática do incêndio pela *Constitutio Criminalis Carolina* (1532) a ser a de morte no fogo.

As Ordenações Filipinas puniam o crime de incêndio voluntário, se ocasionado em lugar de que pudesse derivar dano ou fora das épocas permitidas (uma vez que comum na agricultura). O incêndio culposo era então punido como dano agravado.

7. SOUZA, Luciano Anderson de. *Direito penal*: parte geral. São Paulo: Thomson Reuters Brasil, 2019, v. 1, p. 284.
8. SOUZA, Luciano Anderson de. *Direito penal*..., cit., pp. 288 e ss.
9. CARRARA, Francesco. *Programa del*..., cit. p. 151.

O Código pátrio de 1830 mencionava o incêndio como agravante ou qualificadora do crime de homicídio. Foi apenas com a Lei nº 3.311/1886 que se tratou o incêndio como delito autônomo, por inspiração da legislação francesa. Nessa senda, o Código Penal Republicano (1890) insculpiu o incêndio como crime autônomo e de forma extensa, entre os delitos contra a *tranquilidade pública*. Como visto, no atual Código Penal pátrio, o incêndio é tratado no art. 250, estando entre os crimes contra a *incolumidade pública*.

Vale pontuar que há situações em que o ordenamento jurídico disciplina a utilização do fogo. Por exemplo, o Decreto nº 2.661/1998, que trata de normas de precaução relativas ao emprego do fogo em práticas agropastoris e florestais, prevê a queimada controlada, que é "*o emprego do fogo como fator de produção e manejo em atividades agropastoris ou florestais, e para fins de pesquisa científica e tecnológica, em áreas com limites físicos previamente definidos*" (art. 2º, parágrafo único). Esta não se confunde com o incêndio florestal que, nos termos do Decreto, é "*o fogo não controlado em floresta ou qualquer outra forma de vegetação*".

15.3. OBJETIVIDADE JURÍDICA

Protege-se a *incolumidade pública*, exposta a perigo pelo incêndio. Por conseguinte, abarca-se a tutela da vida, da integridade física e do patrimônio de terceiros[10].

15.4. SUJEITOS DO DELITO

Qualquer pessoa pode ser *sujeito ativo* do crime de incêndio (*crime comum*, ou geral). Inclusive, *e.g.*, pode ser autor do crime o proprietário da coisa que foi incendiada, desde que colocada em risco a incolumidade de outras pessoas.

Se o sujeito ativo incendeia coisa própria sem causar perigo comum, o fato será atípico.

É possível o *concurso de pessoas*, em coautoria ou participação.

No caso de um indivíduo que "*alimenta*" a intensidade do incêndio, ou seja, que agrava a propagação do fogo, ele não será coautor com quem iniciou o incêndio, dado que não se acolhe o concurso de pessoas após a consumação, mas sim um autor de outro delito de incêndio[11].

---

10. *V.g.*, STJ, HC 167039/SP, rel. Minª. Laurita Vaz, 5ª Turma, j. 04/09/2012, DJe 17/09/2012.
11. NUCCI, Guilherme de Souza. *Curso de direito penal*: parte especial. Rio de Janeiro: Forense, 2018, v. 3, p. 209.

Sujeito passivo é a coletividade, isto é, o conglomerado social ameaçado em sua incolumidade (*crime vago*). Também é possível, conforme o caso concreto, identificar como vítimas pessoas determinadas lesadas diretamente pelo perigo ocasionado.

Nesse influxo, o Superior Tribunal de Justiça (STJ) já exarou o entendimento de que o crime de incêndio "*tutela a incolumidade pública, sendo o Estado, ou melhor, a coletividade a vítima primária da infração penal ali descrita. Não obstante, o mesmo tipo penal também protege a integridade física e o patrimônio de indivíduos eventualmente atingidos pela prática incendiária – vítimas secundárias*"[12].

15.5. TIPICIDADE OBJETIVA E SUBJETIVA

O art. 250 do Código Penal tipifica a conduta de "*causar incêndio, expondo a perigo a vida, a integridade física ou o patrimônio de outrem*".

Causar traz a ideia de dar início, provocar o *incêndio*, sendo este uma combustão a qual, por suas proporções e condições, pode propagar-se, expondo a perigo a incolumidade alheia, sem ser necessária a existência de chamas muito intensas, basta que sejam relevantes e contínuas[13]. Em síntese, incêndio é o fogo perigoso, de proporção significativa.

Nas palavras de Bitencourt[14], a conduta típica relaciona-se à "*voluntária causação de fogo relevante que, investido sobre coisa individuada, subsiste por si mesmo e pode propagar-se, expondo a perigo coisas, ou pessoas, não determinadas ou indetermináveis de antemão*".

A conduta, em geral, é *comissiva*. Não obstante, admite-se a hipótese de *omissão imprópria*, nos termos do art. 13, § 2º, do Código Penal[15]. Nesse âmbito, o delito pode

12. STJ, AgRg no AREsp 1068614/SP, 5ª Turma, rel. Min. Reynaldo Soares da Fonseca, j. 08/08/2017, DJe 25/08/2017.
13. NORONHA, E. Magalhães. *Direito penal*..., cit., p. 351. Ainda, seguindo a linha de Manzini, NORONHA, E. Magalhães. *Direito penal*..., cit., p. 352, entende que persiste o delito mesmo que o perigo não venha da combustão por si própria, por exemplo, o incêndio de um palco que, ao gerar pânico, traz o perigo do tumulto de pessoas em fuga.
14. BITENCOURT, Cezar Roberto. *Tratado de direito penal*: parte especial. São Paulo: Saraiva, 2018, v. 4, p. 291.
15. "*Art. 13. O resultado, de que depende a existência do crime, somente é imputável a quem lhe deu causa. Considera-se causa a ação ou omissão sem a qual o resultado não teria ocorrido. [...] § 2º A omissão é penalmente relevante quando o omitente devia e podia agir para evitar o resultado. O dever de agir incumbe a quem: a) tenha por lei obrigação de cuidado, proteção ou vigilância; b) de outra forma, assumiu a responsabilidade de impedir o resultado; c) com seu comportamento anterior, criou o risco da ocorrência do resultado.*"

se dar por omissão no caso em que a pessoa involuntariamente gera o fogo, mas, sendo possível, voluntariamente não o apaga[16] (hipótese de *ingerência*, art. 13, § 2º, "*c*"). Do mesmo modo, se o agente possui o dever legal de apagar o fogo (*e.g.*, bombeiro), sendo isso ainda possível, e não o faz, responderá pelo crime por omissão imprópria (art. 13, § 2º, "*a*").

Dessa feita, o incêndio tem de ser apto a trazer risco, bem como se desenrolar em local que pode expor ao perigo os bens jurídicos de terceiros. Destarte, *e.g.*, não se perfaz esse delito se o incêndio ocorre em uma casa em lugar ermo, despovoado. Nessa linha, entende-se que, se o incêndio não causar perigo comum, e sendo a coisa incendiada própria, o fato será atípico.

Se não houver perigo à incolumidade pública, mas a coisa for de terceiro, poderá configurar-se o crime de *dano qualificado* (art. 163, parágrafo único, II, do *Codex*)[17].

Cuida-se o incêndio de *crime de perigo concreto*, de tal sorte que não é precisa a lesão do bem jurídico, basta que este seja exposto a perigo, efetivamente comprovado, *e.g.*, a real exposição ao perigo de um número indeterminado de pessoas[18]. Assim, "*a exigência do perigo faz parte do tipo, integra-o como elemento normativo, de modo que o delito só se consuma com a real ocorrência do perigo para o bem jurídico*"[19].

Dado que o crime de incêndio deixa vestígios, é imprescindível a realização de *perícia* para sua comprovação, conforme o art. 158 do Código de Processo Penal. Nessa senda, o art. 173 do diploma estabelece, ainda, que, "*no caso de incêndio, os peritos verificarão a causa e o lugar em que houver começado, o perigo que dele tiver resultado para a vida ou para o patrimônio alheio, a extensão do dano e o seu valor e as demais circunstâncias que interessarem à elucidação do fato*".

Nesse diapasão, a ausência de perícia pode culminar na absolvição do acusado. Por exemplo, o STJ já proferiu entendimento no sentido de que "*as provas testemunhais e o boletim de atendimento do corpo de bombeiros – atestando apenas a ocorrência do incêndio e os objetos danificados –, não bastam para alicerçar a condenação. É imprescindível o laudo pericial para a configuração do crime de incêndio, eis que a delineação de sua causa*

---

16. NORONHA, E. Magalhães. *Direito penal...*, cit., p. 351. Assim, "*a superveniência do dolo à combustão não desnatura o crime e há agora omissão criminosa, já que a ação foi involuntária*".
17. "*Art. 163. Destruir, inutilizar ou deteriorar coisa alheia: Pena – detenção, de 1 (um) a 6 (seis) meses, ou multa. Parágrafo único. Se o crime é cometido: [...] II – com emprego de substância inflamável ou explosiva, se o fato não constitui crime mais grave [...] Pena – detenção, de 6 (seis) meses a 3 (três) anos, e multa, além da pena correspondente à violência.*"
18. Se o agente visa expor a perigo somente pessoa certa e determinada, não havendo risco à coletividade, será o caso do crime de *perigo para a vida ou saúde de outrem* (art. 132 do Código Penal). Nesse âmbito, *v.g.*, BITENCOURT, Cezar Roberto. *Tratado de...*, cit., p. 291.
19. PRADO, Luiz Regis. *Curso de direito penal brasileiro*. São Paulo: Thomson Reuters, 2018, v. II, p. 556.

é decisiva para se concluir se houve ação proposital. Esclareça-se que não houve qualquer justificativa para a não realização da perícia"[20].

O *elemento subjetivo do tipo* é o dolo (direto ou eventual). Não é necessário especial fim de agir (*tipo congruente*), o qual, se ocorrente, poderá ensejar o reconhecimento de outra capitulação legal[21].

Note-se que, havendo o intuito de obter vantagem pecuniária em proveito próprio ou alheio, a pena é *majorada* em um terço (art. 250, § 1º, inciso I).

Nesse diapasão, o STJ já se manifestou no sentido de que "é exigível para a configuração do crime tão somente o dolo de perigo, independentemente de qualquer finalidade específica, sendo bastante a consciência da possibilidade de prejudicar terceiro, assim como a comprovação do efetivo risco de expor a vida, a integralidade física e o patrimônio do ofendido a perigo"[22].

Há previsão de *incêndio culposo* no § 2º do art. 250.

O delito de incêndio muitas vezes pode causar dúvidas quanto ao reconhecimento ou não de *concurso de crimes*.

Nesse influxo, há que se analisar o crime de incêndio em face da figura prevista no art. 171, § 2º, inciso V, do Código Penal, relativa à *fraude para recebimento de indenização ou valor de seguro*[23].

Se o agente, com o intuito de obter indenização ou valor de seguro, incendeia algo que lhe pertence (*e.g.*, automóvel avariado, que não consegue vender), mas não ocasiona situação de perigo comum – isto é, inexistindo perigo à incolumidade pública –, será o caso apenas do reconhecimento da modalidade de estelionato prevista no art. 171, § 2º, inciso V.

---

20. STJ, HC 283.368/RS, 6ª Turma, rel. Minª. Maria Thereza de Assis Moura, j. 23/10/2014, DJe 10/11/2014. Na mesma linha, STJ, HC 526.524/RS, rel. Minª. Laurita Vaz, 6ª Turma, j. 05/09/2019, DJe 17/09/2019.
21. Exemplificativamente, se o sujeito passivo causa incêndio por "*inconformismo político*", pode incorrer no citado art. 20 da Lei nº 7.170/1983 (Lei de Segurança Nacional): "*art. 20. Devastar, saquear, extorquir, roubar, sequestrar, manter em cárcere privado, incendiar, depredar, provocar explosão, praticar atentado pessoal ou atos de terrorismo, por inconformismo político ou para obtenção de fundos destinados à manutenção de organizações políticas clandestinas ou subversivas. Pena: reclusão, de 3 (três) a 10 (dez) anos. Parágrafo único. Se do fato resulta lesão corporal grave, a pena aumenta-se até o dobro; se resulta morte, aumenta-se até o triplo*".
22. STJ, HC 437.468/SP, 5ª Turma, rel. Min. Ribeiro Dantas, j. 19/06/2018, DJe 28/06/2018.
23. "*Art. 171. Obter, para si ou para outrem, vantagem ilícita, em prejuízo alheio, induzindo ou mantendo alguém em erro, mediante artifício, ardil, ou qualquer outro meio fraudulento: Pena – reclusão, de 1 (um) a 5 (cinco) anos, e multa. [...] § 2º Nas mesmas penas incorre quem: [...] V – destrói, total ou parcialmente, ou oculta coisa própria, ou lesa o próprio corpo ou a saúde, ou agrava as consequências da lesão ou doença, com o intuito de haver indenização ou valor de seguro.*"

Todavia, se, na mesma situação, houver perigo comum (*v.g.*, proprietário de loja a incendeia, para auferir a indenização do seguro, causando concreta possibilidade de incêndio de estabelecimentos vizinhos), será o caso de *incêndio majorado*, nos termos do art. 250, § 1º, inciso I, que absorve o delito de fraude para recebimento de indenização ou valor de seguro[24]. Isso porque a infração mais grave abarca a menos grave[25].

Em outra situação, se o agente visa, com o incêndio, matar ou lesionar certa pessoa, haverá *concurso formal* entre o crime de *incêndio* e o de *homicídio qualificado* (art. 121, § 2º, inciso III) ou de *lesão corporal agravada* (art. 129 c.c. art. 61, inciso II, "*d*", do *Codex*), consumados ou tentados.

Por outro lado, haverá *concurso material* se o assassino, depois do homicídio, incendiar a casa para que desapareçam os traços de seu crime[26].

Pontue-se que o art. 42 da Lei nº 9.605/1998 (Lei dos Crimes Ambientais) traz tipificação ligada à soltura de balões, o que pode ocasionar incêndios: "*art. 42. Fabricar, vender, transportar ou soltar balões que possam provocar incêndios nas florestas e demais formas de vegetação, em áreas urbanas ou qualquer tipo de assentamento humano: Pena – detenção de 1 (um) a 3 (três) anos ou multa, ou ambas as penas cumulativamente*". Caso a soltura de balões resulte em incêndio com perigo comum, o delito ambiental restará absorvido, podendo ser o caso de *incêndio simples* (art. 250, *caput*) ou *incêndio majorado* (art. 250, § 1º), a depender das consequências da infração. Não há que se falar em incêndio culposo, pois, na hipótese, ocorre inequívoco *dolo eventual*.

15.6. CONSUMAÇÃO E TENTATIVA

Consuma-se o delito não com o início do fogo, mas sim com situação de perigo coletivo. Nesse influxo, a tipicidade se completa quando o incêndio consegue espalhar-se sozinho, sem a ajuda humana, ocasionando perigo concreto à coletividade, razão pela qual o ato de pôr fogo, incendiar, mostra-se como executório.

O crime é *material*, ou causal, exigindo-se, para aperfeiçoamento do tipo, o resultado naturalístico consistente no efetivo perigo à vida, à integridade física ou ao patrimônio de número indeterminado de pessoas.

---

24. Em sentido semelhante, *v.g.*, NORONHA, E. Magalhães. *Direito penal...*, cit., p. 354; PRADO, Luiz Regis. *Curso de...*, cit., p. 557; BITENCOURT, Cezar Roberto. *Tratado de...*, cit., p. 292.
25. Nucci, em sentido oposto, de cunho minoritário, entende que, neste último caso, haveria o concurso formal entre o delito do art. 171, § 2º, inciso V, e o crime de incêndio em sua forma simples, cf. NUCCI, Guilherme de Souza. *Curso de...*, cit., p. 211.
26. NORONHA, E. Magalhães. *Direito penal...*, cit., p. 352.

Admite-se a *tentativa*, como no caso em que o agente dá início ao incêndio, mas o fogo é controlado por terceiros antes que exponha a perigo a incolumidade alheia.

15.7. CRIME CULPOSO

Como visto, o § 2º do art. 250 prevê a figura de *incêndio culposo*, que é sancionada mais brandamente. Nesse caso, o sujeito ativo provoca o resultado por imprudência, negligência ou imperícia (art. 18, inciso II, do Código Penal). Todavia, há de se ter cautela com a redação legislativa, que pode levar à confusão entre o resultado jurídico e o resultado material.

Vale lembrar que, no crime culposo, não há a intencionalidade ou anuência para com o *atingimento do bem jurídico tutelado*, de tal sorte que o comportamento do agente viola um dever objetivo de cuidado, gerando um resultado material criminoso[27]. Demais disso, seu sentido "*não pode se escorar, conforme as características de um Estado Democrático de Direito em simples natureza de ordem conformadora de atendimentos a cuidados devidos, assumindo-se necessariamente, idoneidade e significação na proteção subsidiária de interesses sociais fundamentais*"[28].

O incêndio criminoso culposo pode decorrer tanto de um ateamento de fogo não desejado (*e.g.*, decorrente de uma bituca de cigarro acesa jogada em um cesto de descartes) como de uma provocação de fogo intencional, porém que o agente, inadvertidamente, acreditava poder controlar, evitando-se sua propagação (*v.g.*, queima de lixo feita no quintal).

Por conseguinte, observa-se que a aferição da culpa não recai exatamente sobre a materialidade do incêndio, mas sim sobre imprudência, negligência ou imperícia quanto à afetação da incolumidade pública.

15.8. CAUSAS DE AUMENTO DE PENA

O § 1º do art. 250, em seus incisos I e II, elenca uma série de hipóteses que majoram a pena em um terço, aplicáveis somente para a modalidade dolosa do crime.

O inciso I cuida de casos em que o sujeito ativo tem um especial fim de agir, qual seja, a obtenção de *vantagem pecuniária em proveito próprio ou alheio*. Dessa forma,

27. Cf. SOUZA, Luciano Anderson de. *Direito penal*..., cit., p. 193.
28. SOUZA, Luciano Anderson de. *Direito penal*..., cit., p. 292.

a vantagem há de ser *pecuniária*, isto é, em dinheiro, podendo ser tanto destinada a terceiro como ao próprio autor do crime. Além disso, para a incidência da majorante, não é necessária a afetiva obtenção da vantagem.

A doutrina majoritária entende que a vantagem tem que ser consequência própria do crime, e não seu preço[29]. Isso porque o preço do delito seria um motivo, que não se confunde com o fim, como o denota a redação legal no caso. Dessa maneira, tal hipótese não abarca o incêndio mediante paga ou promessa de recompensa (ou seja, o *incêndio mercenário*), mas situações em que o aproveitamento econômico deflui do fato, como no incêndio de uma casa para poupar-se dos gastos de demolição, do escritório do credor para destruir o título da dívida *etc.*

Outra corrente[30], por sua vez, considera que não importa se a vantagem é auferida antes ou depois da prática delituosa. Nesse influxo, poder-se-iam incluir, *v.g.*, situações em que o indivíduo age mediante paga ou promessa de recompensa (*v.g.*, recebeu dinheiro para incendiar a casa de alguém, inimigo do mandante).

Já o inciso II, em suas alíneas, traz causas de aumento relacionadas ao local em que a conduta delitiva é praticada, revelando maior periculosidade pela probabilidade de elevado número de pessoas presentes ou pelo significativo potencial de propagação do incêndio.

Sendo assim, incide a majorante se o incêndio é perpetrado: a) *em casa habitada ou destinada a habitação*; b) *em edifício público ou destinado a uso público ou a obra de assistência social ou de cultura*; c) *em embarcação, aeronave, comboio ou veículo de transporte coletivo*; d) *em estação ferroviária ou aeródromo*; e) *em estaleiro, fábrica ou oficina*; f) *em depósito de explosivo, combustível ou inflamável*; g) *em poço petrolífero ou galeria de mineração*; h) *em lavoura, pastagem, mata ou floresta*.

No primeiro caso, *casa habitada* traz a ideia de local que serve de moradia para alguém, mesmo que esta não seja sua destinação. *Casa destinada a habitação* é aquela que se destina à moradia, mas se encontra vazia, por exemplo, uma casa de praia que fica vazia durante a baixa temporada. Demais disso, não é preciso que a habitação seja permanente, podendo ser provisória ou apenas por algumas horas do dia, além de não ser necessário o uso exclusivamente doméstico, incidindo essa majorante no caso, *v.g.*, de lojas e escritórios. Em ambos os casos, não é necessário que, no momento em que o incêndio é provocado, haja pessoas dentro da casa.

Quanto à segunda hipótese, *edifício público* refere-se àquele de exercício de atividades de pessoa jurídica de direito público, como União, Estados e Municípios. Não

---

29. HUNGRIA, Nélson. *Comentários ao*..., cit., p. 26; NORONHA, E. Magalhães. *Direito penal*..., cit., p. 354; FRAGOSO, Heleno Cláudio. *Lições de direito penal*: parte especial. Rio de Janeiro: Forense, 1986, v. II, p. 157; PRADO, Luiz Regis. *Curso de*..., cit., p. 558, entre outros.
30. Nesse sentido, *e.g.*, NUCCI, Guilherme de Souza. *Curso de*..., cit., p. 211; BUSATO, Paulo César. *Direito penal*: parte especial. São Paulo: Atlas, 2016, v. 3, p. 89.

importa se o imóvel pertence ou não ao ente público, sendo necessário apenas que o edifício sirva a uma *função pública*[31]. *Edifício destinado a uso público* é aquele que, mesmo pertencendo a particular, é aberto ao público em geral, de modo condicional ou não, como cinemas e teatros. Frise-se que, ainda que no momento da prática delituosa o local esteja fechado, persiste a majorante. Por fim, *edifício destinado à obra de assistência social ou de cultura* diz respeito a, *e.g.*, creches, asilos, escolas, bibliotecas, ou seja, locais voltados à assistência da coletividade, ao amparo material e cultural das pessoas.

No que tange à alínea "*c*", *embarcação* refere-se ao veículo que navega sobre a água, como lanchas e navios. *Aeronave* diz respeito a "*todo aparelho manobrável em voo, que possa sustentar-se e circular no espaço aéreo, mediante reações aerodinâmicas, apto a transportar pessoas ou coisas*" (art. 106 do Código Brasileiro de Aeronáutica), *v.g.*, aviões. *Comboio* remete a trens e metrôs. Por fim, *veículo de transporte coletivo* liga-se ao veículo usado para transportar várias pessoas de um lugar a outro, como os ônibus intermunicipais e as vans. Destarte, tais elementos remetem aos meios de transporte, sejam eles marítimos, fluviais, aéreos ou terrestres, o que poderia expor a risco um grande número de pessoas. Contudo, destaque-se que é prescindível que, no momento do crime, haja pessoas dentro deles. Ademais, podem ser de titularidade tanto de particular quanto de pessoa jurídica de direito público.

Quanto à quarta hipótese, *estação ferroviária* liga-se ao local do embarque ou desembarque, de pessoas ou coisas, dos trens. *Aeródromo* é "*toda área destinada a pouso, decolagem e movimentação de aeronaves*" (art. 27 do Código Brasileiro de Aeronáutica). A respeito, critica-se a omissão legislativa quanto às construções portuárias e também em relação à estação rodoviária[32], dado que a alínea anterior menciona, *v.g.*, embarcações.

Na quinta hipótese, *estaleiro* refere-se ao local em que embarcações são construídas e reparadas. *Fábrica* liga-se aos estabelecimentos industriais, ao local em que é feito o produto industrial. *Oficina* relaciona-se ao local em que uma arte, um ofício é exercido. Uma vez mais, ressalte-se, não é preciso que haja pessoas no local no momento do crime para que incida a majorante.

Na alínea *f*, menciona-se o *depósito* – isto é, o local de armazenamento – de *explosivo*, que se liga a substâncias que detonam, capazes de gerar rebentação, como dinamite; de *combustível*, que se refere ao que queima, alimenta o fogo, como lenha, carvão; e, por fim, de *substância inflamável*, que é aquela na qual o fogo se espalha mais fácil e rapidamente, como petróleo e álcool.

---

31. PRADO, Luiz Regis. *Curso de*..., cit., p. 558.
32. NORONHA, E. Magalhães. *Direito penal*..., cit., p. 356. Apesar da omissão, Bitencourt, *e.g.*, considera inclusas as construções portuárias e as estações rodoviárias, cf. BITENCOURT, Cezar Roberto. *Tratado de*..., cit., pp. 292-293.

Na penúltima hipótese, *poço petrolífero* relaciona-se à "*cavidade funda, aberta na terra, que atinge lençol de combustível líquido natural*", enquanto *galeria de mineração* diz respeito à "*passagem subterrânea, extensa e larga, destinada à extração de minérios*"[33].

Finalmente, quanto à alínea "*h*", *lavoura* remete ao local em que a terra é cultivada, *v.g.*, com produtos para o consumo, como café e algodão, enquanto *pastagem* relaciona-se ao local em que há vegetação para o gado comer. No tocante à *mata e floresta*, entende-se que essa alínea foi parcialmente revogada pelo art. 41 da Lei de Crimes Ambientais[34], que trata do incêndio provocado, dolosa ou culposamente, em mata ou floresta[35].

15.9. PENA E AÇÃO PENAL

O delito de *incêndio*, em sua forma *simples*, é sancionado cumulativamente com pena de reclusão, de três a seis anos, e multa (art. 250, *caput*).

Há majorante de um terço nos casos em que o agente tem o intuito de obter *vantagem pecuniária em proveito próprio ou alheio* (art. 250, § 1º, inciso I) e nas situações em que o incêndio se dá em: *casa habitada ou destinada à habitação*; *edifício público ou destinado a uso público, a obra de assistência social ou de cultura*; *embarcação, aeronave, comboio ou veículo de transporte coletivo*; *estação ferroviária ou aeródromo*; *estaleiro, fábrica ou oficina; depósito de explosivo, combustível ou inflamável*; *poço petrolífero ou galeria de mineração*; *lavoura, OU pastagem* (art. 250, § 1º, inciso II, alíneas "*a*" a "*h*") –parte da alínea *h*, relativa à mata ou floresta, foi revogada pelo art. 41 da Lei de Crimes Ambientais.

Ademais, tratando-se da modalidade dolosa, a pena privativa de liberdade é aumentada de metade se há o resultado de lesão corporal de natureza grave; se há o resultado morte, a pena é aplicada em dobro (art. 258 do Código Penal).

Há previsão da *modalidade culposa*, que é apenada com detenção, de seis meses a dois anos (art. 250, § 2º). Nesse caso, se há o resultado lesão corporal, a pena é aumentada em metade; se há o resultado morte, aplica-se a pena do homicídio culposo, aumentada de um terço (art. 258).

A *ação penal é pública incondicionada*.

---

33. NUCCI, Guilherme de Souza. *Curso de...*, cit., p. 213.
34. "*Art. 41. Provocar incêndio em mata ou floresta: Pena – reclusão, de 2 (dois) a 4 (quatro) anos, e multa. Parágrafo único. Se o crime é culposo, a pena é de detenção de 6 (seis) meses a 1 (um) ano, e multa.*"
35. E.g., NUCCI, Guilherme de Souza. *Curso de...*, cit., p. 213; PRADO, Luiz Regis. *Curso de...*, cit., pp. 558-559.

O *incêndio culposo* trata-se de *infração penal de menor potencial ofensivo*, de competência do Juizado Especial Criminal (art. 61 da Lei nº 9.099/1995), sendo cabível a *suspensão condicional do processo* (art. 89 do mesmo diploma).

Preenchidos os requisitos do art. 28-A do Código de Processo Penal, é cabível o *acordo de não persecução penal* apenas na modalidade simples (art. 250, *caput*). A forma culposa é passível de transação penal, o que afasta a possibilidade de celebração do acordo.

16 EXPLOSÃO (ART. 251)

Explosão

Art. 251. Expor a perigo a vida, a integridade física ou o patrimônio de outrem, mediante explosão, arremesso ou simples colocação de engenho de dinamite ou de substância de efeitos análogos:

Pena - reclusão, de 3 (três) a 6 (seis) anos, e multa.

§ 1° Se a substância utilizada não é dinamite ou explosivo de efeitos análogos:

Pena - reclusão, de 1 (um) a 4 (quatro) anos, e multa.

Aumento de pena

§ 2° As penas aumentam-se de 1/3 (um terço), se ocorre qualquer das hipóteses previstas no § 1°, I, do artigo anterior, ou é visada ou atingida qualquer das coisas enumeradas no n. II do mesmo parágrafo.

Modalidade culposa

§ 3° No caso de culpa, se a explosão é de dinamite ou substância de efeitos análogos, a pena é de detenção, de 6 (seis) meses a 2 (dois) anos; nos demais casos, é de detenção, de 3 (três) meses a 1 (um) ano.

16.1. CONSIDERAÇÕES INICIAIS

A figura penal de *explosão* já estava presente nos Códigos penais franceses de 1791 e 1810, e este último equiparava a explosão à pena do incêndio. Posteriormente, também fez presença, *v.g.*, em lei alemã de 1884 e francesa de 1892, passando de crime de dano para crime de perigo (conformando, com isso, uma antecipação da tutela penal).

O Código pátrio de 1830 não previa o crime. Já o Código Penal Republicano (1890) tipificou forma assemelhada que, todavia, não era punida como crime de perigo. O art. 251 do *Codex* de 1940, por fim, trouxe o tipo, inserido entre os crimes contra a incolumidade pública, na subdivisão dos crimes de perigo comum, e não sofreu alterações desde então, mantendo-se a redação original.

16.2. OBJETIVIDADE JURÍDICA

Quanto ao *bem jurídico*, protege-se a *incolumidade pública*.

16.3. SUJEITOS DO DELITO

Qualquer pessoa pode ser *sujeito ativo* do crime de explosão. Cuida-se, portanto, de *crime comum*, ou geral.

Sujeito passivo é a coletividade, bem como as pessoas determinadas que tiveram sua vida, integridade física ou patrimônio ameaçados por conta do delito[1].

16.4. TIPICIDADE OBJETIVA E SUBJETIVA

O art. 251 do *Codex* incrimina a conduta de "*expor a perigo a vida, a integridade física ou o patrimônio de outrem, mediante explosão, arremesso ou simples colocação de engenho de dinamite ou de substância de efeitos análogos*".

Assim como no caso do delito anterior, o tipo exige, para seu perfazimento, que haja uma *exposição a perigo*, seja da *vida*, da *integridade física* ou do *patrimônio alheios*, indicando tratar-se de *crime de perigo concreto*, que deve ser necessariamente constatado.

Nesse diapasão, o Superior Tribunal de Justiça (STJ)[2] já se manifestou no sentido de que o ato de "*arremessar fogos e artifícios em local ocasionalmente despovoado, cuja consequência danosa ao ambiente foi nenhuma, não pode ser tido pela vertente do crime de explosão*".

Como apontado, é necessário comprovar o risco, o perigo efetivo para a coletividade; do contrário, não restará configurado o presente delito. Para tanto, há que

1. PRADO, Luiz Regis. *Curso de direito penal brasileiro*. São Paulo: Thomson Reuters, 2018, v. II, p. 561.
2. STJ, HC 104952/SP, 6ª Turma, rel. Min. Maria Thereza de Assis Moura, j. 10/02/2009, DJe 02/03/2009.

se recorrer à realização de *perícia* a fim de apurar qual substância foi empregada, seu potencial explosivo, entre outros fatores.

A exposição a perigo ocasionada pelo agente pode se dar mediante *explosão*, *arremesso de engenho de dinamite ou de substância de efeitos análogos* ou *simples colocação de engenho de dinamite ou de substância de efeitos análogos*.

Explosão traz a ideia de estrondo, violência e deslocamento de ar. *Arremesso de engenho* diz respeito ao lançamento que é feito à distância, com violência, seja manualmente, seja com o emprego de aparelhos[3]. A *colocação* do engenho liga-se a inseri-lo, acomodá-lo em algum lugar, sem ser preciso que esteja armado para detonar[4]. Observa Bitencourt[5] que também se inclui na conduta a implosão, uma explosão endotérmica, concernente ao processo endotérmico – relativo à absorção de calor – de dilatação de gases.

Quanto à ideia de *engenho*, este diz respeito ao aparelho que contém as substâncias explosivas, como a bomba. *Dinamite* é o artefato explosivo à base de nitroglicerina, mesclado com terra diatomácea ou com outro material absorvente, como serragem ou argila. A expressão *substância de efeitos análogos* abre margem para interpretação analógica (ou *intra legem*), remetendo a substâncias como os explosivos "*TNT*", os explosivos de ar líquido, o trotil, as gelatinas explosivas, entre outras[6].

Nas hipóteses em que não há a exposição a perigo da vida, integridade física e patrimônio alheios, e não sendo própria a coisa, a conduta pode configurar o delito de *dano qualificado* (art. 163, parágrafo único, inciso II, do Código Penal)[7].

Demais disso, se a conduta do agente é voltada a tirar a vida de um indivíduo, o crime será o de *homicídio qualificado* pelo emprego de explosivos (art. 121, § 2º, inciso III), que é crime hediondo (art. 1º, inciso I, da Lei 8072/1990). Todavia, se também se expõe a perigo a incolumidade alheia, haverá *concurso formal impróprio* entre o homicídio qualificado e o delito de explosão.

---

3. NORONHA, E. Magalhães. *Direito penal*. São Paulo: Saraiva, 1995, v. 3, p. 359.
4. NUCCI, Guilherme de Souza. *Curso de direito penal*: parte especial. Rio de Janeiro: Forense, 2018, v. 3, p. 216.
5. BITENCOURT, Cezar Roberto. *Tratado de direito penal*: parte especial. São Paulo: Saraiva, 2018, v. 4, p. 297.
6. NORONHA, E. Magalhães. *Direito penal*..., cit., p. 360. Hungria também aponta como outros exemplos de substâncias de efeitos análogos os derivados de nitrobenzina, nitrotolueno, nitrocresol, nitronaftalina, chedite, sedulite, ruturite, grisulite, e melinite, cf. HUNGRIA, Nélson. *Comentários ao Código Penal*. Rio de Janeiro: Forense, 1958, v. IX 36.
7. "*Art. 163. Destruir, inutilizar ou deteriorar coisa alheia: Pena – detenção, de 1 (um) a 6 (seis) meses, ou multa. Parágrafo único. Se o crime é cometido:* [...] *II – com emprego de substância inflamável ou explosiva, se o fato não constitui crime mais grave* [...] *Pena – detenção, de 6 (seis) meses a 3 (três) anos, e multa, além da pena correspondente à violência.*"

Vale pontuar que o crime de explosão, que exige um perigo comum e concreto, não se confunde com a figura prevista no art. 16, § 1º, inciso III, do Estatuto do Desarmamento (Lei nº 10.826/2003)[8], a qual diz respeito a um delito de *perigo abstrato*, incriminando as condutas de quem "*possuir, detiver, fabricar ou empregar artefato explosivo ou incendiário, sem autorização ou em desacordo com determinação legal ou regulamentar*".

O STJ já rechaçou a aplicação do princípio da consunção entre os delitos de *incêndio* e *explosão*, entendendo que, no caso analisado, houve uma "*pluralidade de condutas (incêndio e explosão), independentes, praticadas no mesmo contexto, o que atrai a incidência da regra do concurso formal, prevista no art. 70 do Código Penal*"[9].

Ainda, a mesma Corte já exarou entendimento no sentido de que não haveria aplicação do princípio da consunção no caso em que o *furto de banco fora praticado com o uso de explosivos* para estourar caixas eletrônicos, pontuando que tais delitos protegem bens jurídicos distintos, quais sejam, o patrimônio da instituição financeira e a incolumidade pública[10].

Esta última decisão, contudo, é anterior à edição da Lei nº 13.654/2018, a qual inseriu um § 4-A no art. 155 do Código Penal nos seguintes termos: "*a pena é de reclusão de 4 (quatro) a 10 (dez) anos e multa, se houver emprego de explosivo ou de artefato análogo que cause perigo comum*". Inclusive, com a Lei Anticrime (Lei nº 13.964/2019), a figura foi alçada ao rol de crimes hediondos. Dessa maneira, o furto praticado com o uso de explosivos – *e.g.*, para adentrar em banco, empresas de valores ou estourar caixas eletrônicos – enseja o reconhecimento exclusivo da nova figura de *furto qualificado*, que absorve o crime de explosão. Entendimento diverso, atualmente, representaria dupla punição pelo mesmo fato (*bis in idem*).

O *elemento subjetivo do tipo* é o dolo, independentemente de qualquer especial fim de agir (*tipo congruente*).

---

8. "*Art. 16. Possuir, deter, portar, adquirir, fornecer, receber, ter em depósito, transportar, ceder, ainda que gratuitamente, emprestar, remeter, empregar, manter sob sua guarda ou ocultar arma de fogo, acessório ou munição de uso restrito, sem autorização e em desacordo com determinação legal ou regulamentar: Pena – reclusão, de 3 (três) a 6 (seis) anos, e multa. § 1º Nas mesmas penas incorre quem: [...] III – possuir, detiver, fabricar ou empregar artefato explosivo ou incendiário, sem autorização ou em desacordo com determinação legal ou regulamentar.*"
9. STJ, HC 50557/SC, rel. Min. Og Fernandes, 6ª Turma, j. 01/10/2009, DJe 19/10/2009.
10. STJ, REsp 1647539/SP, rel. Min. Nefi Cordeiro, 6ª Turma, j. 21/11/2017, DJe 01/12/2017. *In casu*, por unanimidade, negou-se provimento ao recurso especial e ao agravo em recurso especial. Em seu voto, o ministro relator aduziu que "*restou devidamente demonstrado que a conduta em questão expôs, de forma concreta, o patrimônio de outrem decorrente do grande potencial destruidor da explosão, notadamente porque o banco encontra-se situado em edifício destinado ao uso público, fato que enseja adequação típica ao crime previsto no art. 251 do CP, tendo em vista que as infrações atingiram bens jurídicos distintos, pois o delito de furto viola o patrimônio da instituição financeira, ao passo que o crime de explosão ofende a incolumidade pública*".

Se houver um elemento subjetivo especial do tipo, a depender de sua natureza, poderá ser reconhecido o delito de explosão majorado (art. 251, § 2º), ou mesmo a configuração de outra figura delitiva.

Por conseguinte, se as condutas previstas no tipo são perpetradas, *e.g.*, por razões de xenofobia, pode restar configurado o crime de *terrorismo*, nos termos do art. 2º, § 1º, I, da Lei nº 13.260/2016[11]. Ademais, se a explosão é realizada por inconformismo político, pode incidir o *delito contra a segurança nacional* fixado no art. 20 da Lei nº 7.170/1983 (Lei de Segurança Nacional)[12].

Há previsão da *modalidade culposa*, nos termos do art. 251, § 3º, do Código Penal.

16.5. CONSUMAÇÃO E TENTATIVA

Consuma-se o delito quando "*se revela a situação de perigo para pessoas ou coisas indeterminadas. Havendo explosão ou já tendo sido arremessado ou colocado o engenho e ocorrendo, em qualquer hipótese, perigo coletivo, o crime está consumado*"[13]. A figura criminosa é *material*, ou causal e de *perigo concreto*.

Dado que o tipo incrimina desde a simples colocação, entende-se que a *tentativa* é de difícil aferição prática.

16.6. CRIME CULPOSO

Consoante o § 3º do art. 251, há previsão de *forma culposa* de explosão, que, por negligência, imprudência ou imperícia do sujeito ativo, venha a ocorrer. Todavia, será

---

11. *"Art. 2º O terrorismo consiste na prática por um ou mais indivíduos dos atos previstos neste artigo, por razões de xenofobia, discriminação ou preconceito de raça, cor, etnia e religião, quando cometidos com a finalidade de provocar terror social ou generalizado, expondo a perigo pessoa, patrimônio, a paz pública ou a incolumidade pública. § 1º São atos de terrorismo: I – usar ou ameaçar usar, transportar, guardar, portar ou trazer consigo explosivos, gases tóxicos, venenos, conteúdos biológicos, químicos, nucleares ou outros meios capazes de causar danos ou promover destruição em massa."*
12. *"Art. 20. Devastar, saquear, extorquir, roubar, sequestrar, manter em cárcere privado, incendiar, depredar, provocar explosão, praticar atentado pessoal ou atos de terrorismo, por inconformismo político ou para obtenção de fundos destinados à manutenção de organizações políticas clandestinas ou subversivas. Pena: reclusão, de 3 (três) a 10 (dez) anos. Parágrafo único. Se do fato resulta lesão corporal grave, a pena aumenta-se até o dobro; se resulta morte, aumenta-se até o triplo."*
13. NORONHA, E. Magalhães. *Direito penal...*, cit., p. 361. Nas palavras de PRADO, Luiz Regis. *Curso de...*, cit., p. 562, a consumação se dá com "*a instalação da situação de perigo comum*".

sancionada com penas diferentes conforme a substância que ocasionou a explosão. Note-se que, nesse caso, não há menção ao arremesso nem à colocação do engenho, somente à explosão.

Dessa maneira, recebe uma sanção mais grave a explosão culposa que envolver *dinamite ou substância de efeitos análogos* (detenção, de seis meses a dois anos), enquanto, nos demais casos, a detenção é de três meses a um ano, isto é, a margem penal é reduzida pela metade.

16.7. FIGURA PRIVILEGIADA

O § 1º do artigo 251 traz hipótese sancionada de forma mais branda, relativa aos casos em que, na explosão, *não* são utilizados dinamites ou explosivos de efeitos análogos.

Nesse caso, o agente emprega substância de menor potencial destruidor, como pólvora, sendo a situação menos periclitante para a incolumidade pública. Ainda assim, relaciona-se ao emprego de um explosivo, substância destinada a explodir, mediante sua própria desintegração.

Como mencionado, é por meio do *exame pericial* que é possível averiguar da melhor maneira o potencial de destruição da substância empregada, a fim de que incida ou não a forma privilegiada.

16.8. CAUSAS DE AUMENTO DE PENA

O art. 251, § 2º, do *Codex* remete a alguns elementos das majorantes previstas para o delito de *incêndio* (art. 250), trazendo sua aplicação também para o delito ora estudado. Destarte, o aumento de pena se perfaz quando ocorrerem as hipóteses do § 1º, inciso I, do artigo 250, ou quando são visadas ou atingidas as coisas enumeradas no § 1º, inciso II, do artigo 250.

Diante disso, para o delito de explosão, aumenta-se em um terço a pena nos casos em que o sujeito ativo tem o intuito de obter *vantagem pecuniária em proveito próprio ou alheio*. Como visto, a vantagem tem de ser em dinheiro, podendo ser tanto revertida ao proveito de terceiro quanto do próprio sujeito ativo do crime. Cuida-se, portanto, de caso em que há *especial fim de agir* por parte do autor do crime, que faz incidir a majorante. Ademais, pontue-se que não é necessária a efetiva obtenção da vantagem.

Ainda, a pena também é aumentada de um terço se o agente visa atingir, ou efetivamente atinge: a) *casa habitada ou destinada à habitação*; b) *edifício público ou destinado a uso público ou a obra de assistência social ou de cultura*; c) *embarcação, aeronave, comboio ou veículo de transporte coletivo*; d) *estação ferroviária ou aeródromo*; e) *estaleiro, fábrica ou oficina*; f) *depósito de explosivo, combustível ou inflamável*; g) *poço petrolífero ou galeria de mineração*; h) *lavoura, pastagem, mata ou floresta*[14].

16.9. PENA E AÇÃO PENAL

O delito de *explosão* é sancionado cumulativamente com pena de reclusão, de três a seis anos, e multa (art. 251, *caput*).

Há *figura privilegiada*, cuja pena é de reclusão de um a quatro anos, além de multa, caso a substância utilizada não seja dinamite ou explosivo de efeitos análogos. (art. 251, § 1º).

Há *causas de aumento de pena* de um terço se há o intuito de obter vantagem pecuniária, em proveito próprio ou alheio, e se são visados ou atingidos: casa habitada ou destinada à habitação; edifício público ou destinado a uso público, a obra de assistência social ou de cultura; embarcação, aeronave, comboio ou veículo de transporte coletivo; estação ferroviária ou aeródromo; estaleiro, fábrica ou oficina; depósito de explosivo, combustível ou inflamável; poço petrolífico ou galeria de mineração; lavoura, pastagem, mata ou floresta (art. 251, § 2º).

Se o crime doloso resulta em *lesão corporal de natureza grave*, a pena privativa de liberdade é aumentada de metade; se resulta em *morte*, a pena é aplicada em dobro (art. 258, 1ª parte).

Na *modalidade culposa*, a pena é de detenção, de seis meses a dois anos, na hipótese em que a explosão se dá por dinamite ou substância de efeitos análogos; nos outros casos, a pena é de detenção, de três meses a um ano (art. 251, § 3º). Ainda, se do crime culposo resulta *lesão corporal*, a pena é aumentada em metade, e, se resulta *morte*, aplica-se a pena do homicídio culposo, aumentada de um terço (art. 258, *in fine*, do *Codex*).

A *ação penal é pública incondicionada*.

A *forma culposa* trata-se de *infração penal de menor potencial ofensivo*, de competência do Juizado Especial Criminal (art. 61 da Lei nº 9.099/1995).

As previsões constantes dos §§ 1º e 3º do dispositivo admitem a *suspensão condicional do processo* (art. 89 da Lei nº 9.099/1995).

14. Para maiores especificações acerca das referidas majorantes para o art. 251, *vide* Capítulo 15, item "*15.8*", da presente obra.

Preenchidos os requisitos do art. 28-A do Código de Processo Penal, é cabível o *acordo de não persecução penal* nas modalidades básica (art. 251, *caput*) e privilegiada (art. 251, § 1º). A forma culposa não permite, visto ser passível de transação penal.

17 USO DE GÁS TÓXICO OU ASFIXIANTE (ART. 252)

SUMÁRIO: 17.1. Considerações iniciais – 17.2. Objetividade jurídica – 17.3. Sujeitos do delito – 17.4. Tipicidade objetiva e subjetiva – 17.5. Consumação e tentativa – 17.6. Crime culposo – 17.7. Pena e ação penal.

Uso de gás tóxico ou asfixiante

Art. 252. Expor a perigo a vida, a integridade física ou o patrimônio de outrem, usando de gás tóxico ou asfixiante:

Pena - reclusão, de 1 (um) a 4 (quatro) anos, e multa.

Modalidade Culposa

Parágrafo único. Se o crime é culposo:

Pena - detenção, de 3 (três) meses a 1 (um) ano.

17.1. CONSIDERAÇÕES INICIAIS

A figura do *uso de gás tóxico ou asfixiante* começa a integrar os ordenamentos dos países após a deflagração da Primeira Guerra Mundial, em que esses tipos de gases eram usados no campo de batalha[1]. Após o emprego dos gases para outros fins além da guerra, as legislações passaram a tomar cautela da incolumidade pública quanto ao seu uso, como nos Códigos dinamarquês, suíço e polonês.

Posicionamento isolado[2] entende que o crime em análise, previsto no art. 252 do Código Penal, teria sido revogado pelo art. 56 da Lei nº 9.605/1998 (Lei dos Crimes Ambientais)[3]. Todavia, a compreensão mostra-se equivocada, uma vez que, além de

1. HUNGRIA, Nélson. *Comentários ao Código Penal*. Rio de Janeiro: Forense, 1958, v. IX, pp. 39-40; NORONHA, E. Magalhães. *Direito penal*. São Paulo: Saraiva, 1995, v. 3, p. 363; FRAGOSO, Heleno Cláudio. *Lições de direito penal:* parte especial. Rio de Janeiro: Forense, 1986, v. II..
2. DELMANTO, Celso *et al*. *Código Penal comentado*. São Paulo: Saraiva, 2010, p. 765.
3. "*Art. 56. Produzir, processar, embalar, importar, exportar, comercializar, fornecer, transportar, armazenar, guardar, ter em depósito ou usar produto ou substância tóxica, perigosa ou nociva à saúde humana ou ao meio ambiente, em desacordo com as exigências estabelecidas em leis ou*

as incriminações em destaque envolverem a proteção de bens jurídicos distintos (*incolumidade pública* e *meio ambiente*, respectivamente), o tipo penal de *uso de gás tóxico ou asfixiante* é de perigo concreto, a exigir a efetiva exposição a perigo da vida, da integridade física ou do patrimônio alheios, enquanto que o crime previsto na lei ambiental é de *perigo abstrato*. Embora a pena cominada seja a mesma, tutelam diferentemente situações distintas[4]. Exemplo da situação insculpida no art. 252 do *Codex* acomete quando um indivíduo lança bomba de gás lacrimogêneo em um evento público com inúmeras pessoas.

17.2. OBJETIVIDADE JURÍDICA

Protege-se a *incolumidade pública* e, nesse âmbito, a vida, a integridade física e o patrimônio alheios.

17.3. SUJEITOS DO DELITO

Qualquer pessoa pode ser *sujeito ativo* do crime de uso de gás tóxico ou asfixiante. Trata-se de *crime comum*, ou geral.

Sujeito passivo é a coletividade, bem como as pessoas determinadas que eventualmente tenham sua vida, integridade física ou patrimônio atingidos pelo delito.

17.4. TIPICIDADE OBJETIVA E SUBJETIVA

O art. 252 do Código Penal tipifica a conduta de "*expor a perigo a vida, a integridade física ou o patrimônio de outrem, usando de gás tóxico ou asfixiante*".

---

nos seus regulamentos: Pena – reclusão, de 1 (um) a 4 (quatro) anos, e multa. § 1º Nas mesmas penas incorre quem: I – abandona os produtos ou substâncias referidos no caput *ou os utiliza em desacordo com as normas ambientais ou de segurança; II – manipula, acondiciona, armazena, coleta, transporta, reutiliza, recicla ou dá destinação final a resíduos perigosos de forma diversa da estabelecida em lei ou regulamento.* § 2º Se o produto ou a substância for nuclear ou radioativa, a pena é aumentada de *1/6 (um sexto) a 1/3 (um terço). § 3º Se o crime é culposo: Pena – detenção, de 6 (seis) meses a 1 (um) ano, e multa.*"

4. Com base na igualdade sancionatória para ambas as situações, é possível questionar-se acerca da proporcionalidade da pena do crime citado da lei ambiental.

Essa exposição ao perigo se dá pelo *uso*, isto é, pelo emprego, de *gás tóxico ou asfixiante*. Pontua Noronha[5] que a distinção entre gás tóxico e gás asfixiante é acertada, pois o gás asfixiante é tóxico, porém nem todo gás que é tóxico afeta as vias respiratórias gerando asfixia.

Gás tóxico liga-se àquele que, por meio de envenenamento, intoxica o organismo, *e.g.*, amoníaco, benzina, ácido cianídrico, iodacetona, anidro sulfuroso, cloreto de fenilcarbina, cloreto ou brometo de benzil, cloropicrina, e etilcarbazol. *Gás asfixiante* é aquele que atua nas vias respiratórias, levando ao sufocamento, *v.g.*, gases de cloro, bromo, clorossulfato de metila, fosfogeno, bromacetona, cloroformiato de triclorometila.

Bitencourt[6] entende que o uso de gás lacrimogêneo não possui toxidade suficiente para expor ao perigo exigido pelo crime, de tal sorte que seu emprego seria fato atípico. Todavia, não lhe assiste razão nesse ponto.

Gás lacrimogêneo é a nomenclatura genérica dada a diversas espécies de substâncias, como o brometo de benzila ou o "*gás CS*" (ortoclorobenzil malononitrilo), as quais possuem o potencial de causar irritação epidérmica e dos olhos, além de obstrução das vias respiratórias (sufocação). Seu uso se popularizou a partir dos anos de 1960, enquanto técnica policial de dispersão de movimentos populares, sendo condenado por diversos especialistas pela possibilidade de ocasionar lesões graves e morte. Por conseguinte, seu caráter asfixiante é evidente.

De qualquer forma, no que tange a agentes de segurança pública, sua utilização deve se encontrar abrigada por uma causa de exclusão da ilicitude, como legítima defesa, própria ou de terceiro. Do contrário, perfaz-se o presente delito.

Evidentemente, não é necessário que o gás seja mortal, visto que há a proteção da integridade física e do patrimônio, de tal sorte que o gás pode, inclusive, não oferecer qualquer risco à saúde do ser humano, mas ser apto a lesionar o patrimônio.

Cuida-se de *crime de forma vinculada*, dado que o tipo só pode ser cometido com o uso de gás tóxico ou asfixiante[7].

Ademais, trata-se de *crime de perigo concreto*, que exige a efetiva exposição a perigo da vida, da integridade física ou do patrimônio alheios. Há, dessarte, que se comprovar o risco; do contrário, não se configura o presente delito. Para tanto, a perícia deverá indicar o gás utilizado, suas propriedades, o eventual impacto no organismo de pessoas, entre outros fatores. Nesse âmbito, o art. 175 do Código de Processo Penal estatui que "*serão sujeitos a exame os instrumentos empregados para a prática da infração, a fim de se lhes verificar a natureza e a eficiência*".

5. NORONHA, E. Magalhães. *Direito penal*..., cit., p. 364.
6. BITENCOURT, Cezar Roberto. *Tratado de direito penal*: parte especial. São Paulo: Saraiva, 2018, v. 4, p. 299.
7. Em sentido oposto, para Nucci, cuidar-se-ia de *crime de forma livre*, cf. NUCCI, Guilherme de Souza. *Curso de direito penal*: parte especial. Rio de Janeiro: Forense, 2018, v. 3, p. 220.

Na ótica de Prado[8], a parte do art. 252 do *Codex* relativa à exposição a perigo da vida ou da integridade física alheias teria sido derrogada pelo art. 54 da Lei 9.605/1998[9], o qual incrimina a conduta de "*causar poluição de qualquer natureza em níveis tais que resultem ou possam resultar em danos à saúde humana, ou que provoquem a mortandade de animais ou a destruição significativa da flora*".

Para esse ponto de vista, a conduta de causar poluição abrangeria o uso de gás tóxico ou asfixiante que pode ocasionar prejuízo à saúde humana, o que abarcaria a vida e a integridade física alheias. O art. 252, então, permaneceria incriminando o emprego de gás tóxico ou asfixiante que expusesse a perigo o patrimônio alheio. Ainda, o § 3º do referido art. 54 também abrangeria as hipóteses de modalidade culposa da exposição ao perigo da vida e da integridade física pelo uso de gás tóxico ou asfixiante.

A visão denota-se carente do costumeiro acerto do autor. Os delitos não se excluem, havendo a convivência de ser aferida a partir do interesse tutelado e da magnitude da ofensividade de cada comportamento delitivo.

O crime de poluição tutela o *meio ambiente*, podendo a conduta poluidora, entre três possibilidades, causar danos à saúde humana. Já o crime de *uso de gás tóxico ou asfixiante* não ofende o interesse ambiental, apenas desvelando perigo concreto à vida, à integridade física ou à saúde de terceiros. Por evidência, o crime ambiental mostra-se de muito maior amplitude e, por isso, mais grave (o fato de serem as penas cominadas nas respectivas formas básicas idênticas apenas revela uma distorção legislativa).

Se o agente, com a conduta de uso de gás tóxico ou asfixiante, visa expor a perigo *número determinado de pessoas*, incorrerá no crime previsto no art. 132 do Código Penal[10].

---

8. PRADO, Luiz Regis. *Curso de direito penal brasileiro*. São Paulo: Thomson Reuters, 2018, v. II, p. 565.
9. "*Art. 54. Causar poluição de qualquer natureza em níveis tais que resultem ou possam resultar em danos à saúde humana, ou que provoquem a mortandade de animais ou a destruição significativa da flora: Pena – reclusão, de 1 (um) a 4 (quatro) anos, e multa. § 1º Se o crime é culposo: Pena – detenção, de 6 (seis) meses a 1 (um) ano, e multa. § 2º Se o crime: I – tornar uma área, urbana ou rural, imprópria para a ocupação humana; II – causar poluição atmosférica que provoque a retirada, ainda que momentânea, dos habitantes das áreas afetadas, ou que cause danos diretos à saúde da população; III – causar poluição hídrica que torne necessária a interrupção do abastecimento público de água de uma comunidade; IV – dificultar ou impedir o uso público das praias; V – ocorrer por lançamento de resíduos sólidos, líquidos ou gasosos, ou detritos, óleos ou substâncias oleosas, em desacordo com as exigências estabelecidas em leis ou regulamentos: Pena – reclusão, de 1 (um) a 5 (cinco) anos. § 3º Incorre nas mesmas penas previstas no parágrafo anterior quem deixar de adotar, quando assim o exigir a autoridade competente, medidas de precaução em caso de risco de dano ambiental grave ou irreversível.*"
10. "*Art. 132. Expor a vida ou a saúde de outrem a perigo direto e iminente: Pena – detenção, de 3 (três) meses a 1 (um) ano, se o fato não constitui crime mais grave.*"

Demais disso, se o sujeito visa matar certo indivíduo valendo-se de gás tóxico ou asfixiante, pode incorrer em homicídio qualificado (art. 121, § 2º, inciso III)[11], que é crime hediondo (art. 1º, inciso I, da Lei nº 8.072/1990), de tal sorte que, havendo ainda a exposição a perigo da coletividade, deverá ser reconhecido o concurso formal com o crime do art. 252 do *Codex*.

Há que se diferenciar o delito ora estudado da figura presente no art. 38 da Lei de Contravenções Penais[12], relativa à emissão de fumaça, vapor ou gás. O art. 252 do Código Penal trata de uma conduta mais gravosa do agente, apta a expor a coletividade a risco. A seu turno, a contravenção refere-se a substâncias menos nocivas, que não envolvem o perigo exigido pelo delito em comento, mas sim um incômodo, uma ofensa a alguém.

O *elemento subjetivo do tipo* é o dolo (direto ou eventual).

Não é necessário um especial fim de agir, que, se presente, pode levar à configuração de figura delitiva diversa.

Há previsão da modalidade culposa no art. 252, parágrafo único.

17.5. CONSUMAÇÃO E TENTATIVA

Consuma-se o delito no instante em que se manifesta a situação de perigo para pessoas ou seu patrimônio. O crime é *material*, ou causal, exigindo-se que da conduta resulte perigo concreto a terceiros.

Admite-se a *tentativa*, *e.g.*, quando o agente emprega o gás, mas é detido por terceiros antes que se instale o perigo para a coletividade.

17.6. CRIME CULPOSO

O parágrafo único do art. 252 prevê a *modalidade culposa* para o presente delito, de tal sorte que a conduta pode se dar por negligência, imprudência ou imperícia do agente, que não observou o cuidado objetivamente devido, levando à exposição a perigo da coletividade.

---

11. "*Art. 121. Matar alguém: Pena – reclusão, de 6 (seis) a 20 (vinte) anos. [...] § 2º Se o homicídio é cometido: [...] III – com emprego de veneno, fogo, explosivo, asfixia, tortura ou outro meio insidioso ou cruel, ou de que possa resultar perigo comum.*"
12. "*Art. 38. Provocar, abusivamente, emissão de fumaça, vapor ou gás, que possa ofender ou molestar alguém: Pena – multa.*"

17.7. PENA E AÇÃO PENAL

O delito de *uso de gás tóxico ou asfixiante* é sancionado cumulativamente com pena de reclusão, de um a quatro anos, e multa (art. 252, *caput*).

Ainda, no caso de crime doloso, havendo resultado de *lesão corporal de natureza grave*, majora-se a pena em metade; se há o resultado *morte*, aplica-se a pena em dobro (art. 258, 1ª parte, do Código Penal).

Na *modalidade culposa*, a pena é de detenção, de três meses a um ano (art. 252, parágrafo único). Em tal hipótese, se o crime resulta em lesão corporal, aumenta-se a pena em metade; se resulta em morte, é aplicada a pena do homicídio culposo, aumentada de um terço (art. 258, *in fine*, do *Codex*).

A *ação penal é pública incondicionada.*

A *forma culposa* trata-se de *infração penal de menor potencial ofensivo*, de competência do Juizado Especial Criminal (art. 61 da Lei nº 9.099/1995), sendo cabível a *suspensão condicional do processo* (art. 89 do mesmo diploma).

Preenchidos os requisitos do art. 28-A do Código de Processo Penal, é cabível o *acordo de não persecução penal* apenas na modalidade básica (art. 252, *caput*). A forma culposa permite a transação penal, o que afasta a possibilidade do acordo.

18 FABRICO, FORNECIMENTO, AQUISIÇÃO POSSE OU TRANSPORTE DE EXPLOSIVOS OU GÁS TÓXICO, OU ASFIXIANTE (ART. 253)

Fabrico, fornecimento, aquisição posse ou transporte de explosivos ou gás tóxico, ou asfixiante

Art. 253. Fabricar, fornecer, adquirir, possuir ou transportar, sem licença da autoridade, substância ou engenho explosivo, gás tóxico ou asfixiante, ou material destinado à sua fabricação:

Pena – detenção, de 6 (seis) meses a 2 (dois) anos, e multa.

18.1. CONSIDERAÇÕES INICIAIS

O Decreto nº 4.269/1921, em seu art. 6º, trazia previsão similar à atualmente constante do art. 253 do Código Penal em relação ao fabrico de bombas de dinamite ou substância semelhante, *e.g.*, com intuito de gerar desordem, tumulto; não havia ainda, então, a previsão relativa aos gases tóxicos ou asfixiantes, ampliação desenvolvida ao longo do tempo. Ademais, há figuras aproximadas nos Códigos italiano e suíço, os quais, no entanto, exigem, respectivamente, um especial fim de agir e uma destinação a objetivos criminosos.

O dispositivo em foco foi tácita e parcialmente revogado pelo Estatuto do Desarmamento (art. 16), quando se tratar de artefato explosivo ou incendiário, e pela Lei dos Crimes Ambientais (art. 56), na hipótese de cuidar-se de substância tóxica, perigosa ou nociva à saúde humana ou ao meio ambiente. Em ambos os casos, o tratamento dado pela lei especial é mais rigoroso.

18.2. OBJETIVIDADE JURÍDICA

Protege-se a incolumidade pública.

18.3. SUJEITOS DO DELITO

Sujeito ativo pode ser qualquer pessoa (*crime comum*, ou geral). Nas palavras de Noronha[1], "*tanto praticará o crime o industrial que produz o explosivo, sem a devida autorização, como o operário que, ciente da ilicitude, o fabrica, devendo, entretanto, quanto a este, atentar-se, conforme o caso, à não exigibilidade da conduta*".

Sujeito passivo é a coletividade.

18.4. TIPICIDADE OBJETIVA E SUBJETIVA

O art. 253 do *Codex* tipifica as condutas de "*fabricar, fornecer, adquirir, possuir ou transportar, sem licença da autoridade, substância ou engenho explosivo, gás tóxico ou asfixiante, ou material destinado à sua fabricação*". Trata-se de *crime de ação múltipla*, ou de conteúdo variado, de tal sorte que a prática de condutas diferentes, mas no mesmo contexto fático, importa em *crime único*.

Note-se que há uma criminalização de possíveis atos preparatórios dos delitos anteriores do *Codex*, como o de explosão, em que, *e.g.*, o agente poderia estar organizando as matérias necessárias a causar uma explosão em lugar público.

Não havendo esse excepcional tipo de figura delitiva, em que o legislador julga ser o caso de situação sensível, que requer uma antecipação de tutela, os atos preparatórios, em regra, são impuníveis, entendendo-se que não são aptos a vulnerar os bens jurídicos[2].

Nessa esteira, cuida-se de *crime de perigo abstrato*, em que há uma presunção de colocação em perigo do bem jurídico em questão.

Fabricar liga-se a produzir, fazer, confeccionar, elaborar, mecânica ou quimicamente, assim como a junção de substâncias, a composição. Não é preciso que haja propriamente a criação de um explosivo, também se incluindo no delito a reprodução, o aperfeiçoamento e a transformação de substâncias que em si mesmas já são explosivas.

Fornecer traz a ideia de disponibilizar, prover, a título oneroso ou gratuito. *Adquirir* diz respeito a obter, conseguir, também onerosa ou gratuitamente. *Possuir* relaciona-se a ter a posse, a disponibilidade. *Transportar* é levar de um lugar a outro, carregar, conduzir.

---

1. NORONHA, E. Magalhães. *Direito penal*. São Paulo: Saraiva, 1995, v. 3, p. 366.
2. SOUZA, Luciano Anderson de. *Direito penal*: parte geral. São Paulo: Thomson Reuters Brasil, 2019, v. 1, pp. 383-384.

Substância ou engenho explosivo, gás tóxico ou asfixiante são elementos que também estão contidos nas práticas dos delitos de perigo concreto estudados anteriormente, como os dos arts. 251 e 252 do Código Penal.

Substância explosiva diz respeito àquela "*destinada a explodir, mediante sua própria desintegração, ou seja, é todo corpo capaz de se transformar em gás se submetido à temperatura elevada*"[3]. *Engenho explosivo* relaciona-se ao aparato, ao artefato que contém a substância explosiva, como uma bomba. *Gás tóxico* liga-se àquele que causa a intoxicação do organismo pelo envenenamento. Por fim, *gás asfixiante* é aquele que gera o sufocamento, atuando nas vias respiratórias.

Além de lidar com essas substâncias em desacordo com o ordenamento, o tipo, deixando ainda mais latente a antecipação punitiva que traz, abarca as condutas previstas em relação a *matérias-primas* aptas a produzir os explosivos ou gases tóxicos ou asfixiantes. Basta que tal material, em determinado contexto, sirva para a produção dessas substâncias mencionadas anteriormente. Dessa forma, não é necessário que sejam matérias-primas exclusivamente empregadas na fabricação de explosivos ou gases tóxicos ou asfixiantes[4].

As condutas são perpetradas envolvendo tais substâncias *sem licença da autoridade*, de modo que é preciso recorrer a outras normas do ordenamento para verificar se a situação é regular ou não. Conforma-se, assim, uma *norma penal em branco*. Dessa feita, estando presente a autorização, o fato será atípico. Havendo desconhecimento da necessidade da autorização, pode ser o caso de erro de tipo, que exclui o dolo.

Note-se que, se um indivíduo, *e.g.*, pratica um crime de explosão e, para tanto, perpetrou alguma das condutas do art. 253, pode ser o caso de aplicação do princípio da consunção, dado que este último pode constituir um meio para a prática delitiva subsequente[5].

Demais disso, há que se mencionar dispositivos presentes em legislações esparsas cujo conteúdo é próximo ao do art. 253 do *Codex*. O art. 22 da Lei nº 6.453/1977 sanciona com pena de reclusão, de dois a seis anos, a conduta de "*possuir, adquirir, transferir, transportar, guardar ou trazer consigo material nuclear, sem a necessária autorização*".

Ainda, o art. 26 do mesmo diploma especial também cuida de situações envolvendo material nuclear, sancionando com reclusão, de dois a oito anos, a conduta de "*deixar de observar as normas de segurança ou de proteção relativas à instalação nuclear*

---

3. PRADO, Luiz Regis. *Curso de direito penal brasileiro*. São Paulo: Thomson Reuters, 2018, v. II, p. 568. BITENCOURT, Cezar Roberto. *Tratado de direito penal*: parte especial. São Paulo: Saraiva, 2018, v. 4, p. 302, aponta que será crime impossível o caso em que o explosivo está deteriorado, impossibilitado de atingir sua destinação normal.
4. NUCCI, Guilherme de Souza. *Curso de direito penal*: parte especial. Rio de Janeiro: Forense, 2018, v. 3, p. 222.
5. *V.g.*, PRADO, Luiz Regis. *Curso de...*, cit., p. 568.

ou ao uso, transporte, posse e guarda de material nuclear, expondo a perigo a vida, a integridade física ou o patrimônio de outrem". Nesse caso, exige-se a situação de perigo concreto para a coletividade.

Em tais hipóteses, a disciplina da legislação extravagante apenas tangencia o tema. No caso da lei ambiental e de armas, no entanto, ocorre *revogação parcial* do art. 253 do Código Penal, visto que as condutas são todas de perigo abstrato.

O art. 56 da Lei de Crimes Ambientais (Lei nº 9.605/1998)[6] trata das condutas de "*produzir, processar, embalar, importar, exportar, comercializar, fornecer, transportar, armazenar, guardar, ter em depósito ou usar produto ou substância tóxica, perigosa ou nociva à saúde humana ou ao meio ambiente, em desacordo com as exigências estabelecidas em leis ou nos seus regulamentos*".

Nesse caso, a redação da lei especial *revogou parcialmente* o art. 253 do *Codex* quanto às condutas de *fabricar, fornecer ou transportar gás tóxico ou asfixiante*, que são abrangidas pelos objetos materiais "*substância tóxica, perigosa ou nociva à saúde humana*". Os núcleos "*fornecer*" e "*transportar*" são coincidentes, enquanto "*fabricar*" é sinônimo de "*produzir*". Dessa maneira, nesse aspecto, o art. 253 apenas subsiste nos comportamentos de *adquirir ou possuir gás tóxico ou asfixiante*.

Já com relação ao art. 16, § 1º e incisos, do Estatuto do Desarmamento (Lei nº 10.826/2003)[7], tipifica-se a conduta daquele que "*possuir, detiver, fabricar ou empregar artefato explosivo ou incendiário, sem autorização ou em desacordo com determinação legal ou regulamentar*" (inciso III); "*vender, entregar ou fornecer, ainda que gratuitamente, arma de fogo, acessório, munição ou explosivo a criança ou adolescente*" (inciso V); e "*produzir, recarregar ou reciclar, sem autorização legal, ou adulterar, de qualquer forma, munição ou explosivo*" (inciso VI).

---

6. "*Art. 56. Produzir, processar, embalar, importar, exportar, comercializar, fornecer, transportar, armazenar, guardar, ter em depósito ou usar produto ou substância tóxica, perigosa ou nociva à saúde humana ou ao meio ambiente, em desacordo com as exigências estabelecidas em leis ou nos seus regulamentos: Pena – reclusão, de 1 (um) a 4 (quatro) anos, e multa. § 1º Nas mesmas penas incorre quem: I – abandona os produtos ou substâncias referidos no* caput *ou os utiliza em desacordo com as normas ambientais ou de segurança; II – manipula, acondiciona, armazena, coleta, transporta, reutiliza, recicla ou dá destinação final a resíduos perigosos de forma diversa da estabelecida em lei ou regulamento. § 2º Se o produto ou a substância for nuclear ou radioativa, a pena é aumentada de 1/6 (um sexto) a 1/3 (um terço). § 3º Se o crime é culposo: Pena – detenção, de 6 (seis) meses a 1 (um) ano, e multa.*"

7. "*Art. 16. Possuir, deter, portar, adquirir, fornecer, receber, ter em depósito, transportar, ceder, ainda que gratuitamente, emprestar, remeter, empregar, manter sob sua guarda ou ocultar arma de fogo, acessório ou munição de uso restrito, sem autorização e em desacordo com determinação legal ou regulamentar: Pena – reclusão, de 3 (três) a 6 (seis) anos, e multa. § 1º Nas mesmas penas incorre quem: [...] III – possuir, detiver, fabricar ou empregar artefato explosivo ou incendiário, sem autorização ou em desacordo com determinação legal ou regulamentar; [...] V – vender, entregar ou fornecer, ainda que gratuitamente, arma de fogo, acessório, munição ou explosivo a criança ou adolescente; e VI – produzir, recarregar ou reciclar, sem autorização legal, ou adulterar, de qualquer forma, munição ou explosivo.*"

Nesse âmbito, pelo conteúdo presente no referido art. 16, § 1º, inciso III, houve derrogação do art. 253 do Código Penal, que se mantém vigente, no ponto destacado, nas modalidades de *fornecer, adquirir ou transportar* em relação a explosivos (sendo "*substância ou engenho explosivo*" nada mais que sinônimo de "*explosivo*").

O tipo do *Codex* permanece em vigor no que tange às condutas *de fabricar, fornecer, adquirir, possuir ou transportar*, sem licença da autoridade, *material destinado à sua fabricação* de explosivos ou de gases tóxicos ou asfixiantes (*e.g.*, pólvora ou detonador).

O *elemento subjetivo do tipo* é o dolo. Não se exige especial fim de agir (tipo congruente), o qual, se presente, pode configurar outro delito[8].

Não há previsão da modalidade culposa.

18.5. CONSUMAÇÃO E TENTATIVA

Consuma-se o delito com a prática de qualquer das ações previstas no tipo. Pontua Noronha[9], seguindo o entendimento de Manzini, ser dispensável que todas as ações se completem, pois a lei equiparou a fabricação das referidas substâncias à de matérias aptas a compô-las.

Não é preciso se configurar o perigo ao bem jurídico tutelado, bastando "*a simples comprovação de uma atividade finalista*"[10].

Não se admite a *tentativa*.

18.6. PENA E AÇÃO PENAL

O delito de *fabrico, fornecimento, aquisição posse ou transporte de explosivos ou gás tóxico, ou asfixiante*, é sancionado cumulativamente com pena de detenção, de seis meses a dois anos, e multa (art. 253, *caput*).

---

8. *E.g.*, NORONHA, E. Magalhães. *Direito penal...*, cit., p. 367, aponta que, se o agente visa atentar contra o regime político ou a ordem social, pode incorrer no art. 12 da Lei nº 7.170/1983: "*Art. 12. Importar ou introduzir, no território nacional, por qualquer forma, sem autorização da autoridade federal competente, armamento ou material militar privativo das Forças Armadas. Pena: reclusão, de 3 (três) a 10 (dez) anos. Parágrafo único. Na mesma pena incorre quem, sem autorização legal, fabrica, vende, transporta, recebe, oculta, mantém em depósito ou distribui o armamento ou material militar de que trata este artigo*".
9. NORONHA, E. Magalhães. *Direito penal...*, cit., p. 367.
10. PRADO, Luiz Regis. *Curso de...*, cit., p. 568.

Se o crime resulta em *lesão corporal de natureza grave*, majora-se a pena em metade; se resulta em *morte*, aplica-se a pena em dobro (art. 258, primeira parte, do *Codex*).

A *ação penal é pública incondicionada*.

Trata-se de *infração penal de menor potencial ofensivo*, de competência do Juizado Especial Criminal (art. 61 da Lei nº 9.099/1995).

Admite-se a *suspensão condicional do processo* (art. 89 da Lei nº 9.099/1995).

Sendo admitida transação penal, é incabível o *acordo de não persecução penal* (art. 28-A, § 2º, I, do Código de Processo Penal).

19 INUNDAÇÃO (ART. 254)

Sumário: 19.1. Considerações iniciais – 19.2. Objetividade jurídica – 19.3. Sujeitos do delito – 19.4. Tipicidade objetiva e subjetiva – 19.5. Consumação e tentativa – 19.6. Pena e ação penal.

Inundação

Art. 254. Causar inundação, expondo a perigo a vida, a integridade física ou o patrimônio de outrem:

Pena – reclusão, de 3 (três) a 6 (seis) anos, e multa, no caso de dolo, ou detenção, de 6 (seis) meses a 2 (dois) anos, no caso de culpa.

19.1. CONSIDERAÇÕES INICIAIS

No Código Criminal do Império (1830), não havia delito específico para a *inundação*, que figurava como circunstância agravante. Foi apenas no Código de 1890 que surgiu como delito autônomo no país. Quanto a esse delito, não obstante, a redação era defeituosa, pois equiparava a inundação ao perigo de inundação, além de restringir os meios de execução do delito.

O art. 254 do Código Penal de 1940 não sofreu alterações, mantendo-se a redação original de 1940.

Caso recente que envolve o enquadramento do crime de inundação, qualificado pelo resultado, diz respeito ao rompimento da barragem de Fundão, em Mariana, Minas Gerais, episódio que, além de culminar em mortes e destruição, trouxe uma série de prejuízos ambientais. Em sede de *Habeas Corpus* no Tribunal Regional Federal da 1ª Região, já se proferiu entendimento no sentido de trancar a ação penal em relação às imputações, *e.g.*, de homicídio qualificado e lesões corporais, permanecendo a imputação de inundação qualificada[1].

---

1. *V.g.*: "*PENAL E PROCESSUAL PENAL.* HABEAS CORPUS. *BARRAGEM DO FUNDÃO. DENÚNCIA QUE DESCREVE O CRIME DE PERIGO COMUM DE INUNDAÇÃO QUALIFICADA PELO RESULTADO MORTE. IMPUTAÇÃO AUTÔNOMA E INDEPENDENTE DE CRIMES*

19.2. OBJETIVIDADE JURÍDICA

Protege-se a incolumidade pública.

19.3. SUJEITOS DO DELITO

Qualquer pessoa pode ser *sujeito ativo*. Trata-se de *crime comum*, ou geral.

Sujeito passivo é a coletividade, bem como as pessoas determinadas que tiveram sua vida, integridade física ou patrimônio expostos a perigo.

DE HOMICÍDIO QUALIFICADO E DE LESÃO CORPORAL. IMPOSSIBILIDADE TÉCNICA. EXCESSO ACUSATÓRIO. IMPUTAÇÃO SEM DESCRIÇÃO DO CRIME. FALTA DE JUSTA CAUSA PARA A AÇÃO PENAL. CONCESSÃO DA ORDEM. TRANCAMENTO DA AÇÃO PENAL. 1. Hipótese em que a denúncia descreve o crime de inundação qualificada pelos resultados morte e lesão corporal (art. 258 – CP), como efeitos decorrentes do rompimento da barragem do 'Fundão', de propriedade da empresa de mineração Samarco S/A, no Município de Mariana/MG, na qual tinha o paciente a função de representante da BHP Billiton na governança da mineradora, condição em que teria agido para a consecução dos atos delitivos imputados, ou deixado de agir para impedir os resultados. 2. A despeito da descrição única do crime de inundação qualificada pelo resultado, e de afirmar que as mortes 'foram causadas pela passagem da lama de rejeitos oriunda do reservatório de Fundão', a denúncia imputa ao paciente a prática, autônoma e independente, de 19 (dezenove) homicídios triplamente qualificados (art. 121, § 2º, I, III e IV – CP) e de lesões corporais graves, também autônomas. 3. As mortes e as lesões corporais são descritas na denúncia como resultado do crime de inundação, crime de perigo comum, ao reconhecer a peça que o fato (ou a conduta) teve caráter indeterminado e sem destinatário específico, o que desautoriza (tecnicamente) a imputação autônoma de homicídio (concurso formal), que imprescindiria da demonstração de que o (suposto) crime de inundar teve por objetivo final a morte de determinado indivíduo. 4. Não há como considerar separadamente tais resultados para havê-los como figuras de concomitante (e paralela) imputação, ao lado do delito básico do qual são consequências. Não alude a denúncia a nenhuma atitude ou determinação autônoma e consciente do paciente, fora da imputação de inundação, para a prática do homicídio e de lesões corporais em relação a nenhumas das vítimas, tudo (infelizmente) decorrendo da inundação e sem que se cogitasse do propósito de matar ou ferir esta ou aquela pessoa. 5. A denúncia não descreveu o elemento volitivo do homicídio, essencial à configuração do dolo, eventual ou direto, o que mais se imporia por tratar-se de imputação que descreve apenas crime de perigo comum. Como um erro atrai o outro, descreveu a causalidade material das mortes (consequência da inundação pela lama de dejetos) sem descrever em que ponto residiria a intenção do paciente ou de outro denunciado em matar ou provocar lesão corporal. [...] 11. Na imputação sem descrição, registra-se evidente excesso acusatório a descoberto de base (empírica) descritiva causal, a caracterizar falta de justa causa para a ação penal (art. 648, I – CPP) e a justificar, excepcionalmente, o trancamento da ação penal quanto às imputações autônomas de homicídio e lesão corporal. 12. Concessão da ordem de habeas corpus" (HC nº 1033377-47.2018.4.01.0000, TRF1 – 4ª Turma, rel. Des. Federal Olindo Menezes, j. 24.04.2019).

19.4. TIPICIDADE OBJETIVA E SUBJETIVA

O art. 254 do Código Penal tipifica a conduta de "*causar inundação, expondo a perigo a vida, a integridade física ou o patrimônio de outrem*".

Causar diz respeito a ocasionar, provocar, originar. *Inundação* refere-se à invasão pelas águas de lugar não destinado a recebê-las, ocasionando-se um alagamento de grande extensão. Para sua verificação, há que se observar fatores como a quantidade de água e o perigo causado no caso concreto. Não é imprescindível que haja a violência na inundação, que pode se dar por águas lentas, mas constantes[2].

Ainda, observa Hungria[3] que é "*necessário que não esteja mais no poder do agente dominar a força natural das águas, cujo desencadeamento provocou, criando uma situação de perigo comum*". É suficiente para o perfazimento do delito que o agente tenha incrementado uma inundação preexistente[4].

Admite-se o cometimento do delito em casos de *comissão* (*e.g.*, rompimento de um dique) ou de *omissão imprópria*, quando o indivíduo, na posição de garantidor, observado o teor do art. 13, § 2º, do Código Penal (*v.g.*, o engenheiro responsável pela represa), com possibilidades de atuar para evitar o resultado, não o faz.

Nesse âmbito, pontua Noronha[5] que é possível haver omissão, *e.g.*, quando uma pessoa involuntariamente causa uma situação que pode originar uma inundação, como danificar um dique, e não tenta remediar o que causou, agora com intuito de causar inundação. Cuida-se de hipótese de ingerência (art. 13, § 2º, "*c*").

O delito exige que haja uma *exposição a perigo da vida, da integridade física, ou do patrimônio alheios*. Dessa feita, nota-se que se trata de *crime de perigo concreto*, o qual exige a demonstração da efetiva colocação em risco de um número indeterminado de pessoas, o que deverá ser demonstrado por *perícia*. Aduz Prado[6] que o juízo de perigo

---

2. NORONHA, E. Magalhães. *Direito penal*. São Paulo: Saraiva, 1995, v. 3, p. 369.
3. HUNGRIA, Nélson. *Comentários ao Código Penal*. Rio de Janeiro: Forense, 1958, v. IX, pp. 48-49.
4. PRADO, Luiz Regis. *Curso de direito penal brasileiro*. São Paulo: Thomson Reuters, 2018, v. II, p. 570.
5. NORONHA, E. Magalhães. *Direito penal*..., cit., p. 369.
6. PRADO, Luiz Regis. *Curso de*..., cit., p. 571. Para o autor, "*o juízo deve ser realizado por uma pessoa inteligente (o juiz), colocada na posição do autor, no momento do início da ação e tendo em conta todas as circunstâncias do caso concreto cognoscíveis por essa pessoa inteligente, além dos conhecimentos do autor (saber ontológico) e a experiência comum da época sobre os cursos causais (saber nomológico). Se a produção do resultado figura como não absolutamente improvável, a ação era perigosa. O perigo aparece, então, como uma qualidade inerente à ação. Para que se possa falar de um resultado de perigo, é necessário que o bem jurídico (incolumidade*

deve ser feito *ex ante*, não *ex post*, já que "*a não produção do resultado significa a não ocorrência de condições necessárias para tanto*".

Sendo assim, não se perfaz o presente delito se não for demonstrado o efetivo perigo. Em sua falta, pode restar configurado, *v.g.*, o delito de *usurpação de águas* (art. 161, § 1º, inciso I, do *Codex*)[7], ou de *dano* (art. 163). Se o agente visa matar certa pessoa, pode responder por *homicídio qualificado* (art. 121, § 2º, inciso III)[8] em *concurso formal* com o delito de inundação.

O *elemento subjetivo do tipo* é o dolo. Não se exige especial fim de agir[9].

Há previsão da *modalidade culposa*, caso em que o indivíduo não toma o cuidado objetivamente devido, produzindo o resultado de perigo para a coletividade.

19.5. CONSUMAÇÃO E TENTATIVA

Consuma-se o delito com a efetivação de inundação e consequente situação de perigo comum para a coletividade. Cuida-se de *crime instantâneo* que pode ter efeitos permanentes.

Admite-se a *tentativa*, conforme o caso concreto.

Todavia, não há que se confundir o crime de inundação, sobretudo em sua forma tentada, com o insculpido no art. 255 do Código Penal[10], de *perigo de inundação*. O traço distintivo apontado diz respeito ao tipo subjetivo.

---

pública) tenha entrado no campo abrangido pela conduta do sujeito e que sua lesão se mostre nesse momento como não absolutamente improvável", cf. PRADO, Luiz Regis. *Curso de*..., cit., p. 571.

7. "*Art. 161. Suprimir ou deslocar tapume, marco ou qualquer outro sinal indicativo de linha divisória, para apropriar-se, no todo ou em parte, de coisa imóvel alheia: Pena – detenção, de 1 (um) a 6 (seis) meses, e multa. § 1º Na mesma pena incorre quem: I – desvia ou represa, em proveito próprio ou de outrem, águas alheias.*"
8. "*Art. 121. Matar alguém: Pena – reclusão, de 6 (seis) a 20 (vinte) anos.* [...] § 2º Se o homicídio é cometido: [...] *III – com emprego de veneno, fogo, explosivo, asfixia, tortura ou outro meio insidioso ou cruel, ou de que possa resultar perigo comum.*"
9. BITENCOURT, Cezar Roberto. *Tratado de direito penal*: parte especial. São Paulo: Saraiva, 2018, v. 4, p. 305, pontua que, se a conduta do agente envolver um atentado à segurança nacional, o agente pode incorrer, por meio da conduta de devastar, no art. 20 da Lei nº 7.170: "*Art. 20. Devastar, saquear, extorquir, roubar, sequestrar, manter em cárcere privado, incendiar, depredar, provocar explosão, praticar atentado pessoal ou atos de terrorismo, por inconformismo político ou para obtenção de fundos destinados à manutenção de organizações políticas clandestinas ou subversivas. Pena: reclusão, de 3 (três) a 10 (dez) anos. Parágrafo único. Se do fato resulta lesão corporal grave, a pena aumenta-se até o dobro; se resulta morte, aumenta-se até o triplo*".
10. "*Art. 255. Remover, destruir ou inutilizar, em prédio próprio ou alheio, expondo a perigo a vida, a integridade física ou o patrimônio de outrem, obstáculo natural ou obra destinada a impedir inundação: Pena – reclusão, de 1 (um) a 3 (três) anos, e multa.*"

Destarte, quanto ao art. 255, "*o agente não quer o resultado (inundação) como fim de sua ação e tampouco considera seriamente como possível a realização do tipo legal ou se conforma com ela. Em síntese: não quer diretamente a realização do tipo (art. 254) e não a aceita como possível ou provável*"[11].

19.6. PENA E AÇÃO PENAL

O delito de *inundação* é sancionado cumulativamente com pena de reclusão, de três a seis anos, e multa (art. 254).

Se o crime doloso resultar em *lesão corporal de natureza grave*, aumenta-se em metade a pena privativa de liberdade; se resultar em *morte*, aplica-se a pena em dobro (art. 258, primeira parte, do Código Penal).

Na *modalidade culposa*, a pena é de detenção, de seis meses a dois anos. Nesse caso, se houver o resultado de *lesão corporal*, a pena é aumentada em metade; se ocorrer o resultado *morte*, aplica-se a pena do homicídio culposo, aumentada de um terço (art. 258, *in fine*).

A *ação penal é pública incondicionada*.

A *forma culposa* trata-se de *infração penal de menor potencial ofensivo*, de competência do Juizado Especial Criminal (art. 61 da Lei nº 9.099/1995), admitindo a *suspensão condicional do processo* (art. 89 do mesmo diploma).

Preenchidos os requisitos do art. 28-A do Código de Processo Penal, é cabível o *acordo de não persecução penal*.

11. PRADO, Luiz Regis. *Curso de...*, cit., p. 571.

20 PERIGO DE INUNDAÇÃO (ART. 255)

Sumário: 20.1. Considerações iniciais – 20.2. Objetividade jurídica – 20.3. Sujeitos do delito – 20.4. Tipicidade objetiva e subjetiva – 20.5. Consumação e tentativa – 20.6. Pena e ação penal.

Perigo de inundação

Art. 255. Remover, destruir ou inutilizar, em prédio próprio ou alheio, expondo a perigo a vida, a integridade física ou o patrimônio de outrem, obstáculo natural ou obra destinada a impedir inundação:

Pena – reclusão, de 1 (um) a 3 (três) anos, e multa.

20.1. CONSIDERAÇÕES INICIAIS

A Consolidação das Leis Penais, em seu art. 142, apresentava figura semelhante ao *perigo de inundação*. O Código Penal italiano também possui tipo similar, e Noronha[1] julga melhor a construção típica pátria, que usa expressão ampla – *obstáculo natural ou obra destinada a impedir inundação* –, sem especificações casuísticas.

O art. 255 do *Codex* não sofreu alterações, mantendo-se a redação original de 1940.

20.2. OBJETIVIDADE JURÍDICA

Protege-se a *incolumidade pública*, bem como as pessoas que podem ter sua vida, integridade física ou patrimônio ameaçados pela eventual ocorrência de dano.

1. NORONHA, E. Magalhães. *Direito penal*. São Paulo: Saraiva, 1995, v. 3, p. 370.

20.3. SUJEITOS DO DELITO

Sujeito ativo pode ser qualquer pessoa. Cuida-se de *crime comum*, ou geral. Inclusive, o tipo menciona em que as condutas podem ser perpetradas em *prédio próprio ou alheio*; assim, o agente pode ser proprietário ou não do local no qual há, *e.g.*, o objeto material do crime, o obstáculo natural ou artificial que impede a inundação.

Sujeito passivo é a coletividade.

20.4. TIPICIDADE OBJETIVA E SUBJETIVA

O art. 255 do *Codex* incrimina as condutas de "*remover, destruir ou inutilizar, em prédio próprio ou alheio, expondo a perigo a vida, a integridade física ou o patrimônio de outrem, obstáculo natural ou obra destinada a impedir inundação*". Cuida-se de *tipo misto alternativo*, ou de conteúdo variado, de modo que a prática de mais de uma conduta, no mesmo contexto fático, importa em crime único.

Remover diz respeito a retirar, deslocar, mudar de um lugar. *Destruir* refere-se a fazer com que a coisa deixe de existir, perdendo sua essência ou forma primitiva. *Inutilizar* relaciona-se a subtrair, retirar a função para qual a coisa servia, apesar desta continuar existindo.

Obstáculo natural diz respeito àquela proteção desenvolvida pela própria natureza, como margens de um rio, rochedos, encostas, que impedem a ocorrência da inundação. Já *obra* é aquela desenvolvida pelo ser humano para evitar a inundação, a invasão de águas, como barragens e comportas. Destarte, o sujeito ativo tem sua ação voltada contra um elemento que evita uma inundação, uma invasão de águas, seja este natural ou um construto artificial.

O presente delito não abarca a situação de se criar um obstáculo idôneo a causar inundação, caso que pode configurar o crime do art. 132 do Código Penal, de perigo para a vida ou saúde de outrem.

Do mesmo modo que no tipo anterior, de *inundação*, cuida-se de *crime de perigo concreto*, que exige a comprovação pericial de uma efetiva exposição a perigo da vida, da integridade física e do patrimônio de indeterminado número de pessoas.

O *elemento subjetivo do tipo* é o dolo, independentemente de especial fim de agir (*tipo congruente*).

Como diferença em relação ao crime de *inundação* (art. 254 do Código Penal)[2], estudado anteriormente, aponta-se que, na figura do art. 255, o agente *não deseja a*

2. "*Art. 254. Causar inundação, expondo a perigo a vida, a integridade física ou o patrimônio de outrem: Pena – reclusão, de 3 (três) a 6 (seis) anos, e multa, no caso de dolo, ou detenção, de 6 (seis) meses a 2 (dois) anos, no caso de culpa.*"

inundação, apesar de o perigo desta vir a ocorrer ser previsto ou previsível. Por outro lado, se o agente tem como finalidade de sua conduta a inundação, incidirá no tipo do art. 254.

Nessa senda, Hungria[3] entende que, nesse caso, nao sendo a inundaçao desejada, mas vindo a acontecer, o agente pode responder por perigo de inundação e inundação culposa em *concurso formal*.

Não há previsão da modalidade culposa.

20.5. CONSUMAÇÃO E TENTATIVA

Consuma-se o delito com o surgimento da situação de perigo concreto, que pode ser concomitante ou não com a conduta do agente, como no caso do agente que perfura uma barragem, para que esta se rompa posteriormente pela ação da pressão da água.

Não se admite a *tentativa*, pois o perigo de inundação é ato preparatório do crime de inundação (*crime obstáculo*).

20.6. PENA E AÇÃO PENAL

O delito de *perigo de inundação* é sancionado cumulativamente com pena de reclusão, de um a três anos, e multa (art. 255).

Se houver o resultado de *lesão corporal de natureza grave*, aumenta-se a pena privativa de liberdade em metade; caso ocorra o resultado *morte*, aplica-se a pena em dobro (art. 258, primeira parte, do Código Penal).

A *ação penal é pública incondicionada*.

Admite-se a *suspensão condicional do processo* (art. 89 da Lei nº 9.099/1995).

Preenchidos os requisitos do art. 28-A do Código de Processo Penal, é cabível o *acordo de não persecução penal*.

3. HUNGRIA, Nélson. *Comentários ao Código Penal*. Rio de Janeiro: Forense, 1958, v. IX, p. 48. Também nesse sentido, v.g., PRADO, Luiz Regis. *Curso de direito penal brasileiro*. São Paulo: Thomson Reuters, 2018, v. II, p. 573.

21 DESABAMENTO OU DESMORONAMENTO (ART. 256)

SUMÁRIO: 21.1. Considerações iniciais – 21.2. Objetividade jurídica – 21.3. Sujeitos do delito – 21.4. Tipicidade objetiva e subjetiva – 21.5. Consumação e tentativa – 21.6. Crime Culposo – 21.7. Pena e ação penal.

Desabamento ou desmoronamento

Art. 256. Causar desabamento ou desmoronamento, expondo a perigo a vida, a integridade física ou o patrimônio de outrem:

Pena – reclusão, de 1 (um) a 4 (quatro) anos, e multa.

Modalidade culposa

Parágrafo único. Se o crime é culposo:

Pena – detenção, de 6 (seis) meses a 1 (um) ano.

21.1. CONSIDERAÇÕES INICIAIS

Já havia figura semelhante ao *desabamento ou desmoronamento* no Código Penal pátrio de 1890, no art. 137, § 2º, que mencionava destruição com emprego de minas, torpedos, máquinas ou instrumentos explosivos. O atual diploma valeu-se de expressões mais amplas, sem especificar os meios utilizados pelo sujeito ativo.

O art. 256 do *Codex* não sofreu alterações, mantendo-se a redação original de 1940.

O desabamento ou desmoronamento há de ser atentado para a escorreita classificação do ilícito. São por demais comuns situações práticas nas quais construções em geral, como de edifícios, casas, pontes e muros, perecem por conta de um mau planejamento de engenharia ou má execução dos serviços (mas atentar para o fato de que o crime pode ser doloso ou culposo). Se, em decorrência disso, pessoas se ferirem ou morrerem, culposamente, sem vulneração da incolumidade pública, haverá a responsabilização por *lesão corporal culposa* ou *homicídio culposo*.

No caso de haver concomitantemente exposição a perigo da incolumidade pública e lesões culposas ou morte culposa, subsome-se o fato ao crime de desabamento ou desmoronamento com a regra majorante do art. 258 do Código Penal. Se o objetivo do agente é causar desmoronamento ou desabamento e lesões ou morte em alguém, há *concurso formal impróprio* (desígnios autônomos).

Já se, por sua vez, o desabamento ocorre sem qualquer vítima ou perigo para a coletividade, o fato subsome-se à contravenção penal do art. 29 da Lei das Contravenções Penais, conforme se verá *infra*.

21.2. OBJETIVIDADE JURÍDICA

Protege-se a *incolumidade pública*.

21.3. SUJEITOS DO DELITO

Qualquer pessoa pode ser *sujeito ativo*. Trata-se de *crime comum*, ou geral.

Sujeito passivo é a coletividade, bem como as pessoas que têm a vida, a integridade física ou o patrimônio expostos à situação de perigo concreto.

21.4. TIPICIDADE OBJETIVA E SUBJETIVA

O art. 256 do Código Penal tipifica a conduta de "*causar desabamento ou desmoronamento, expondo a perigo a vida, a integridade física ou o patrimônio de outrem*".

Trata-se de *crime de perigo concreto*, que exige a efetiva comprovação da exposição a perigo de número indeterminado de pessoas, o que há de ser feito por meio de *perícia*.

Não havendo o risco à incolumidade pública, pode restar configurado o art. 29 da Lei das Contravenções Penais[1] relativo a "*provocar o desabamento de construção ou, por erro no projeto ou na execução, dar-lhe causa*".

Causar liga-se a provocar, dar origem, ocasionar. *Desabamento* refere-se à queda, ruína, de construções ou obras realizadas pelo ser humano. Já *desmoronamento* diz respeito a partes do solo que venham abaixo, caiam, como morros ou encostas. O desabamento ou desmoronamento podem ser totais ou parciais.

1. "*Art. 29. Provocar o desabamento de construção ou, por erro no projeto ou na execução, dar-lhe causa: Pena – multa, se o fato não constitui crime contra a incolumidade pública.*"

Admitem-se hipóteses de *omissão imprópria*, como no caso do engenheiro responsável por uma obra que, podendo agir, não toma os cuidados necessários para que problemas estruturais sejam sanados.

Demais disso, trata-se de *crime de forma livre*, podendo o sujeito ativo valer-se de qualquer meio para provocar o desabamento ou desmoronamento. Se o desabamento ou desmoronamento é perpetrado com uso de *explosivo*, e havendo o *perigo concreto*, aplica-se o princípio da consunção, devendo o agente responder pelo crime de *explosão* (art. 251 do Código Penal)[2], restando absorvido o delito do art. 256 do *Codex*.

Caso o agente vise, com sua conduta, matar alguém determinado, mas também gere um perigo concreto para a coletividade com o desabamento, responderá por *homicídio qualificado* (art. 121, § 2º, inciso III), tentado ou consumado, em *concurso formal* com o crime do art. 256 do *Codex*.

Ademais, se não houve perigo comum, de tal sorte que o desabamento ou desmoronamento culminou em vítimas na área interna do terreno, pode haver desclassificação para os arts. 121, § 3º, ou 129, § 6º, do Código Penal, concernentes ao homicídio ou à lesão corporal culposos, respectivamente[3].

O *elemento subjetivo do tipo* é o dolo. Não é necessário especial fim de agir (*tipo congruente*).

Há previsão da *modalidade culposa*.

21.5. CONSUMAÇÃO E TENTATIVA

Consuma-se o delito com o desabamento ou desmoronamento, seja este total ou parcial, que ensejem a efetiva situação de perigo. Cuida-se de *crime material*, ou causal.

Admite-se a *tentativa*.

---

2. "*Art. 251. Expor a perigo a vida, a integridade física ou o patrimônio de outrem, mediante explosão, arremesso ou simples colocação de engenho de dinamite ou de substância de efeitos análogos: Pena – reclusão, de 3 (três) a 6 (seis) anos, e multa. § 1º Se a substância utilizada não é dinamite ou explosivo de efeitos análogos: Pena – reclusão, de 1 (um) a 4 (quatro) anos, e multa. § 2º As penas aumentam-se de 1/3 (um terço), se ocorre qualquer das hipóteses previstas no § 1º, I, do artigo anterior, ou é visada ou atingida qualquer das coisas enumeradas no n. II do mesmo parágrafo. § 3º No caso de culpa, se a explosão é de dinamite ou substância de efeitos análogos, a pena é de detenção, de 6 (seis) meses a 2 (dois) anos; nos demais casos, é de detenção, de 3 (três) meses a 1 (um) ano.*"
3. BITENCOURT, Cezar Roberto. *Tratado de direito penal*: parte especial. São Paulo: Saraiva, 2018, v. 4, p. 310.

21.6. CRIME CULPOSO

Nos termos do parágrafo único do art. 256, também é possível a *modalidade culposa* do presente delito, hipótese em que o agente não observa o dever objetivo de cuidado necessário, o que culmina no desabamento ou desmoronamento[4].

O Superior Tribunal de Justiça (STJ)[5] já admitiu o trancamento de ação penal em caso no qual houve desabamento parcial em uma construção, com a morte de um funcionário, e imputou-se a figura do art. 256, na forma culposa, ao representante legal da empresa contratante da empreitada. Entendeu-se, na oportunidade, que não havia causalidade psíquica nem posição de garantidor a ensejar uma omissão imprópria, de maneira que o dever objetivo de cuidado tem de dirigir-se aos que efetivamente interferem no curso causal.

Dessa feita, pontuou-se que não se vislumbrava "*a demonstração de nexo material, jurídico ou de evitação entre conduta exercida por representante legal de sociedade empresária contratante de empreitada e o desabamento ocorrido em obra sob a supervisão de construtora contratada, que resultou na morte de um de seus funcionários*".

21.7. PENA E AÇÃO PENAL

O crime de *desabamento ou desmoronamento* é sancionado cumulativamente com pena de reclusão, de um a quatro anos, e multa (art. 256, *caput*).

4. Nesse sentido, já decidiu o Tribunal de Justiça do Estado de São Paulo: "*APELAÇÃO CRIMINAL. DESABAMENTO QUALIFICADO PELO RESULTADO. Queda de um muro durante a execução de obra de grande porte no centro da cidade de Sorocaba. Absolvição dos engenheiros responsáveis. Impossibilidade. Autoria e responsabilidade pelo crime devidamente comprovadas. Imperícia e negligência demonstradas. Age culposamente, nas modalidades de imperícia e negligência, os agentes que, na condição de engenheiros civis, realizam obra sem observar seu dever objetivo de cuidado. Prova pericial no sentido de que a causa do desabamento correspondeu a uma somatória de fatores, que direta ou indiretamente, contribuíram para o acidente, dentre eles: idade da estrutura, falta de escoramento, desmontagem do telhado, com consequente retirada de apoio da estrutura, vibração da obra e movimento dos veículos na via pública e fatores climáticos, como chuva e vento. Ausência de estudo prévio de segurança da obra. APELO DESPROVIDO*" (TJSP, Apelação Criminal nº 0003576-87.2013.8.26.0602, 6ª Câmara de Direito Criminal, rel. Des. Marcos Correa, j. 02/08/2018).
5. RHC 80142/SP, rel. Minª. Maria Thereza de Assis Moura, 6ª Turma, j. 28/03/2017, DJe 04/04/2017. Assim, em seu voto, a relatora aduziu que "*inviável a atribuição de responsabilidade ao representante legal da sociedade empresária contratante de empreitada. Se é certo que existe o dever objetivo de cuidado de prover para que a obra seja realizada sem a intercorrência de infortúnios, este deve ser endereçado aos agentes da empresa responsável pela construção, ou a outros terceiros que tenham efetivamente interferido no curso causal*".

Na modalidade dolosa, aumenta-se a pena privativa de liberdade em metade caso haja o resultado de *lesão corporal de natureza grave*; aplica-se a pena em dobro caso haja o resultado *morte* (art. 258, primeira parte, do Código Penal).

Na *forma culposa*, a pena é de detenção, de seis meses a um ano (art. 256, parágrafo único). Ainda, nesse caso, se o crime resultar em *lesão corporal*, aumenta-se a pena em metade; se resultar em *morte*, é aplicada a pena do homicídio culposo, aumentada de um terço (art. 258, *in fine*).

A *ação penal é pública incondicionada*.

A *modalidade culposa* trata-se de *infração penal de menor potencial ofensivo*, de competência do Juizado Especial Criminal (art. 61 da Lei nº 9.099/1995).

Em qualquer caso, admite-se a *suspensão condicional do processo* (art. 89 da Lei nº 9.099/1995).

À exceção da hipótese do parágrafo único do art. 256 – que permite a transação penal –, preenchidos os requisitos do art. 28-A do Código de Processo Penal, é cabível o *acordo de não persecução penal*.

22 SUBTRAÇÃO, OCULTAÇÃO OU INUTILIZAÇÃO DE MATERIAL DE SALVAMENTO (ART. 257)

SUMÁRIO: 22.1. Considerações iniciais – 22.2. Objetividade jurídica – 22.3. Sujeitos do delito – 22.4. Tipicidade objetiva e subjetiva – 22.5. Consumação e tentativa – 22.6. Pena e ação penal.

Subtração, ocultação ou inutilização de material de salvamento

Art. 257. Subtrair, ocultar ou inutilizar, por ocasião de incêndio, inundação, naufrágio, ou outro desastre ou calamidade, aparelho, material ou qualquer meio destinado a serviço de combate ao perigo, de socorro ou salvamento; ou impedir ou dificultar serviço de tal natureza:

Pena – reclusão, de 2 (dois) a 5 (cinco) anos, e multa.

22.1. CONSIDERAÇÕES INICIAIS

O tipo ora estudado tem precedente no Código Penal italiano. Destaca Noronha[1] que o *nomen iuris* utilizado não se mostra inteiramente adequado, por não abranger a parte final da figura delitiva, que se refere às condutas de impedir ou dificultar o serviço de combate ao perigo, de socorro ou salvamento.

Vale destacar que o presente delito tutela a incolumidade pública não pelo viés da possibilidade de causação do perigo comum, mas sim pelo escopo em evitar uma situação na qual o combate ao perigo já instalado possa ser obstaculizado.

O art. 257 do *Codex* não sofreu alterações, mantendo-se a redação original de 1940.

22.2. OBJETIVIDADE JURÍDICA

Protege-se a *incolumidade pública*.

1. NORONHA, E. Magalhães. *Direito penal*. São Paulo: Saraiva, 1995, v. 3, p. 375.

22.3. SUJEITOS DO DELITO

Qualquer pessoa pode ser *sujeito ativo* (*crime comum*, ou geral). Aliás, o próprio proprietário do objeto da conduta pode figurar como agente.

Demais disso, não é imprescindível que o sujeito ativo do art. 257 seja o mesmo que tenha provocado o contexto de calamidade, de perigo comum, como uma explosão ou inundação. Nesse caso, diante de tal identidade, pode haver *concurso material* de crimes entre a figura do art. 257 e outras como a de *incêndio* (art. 250 do *Codex*), *explosão* (art. 251) e *inundação* (art. 254).

Sujeito passivo é a coletividade.

22.4. TIPICIDADE OBJETIVA E SUBJETIVA

O art. 257 do *Codex* tipifica as condutas de: a) *subtrair, ocultar ou inutilizar, por ocasião de incêndio, inundação, naufrágio, ou outro desastre ou calamidade, aparelho, material ou qualquer meio destinado a serviço de combate ao perigo, de socorro ou salvamento*; ou b) *impedir ou dificultar serviço de combate ao perigo, de socorro ou salvamento.*

Cuida-se de *crime de perigo abstrato*, que se desenvolve em um contexto em que o perigo à incolumidade pública já está instalado.

Trata-se de *tipo misto alternativo*, ou de conteúdo variado, de maneira que a realização de diferentes condutas em relação ao mesmo objeto, no mesmo contexto fático, importa em crime único[2].

Subtrair refere-se a retirar, surrupiar. *Ocultar* remete a esconder, encobrir. Já *inutilizar* diz respeito a retirar a função a que algo se destina.

Tais condutas típicas do agente dirigem-se a qualquer *material ou meio destinado a serviço de combate ao perigo, de socorro ou salvamento*. Assim, trata-se de aparatos destinados a combater certo sinistro, como o alastramento de um incêndio, ou salvamento de vítimas de uma enchente. Exemplos seriam extintores, medicamentos, ambulâncias, cordas, botes, entre outros.

O instrumento tem de ser especialmente voltado ao combate do perigo ao socorro ou salvamento, ou manifestamente adequado ao serviço de salvamento ou combate

---

2. Contrariamente, Prado, *e.g.*, entende ser o caso de *tipo misto cumulativo*, em que a prática de mais de uma das condutas pode implicar concurso material de crimes, cf. PRADO, Luiz Regis. *Curso de direito penal brasileiro*. São Paulo: Thomson Reuters, 2018, v. II, p. 579.

ao perigo, conforme leciona Hungria[3]. Em contrapartida, Fragoso[4] aponta que a expressão "*destinado*" abrange não só instrumentos especificamente voltados a socorro ou salvamento mas também aqueles que são úteis para tanto, dadas as circunstâncias do caso concreto.

Quanto à segunda parte do tipo, *impedir* refere-se a tornar impraticável, frustrar. *Dificultar* liga-se a criar obstáculos, atrapalhar. Dessa feita, são postos entraves ao *combate do perigo, socorro ou salvamento*. Tal pode ser feito por diversos meios, como o uso de violência física ou moral, *e.g.*, no caso em que uma pessoa bloqueia a passagem de equipes de salvamento.

A recusa em prestar auxílio, uma conduta omissiva, não implica, por si só, no cometimento do presente crime, o que pode configurar, por outro lado, omissão de socorro (art. 135 do Código Penal)[5]. Entretanto, nesse caso, o crime do art. 257 pode se perfazer caso o omitente tenha o dever jurídico de impedir o resultado, nos termos do art. 13, § 2º, do *Codex*[6].

Demais disso, seguindo a linha de Manzini, Noronha[7] considera que não configura o art. 257 o simples fato de a pessoa recusar o próprio auxílio, ressalvadas as hipóteses envolvendo o dever jurídico de outrem em impedir o resultado, como bombeiros.

Conforme o tipo indica, é necessário que, no momento da prática delituosa, esteja instalada uma situação de *incêndio, inundação, naufrágio, ou outro desastre ou calamidade*. Trata-se de hipóteses em que já há um perigo comum disseminado, como no caso de prédios em chamas, enchentes de rios, desabamentos de encostas, entre outros.

Nessa senda, em decorrência da recentemente pandemia de Covid-19, declarando-se estado de calamidade pública, pode-se entender que, se o indivíduo subtrair máscaras, álcool gel, entre outros, incorrerá no presente delito, dado o contexto vivido.

É justamente nessa excepcionalidade da situação que se funda essa sanção diferenciada, que já parte de uma margem de pena privativa de liberdade de dois a cinco anos, além da multa. Em um contexto de normalidade, as condutas descritas poderiam até mesmo ser atípicas caso o agente fosse o proprietário dos objetos, ou estariam

---

3. HUNGRIA, Nélson. *Comentários ao Código Penal*. Rio de Janeiro: Forense, 1958, v. IX, p. 52.
4. FRAGOSO, Heleno Cláudio. *Lições de direito penal*: parte especial. Rio de Janeiro: Forense, 1986, v. II, p. 174. No mesmo sentido, *e.g.*, PRADO, Luiz Regis. *Curso de...*, cit., p. 578.
5. "Art. 135. *Deixar de prestar assistência, quando possível fazê-lo sem risco pessoal, à criança abandonada ou extraviada, ou à pessoa inválida ou ferida, ao desamparo ou em grave e iminente perigo; ou não pedir, nesses casos, o socorro da autoridade pública: Pena – detenção, de 1 (um) a 6 (seis) meses, ou multa. Parágrafo único. A pena é aumentada de 1/2 (metade), se da omissão resulta lesão corporal de natureza grave, e triplicada, se resulta a morte.*"
6. BITENCOURT, Cezar Roberto. *Tratado de direito penal*: parte especial. São Paulo: Saraiva, 2018, v. 4, p. 313.
7. Cf. NORONHA, E. Magalhães. *Direito penal...*, cit., p. 376.

relacionadas a delitos como os de *furto* (art. 155)[8] e dano (art. 163)[9], que, em suas formas simples, não têm a margem penal tão exasperada como a do presente delito.

Não obstante, no caso em que a pessoa origina a situação de calamidade, subtraindo ou danificando o aparelho ou material alheio destinado ao socorro ou salvamento, responde por furto, ou dano, em concurso material[10].

Para a punição, basta a conduta do agente, e não necessariamente seu efeito, de tal sorte que o fato de outra pessoa ter agido para que a conduta do sujeito ativo não causasse o prejuízo – por exemplo, repondo um aparelho que fora ocultado – não afasta o perfazimento do crime.

O *elemento subjetivo do tipo* é o dolo. Não há especial fim de agir (*tipo congruente*).

Não há previsão da modalidade culposa.

22.5. CONSUMAÇÃO E TENTATIVA

Quanto ao art. 257, primeira parte, *consuma-se* o delito no momento em que efetivamente se praticam as ações de *subtrair*, *inutilizar* ou *ocultar*. Quanto ao art. 257, *in fine*, *consuma-se* o crime quando, a partir da ação do agente, "*manifesta-se o impedimento ou a dificuldade da prestação de serviço da espécie considerada*"[11].

É possível a *tentativa* em qualquer das hipóteses.

22.6. PENA E AÇÃO PENAL

O delito de *subtração, ocultação ou inutilização de material de salvamento* é sancionado cumulativamente com pena de reclusão, de dois a cinco anos, e multa (art. 257).

A pena privativa de liberdade é aumentada em metade se houver o resultado *lesão corporal de natureza grave*. Caso haja o consectário *morte*, a pena é aplicada em dobro (art. 258, 1ª parte, do Código Penal).

A *ação penal é pública incondicionada*.

Preenchidos os requisitos do art. 28-A do Código de Processo Penal, é cabível o *acordo de não persecução penal*.

---

8. "*Art. 155. Subtrair, para si ou para outrem, coisa alheia móvel: Pena – reclusão, de 1 (um) a 4 (quatro) anos, e multa* [...]."
9. "*Art. 163. Destruir, inutilizar ou deteriorar coisa alheia: Pena – detenção, de 1 (um) a 6 (seis) meses, ou multa* [...]."
10. Nesse influxo, *v.g.*, BITENCOURT, Cezar Roberto. *Tratado de...*, cit., p. 313; PRADO, Luiz Regis. *Curso de...*, cit., p. 578.
11. NORONHA, E. Magalhães. *Direito penal...*, cit., p. 377.

23 DIFUSÃO DE DOENÇA OU PRAGA (ART. 259)

Difusão de doença ou praga

Art. 259. Difundir doença ou praga que possa causar dano a floresta, plantação ou animais de utilidade econômica:

Pena - reclusão, de 2 (dois) a 5 (cinco) anos, e multa.

Modalidade culposa

Parágrafo único. No caso de culpa, a pena é de detenção, de 1 (um) a 6 (seis) meses, ou multa.

O delito de *difusão de doença ou praga* teve inspiração nos Códigos Penais suíço e italiano.

O art. 259 do *Codex* foi revogado tacitamente pelo art. 61 da Lei de Crimes Ambientais (Lei nº 9.605/1998), por tratar-se de lei especial e mais recente: "*Art. 61. Disseminar doença ou praga ou espécies que possam causar dano à agricultura, à pecuária, à fauna, à flora ou aos ecossistemas: Pena – reclusão, de 1 (um) a 4 (quatro) anos, e multa*". Perceba-se, inclusive, que a novel incriminação possui caráter mais amplo.

Como a lei ambiental não insculpiu forma culposa da conduta, operou-se *abolitio criminis* a respeito[1].

1. Entre outros, PRADO, Luiz Regis. *Curso de direito penal brasileiro*. São Paulo: Thomson Reuters, 2018, v. II, p. 581; BUSATO, Paulo César. *Direito penal*: parte especial. São Paulo: Atlas, 2016, v. 3, p. 136.

24 PERIGO DE DESASTRE FERROVIÁRIO (ART. 260)

Sumário: 24.1. Considerações iniciais – 24.2. Objetividade jurídica – 24.3. Sujeitos do delito – 24.4. Tipicidade objetiva e subjetiva – 24.5. Consumação e tentativa – 24.6. Desastre ferroviário – 24.7. Crime culposo – 24.8. Pena e ação penal.

Perigo de desastre ferroviário

Art. 260. Impedir ou perturbar serviço de estrada de ferro:

I - destruindo, danificando ou desarranjando, total ou parcialmente, linha férrea, material rodante ou de tração, obra de arte ou instalação;

II - colocando obstáculo na linha;

III - transmitindo falso aviso acerca do movimento dos veículos ou interrompendo ou embaraçando o funcionamento de telégrafo, telefone ou radiotelegrafia;

IV - praticando outro ato de que possa resultar desastre:

Pena - reclusão, de 2 (dois) a 5 (cinco) anos, e multa.

Desastre ferroviário

§ 1° Se do fato resulta desastre:

Pena - reclusão, de 4 (quatro) a 12 (doze) anos e multa.

§ 2° No caso de culpa, ocorrendo desastre:

Pena - detenção, de 6 (seis) meses a 2 (dois) anos.

§ 3° Para os efeitos deste artigo, entende-se por estrada de ferro qualquer via de comunicação em que circulem veículos de tração mecânica, em trilhos ou por meio de cabo aéreo.

24.1. CONSIDERAÇÕES INICIAIS

O art. 260 do Código Penal inaugura o Capítulo II do Título VIII de sua Parte Especial, referente aos *crimes contra a segurança dos meios de comunicação e transporte e outros serviços públicos*.

Há uma discussão doutrinária acerca dos delitos que integram esse Capítulo, dado que, apesar de não haver dúvidas de que os delitos contra os meios de transporte coletivo lesam a incolumidade pública, trazendo perigo comum, o mesmo não se pode dizer quanto aos crimes que atingem os *meios de comunicação*.

Assim, entende-se que crimes contra meios de comunicação, como o telefone, não implicam necessariamente um perigo coletivo[1]. Por isso, aponta-se que o art. 266, ligado à interrupção telefônica, poderia ter seguido o exemplo do Código Penal italiano, o qual faz menção da necessidade de haver um perigo comum nesse caso.

Como o *nomen iuris* indica, o crime de *perigo de desastre ferroviário* relaciona-se a estradas de ferro. Nesse influxo, o Código Penal de 1830 nada tratava a seu respeito, visto que a primeira estrada de ferro do país foi inaugurada em 1854. Após o advento do sistema de transporte baseado em trens correndo sobre trilhos, o Regulamento nº 1.930, de 1857, cuidou de infrações, inclusive em forma culposa, concernentes a ferrovias. Ainda, a Lei nº 3.311, de 1886, também tratou do assunto, *v.g.*, sancionando incêndio de veículos de passageiros.

Posteriormente, surgiram figuras semelhantes no Código Penal pátrio de 1890 e na Consolidação das Leis Penais.

O art. 260 não sofreu alterações, mantendo-se a redação original de 1940. De se notar que o tipo recebeu duas denominações, uma referindo-se ao perigo de desastre ferroviário, concernente ao *caput* e a seus incisos, e outra relativa ao desastre ferroviário, pertinente aos §§ 1º e 2º. Quanto ao § 3º, trata-se de norma explicativa, trazendo o conceito de estrada de ferro para o presente delito.

O legislador penal buscou dar um tratamento mais severo ao resultado de desastre, dado que o perigo ao qual a coletividade foi exposta acabou por se concretizar no desastre ferroviário. Vale pontuar, como se verá adiante, que se trata de resultado que se deu a título de *culpa*, uma vez que não se buscava que o resultado de desastre realmente acontecesse.

24.2. OBJETIVIDADE JURÍDICA

Protege-se a incolumidade pública, em especial a segurança do transporte ferroviário.

24.3. SUJEITOS DO DELITO

Qualquer pessoa pode ser *sujeito ativo*. Trata-se de *crime comum*, ou geral.

---

1. NORONHA, E. Magalhães. *Direito penal*. São Paulo: Saraiva, 1995, v. 3, pp. 384-385.

Segundo a lição de Bento de Faria[2], a pessoa que pretende suicidar-se e deita-se na linha do trem pode responder pelo art. 260, inciso II, caso venha a sobreviver.

Sujeito passivo é a coletividade, bem como os que foram lesados pelas condutas delitivas.

24.4. TIPICIDADE OBJETIVA E SUBJETIVA

O art. 260 do Código Penal tipifica as condutas de "*impedir ou perturbar serviço de estrada de ferro*".

Impedir refere-se a obstar, parar, impossibilitar. *Perturbar* remete a dificultar, atrapalhar, prejudicar. Nos termos do § 3º do art. 260, *estrada de ferro* diz respeito a "*qualquer via de comunicação em que circulem veículos de tração mecânica, em trilhos ou por meio de cabo aéreo*".

Dessa maneira, não somente linhas férreas estão abrangidas, como linhas de metrô, mas também as de cabo aéreo ("*filovia*"), como é caso do "*bondinho*" do Pão de Açúcar, no Rio de Janeiro[3]. O transporte há de ser coletivo, para a circulação de número indeterminado de pessoas, e pode ser explorado por particular ou pelo Estado, a título gratuito ou oneroso.

Cuida-se de *tipo misto alternativo*, de modo que a prática de mais de uma das ações, no mesmo contexto fático, é tratada como crime único.

Apesar de normalmente *comissivo*, o delito também pode se dar por *omissão imprópria*, como no caso em que o encarregado da manutenção da linha férrea não a desobstrui quando pode fazê-lo, o que, *e.g.*, traz um perigo de colisão.

Os incisos I a IV, revelando um *crime de forma vinculada*, enumeram as maneiras pelas quais o agente pode ocasionar o impedimento ou a perturbação no serviço de ferrovias, quais sejam: a) *destruindo, danificando ou desarranjando, total ou parcialmente, linha férrea, material rodante ou de tração, obra de arte ou instalação* (inciso I); b) *colocando obstáculo na linha* (inciso II); c) *transmitindo falso aviso acerca do movimento dos veículos ou interrompendo ou embaraçando o funcionamento de telégrafo,*

---

2. FARIA, Antônio Bento de. *Código Penal brasileiro* (comentado). Rio de Janeiro: Record, 1961, v. VII, p. 222.

3. HUNGRIA, Nélson. *Comentários ao Código Penal*. Rio de Janeiro: Forense, 1958, v. IX, p. 76. Consoante NORONHA, E. Magalhães. *Direito penal*..., cit., p. 388, outras vias que não essas podem configurar o art. 262 do *Codex*: "Art. 262. *Expor a perigo outro meio de transporte público, impedir-lhe ou dificultar-lhe o funcionamento: Pena – detenção, de 1 (um) a 2 (dois) anos. § 1º Se do fato resulta desastre, a pena é de reclusão, de 2 (dois) a 5 (cinco) anos. § 2º No caso de culpa, se ocorre desastre: Pena – detenção, de 3 (três) meses a 1 (um) ano*".

telefone ou radiotelegrafia (inciso III); d) *praticando outro ato de que possa resultar desastre* (inciso IV).

Noronha[4] chama atenção para o fato de que, apesar de apenas o inciso IV fazer menção à exigência da probabilidade do desastre, os outros incisos também devem ser interpretados com essa perspectiva.

Dessa feita, trata-se de *crime de perigo concreto*, que exige a comprovação do efetivo perigo à incolumidade pública.

No tocante ao inciso I, *destruir* refere-se a aniquilar, eliminar. *Danificar* refere-se a avariar, deteriorar. E *desarranjar* liga-se a desarrumar, desorganizar. Tais condutas podem atingir, *total ou parcialmente, linha férrea, material rodante ou de tração, obra de arte ou instalação.*

Linha férrea relaciona-se à via permanente fixa consubstanciada em trilhos, destinada à passagem de material rodante. *Material rodante ou de tração* diz respeito ao veículo que se desloca na linha férrea, como vagões de carga e de passageiros; o material de tração, que está contido no material rodante, atua como tração para os outros, como a locomotiva. *Obra de arte* refere-se a estruturas presentes na estrada de ferro, como pontes e túneis. Por fim, *instalação* relaciona-se a aparelhos e peças presentes na linha férrea, como placas, cancelas e cabos[5].

Quanto ao inciso II, o agente *coloca obstáculo na linha*, isto é, põe empecilhos, obstruções, barreiras, nas linhas férreas, tais como pedras, madeiras, barricadas, o que pode culminar, *e.g.*, no descarrilamento do trem. Nada obsta que o obstáculo possa ser um corpo humano, *v.g.*, quando o agente, além da intenção de matar outrem ou suicidar-se, tenha o fim de causar o desastre.

No que tange ao inciso III, o agente *transmite*, propaga, *falso aviso acerca do movimento dos veículos*, isto é, informações errôneas, que não condizem com a realidade, sobre o tráfego na via, o que pode alterar o tráfego nas linhas férreas e, por consequência, resultar em choques e descarrilamentos, por exemplo.

Além disso, o sujeito ativo pode *interromper ou embaraçar o funcionamento de telégrafo, telefone ou radiotelegrafia. Interromper* refere-se a fazer parar, suspender; *embaraçar* liga-se a atrapalhar, perturbar. *Telégrafo, telefone ou radiotelegrafia* remetem a diferentes meios de comunicação, cujo sistema pode funcionar, e.g., pelo envio de sinais ou ondas eletromagnéticas. Nesse influxo, o agente barra ou embaraça o uso

---

4. NORONHA, E. Magalhães. *Direito penal*..., cit., p. 386.
5. Cf. NUCCI, Guilherme de Souza. *Curso de direito penal*: parte especial. Rio de Janeiro: Forense, 2018, v. 3, p. 238. Assim, o autor entende que, em tal inciso, é mais adequado tomar a expressão "*linha férrea*" em seu sentido estrito, relacionado à própria linha férrea e a seus componentes.

desses meios enquanto "*instrumentos de sinalização, controle de tráfego ou aviso, bem como de qualquer outro meio elétrico ou eletrônico de controle*"[6].

Vale pontuar que pode ser que o art. 260 absorva o crime do art. 266 do *Codex*[7], *e.g.*, quando for provocado pela omissão de aviso decorrente de impedimento ou embaraço de serviço telegráfico, radiotelegráfico ou telefônico.

O inciso IV, por fim, traz uma fórmula ampla ao mencionar qualquer ato do agente que pessoa culminar em desastre ferroviário, permitindo-se, assim, espaço para uma interpretação analógica[8].

Em caso concreto em que uma pessoa invadiu a linha férrea e ateou fogo em pneus, interrompendo o fluxo de trens, o Tribunal de Justiça do estado de São Paulo se manifestou no sentido de "*o fato de a linha férrea contar com um sistema de monitoramento não pode ser invocado para eximir o acusado de responsabilidade, uma vez que, evidentemente, esse tipo de sistema não é infalível, sempre remanescendo a possibilidade de um desastre ferroviário*"[9].

Além disso, a Corte bandeirante já considerou que o chamado "surf *ferroviário*" – em que, por exemplo, um indivíduo coloca-se para fora do trem ou fica em cima do trem em movimento – não configura o crime previsto no art. 260 do Código Penal, visto que a pessoa estaria colocando em risco a própria vida, ausente o perigo concreto da ocorrência de desastre[10].

Não obstante o *decisium*, entendemos que a conduta coloca em perigo os demais usuários do transporte, uma vez que pode ocasionar um desastre pela relevante possibilidade de queda do indivíduo que assim age nos trilhos, de provocação de curtos-circuitos *etc*.

---

6. PRADO, Luiz Regis. *Curso de direito penal brasileiro*. São Paulo: Thomson Reuters, 2018, v. II, p. 584.
7. "Art. 266. *Interromper ou perturbar serviço telegráfico, radiotelegráfico ou telefônico, impedir ou dificultar-lhe o restabelecimento: Pena – detenção, de 1 (um) a 3 (três) anos, e multa. § 1º Incorre na mesma pena quem interrompe serviço telemático ou de informação de utilidade pública, ou impede ou dificulta-lhe o restabelecimento. § 2º Aplicam-se as penas em dobro se o crime é cometido por ocasião de calamidade pública.*"
8. Cf. NUCCI, Guilherme de Souza. *Curso de...*, cit., p. 239.
9. TJ-SP, Apelação Criminal nº 0082090-85.2018.8.26.0050, 11ª Câmara de Direito Criminal, rel. Des. Xavier de Souza, j. 11/09/2019, DJ 16/09/2019. Ainda, pontuou-se que se criou "*situação de risco concreto e efetivo tanto para os usuários que se aglomeravam na plataforma à espera do trem que se aproximava, em função da possibilidade de um tumulto generalizado, como para os passageiros que estavam no interior da referida composição, por conta da necessidade de a mesma interromper o seu curso de forma inesperada, o que poderia ter ocorrido de forma abrupta, com graves consequências*".
10. TJ-SP, Apelação Criminal 9017843-30.1997.8.26.0000, 2.ª Câmara Criminal Extraordinária, rel. Des. Armando Toledo, j. 31/05/2000.

Se o agente furta peças da linha trem, entende-se que responderá pelo furto em concurso formal com o delito fixado no art. 260 do *Codex*. Isso porque haveria o dolo eventual, em que o indivíduo assumiria o risco do perigo de desastre ferroviário[11]. Nesse âmbito, já houve julgado no sentido de que "*os crimes de furto e de perigo de desastre ferroviário atentam contra bens jurídicos diversos, ou seja, contra o patrimônio e a incolumidade pública, respectivamente, razão pela qual também não há falar em absorção de um pelo outro, embora se confundam os atos de execução de ambos*"[12].

Demais disso, se o agente visa matar pessoa determinada, incidirá no delito de *homicídio qualificado* (art. 121, § 2º, III), consumado ou tentado, em *concurso formal* com o delito ora estudado.

O *elemento subjetivo do tipo* é o dolo, independentemente de um especial fim de agir (*tipo congruente*).

Se o agente visa atentar contra a ordem político-social, pode incorrer no art. 15 da Lei nº 7.170/1983[13], concernente a "*praticar sabotagem contra instalações militares, meios de comunicações, meios e vias de transporte, estaleiros, portos, aeroportos, fábricas, usinas, barragem, depósitos e outras instalações congêneres*".

24.5. CONSUMAÇÃO E TENTATIVA

Consuma-se o delito com o advento da efetiva situação de perigo comum, independentemente de o desastre vir a ocorrer ou não.

Admite-se a figura da *tentativa*.

24.6. DESASTRE FERROVIÁRIO

O § 1º do art. 260 culmina sanção mais gravosa na hipótese em que o fato resulta em desastre. O *desastre* diz respeito a "*todo o acidente grave ou complexo que expõe a*

---

11. NUCCI, Guilherme de Souza. *Curso de...*, cit., p. 240.
12. TJ-SP, Apelação Criminal 9061456-61.2001.8.26.0000, 1ª Câmara Criminal de Férias, rel. Des. Tristão Ribeiro, j. 31/07/2002.
13. "*Art. 15. Praticar sabotagem contra instalações militares, meios de comunicações, meios e vias de transporte, estaleiros, portos, aeroportos, fábricas, usinas, barragens, depósitos e outras instalações congêneres. Pena: reclusão, de 3 (três) a 10 (dez) anos. § 1º Se do fato resulta: a) lesão corporal grave, a pena aumenta-se até a metade; b) dano, destruição ou neutralização de meios de defesa ou de segurança; paralisação, total ou parcial, de atividade ou serviços públicos reputados essenciais para a defesa, a segurança ou a economia do País, a pena aumenta-se até o dobro; c) morte, a pena aumenta-se até o triplo. § 2º Punem-se os atos preparatórios de sabotagem com a pena deste artigo reduzida de 2/3 (dois terços), se o fato não constitui crime mais grave.*"

perigo a incolumidade de pessoas e a integridade de coisas, de maneira indeterminada, sem que se exija um acontecimento extraordinário, excepcional e que ocasione a comoção pública"[14].

Vale ressaltar que, nesse caso, o crime é *preterdoloso*: a conduta inicial do agente referia-se ao crime de perigo concreto, à exposição ao perigo, contudo, no caso concreto, o perigo acabou por se concretizar no desastre ferroviário, o qual foi produzido a título de culpa. Assim, com a evolução do perigo para o dano efetivo, culminou-se uma margem penal mais gravosa.

Caso haja a morte de apenas uma pessoa, tal não poderia ser considerado desastre, de modo que a melhor capitulação seria a de homicídio culposo (art. 121, § 3º)[15].

24.7. CRIME CULPOSO

O § 2º do art. 260 trata da punição da *modalidade culposa*. Todavia, há que se destacar que o crime culposo somente será punido caso venha a ocorrer o desastre ferroviário – aliás, a figura típica teve denominações subdivididas em perigo de desastre ferroviário e desastre ferroviário. Cuida-se, portanto, de uma sanção relacionada ao resultado de dano gerado pela imprudência, negligência ou imperícia do indivíduo. Havendo somente o perigo de desastre causado culposamente, o fato será *atípico*.

Assim, por exemplo, caso o agente culposamente derrube toras na linha férrea, as quais prontamente são removidas, não responderá por "*perigo de desastre ferroviário culposo*", sendo sua conduta atípica. Todavia, se, por conta desse obstáculo, houver o resultado de desastre, responderá pelo previsto no art. 260, § 2º.

24.8. PENA E AÇÃO PENAL

O delito de *perigo de desastre ferroviário* é sancionado cumulativamente com pena de reclusão, de dois a cinco anos, e multa (art. 260, *caput*).

Se houver dolo na conduta do agente em causar o perigo de desastre, e sobrevier um desastre ferroviário, a pena é de reclusão, de quatro a doze anos, além de multa (art. 260, § 1º). Se houver culpa na conduta do agente em relação ao perigo de desastre, e vindo este a ocorrer, a pena é de detenção, de seis meses a dois anos (art. 260, § 2º).

---

14. FRAGOSO, Heleno Cláudio. *Lições de direito penal*: parte especial. Rio de Janeiro: Forense, v. II, 1986, p. 181.
15. NUCCI, Guilherme de Souza. *Curso de...*, cit., p. 240.

Por força do art. 263 do *Codex*, ocorrendo desastre ou sinistro e o resultado de lesão corporal ou morte, aplica-se o disposto no art. 258. *In casu*, tal diz respeito aos casos da superveniência do desastre ferroviário (art. 260, §§ 1º e 2º), e as situações de dolo ou culpa referem-se ao perigo de desastre, visto que, como foi tratado anteriormente, o desastre em si se deu a título de culpa.

Destarte, na *modalidade dolosa*, ocorrendo o desastre, a pena privativa de liberdade é aumentada em metade caso haja o resultado de *lesão corporal de natureza grave*; a pena é aplicada em dobro caso haja o resultado *morte* (art. 258, primeira parte, do Código Penal).

Na *modalidade culposa*, vindo a ocorrer o desastre, se há o resultado de *lesão corporal*, aumenta-se a pena em metade; havendo resultado *morte*, é aplicada a pena do homicídio culposo, aumentada de um terço (art. 258, *in fine*).

A *ação penal é pública incondicionada*.

A *forma culposa* é de competência do Juizado Especial Criminal, uma vez que se cuida de *infração penal de menor potencial ofensivo* (art. 61 da Lei nº 9.099/1995). Nesse caso, admite-se a *suspensão condicional do processo* (art. 89 da Lei nº 9.099/1995).

Apenas a hipótese do § 1º do art. 260 não admite o *acordo de não persecução penal*, em face da pena mínima cominada não ser inferior a quatro anos.

25 ATENTADO CONTRA A SEGURANÇA DE TRANSPORTE MARÍTIMO, FLUVIAL OU AÉREO (ART. 261)

SUMÁRIO: – 25.1. Considerações iniciais – 25.2. Objetividade jurídica – 25.3. Sujeitos do delito – 25.4. Tipicidade objetiva e subjetiva – 25.5. Consumação e tentativa – 25.6. Sinistro em transporte marítimo, fluvial ou aéreo – 25.7. Figura qualificada pelo escopo de vantagem econômica – 25.8. Crime culposo – 25.9. Pena e ação penal.

Atentado contra a segurança de transporte marítimo, fluvial ou aéreo

Art. 261. Expor a perigo embarcação ou aeronave, própria ou alheia, ou praticar qualquer ato tendente a impedir ou dificultar navegação marítima, fluvial ou aérea:

Pena - reclusão, de 2 (dois) a 5 (cinco) anos.

Sinistro em transporte marítimo, fluvial ou aéreo

§ 1° Se do fato resulta naufrágio, submersão ou encalhe de embarcação ou a queda ou destruição de aeronave:

Pena - reclusão, de 4 (quatro) a 12 (doze) anos.

Prática do crime com o fim de lucro

§ 2° Aplica-se, também, a pena de multa, se o agente pratica o crime com o intuito de obter vantagem econômica, para si ou para outrem.

Modalidade culposa

§ 3° No caso de culpa, se ocorre o sinistro:

Pena - detenção, de 6 (seis) meses a 2 (dois) anos.

25.1. CONSIDERAÇÕES INICIAIS

O Código Penal pátrio de 1890 possuía tipos semelhantes ao ora estudado, que foram estruturados mais em casuísmos, como seus arts. 143 a 145, os quais mencionavam, *v.g.*, acender fogos para fingir faróis e a prática de atos para enganar os navegantes. Assim, o Código de 1940, adotou uma fórmula mais ampla, genérica, colaborando para aumentar seu campo de abrangência – apesar de apontar-se sua omissão quanto à navegação lacustre[1].

O art. 261 não sofreu alterações, mantendo-se a redação original de 1940.

25.2. OBJETIVIDADE JURÍDICA

Protege-se a *incolumidade pública*, em especial no seu aspecto concernente à segurança dos transportes marítimo, fluvial e aéreo.

25.3. SUJEITOS DO DELITO

Qualquer pessoa pode ser *sujeito ativo*, inclusive o proprietário da embarcação ou aeronave (*crime comum*, ou geral).

Sujeito passivo é a coletividade, bem como as pessoas que eventualmente forem ofendidas.

25.4. TIPICIDADE OBJETIVA E SUBJETIVA

O art. 261 do Código Penal tipifica as condutas de: a) expor a perigo embarcação ou aeronave, própria ou alheia; e b) praticar qualquer ato tendente a impedir ou dificultar navegação marítima, fluvial ou aérea. Trata-se de tipo misto alternativo, ou de conteúdo variado, também chamado de crime de ação múltipla.

Quanto ao art. 261, 1ª parte, cuida-se de *crime de perigo concreto*, de tal sorte que, para seu perfazimento, é preciso comprovar a *exposição a perigo*, o efetivo risco à embarcação ou aeronave, sejam estas alheias ou pertencentes ao próprio sujeito ativo.

Aeronave diz respeito a "*todo aparelho manobrável em vôo, que possa sustentar-se e circular no espaço aéreo, mediante reações aerodinâmicas, apto a transportar pessoas ou coisas*" (art. 106 do Código Brasileiro de Aeronáutica), como aviões e helicópteros. Embarcação liga-se à construção destinada a navegar, flutuar, transportando pessoas ou coisas, como navios e lanchas.

Para a configuração do delito, a embarcação ou aeronave – que devem destinar-se ao transporte coletivo – podem estar em movimento, no curso de uma viagem ou mesmo em pouso ou ancoradas.

---

1. Cf. NORONHA, E. Magalhães. *Direito penal*. São Paulo: Saraiva, 1995, v. 3, pp. 393-394.

O crime é de *forma livre*, de tal sorte que basta a conduta do agente ser idônea para colocar em risco a embarcação ou aeronave. Demais disso, admite-se que o delito se dê por omissão imprópria, em que a pessoa, na posição de garantidor, tendo condições de agir para evitar o resultado, não o faz.

Quanto ao art. 261, *in fine*, apesar de não haver a menção expressa à exposição a perigo, entende-se que este também se liga a crime de perigo concreto, na medida em que, conforme assevera Hungria[2], o *nomen iuris* do delito menciona o "*atentado*" à segurança, o qual, se ausente, afasta a incidência do art. 261.

Nesse diapasão, por exemplo, o Tribunal de Justiça do Estado de São Paulo (TJ-SP)[3] já decidiu no sentido de absolvição em caso concreto no qual se imputou a prática do crime descrito no art. 261 a indivíduo que instalou uma rádio clandestina. Isso porque, diante de variáveis como a frequência da rádio e a topografia do local, não se comprovou que a segurança do transporte aéreo da região foi efetivamente colocada em perigo.

Nesse caso, o agente *pratica*, realiza, *ato* que possa *impedir ou dificultar navegação marítima, fluvial ou aérea*. Não se referiu o legislador à navegação lacustre, de tal sorte que se entende que esta não estaria inclusa no presente dispositivo, mas no descrito no art. 262 do *Codex*[4].

Impedir refere-se a fazer parar, obstar. *Dificultar* relaciona-se a atrapalhar, embaraçar. O agente visa prejudicar o transporte de pessoas ou coisas realizado nos mares, oceanos, rios e no ar, sem que a conduta do agente precise ser voltada necessariamente à embarcação ou aeronave.

Desta feita, exemplos da prática delituosa seriam do indivíduo que danifica o sistema de localização de uma embarcação, ou que altera a sinalização de uma pista de decolagem. Também, como já se vislumbrou no TJ-SP, a hipótese em que o agente invade a pista do aeroporto, durante operação de decolagem, e assim assume voluntariamente o "*risco de causar situação de perigo, a ponto de levar a torre de controle a cancelar o procedimento de partida do avião, em razão da conduta, livre e consciente, de invadir a pista do aeroporto*"[5].

---

2. HUNGRIA, Nélson. *Comentários ao código penal*. Rio de Janeiro: Forense, 1958, v. IX, p. 78.
3. TJ-SP, Apelação Criminal nº 0227696-81.2010.8.26, 12ª Câmara de Direito Criminal, rel. Des. Vico Mañas, j. 30/11/2011, DJ 02/12/2011.
4. "*Art. 262 – Expor a perigo outro meio de transporte público, impedir-lhe ou dificultar-lhe o funcionamento: Pena – detenção, de um a dois anos. § 1º – Se do fato resulta desastre, a pena é de reclusão, de dois a cinco anos. § 2º – No caso de culpa, se ocorre desastre: Pena – detenção, de três meses a um ano*".
5. TJ-SP, Apelação Criminal nº 0039581-08.2013.8.26.0506, 1ª Câmara de Direito Criminal, rel. Des. Ivo de Almeida, j. 20/06/2016, DJ 23/06/2016.

Caso o sujeito ativo vise matar ou atingir a integridade física de pessoa determinada, pode incorrer em *homicídio qualificado* (art. 121, § 2º, III) ou *lesão corporal* (art. 129), na forma consumada ou tentada, em *concurso formal* com o tipo do art. 261 do *Codex*[6].

Demais disso, se o agente pratica sabotagem contra instalações militares, meios de comunicações, meios e vias de transporte, estaleiros, portos, aeroportos, fábricas, usinas, barragem, depósitos e outras instalações congêneres, incorrerá no tipo do art. 15 da Lei nº 7.170/1983 (Lei de Segurança Nacional)[7].

Vale pontuar que o art. 35 da Lei de Contravenções Penais sanciona com prisão simples, de quinze dias a três meses, ou multa, a conduta de "*entregar-se na prática da aviação, a acrobacias ou a voos baixos, fora da zona em que a lei o permite, ou fazer descer a aeronave fora dos lugares destinados a esse fim*". Todavia, se tal comportamento ensejar um risco concreto para a coletividade, incide o art. 261 do Código Penal.

O *elemento subjetivo do tipo* é o dolo. Não é necessário especial fim de agir (*tipo congruente*).

Existe previsão de *modalidade culposa*, caso ocorra o sinistro (art. 261, § 3º).

25.5. CONSUMAÇÃO E TENTATIVA

Consuma-se o delito com a efetiva situação de perigo à coletividade.

Admite-se a *tentativa*.

25.6. SINISTRO EM TRANSPORTE MARÍTIMO, FLUVIAL OU AÉREO

O § 1º do art. 261 estatui sanção mais gravosa caso haja o resultado de *naufrágio, submersão ou encalhe de embarcação ou a queda ou destruição de aeronave*. Nesse caso,

---

6. Cf. PRADO, Luiz Regis. *Curso de direito penal brasileiro*. São Paulo: Thomson Reuters, 2018, v. II, p. 588.

7. "*Art. 15 – Praticar sabotagem contra instalações militares, meios de comunicações, meios e vias de transporte, estaleiros, portos, aeroportos, fábricas, usinas, barragem, depósitos e outras instalações congêneres. Pena: reclusão, de 3 a 10 anos. § 1º – Se do fato resulta: a) lesão corporal grave, a pena aumenta-se até a metade; b) dano, destruição ou neutralização de meios de defesa ou de segurança; paralisação, total ou parcial, de atividade ou serviços públicos reputados essenciais para a defesa, a segurança ou a economia do País, a pena aumenta-se até o dobro; c) morte, a pena aumenta-se até o triplo. § 2º – Punem-se os atos preparatórios de sabotagem com a pena deste artigo reduzida de dois terços, se o fato não constitui crime mais grave*".

o perigo que as condutas previstas no *caput* ensejavam acaba por se concretizar, culminando no *sinistro*, isto é, em um acidente de grandes proporções.

Hungria[8] entende que se trata de *exaurimento* do crime, não de resultado preterdoloso. Noronha[9], por sua vez, diverge dessa visão, pois tal quebraria a harmonia entre os arts. 260 e 261 do *Codex*, visto que possuem construção semelhante e quanto ao art. 260 considera-se ser o caso de uma situação preterdolosa; ainda, entende que considerar o sinistro como exaurimento leva a uma indeterminação de quando se dá a consumação.

Assim, "*o agente quer a ação e tem ciência do perigo que ela acarreta; se este se concretiza no desastre, ele só lhe pode ser atribuído com fundamento na culpa em sentido estrito; existência de previsibilidade, contando, entretanto, com que o sinistro não se efetivasse. Fora isso, há responsabilidade objetiva*"[10].

No tocante ao *naufrágio*, não é imprescindível que o navio afunde, bastando que, pelas avarias que a embarcação sofreu, torne-se impossível sua navegabilidade, por exemplo, quando há uma colisão que fura o casco de um barco, obstando sua navegação. *Submersão* relaciona-se ao afundamento, total ou parcial, da embarcação; e *encalhe* diz respeito à impossibilidade de a embarcação flutuar, ficando presa em lugar seco, como um banco de areia.

A *queda* refere-se ao fato de a aeronave despencar sobre a terra ou na água; já a *destruição* da aeronave refere-se à sua ruína, perecimento, seja parcial ou total.

Nesse influxo, se a destruição total ou parcial da embarcação ou aeronave se der por incêndio ou explosão, o agente pode incidir no art. 250, § 1º, II, alínea *c* – que trata do incêndio causado em embarcação ou aeronave – ou no art. 251, § 2º – concernente à explosão ocasionada em embarcação ou aeronave – do Código Penal[11], restando absorvido o artigo 261 do *Codex*[12].

---

8. HUNGRIA, Nélson. *Comentários ao...*, cit., p. 81.
9. NORONHA, E. Magalhães. *Direito penal...*, cit., p. 397.
10. NORONHA, E. Magalhães. *Direito penal...*, cit., p. 397.
11. Art. 250, § 1º, II, alínea *c*: "*Art. 250 – Causar incêndio, expondo a perigo a vida, a integridade física ou o patrimônio de outrem: Pena – reclusão, de três a seis anos, e multa. § 1º – As penas aumentam-se de um terço: [...] II – se o incêndio é: [...] c) em embarcação, aeronave, comboio ou veículo de transporte coletivo*"; art. 251, § 2º: "*Art. 251 – Expor a perigo a vida, a integridade física ou o patrimônio de outrem, mediante explosão, arremesso ou simples colocação de engenho de dinamite ou de substância de efeitos análogos: Pena – reclusão, de três a seis anos, e multa. [...] § 2º – As penas aumentam-se de um terço, se ocorre qualquer das hipóteses previstas no § 1º, I, do artigo anterior, ou é visada ou atingida qualquer das coisas enumeradas no nº II do mesmo parágrafo*".
12. E.g., BITENCOURT, Cezar Roberto. *Tratado de...*, cit., p. 326; PRADO, Luiz Regis. *Curso de...*, cit., p. 589.

25.7. FIGURA QUALIFICADA PELO ESCOPO DE VANTAGEM ECONÔMICA

Consoante o § 2º do art. 261, além de pena privativa de liberdade, será cominada pena de multa caso o agente pratique o crime *com intuito de obter vantagem econômica, para si ou para outrem.*

Trata-se de um *especial fim de agir* do sujeito ativo, o qual não precisa chegar a se concretizar para a incidência da qualificadora. Tal se aplica tanto no caso em que o crime se esgota na previsão do *caput* do art. 261 quanto no caso em que o sinistro realmente venha a ocorrer.

Note-se que o intuito relaciona-se à *vantagem econômica,* que pode ser dirigida tanto para o sujeito ativo quanto para terceiro; cuida-se de expressão mais ampla do que uma vantagem pecuniária; desta feita, a vantagem almejada pode referir-se não só ao dinheiro.

25.8. CRIME CULPOSO

Há modalidade culposa prevista no § 3º do art. 261. Vale ressaltar que tal punição apenas ocorrerá se o sinistro vier a ocorrer, isto é, se houver *naufrágio, submersão ou encalhe de embarcação ou a queda ou destruição de aeronave.* Do contrário, se houve apenas uma exposição a perigo culposa nas circunstâncias do *caput* do artigo 261, o fato será atípico.

Assim, o perfazimento das condutas insculpidas no *caput* do art. 261 em virtude de negligência, imprudência ou imperícia somente ensejará a sanção penal caso o sinistro em transporte marítimo, fluvial ou aéreo efetivamente aconteça.

25.9. PENA E AÇÃO PENAL

O delito de *atentado contra a segurança de transporte marítimo, fluvial ou aéreo* é sancionado com pena de reclusão, de dois a cinco anos (art. 261, *caput).*

Havendo o intuito de obter vantagem econômica, para si ou para outrem, também se aplica a pena de multa (*forma qualificada,* prevista no art. 261, § 2º).

Se a conduta insculpida no *caput* for praticada dolosamente, e houver o resultado de naufrágio, submersão ou encalhe de embarcação ou a queda ou destruição de aeronave, a pena é de reclusão, de quatro a doze anos (art. 261, § 1º).

Se a exposição a perigo se deu de forma culposa, e o sinistro vem a ocorrer, a pena é de detenção, de seis meses a dois anos (art. 261, § 3º).

Por força do art. 263 do Código Penal, ocorrendo desastre ou sinistro e o resultado de *lesão corporal* ou *morte*, aplica-se o disposto no art. 258; quanto ao delito ora estudado, tal diz respeito aos casos da superveniência do sinistro em transporte marítimo, fluvial ou aéreo, isto é, o resultado de *naufrágio, submersão ou encalhe de embarcação ou a queda ou destruição de aeronave* (art. 261, §§ 1º e 3º).

Assim, quando as condutas previstas no *caput* do artigo são perpetradas dolosamente, e o sinistro vem a ocorrer (art. 261, § 1º), a pena privativa de liberdade é aumentada em metade caso haja o resultado de lesão corporal de natureza grave; a pena é aplicada em dobro caso haja o resultado morte (art. 258, 1ª parte, do Código Penal). Quando as condutas previstas no *caput* do artigo são perpetradas culposamente, vindo o sinistro ocorrer (art. 261, § 3º), aumenta-se a pena em metade se há o resultado de lesão corporal; havendo resultado morte, é aplicada a pena do homicídio culposo, aumentada de um terço (art. 258, *in fine*).

A *ação penal é pública incondicionada.*

A *forma culposa* é de competência do Juizado Especial Criminal, uma vez que se cuida de *infração penal de menor potencial ofensivo* (art. 61 da Lei nº 9.099/1995). Neste caso, admite-se a *suspensão condicional do processo* (art. 89 da Lei nº 9.099/1995).

Preenchidos os requisitos do art. 28-A do Código de Processo Penal, é cabível o *acordo de não persecução penal*, exceção feita às hipóteses previstas nos §§ 1º e 2º do art. 261, em razão da pena mínima cominada.

26 ATENTADO CONTRA A SEGURANÇA DE OUTRO MEIO DE TRANSPORTE (ART. 262)

SUMÁRIO: 26.1. Considerações iniciais – 26.2. Objetividade jurídica – 26.3. Sujeitos do delito – 26.4. Tipicidade objetiva e subjetiva – 26.5. Consumação e tentativa – 26.6. Figura qualificada pelo desastre – 26.7. Crime culposo – 26.8. Pena e ação penal.

Atentado contra a segurança de outro meio de transporte

Art. 262. Expor a perigo outro meio de transporte público, impedir-lhe ou dificultar-lhe o funcionamento:

Pena – detenção, de 1 (um) a 2 (dois) anos.

§ 1° Se do fato resulta desastre, a pena é de reclusão, de 2 (dois) a 5 (cinco) anos.

§ 2° No caso de culpa, se ocorre desastre:

Pena – detenção, de 3 (três) meses a 1 (um) ano.

26.1. CONSIDERAÇÕES INICIAIS

O crime de *atentado contra a segurança de outro meio de transporte* tem precedentes no Código Penal pátrio de 1890, art. 152, que, no entanto, era de abrangência mais restrita.

O art. 262 não sofreu alterações, mantendo-se a redação original de 1940.

26.2. OBJETIVIDADE JURÍDICA

Protege-se a *incolumidade pública*, em especial a segurança dos transportes coletivos não abarcados pelos arts. 260 e 261 do *Codex* – isto é, outros que não o ferroviário, aéreo, marítimo e fluvial – como a navegação lacustre e o transporte rodoviário.

26.3. SUJEITOS DO DELITO

Qualquer pessoa pode ser *sujeito ativo*. Trata-se de *crime comum*, ou geral.

Sujeito passivo é a coletividade, bem como as pessoas que foram atingidas pela conduta delituosa.

26.4. TIPICIDADE OBJETIVA E SUBJETIVA

O art. 262 do Código Penal incrimina as condutas de: a) expor a perigo outro meio de transporte público e b) impedir ou dificultar o funcionamento de outro meio de transporte público. Cuida-se de *tipo misto alternativo* ou de conteúdo variado, de tal sorte que se diferentes condutas são praticadas contra o mesmo objeto no mesmo contexto fático, haverá crime único.

Trata-se de *crime de perigo concreto*, sendo necessária a comprovação da efetiva *exposição a perigo* da coletividade decorrente da conduta delitiva[1].

Transporte público abrange não só aquele executado pelo Estado e suas autarquias, mas também aquele explorado por particulares, de tal sorte que o transporte deve servir ao interesse público[2]. Exemplo seria a navegação lacustre e o transporte rodoviário, *e.g.*, de ônibus.

Assim, tal figura delitiva destina-se a *outros* meios de transporte público, que não sejam o ferroviário, aéreo, marítimo e fluvial – visto que tais são tutelados pelos artigos 260 e 261 do Código Penal[3] – havendo espaço, assim, para a interpretação analógica (*intra legem*)[4]. Desta feita, há um caráter residual no delito ora estudado.

---

1. Nesse diapasão, o Tribunal de Justiça do Estado de São Paulo já reconheceu a atipicidade da conduta em hipótese que não restou demonstrado o efetivo risco à incolumidade pública, cf. TJ-SP, Apelação Criminal nº 0008759-49.2015.8.26.0576, 5ª Câmara de Direito Criminal, rel. Des. Mauricio Henrique Guimarães Pereira Filho, j. 19/04/2018, DJ 19/04/2018.
2. HUNGRIA, Nélson. *Comentários ao Código Penal*. Rio de Janeiro: Forense, 1958, v. IX, p. 82.
3. *"Art. 260 – Impedir ou perturbar serviço de estrada de ferro: I – destruindo, danificando ou desarranjando, total ou parcialmente, linha férrea, material rodante ou de tração, obra de arte ou instalação; II – colocando obstáculo na linha; III – transmitindo falso aviso acerca do movimento dos veículos ou interrompendo ou embaraçando o funcionamento de telégrafo, telefone ou radiotelegrafia; IV – praticando outro ato de que possa resultar desastre: Pena – reclusão, de dois a cinco anos, e multa. § 1º – Se do fato resulta desastre: Pena – reclusão, de quatro a doze anos, e multa. § 2º – No caso de culpa, ocorrendo desastre: Pena – detenção, de seis meses a dois anos. § 3º – Para os efeitos deste artigo, entende-se por estrada de ferro qualquer via de comunicação em que circulem veículos de tração mecânica, em trilhos ou por meio de cabo aéreo". "Art. 261 – Expor a perigo embarcação ou aeronave, própria ou alheia, ou praticar qualquer ato tendente a impedir ou dificultar navegação marítima, fluvial ou aérea: Pena – reclusão, de dois a cinco anos. § 1º – Se do fato resulta naufrágio, submersão ou encalhe de embarcação ou a queda ou destruição de aeronave: Pena – reclusão, de quatro a doze anos. § 2º – Aplica-se, também, a pena de multa, se o agente pratica o crime com intuito de obter vantagem econômica, para si ou para outrem. § 3º – No caso de culpa, se ocorre o sinistro: Pena – detenção, de seis meses a dois anos".*
4. NUCCI, Guilherme de Souza. *Curso de direito penal*: parte especial. Rio de Janeiro: Forense, 2018, v. 3, p. 246.

Impedir refere-se a obstar, impossibilitar; *dificultar* relaciona-se a atrapalhar, estorvar. Admite-se tanto a forma *comissiva* quanto a *omissiva imprópria*, na qual o indivíduo na posição de garante, podendo atuar para evitar um resultado, não o faz.

Cuida-se de *crime de forma livre*, bastando que o sujeito ativo empregue meio idôneo para *expor a perigo* os outros meios de transporte público. Destarte, o agente pode, *v.g.*, sabotar o funcionamento de um ônibus, colocar obstáculos na pista, entre outros, de maneira a expor a perigo a coletividade.

Se o agente visa atingir a vida ou a integridade física de pessoa determinada, pode incorrer em *homicídio qualificado* (art. 121, § 2º, inciso III) ou *lesão corporal* (art. 129), consumados ou tentados, em *concurso formal* com o crime insculpido no art. 262 do *Codex*.

Em caso envolvendo transporte de material *nuclear*, o indivíduo pode incidir na figura do art. 27 da Lei nº 6.453/1977 – "*impedir ou dificultar o funcionamento de instalação nuclear ou o transporte de material nuclear*" –, apenada com reclusão, de quatro a dez anos.

Ademais, se a conduta do sujeito ativo volta-se a "praticar sabotagem contra instalações militares, meios de comunicações, meios e vias de transporte, estaleiros, portos, aeroportos, fábricas, usinas, barragem, depósitos e outras instalações congêneres", este pode incorrer no disposto no art. 15 da Lei 7.170/1983 (Lei de Segurança Nacional)[5].

O *elemento subjetivo do tipo* é o dolo. Não é necessário especial fim de agir (*tipo congruente*).

A modalidade culposa encontra-se fixada no art. 262, § 2º.

26.5. CONSUMAÇÃO E TENTATIVA

Consuma-se o delito com o advento da efetiva situação de perigo.

Admite-se a figura da *tentativa*.

---

5. "*Art. 15 – Praticar sabotagem contra instalações militares, meios de comunicações, meios e vias de transporte, estaleiros, portos, aeroportos, fábricas, usinas, barragem, depósitos e outras instalações congêneres. Pena: reclusão, de 3 a 10 anos. § 1º – Se do fato resulta: a) lesão corporal grave, a pena aumenta-se até a metade; b) dano, destruição ou neutralização de meios de defesa ou de segurança; paralisação, total ou parcial, de atividade ou serviços públicos reputados essenciais para a defesa, a segurança ou a economia do País, a pena aumenta-se até o dobro; c) morte, a pena aumenta-se até o triplo. § 2º – Punem-se os atos preparatórios de sabotagem com a pena deste artigo reduzida de dois terços, se o fato não constitui crime mais grave*".

26.6. FIGURA QUALIFICADA PELO DESASTRE

Consoante o § 1º do art. 262, há sanção mais gravosa, reclusão de dois a cinco anos, se a conduta do sujeito ativo resultar em desastre, isto é, um acidente complexo, grave, que traz uma situação de perigo a um número indeterminado de pessoas ou coisas.

Desta feita, a conduta perpetrada dolosamente pelo sujeito ativo no *caput* acaba por culminar em desastre, resultado este que não era abrangido pelo dolo do agente, que se deu a título de culpa; assim, cuida-se de um resultado preterdoloso.

Vale pontuar que se o desastre ocorrer por meio de incêndio ou explosão, o crime insculpido no art. 262 é absorvido pelo art. 250, § 1º, II, alínea *c* ou pelo artigo 251, § 2º, do Código Penal[6], respectivamente[7].

26.7. CRIME CULPOSO

O § 2º do art. 262 prevê a sanção pelo *crime culposo* caso o desastre venha a ocorrer. Desta feita, assim como nos delitos anteriores, haverá a sanção da modalidade culposa somente se o desastre efetivamente ocorrer, do contrário, a conduta do agente será atípica.

Destarte, o agente, por negligência, imprudência ou imperícia, ensejou a exposição a perigo de outro transporte público, fato este que levou ao desastre.

26.8. PENA E AÇÃO PENAL

O delito de *atentado contra a segurança de outro meio de transporte* é sancionado com pena de detenção, de um a dois anos (art. 262, *caput*).

---

6. *"Art. 250 – Causar incêndio, expondo a perigo a vida, a integridade física ou o patrimônio de outrem: Pena – reclusão, de três a seis anos, e multa. § 1º – As penas aumentam-se de um terço: [...] II – se o incêndio é: [...] c) em embarcação, aeronave, comboio ou veículo de transporte coletivo"; "Art. 251 – Expor a perigo a vida, a integridade física ou o patrimônio de outrem, mediante explosão, arremesso ou simples colocação de engenho de dinamite ou de substância de efeitos análogos: Pena – reclusão, de três a seis anos, e multa. [...] § 2º – As penas aumentam-se de um terço, se ocorre qualquer das hipóteses previstas no § 1º, I, do artigo anterior, ou é visada ou atingida qualquer das coisas enumeradas no nº II do mesmo parágrafo".*
7. E.g., PRADO, Luiz Regis. *Curso de direito penal brasileiro*. São Paulo: Thomson Reuters, 2018, v. II, p. 592.

Se o atentado contra a segurança de outro meio de transporte foi perpetrado dolosamente, e do fato resultar desastre, a pena é de reclusão, de dois a cinco anos (art. 262, § 1º). Se foi realizado culposamente, e o desastre ocorre, a pena é de detenção, de três meses a um ano (art. 262, § 2º).

Conforme o art. 263[8] do *Codex*, ocorrendo o desastre ou sinistro e o resultado de *lesão corporal* ou *morte*, aplica-se o disposto no art. 258; quanto ao delito ora estudado, tal diz respeito aos casos da superveniência do desastre previstos no artigo 262, §§ 1º e 2º.

Destarte, quando a figura do *caput* do artigo é realizada dolosamente, e o desastre vem a ocorrer (art. 262, § 1º), a pena privativa de liberdade é aumentada em metade caso haja o resultado de *lesão corporal de natureza grave*; a pena é aplicada em dobro caso haja o resultado *morte* (art. 258, 1ª parte, do Código Penal).

Quando a figura do *caput* do artigo se dá culposamente, e o desastre vem a ocorrer (art. 262, § 2º), aumenta-se a pena em metade se há o resultado de *lesão corporal*; havendo resultado *morte*, é aplicada a pena do homicídio culposo, aumentada de um terço (art. 258, *in fine*).

A ação penal é pública incondicionada.

As figuras do *caput* e do § 2º são de competência do Juizado Especial Criminal. Em tais casos, admite-se a *suspensão condicional do processo* (art. 89 da Lei nº 9.099/1995).

Preenchidos os requisitos do art. 28-A do Código de Processo Penal, é cabível o *acordo de não persecução penal* apenas na forma qualificada (art. 262, § 1º). Nos demais casos, a possibilidade de transação penal afasta a hipótese.

8. *"Art. 263 – Se de qualquer dos crimes previstos nos arts. 260 a 262, no caso de desastre ou sinistro, resulta lesão corporal ou morte, aplica-se o disposto no art. 258".*

27 ARREMESSO DE PROJÉTIL (ART. 264)

SUMÁRIO: – 27.1. Considerações iniciais – 27.2. Objetividade jurídica – 27.3. Sujeitos do delito – 27.4. Tipicidade objetiva e subjetiva – 27.5. Consumação e tentativa – 27.6. Figura qualificada – 27.7. Pena e ação penal

Arremesso de projétil

Art. 264. Arremessar projétil contra veículo, em movimento, destinado ao transporte público por terra, por água ou pelo ar:

Pena - detenção, de 1 (um) a 6 (seis) meses.

Parágrafo único. Se do fato resulta lesão corporal, a pena é de detenção, de 6 (seis) meses a 2 (dois) anos; se resulta morte, a pena é a do art. 121, § 3°, aumentada de 1/3 (um terço).

27.1. CONSIDERAÇÕES INICIAIS

A figura de *arremesso de projétil* tem precedentes no Código Penal pátrio de 1890, art. 150, de inspiração italiana, equiparando-a ao desastre ou perigo de desastre. À época, limitava-se o tipo a mencionar o comboio, deixando de lado outros meios de transporte coletivo, e diferenciava o projétil de corpo contundente, à semelhança da figura italiana.

Atualmente, a dicção legal é mais ampla, abrangendo qualquer tipo de transporte coletivo. O art. 264 do *Codex* não sofreu alterações, mantendo-se a redação original de 1940.

27.2. OBJETIVIDADE JURÍDICA

Protege-se a *incolumidade pública*, em especial a segurança de meios de transporte coletivo.

27.3. SUJEITOS DO DELITO

Qualquer pessoa pode ser *sujeito ativo*. Trata-se de *crime comum*, ou geral.

Sujeito passivo é a coletividade.

27.4. TIPICIDADE OBJETIVA E SUBJETIVA

O art. 264 do Código Penal tipifica a conduta de "*arremessar projétil contra veículo, em movimento, destinado ao transporte público por terra, por água ou pelo ar*".

Arremessar diz respeito a lançar com força, jogar, atirar.

Trata-se de *crime de forma livre*, de tal sorte que o arremesso pode ser realizado de qualquer forma, seja manualmente ou com o uso de instrumentos, como arcos e estilingues.

Projétil relaciona-se ao "*corpo contundente capaz de ferir ou causar dano a pessoa ou coisa que for alcançada por ele*"[1]. Há entendimento de que se pode considerar como tal, em certas condições, também artefatos líquidos e gasosos, não apenas sólidos[2]. Ademais, o projétil tem de ser idôneo para produzir o perigo, como no caso de arremessos de pedras contra um ônibus, que podem atingir gravemente os passageiros; em contrapartida, *v.g.*, o arremesso de ovos não lesaria a incolumidade pública.

Note-se que o *veículo* contra o qual o arremesso é destinado tem de estar *em movimento*, seja em alta ou baixa velocidade. Assim, *e.g.*, não se perfaz o presente delito se o veículo estiver parado estacionado, mas sim se estiver circulando, ou mesmo realizando as manobras para estacionar depois. Ainda, assevera Nucci[3] que a expressão "*em movimento*" não pode ter o significado restringido, visto que, *e.g.*, mesmo um veículo parado no congestionamento está em movimentação, servindo ao transporte público.

Ademais, o veículo deve estar efetivamente a serviço do *transporte público*, seja este realizado por *terra, água ou ar*, isto é, o tipo penal abarca quaisquer dos meios de transporte de pessoas ou coisas – por tração mecânica ou mesmo animal –, como o rodoviário com os ônibus, ou fluvial e marítimo com embarcações. A sua exploração pode ser realizada tanto pelo Estado diretamente quanto por empresas privadas.

---

1. NORONHA, E. Magalhães. *Direito penal*. São Paulo: Saraiva, 1995, v. 3, p. 403.
2. *E.g.*, NORONHA, E. Magalhães. *Direito penal*..., cit., p. 403, fazendo alusão à interpretação teleológica. Hungria, *v.g.*, admite como projétil o líquido corrosivo, cf. HUNGRIA, Nélson. *Comentários ao Código Penal*. Rio de Janeiro: Forense, 1958, v. IX, p. 84.
3. NUCCI, Guilherme de Souza. *Curso de direito penal*: parte especial. Rio de Janeiro: Forense, 2018, v. 3, p. 249.

Excluem-se, então, os veículos particulares, *e.g.*, carros e lanchas de uso pessoal. Havendo um arremesso de projétil contra veículos particulares, poderá restar configurado o crime de dano (art. 163 do Código Penal)[4].

Não se perfaz o delito se o veículo não estiver efetivamente servindo ao transporte coletivo, como quando está se dirigindo a um estaleiro ou oficina para a realização de consertos.

Cuida-se de *crime de perigo abstrato*, no qual há uma presunção de que o bem jurídico foi posto em perigo, e assim, não é preciso comprovar a situação de perigo para a coletividade. Todavia, novamente cumpre salientar que, apesar do crime ser de perigo abstrato, exige-se que o projétil utilizado tenha idoneidade para causar danos. Nesse influxo, por exemplo, o lançamento de frutas contra um ônibus não é tido como apto perfazer o presente delito.

Se o sujeito ativo busca atentar contra a vida ou a integridade física de determinada pessoa, pode incorrer em *homicídio qualificado* (art. 121, § 2º, inciso III) ou *lesão corporal* (art. 129), em *concurso formal* com o tipo do art. 264 do Código Penal.

Pontue-se que o art. 15 do Estatuto do Desarmamento (Lei nº 10.826/2003)[5] traz o delito de disparo de arma de fogo, que pode configurar-se com o uso de munição como projétil, desde que tal não seja meio de execução de outro crime.

O *elemento subjetivo do tipo* é o dolo. Não se requer um especial fim de agir do sujeito ativo (*tipo congruente*).

Não há previsão da modalidade culposa.

27.5. CONSUMAÇÃO E TENTATIVA

Consuma-se o delito com a realização do arremesso, do lançamento do projétil, independentemente deste atingir ou não o veículo de transporte coletivo, bastando que

4. "*Art. 163 – Destruir, inutilizar ou deteriorar coisa alheia: Pena – detenção, de um a seis meses, ou multa. Parágrafo único – Se o crime é cometido: I – com violência à pessoa ou grave ameaça; II – com emprego de substância inflamável ou explosiva, se o fato não constitui crime mais grave; III – contra o patrimônio da União, de Estado, do Distrito Federal, de Município ou de autarquia, fundação pública, empresa pública, sociedade de economia mista ou empresa concessionária de serviços públicos; IV – por motivo egoístico ou com prejuízo considerável para a vítima: Pena – detenção, de seis meses a três anos, e multa, além da pena correspondente à violência*".

5. "*Art. 15. Disparar arma de fogo ou acionar munição em lugar habitado ou em suas adjacências, em via pública ou em direção a ela, desde que essa conduta não tenha como finalidade a prática de outro crime: Pena – reclusão, de 2 (dois) a 4 (quatro) anos, e multa. Parágrafo único. O crime previsto neste artigo é inafiançável*".

o projétil seja idôneo a produzir o perigo coletivo[6]. O crime é *formal*, de consumação antecipada, ou de resultado cortado.

O entendimento dominante é de que não se admite a *tentativa*[7].

27.6. FIGURA QUALIFICADA

O parágrafo único do art. 264 estabelece sanções mais gravosas caso haja o resultado de lesão corporal – detenção de seis meses a dois anos – ou morte, caso em que se aplica a pena do homicídio culposo (art. 121, § 3º), que é de detenção de um a três anos, aumentada em um terço.

Destaque-se que a conduta descrita no *caput* do artigo foi perpetrada dolosamente, enquanto que o resultado de lesão corporal ou morte se dá a título de culpa, isto é, trata-se de uma hipótese *preterdolosa*. Do contrário, havendo o dolo direto ou eventual de produzir a lesão corporal ou morte, o sujeito ativo poderia responder por lesão corporal ou homicídio consumados.

Ainda, destaca Prado[8] que "*a relação de causalidade existente entre a lesão corporal e a morte deve ser cumpridamente estabelecida. Se o resultado morte está fora da linha normal de desdobramento do processo causal – se inexistente, de conseguinte, a relação de homogeneidade entre as condutas –, não é imputável ao autor, respondendo este apenas pelos fatos anteriores (arremesso de projétil)*".

27.7. PENA E AÇÃO PENAL

O delito de *arremesso de projétil* é sancionado com pena de detenção, de um a seis meses (art. 264, *caput*).

Há *figura qualificada*. Se o fato resultar em lesão corporal, a pena é de detenção, de seis meses a dois anos; se resultar em morte, aplica-se a pena do homicídio culposo (art. 121, § 3º) – detenção de um a três anos – aumentada de um terço (art. 264, parágrafo único).

---

6. BITENCOURT, Cezar Roberto. *Tratado de direito penal*: parte especial. São Paulo: Saraiva, 2018, v. 4, p. 331.
7. *E.g.*, NORONHA, E. Magalhães. *Direito penal...*, cit., p. 405; PRADO, Luiz Regis. *Curso de direito penal brasileiro*. São Paulo: Thomson Reuters, 2018, v. II, p. 594. Por sua vez, NUCCI, Guilherme de Souza. *Curso de...*, cit., p. 250 entende ser viável a tentativa em certas circunstâncias, admitindo ser possível a forma plurissubsistente do crime.
8. PRADO, Luiz Regis. *Curso de...*, cit., p. 595.

A *ação penal é pública incondicionada.*

As figuras do *caput* e do parágrafo único, 1ª parte, são de competência do Juizado Especial Criminal.

Admite-se a *suspensão condicional do processo* art. 89 da Lei nº 9.099/1995).

Preenchidos os requisitos do art. 28-A do Código de Processo Penal, é cabível o *acordo de não persecução penal.*

28 ATENTADO CONTRA A SEGURANÇA DE SERVIÇO DE UTILIDADE PÚBLICA (ART. 265)

Sumário: 28.1. Considerações iniciais; 28.2. Objetividade jurídica; 28.3. Sujeitos do delito; 28.4. Tipicidade objetiva e subjetiva; 28.5. Consumação e tentativa; 28.6. Causa de aumento de pena; 28.7. Pena e ação penal.

Atentado contra a segurança de serviço de utilidade pública

Art. 265. Atentar contra a segurança ou o funcionamento de serviço de água, luz, força ou calor, ou qualquer outro de utilidade pública:

Pena – reclusão, de 1 (um) a 5 (cinco) anos, e multa.

Parágrafo único. Aumentar-se-á a pena de 1/3 (um terço) até a 1/2 (metade), se o dano ocorrer em virtude de subtração de material essencial ao funcionamento dos serviços.

28.1. CONSIDERAÇÕES INICIAIS

O Código Penal brasileiro de 1890 não possuía figura semelhante ao *atentado contra a segurança de serviço de utilidade* pública, o qual somente surgiu, então, com o Código pátrio de 1940, que se inspirou nas legislações dinamarquesa, polonesa e italiana.

O art. 265 do *Codex* sofreu alteração pela Lei nº 5.346/1967, a qual acrescentou seu parágrafo único, contendo *majorante* relacionada à subtração de material essencial ao serviço de utilidade pública, ocasionando dano.

28.2. OBJETIVIDADE JURÍDICA

Protege-se a *incolumidade* pública, em especial a segurança e funcionamento dos serviços de utilidade pública, como o fornecimento de água e energia elétrica.

28.3. SUJEITOS DO DELITO

Qualquer pessoa pode ser *sujeito ativo*, cuidando-se de *crime comum*, ou geral. Sujeito passivo é a coletividade (crime vago).

28.4. TIPICIDADE OBJETIVA E SUBJETIVA

O art. 265 do Código Penal tipifica a conduta de "*atentar contra a segurança ou o funcionamento de serviço de água, luz, força ou calor, ou qualquer outro de utilidade pública*".

Atentar remete a causar transtornos, importunar, perturbar. Assim, o *atentado contra a segurança* relaciona-se àquele que torna incerta ou insegura a realização do serviço, e o *atentado contra o funcionamento* envolve uma perturbação do serviço, com o risco de cessação, paralisação, quebra do fornecimento do serviço – a qual não precisa se concretizar[1].

Conforme-se a figura em *crime de perigo abstrato*, em que há uma presunção de que o bem jurídico é posto em risco, independentemente de comprovação do perigo.

O tipo penal em comento refere-se ao atentado perpetrado contra *serviços de* água, *luz, força ou calor, ou qualquer outro de utilidade* pública, sejam esses prestados pelo Estado ou por particulares, como concessionárias. Ou seja, adotou-se uma fórmula ampla com a expressão "*qualquer outro de utilidade* pública", com espaço para a interpretação analógica (*intra legem*)[2], abrangendo não só os serviços de acesso à água potável ou energia elétrica, mas também outros como os de coleta de lixo, fornecimento de gás e atendimento hospitalar.

Cumpre salientar que serviços como os de telefonia e informática não estão inclusos no presente delito, visto que são protegidos no tipo específico insculpido no art. 266 do Código Penal[3], referente à interrupção ou perturbação de serviço telegráfico, telefônico, informático, telemático ou de informação de utilidade pública.

---

1. Entre outros, NORONHA, E. Magalhães. *Direito penal*. São Paulo: Saraiva, 1995, v. 3, p. 407; PRADO, Luiz Regis. *Curso de direito penal brasileiro*. São Paulo: Thomson Reuters, 2018, v. II, p. 597; BITENCOURT, Cezar Roberto. *Tratado de direito penal*: parte especial. São Paulo: Saraiva, 2018, v. 4, p. 333.
2. *V.g.*, NUCCI, Guilherme de Souza. *Curso de direito penal*: parte especial. Rio de Janeiro: Forense, 2018, v. 3, p. 252.
3. "*Art. 266 – Interromper ou perturbar serviço telegráfico, radiotelegráfico ou telefônico, impedir ou dificultar-lhe o restabelecimento: Pena – detenção, de um a três anos, e multa. § 1º Incorre*

Trata-se de *crime de forma livre*, em que o sujeito ativo tem a conduta dirigida a causar transtornos no fornecimento adequado e seguro de serviços de utilidade pública, podendo empregar qualquer meio idôneo para tanto, como avariar represas, usinas hidrelétricas, postes com cabos de tensão, encanamentos, entre outros. Pontue-se que, se o meio utilizado é absolutamente incapaz de gerar perigo comum, o sujeito ativo eventualmente, conforme o caso concreto, pode incorrer no crime de dano (art. 163 do Código Penal)[4].

Nesse diapasão, o Tribunal de Justiça do Estado de Santa Catarina[5] já admitiu o trancamento de ação penal, afastando a ocorrência do delito ora estudado, em caso no qual indivíduos, por meio de mensagem enviada em grupo de *WhatsApp*, alertaram sobre a existência de *blitz* policial em curso. Não foi acolhida a configuração do art. 265 do Código Penal, alegando-se que a *blitz*, atividade policial esporádica e ocasional, não poderia ser enquadrada como um serviço de utilidade pública, além de que não havia o dolo de atentar contra a segurança ou o funcionamento do serviço de utilidade pública, mas sim o objetivo dos imputados em "*impedir que as pessoas de seu* círculo de *convívio fossem abordados pela polícia*".

Se para realizar o atentado contra a segurança ou funcionamento do serviço de utilidade pública o agente empregar meios como fogo ou explosivo, incorre nos crimes de incêndio (art. 250 do *Codex*)[6] ou de explosão (art. 251 do *Codex*)[7], respectivamente[8].

Ainda, aponta-se que se houver um cunho político, um atentado contra a ordem político-social, o agente pode incorrer no art. 15 da Lei nº 7.170/1983 (Lei de Segurança

---

na mesma pena quem interrompe serviço telemático ou de informação de utilidade pública, ou impede ou dificulta-lhe o restabelecimento. § 2º Aplicam-se as penas em dobro se o crime é cometido por ocasião de calamidade pública".

4. "Art. *163 – Destruir, inutilizar ou deteriorar coisa alheia: Pena – detenção, de um a seis meses, ou multa. Parágrafo único – Se o crime é cometido: I – com violência à pessoa ou grave ameaça; II – com emprego de substância inflamável ou explosiva, se o fato não constitui crime mais grave; III – contra o patrimônio da União, de Estado, do Distrito Federal, de Município ou de autarquia, fundação pública, empresa pública, sociedade de economia mista ou empresa concessionária de serviços públicos; IV – por motivo egoístico ou com prejuízo considerável para a vítima: Pena – detenção, de seis meses a três anos, e multa, além da pena correspondente à violência*".
5. TJ-SC, *Habeas Corpus* (Criminal) nº 4014631-42.2017.8.24.0000, 3ª Câmara Criminal, rel. Leopoldo Augusto Brüggemann, de Quilombo, j. 01/08/2017.
6. "Art. *250 – Causar incêndio, expondo a perigo a vida, a integridade física ou o patrimônio de outrem: Pena – reclusão, de três a seis anos, e multa. § 1º – As penas aumentam-se de um terço: I – se o crime é cometido com intuito de obter vantagem pecuniária em proveito próprio ou alheio; II – se o incêndio é: a) em casa habitada ou destinada a habitação; b) em edifício público ou destinado a uso público ou a obra de assistência social ou de cultura; c) em embarcação, aeronave, comboio ou veículo de transporte coletivo; d) em estação ferroviária ou aeródromo; e) em estaleiro, fábrica ou oficina; f) em depósito de explosivo, combustível ou inflamável; g) em poço petrolífico ou galeria de mineração; h) em lavoura, pastagem, mata ou floresta. Incêndio culposo § 2º – Se culposo o incêndio, é pena de detenção, de seis meses a dois anos*".

Nacional)[9], concernente a *praticar sabotagem contra instalações militares, meios de comunicações, meios e vias de transporte, estaleiros, portos, aeroportos, fábricas, usinas, barragem, depósitos e outras instalações congêneres.*

Se o atentado envolver instalação nuclear, o sujeito ativo pode incidir no tipo do art. 27 da Lei 6.453/1977[10], relativo a *impedir ou dificultar o funcionamento de instalação nuclear ou o transporte de material nuclear.*

O *elemento subjetivo do tipo* é o dolo. Não se requer um especial fim de agir (*tipo congruente*).

Não há previsão da modalidade culposa.

Note-se que o Código Penal Militar, em seu art. 287, possui tipo penal correlato, concernente ao atentado contra serviço de utilidade militar[11].

28.5. CONSUMAÇÃO E TENTATIVA

Consuma-se o delito com a realização do ato idôneo a perturbar a segurança ou funcionamento do serviço de utilidade pública (*crime formal*, de consumação antecipada, ou de resultado cortado).

---

7 "Art. 251 – *Expor a perigo a vida, a integridade física ou o patrimônio de outrem, mediante explosão, arremesso ou simples colocação de engenho de dinamite ou de substância de efeitos análogos: Pena – reclusão, de três a seis anos, e multa.* § 1º – *Se a substância utilizada não é dinamite ou explosivo de efeitos análogos: Pena – reclusão, de um a quatro anos, e multa.* § 2º – *As penas aumentam-se de um terço, se ocorre qualquer das hipóteses previstas no* § *1º, I, do artigo anterior, ou é visada ou atingida qualquer das coisas enumeradas no nº II do mesmo parágrafo.* § 3º – *No caso de culpa, se a explosão é de dinamite ou substância de efeitos análogos, a pena é de detenção, de seis meses a dois anos; nos demais casos, é de detenção, de três meses a um ano*".

8 E.g., PRADO, Luiz Regis. *Curso de...*, cit., p. 597, aludindo ao critério da especialidade.

9. "*Art. 15 – Praticar sabotagem contra instalações militares, meios de comunicações, meios e vias de transporte, estaleiros, portos, aeroportos, fábricas, usinas, barragem, depósitos e outras instalações congêneres. Pena: reclusão, de 3 a 10 anos.* § *1º – Se do fato resulta: a) lesão corporal grave, a pena aumenta-se até a metade; b) dano, destruição ou neutralização de meios de defesa ou de segurança; paralisação, total ou parcial, de atividade ou serviços públicos reputados essenciais para a defesa, a segurança ou a economia do País, a pena aumenta-se até o dobro; c) morte, a pena aumenta-se até o triplo.* § *2º – Punem-se os atos preparatórios de sabotagem com a pena deste artigo reduzida de dois terços, se o fato não constitui crime mais grave*".

10. "*Art. 27 – Impedir ou dificultar o funcionamento de instalação nuclear ou o transporte de material nuclear. Pena: reclusão, de quatro a dez anos*".

11. "*Art. 287. Atentar contra a segurança ou o funcionamento de serviço de água, luz, força ou acesso, ou qualquer outro de utilidade, em edifício ou outro lugar sujeito à administração militar:*

Há controvérsias quanto a admissão ou não da *forma tentada*. Um posicionamento[12] entende não ser possível, na medida em que se trata de crime de atentado, que já pune como consumado um início de execução. Outra visão[13], por sua vez, admite a tentativa, apesar de difícil configuração.

28.6. CAUSA DE AUMENTO DE PENA

O parágrafo único do art. 265 traz uma *causa de aumento* de um terço até a metade caso o dano ocorra em virtude de *subtração de material essencial ao funcionamento dos serviços*.

Trata-se de hipótese em que o agente *subtrai*, surrupia um *material* que é *essencial para o funcionamento do serviço de utilidade* pública, como maquinários, instrumentos, peças, de tal sorte que a subtração culmina em efetivo *dano*. É de se notar que a subtração é perpetrada dolosamente, no intuito de atentar contra a segurança ou funcionamento do serviço de utilidade pública. Por outro lado, o resultado danoso se dá a título de culpa.

Assim, cuida-se de uma figura híbrida, visto que além de prever uma majorante, igualmente exige um resultado danoso qualificador, de tal sorte que, mesmo havendo a subtração de material essencial, a causa de aumento não incide se não houver também um dano ao serviço[14]. De mesmo modo, se sobrevier um dano que não decorreu da subtração, a causa de aumento não incide.

Por exemplo, pode-se caracterizar a majorante em comento no furto de fiações que culmina em um dano, *e.g.*, a interrupção o fornecimento de energia elétrica de parte da população. Por conseguinte, tal subtração se dá não no intuito do sujeito ativo em incrementar seu patrimônio, mas sim de atentar contra serviço de utilidade pública, do contrário, poderá restar configurado, na verdade, o art. 155 do Código Penal, relativo ao crime de *furto*.

Aliás, quanto ao furto de fiação, o Tribunal de Justiça do Estado de São Paulo já entendeu não ser o caso de aplicação do art. 265 do *Codex* em hipótese na qual um morador de rua, de pouca instrução, subtraiu os fios na intenção de revendê-los; assim, manifestou-se no sentido de que "*o art. 265 não exige o dolo específico, mas não*

Pena – reclusão, até cinco anos. Parágrafo único. Aumentar-se-á a pena de um terço até metade, se o dano ocorrer em virtude de subtração de material essencial ao funcionamento do serviço".

12. *E.g.*, NUCCI, Guilherme de Souza. *Curso de...*, cit., p. 253.
13. NORONHA, E. Magalhães. *Direito penal...*, cit., p. 408. Em sentido semelhante, BITENCOURT, Cezar Roberto. *Tratado de...*, cit., p. 334.
14. NUCCI, Guilherme de Souza. *Curso de...*, cit., p. 253.

dispensa a vontade do agente de atentar contra a segurança ou o funcionamento de serviço de utilidade pública"[15].

28.7. PENA E AÇÃO PENAL

O delito de *atentado contra a segurança de serviço de utilidade* pública é sancionado cumulativamente com pena de reclusão, de um a cinco anos, e multa (art. 265, *caput*).

Há causa de aumento de pena. Assim, majora-se a pena de um terço até a metade se o dano ocorrer em virtude de subtração de material essencial ao funcionamento dos serviços (art. 265, parágrafo único).

A *ação penal é pública incondicionada.*

Admite-se a *suspensão condicional do processo* (art. 89 da Lei nº 9.099/1995).

Preenchidos os requisitos do art. 28-A do Código de Processo Penal, é cabível o *acordo de não persecução penal.*

15. TJ-SP, Apelação Criminal 0052630-39.2007.8.26.0050, 11ª Câmara de Direito Criminal, rel. Des. Oliveira Passos, j. 15/09/2010.

29 INTERRUPÇÃO OU PERTURBAÇÃO DE SERVIÇO TELEGRÁFICO, TELEFÔNICO, INFORMÁTICO, TELEMÁTICO OU DE INFORMAÇÃO DE UTILIDADE PÚBLICA (ART. 266)

Sumário: 29.1. Considerações iniciais – 29.2. Objetividade jurídica – 29.3. Sujeitos do delito – 29.4. Tipicidade objetiva e subjetiva – 29.5. Figura equiparada – 29.6. Consumação e tentativa – 29.7. Causa de aumento de pena – 29.8. Pena e ação penal.

Interrupção ou perturbação de serviço telegráfico, telefônico, informático, telemático ou de informação de utilidade pública

Art. 266. Interromper ou perturbar serviço telegráfico, radiotelegráfico ou telefônico, impedir ou dificultar-lhe o restabelecimento:

Pena – detenção, de 1 (um) a 3 (três) anos, e multa.

§ 1º Incorre na mesma pena quem interrompe serviço telemático ou de informação de utilidade pública, ou impede ou dificulta-lhe o restabelecimento.

§ 2º Aplicam-se as penas em dobro se o crime é cometido por ocasião de calamidade pública.

29.1. CONSIDERAÇÕES INICIAIS

O Código Penal brasileiro de 1890 continha figuras semelhantes em seus arts. 153 e 154, tratando dos serviços telegráfico e telefônico, construindo, todavia, casuísmos excessivos que podiam resultar em prejuízos[1].

O art. 266 do vigente Código de 1940 sofreu alterações pela Lei nº 12.737/2012, que introduziu uma *figura equiparada*, relativa à interrupção de serviço telemático ou de informação de utilidade pública. A *majorante* concernente ao crime cometido por ocasião de calamidade pública já existia em forma de parágrafo único, havendo apenas sua renumeração pelo advento da figura equiparada no § 1º do artigo.

Demais disso, o *nomen iuris* do delito também sofreu modificações pela lei especial de 2012, acrescentando-se a menção aos serviços informático, telemático ou de informação de utilidade pública. Todavia, de se notar que a nova figura equiparada se omitiu quanto ao serviço informático, que apenas foi expresso na denominação do crime.

1. Cf. NORONHA, E. Magalhães. *Direito penal*. São Paulo: Saraiva, 1995, v. 3, p. 408.

29.2. OBJETIVIDADE JURÍDICA

Protege-se a *incolumidade pública*, em especial o regular funcionamento dos serviços telegráfico, radiotelegráfico, telefônico, telemático ou de informação de utilidade pública.

29.3. SUJEITOS DO DELITO

Qualquer pessoa pode ser *sujeito ativo*. Cuida-se de *crime comum*, ou geral.

Sujeito passivo é a coletividade *(crime vago)*.

29.4. TIPICIDADE OBJETIVA E SUBJETIVA

O art. 266 do Código Penal tipifica as condutas de: a) interromper ou perturbar serviço telegráfico, radiotelegráfico ou telefônico; e b) impedir ou dificultar o restabelecimento de serviço telegráfico, radiotelegráfico ou telefônico.

A figura é *crime de perigo abstrato*, de tal sorte que há uma presunção de que o bem jurídico tutelado foi posto em risco, sem ser necessária a comprovação do efetivo perigo.

Trata-se de *tipo misto alternativo*, ou de conteúdo variado, na medida em que a prática das condutas de "*interromper*" e "*perturbar*", ou "*impedir*" e "*dificultar*", em relação ao mesmo objeto no mesmo contexto fático implica em crime único. Se o mesmo agente interrompe ou perturba serviço e depois impede ou dificulta seu restabelecimento, esta última conduta deve ser tida como fato posterior não punível, por ser desdobramento da primeira[2].

Quanto ao art. 266, *caput*, 1ª parte, *interromper* refere-se a fazer cessar, parar; *perturbar* liga-se a estorvar, atrapalhar, desarranjar. Já quanto ao art. 266, *caput*, *in fine*, existe uma interrupção dos serviços que não foi gerada pelo sujeito ativo[3], o qual agora *impede*, obsta, coíbe, ou *dificulta*, obstaculiza, estorva, o restabelecimento do serviço. Admite-se a forma *omissiva imprópria*, *v.g.*, no caso do empregado que, podendo agir, não toma providências necessárias para o restabelecimento do serviço, impactando a coletividade que depende do serviço[4].

---

2. NUCCI, Guilherme de Souza. *Curso de direito penal*: parte especial. Rio de Janeiro: Forense, 2018, v. 3, p. 254.
3. NORONHA, E. Magalhães. *Direito penal...*, cit., p. 409.
4. PRADO, Luiz Regis. *Curso de direito penal brasileiro*. São Paulo: Thomson Reuters, 2018, v. II, p. 599.

A conduta tem como objeto o *serviço telegráfico, radiotelegráfico ou telefônico*, sejam tais prestados pelo próprio Estado ou por empresas particulares, *v.g.*, concessionárias. Considera-se que a enumeração é taxativa, não se admitindo estender o tipo em comento para os serviços postais ou radiotelefônicos, por exemplo.

Serviço telegráfico diz respeito a "qualquer instalação que torne possíveis as comunicações, mediante transmissão de um lugar para outro de sinais convencionais, aptos a exprimir o pensamento, sem o transporte das coisas que contêm os próprios sinais"[5], e.g., com o uso de telégrafo elétrico ou semafórico. Serviço radiotelegráfico é aquele realizado por meio de telégrafo sem fio, via ondas eletromagnéticas. Serviço telefônico liga-se àquele que transmite à distância a palavra falada, os sons, por meio de fios ou sinais, como a telefonia celular.

Trata-se de *crime de forma livre*, podendo o agente valer-se de qualquer meio para a prática delituosa. Desta feita, o indivíduo pode voltar-se não só contra instalações, aparelhos, construções relativas aos referidos serviços, mas também ao pessoal, aos funcionários que atuam neles[6].

Se há interrupção ou perturbação do serviço telegráfico, radiotelegráfico ou de telefonia concernentes ao serviço de estrada de ferro, visando atingir em verdade este último, o sujeito ativo pode incorrer no art. 260, inciso III, *in fine*, do Código Penal[7].

Não perfaz o delito em comento a instalação de aparelhos clandestinos de telecomunicação[8]. Nesse caso, conforme as circunstâncias concretas, pode restar configurado o art. 70 do Código Brasileiro de Telecomunicações (Lei nº 4.117/1962)[9], concernente à instalação ou utilização de telecomunicações, sem observância do disposto legalmente.

Se há a interrupção ou perturbação referente à comunicação entre pessoas determinadas, v.g., uma interceptação telefônica de duas pessoas, o agente não incorre no delito ora estudado. Isso porque, nesse caso, não se atingiu o bem jurídico tutelado no crime do art. 266 do *Codex*, a regularidade, a incolumidade do sistema de comunicação

---

5. NORONHA, E. Magalhães. *Direito penal...*, cit., pp. 409-410, seguindo os ensinamentos de Manzini.
6. HUNGRIA, Nélson. *Comentários ao Código Penal*. Rio de Janeiro: Forense, 1958, v. IX, p. 87.
7. "*Art. 260 – Impedir ou perturbar serviço de estrada de ferro:* [...] *III – transmitindo falso aviso acerca do movimento dos veículos ou interrompendo ou embaraçando o funcionamento de telégrafo, telefone ou radiotelegrafia* [...] *Pena – reclusão, de dois a cinco anos, e multa* [...]".
8. PRADO, Luiz Regis. *Curso de...*, cit., p. 600.
9. "*Art. 70. Constitui crime punível com a pena de detenção de 1 (um) a 2 (dois) anos, aumentada da metade se houver dano a terceiro, a instalação ou utilização de telecomunicações, sem observância do disposto nesta Lei e nos regulamentos. Parágrafo único. Precedendo ao processo penal, para os efeitos referidos neste artigo, será liminarmente procedida a busca e apreensão da estação ou aparelho ilegal*".

como um todo a ponto de ensejar ofensa à coletividade[10]. Poderá, contudo, incorrer no art. 151, § 1º, III do Código Penal[11]. Ainda, pontue-se que a Lei nº 9.296/1996, em seu art. 10, possui delito relativo a realizar interceptações de comunicações telefônicas, de informática ou telemática sem autorização judicial ou com objetivos não autorizados em lei[12].

Havendo cunho político, de atentar contra a ordem político-social, pode restar configurado o art. 15 da Lei nº 7.170/1983 (Lei de Segurança Nacional)[13], relativo a *praticar sabotagem contra instalações militares, meios de comunicações, meios e vias de transporte, estaleiros, portos, aeroportos, fábricas, usinas, barragem, depósitos e outras instalações congêneres.*

O *elemento subjetivo do tipo* é o dolo. Não se requer especial fim de agir (*tipo congruente*).

Não há previsão da modalidade culposa.

29.5. FIGURA EQUIPARADA

O § 1º do art. 266, incluído pela Lei nº 12.737/2012, traz novas hipóteses equiparadas ao *caput*, de tal sorte que também se incrimina a conduta daquele que "*interrompe serviço telemático ou de informação de utilidade pública, ou impede ou dificulta-lhe o restabelecimento*".

---

10. E.g., NORONHA, E. Magalhães. *Direito penal...*, cit., p. 409; BITENCOURT, Cezar Roberto. *Tratado de direito penal*: parte especial. São Paulo: Saraiva, 2018, v. 4, p. 337.
11. "*Art. 151 – Devassar indevidamente o conteúdo de correspondência fechada, dirigida a outrem: Pena – detenção, de um a seis meses, ou multa. § 1º – Na mesma pena incorre: [...] II – quem indevidamente divulga, transmite a outrem ou utiliza abusivamente comunicação telegráfica ou radioelétrica dirigida a terceiro, ou conversação telefônica entre outras pessoas; III – quem impede a comunicação ou a conversação referidas no número anterior*".
12. : "*Art. 10. Constitui crime realizar interceptação de comunicações telefônicas, de informática ou telemática, promover escuta ambiental ou quebrar segredo da Justiça, sem autorização judicial ou com objetivos não autorizados em lei: Pena – reclusão, de 2 (dois) a 4 (quatro) anos, e multa. Parágrafo único. Incorre na mesma pena a autoridade judicial que determina a execução de conduta prevista no caput deste artigo com objetivo não autorizado em lei*".
13. "*Art. 15 – Praticar sabotagem contra instalações militares, meios de comunicações, meios e vias de transporte, estaleiros, portos, aeroportos, fábricas, usinas, barragem, depósitos e outras instalações congêneres. Pena: reclusão, de 3 a 10 anos. § 1º – Se do fato resulta: a) lesão corporal grave, a pena aumenta-se até a metade; b) dano, destruição ou neutralização de meios de defesa ou de segurança; paralisação, total ou parcial, de atividade ou serviços públicos reputados essenciais para a defesa, a segurança ou a economia do País, a pena aumenta-se até o dobro; c) morte, a pena aumenta-se até o triplo. § 2º – Punem-se os atos preparatórios de sabotagem com a pena deste artigo reduzida de dois terços, se o fato não constitui crime mais grave*".

Nesse caso, o agente visa *interromper*, cessar o *serviço telemático ou de informação de utilidade pública*, ou então *impedir*, obstar, ou *dificultar*, atrapalhar, o seu restabelecimento. Note-se que os verbos utilizados são praticamente os mesmos empregados no *caput* do artigo, havendo omissão quanto à ação de perturbar.

Assim, buscou-se estender o alcance do tipo para outros tipos de serviço de comunicação que se desenvolveram com o passar dos anos. *Serviço telemático* diz respeito ao "*serviço informático fornecido por meio de uma rede de telecomunicação*", fornecido por "*operadoras à distância de informações computadorizadas*"[14], juntando-se recursos da telecomunicação com os de informática, como é o caso da *internet*.

O *serviço de informação de utilidade pública* remete a ferramentas concernentes a diversos assuntos disponibilizadas ao cidadão, à coletividade. Quanto a este, Nucci[15] pondera que se trata de hipótese genérica, que fere a taxatividade.

Pontue-se que o *nomen iuris* do tipo penal também se referiu ao serviço de informática, o que não foi repetido na figura equiparada. Não obstante tal omissão, há entendimento de que o serviço informático pode ser compreendido dentro do serviço telemático.

29.6. CONSUMAÇÃO E TENTATIVA

Consuma-se o delito, em relação ao art. 266, *caput*, com a prática das condutas nele previstas, isto é, com a interrupção, perturbação do serviço telegráfico, radiotelegráfico ou telefônico, ou quando se impede ou dificulta seu restabelecimento, independentemente de dano efetivo ocorrer (*crime formal*, de consumação antecipada, ou de resultado cortado).

De modo semelhante, quanto à figura equiparada do § 1º, a *consumação* se dá com a interrupção do serviço telemático ou de informação de utilidade pública, ou quando se impede ou dificulta seu restabelecimento, independente da ocorrência de dano.

Admite-se a *tentativa*.

29.7. CAUSA DE AUMENTO DE PENA

O § 2º do art. 266 prevê *majorante* para os casos em que o crime é cometido *por ocasião de calamidade pública*, aplicando-se as penas em dobro.

14. PRADO, Luiz Regis. *Curso de...*, cit., p. 600.
15. NUCCI, Guilherme de Souza. *Curso de...*, cit., pp. 255-256.

Desse modo, o sujeito ativo aproveita-se de uma situação de *calamidade pública*, de catástrofe, de um mal que se estende a um número indeterminado de pessoas, o que pode trazer graves consequências, para perpetrar o crime. Exemplo seria de um indivíduo que, em meio à pandemia de Covid-19, interrompe a *internet* de toda uma região.

Destarte, "*o fato do sujeito ativo torna mais certo o perigo coletivo, ao mesmo tempo que revela sua falta de sentimento de humanidade, e procedimento ignóbil, que não se detém diante de situação que inspira antes solidariedade e auxílio a seu semelhante*"[16].

29.8. PENA E AÇÃO PENAL

O delito de interrupção ou perturbação de serviço telegráfico, telefônico, informático, telemático ou de informação de utilidade pública é sancionado cumulativamente com pena de detenção, de um a três anos, e multa (art. 266, caput e § 1º).

Há também *causa de aumento de pena*. Destarte, se o delito é perpetrado por ocasião de calamidade pública, as penas são aplicadas em dobro (art. 266, § 2º).

A *ação penal é pública incondicionada*.

As modalidades básica e equiparada do crime (art. 266, *caput* e § 1º) admitem a *suspensão condicional do processo* (art. 89 da Lei nº 9.099/1995).

Preenchidos os requisitos do art. 28-A do Código de Processo Penal, é cabível o *acordo de não persecução penal*.

16. NORONHA, E. Magalhães. *Direito penal*..., cit., p. 411.

30 EPIDEMIA (ART. 267)

Sumário: 30.1. Considerações iniciais – 30.2. Objetividade jurídica – 30.3. Sujeitos do delito – 30.4. Tipicidade objetiva e subjetiva – 30.5. Consumação e tentativa – 30.6. Causa de aumento de pena – 30.7. Crime culposo – 30.8. Pena e ação penal.

Epidemia

Art. 267. Causar epidemia, mediante a propagação de germes patogênicos:

Pena – reclusão, de 10 (dez) a 15 (quinze) anos.

§ 1° Se do fato resulta morte, a pena é aplicada em dobro.

§ 2° No caso de culpa, a pena é de detenção, de 1 (um) a 2 (dois) anos, ou, se resulta morte, de 2 (dois) a 4 (quatro) anos.

30.1. CONSIDERAÇÕES INICIAIS

O art. 267 inaugura o Capítulo III, e último, do Título VIII da Parte Especial do *Codex*, referente aos *crimes contra a saúde pública*. O Capítulo em comento estende-se até o art. 285, havendo figuras que foram revogadas com o tempo, passando a ser tratadas em legislação extravagante.

Desta feita, a incolumidade pública é agora tomada sob o prisma da *saúde pública*, relativa à saúde *humana*. Nesse influxo, há uma proteção de estatura constitucional referente à saúde pública, sendo que o art. 196 da Constituição Federal de 1988 estabelece que a saúde é "*direito de todos e dever do Estado, garantido mediante políticas sociais e econômicas que visem à redução do risco de doença e de outros agravos e ao acesso universal e igualitário às ações e serviços para sua promoção, proteção e recuperação*".

A saúde pública é uma preocupação recente, eis que, na Antiguidade e no período medieval, questões de higiene, epidemia e saúde estavam associadas a manifestações religiosas ou mágicas. Durante largo período, doenças eram vistas como castigos divinos. A superação disso deveu-se ao avanço científico como um todo e da medicina em particular.

O conceito de saúde pública amplia-se em meados do século XX, com a terceira geração de direitos sociais. No Brasil, a Constituição de 1988 cuida por vez primeira em nível constitucional sobre saúde pública (arts. 6º e 196).

Essas preocupações intensificam-se sobremodo na sociedade de risco, seja pelo aumento da interdependência humana, seja pela criação de novas situações arriscadas à convivência coletiva.

O conceito de saúde pública é controvertido[1], mas prevalece a visão que o compreende como bem jurídico difuso, interesse típico da sociedade de risco. Desta maneira, a construção típica mais comum é a de crimes de perigo abstrato.

A saúde não é apenas um bem jurídico individual, mas também coletivo, com uma dimensão social, voltada a um interesse comum a todos, por isso a legitimidade do Estado em zelar por sua proteção[2]. A *saúde pública* constitui, assim, bem jurídico supraindividual, de caráter coletivo, que tem em conta a saúde individual, mas que com ela não se confunde, ainda que objetive resguardá-la[3], havendo uma relação de complementaridade entre a saúde pública e a individual.

Com a proteção penal da saúde pública, incriminam-se condutas que lesam ou expõe a perigo a saúde de *indeterminado número de pessoas*. De se notar que a saúde pública é ainda tutelada em outras legislações penais, como a Lei de Drogas, a Lei dos Crimes Ambientais e a Lei das Contravenções Penais.

Tipos abertos, de perigo abstrato, normas penais em branco, tipos omissivos e culposos prevalecem no Capítulo III do Título VIII da Parte Especial do Código Penal. Há exceções, como as figuras de *epidemia* e de *envenenamento de água potável*.

Constatam-se *penas desproporcionais* nesse capítulo, fruto das alterações efetivadas na década de noventa do séc. XX pela Lei dos Crimes Hediondos (Lei nº 8.072/1990) e Lei dos Remédios (Lei nº 9.677/1998). Em regra, antecipa-se a tutela penal e cominam-se penas severíssimas, cujo mais significativo exemplo é o previsto no art. 273, § 1º-A (*falsificação de cosméticos*), que detém pena de 10 a 15 anos de reclusão, e multa.

O delito de *epidemia*, particularmente, foi novidade insculpida na legislação brasileira por meio do art. 267 do Código Penal de 1940, influenciado fundamentalmente

1. Para Greco, *v.g.*, a saúde pública denotaria um bem jurídico coletivo falso, diante de sua falta de concretude e por supostamente significar o somatório de inúmeros bens jurídicos individuais, cf. GRECO, Luís. *Modernização do direito penal, bens jurídicos coletivos e crimes de perigo abstrato*. Rio de Janeiro: Lumen Juris, 2011, p. 95.
2. CARRARA, Francesco. *Programa del curso de derecho criminal*: dictado en la real Universidad de Pisa: parte especial. Trad. Sebastian Soler. Buenos Aires: DEPALMA, 1947, v. VI, p. 265.
3. PRADO, Luiz Regis. *Curso de direito penal brasileiro*. São Paulo: Thomson Reuters, 2018, v. II, pp. 602-603.

pelo Código Penal italiano de 1930. A disposição legal sofreu modificação por meio da Lei nº 8.072/1990, a citada Lei de Crimes Hediondos, a qual elevou a sanção cominada à prática da conduta do *caput* do dispositivo, que antes era apenada com reclusão de cinco a quinze anos.

Demais disso, ressalte-se que a epidemia que tem como *resultado morte*, nos termos § 1º do art. 267, é uma hipótese de *crime hediondo* (art. 1º, inciso VII, da Lei nº 8.072/1990), além de admitir a *prisão temporária* (art. 1º, inciso III, alínea "*i*", da Lei nº 7.960/1989).

30.2. OBJETIVIDADE JURÍDICA

Protege-se a incolumidade pública, sob o prisma da *saúde pública* – no que diz respeito à saúde humana –, a qual, como visto, goza de proteção constitucional expressa.

30.3. SUJEITOS DO DELITO

Qualquer pessoa pode ser *sujeito ativo* do crime de epidemia, inclusive aquela contaminada pela moléstia infecciosa. Trata-se de *crime comum*, ou geral.

Sujeito passivo é a coletividade (*crime vago*), bem como as pessoas efetivamente atingidas pela epidemia.

30.4. TIPICIDADE OBJETIVA E SUBJETIVA

O art. 267 do Código Penal tipifica a conduta de "*causar epidemia, mediante a propagação de germes patogênicos*".

Causar diz respeito a provocar, ocasionar. Assim, o sujeito ativo, por meio de sua conduta, origina uma *epidemia*, a partir da *propagação*, da disseminação, de *germes patogênicos*. O crime é *de forma vinculada*, pois apenas pode ser perpetrado *mediante propagação de germes patogênicos*.

Epidemia é uma palavra de origem grega, relativa a algo "*sobre o povo*". Assim, é tida como a ocorrência de uma doença que, em uma determinada região, por certo período de tempo, difunde-se rapidamente, atingindo várias pessoas ao mesmo tempo em número acima do esperado. Sua configuração pode variar conforme certos fatores, como a anterior exposição da população à doença, tempo, lugar, características da coletividade afetada, entre outros.

Em síntese, nas palavras de Bento de Faria[4], epidemia *"é denominação que qualifica o surto de uma doença acidental e transitória, que ataca grande número de indivíduos, ao mesmo tempo, em determinado país ou região"*. São exemplos as epidemias de febre amarela, varíola, febre tifoide etc.

A epidemia difere de "*endemia*" e de "*pandemia*", ambas as palavras também de origem grega.

A *endemia* guarda como significado "*em um povo*", referindo-se a doenças que se tornaram comuns, habituais ao longo do tempo em certa área geográfica, *e.g.*, a incidência de febre amarela em certas regiões brasileiras como a amazônica. Ou seja, endemia é habitual, constante e periódica. Não obstante, é possível que a doença endêmica evolua para o nível de uma epidemia.

Já *pandemia* significa "*de todo um povo*", sendo referente a uma epidemia de grandes proporções, de uma enfermidade que atinge várias pessoas ao mesmo tempo em diferentes países, continentes, como as situações vividas em decorrência da "*gripe espanhola*" e do novo coronavírus.

Nesse influxo, quanto à relação entre o presente delito e a pandemia de Covid-19, mostra-se pouco viável a aplicabilidade do art. 267 nesse contexto, dado que todas as regiões brasileiras, em curto espaço de tempo, passaram a revelar casos confirmados de Covid-19 com transmissão comunitária[5], sendo fantasioso responsabilizar alguém pela disseminação da doença.

Bitencourt[6], por sua vez, admitiu a incidência do art. 267 do Código Penal nas circunstâncias da pandemia de Covid-19. Desta feita, o autor aduziu que o primeiro mandatário da nação poderia ter incorrido no delito do art. 267 do *Codex*, visto que, em meados de março de 2020, agiu com dolo eventual ao conclamar a população a sair do isolamento social, afirmando que se tratava de uma "*gripezinha*", assumindo o risco de causar epidemia. Nesse âmbito, em contrapartida, o Ministro Marco Aurélio, na Petição nº 8.740/DF, decidiu pelo arquivamento da notícia-crime contra o Presidente da República que, entre outros fatores, apontava o cometimento do crime insculpido no art. 267 do *Codex* por parte deste. Consoante a decisão, não se configurou o delito de epidemia, pois, além de não haver suspeita de contaminação do Presidente, o Brasil já apresentava a transmissão sustentável de Covid-19, de tal sorte que seria "*impossível mapear a cadeia de contágio de modo a encontrar o responsável pelo início da disseminação*".

---

4. FARIA, Antônio Bento de. *Código Penal Brasileiro* (comentado). Rio de Janeiro: Record, 1961, v. VI, p. 235.
5. O art. 1º da Portaria nº 454, de 20/03/2020, do Ministério da Saúde, fixa: "*fica declarado, em todo o território nacional, o estado de transmissão comunitária do coronavírus (covid-19)*".
6. BITENCOURT, Cezar Roberto. *Causar epidemia dolosa ou culposamente*, p. 7. Disponível em: <https://static.poder360.com.br/2020/04/epidemia-cezar-bittencourt.pdf>. Acesso em: 08/06/2020.

Germes patogênicos ligam-se a quaisquer micro-organismos, como vírus e bactérias, idôneos a ocasionar uma enfermidade infecciosa. Necessariamente, há que se tratar de doença grave e de fácil difusão entre as pessoas.

De se notar que a proteção do delito se refere a doenças que possam afetar a saúde *humana*. Do contrário, tratando-se de moléstia que acomete plantas e animais, pode restar configurado o delito insculpido no art. 61 da Lei nº 9.605/1998 (Lei de Crimes Ambientais)[7], relativo a *disseminar doença ou praga ou espécies que possam causar dano à agricultura, à pecuária, à fauna, à flora ou aos ecossistemas*.

O tipo penal em comento cuida de uma epidemia que não surgiu naturalmente, mas sim resultou de uma intervenção humana. Nesse diapasão, advirta-se que a relevância penal da propagação está vinculada à ação voluntária do indivíduo, "*exigindo-se redobrado cuidado na análise do caso concreto para se evitar uma possível responsabilidade penal objetiva*"[8].

Trata-se de *crime de perigo concreto*, de tal sorte que é preciso comprovar, *v.g.*, por meio de perícia, a ocorrência do perigo.

O crime pode ser tanto *comissivo* quanto *omissivo*. Desta feita, como exemplo comissivo, o agente pode disseminar os germes na terra, na água, no ar, em locais públicos ou privados, em alimentos, em roupas, ou mesmo liberar animais infectados no ambiente. Por outro lado, hipótese de conduta omissiva seria a falta de cuidados higiênicos, assépticos.

Nucci[9], por sua vez, entende que não é cabível a forma omissiva – salvo as hipóteses envolvendo indivíduo na posição de garantidor, isto é, omissão imprópria, nos termos do art. 13, § 2º, do *Codex* –, pois o verbo "*causar*" implica em ação, em uma forma ativa de conduta.

Ainda, para demonstrar-se que a epidemia foi originada pela ação humana, requer-se a identificação dos meios usados para propagar os germes patogênicos; a demonstração de que o meio empregado era idôneo para propagar a epidemia; e a constatação de que a epidemia não advém de um evento natural, mas sim é um produto, é uma consequência dos meios empregados da ação humana – ou seja, há que se vislumbrar relação de causalidade e relação de risco[10].

---

7. "*Art. 61. Disseminar doença ou praga ou espécies que possam causar dano à agricultura, à pecuária, à fauna, à flora ou aos ecossistemas: Pena – reclusão, de um a quatro anos, e multa*".
8. BITENCOURT, Cezar Roberto. *Tratado de direito penal*: parte especial. São Paulo: Saraiva, 2018, v. 4, p. 344.
9. NUCCI, Guilherme de Souza. *Curso de direito penal*: parte especial. Rio de Janeiro: Forense, 2018, v. 3, p. 263.
10. BITENCOURT, Cezar Roberto. *Tratado de...*, cit., p. 344. Admite a forma omissiva, *e.g.*, NORONHA, E. Magalhães. *Direito penal*. São Paulo: Saraiva, 1995, v. 4, p. 5.

Se o agente busca atingir a vida ou integridade física de certas pessoas, pode responder, na forma tentada ou consumada, por *homicídio qualificado* (art. 121, § 2º, inciso III) ou *lesão corporal* (art. 129), respectivamente. Demais disso, havendo a intenção de contaminar pessoa determinada, pode incorrer no art. 131 do Código Penal[11], relativo ao delito de *perigo de contágio de moléstia grave*. Nesses casos, poderá haver concurso formal[12].

O *elemento subjetivo do tipo* é o dolo (direto ou eventual).

Quanto à exigência de um *elemento subjetivo especial do tipo*, há divergências doutrinárias. A corrente majoritária entende[13] que o tipo não requer elemento subjetivo específico. Por outro lado, na ótica da minoria[14], haveria um especial fim de causar epidemia com a propagação de germes patogênicos, o qual, se ausente, afastaria a incidência do tipo do art. 267.

Em realidade, o escopo de ocasionamento de epidemia é exatamente o dolo regular do tipo, razão pela qual inexiste um especial fim descrito.

Há previsão de *modalidade culposa*, nos termos do art. 267, § 2º do *Codex*.

Nesse âmbito, aduz Bitencourt que "*quando o agente desconhece a natureza patogênica dos germes, a possibilidade de sua propagação, ou, ainda, a possibilidade de que a propagação possa causar uma epidemia, afasta-se o dolo da ação, podendo caracterizar-se a culpa, se o resultado for causado pela infração do dever objetivo de cuidado, e desde que o agente, adotando o cuidado devido, pudesse evitá-la*"[15].

30.5. CONSUMAÇÃO E TENTATIVA

Consuma-se o delito com a efetiva ocorrência de epidemia, com várias pessoas acometidas pela doença. Basta que uma pessoa tenha sido infectada pela disseminação

11. "*Art. 131 – Praticar, com o fim de transmitir a outrem moléstia grave de que está contaminado, ato capaz de produzir o contágio: Pena – reclusão, de um a quatro anos, e multa*".
12. Neste sentido, *e.g.*, PRADO, Luiz Regis. *Curso de...*, cit., p. 604.
13. NORONHA, E. Magalhães. *Direito penal...*, cit., p. 6; HUNGRIA, Nélson. *Comentários ao Código Penal*. Rio de Janeiro: Forense, 1958, v. IX, p. 99; FARIA, Antônio Bento de. *Código Penal...*, cit., p. 236; MIRABETE, Julio Fabbrini; FABBRINI, Renato N. *Manual de direito penal*: parte especial. São Paulo: Atlas, 2019, v. 3, p. 103; BUSATO, Paulo César. *Direito penal*: parte especial. São Paulo: Atlas, 2016, v. 3, p. 189; NUCCI, Guilherme de Souza. *Curso de...*, cit., p. 262, *etc*.
14. FRAGOSO, Heleno Cláudio. *Lições de direito penal*: parte especial. Rio de Janeiro: Forense, 1986, v. II, p. 200; BITENCOURT, Cezar Roberto. *Tratado de...*, cit., p. 345.
15. BITENCOURT, Cezar Roberto. *Tratado de...*, cit., p. 345.

realizada pelo agente, pessoa esta que se tornou a causa de difusão da doença para outros, mesmo sem posterior ação do agente.

De se notar que o crime se desenvolve em *dois momentos*, quais sejam, a ação que propaga o germe patogênico, e o resultado de epidemia[16]. Assim, a consumaçao somente se daria com um número considerável de casos da doença, havendo mera tentativa se medidas sanitárias são tomadas a tempo de evitar a propagação do contágio.

Trata-se de *crime material*, ou causal.

Admite-se a *tentativa*.

30.6. CAUSA DE AUMENTO DE PENA

Nos termos do § 1º do art. 267, se houver o resultado morte, a pena é aplicada em dobro. Cuida-se de hipótese *preterdolosa*, de tal sorte que havia o dolo na conduta de causar a epidemia, todavia o resultado morte ocorre a título de culpa. O disposto no art. 267, § 1º, do *Codex*, incide independentemente do número de mortes, seja uma ou várias.

Tal hipótese de epidemia com resultado morte é *crime hediondo* (art. 1º, inciso VII, da Lei nº 8.072/1990). Assim, entre outras consequências gravosas, é insuscetível de anistia, graça, indulto ou fiança (art. 2º, incisos I e II, da Lei nº 8.072/1990). Demais disso, pontue-se que a hipótese insculpida no § 1º do art. 267 admite o cabimento de prisão temporária (art. 1º, inciso III, alínea "*i*", da Lei nº 7.960/1989).

30.7. CRIME CULPOSO

O § 2º do art. 267 prevê a punição da *modalidade culposa* de epidemia, com detenção de um a dois anos. Ainda, a sanção do crime culposo é agravada, com detenção de dois a quatro anos, se houver o resultado morte.

Assim, a primeira parte do art. 267, § 2º, trata de hipótese em que há inobservância do dever objetivo de cuidado diante das circunstâncias, dada a negligência, imprudência ou imperícia da conduta por parte do sujeito ativo. Assevera Bitencourt que "*a* previsibilidade *do resultado poderá ser demonstrada em face do conhecimento ou cognoscibilidade por parte do agente da natureza patogênica dos germes, da possibilidade de sua propagação, ou, ainda, da possibilidade de que a propagação poderia causar uma epidemia*"[17].

16. HUNGRIA, Nélson. *Comentários ao*..., cit. p. 99.
17. BITENCOURT, Cezar Roberto. *Tratado de*..., cit., p. 347.

Ademais, o art. 267, § 2º, *in fine*, também cuida do caso em que, além da conduta culposa do agente, há também a ocorrência do resultado morte, seja a morte de uma ou várias pessoas, que de mesmo modo, logicamente, adveio a título de culpa. Também nesse caso é imperioso demonstrar a previsibilidade da morte, isto é, que do ponto de vista *ex ante*, no momento em que o agente infringe o dever objetivo de cuidado, era previsível, consoante os conhecimentos científicos, que o contágio mediante germes patogênicos era idôneo para produzir aquele concreto resultado morte[18].

São exemplos de epidemia culposa, a imprudência do médico que dá alta a indivíduo ainda portador da doença contagiosa, a negligência da pessoa que não higieniza adequadamente aparelhos e instrumentos médico-hospitalares, e a imperícia na preparação inadequada de vacinas. Além disso, entende-se que pode incorrer na forma culposa do crime aquele que, mesmo sem a intenção de disseminar o germe patogênico, sabendo que há a possibilidade de estar infectado, não usa qualquer equipamento de proteção em meio à multidão para evitar a contaminação de outras pessoas[19].

30.8. PENA E AÇÃO PENAL

O delito de *epidemia* é sancionado com pena de reclusão, de dez a quinze anos (art. 267, *caput*).

Nessa hipótese, havendo o resultado *morte*, aplica-se a pena em dobro (art. 267, § 1º), caso que também é capitulado como *crime hediondo* (art. 1º, inciso VII, da Lei nº 8.072/1990).

Na *modalidade culposa*, a pena é de detenção, de um a dois anos. Todavia, se o crime culposo resultar em morte, a pena passa a ser de detenção de dois a quatro anos (art. 267, § 2º).

A *ação penal é pública incondicionada.*

A *modalidade culposa* trata-se de *infração penal de menor potencial ofensivo*, de competência do Juizado Especial Criminal (art. 61 da Lei nº 9.099/1995), admitindo a *suspensão condicional do processo* (art. 89 da lei especial).

Apenas na modalidade culposa com resultado morte, preenchidos os requisitos do art. 28-A do Código de Processo Penal, é cabível o *acordo de não persecução penal.*

18. BITENCOURT, Cezar Roberto. *Tratado de...*, cit., p. 347.
19. BITENCOURT, Cezar Roberto. *Causar epidemia...*, cit., p. 1. Desta feita, "*alguém contaminado que se descuida e conscientemente se envolve com multidão ou aglomerado de pessoas, no mínimo, assume o risco de propagar germes patogênicos, podendo configurar sua modalidade culposa*", cf. BITENCOURT, Cezar Roberto. *Causar epidemia...*, cit., p. 4.

31 INFRAÇÃO DE MEDIDA SANITÁRIA PREVENTIVA (ART. 268)

Sumário: 31.1. Considerações iniciais – 31.2. Objetividade jurídica – 31.3. Sujeitos do delito – 31.4. Tipicidade objetiva e subjetiva – 31.5. Consumação e tentativa – 31.6. Causa de aumento de pena – 31.7. Causas de aumento de pena decorrentes do resultado mais grave – 31.8. Pena e ação penal.

Infração de medida sanitária preventiva

Art. 268. Infringir determinação do poder público, destinada a impedir introdução ou propagação de doença contagiosa:

Pena - detenção, de 1 (um) mês a 1 (um) ano, e multa.

Parágrafo único. A pena é aumentada de 1/3 (um terço), se o agente é funcionário da saúde pública ou exerce a profissão de médico, farmacêutico, dentista ou enfermeiro.

31.1. CONSIDERAÇÕES INICIAIS

O delito de *infração de medida sanitária* preventiva relaciona-se ao dever e interesse do Estado em "*prevenir, através de ações específicas, coordenadas pelo Ministério da Saúde por meio da Secretaria de Vigilância em Saúde, o contágio de doenças transmissíveis, impedindo a sua proliferação de forma descontrolada*"[1].

Por exemplo, no desenvolvimento da vigilância epidemiológica, o Ministério da Saúde disponibiliza eletronicamente um Guia de Vigilância em Saúde[2], editado pela Secretaria de Vigilância em Saúde do Ministério da Saúde, em que se abordam, *v.g.*, aspectos concernentes a condutas, medidas de controle, definições de casos suspeitos e confirmados, funcionamento dos sistemas de informação em saúde, em relação a

1. BITENCOURT, Cezar Roberto. *Tratado de direito penal*: parte especial. São Paulo: Saraiva, 2018, v. 4, p. 349.
2. Disponível em: <http://bvsms.saude.gov.br/bvs/publicacoes/guia_vigilancia_saude_4ed.pdf>. Acesso em: 11/06/2020. As publicações eletrônicas da Secretaria de Vigilância em Saúde do Ministério da Saúde são atualizadas constantemente, e se encontram disponíveis em <https://www.saude.gov.br/vigilancia-em-saude/publicacoes>.

diversas doenças – contagiosas ou não –, como sarampo, coqueluche, HIV, tuberculose, dengue, chikungunya e zika.

Aliás, em decorrência da pandemia de Covid-19 enfrentada atualmente, o Ministério da Saúde também desenvolveu um Guia de Vigilância específico para o novo coronavírus, além de tratar de outros aspectos em relação à nova doença, como diretrizes para seu diagnóstico e tratamento.

O art. 268 do Código Penal não sofreu alterações, mantendo-se a dicção original de 1940.

A redação legal do tipo denota uma *lei penal em branco*, que não descreve inteiramente a conduta vedada, remetendo a outra norma (outra lei ou ato administrativo) para a definição do conteúdo da figura penal e, dessa maneira, da proibição[3]. Não obstante, o grau de transferência para o que deveria ser uma normativa simplesmente complementar é bastante elevado no caso, o que torna a incriminação em análise carente de densidade. Em outros termos, a figura legal em destaque aproxima-se de mera infração de dever.

Diante desse quadro, o melhor entendimento é o de que, para a incidência do art. 268 do *Codex*, é preciso que haja uma idoneidade da conduta delituosa em culminar em potencial ofensa ao bem jurídico saúde pública. Isso porque, do contrário, haveria margem para que "*a mera infração de norma administrativa fosse constitutiva de delito, outorgando à administração pública a possibilidade de legislar em matéria penal, com afronta ao princípio de reserva legal*"[4].

Demais disso, como outro dos reflexos da pandemia de Covid-19, há o Projeto de Lei nº 656/2020 que, além de visar aumentar a sanção do art. 268 para reclusão, de dois a cinco anos – além da pena de multa, que já é prevista –, também propõe a inclusão de uma figura equiparada, tipificando a conduta de induzir ou instigar outrem a praticar a conduta prevista no *caput* do art. 268.

31.2. OBJETIVIDADE JURÍDICA

Protege-se a incolumidade pública, em seu aspecto concernente à *saúde pública*. Ressalte-se que, nos termos do art. 196 da Constituição Federal, a saúde é "*direito de todos e dever do Estado, garantido mediante políticas sociais e econômicas que visem à redução do risco de doença e de outros agravos e ao acesso universal e igualitário às ações e serviços para sua promoção, proteção e recuperação*".

---

3. SANTANA VEGA, Dulce María. *El concepto de ley penal en blanco*. Buenos Aires: Ad-Hoc, 2000, p. 27.
4. BITENCOURT, Cezar Roberto. *Tratado de...*, cit., p. 350.

31.3. SUJEITOS DO DELITO

Qualquer pessoa pode ser *sujeito ativo* do delito de infração de medida sanitária preventiva. Trata-se de *crime comum*, ou geral.

De se notar que, a depender de quem for o agente do delito, pode incidir a majorante insculpida no art. 268, parágrafo único, voltada ao sujeito ativo que é *funcionário da saúde pública* ou *exerce a profissão de médico, farmacêutico, dentista ou enfermeiro*. Nessa hipótese, o crime é *próprio*, ou especial.

Sujeito passivo é a coletividade (*crime vago*). Há entendimento de que o Estado figura secundariamente como vítima, na medida em que pode ter prejudicadas suas ações de combate e prevenção de doenças contagiosas[5].

31.4. TIPICIDADE OBJETIVA E SUBJETIVA

O art. 268 do Código Penal tipifica a conduta de "*infringir determinação do poder público, destinada a impedir introdução ou propagação de doença contagiosa*".

Infringir diz respeito a violar, transgredir, desrespeitar. Determinação do poder público refere-se à "*ordem ou resolução dos órgãos investidos de autoridade para realizar as finalidades do Estado*"[6], como portarias, decretos, regulamentos, leis, emanados por autoridades competentes, as quais podem ser tanto federais como estaduais, distritais ou municipais[7]. Destaque-se que a determinação do poder público não se confunde com as recomendações, não compreendidas pelo tipo em comento, visto que são de cumprimento facultativo.

Entende-se que se trata de *crime de perigo abstrato*, de tal sorte que não é preciso que o perigo ocorra efetivamente.

O delito em comento pode se dar tanto pela forma *comissiva* quanto pela *omissiva*, a depender das circunstâncias do caso concreto e de qual foi a determinação do poder público desobedecida[8].

Observe-se que não se trata da violação de qualquer determinação do poder público, mas sim daquelas que visam *impedir introdução ou propagação de doença*

---

5. BITENCOURT, Cezar Roberto. *Tratado de...*, cit., p. 351.
6. NUCCI, Guilherme de Souza. *Curso de direito penal*: parte especial. Rio de Janeiro: Forense, 2018, v. 3, p. 265.
7. FRAGOSO, Heleno Cláudio. *Lições de direito penal*: parte especial. Rio de Janeiro: Forense, 1986, v. II, p. 202.
8. FARIA, Bento de. *Código penal brasileiro*. Rio de Janeiro: Record, 1961, v. VI, p. 237.

contagiosa[9]. Assim, há uma preocupação para que não haja a *introdução*, a entrada, o ingresso, nem a *propagação*, a disseminação, a proliferação, de *doenças contagiosas*, isto é, aquelas transmissíveis pelo contato direto ou pelo ar, aptas a atingir a saúde humana[10].

Ainda, é preciso que o art. 268 seja interpretado restritivamente, de tal sorte que o tipo apenas abarca as infrações significativas de determinações do poder público, ou seja, aquelas que coloquem em risco a saúde de número indeterminado de pessoas, diante da séria possibilidade de introdução e propagação de doença contagiosa[11].

Cuida-se, como apontado, de *norma penal em branco*, na medida em que é preciso recorrer a outras normas para que se possa complementar a lei penal, de modo a identificar a *determinação do poder público, destinada a impedir introdução ou propagação de doença contagiosa* que foi descumprida. A complementação pode se dar por meio de lei (norma penal em branco homogênea, ou *lato sensu*) ou por ato administrativo (norma penal em branco heterogênea, ou *stricto sensu*).

Nesse influxo, é possível a aplicação do princípio da retroatividade benéfica quanto à norma extravagante usada no caso concreto, a depender da situação. Para tanto, é preciso que se observe a causa de revogação da norma destinada a impedir introdução ou propagação de doença contagiosa. Se a revogação se deu pelo fato de a medida ser inócua, não há de se punir o agente. Por outro lado, se a revogação ocorreu porque a doença foi contida, deve ser aplicado o contido no art. 3º do Código Penal[12], para haver a ultratividade do complemento, e manter a punição do agente.

Como exemplo de determinação do poder público nessa seara, a Lei nº 7.649/1988 trata de bancos de sangue e em seu art. 1º estabelece que "*os bancos de sangue, os serviços de hemoterapia e outras entidades afins ficam obrigados a proceder ao cadastramento dos doadores e a realizar provas de laboratório, visando a prevenir a propagação de doenças transmissíveis através do sangue ou de suas frações*". Nesse âmbito, o seu art. 9º prevê expressamente que a inobservância das normas da lei especial configura o delito previsto no art. 268 do Código Penal.

---

9. COSTA JÚNIOR, Paulo José da. *Curso de direito penal*: parte especial. São Paulo: Saraiva, 1992, v. 3, p. 89.
10. Para Bitencourt, não há espaço para interpretação analógica no âmbito de leis penais em branco, de tal sorte que, *v.g.*, apesar do *nomen iuris* referir-se à infração de medida sanitária "*preventiva*", não há incidência do art. 268 tratando-se de violação de determinação do poder público em matéria de "*prevenção*" de doença contagiosa, pois o *caput* do artigo apenas menciona as medidas destinadas a impedir a introdução ou propagação de doenças contagiosas. BITENCOURT, Cezar Roberto. *Tratado de*..., cit., p. 351.
11. BITENCOURT, Cezar Roberto. *Tratado de*..., cit., p. 350.
12. "*Art. 3º – A lei excepcional ou temporária, embora decorrido o período de sua duração ou cessadas as circunstâncias que a determinaram, aplica-se ao fato praticado durante sua vigência*".

O Tribunal de Justiça do Estado de São Paulo[13] já admitiu a incidência do art. 268 do *Codex*, além de outros crimes, em caso no qual houve o exercício da atividade de venda de produto alimentício sem obedecer ao regramento sanitário.

Vale destacar que, em meio à situação da pandemia de Covid-19, foi editada a Lei nº 13.979/2020, regulamentada pela Portaria nº 356/2020 do Ministério da Saúde, a qual trata das medidas para enfrentamento da emergência decorrente do novo coronavírus.

O art. 3º da Lei nº 13.979/2020[14] traz como medidas que podem ser tomadas pelas autoridades no enfrentamento da Covid-19, *e.g.*, adotar isolamento, quarentena, e determinar a realização compulsória de exames médicos e testes laboratoriais.

---

13. TJ-SP, Apelação Criminal nº 0001157-77.2011.8.26, 11ª Câmara de Direito Criminal, rel. Juíza convocada Ivana David, j. 04/11/2015, DJ 10/11/2015.

14. "*Art. 3º Para enfrentamento da emergência de saúde pública de importância internacional decorrente do coronavírus, as autoridades poderão adotar, no âmbito de suas competências, dentre outras, as seguintes medidas: I – isolamento; II – quarentena; III – determinação de realização compulsória de: a) exames médicos; b) testes laboratoriais; c) coleta de amostras clínicas; d) vacinação e outras medidas profiláticas; ou e) tratamentos médicos específicos; IV – estudo ou investigação epidemiológica; V – exumação, necropsia, cremação e manejo de cadáver; VI – restrição excepcional e temporária, conforme recomendação técnica e fundamentada da Agência Nacional de Vigilância Sanitária, por rodovias, portos ou aeroportos de: a) entrada e saída do País; e b) locomoção interestadual e intermunicipal; VII – requisição de bens e serviços de pessoas naturais e jurídicas, hipótese em que será garantido o pagamento posterior de indenização justa; e VIII – autorização excepcional e temporária para a importação e distribuição de quaisquer materiais, medicamentos, equipamentos e insumos da área de saúde sujeitos à vigilância sanitária sem registro na Anvisa considerados essenciais para auxiliar no combate à pandemia do coronavírus, desde que: a) registrados por pelo menos uma das seguintes autoridades sanitárias estrangeiras e autorizados à distribuição comercial em seus respectivos países: 1. Food and Drug Administration (FDA); 2. European Medicines Agency (EMA); 3. Pharmaceuticals and Medical Devices Agency (PMDA); 4. National Medical Products Administration (NMPA); b) (Revogado) § 1º As medidas previstas neste artigo somente poderão ser determinadas com base em evidências científicas e em análises sobre as informações estratégicas em saúde e deverão ser limitadas no tempo e no espaço ao mínimo indispensável à promoção e à preservação da saúde pública. § 2º Ficam assegurados às pessoas afetadas pelas medidas previstas neste artigo: I – o direito de serem informadas permanentemente sobre o seu estado de saúde e a assistência à família conforme regulamento; II – o direito de receberem tratamento gratuito; III – o pleno respeito à dignidade, aos direitos humanos e às liberdades fundamentais das pessoas, conforme preconiza o Art. 3 do Regulamento Sanitário Internacional, constante do Anexo ao Decreto nº 10.212, de 30 de janeiro de 2020. § 3º Será considerado falta justificada ao serviço público ou à atividade laboral privada o período de ausência decorrente das medidas previstas neste artigo. § 4º As pessoas deverão sujeitar-se ao cumprimento das medidas previstas neste artigo, e o descumprimento delas acarretará responsabilização, nos termos previstos em lei. § 5º Ato do Ministro de Estado da Saúde: I – disporá sobre as condições e os prazos aplicáveis às medidas previstas nos incisos I e II do caput deste artigo; e II – (revogado). § 6º Ato conjunto dos Ministros de Estado da Saúde, da Justiça e Segurança Pública e da Infraestrutura disporá sobre a medida prevista no inciso VI do caput. § 6º-A O ato conjunto a que se refere o § 6º poderá estabelecer delegação*

Assim, a violação, de forma dolosa, de preceitos desse diploma legal de 2020 ou outra determinação nessa seara, que buscam conter a propagação do novo coronavírus, pode ensejar a incidência do crime fixado no art. 268 do Código Penal. Nesse diapasão, os arts. 4º e 5º da Portaria Ministerial nº 5/2020[15] preveem a possibilidade de o agente incorrer no art. 268 do *Codex* se descumprir certas determinações da Lei nº 13.979/2020, como a quarentena e isolamento, se o fato não constituir crime mais grave. Todavia, há que se observar certos procedimentos, como a comunicação prévia à pessoa afetada sobre a compulsoriedade de certas medidas (art. 4º, § 1º) e a necessidade de existir ato específico das autoridades competentes para a compulsoriedade da quarentena (art. 5º, parágrafo único).

---

de competência para a resolução dos casos nele omissos. § 7º As medidas previstas neste artigo poderão ser adotadas: I – pelo Ministério da Saúde, exceto a constante do inciso VIII do caput deste artigo; II – pelos gestores locais de saúde, desde que autorizados pelo Ministério da Saúde, nas hipóteses dos incisos I, II, V e VI do caput deste artigo; III – pelos gestores locais de saúde, nas hipóteses dos incisos III, IV e VII do caput deste artigo; IV – pela Anvisa, na hipótese do inciso VIII do caput deste artigo. § 7º-A. (Vetado). § 7º-B. O médico que prescrever ou ministrar medicamento cuja importação ou distribuição tenha sido autorizada na forma do inciso VIII do caput deste artigo deverá informar ao paciente ou ao seu representante legal que o produto ainda não tem registro na Anvisa e foi liberado por ter sido registrado por autoridade sanitária estrangeira. § 8º As medidas previstas neste artigo, quando adotadas, deverão resguardar o exercício e o funcionamento de serviços públicos e atividades essenciais. § 9º O Presidente da República disporá, mediante decreto, sobre os serviços públicos e atividades essenciais a que se referem o § 8º. § 10. As medidas a que se referem os incisos I, II e VI do caput, quando afetarem a execução de serviços públicos e atividades essenciais, inclusive as reguladas, concedidas ou autorizadas, somente poderão ser adotadas em ato específico e desde que em articulação prévia com o órgão regulador ou o Poder concedente ou autorizador. § 11. É vedada a restrição à circulação de trabalhadores que possa afetar o funcionamento de serviços públicos e atividades essenciais, definidas nos termos do disposto no § 9º, e cargas de qualquer espécie que possam acarretar desabastecimento de gêneros necessários à população".

15. *"Art. 4º O descumprimento das medidas previstas no inciso I e nas alíneas 'a', 'b' e 'e' do inciso III do caput do art. 3º da Lei nº 13.979, de 2020, poderá sujeitar os infratores às sanções penais previstas nos art. 268 e art. 330 do Decreto-lei nº 2.848, de 7 de dezembro de 1940 – Código Penal, se o fato não constituir crime mais grave. § 1º Nas hipóteses de isolamento, para configuração do descumprimento de que trata o caput, há necessidade de comunicação prévia à pessoa afetada sobre a compulsoriedade da medida, nos termos do § 7º do art. 3º da Portaria nº 356/GM/MS, de 11 de março de 2020. § 2º Para as hipóteses previstas nas alíneas 'a', 'b' e 'e' do inciso III do caput do art. 3º da Lei nº 13.979, de 2020, a compulsoriedade das medidas depende, nos termos do art. 6º da Portaria nº 356/GM/MS, de 2020, de indicação médica ou de profissional de saúde". "Art. 5º O descumprimento da medida de quarentena, prevista no inciso II do caput do art. 3º da Lei nº 13.979, de 2020, poderá sujeitar os infratores às sanções penais previstas nos arts. 268 e 330 do Decreto-lei nº 2.848, de 7 de dezembro de 1940 – Código Penal, se o fato não constituir crime mais grave. Parágrafo único. A compulsoriedade da medida de quarentena depende de ato específico das autoridades competentes, nos termos do § 1º do art. 4º da Portaria nº 356/GM/MS, de 2020".*

O *elemento subjetivo do tipo* é o dolo. Não se requer especial fim de agir por parte do agente (*tipo congruente*).

Não há previsão da modalidade culposa.

Desta feita, leciona Bitencourt[16] que, "*quando o agente desconhece a natureza da medida sanitária, isto é, que esta se destina à prevenção da introdução ou da propagação de doença contagiosa, ou quando desconhece o caráter contagioso da doença, afasta-se o dolo da ação. E, como não há previsão de punibilidade da modalidade culposa, a infração da determinação do Poder Público praticada por erro de tipo vencível resulta impune (excepcionalidade do crime culposo), exceto se a infração provoca o resultado de epidemia, caso em que o agente poderá responder pelo crime do art. 267, § 2º, do Código Penal*".

31.5. CONSUMAÇÃO E TENTATIVA

Consuma-se o delito com a violação da determinação do poder público, destinada a impedir introdução ou propagação de doença contagiosa, independentemente da efetiva introdução ou propagação da doença contagiosa (*crime formal*, de consumação antecipada, ou de resultado cortado). Apesar de se tratar de crime de perigo abstrato, entende-se que é necessário verificar a idoneidade da conduta para potencialmente afetar a saúde pública.

Admite-se a *tentativa*.

31.6. CAUSA DE AUMENTO DE PENA

O parágrafo único do art. 268 estabelece *causa de aumento de pena* no patamar de um terço para os casos em que o sujeito ativo do delito é *funcionário da saúde pública* ou *exerce a profissão de médico, farmacêutico, dentista ou enfermeiro*. Desta feita, a majorante volta-se a pessoas que têm a obrigação de evitar a propagação ou introdução de doenças contagiosas, em razão do dever inerente ao cargo ou à função que possuem.

Demais disso, é preciso que haja o descumprimento de especial dever que incumba ao agente no caso concreto, em razão do cargo ou profissão[17]. Nessa linha, perceba-se

16. BITENCOURT, Cezar Roberto. *Tratado de...*, cit., p. 352.
17. HUNGRIA, Nélson. *Comentários ao Código Penal*. Rio de Janeiro: Forense, 1958, v. IX, p. 102.

que há duas violações nessa situação, quais sejam, a da própria lei penal e a do dever especial oriundo da função exercida[18].

Ainda, quanto às profissões de *médicos, farmacêuticos, dentistas* e *enfermeiros*, entende-se que não basta que os indivíduos tenham tais profissões para que incida a majorante, exigindo-se habitualidade no exercício destas[19].

31.7. CAUSAS DE AUMENTO DE PENA DECORRENTES DO RESULTADO MAIS GRAVE

O art. 285 do Código Penal estabelece que, exceto quanto ao crime de epidemia, aplica-se o disposto no art. 258 para os delitos contidos no Capítulo III do Título VIII da Parte Especial do *Codex*.

Destarte, tendo em vista que o tipo ora estudado apenas contempla a modalidade dolosa, se o crime resultar em *lesão corporal de natureza grave* (o que inclui a hipótese gravíssima), aumenta-se a pena privativa de liberdade em metade; e se resultar em *morte*, aplica-se a pena em dobro.

Cuidam-se, assim, de resultados que sobrevêm a título de *culpa*, caracterizando situação *preterdolosa*. Tais resultados somente podem ser imputados ao sujeito ativo desde que demonstrado o vínculo de causa e efeito entre o crime de perigo do art. 268 e o resultado mais grave.

Desta feita, havendo o dolo quanto ao resultado morte ou lesão corporal, o sujeito ativo incidirá na prática de *homicídio* (art. 121) ou de *lesão corporal* (art. 129), respectivamente, e, a depender do caso concreto, o delito do art. 268 do *Codex* seria absorvido ou haveria concurso formal de crimes.

31.8. PENA E AÇÃO PENAL

O delito de *infração de medida sanitária preventiva* é sancionado cumulativamente com pena de detenção, de um mês a um ano, e multa (art. 268, *caput*).

Há previsão específica de *causa de aumento de pena* para a infração em análise. Assim, aumenta-se a pena em um terço, se o agente é *funcionário da saúde pública*

18. PRADO, Luiz Regis. *Curso de direito penal brasileiro*. São Paulo: Thomson Reuters, 2018, v. II, p. 607.

19. NUCCI, Guilherme de Souza. *Curso de...*, cit., p. 266.

ou exerce a profissão de médico, farmacêutico, dentista ou enfermeiro (art. 268, parágrafo único).

Ademais, por força do estabelecido no art. 285, aplica-se o disposto no art. 258 do Código Penal à figura de infração de medida sanitária preventiva. Assim, se houver o resultado de *lesão corporal de natureza grave*, a pena privativa de liberdade é aumentada de metade; e caso ocorra o resultado *morte*, aplica-se a pena em dobro (art. 258, 1ª parte).

A *ação penal é pública incondicionada.*

Por se tratar de *infração penal de menor potencial ofensivo*, a competência para processo e julgamento é do Juizado Especial Criminal.

Admite-se a *suspensão condicional do processo* (art. 89 da Lei nº 9.099/1995).

Sendo admitida transação penal, é incabível o *acordo de não persecução penal* (art. 28-A, § 2º, I, do Código de Processo Penal).

32 OMISSÃO DE NOTIFICAÇÃO DE DOENÇA (ART. 269)

SUMÁRIO: 32.1. Considerações iniciais – 32.2. Objetividade jurídica – 32.3. Sujeitos do delito – 32.4. Tipicidade objetiva e subjetiva – 32.5. Consumação e tentativa – 32.6. Causas de aumento de pena – 32.7. Pena e ação penal.

Omissão de notificação de doença

Art. 269. Deixar o médico de denunciar à autoridade pública doença cuja notificação é compulsória:

Pena - detenção, de 6 (seis) meses a 2 (dois) anos, e multa.

32.1. CONSIDERAÇÕES INICIAIS

O crime de *omissão de notificação de doença*, do mesmo modo que os demais presentes no Capítulo III do Título VIII da Parte Especial do Código Penal, tutela o bem jurídico *saúde* pública. *In casu*, há a construção de um crime de *perigo abstrato*, com uma presunção do risco à saúde pública, na medida em que envolve doenças que o poder público reputou como de notificação obrigatória, revelando-se assim a preocupação no controle, na vigilância de determinadas enfermidades.

Desta feita, deixar de realizar a comunicação prejudicaria semelhante controle, *e.g.*, trazendo falsas percepções quanto ao avanço de doenças.

Não obstante, é preciso ter em vista que o tratamento dessa questão de saúde pública dentro da seara penal se dá de maneira mais restrita – *v.g.*, limitando aqueles que podem figurar como sujeito ativo –, dado que há outros nichos do Direito que também cuidam do tema. Nesse diapasão, também considerando que, como será exposto mais adiante, é necessária a complementação com normas extravagantes, há que se harmonizar o disposto nestas com a redação típica do delito, pois muitas vezes a norma complementadora traz regramentos mais abrangentes do que o tipo penal em comento.

Como exemplo de seara diversa que também cuida do temário, há as infrações à legislação sanitária federal. Nos termos do art. 10, inciso VI, da Lei nº 6.437/77, configura infração sanitária, sujeita à pena de advertência, cominada alternativa ou cumulativamente com multa, "*deixar, aquele que tiver o dever legal de fazê-lo, de notificar doença ou zoonose transmissível ao homem, de acordo com o que disponham as normas legais ou regulamentares vigentes*".

A situação enfrentada atualmente por todo o mundo diante da pandemia de Covid-19 ensejou o surgimento de novas normas no ordenamento pátrio para o enfrentamento da questão, sobretudo no que diz respeito à tutela da saúde pública. Relacionando-se à comunicação da nova doença – a qual se tornou de notificação obrigatória imediata –, em âmbito extrapenal, o art. 5º da Lei nº 13.979/2020, estabelece que toda pessoa deverá colaborar com as autoridades sanitárias na comunicação imediata de "possíveis contatos com agentes infecciosos do coronavírus" (inciso I); e "circulação em áreas consideradas como regiões de contaminação pelo coronavírus" (inciso II).

Ademais, o art. 6º da lei em destaque dispõe que "*é obrigatório o compartilhamento entre órgãos e entidades da administração pública federal, estadual, distrital e municipal de dados essenciais à identificação de pessoas infectadas ou com suspeita de infecção pelo coronavírus, com a finalidade exclusiva de evitar a sua propagação*".

O art. 269 do Código Penal não sofreu alterações, mantendo-se a redação original de 1940.

Demais disso, como outro reflexo da pandemia vivida hodiernamente, está em trâmite o Projeto de Lei nº 718/2020, que pretende incluir um parágrafo único ao art. 269 do Código Penal, pelo qual se aplicaria a pena em dobro se a doença for moléstia contagiosa de caráter pandêmico ou epidêmico[1].

Ainda, o referido Projeto de Lei visa adicionar um art. 267-A ao *Codex*, contendo o tipo de comunicação falsa de doença contagiosa, que sancionaria com pena de detenção de um a seis meses ou multa, a conduta de "*provocar a ação de autoridade, comunicando-lhe a ocorrência de contaminação por doenças contagiosas que sabe não se ter verificado*".

Como se vê, o tema se encontra na ordem do dia das preocupações legislativas.

32.2. OBJETIVIDADE JURÍDICA

Protege-se a incolumidade pública, no que tange à *saúde pública*. Aliás, a saúde tem proteção constitucional, como no art. 196 da Carta Magna, que estatui que a saúde

1. Ademais, o Projeto de Lei nº 718/2020 também visa modificar o dispositivo do crime de perigo de contágio de moléstia grave, incluindo ao art. 131 do *Codex* um parágrafo único, estabelecendo que "*a pena é aplicada em dobro, se a moléstia grave se referir a doença contagiosa de caráter pandêmico ou epidêmico*".

é "*direito de todos e dever do Estado, garantido mediante políticas sociais e econômicas que visem à redução do risco de doença e de outros agravos e ao acesso universal e igualitário às ações e serviços para sua promoção, proteção e recuperação*".

32.3. SUJEITOS DO DELITO

Sujeito ativo somente pode ser o médico. Trata-se de *crime próprio*, ou especial.

Todavia, admite-se o *concurso de pessoas*, razão pela qual qualquer indivíduo pode atuar como partícipe, instigando, induzindo ou auxiliando o sujeito ativo. Assim, por exemplo, um enfermeiro ou um familiar da pessoa adoentada, pode instigar um médico a omitir das autoridades públicas a informação sobre a ocorrência de um caso de doença de notificação compulsória.

Demais disso, note-se que o art. 2º, inciso VI, do Anexo V, da Portaria de Consolidação nº 4/2017 do Ministério da Saúde menciona que a comunicação obrigatória é realizada não só por médicos, mas também por profissionais de saúde ou responsáveis pelos estabelecimentos de saúde, públicos ou privados. Todavia, apesar da abrangência da Portaria, há que se respeitar a redação típica do art. 269 do Código Penal, de tal sorte que, *e.g.*, se outro profissional da saúde ou responsável por estabelecimento de saúde não realizar a notificação compulsória, sua conduta será atípica, não incorrerá no art. 269, sem prejuízo de responsabilização em outras searas.

Sujeito passivo é a coletividade (*crime vago*). Há entendimento de que, secundariamente, o Estado figura como vítima, na medida em que suas ações em prol do combate e prevenção de doenças restam prejudicadas[2].

32.4. TIPICIDADE OBJETIVA E SUBJETIVA

O art. 269 do Código Penal incrimina a conduta de "*deixar o médico de denunciar à autoridade* pública *doença cuja notificação é compulsória*". Cuida-se de *crime de perigo abstrato*, havendo presunção de que o bem jurídico tutelado foi posto em risco.

Trata-se de *crime omissivo próprio*, na medida em que há uma conduta *omissiva* por parte do agente – o qual apenas pode ser o *médico* – que *deixa de denunciar*, isto é, esconde, oculta, não comunica uma informação à autoridade pública, sendo que há compulsoriedade na notificação da doença. Assim, "*o médico infringe o dever legal, que*

2. Cf. BITENCOURT, Cezar Roberto. *Tratado de direito penal*: parte especial. São Paulo: Saraiva, 2018, v. 4, p. 357.

lhe cabe por lei ou ato normativo, de comunicar à autoridade competente a ocorrência de doença cuja notificação é obrigatória"[3].

Desta feita, está-se diante de um *crime de forma vinculada*, que somente pode ser cometido mediante um não fazer, consistente na não comunicação para a autoridade pública acerca da doença de notificação compulsória.

A *autoridade* pública liga-se à *autoridade de saúde* responsável pela vigilância em saúde na esfera de gestão do Sistema Único de Saúde (SUS), para a qual é realizada a notificação compulsória da doença, como o Ministério da Saúde e as Secretarias de Saúde dos Estados, Distrito Federal e Municípios[4].

Não é necessário que o médico que incorreu no delito tenha examinado o doente, ou seja, não é preciso que tenha entrado em contato direto com este. Dessa forma, o sujeito ativo pode tomar conhecimento da doença por qualquer modo[5]. O tipo penal não limita a conduta à tomada de conhecimento da doença nos estreitos limites do exercício legal e regular da profissão[6]. Ser médico é deter responsabilidades diferenciadas, tal qual ocorre com policiais, bombeiros e outros profissionais.

O tipo denota-se como *norma penal em branco*, na medida em que é preciso de um complemento de uma norma extravagante para, *in casu*, compreender quais seriam as *doenças de notificação compulsória*.

A Lei nº 6.259/1975, regulamentada pelo Decreto nº 78.231/1976, entre outras providências, trata de normas relativas à notificação compulsória de doenças. Entre tais, o art. 7º da Lei 6.259/1975[7] dispõe que são de notificação compulsória às autoridades sanitárias os casos suspeitos ou confirmados de doenças que podem implicar medidas de isolamento ou quarentena, de acordo com o Regulamento Sanitário In-

---

3. PRADO, Luiz Regis. *Curso de direito penal brasileiro*. São Paulo: Thomson Reuters, 2018, v. II, p. 609.
4. Veja-se o art. 2º, inciso II, do Anexo V, da Portaria de Consolidação nº 4/2017 do Ministério da Saúde: "*Art. 2º Para fins de notificação compulsória de importância nacional, serão considerados os seguintes conceitos: [...] II – autoridades de saúde: o Ministério da Saúde e as Secretarias de Saúde dos Estados, Distrito Federal e Municípios, responsáveis pela vigilância em saúde em cada esfera de gestão do Sistema Único de Saúde (SUS)*".
5. PRADO, Luiz Regis. *Curso de...*, cit., p. 609.
6. Em sentido contrário, *v.g.*, BITENCOURT, Cezar Roberto. *Tratado de...*, cit., p. 358.
7. "*Art. 7º São de notificação compulsória às autoridades sanitárias os casos suspeitos ou confirmados: I – de doenças que podem implicar medidas de isolamento ou quarentena, de acordo com o Regulamento Sanitário Internacional. II – de doenças constantes de relação elaborada pelo Ministério da Saúde, para cada Unidade da Federação, a ser atualizada periodicamente. § 1º Na relação de doenças de que trata o inciso II deste artigo será incluído item para casos de "agravo inusitado à saúde". § 2º O Ministério da Saúde poderá exigir dos Serviços de Saúde a notificação negativa da ocorrência de doenças constantes da relação de que tratam os itens I e II deste artigo*".

ternacional, e de doenças constantes de relação elaborada pelo Ministério da Saúde, para cada Unidade da Federação, a ser atualizada periodicamente.

Nesse influxo, a Portaria de Consolidação nº 4/2017 do Ministério da Saúde, entre outros temas, trata da notificação compulsória, parte desta originada da Portaria nº 204/2016 do Ministério da Saúde.

O art. 2º do Anexo V da Portaria de Consolidação nº 4/2017 estabelece que, para os fins da notificação compulsória, *doença* refere-se à "*enfermidade ou estado clínico, independente de origem ou fonte, que represente ou possa representar um dano significativo para os seres humanos*" (inciso III).

Nos termos do art. 2º do Anexo V da Portaria, a notificação compulsória pode ser imediata ou semanal, e diz respeito à "*comunicação obrigatória à autoridade de saúde, realizada pelos médicos, profissionais de saúde ou responsáveis pelos estabelecimentos de saúde, públicos ou privados, sobre a ocorrência de suspeita ou confirmação de doença, agravo ou evento de saúde pública*" (inciso VI).

Note-se que a Portaria é mais abrangente que o tipo ora estudado, de maneira que, como já mencionado anteriormente, nem tudo o que prevê está contido na redação do art. 269 do *Codex*. Dessa forma, além de se ter em mente que somente o médico pode figurar como sujeito ativo, é preciso atentar-se também ao fato de que o crime apenas faz menção à "*doença*". Assim, *v.g.*, o delito em comento não abrange a figura do "*agravo*", também tratada na Portaria, que se refere a "*qualquer dano à integridade* física *ou mental do indivíduo, provocado por circunstâncias nocivas, tais como acidentes, intoxicações por substâncias químicas, abuso de drogas ou lesões decorrentes de violências interpessoais, como agressões e maus tratos, e lesão autoprovocada*" (art. 2º, inciso I, do Anexo V).

As *doenças de notificação compulsória* estão previstas no Anexo 1 do Anexo V desta Portaria de Consolidação nº 4/2017. Por exemplo, são listadas as doenças de dengue, coqueluche, zika, chikungunya, leptospirose, cólera, difteria, HIV, doença de Chagas, febre amarela, além dos casos de Covid-19, a nova enfermidade surgida que atingiu o *status* de pandemia em 2020.

Ainda, ressalte-se que o art. 169 da Consolidação das Leis do Trabalho (CLT) estabelece que é obrigatória a notificação "*das doenças profissionais e das produzidas em virtude de condições especiais de trabalho, comprovadas ou objeto de suspeita, de conformidade com as instruções expedidas pelo Ministério do Trabalho*".

Assim como no delito de *infração de medida sanitária preventiva* (art. 268), há controvérsia quanto à aplicação da retroatividade benéfica quando da alteração do complemento. Desta feita, Nucci[8], seguindo a linha de pensamento de Noronha,

8. NUCCI, Guilherme de Souza. *Curso de direito penal*: parte especial. Rio de Janeiro: Forense, 2018, v. 3, p. 268.

admite a aplicação do princípio da retroatividade benéfica, sendo necessário analisar a causa da alteração, de tal sorte que, *e.g.*, se a revogação se deu porque a doença foi contida, seria o caso de aplicação do art. 3º do Código Penal[9], de maneira a considerar o complemento ultrativo, e assim manter a punição do agente. Prado[10], por sua vez, aduz que há que se seguir as regras gerais de sucessão no tempo de leis penais, de modo a observar a irretroatividade da lei mais severa e a retroatividade da lei mais benigna. Ainda, Bitencourt[11] considera que há que se aplicar a irretroatividade da lei mais severa tanto na reforma ou revogação da norma penal quanto na reforma da norma complementadora; nesse âmbito, "*somente quando a alteração afeta a própria* norma penal incriminador*a, seja seu preceito primário, seja seu preceito secundário, são* válidas todas as *considerações acerca da* retroatividade e ultratividade da lei penal mais benigna".

Ademais, destaque-se que não existe conflito entre o delito em comento e o crime insculpido no art. 154 do Código Penal[12], relativo à *violação do segredo profissional*. Isso porque a comunicação obrigatória da doença não configura uma violação do sigilo profissional delituosa, na medida em que, diferentemente do exigido pelo art. 154, há uma justa causa para tanto, dado que a notificação é compulsória. Nesse diapasão, consoante assevera Hungria[13], "*apresenta-se, no caso, uma notável exceção à regra do segredo profissional: quando está em causa doença de notificação compulsória, a violação do segredo* médico, no sentido de *comunicação à autoridade competente, deixa de ser crime, para ser um dever legal*".

O *elemento subjetivo do tipo* é o dolo. Não se prevê especial fim de agir (*tipo congruente*).

Não há a modalidade culposa.

Não é punível o erro de tipo sobre a obrigatoriedade da notificação, ou sobre a inclusão de certa enfermidade no rol de doenças de notificação compulsória.

---

9. "*Art. 3º – A lei excepcional ou temporária, embora decorrido o período de sua duração ou cessadas as circunstâncias que a determinaram, aplica-se ao fato praticado durante sua vigência*".
10. PRADO, Luiz Regis. *Curso de*..., cit., p. 609.
11. BITENCOURT, Cezar Roberto. *Tratado de*..., cit., p. 359.
12. "*Art. 154 – Revelar alguém, sem justa causa, segredo, de que tem ciência em razão de função, ministério, ofício ou profissão, e cuja revelação possa produzir dano a outrem: Pena – detenção, de três meses a um ano, ou multa de um conto a dez contos de réis. Parágrafo único – Somente se procede mediante representação*".
13. HUNGRIA, Nélson. *Comentários ao Código Penal*. Rio de Janeiro: Forense, 1958, v. IX, p. 102.

32.5. CONSUMAÇÃO E TENTATIVA

Consuma-se o delito "*com a não comunicação no prazo estipulado em regulamento ou ato normativo ou, quando não previsto prazo, com a prática de ato incompatível com o dever de denunciar*"[14].

Não se admite a *tentativa*, visto que se trata de crime omissivo próprio.

32.6. CAUSAS DE AUMENTO DE PENA

Por força do art. 285 do Código Penal, é aplicável ao crime ora estudado o disposto no art. 258, que, no entanto, somente incidirá em parte, na medida em que o tipo penal de omissão de notificação de doença apenas admite a forma dolosa.

Com isso, se o delito resultar em *lesão corporal de natureza grave*, a pena privativa de liberdade é aumentada em metade. Ainda, se o delito resultar em *morte*, aplica-se a pena em dobro.

Destaque-se que tais resultados de lesão corporal grave ou morte sobrevieram a título de culpa, caracterizando situação *preterdolosa*. Ademias, há que se demonstrar o vínculo causal entre a conduta delituosa praticada pelo agente e a superveniência do resultado mais gravoso, tendo em vista que o Direito Penal não admite responsabilidade objetiva.

32.7. PENA E AÇÃO PENAL

O delito de *omissão de notificação de doença* é sancionado cumulativamente com pena de detenção, de seis meses a dois anos, e multa (art. 269, *caput*).

Nos termos do art. 285 do *Codex* pode-se aplicar ao delito em comento o disposto no art. 258. Desta feita, havendo o resultado de *lesão corporal de natureza grave*, aumenta-se em metade a pena privativa de liberdade; e, havendo o resultado *morte*, a pena é aplicada em dobro (art. 258, 1ª parte, do Código Penal).

A *ação penal é pública incondicionada*.

A previsão consiste em *infração penal de menor potencial ofensivo*, sendo de competência do Juizado Especial Criminal (art. 61 da Lei nº 9.099/1995).

Admite-se a *suspensão condicional do processo* (art. 89 da Lei nº 9.099/1995).

Sendo admitida transação penal, é incabível o *acordo de não persecução penal* (art. 28-A, § 2º, I, do Código de Processo Penal).

14. PRADO, Luiz Regis. *Curso de...*, cit., p. 610.

33 ENVENENAMENTO DE ÁGUA POTÁVEL OU DE SUBSTÂNCIA ALIMENTÍCIA OU MEDICINAL (ART. 270)

Sumário: 33.1. Considerações iniciais – 33.2. Objetividade jurídica – 33.3. Sujeitos do delito – 33.4. Tipicidade objetiva e subjetiva – 33.5. Figura equiparada – 33.6. Consumação e tentativa – 33.7. Crime culposo – 33.8. Causas de aumento de pena – 33.9. Pena e ação penal.

Envenenamento de água potável ou de substância alimentícia ou medicinal

Art. 270. Envenenar água potável, de uso comum ou particular, ou substância alimentícia ou medicinal destinada a consumo:

Pena – reclusão, de 10 (dez) a 15 (quinze) anos.

§ 1° Está sujeito à mesma pena quem entrega a consumo ou tem em depósito, para o fim de ser distribuída, a água ou a substância envenenada.

Modalidade culposa

§ 2° Se o crime é culposo:

Pena – detenção, de 6 (seis) meses a 2 (dois) anos.

33.1. CONSIDERAÇÕES INICIAIS

O delito de *envenenamento de água potável, de substância alimentícia ou de substância medicinal* visa tutelar bens cujo consumo humano se dá em larga escala, na medida em que, de certa forma, são básicos para sobrevivência, para a manutenção da vida. Por isso, busca-se reprimir um potencial envenenamento de tais substâncias apto a atingir número indeterminado de pessoas, consubstanciando, assim, um problema de saúde pública.

Aliás, conforme adverte Bitencourt[1], para a incidência da presente figura delitiva, é preciso que se demonstre *"não a nocividade do envenenamento para a saúde de pessoa*

1. BITENCOURT, Cezar Roberto. *Tratado de direito penal*: parte especial. São Paulo: Saraiva, 2018, v. 4, p. 361.

certa, mas sua aptidão para afetar o bem jurídico coletivo saúde pública, independentemente de se alguém em particular resultar, ou não, envenenado".

A Lei nº 8.072/1990 (Lei dos Crimes Hediondos) recrudesceu a sanção do delito na forma dolosa, que antes era de reclusão de cinco a quinze anos. O envenenamento de água potável, de substância alimentícia ou de substância medicinal *com o resultado morte*, na redação original da referida lei especial, estava incluído nos casos de crimes hediondos, mas foi excluído desse rol com a alteração advinda da Lei nº 8.930/1994.

Diante da atual pena do art. 270, que parte de uma margem de reclusão de dez anos, revela-se uma quebra em reação ao princípio da proporcionalidade, visto que este exige uma resposta por parte do Estado ao infrator pela prática do delito que seja proporcional, equivalente ao fato que foi praticado[2]. *In casu*, há o oposto, dado que, *v.g.*, trata-se não de um crime de dano, mas sim de um crime de perigo abstrato, presumindo-se que o bem jurídico tutelado foi posto em risco, e quando sua pena é comparada a crimes de dano como o *homicídio* (art. 121) e o *estupro* (art. 213), por exemplo, que partem de pena mínima de seis anos – isto é, inferior aos dez anos do presente delito –, fica latente uma desproporcionalidade na margem penal do delito presentemente analisado.

Desta feita, diante de semelhante quadro, é possível sustentar a inconstitucionalidade do art. 270 do Código Penal[3].

Ainda, vale pontuar que, nos termos do art. 1º, inciso III, alínea "*j*", da Lei nº 7.960/1989, o crime de envenenamento de água potável ou de substância alimentícia ou medicinal com resultado morte figura entre as hipóteses nas quais é cabível a prisão temporária.

33.2. OBJETIVIDADE JURÍDICA

Protege-se a incolumidade pública, no tocante à *saúde pública*, buscando-se salvaguardá-la do envenenamento de bens básicos de consumo para os seres humanos, basilares, inclusive, para sua sobrevivência, como a água potável.

---

2. SOUZA, Luciano Anderson de. *Direito penal*: parte geral. São Paulo: Thomson Reuters Brasil, 2019, v. 1, pp. 72-73.
3. Neste sentido, e.g., NUCCI, Guilherme de Souza. *Curso de direito penal*: parte especial. Rio de Janeiro: Forense, 2018, v. 3, p. 273.

33.3. SUJEITOS DO DELITO

Qualquer pessoa pode ser *sujeito ativo*, inclusive o proprietário da água potável, da substância alimentícia ou medicinal destinadas a consumo. Trata-se, então, de *crime comum*, ou geral.

Sujeito passivo é a coletividade (*crime vago*). Secundariamente, o Estado pode figurar como vítima do delito, na medida em que são prejudicadas suas políticas públicas voltadas à promoção da saúde e bem-estar das pessoas[4].

33.4. TIPICIDADE OBJETIVA E SUBJETIVA

O art. 270 do Código Penal tipifica a conduta de "*envenenar água potável, de uso comum ou particular, ou substância alimentícia ou medicinal destinada a consumo*".

Envenenar relaciona-se a colocar, ministrar *veneno*, o qual diz respeito à substância que pode matar ou lesionar gravemente se consumida, inalada ou tocada, sem ser preciso que o veneno seja mortal, bastando ser apto a causar mal à saúde humana[5]. Além disso, como nota Soler[6], não é preciso que isso seja capaz de afetar a toda e qualquer pessoa, basta que se possa prejudicar alguns, como as crianças.

O veneno pode ter natureza orgânica ou inorgânica. Contudo, se for utilizado germe apto a causar epidemia, configura-se este delito, previsto no art. 267 do Código Penal[7], e não o fixado no art. 270.

Ressalte-se que é necessária a realização de *exame pericial* para averiguar se a substância é venenosa ou não.

Água potável é aquela que está própria para consumo. Pode ser de *uso comum* ou de *uso particular*, isto é, pode servir a uma coletividade, como um poço, cisternas que abastecem uma comunidade, ou ser de uso restrito, como a caixa da água de determinada propriedade.

---

4. BITENCOURT, Cezar Roberto. *Tratado de*..., cit., p. 361.
5. PRADO, Luiz Regis. *Curso de direito penal brasileiro*. São Paulo: Thomson Reuters, 2018, v. II, p. 612. Ainda, para o autor, a pureza da água é característica prescindível, dado que envenenar não significa tornar impuro. Basta que haja a destinação para consumo.
6. SOLER, Sebastián. *Derecho penal argentino*. Buenos Aires: TEA, 1991, t. VI, p. 652.
7. "*Art. 267 – Causar epidemia, mediante a propagação de germes patogênicos: Pena – reclusão, de dez a quinze anos. § 1º – Se do fato resulta morte, a pena é aplicada em dobro. § 2º – No caso de culpa, a pena é de detenção, de um a dois anos, ou, se resulta morte, de dois a quatro anos*".

Substância alimentícia liga-se a toda substância sólida, líquida ou pastosa fonte de nutrientes, a qual detenha como finalidade a alimentação humana, como leite, ovos, carnes, cereais. *Substância medicinal* é aquela empregada interna ou externamente para a cura ou a prevenção de moléstias humanas, como xaropes e cápsulas de remédios.

Note-se que a água potável e as referidas substâncias têm de ser *destinadas a consumo*, ou seja, devem ter como finalidade servir para o consumo humano. Dessa maneira, *v.g.*, a água pode ser usada para beber, preparar alimentos, mas não para lavar a casa, as roupas, regar plantas, servir a animais.

O Tribunal de Justiça do estado de São Paulo (TJ-SP) já se posicionou pela absolvição em caso no qual não se comprovou a efetiva contaminação da água, de tal sorte que a condenação pelo fixado no art. 270 "*pressupõe prova de que houve, de fato, contaminação de água por substância tóxica, aquela que, em razão de suas propriedades físico-químicas, é capaz de causar lesão às células e/ou tecidos dos organismos vivos*"[8]. Aliás, em outra oportunidade, TJ-SP também se posicionou pela absolvição por falta de provas, na hipótese em que a perícia não foi realizada no local do possível crime, qual seja, a caixa da água em que teria ocorrido o suposto envenenamento, nem no respectivo encanamento, incidindo, então, o princípio do *in dubio pro reo*[9].

Se a água *não é potável* ou se as substâncias alimentícia ou medicinal *já estão contaminadas*, cuida-se de hipótese de *crime impossível* (art. 17 do Código Penal), por impropriedade absoluta do objeto, dado que tais não mais serviriam ao consumo humano.

Destaque-se que, se o envenenamento é usado como meio para retirar a vida de outrem, há que se analisar a idoneidade do envenenamento em atingir número indeterminado de pessoas, ou apenas pessoas determinadas. Desta feita, *v.g.*, se o indivíduo envenena o almoço de seu inimigo, incide o princípio da consunção, na medida em que o veneno foi meio para o crime-fim, o de *homicídio*, que se dá de *forma qualificada* (art. 121, § 2º, inciso III). Por outro lado, se para matar o inimigo, o indivíduo envenena toda a rede de água que abastece o conjunto residencial em que sua vítima reside, há um perigo para número indeterminado de pessoas, de tal sorte que haverá *concurso formal* entre o homicídio e o tipo do art. 270 do *Codex*.

---

8. TJ-SP, Apelação Criminal com Revisão 0009416-61.2003.8.26.0624, 7ª Câmara de Direito Criminal, rel. Des. Francisco Menin, j. 19/03/2009.

9. TJ-SP, Apelação Criminal nº 0002999-96.2014.8.26.0595, 16ª Câmara de Direito Criminal, rel. Des. Leme Garcia, j. 03/05/2016, DJ 04/05/2016. *In casu*, a amostra que foi analisada havia sido coletada pela própria vítima, e havia desavenças entre as famílias do suposto agente e das vítimas, assim, não foi considerada prova idônea a ensejar condenação.

Há entendimentos[10] de que a primeira parte do delito, concernente ao envenenamento de água potável, foi derrogada implicitamente pelo art. 54 da Lei 9.605/1998 (Lei de Crimes Ambientais)[11], pois tal figura delitiva emprega a expressão "*poluição de qualquer natureza*", que é de caráter amplo, além de haver qualificadora referente à poluição hídrica – "*causar poluição hídrica que torne necessária a interrupção do abastecimento público de água de uma comunidade*" (art. 54, § 2º, inciso III). Não obstante, não é essa a compreensão majoritária, dado que, as infrações referenciadas tutelam bens distintos e possuem alcances diversos. Efetivamente, envenenar não é sinônimo de causar poluição.

O *elemento subjetivo do tipo* é o dolo. Não se requer especial fim de agir (*tipo congruente*).

Há previsão da *modalidade culposa*, consoante o art. 270, § 2º.

33.5. FIGURA EQUIPARADA

O § 1º do art. 270 contém figura equiparada, a qual também incrimina a conduta daquele que "*entrega a consumo ou tem em depósito, para o fim de ser distribuída, a água ou a substância envenenada*".

Entregar a consumo relaciona-se a fornecer, passar para a posse de outrem, seja gratuita ou onerosamente, a água potável, substância alimentícia ou medicinal destinadas ao consumo humano que estejam envenenadas. *Ter em depósito* liga-se a armazenar, guardar em local certo e seguro; assim, o sujeito ativo visa guardar a água ou substância envenenadas para posteriormente realizar sua distribuição.

---

10. PRADO, Luiz Regis. *Curso de...*, cit., p. 613. Em sentido similar, *v.g.*, FREITAS, Vladimir Passos de; FREITAS, Gilberto Passos de. *Crimes contra a natureza*. São Paulo: Revista dos Tribunais, 2000, p. 169.
11. "*Art. 54. Causar poluição de qualquer natureza em níveis tais que resultem ou possam resultar em danos à saúde humana, ou que provoquem a mortandade de animais ou a destruição significativa da flora: Pena – reclusão, de um a quatro anos, e multa.* § 1º Se o crime é culposo: *Pena – detenção, de seis meses a um ano, e multa.* § 2º Se o crime: *I – tornar uma área, urbana ou rural, imprópria para a ocupação humana; II – causar poluição atmosférica que provoque a retirada, ainda que momentânea, dos habitantes das áreas afetadas, ou que cause danos diretos à saúde da população; III – causar poluição hídrica que torne necessária a interrupção do abastecimento público de água de uma comunidade; IV – dificultar ou impedir o uso público das praias; V – ocorrer por lançamento de resíduos sólidos, líquidos ou gasosos, ou detritos, óleos ou substâncias oleosas, em desacordo com as exigências estabelecidas em leis ou regulamentos: Pena – reclusão, de um a cinco anos.* § 3º Incorre nas mesmas penas previstas no parágrafo anterior quem deixar de adotar, quando assim o exigir a autoridade competente, medidas de precaução em caso de risco de dano ambiental grave ou irreversível".

Ademais, quanto à conduta de *ter em depósito*, exige-se *elemento subjetivo especial do tipo*, relacionado ao intuito da água ou substância envenenadas *serem distribuídas*. Ou seja, o agente armazena com o fim de posteriormente distribuir para consumo humano a substância envenenada.

A previsão do art. 270, § 1º, denota um *tipo misto alternativo*, ou de conteúdo variado, de tal sorte que, *v.g.*, se a pessoa que realizou o envenenamento também entrega ou tem em depósito a substância envenenada, responde por crime único. Assim, a figura equiparada cuida de situações de agentes que não realizaram o envenenamento.

Para corrente minoritária[12], a figura do § 1º do art. 270 foi revogada tacitamente pelo art. 56 da Lei 9.605/1998[13], o qual possui redação mais abrangente e, além do ambiente, também tutela a saúde pública. Uma vez mais, reiteramos que as condutas diferem, não tendo havido revogação.

33.6. CONSUMAÇÃO E TENTATIVA

Quanto ao art. 270, *caput*, *consuma-se* o delito com o efetivo envenenamento de água potável, substância alimentícia ou substância medicinal, independentemente da efetiva lesão à saúde de pessoas.

Quanto ao art. 270, § 1º, 1ª parte, *consuma-se* o crime com a efetiva entrega da água ou substância envenenadas.

Quanto ao art. 270, § 1º, *in fine*, a consumação se dá com a efetiva guarda da água ou substância envenenada. Aliás, a conduta de *ter em depósito* caracteriza *crime permanente*, em que a consumação se prolonga no tempo.

Em qualquer caso, o crime é *formal*, de consumação antecipada, ou de resultado cortado.

Admite-se a *tentativa*, dado o caráter plurissubsistente do delito.

---

12. PRADO, Luiz Regis. *Curso de...*, cit., p. 613.
13. "*Art. 56. Produzir, processar, embalar, importar, exportar, comercializar, fornecer, transportar, armazenar, guardar, ter em depósito ou usar produto ou substância tóxica, perigosa ou nociva à saúde humana ou ao meio ambiente, em desacordo com as exigências estabelecidas em leis ou nos seus regulamentos: Pena – reclusão, de um a quatro anos, e multa. § 1º Nas mesmas penas incorre quem: I – abandona os produtos ou substâncias referidos no caput ou os utiliza em desacordo com as normas ambientais ou de segurança; II – manipula, acondiciona, armazena, coleta, transporta, reutiliza, recicla ou dá destinação final a resíduos perigosos de forma diversa da estabelecida em lei ou regulamento. § 2º Se o produto ou a substância for nuclear ou radioativa, a pena é aumentada de um sexto a um terço. § 3º Se o crime é culposo: Pena – detenção, de seis meses a um ano, e multa*".

33.7. CRIME CULPOSO

Nos termos do art. 270, § 2º, também é punível a *modalidade culposa* do crime.

Dessa forma, perfaz-se a figura com a violação do dever de cuidado objetivo, de tal sorte que, por negligência, imprudência ou imperícia do sujeito ativo, ocorre o envenenamento de água potável, substância alimentícia ou substância medicinal.

Consoante destaca Bitencourt[14], são hipóteses de crime culposo "*a) quando o agente está em condições de identificar a nocividade da substância utilizada como veneno e ainda assim atua confiando que não haverá envenenamento, ou b) quando acredita que a substância envenenada mantida em depósito não chegará nunca a ser distribuída para o consumo humano, mas descuida das medidas de cuidado devidas e referida substância é distribuída, ou, ainda, c) quando se equivoca sobre a qualidade do objeto envenenado, acreditando falsamente que não se tratava de substância destinada ao consumo humano, mas ao consumo de animais, ou ao uso industrial*".

Ainda, o professor gaúcho entende que a forma culposa do delito em foco pode se dar quando o agente tenta praticar dolosamente o crime insculpido no art. 271 do *Codex*[15] – relativo à *corrupção ou poluição de água potável* –, mas, por imprudência, acaba envenenando a água.

33.8. CAUSAS DE AUMENTO DE PENA

Consoante estabelece o art. 285 do Código Penal, o disposto em seu art. 258 é aplicável quando da realização do delito em análise. Desta feita, cuida-se de situação na qual a prática das condutas previstas no art. 270 resulta em lesão corporal grave ou morte.

Ressalte-se, contudo, que é preciso demonstrar o vínculo causal entre a conduta perpetrada e os referidos resultados mais gravosos, os quais sobrevieram a título de culpa. De se notar, então, que na forma dolosa de envenenamento de água potável ou de substância alimentícia ou medicinal, sobrevindo o resultado mais gravoso, há uma situação *preterdolosa*.

Assim, quando o crime do art. 270 for praticado de maneira *dolosa*, e ocorrer o resultado de *lesão corporal de natureza grave* (o que inclui a gravíssima), a pena

---

14. BITENCOURT, Cezar Roberto. *Tratado de*..., cit., p. 364.
15. "*Art. 271 – Corromper ou poluir água potável, de uso comum ou particular, tornando-a imprópria para consumo ou nociva à saúde: Pena – reclusão, de dois a cinco anos. Parágrafo único – Se o crime é culposo: Pena – detenção, de dois meses a um ano*".

privativa de liberdade é aumentada em metade; sobrevindo o resultado *morte*, a pena é aplicada em dobro (art. 258, 1ª parte).

Havendo a modalidade *culposa* do delito de envenenamento de água potável ou de substância alimentícia ou medicinal, se resultar em lesão corporal, aumenta-se a pena em metade; caso ocorra morte, é aplicada a pena do *homicídio culposo*, aumentada de um terço (art. 258, *in fine*).

33.9. PENA E AÇÃO PENAL

O delito de *envenenamento de água potável ou de substância alimentícia ou medicinal* é sancionado com pena de reclusão, de dez a quinze anos, tanto em sua figura *básica* como *equiparada* (art. 270, *caput* e § 1º).

Na modalidade culposa, a pena é de detenção, de seis meses a dois anos (art. 270, § 2º).

Por força do art. 285 do *Codex*, aplicam-se ao crime do art. 270 as hipóteses do art. 258. Desta feita, quando o crime do art. 270 for praticado de forma dolosa, e sobrevém o resultado de *lesão corporal de natureza grave*, majora-se a pena privativa de liberdade em metade; sendo o resultado *morte*, aplica-se a pena em dobro (art. 258, 1ª parte). Na forma culposa (art. 270, § 2º), se do crime resultar *lesão corporal*, aumenta-se a pena em metade; sobrevindo *morte*, é aplicada a pena do *homicídio culposo*, aumentada de um terço (art. 258, *in fine*).

A *ação penal é pública incondicionada.*

A forma culposa, exclusivamente, é *infração penal de menor potencial ofensivo*, de competência do Juizado Especial Criminal (art. 61 da Lei nº 9.099/1995). Nesse caso, admite-se a *suspensão condicional do processo* (art. 89 da Lei nº 9.099/1995).

Mostra-se incabível o *acordo de não persecução penal* (art. 28-A do Código de Processo Penal).

34 CORRUPÇÃO OU POLUIÇÃO DE ÁGUA POTÁVEL (ART. 271)

SUMÁRIO: 34.1. Considerações iniciais – 34.2. Objetividade jurídica – 34.3. Sujeitos do delito – 34.4. Tipicidade objetiva e subjetiva – 34.5. Consumação e tentativa – 34.6. Crime culposo – 34.7. Causas de aumento de pena – 34.8. Pena e ação penal.

Corrupção ou poluição de água potável

Art. 271. Corromper ou poluir água potável, de uso comum ou particular, tornando-a imprópria para consumo ou nociva à saúde:

Pena – reclusão, de 2 (dois) a 5 (cinco) anos.

Modalidade culposa

Parágrafo único. Se o crime é culposo:

Pena – detenção, de 2 (dois) meses a 1 (um) ano.

34.1. CONSIDERAÇÕES INICIAIS

Dado que a água potável é um recurso essencial para a sobrevivência da vida humana, o acesso a essa não deixa de ser uma questão concernente à saúde pública. Assim, o tipo penal de *corrupção ou poluição de água potável* visa reprimir situações em que haja risco de que um número indeterminado de pessoas tenha acesso a uma água que não esteja em condições mínimas para consumo, até mesmo podendo culminar em prejuízos para a saúde humana.

Vale pontuar que há entendimento de que o art. 271 do Código Penal foi tacitamente revogado pelo art. 54 da Lei nº 9.605/1998 (Lei de Crimes Ambientais). Entretanto, essa não se mostra como uma interpretação adequada.

34.2. OBJETIVIDADE JURÍDICA

Protege-se a incolumidade pública, em especial no que tange à *saúde pública*.

34.3. SUJEITOS DO DELITO

Qualquer pessoa pode ser *sujeito ativo*, inclusive o proprietário da água potável objeto do delito. Cuida-se de *crime comum*, ou geral.

Sujeito passivo é a coletividade (*crime vago*).

34.4. TIPICIDADE OBJETIVA E SUBJETIVA

O art. 271 do Código Penal tipifica a conduta de "*corromper ou poluir água potável, de uso comum ou particular, tornando-a imprópria para consumo ou nociva à saúde*". Trata-se de tipo misto alternativo, de modo que a prática de ambas as condutas em relação ao mesmo objeto, no mesmo contexto fático, implica em crime único.

Corromper relaciona-se a adulterar, modificar, alterar a composição ou a essência da água. *Poluir* refere-se a conspurcar, sujar. Água potável diz respeito àquela que está própria para o consumo humano. Não é necessário que haja pureza absoluta da água, bastando que esteja própria para beber por indeterminado número de pessoas, ou para a preparação de alimentos. Desta maneira, exclui-se, *v.g.*, a água usada para o trato de animais e de uso industrial.

Por meio da conduta do sujeito ativo, a água, que antes poderia ser consumida pelo ser humano, torna-se *imprópria para consumo*, isto é, há uma perda da potabilidade, mesmo que não traga prejuízos à saúde, ou *nociva à saúde*, podendo acarretar danos, malefícios à saúde humana, por conta de suas condições ou elementos nela contidos.

Nesse âmbito, se a substância utilizada para corromper ou poluir a água for *veneno*, pode restar configurado o crime previsto no art. 270 do Código Penal (*envenenamento de água potável*)[1].

Demais disso, note-se que, se a água já estiver imprópria para consumo, será o caso de *crime impossível*, nos termos do art. 17 do *Codex*.

Cuida-se de a figura de corrupção ou poluição de água potável de *crime de perigo abstrato*, de modo que há uma presunção de que o bem jurídico tutelado é posto em risco pela conduta vedada.

---

1. "*Art. 270 – Envenenar água potável, de uso comum ou particular, ou substância alimentícia ou medicinal destinada a consumo: Pena – reclusão, de dez a quinze anos. § 1º – Está sujeito à mesma pena quem entrega a consumo ou tem em depósito, para o fim de ser distribuída, a água ou a substância envenenada. Modalidade culposa § 2º – Se o crime é culposo: Pena – detenção, de seis meses a dois anos*".

Conforme mencionado, há discussões acerca da revogação tácita do art. 271 do Código Penal, por conta do tipo insculpido no art. 54 da Lei de Crimes Ambientais[2], o qual, na modalidade fundamental, incrimina a conduta de "*causar poluição de qualquer natureza em níveis tais que resultem ou possam resultar em danos à saúde humana, ou que provoquem a mortandade de animais ou a destruição significativa da flora*".

Nesse diapasão, o Superior Tribunal de Justiça (STJ)[3] já se manifestou no sentido de que o referido art. 54 da lei especial teria ab-rogado o art. 271 do *Codex*; isso porque "*o tipo penal, posterior, específico e mais brando, do art. 54 da Lei nº 9.605/98 engloba completamente a conduta tipificada no art. 271 do Código Penal, provocando a ab-rogação do delito de corrupção ou poluição de água potável*"[4]. Na mesma oportunidade, consignou-se que, para a caracterização do art. 54 da Lei de Crimes Ambientais, seria mister "a *ocorrência de efetiva lesão ou perigo de dano, concreto, real e presente, à saúde humana, à flora ou à fauna*".

Para Bitencourt[5], pode-se interpretar que houve uma revogação tácita do art. 271 do *Codex* pelo art. 54, *caput*, da Lei 9.605/1998, o que o autor inclusive enxerga como mais favorável ao acusado, pois a sanção do dispositivo da lei especial parte da reclusão de um a quatro anos e multa, enquanto que a figura do art. 271, de reclusão de dois a cinco anos.

Em que pese tais argumentos, não houve revogação da figura do art. 271 pelo tipo da Lei de Crimes Ambientais. Apesar da similitude das infrações, os bens jurídicos

---

2. "*Art. 54. Causar poluição de qualquer natureza em níveis tais que resultem ou possam resultar em danos à saúde humana, ou que provoquem a mortandade de animais ou a destruição significativa da flora: Pena – reclusão, de um a quatro anos, e multa.* § 1º Se o crime é culposo: *Pena – detenção, de seis meses a um ano, e multa.* § 2º Se o crime: *I – tornar uma área, urbana ou rural, imprópria para a ocupação humana; II – causar poluição atmosférica que provoque a retirada, ainda que momentânea, dos habitantes das áreas afetadas, ou que cause danos diretos à saúde da população; III – causar poluição hídrica que torne necessária a interrupção do abastecimento público de água de uma comunidade; IV – dificultar ou impedir o uso público das praias; V – ocorrer por lançamento de resíduos sólidos, líquidos ou gasosos, ou detritos, óleos ou substâncias oleosas, em desacordo com as exigências estabelecidas em leis ou regulamentos: Pena – reclusão, de um a cinco anos. § 3º Incorre nas mesmas penas previstas no parágrafo anterior quem deixar de adotar, quando assim o exigir a autoridade competente, medidas de precaução em caso de risco de dano ambiental grave ou irreversível*".
3. STJ, HC 178423/GO, 5ª Turma, rel. Min. Gilson Dipp, j. 06/12/2011, DJe 19/12/2011. Seguindo o entendimento do STJ pela ab-rogação, v.g., TJ-SP, Apelação Criminal nº 0015677-79.2009.8.26.0576, 11ª Câmara de Direito Criminal, rel. Paiva Coutinho, j. 09/11/2016, DJ 23/11/2016.
4. Também no sentido de que o art. 271 do Código Penal foi ab-rogado tacitamente pelo art. 54 da Lei nº 9.605/1998, cf. PRADO, Luiz Regis. *Curso de direito penal brasileiro*. São Paulo: Thomson Reuters, 2018, v. II, p. 617.
5. BITENCOURT, Cezar Roberto. *Tratado de direito penal*: parte especial. São Paulo: Saraiva, 2018, v. 4, pp. 369-370.

tutelados são diversos (saúde pública e meio ambiente, respectivamente). Ademais, a incriminação da lei ambiental possui elementos especializantes, de tal sorte que o conflito aparente de normas é resolvido pelo princípio da especialidade. Isso porque, *v.g.*, o art. 54, § 2º, III, pressupõe uma interrupção do abastecimento público de água de uma comunidade. Assim, se tal não ocorre, mas ainda houver a poluição ou corrupção da água potável, comprometendo-se a saúde humana, incide a previsão do art. 271 do *Codex*. Perceba-se, por fim, que a figura do *caput* do art. 54 da lei ambiental pode se dar, mediante poluição de água, sem que se afete a saúde humana, bastando que atinja animais ou a flora.

O *elemento subjetivo do tipo* é o dolo. Não se requer especial fim de agir por parte do agente (*tipo congruente*).

Há previsão de *modalidade culposa*, nos termos do art. 271, parágrafo único, do Código Penal.

Nessa senda, Bitencourt aduz que "*quando o agente se equivoca sobre a qualidade da água, e atua com a falsa representação de que sua conduta afeta água já corrompida ou poluída, ou quando erra sobre a destinação da água, acreditando que não se trata de água potável destinada ao consumo humano de uso comum ou particular, ou, ainda, quando desconhece o efeito contaminante do seu comportamento e a possibilidade de tornar a água potável imprópria para o consumo ou nociva à saúde, afasta-se o dolo, podendo caracterizar-se a culpa, se a poluição for causada pela infração do dever objetivo de cuidado, e desde que o agente, adotando o cuidado devido, pudesse evitá-la*"[6].

34.5. CONSUMAÇÃO E TENTATIVA

Consuma-se o delito com a corrupção ou poluição da água que antes era potável, sem ser necessária a efetiva ocorrência de danos à saúde humana. Os efeitos previstos, de tornar a água imprópria para consumo ou nociva à saúde humana, dizem respeito à idoneidade da conduta em afetar genericamente o bem jurídico protegido, sem perder de vista que se trata de crime de perigo abstrato[7].

Admite-se a *tentativa*, dado o caráter plurissubsistente da conduta.

34.6. CRIME CULPOSO

O parágrafo único do art. 271 prevê a *modalidade culposa* do crime de corrupção ou poluição de água potável. Dessa forma, há uma quebra do dever objetivo de cuidado,

6. BITENCOURT, Cezar Roberto. *Tratado de...*, cit., p. 370.
7. BITENCOURT, Cezar Roberto. *Tratado de...*, cit., p. 370.

de tal sorte que, por negligência, imprudência ou imperícia, a água que antes era potável é corrompida ou poluída, tornando-se imprópria para consumo ou nociva à saúde humana.

Para a corrente que entende que o art. 271 foi tacitamente revogado pelo art. 54 da Lei nº 9.605/1998, cumpre salientar que este também prevê, em seu § 1º, a modalidade culposa.

34.7. CAUSAS DE AUMENTO DE PENA

Nos termos do art. 285 do Código Penal, aplica-se ao delito em comento as regras presentes no art. 258 do *Codex*, as quais tratam da superveniência do resultado de lesão corporal ou do resultado morte.

Faz-se necessário demonstrar o vínculo causal entre a conduta realizada pelo sujeito ativo, e a superveniência do resultado mais gravoso, o qual se dá a título de culpa. Aliás, tratando-se de modalidade dolosa do art. 271, com ocorrência dos resultados mencionados, há uma situação *preterdolosa*.

Destarte, se a prática dolosa das condutas previstas no art. 271, *caput*, resultar em *lesão corporal de natureza grave* (o que inclui a gravíssima), aumenta-se a pena privativa de liberdade em metade; e se resultar em morte, aplica-se em dobro a pena.

Na modalidade culposa do art. 271, parágrafo único, caso sobrevenha resultado de *lesão corporal*, aumenta-se a pena em metade; e se ocorrer o resultado morte, aplica-se a pena do *homicídio culposo*, aumentada de um terço.

Conforme analisado anteriormente, diante do entendimento pelo qual o art. 271 teria sido revogado tacitamente pelo art. 54 da Lei 9.605/1998, cumpre aclarar que, em tal hipótese, poderiam incidir as majorantes previstas no art. 58 da Lei nº 9.605/1998[8] em caso de modalidade dolosa, de tal sorte que haveria aumento de pena de um terço até a metade, na hipótese de resultado de lesão corporal de natureza grave em outrem (inciso II); e aumento até o dobro, se ocorrer o resultado de morte de outrem (inciso III).

---

8. "*Art. 58. Nos crimes dolosos previstos nesta Seção, as penas serão aumentadas: I – de um sexto a um terço, se resulta dano irreversível à flora ou ao meio ambiente em geral; II – de um terço até a metade, se resulta lesão corporal de natureza grave em outrem; III – até o dobro, se resultar a morte de outrem. Parágrafo único. As penalidades previstas neste artigo somente serão aplicadas se do fato não resultar crime mais grave*".

34.8. PENA E AÇÃO PENAL

O delito de *corrupção ou poluição de água potável* é sancionado com pena de reclusão, de dois a cinco anos (art. 271, *caput*).

Na modalidade culposa, a pena é de detenção, de dois meses a um ano (art. 271, parágrafo único).

Consoante o disposto no art. 285 do *Codex*, são aplicáveis ao delito em comento as hipóteses do art. 258. Assim, na prática dolosa do art. 271, havendo o resultado de *lesão corporal de natureza grave*, a pena privativa de liberdade é aumentada em metade; havendo o resultado *morte*, a pena é aplicada em dobro (art. 258, 1ª parte). Na modalidade culposa, se o crime resulta em lesão corporal, a pena é aumentada em metade; e se o crime resulta em morte, é aplicada a pena do *homicídio culposo*, aumentada de um terço (art. 258, *in fine*).

A *ação penal é pública incondicionada.*

A forma culposa, exclusivamente, é *infração penal de menor potencial ofensivo*, de competência do Juizado Especial Criminal (art. 61 da Lei nº 9.099/1995). Nesse caso, admite-se a *suspensão condicional do processo* (art. 89 da Lei nº 9.099/1995).

Preenchidos os requisitos do art. 28-A do Código de Processo Penal, é cabível o *acordo de não persecução penal* apenas na forma básica da incriminação (art. 271, *caput*). Como a forma culposa permite a transação penal, fica rechaçada a hipótese nesta situação.

35 FALSIFICAÇÃO, CORRUPÇÃO, ADULTERAÇÃO OU ALTERAÇÃO DE SUBSTÂNCIA OU PRODUTOS ALIMENTÍCIOS (ART. 272)

Sumário: 35.1. Considerações iniciais – 35.2. Objetividade jurídica – 35.3. Sujeitos do delito – 35.4. Tipicidade objetiva e subjetiva – 35.5. Figura equiparada – 35.6. Consumação e tentativa – 35.7. Crime culposo – 35.8. Causas de aumento de pena – 35.9. Pena e ação penal.

Falsificação, corrupção, adulteração ou alteração de substância ou produtos alimentícios

Art. 272. Corromper, adulterar, falsificar ou alterar substância ou produto alimentício destinado a consumo, tornando-o nociva à saúde ou reduzindo-lhe o valor nutritivo:

Pena – reclusão, de 4 (quatro) a 8 (oito) anos, e multa.

§ 1°-A Incorre nas penas deste artigo quem fabrica, vende, expõe à venda, importa, tem em depósito para vender ou, de qualquer forma, distribui ou entrega a consumo a substância alimentícia ou o produto falsificado, corrompido ou adulterado.

§ 1° Está sujeito às mesmas penas quem pratica as ações previstas neste artigo em relação a bebidas, com ou sem teor alcoólico.

Modalidade culposa

§ 2° Se o crime é culposo:

Pena – detenção, de 1 (um) a 2 (dois) anos, e multa.

35.1. CONSIDERAÇÕES INICIAIS

O art. 272 do Código Penal sofreu uma série de reformas e acréscimos pelo advento da Lei nº 9.677/1998 (Lei dos Remédios), *e.g.*, na capitulação do crime, na tipificação de condutas, no objeto material do delito e no endurecimento das penas cominadas.

O *nomen iuris* anterior do delito era de "*corrupção, adulteração ou falsificação de substância alimentícia ou medicinal*". Assim, nota-se que a referida lei especial, além de mudar a ordem de condutas, passando a falsificação para o início, acrescentou a alteração. Ademais, suprimiu-se a menção à substância medicinal, e acrescentou-se a referência a produtos alimentícios.

Anteriormente, o art. 272 cuidava apenas das condutas de corromper, adulterar ou falsificar e não era prevista a redução do valor nutritivo. Por outro lado, havia como objeto material não só a substância alimentícia, mas também a medicinal, ambas destinadas a consumo.

O conteúdo do novo § 1º-A aproxima-se do antigo § 1º, acrescentando-se, então, à figura equiparada as condutas de "*fabricar*", "*importar*" e "*distribuir*". Por sua vez, a nova redação do § 1º visou expressamente estabelecer que o tipo penal abrange bebidas, possuam essas teor alcoólico ou não.

De se observar que houve uma peculiar técnica legislativa, a qual posicionou o § 1º-A antes do § 1º, quando, nessa situação, o mais lógico seria o inverso. Aliás, como mencionado, o § 1º originalmente tinha um conteúdo semelhante ao do novel § 1º-A, com apenas a diferença de algumas ações, sendo a maior transformação o que estabelece o novo § 1º. Assim, mostra-se um tanto desnecessária (e confusa) essa "*movimentação*" de conteúdo entre os dispositivos, visto que bastaria acrescentar ao antigo § 1º as novas condutas que se desejava incriminar, e deixar para o § 1º-A, que seria posicionado sucessivamente, a disposição relativa às bebidas com ou sem teor alcoólico.

Note-se que o fato de suprimir condutas antes presentes no art. 272 não foi uma opção por descriminalizar condutas. Na verdade, a mesma lei que alterou o art. 272 também modificou o art. 273 do Código Penal[1], de tal sorte que os comportamentos e objetos retirados de um, de certo modo, passaram a ser tratadas no outro, e vice-versa; por exemplo, na antiga redação do art. 273, cuidava-se da alteração de substâncias alimentícias ou medicinais. Dessa forma, observa-se que o legislador penal buscou, em certa medida, concentrar as condutas em torno de substâncias alimentícias no art. 272, e as relativas a substâncias medicinais no art. 273 do *Codex*.

Demais disso, houve um recrudescimento da pena reclusão atribuída à modalidade dolosa, que era de dois a seis anos, e agora é de quatro a oito anos. A sanção da

1. "*Art. 273 – Falsificar, corromper, adulterar ou alterar produto destinado a fins terapêuticos ou medicinais: Pena – reclusão, de 10 (dez) a 15 (quinze) anos, e multa. § 1º – Nas mesmas penas incorre quem importa, vende, expõe à venda, tem em depósito para vender ou, de qualquer forma, distribui ou entrega a consumo o produto falsificado, corrompido, adulterado ou alterado. § 1º-A – Incluem-se entre os produtos a que se refere este artigo os medicamentos, as matérias-primas, os insumos farmacêuticos, os cosméticos, os saneantes e os de uso em diagnóstico. § 1º-B – Está sujeito às penas deste artigo quem pratica as ações previstas no § 1º em relação a produtos em qualquer das seguintes condições: I – sem registro, quando exigível, no órgão de vigilância sanitária competente; II – em desacordo com a fórmula constante do registro previsto no inciso anterior; III – sem as características de identidade e qualidade admitidas para a sua comercialização; IV – com redução de seu valor terapêutico ou de sua atividade; V – de procedência ignorada; VI – adquiridos de estabelecimento sem licença da autoridade sanitária competente. § 2º – Se o crime é culposo: Pena – detenção, de 1 (um) a 3 (três) anos, e multa*".

modalidade culposa também foi aumentada, passando de detenção de seis meses a um ano, para detenção de um a dois anos. A cominação de pena de multa permaneceu inalterada.

Vale pontuar que a Lei nº 9.677/1998 havia colocado os arts. 272 a 277 no rol dos crimes hediondos, porém, a Lei nº 9.695/1998 modificou tal cenário, de maneira que, atualmente, entre tais dispositivos, somente o previsto no art. 273 permaneceu entre os delitos catalogados sob tal rubrica.

Há entendimento no sentido da inconstitucionalidade do tipo penal em comento, na medida em que, além do recrudescimento das penas, em si mesmas desproporcionais, há uma equiparação de tratamento para situações muito distintas, visto que, *e.g.*, estão sujeitas à mesma margem de pena condutas que tornam um produto nocivo à saúde e aquelas que apenas reduzem o seu valor nutritivo. Então, tal consubstanciaria, *v.g.*, uma violação aos princípios da isonomia, da proporcionalidade e da proibição do excesso.

35.2. OBJETIVIDADE JURÍDICA

Protege-se a incolumidade pública, em especial no que tange à *saúde pública*.

35.3. SUJEITOS DO DELITO

Qualquer pessoa pode ser *sujeito ativo* da figura em análise. Trata-se de *crime comum*, ou geral. Comumente, tal delito é praticado por industriais, comerciantes e agricultores.

Sujeito passivo é a coletividade (*crime vago*), bem como o indivíduo afetado pela substância ou produto alimentício corrompido, adulterado, falsificado ou alterado.

35.4. TIPICIDADE OBJETIVA E SUBJETIVA

O art. 272 do Código Penal tipifica as condutas de "*corromper, adulterar, falsificar ou alterar substância ou produto alimentício destinado a consumo, tornando-o nocivo à saúde ou reduzindo-lhe o valor nutritivo*". Cuida-se de tipo misto alternativo, de tal sorte que, se há a prática de diferentes condutas em relação ao mesmo objeto no mesmo contexto fático, há crime único.

Corromper refere-se a desnaturar, estragar, deteriorar, havendo uma alteração da essência do produto ou substância alimentícia. *Adulterar* liga-se a deturpar, conspurcar.

Para distinguir a conduta de corromper daquela de adulterar, há que se observar que, na adulteração, são adicionadas ou misturadas substâncias que são da mesma espécie do objeto que se busca adulterar, do contrário, pode haver a corrupção. No exemplo de acrescentar peixe estragado ao peixe fresco seria um caso de corrupção, não de adulteração[2].

Falsificar traz a ideia de apresentar como verdadeiro aquilo que não o é, de tal sorte que se busca imitar, assemelhar-se à substância ou produto originais. *Alterar* relaciona-se a mudar, modificar, ação que pode ser equiparada às anteriores mencionadas. Por conseguinte, consoante alterar é um modo de falsificação, corrompimento ou adulteração.

A conduta do sujeito ativo tem como objeto a *substância ou produto alimentício*. Nessa senda, o Decreto-Lei nº 986/1969, que trata de normas básicas sobre alimentos, dispõe em seu art. 2º, inciso I, que alimento é "*toda substância ou mistura de substâncias, no estado sólido, líquido, pastoso ou qualquer outra forma adequada, destinadas a fornecer ao organismo humano os elementos normais à sua formação, manutenção e desenvolvimento*". Ainda, a substância ou produto alimentício são *destinados ao consumo humano*, isto é, voltados ao uso de número indeterminado de pessoas, de modo que o crime não abarcaria, por exemplo, as rações para alimentar animais[3].

Nesse diapasão, nota-se controvérsia em torno de alimentos que, além de nutritivos, são benéficos à saúde, *v.g.*, prevenindo doenças, como aqueles enriquecidos com certas substâncias, alimentos probióticos, entre outros. Há dúvidas se tais alimentos seriam considerados ou não medicamentos, dadas as suas propriedades terapêuticas, caso em que a conduta seria não a descrita no art. 272, mas sim a do art. 273 do Código Penal. Nesse caso, é recomendável aplicar o teor do art. 272, que é norma penal mais benéfica se comparada à do art. 273[4].

Ainda, o tipo menciona que a conduta perpetrada pelo agente torna a substância ou produto alimentício *nocivos à saúde*, prejudiciais às funções físicas, mentais e orgânicas, ou *reduz seu valor nutritivo*, diminui as propriedades de nutrição. Como se cuida de requisito colocado pela lei, mostra-se necessário, então, que se comprove por perícia a nocividade à saúde ou a redução do valor nutritivo.

---

2. PRADO, Luiz Regis. *Curso de direito penal brasileiro*. São Paulo: Thomson Reuters, 2018, v. II, p. 620.
3. Não obstante, na visão de Bitencourt, o tipo em comento pode incidir em tais casos "*quando se tratar de animais para abate, destinados ao consumo humano*", cf. BITENCOURT, Cezar Roberto. *Tratado de direito penal*: parte especial. São Paulo: Saraiva, 2018, v. 4, p. 374.
4. BITENCOURT, Cezar Roberto. *Tratado de...*, cit., p. 374.

Trata-se de crime de perigo concreto e coletivo[5].

Nessa senda, o Superior Tribunal de Justiça (STJ)[6] já afastou a incidência do art. 272 do *Codex* em caso que envolvia a adulteração de óleo de soja degomado ao qual foram misturadas outras substâncias, pois não houve a comprovação na perícia de que semelhante conduta culminou em nocividade à saúde humana ou redução do valor nutritivo.

O delito pode se dar tanto de forma *comissiva* quanto *omissiva*, *v.g.*, quanto a esta última, quando não são seguidos os cuidados para conservação da substância ou produto alimentício.

O *elemento subjetivo do tipo* é o dolo. Não se exige especial fim de agir (*tipo congruente*).

Há previsão da modalidade culposa, nos termos do § 2º do art. 272.

35.5. FIGURA EQUIPARADA

O § 1º-A do art. 272 do Codex – como visto, semelhante ao § 1º da redação original – incrimina a conduta daquele que "*fabrica, vende, expõe à venda, importa, tem em depósito para vender ou, de qualquer forma, distribui ou entrega a consumo a substância alimentícia ou o produto falsificado, corrompido ou adulterado*". Cuida-se também de tipo misto alternativo ou de conteúdo variado, de maneira que a prática de diferentes condutas em relação ao mesmo objeto no mesmo contexto fático implica em crime único.

Fabricar liga-se a produzir, manufaturar, confeccionar. *Vender* diz respeito a alienar onerosamente. *Expor à venda* refere-se a exibir, mostrar, colocar à vista para alienação. *Importar* alude a trazer para o País algo do exterior. *Ter em depósito* remete a conservar, guardar em local seguro e certo. *Distribuir* liga-se a dar, repartir. E *entregar a consumo* relaciona-se a repassar, seja de forma onerosa ou gratuita. Quanto à conduta de "*ter em depósito*", há *elemento subjetivo especial do tipo*, ligado à *finalidade de vender*, alienar, a substância ou produto falsificados, corrompidos ou adulterados.

Tais condutas, então, têm como *objeto a substância ou produto alimentício que já estejam, falsificados, corrompidos ou adulterados*. Aquele que pratica as condutas

5. Há posicionamentos no sentido de ser o caso de crime de *perigo abstrato*, que independeria da prova da possibilidade de efetivamente atingir-se alguém, cf. FRAGOSO, Heleno Cláudio. *Lições de direito penal*: parte especial. Rio de Janeiro: Forense, 1986, v. II, p. 215; NUCCI, Guilherme de Souza. *Curso de direito penal*: parte especial. Rio de Janeiro: Forense, 2018, v. 3, pp. 275-276.

6. STJ, AgRg no AREsp 1361693/GO, 5ª Turma, rel. Min. Reynaldo Soares da Fonseca, j. 02/04/2019, DJe 23/04/2019.

previstas no § 1º-A deve ser diferente daquele que realizou as condutas insculpidas no *caput*. Assim, se uma pessoa pratica tanto as condutas do *caput* quanto as do § 1º-A, esta última deverá ser considerada como fato posterior impunível, respondendo apenas pelo *caput*, pois, do contrário, haveria delito progressivo.

Ainda, o § 1º do art. 272 estabelece que "*está sujeito às mesmas penas quem pratica as ações previstas neste artigo em relação a bebidas, com ou sem teor alcoólico*". Apesar da construção gramatical semelhante à utilizada em figuras equiparadas, na verdade, trata-se propriamente de *norma penal explicativa*, na medida em que esclarece que as bebidas, com ou sem teor alcoólico, estão compreendidas no conceito de substância alimentícia.

Desta feita, tanto as condutas previstas no *caput* quanto as condutas insculpidas na figura equiparada do § 1º-A do art. 272, podem ter como objeto material a bebida, independentemente desta possuir ou não teor alcoólico.

Não há que se confundir o art. 7º, inciso IX, da Lei nº 8.137/1990[7], que trata das condutas de "*vender, ter em depósito para vender ou expor à venda ou, de qualquer forma, entregar matéria-prima ou mercadoria, em condições impróprias ao consumo*", com a figura equiparada do § 1º-A. Enquanto o art. 7º, inciso IX, cuida de crimes contra as relações de consumo e tem como objetos matéria-prima ou mercadoria, o art. 272

7. "*Art. 7º Constitui crime contra as relações de consumo: I – favorecer ou preferir, sem justa causa, comprador ou freguês, ressalvados os sistemas de entrega ao consumo por intermédio de distribuidores ou revendedores; II – vender ou expor à venda mercadoria cuja embalagem, tipo, especificação, peso ou composição esteja em desacordo com as prescrições legais, ou que não corresponda à respectiva classificação oficial; III – misturar gêneros e mercadorias de espécies diferentes, para vendê-los ou expô-los à venda como puros; misturar gêneros e mercadorias de qualidades desiguais para vendê-los ou expô-los à venda por preço estabelecido para os demais mais alto custo; IV – fraudar preços por meio de: a) alteração, sem modificação essencial ou de qualidade, de elementos tais como denominação, sinal externo, marca, embalagem, especificação técnica, descrição, volume, peso, pintura ou acabamento de bem ou serviço; b) divisão em partes de bem ou serviço, habitualmente oferecido à venda em conjunto; c) junção de bens ou serviços, comumente oferecidos à venda em separado; d) aviso de inclusão de insumo não empregado na produção do bem ou na prestação dos serviços; V – elevar o valor cobrado nas vendas a prazo de bens ou serviços, mediante a exigência de comissão ou de taxa de juros ilegais; VI – sonegar insumos ou bens, recusando-se a vendê-los a quem pretenda comprá-los nas condições publicamente ofertadas, ou retê-los para o fim de especulação; VII – induzir o consumidor ou usuário a erro, por via de indicação ou afirmação falsa ou enganosa sobre a natureza, qualidade do bem ou serviço, utilizando-se de qualquer meio, inclusive a veiculação ou divulgação publicitária; VIII – destruir, inutilizar ou danificar matéria-prima ou mercadoria, com o fim de provocar alta de preço, em proveito próprio ou de terceiros; IX – vender, ter em depósito para vender ou expor à venda ou, de qualquer forma, entregar matéria-prima ou mercadoria, em condições impróprias ao consumo; Pena – detenção, de 2 (dois) a 5 (cinco) anos, ou multa. Parágrafo único. Nas hipóteses dos incisos II, III e IX pune-se a modalidade culposa, reduzindo-se a pena e a detenção de 1/3 (um terço) ou a de multa à quinta parte*".

do Codex trata de crime contra a saúde pública, tendo como objetos a substância ou produtos alimentícios.

Além disso, o art. 272 do Código Penal também não se confunde com as figuras do art. 2º, incisos III e V, da Lei nº 1.521/1951[8], que cuidam de *crimes contra a economia popular*.

35.6. CONSUMAÇÃO E TENTATIVA

Quanto ao art. 272, *caput*, *consuma-se* o delito com a constatação da situação de perigo, capaz de lesionar a vida ou a saúde de outrem, comprovando-se, pela perícia, se houve a redução do valor nutritivo ou se há a nocividade para a saúde.

Quanto à figura equiparada presente no art. 272, § 1º-A, a *consumação* se dá com a prática das condutas de fabricar, vender, expor à venda, importar, depositar para vender, distribuir ou entregar a consumo. As formas de *expor* à *venda* e *ter em depósito* são tidas como *crime permanente*.

Admite-se a *tentativa*.

Vale pontuar que o STJ[9] já exarou entendimento no sentido de que a consumação ocorre no momento em que a substância se torna nociva à saúde. Assim a comercialização interestadual desses produtos, por si só, não teria o condão de atrair a competência da Justiça Federal.

35.7. CRIME CULPOSO

O § 2º do art. 272 prevê a sanção da *modalidade culposa* do crime. Dessa maneira, há uma inobservância de dever objetivo de cuidado, de modo que por negligência,

---

8. "*Art. 2º. São crimes desta natureza:* [...] *III – expor à venda ou vender mercadoria ou produto alimentício, cujo fabrico haja desatendido a determinações oficiais, quanto ao peso e composição;* [...] *V – misturar gêneros e mercadorias de espécies diferentes, expô-los à venda ou vendê-los, como puros; misturar gêneros e mercadorias de qualidades desiguais para expô-los à venda ou vendê-los por preço marcado para os de mais alto custo* [...] *Pena – detenção, de 6 (seis) meses a 2 (dois) anos, e multa, de dois mil a cinqüenta mil cruzeiros*".
9. RHC 95173/RS, rel. Min. Joel Ilan Paciornik, 5ª Turma, j.12/02/2019, DJe 21/02/2019. Desta feita, *in casu*, não se verificou "*ofensa direta e específica a bens, serviços ou interesses da união ou de qualquer de suas entidades*", não havendo circunstâncias hábeis para afastar a competência da justiça estadual. Em sentido semelhante, STJ, CC 34540/SP, 3ª Seção, rel. Min. Felix Fischer, j. 26/06/2002, DJe 23/09/2002, destacando-se que, visto que a consumação se dá com a nocividade da substância, no ato da fabricação e comercialização inicial, a competência já se encontrava definida.

imprudência ou imperícia do sujeito ativo, se perfaz o crime do art. 272, seja na modalidade fundamental ou na forma equiparada.

Exemplo de corrupção ou adulteração seria o caso de descuido na escolha dos elementos da fabricação, preparação ou beneficiamento da substância, e, no caso das condutas equiparadas, a grosseira desatenção quanto à deturpação ou falsificação da substância[10].

Destarte, conforme destaca Bitencourt[11], "*quando o agente desconhece o potencial ofensivo de sua conduta, isto é, que o seu comportamento é idôneo para corromper, adulterar, falsificar ou alterar substância ou produto alimentício, ou bebida, com ou sem teor alcoólico, destinados a consumo, afasta-se o dolo, podendo caracterizar-se a culpa, se a corrupção, adulteração, falsificação ou alteração forem causadas pela infração do dever objetivo de cuidado, e desde que o agente, adotando o cuidado devido, pudesse evitá-la em face do conhecimento ou cognoscibilidade do risco. Da mesma forma, a ausência do conhecimento de que se fabrica, vende, expõe à venda, importa, tem em depósito para vender, distribui ou entrega a consumo produto alimentício defraudado afasta a tipicidade da ação. É impossível reconhecer a existência de dolo quando o mau estado da mercadoria escapa à observação comum*".

35.8. CAUSAS DE AUMENTO DE PENA

Conforme o art. 285 do Código Penal, aplica-se o teor do art. 258 quando, da prática do delito insculpido no art. 272, houver o resultado de *lesão corporal grave* (o que inclui a gravíssima) ou *morte*. De se notar que é preciso demonstrar o vínculo causal entre a conduta perpetrada e os referidos resultados mais gravosos, os quais sobrevieram a título de culpa. Desta feita, havendo a prática dolosa do art. 272 e posterior resultado de lesão corporal ou morte, resta caracterizada situação *preterdolosa*.

Deste modo, na forma dolosa do art. 272, sobrevindo o resultado de *lesão corporal de natureza grave*, aumenta-se em metade a pena privativa de liberdade; ocorrendo o resultado *morte*, a pena é aplicada em dobro (art. 258, 1ª parte).

Na forma culposa, se há resultado de *lesão corporal*, aumenta-se a pena em metade; caso ocorra resultado *morte*, aplica-se a pena do homicídio culposo, aumentada de um terço (art. 258, *in fine*).

10. HUNGRIA, Nélson. *Comentários ao código penal*. Rio de Janeiro: Forense, 1958, v. IX, p. 114.
11. BITENCOURT, Cezar Roberto. *Tratado de*..., cit., p. 377.

35.9. PENA E AÇÃO PENAL

O delito de *falsificação, corrupção, adulteração ou alteração de substância ou produtos alimentícios* é sancionado cumulativamente com pena de reclusão, de quatro a oito anos, e multa (art. 272, *caput* e § 1º-A).

A modalidade culposa é sancionada cumulativamente com a pena de detenção, de um a dois anos, e multa (art. 272, § 2º).

Por força do art. 285 do *Codex*, aplicam-se as hipóteses do art. 258 ao crime do art. 272. Destarte, quando o crime é praticado de forma dolosa, e sobrevém o resultado de *lesão corporal de natureza grave*, majora-se em metade a pena privativa de liberdade; se há o resultado *morte*, aplica-se a pena em dobro (art. 258, 1ª parte). Na forma culposa, se o crime resulta em *lesão corporal*, a pena é aumentada em metade; e se resulta em *morte*, aplica-se a pena do homicídio culposo, aumentada de um terço (art. 258, *in fine*).

A *ação penal é pública incondicionada*.

A forma culposa, exclusivamente, é *infração penal de menor potencial ofensivo*, de competência do Juizado Especial Criminal (art. 61 da Lei nº 9.099/1995). Nesse caso, admite-se a *suspensão condicional do processo* (art. 89 da Lei nº 9.099/1995).

Preenchidos os requisitos do art. 28-A do Código de Processo Penal, é cabível o *acordo de não persecução penal* apenas na modalidade culposa.

36 FALSIFICAÇÃO, CORRUPÇÃO, ADULTERAÇÃO OU ALTERAÇÃO DE PRODUTO DESTINADO A FINS TERAPÊUTICOS OU MEDICINAIS (ART. 273)

SUMÁRIO: 36.1. Considerações iniciais – 36.1.1. Críticas quanto às reformas do art. 273 do Código Penal – 36.2. Objetividade jurídica – 36.3. Sujeitos do delito – 36.4. Tipicidade objetiva e subjetiva – 36.5. Figura equiparada – 36.6. Consumação e tentativa – 36.7. Crime culposo – 36.8. Causas de aumento de pena – 36.9. Pena e ação penal.

Falsificação, corrupção, adulteração ou alteração de produto destinado a fins terapêuticos ou medicinais

Art. 273. Falsificar, corromper, adulterar ou alterar produto destinado a fins terapêuticos ou medicinais:

Pena - reclusão, de 10 (dez) a 15 (quinze) anos, e multa.

§ 1° Nas mesmas penas incorre quem importa, vende, expõe à venda, tem em depósito para vender ou, de qualquer forma, distribui ou entrega a consumo o produto falsificado, corrompido, adulterado ou alterado.

§ 1°-A Incluem-se entre os produtos a que se refere este artigo os medicamentos, as matérias-primas, os insumos farmacêuticos, os cosméticos, os saneantes e os de uso em diagnóstico.

§ 1°-B Está sujeito às penas deste artigo quem pratica as ações previstas no § 1° em relação a produtos em qualquer das seguintes condições:

I - sem registro, quando exigível, no órgão de vigilância sanitária competente;

II - em desacordo com a fórmula constante do registro previsto no inciso anterior;

III - sem as características de identidade e qualidade admitidas para a sua comercialização;

IV - com redução de seu valor terapêutico ou de sua atividade;

V - de procedência ignorada;

VI - adquiridos de estabelecimento sem licença da autoridade sanitária competente.

Modalidade culposa

§ 2° Se o crime é culposo:

Pena - detenção, de 1 (um) a 3 (três) anos, e multa.

36.1. CONSIDERAÇÕES INICIAIS

O art. 273 do Código Penal sofreu reformulações com o advento da Lei nº 9.677/1998, também chamada de Lei dos Remédios.

Na redação antiga, o dispositivo cuidava da alteração de substância alimentícia ou medicinal, modificando sua qualidade ou reduzindo seu valor nutritivo ou terapêutico; ou suprimindo, total ou parcialmente, qualquer elemento de sua composição normal, ou substituindo-o por outro de qualidade inferior. Ainda, havia figura equiparada que tratava das condutas de vender, expor à venda, ter em depósito para vender ou, de qualquer forma, entregar a consumo a substância alterada nos termos do artigo.

Assim, ao *caput* do art. 273 foram acrescentadas as condutas de falsificar, corromper e adulterar, as quais também foram incluídas ao *nomen iuris*, e seu objeto passou a ser o produto destinado a fins terapêuticos ou medicinais, suprimindo-se a substância alimentícia. Ademais, à figura equiparada do § 1º foram acrescidas as condutas de importar e distribuir.

Nesse influxo, vale lembrar que a Lei nº 9.677/1998, além de modificar o art. 273, realizou alterações em outros tipos penais, de tal sorte que a supressão da estrutura original do art. 273 não se deu no intuito de descriminalizar condutas. Sendo assim, nota-se que os arts. 272 e 273 do *Codex* trocaram entre si condutas e objetos. Desta feita, o antigo art. 273, que tratava da alteração de substâncias alimentícias ou medicinais, agora tipifica determinadas condutas praticadas que tenham como objeto produto destinado a fins terapêuticos ou medicinais.

Demais disso, o § 1º-A aumentou o campo de incidência do delito ao tratar expressamente sobre outros objetos materiais, o que, como se verá, ensejou críticas, e também foi criado o § 1º-B, trazendo figura equiparada em relação ao § 1º.

Anteriormente, a pena culminada à modalidade dolosa era de reclusão, de um a três anos, e a modalidade culposa era sancionada com pena de detenção, de dois a seis meses. A pena de multa permaneceu inalterada.

O art. 273, salvo em sua forma culposa, também foi incluído no rol dos crimes hediondos (art. 1º, inciso VII-B, da Lei nº 8.072/1990). Destarte, nesses casos, dentre outras consequências gravosas, o delito mostra-se insuscetível de anistia, graça, indulto ou fiança (art. 2º, incisos I e II, da lei especial).

36.1.1. Críticas quanto às reformas do art. 273 do Código Penal

Como visto, além do alargamento da incidência do tipo penal, fica latente o endurecimento abrupto que a Lei nº 9.677/1998 engendrou nas penas cominadas ao crime ora estudado. Isso porque, além do aumento sensível da forma culposa – que passou de detenção de dois a seis meses para um a três anos –, a modalidade dolosa teve um salto ainda mais expressivo, passando de reclusão de um a três para reclusão de dez a quinze anos.

Ou seja, o art. 273, um crime de perigo, já parte de um patamar maior que o do homicídio simples (art. 121), que é de reclusão de seis a vinte anos. Além disso, sua forma culposa foi praticamente equiparada à do homicídio culposo quanto à pena privativa de liberdade, que também é de detenção de um a três anos.

Nesse diapasão, não faltam críticas tecidas quanto às reformas realizadas no art. 273 do Código Penal. Lamentavelmente, as alterações feitas são fruto do Direito Penal de Emergência verificado há décadas no país, dado que, diante de fatos concretos que chegam ao noticiário nacional e mobilizam a população, os parlamentares reagem por meio de simples alterações recrudescedoras no campo penal.

Cumpre salientar que tal reforma se deu em um contexto no qual notícias circularam na mídia sobre comércio ilegal de remédios falsificados, além de um caso no qual uma empresa colocou em circulação lotes de anticoncepcionais que não possuíam seu princípio ativo, isto é, seus comprimidos eram ineficazes.

Ainda, como será visto adiante, dentre as modificações realizadas, o § 1º-A ampliou os objetos materiais do delito, de maneira a equiparar, *v.g.*, condutas delitivas voltadas a medicamentos e aquelas voltadas a cosméticos e produtos de higiene.

Desta feita, destaca-se a existência de técnica legislativa deficiente, que equipara medicamentos, cosméticos e saneantes, havendo "*uma desproporção entre o desvalor do injusto e a gravidade da pena, em clara transgressão do princípio constitucional da proporcionalidade*" [1].

Nucci[2], por sua vez, pondera que o exagero do legislador não reside propriamente na inclusão, *e.g.*, de cosméticos e saneantes como objetos do crime, mas sim na elevada cominação da pena, ferindo o princípio da proporcionalidade. Na ótica do autor, há condutas albergadas no artigo que são de baixa ofensividade, mas, ao mesmo tempo, não há, *v.g.*, insignificância em reprimir falsificação de medicamentos[3].

Nesse contexto, diante da elevada sanção cominada e discrepância entre ações tratadas dentro da mesma margem penal, apontam-se diferentes soluções tomadas,

1. PRADO, Luiz Regis. *Curso de direito penal brasileiro*. São Paulo: Thomson Reuters, 2018, v. II, p. 626. Também destaca Bitencourt que tal ampliação não revela boa técnica legislativa, na medida em que o *caput* do artigo demonstra a intenção do tipo ser restrito aos produtos de fins medicinais ou terapêuticos, cf. BITENCOURT, Cezar Roberto. *Tratado de direito penal*: parte especial. São Paulo: Saraiva, 2018, v. 4, p. 382.
2. NUCCI, Guilherme de Souza. *Curso de direito penal*: parte especial. Rio de Janeiro: Forense, 2018, v. 3, p. 285.
3. NUCCI, Guilherme de Souza. *Curso de*..., cit., p. 280.

desde optar-se por absolvição, pela inconstitucionalidade do tipo, e até, por meio de analogia, valer-se de penas de outro crime[4].

Por exemplo, Bitencourt[5] entende que o mais acertado seria a declaração da inconstitucionalidade do preceito secundário do art. 273 do *Codex*. Nucci[6], por sua vez, entende que, nessa situação de extremos, entre a excessiva pena cominada e a absolvição, o melhor seria seguir um "*meio termo*", de modo que, por analogia, dever-se-ia aplicar a pena do tráfico de drogas, nos termos do art. 33 da Lei nº 11.343/2006[7].

Aliás, nesse âmbito, o Superior Tribunal de Justiça (STJ)[8], em sede de Arguição de Inconstitucionalidade em *Habeas Corpus*, considerou inconstitucional o precei-

---

4. NUCCI, Guilherme de Souza. *Curso de*..., cit., p. 280.
5. BITENCOURT, Cezar Roberto. *Tratado de*..., cit., pp. 386-391.
6. NUCCI, Guilherme de Souza. *Curso de*..., cit., p. 282.
7. "*Art. 33. Importar, exportar, remeter, preparar, produzir, fabricar, adquirir, vender, expor à venda, oferecer, ter em depósito, transportar, trazer consigo, guardar, prescrever, ministrar, entregar a consumo ou fornecer drogas, ainda que gratuitamente, sem autorização ou em desacordo com determinação legal ou regulamentar: Pena – reclusão de 5 (cinco) a 15 (quinze) anos e pagamento de 500 (quinhentos) a 1.500 (mil e quinhentos) dias-multa. § 1º Nas mesmas penas incorre quem: I – importa, exporta, remete, produz, fabrica, adquire, vende, expõe à venda, oferece, fornece, tem em depósito, transporta, traz consigo ou guarda, ainda que gratuitamente, sem autorização ou em desacordo com determinação legal ou regulamentar, matéria-prima, insumo ou produto químico destinado à preparação de drogas; II – semeia, cultiva ou faz a colheita, sem autorização ou em desacordo com determinação legal ou regulamentar, de plantas que se constituam em matéria-prima para a preparação de drogas; III – utiliza local ou bem de qualquer natureza de que tem a propriedade, posse, administração, guarda ou vigilância, ou consente que outrem dele se utilize, ainda que gratuitamente, sem autorização ou em desacordo com determinação legal ou regulamentar, para o tráfico ilícito de drogas; IV – vende ou entrega drogas ou matéria-prima, insumo ou produto químico destinado à preparação de drogas, sem autorização ou em desacordo com a determinação legal ou regulamentar, a agente policial disfarçado, quando presentes elementos probatórios razoáveis de conduta criminal preexistente.* § 2º Induzir, instigar ou auxiliar alguém ao uso indevido de droga: Pena – *detenção, de 1 (um) a 3 (três) anos, e multa de 100 (cem) a 300 (trezentos) dias-multa. § 3º Oferecer droga, eventualmente e sem objetivo de lucro, a pessoa de seu relacionamento, para juntos a consumirem: Pena – detenção, de 6 (seis) meses a 1 (um) ano, e pagamento de 700 (setecentos) a 1.500 (mil e quinhentos) dias-multa, sem prejuízo das penas previstas no art. 28.* § 4º Nos delitos definidos no caput e no § 1º deste artigo, as penas poderão ser reduzidas de um sexto a dois terços, vedada a conversão em penas restritivas de direitos, desde que o agente seja primário, de bons antecedentes, não se dedique às atividades criminosas nem integre organização criminosa".
8. AI no HC 239.363/PR, rel. Min. Sebastião Reis Júnior, Corte Especial, j. 26/02/2015, *DJe* 10/04/2015. Ementa: "*ARGUIÇÃO DE INCONSTITUCIONALIDADE. PRECEITO SECUNDÁRIO DO ART. 273, § 1º-B, V, DO CP. CRIME DE TER EM DEPÓSITO, PARA VENDA, PRODUTO DESTINADO A FINS TERAPÊUTICOS OU MEDICINAIS DE PROCEDÊNCIA IGNORADA. OFENSA AO PRINCÍPIO DA PROPORCIONALIDADE. 1. A intervenção estatal por meio do Direito Penal deve ser sempre guiada pelo princípio da proporcionalidade, incumbindo também ao legislador o dever de observar esse princípio como proibição de excesso*

to secundário da norma do art. 273, § 1º-B. O entendimento foi no sentido de que "*o crime de ter em depósito, para venda, produto destinado a fins terapêuticos ou medicinais de procedência ignorada é de perigo abstrato e independe da prova da ocorrência de efetivo risco para quem quer que seja. E a indispensabilidade do dano concreto à saúde do pretenso usuário do produto evidencia ainda mais a falta de harmonia entre o delito e a pena abstratamente cominada (de 10 a 15 anos de reclusão) [...] A ausência de relevância penal da conduta, a desproporção da pena em ponderação com o dano ou perigo de dano à saúde pública decorrente da ação e a inexistência de consequência calamitosa do agir convergem para que se conclua pela falta de razoabilidade da pena prevista na lei. A restrição da liberdade individual não pode ser excessiva, mas compatível e proporcional à ofensa causada pelo comportamento humano criminoso*".

Na mesma oportunidade, admitiu-se que fosse aplicada, no caso concreto, a pena prevista no art. 33 da Lei de Drogas.

Por outro lado, pontue-se que há divergência quanto à aplicação ou não da minorante prevista no § 4º do art. 33 da Lei de Drogas, havendo entendimento tanto admitindo a sua incidência[9] quanto no sentido de que "*não é cabível, por ausência de previsão legal, a aplicação da minorante prevista no § 4º do art. 33 da Lei nº 11.343/06 nos*

---

e como proibição de proteção insuficiente. 2. É viável a fiscalização judicial da constitucionalidade dessa atividade legislativa, examinando, como diz o Ministro Gilmar Mendes, se o legislador considerou suficientemente os fatos e prognoses e se utilizou de sua margem de ação de forma adequada para a proteção suficiente dos bens jurídicos fundamentais. 3. Em atenção ao princípio constitucional da proporcionalidade e razoabilidade das leis restritivas de direitos (CF, art. 5º, LIV), é imprescindível a atuação do Judiciário para corrigir o exagero e ajustar a pena cominada à conduta inscrita no art. 273, § 1º-B, do Código Penal. 4. O crime de ter em depósito, para venda, produto destinado a fins terapêuticos ou medicinais de procedência ignorada é de perigo abstrato e independe da prova da ocorrência de efetivo risco para quem quer que seja. E a indispensabilidade do dano concreto à saúde do pretenso usuário do produto evidencia ainda mais a falta de harmonia entre o delito e a pena abstratamente cominada (de 10 a 15 anos de reclusão) se comparado, por exemplo, com o crime de tráfico ilícito de drogas – notoriamente mais grave e cujo bem jurídico também é a saúde pública. 5. A ausência de relevância penal da conduta, a desproporção da pena em ponderação com o dano ou perigo de dano à saúde pública decorrente da ação e a inexistência de consequência calamitosa do agir convergem para que se conclua pela falta de razoabilidade da pena prevista na lei. A restrição da liberdade individual não pode ser excessiva, mas compatível e proporcional à ofensa causada pelo comportamento humano criminoso. 6. Arguição acolhida para declarar inconstitucional o preceito secundário da norma". Seguindo entendimento semelhante, v.g., AgRg no REsp 1810273/SP, rel. Min. Joel Ilan Paciornik, 5ª Turma, j. 01/10/2019, *DJe* 07/10/2019; AgRg no REsp 1710632/SP, rel. Min. Felix Fischer, 5ª Turma, j. 20/03/2018, *DJe* 27/03/2018.

9. E.g., STJ, HC 438.746/RJ, rel. Min. Reynaldo Soares da Fonseca, 5ª Turma, j. 24/05/2018, *DJe* 01/06/2018; STJ, HC 388.466/SP, rel. Min. Joel Ilan Paciornik, 5ª Turma, j. 05/06/2018, *DJe* 15/06/2018.

crimes previstos no art. 273, § 1º-B, do CP, mesmo nas hipóteses em que se tenha utilizado o preceito secundário do crime de tráfico de drogas"[10].

Ademais, em 2018, o Supremo Tribunal Federal (STF) reconheceu repercussão geral nas questões sobre "*(i) se a cominação da pena em abstrato prevista para importação de medicamento sem registro, tipificada no art. 273, § 1º-B, I, do Código Penal, viola os princípios da proporcionalidade e da ofensividade; e (ii) se é possível utilizar preceito secundário de outro tipo penal para fixação da pena pela importação de medicamento sem registro*"[11].

Pontue-se que já houve oportunidade na qual o STF não considerou como suficiente a arguição de desproporcionalidade da pena instituída no art. 273, § 1º-B, para atestar sua inconstitucionalidade[12].

36.2. OBJETIVIDADE JURÍDICA

Protege-se a incolumidade pública, em especial no tocante à *saúde pública*.

36.3. SUJEITOS DO DELITO

Qualquer pessoa pode ser *sujeito ativo*. Trata-se de *crime comum*, ou geral.

---

10. Nessa linha, *e.g.*, STJ, RvCr 3.064/PR, rel. Min. Nefi Cordeiro, Revisor Min. Reynaldo Soares da Fonseca, Terceira Seção, j. 22/02/2017, *DJe* 02/03/2017; AgRg no REsp 1407493/PR, rel. Min. Ribeiro Dantas, 5ª Turma, j. 10/04/2018, *DJe* 18/04/2018; AgRg no REsp 1741646/SP, rel. Min. Sebastião Reis Júnior, 6ª Turma, j. 18/09/2018, *DJe* 02/10/2018; AgRg no REsp 1757035/SP, rel. Min. Laurita Vaz, 6ª Turma, j. 14/05/2019, *DJe* 24/05/2019.

11. STF, RE 979962 RG/RS, rel. Min. Roberto Barroso, Tribunal Pleno, j. 03/08/2018. Ementa: "*Direito constitucional e penal. Recurso extraordinário. Importação de medicamentos sem registro sanitário. Exame de proporcionalidade da pena. Presença de repercussão geral. 1. A decisão recorrida declarou incidentalmente a inconstitucionalidade do preceito secundário do art. 273 do Código Penal, cuja pena cominada é 10 (dez) a 15 (quinze) anos de reclusão, para aqueles que importam medicamento sem registro na ANVISA (art. 273, § 1º-B, do CP). 2. O Tribunal de origem afirmou que viola o princípio da proporcionalidade a cominação de pena elevada e idêntica para uma conduta completamente diversa daquela praticada por quem falsifica, corrompe, adultera ou altera produto destinado a fins terapêuticos ou medicinais (art. 273, caput, do CP). Em razão disso, indicou que a conduta do § 1º-B, I, do art. 273, do Código Penal, deve ser sancionada com base no preceito secundário do art. 33, caput, da Lei nº 11.343/2006. 3. Constituem questões constitucionais relevantes definir (i) se a cominação da pena em abstrato prevista para importação de medicamento sem registro, tipificada no art. 273, § 1º-B, I, do Código Penal, viola os princípios da proporcionalidade e da ofensividade; e (ii) se é possível utilizar preceito secundário de outro tipo penal para fixação da pena pela importação de medicamento sem registro*".

12. STF, RE 662.090 AgRg/SP, rel. Min. Cármen Lúcia, Segunda Turma, j. 22/04/2014, *DJe* 06/05/2014.

Sujeito passivo é a coletividade, bem como os indivíduos que eventualmente sejam afetados pelo delito, isto é, os que adquiriram o produto – destinado a fins terapêuticos ou medicinais – falsificado, corrompido, adulterado ou alterado.

36.4. TIPICIDADE OBJETIVA E SUBJETIVA

O art. 273 do Código Penal tipifica as condutas de "*falsificar, corromper, adulterar ou alterar produto destinado a fins terapêuticos ou medicinais*"[13].

Falsificar relaciona-se a realizar imitação do produto original, fazendo passar por verdadeiro aquilo que não é. Corromper remete a deteriorar, estragar. Adulterar liga-se a deturpar. Alterar refere-se a mudar, modificar.

Produto destinado a fins terapêuticos ou medicinais diz respeito à substância voltada a curar, atenuar a dor ou prevenir moléstias. Vale destacar que não são abrangidos pelo tipo em comento, v.g., os produtos que se destinam ao uso veterinário, visto que tais produtos não são voltados à saúde humana.

Todavia, há que se observar o disposto no § 1º-A, que contém norma penal explicativa, estabelecendo também serem considerados como produtos abarcados pelo

13. Vale destacar os arts. 62 e 63 da Lei nº 6.360/1976: "*Art. 62. Considera-se alterado, adulterado ou impróprio para o uso o medicamento, a droga e o insumo farmacêutico: I – que houver sido misturado ou acondicionado com substância que modifique seu valor terapêutico ou a finalidade a que se destine; II – quando houver sido retirado ou falsificado, no todo ou em parte, elemento integrante de sua composição normal, ou substituído por outro de qualidade inferior, ou modificada a dosagem, ou lhe tiver sido acrescentada substância estranha à sua composição, de modo que esta se torne diferente da fórmula constante do registro; III – cujo volume não corresponder à quantidade aprovada; IV – quando suas condições de pureza, qualidade e autenticidade não satisfizerem às exigências da Farmacopéia Brasileira ou de outro Código adotado pelo Ministério da Saúde. Parágrafo Único. Ocorrendo alteração pela ação do tempo, ou causa estranha à responsabilidade do técnico ou da empresa, fica esta obrigada a retirar imediatamente o produto do comércio, para correção ou substituição, sob pena de incorrer em infração sanitária*". "*Art. 63. Considera-se fraudado, falsificado ou adulterado o produto de higiene, cosmético, perfume ou similar, quando: I – for apresentado com indicações que induzam a erro, engano ou confusão quanto à sua procedência, origem, composição ou finalidade; II – não observar os padrões e paradigmas estabelecidos nesta Lei e em regulamento, ou as especificações contidas no registro; III – tiver modificadas a natureza, composição, as propriedades ou características que constituírem as condições do seu registro, por efeito da adição, redução ou retirada de matérias-primas ou componentes. Parágrafo Único. Incluem-se no que dispões este artigo os insumos constituídos por matéria-prima ativa, aditiva ou complementar, de natureza química, bioquímica ou biológica, de origem natural ou sintética, ou qualquer outro material destinado à fabricação, manipulação e ao beneficiamento dos produtos de higiene, cosméticos, perfumes e similares*".

tipo do art. 273 os medicamentos, as matérias-primas, os insumos farmacêuticos, os cosméticos, os saneantes e os de uso em diagnóstico.

A Lei nº 5.991/1973, entre outros aspectos, trata do controle sanitário do comércio de medicamentos e insumos farmacêuticos. A Lei nº 6.360/1976, por sua vez, cuida da vigilância sanitária relativa a medicamentos, insumos farmacêuticos, cosméticos e saneantes. Desta feita, tais diplomas legislativos fornecem conceitos acerca dos outros objetos materiais do delito incluídos pelo novo § 1º-A.

Medicamento é o "*produto farmacêutico, tecnicamente obtido ou elaborado, com finalidade profilática, curativa, paliativa ou para fins de diagnóstico*" (art. 4º, inciso II, da Lei nº 5.991/1973).

Matérias-primas relacionam-se às "*substâncias ativas ou inativas que se empregam na fabricação de medicamentos e de outros produtos abrangidos por esta Lei, tanto as que permanecem inalteradas quanto as passíveis de sofrer modificações*" (art. 3º, inciso XII, da Lei nº 6.360/1976).

Insumo farmacêutico é a "*droga ou matéria-prima aditiva ou complementar de qualquer natureza, destinada a emprego em medicamentos, quando for o caso, e seus recipientes*" (art. 4º, inciso III, da Lei nº 5.991/1973).

Cosméticos referem-se a "*produtos para uso externo, destinados à proteção ou ao embelezamento das diferentes partes do corpo, tais como pós faciais, talcos, cremes de beleza, creme para as mãos e similares, máscaras faciais, loções de beleza, soluções leitosas, cremosas e adstringentes, loções para as mãos, bases de maquilagem e óleos cosméticos, ruges, 'blushes', batons, lápis labiais, preparados anti-solares, bronzeadores e simulatórios, rímeis, sombras, delineadores, tinturas capilares, agentes clareadores de cabelos, preparados para ondular e para alisar cabelos, fixadores de cabelos, laquês, brilhantinas e similares, loções capilares, depilatórios e epilatórios, preparados para unhas e outros*" (art. 3º, inciso V, da Lei nº 6.360/1976).

Nos termos do art. 3º, inciso VII, da Lei nº 6.360/1976, os *saneantes domissanitários* são "*substâncias ou preparações destinadas à higienização, desinfecção ou desinfestação domiciliar, em ambientes coletivos e/ou públicos, em lugares de uso comum e no tratamento da água*", os quais podem dizer respeito a: inseticidas – "*destinados ao combate, à prevenção e ao controle dos insetos em habitações, recintos e lugares de uso público e suas cercanias*" (alínea *a*); raticidas – "*destinados ao combate a ratos, camundongos e outros roedores, em domicílios, embarcações, recintos e lugares de uso público, contendo substâncias ativas, isoladas ou em associação, que não ofereçam risco à vida ou à saúde do homem e dos animais úteis de sangue quente, quando aplicados em conformidade com as recomendações contidas em sua apresentação*" (alínea *b*); desinfetantes – "*destinados a destruir, indiscriminada ou seletivamente, microorganismos, quando aplicados em objetos inanimados ou ambientes*" (alínea *c*); e detergentes – "*destinados a dissolver gorduras e à higiene de recipientes e vasilhas, e a aplicações de uso doméstico*" (alínea *d*). Quanto a isso, diante da pandemia de Covid-19, a imprensa divulgou várias notícias no sentido de adulterações e falsificações realizadas no álcool em gel, produto que se tornou um item fundamental na prevenção da doença. Neste sentido, quem falsifica ou adultera o álcool em gel pode incorrer no delito insculpido no art. 273 do Código Penal.

Produtos de uso diagnóstico são os produtos destinados à identificação de doenças.

Há divergência sobre em qual classificação de crime de perigo o presente delito enquadra-se[14], existindo corrente tanto que entende ser crime de *perigo abstrato*[15] quanto que entende ser crime de *perigo concreto*[16]. Assiste razão à primeira compreensão, vez que a redação legal não aponta a necessidade de aferição de perigo efetivo.

Ainda, pontue-se que o art. 277 do *Codex*[17] sanciona com pena de reclusão, de um a cinco anos e multa, as condutas de "*vender, expor à venda, ter em depósito ou ceder substância destinada à falsificação de produtos alimentícios, terapêuticos ou medicinais*", o que revela uma maneira de se punir o que seriam atos preparatórios do delito ora estudado.

Se a conduta do sujeito ativo atinge apenas a saúde de pessoas determinadas, causando lesão corporal ou morte, mas sem representar perigo abstrato para a saúde pública, o agente deve responder apenas pelos crimes de *homicídio* (art. 121) ou de *lesão corporal* (art. 129), sem concurso com o delito do art. 273 do *Codex*.

36.5. FIGURA EQUIPARADA

Consoante o § 1º do art. 273, também são incriminadas as condutas daquele que "*importa, vende, expõe à venda, tem em depósito para vender ou, de qualquer forma, distribui ou entrega a consumo o produto falsificado, corrompido, adulterado ou alterado*".

---

14. Aduz Prado, fazendo referência a Reale Jr., que "*após a Lei 9.677/1998, muito se tem questionado sobre essa classificação. De um prisma tão somente técnico, o art. 273 deve ser considerado delito de perigo abstrato. Não obstante isso, a grave pena cominada e o desrespeito às garantias fundamentais dão espaço, se assim o delito for considerado, à arbitrariedade. É por isso que a doutrina vem interpretando como sendo delito de perigo concreto – cuja nocividade deve ser comprovada para que seja configurado*", cf. PRADO, Luiz Regis. *Curso de...*, cit., p. 627, nota de rodapé 56.
15. FRAGOSO, Heleno Cláudio. *Lições de direito penal*: parte especial. Rio de Janeiro: Forense, 1986, v. II, p. 221; BITENCOURT, Cezar Roberto. *Tratado de...*, cit., p. 394; NUCCI, Guilherme de Souza. *Curso de...*, cit., p. 281; PRADO, Luiz Regis. *Curso de...*, cit., p. 626, dentre outros.
16. Exemplificativamente: NORONHA, E. Magalhães. *Direito penal*. São Paulo: Saraiva, 1995, v. 4, p. 32.
17. "*Art. 277 – Vender, expor à venda, ter em depósito ou ceder substância destinada à falsificação de produtos alimentícios, terapêuticos ou medicinais: Pena – reclusão, de 1 (um) a 5 (cinco) anos, e multa*".

Importar relaciona-se a fazer entrar no país produto do exterior. *Vender* refere-se a alienar onerosamente. *Expor à venda* significa mostrar, exibir para posterior alienação. *Ter em depósito* liga-se a conservar, guardar em local certo e seguro. *Distribuir* remete a repartir, dar. *Entregar a consumo* liga-se a repassar, seja onerosa ou gratuitamente.

O sujeito ativo dessa figura equiparada não é o mesmo que praticou as condutas previstas no *caput*. Assim, se o mesmo indivíduo incorre na modalidade do *caput* e também realiza condutas da forma equiparada, estas últimas consubstanciam fato posterior impunível (*post factum* impunível), respondendo o agente apenas pela modalidade básica da infração.

O § 1º-B, por sua vez, traz figura equiparada no que tange às ações elencadas no § 1º, de modo a abarcar condutas de que são perpetradas em relação a produtos em determinadas condições.

Sendo assim, cuida dos casos em que as ações previstas no § 1º – *importar, vender, expor à venda, ter em depósito, distribuir, entregar a consumo* – têm como objeto produtos: a) *sem registro, quando exigível, no órgão de vigilância sanitária competente* (inciso I); b) *em desacordo com a fórmula constante do registro previsto no inciso anterior* (inciso II); c) *sem as características de identidade e qualidade admitidas para a sua comercialização* (inciso III); d) *com redução de seu valor terapêutico ou de sua atividade* (inciso IV); e) *de procedência ignorada* (inciso V); e f) *adquiridos de estabelecimento sem licença da autoridade sanitária competente* (inciso VI).

O inciso I trata de hipóteses em que o produto, apesar de não adulterado, carece de inscrição no órgão público sanitário. Cuida-se de norma penal em branco, visto que é necessário recorrer a outras normativas para verificar se o produto exige registro.

Nesse âmbito, vale destacar que a Agência Nacional de Vigilância Sanitária (ANVISA), criada pela Lei nº 9.782/1999, tem como uma de suas competências "*conceder registros de produtos, segundo as normas de sua área de atuação*" (art. 7º, inciso IX, da Lei nº 9.782/1999).

O inciso II diz respeito a casos nos quais, apesar da existência do registro, as informações nele contidas acerca da fórmula não foram observadas no produto.

O inciso III trata do produto que não corresponde àquele autorizado para comercialização, em face da alteração de seus caracteres de reconhecimento ou de sua essência. Assim, também revela-se como norma penal em branco, necessitando complemento a indicar quais são as características de identidade e qualidade.

Quanto ao inciso IV, tratam-se de casos em que o produto não apresenta a atuação devida, ou seja, não revela o grau de eficácia curativa esperada.

No tocante ao inciso V, cuidam-se de situações que envolvem produtos sem controle, de modo que não se pode assegurar sua qualidade.

Por fim, o inciso VI trata de hipóteses envolvendo produtos clandestinos.

Nesse âmbito, e.g., a ANVISA possui competência para "*autorizar o funcionamento de empresas de fabricação, distribuição e importação dos produtos mencionados no art. 8º desta Lei e de comercialização de medicamentos*" (art. 7º, inciso VII, da Lei nº 9.782/1999), bem como para "*cancelar a autorização de funcionamento e a autorização especial de funcionamento de empresas, em caso de violação da legislação pertinente ou de risco iminente à saúde*" (art. 7º, inciso XVI, do mesmo diploma)[18].

Com exceção da hipótese insculpida no inciso IV, as demais situações ligam-se a ilícitos administrativos, isto é, condutas já sancionadas na seara administrativa, como na Lei nº 6.360/1976 e na Lei nº 6.437/1977.

Por exemplo, nos termos do art. 10, inciso XVI, da Lei nº 6.437/1977, constitui infração sanitária, sancionada com advertência, interdição, cancelamento do registro da licença e autorização, e/ou multa, "*alterar o processo de fabricação dos produtos sujeitos a controle sanitário, modificar os seus componentes básicos, nome, e demais elementos objeto do registro, sem a necessária autorização do órgão sanitário competente*".

Nesse influxo, destaca Prado que "*de um momento para outro, o legislador, sem critério algum, criminalizou tais condutas, punindo-as severamente*", o que também demonstra violação dos princípios da proporcionalidade e da subsidiariedade[19].

As figuras equiparadas dos §§ 1º e 1º-B não se confundem com o delito de *contrabando* insculpido no art. 334-A do *Codex*[20]. Consoante já decidiu o STJ, "*a conduta de introduzir no país produtos destinados a fins terapêuticos ou medicinais sem registro no órgão de vigilância sanitária competente ou de procedência ignorada, se subsume ao delito do art. 273, §§ 1º, 1º-B, I e V, do Código Penal, não cabendo desclassificação para o delito de contrabando, em obediência ao Princípio da Especialidade*"[21].

---

18. Destaque-se que, nos termos do art. 7º, § 1º da Lei nº 9.782/1999, "*a Agência poderá delegar aos Estados, ao Distrito Federal e aos Municípios a execução de atribuições que lhe são próprias, excetuadas as previstas nos incisos I, V, VIII, IX, XV, XVI, XVII, XVIII e XIX deste artigo*".
19. PRADO, Luiz Regis. *Curso de...*, cit., p. 627.
20. "*Art. 334-A. Importar ou exportar mercadoria proibida: Pena – reclusão, de 2 (dois) a 5 (cinco) anos. § 1º Incorre na mesma pena quem: I – pratica fato assimilado, em lei especial, a contrabando; II – importa ou exporta clandestinamente mercadoria que dependa de registro, análise ou autorização de órgão público competente; III – reinsere no território nacional mercadoria brasileira destinada à exportação; IV – vende, expõe à venda, mantém em depósito ou, de qualquer forma, utiliza em proveito próprio ou alheio, no exercício de atividade comercial ou industrial, mercadoria proibida pela lei brasileira; V – adquire, recebe ou oculta, em proveito próprio ou alheio, no exercício de atividade comercial ou industrial, mercadoria proibida pela lei brasileira. § 2º – Equipara-se às atividades comerciais, para os efeitos deste artigo, qualquer forma de comércio irregular ou clandestino de mercadorias estrangeiras, inclusive o exercido em residências. § 3º A pena aplica-se em dobro se o crime de contrabando é praticado em transporte aéreo, marítimo ou fluvial*".
21. STJ, REsp 1728166/SP, rel. Min. Jorge Mussi, 5ª Turma, j. 11/09/2018, *DJe* 19/09/2018.

Demais disso, não se confunde o insculpido no art. 7º, inciso IX, da Lei nº 8.137/1990[22] com as referidas figuras equiparadas do art. 273, visto que o primeiro trata de *crimes contra as relações de consumo*, além de possuir diferentes objetos materiais, quais sejam, matéria-prima e mercadoria.

No que tange à competência, há entendimento de que a competência da Justiça Federal se dá nos casos em que, *v.g.*, há participação na introdução dos medicamentos de procedência estrangeira no país[23].

36.6. CONSUMAÇÃO E TENTATIVA

Consuma-se o delito com a efetiva prática das condutas previstas no art. 273 do Código Penal em relação aos seus respectivos objetos materiais, isto é, com as condutas de falsificar, corromper, adulterar, e alterar (art. 278, *caput*) ou importar, vender, expor à venda, ter em depósito, distribuir ou entregar a consumo (art. 278, §§ 1º e 1º-B). Cuida-se de *crime formal*, de consumação antecipada ou de resultado cortado. Pontue-se que formas de *expor à venda* e *ter em depósito* consistem em *crime permanente*.

Nesse diapasão, Bitencourt[24] entende que, apesar de não ser necessário o perigo concreto da conduta à saúde das pessoas, seria preciso demonstrar a idoneidade da conduta em poder vir a produzir o perigo.

O STJ já exarou entendimento no sentido de que não há necessidade de exame pericial para comprovar a prática do art. 273, § 1º-B, inciso I, dado que se trata de

22. "*Art. 7º Constitui crime contra as relações de consumo: [...] IX – vender, ter em depósito para vender ou expor à venda ou, de qualquer forma, entregar matéria-prima ou mercadoria, em condições impróprias ao consumo; Pena – detenção, de 2 (dois) a 5 (cinco) anos, ou multa. Parágrafo único. Nas hipóteses dos incisos II, III e IX pune-se a modalidade culposa, reduzindo-se a pena e a detenção de 1/3 (um terço) ou a de multa à quinta parte*".

23. STJ, CC 148315/GO, rel. Min. Nefi Cordeiro, 3ª Seção, j. 14/12/2016, *DJe* 19/12/2016. Assim, "*em que pese o fato de o medicamento ter origem estrangeira, o entendimento consolidado pela Terceira Seção é no sentido de que a competência será da Justiça Federal para processar e julgar a prática do delito tipificado no art. 273, § 1º-B, do CP apenas nos casos em que restar evidenciada a participação do acusado na introdução dos medicamentos de procedência estrangeira no país*". Também nesse âmbito, RHC 65435/SP, rel. Min. Rogerio Schietti Cruz, 6ª Turma, j. 09/10/2018, *DJe* 30/10/2018, em que se exarou o entendimento de que "*a jurisprudência desta Corte Superior é firme em assinalar que o simples fato de colocar à venda medicamentos estrangeiros de uso proibido em território nacional não atrai a competência da Justiça Federal para apuração da suposta prática do delito previsto no art. 273, §§ 1º e 1º-B, I, do Código Penal. Faz-se necessária, ainda, a demonstração da internacionalidade do delito, ou seja, a indicação de elementos aptos a evidenciar que o acusado adquiriu tais produtos no exterior*".

24. BITENCOURT, Cezar Roberto. *Tratado de*..., cit., p. 393.

crime formal, "*que se satisfaz com a venda, exposição à venda, depósito, distribuição ou entrega a consumo de produto sem registro, quando exigível, no órgão de vigilância sanitária competente*"[25]. Também já houve entendimento no mesmo sentido quanto aos incisos III e V do § 1º-B do art. 273 do *Codex*[26].

Admite-se a *tentativa*, dado o caráter plurissubsistente do delito.

36.7. CRIME CULPOSO

O § 2º do art. 273 prevê a *modalidade culposa* do crime. De conseguinte, o sujeito ativo, por negligência, imprudência ou imperícia, sendo previsível o resultado, viola o dever objetivo de cuidado, de modo a praticar o tipo insculpido no art. 273, tanto as condutas previstas no *caput*, quanto as previstas nas figuras equiparadas.

Desta feita, cuidam-se de casos em que, por exemplo, "*a) o agente infringe, com conhecimento ou cognoscibilidade dos fatores de risco, o* dever de cuidado exigível *para a fabricação, armazenamento, venda, ou distribuição de medicamento, insumos farmacêuticos, cosméticos, saneantes, com a consequente corrupção, adulteração, falsificação ou alteração destes, como nos casos em que b)* vende, expõe à venda, importa, tem em depósito para vender, distribui ou entrega a consumo *tais produtos podendo identificá-los como falsificados, corrompidos ou adulterados, observando as medidas de cuidado exigíveis para o desempenho dessas atividades*" [27].

O erro vencível acerca da possibilidade de praticar as condutas, bem como sobre a qualidade do objeto, pode ensejar a modalidade culposa.

Pode incorrer na forma culposa aquele que tem de averiguar a condição do produto, mas não se o próprio fabricante já deixa o produto em invólucro ou embalagem fechada, salvo quando é possível presumir que houve, *v.g.*, adulteração ou se estava amassada[28].

---

25. AgRg no AREsp 198307/PR, rel. Min. Campos Marques (Desembargador Convocado do TJ/PR), 5ª Turma, j. 21/02/2013, *DJe* 27/02/2013. Na mesma linha, HC 358047/SP, rel. Min. Jorge Mussi, 5ª Turma, j. 27/11/2018, *DJe* 05/12/2018.
26. STJ, HC 358047/SP, rel. Min. Jorge Mussi, 5ª Turma, j. 27/11/2018, *DJe* 05/12/2018. Assim, "*é dispensável a confecção de laudo pericial para a comprovação da materialidade do delito previsto no art. 273, § 1º-B, incisos III e V, do Código Penal, tendo em vista tratar-se de delito formal, que se aperfeiçoa com a simples importação, venda, exposição à venda, depósito, distribuição ou entrega a consumo do produto sem as características de identidade e qualidade admitidas para a sua comercialização, ou de procedência ignorada*".
27. BITENCOURT, Cezar Roberto. *Tratado de*..., cit., p. 394.
28. FRAGOSO, Heleno Cláudio. *Lições de*..., cit., p. 222; PRADO, Luiz Regis. *Curso de*..., cit., p. 628.

36.8. CAUSAS DE AUMENTO DE PENA

Nos termos do art. 285 do Código Penal, é possível aplicar o estabelecido no art. 258 ao crime em foco, nas situações em que há resultado de lesão corporal ou morte. Não obstante, é necessário demonstrar o vínculo causal entre a conduta perpetrada e tais resultados.

Cuidam-se, assim, de resultados mais gravosos que sobrevieram a título de culpa – ademais, na forma dolosa do art. 273, em que há posterior resultado de lesão corporal ou morte, configura-se situação *preterdolosa*.

Desta feita, na forma dolosa do crime, sobrevindo o resultado de *lesão corporal de natureza grave*, aumenta-se em metade a pena privativa de liberdade; ocorrendo o resultado *morte*, a pena é aplicada em dobro (art. 258, 1ª parte).

Na forma culposa, se há resultado de *lesão corporal*, aumenta-se a pena em metade; caso ocorra resultado *morte*, aplica-se a pena do homicídio culposo, aumentada de um terço (art. 258, *in fine*).

36.9. PENA E AÇÃO PENAL

O delito de *falsificação, corrupção, adulteração ou alteração de produto destinado a fins terapêuticos ou medicinais* é sancionado cumulativamente com pena de reclusão, de dez a quinze anos, e multa (art. 273, *caput*, e §§ 1º e 1º-B).

Na *modalidade culposa*, a pena é de detenção, de um a três anos, além de multa (art. 273, § 2º).

Excetuada a modalidade culposa, os demais tipos do art. 273 são *crimes hediondos*.

Conforme o art. 285 do *Codex*, pode-se aplicar as hipóteses do art. 258 ao crime do art. 273. Sendo assim, se o delito é perpetrado de forma dolosa, e sobrevém resultado de *lesão corporal de natureza grave*, aumenta-se a pena privativa de liberdade em metade; se sobrevém o resultado *morte*, aplica-se a pena em dobro (art. 258, 1ª parte). Se o delito se dá na forma culposa, e sobrevém resultado de *lesão corporal*, aumenta-se a pena em metade; e se sobrevém o resultado *morte*, aplica-se a pena do *homicídio culposo*, aumentada de um terço (art. 258, *in fine*).

A ação *penal é pública incondicionada*.

A forma culposa, exclusivamente, admite a *suspensão condicional do processo* (art. 89 da Lei nº 9.099/1995).

Preenchidos os requisitos do art. 28-A do Código de Processo Penal, é cabível o *acordo de não persecução penal* apenas na forma culposa.

37 EMPREGO DE PROCESSO PROIBIDO OU DE SUBSTÂNCIA NÃO PERMITIDA (ART. 274)

SUMÁRIO: 37.1. Considerações iniciais – 37.2. Objetividade jurídica – 37.3. Sujeitos do delito – 37.4. Tipicidade objetiva e subjetiva – 37.5. Consumação e tentativa – 37.6. Resultado de lesão corporal grave ou morte – 37.7. Pena e ação penal.

Emprego de processo proibido ou de substância não permitida

Art. 274. Empregar, no fabrico de produto destinado a consumo, revestimento, gaseificação artificial, matéria corante, substância aromática, antisséptica, conservadora ou qualquer outra não expressamente permitida pela legislação sanitária:

Pena – reclusão, de 1 (um) a 5 (cinco) anos, e multa.

37.1. CONSIDERAÇÕES INICIAIS

O delito de *emprego de processo proibido ou de substância não permitida* liga-se ao intuito de proteger o processo de fabricação de produtos evitando-se riscos ou lesões aos consumidores.

Nesse diapasão, se faz importante analisar a estrutura do presente tipo penal e entender seu real alcance de conduta e objetos materiais, dado que o Direito Penal constitui a *ultima ratio* de cerceamento de condutas humanas, e visto que tal proteção pode se espraiar por diversos ramos jurídicos. Exemplificativamente, o art. 19 da Lei nº 6.360/1976, a qual cuida, dentre outros, de aspectos concernentes à vigilância sanitária, prevê que "*será cancelado o registro de drogas, medicamentos e insumos farmacêuticos, sempre que efetuada modificação não autorizada em sua* fórmula, *dosagem, condições de fabricação, indicação de aplicações e especificações anunciadas em bulas, rótulos ou publicidade*".

O art. 274 do Código Penal teve sua pena sensivelmente alterada com o advento da Lei nº 9.677/1998. Dessa forma, a sanção cominada, que antes era de detenção de um a três meses e multa, passou a ser de reclusão, de um a cinco anos, além da multa.

37.2. OBJETIVIDADE JURÍDICA

Protege-se a *incolumidade* pública, em especial no tocante à *saúde* pública. Aliás, tendo em vista o bem jurídico protegido, há entendimento no sentido de que há que se demonstrar a idoneidade, de forma genérica, da conduta para afetar a saúde de pessoas[1].

37.3. SUJEITOS DO DELITO

Qualquer pessoa pode ser *sujeito ativo*. Trata-se de *crime comum*, ou geral. Normalmente, o agente é "*o industrial ou o trabalhador que participa na fabricação do produto destinado ao consumo, acompanhando integralmente a cadeia produtiva, ou alguma de suas etapas. Não se trata, contudo, de qualquer trabalhador, mas de alguém com poder de comando, controle ou chefia de equipe, mas, principalmente, com conhecimento* técnico"[2].

Sujeito passivo é a coletividade (*crime vago*), bem como as pessoas afetadas pelo produto viciado. Secundariamente, o Estado figura como vítima, na medida em que restam prejudicadas suas políticas públicas.

37.4. TIPICIDADE OBJETIVA E SUBJETIVA

O art. 274 do Código Penal tipifica a conduta de "*empregar, no fabrico de produto destinado a consumo, revestimento, gaseificação artificial, matéria corante, substância aromática, anti-séptica, conservadora ou qualquer outra não expressamente permitida pela legislação sanitária*".

Empregar refere-se a fazer uso, utilizar. *No fabrico* refere-se à confecção, produção. Por conseguinte, por meio de sua conduta, *e.g.*, o sujeito ativo lança mão de substância não expressamente permitida no processo produtivo de um *produto destinado ao consumo*, isto é, voltado a guarnecer número indeterminado de pessoas. Cumpre salientar que o tipo trata do uso de substâncias ou processos não permitidos, sem mencionar o uso daquilo que é permitido, mas em quantidade inadequada[3].

---

1. BITENCOURT, Cezar Roberto. *Tratado de direito penal*: parte especial. São Paulo: Saraiva, 2018, v. 4, p. 400.
2. BITENCOURT, Cezar Roberto. *Tratado de...*, cit., p. 397.
3. NUCCI, Guilherme de Souza. *Curso de direito penal*: parte especial. Rio de Janeiro: Forense, 2018, v. 3, p. 290.

Trata-se de *crime de perigo abstrato*, em que há presunção de que o bem jurídico foi colocado em risco.

De se notar que o delito apenas faz menção a "*produto destinado a consumo*", sem especificações. Assim, há dúvidas quanto à abrangência do tipo, analisando-se se este poderia se estender a quaisquer produtos destinados a consumo, desde aqueles de fins medicinais e alimentícios, até outros segmentos, como cosméticos, higiene pessoal, brinquedos, entre outros.

Na ótica de Prado[4], o crime ora estudado "*não se limita a substâncias alimentícias ou medicinais, pois a lei refere-se, genericamente, a todo e qualquer produto destinado a consumo de indeterminado número de pessoas*".

Bitencourt[5], por sua vez, destaca que uma interpretação ampliando a abrangência do art. 274 pode gerar conflito entre este e o art. 278 do Código Penal[6], que, entre outras, trata da conduta de *fabricar coisa ou substância nociva à saúde, ainda que não destinada à alimentação ou a fim medicinal*, a qual poderia ser perpetrada com o emprego de processo proibido ou substância não permitida. Por isso, entende que, em uma interpretação sistemática desses dispositivos, seria possível delimitar os objetos materiais de cada qual.

Desta feita, em sua visão, a abrangência do art. 274 do *Codex* estaria restrita à fabricação – em que há o uso de processo proibido ou substância não permitida – concernente a produtos alimentícios, medicinais e terapêuticos; por sua vez, o art. 278 teria como objeto os produtos que não são destinados à alimentação nem a fins medicinais[7]. Ainda, o professor gaúcho também pontua que o art. 274 é subsidiário em relação aos arts. 272 e 273 do Código Penal, os quais são punidos mais severamente[8].

Cuida-se de *lei penal em branco*, visto que, como o próprio tipo menciona, é necessário recorrer, *e.g.*, à legislação sanitária para identificar quais seriam os processos proibidos e substâncias não permitidas.

4. PRADO, Luiz Regis. *Curso de direito penal brasileiro*. São Paulo: Thomson Reuters, 2018, v. II, p. 630.
5. BITENCOURT, Cezar Roberto. *Tratado de...*, cit., p. 398-399.
6. "*Art. 278 – Fabricar, vender, expor à venda, ter em depósito para vender ou, de qualquer forma, entregar a consumo coisa ou substância nociva à saúde, ainda que não destinada à alimentação ou a fim medicinal: Pena – detenção, de um a três anos, e multa. Parágrafo único – Se o crime é culposo: Pena – detenção, de dois meses a um ano*".
7. BITENCOURT, Cezar Roberto. *Tratado de...*, cit., p. 399.
8. Cf. BITENCOURT, Cezar Roberto. *Tratado de...*, cit., p. 400. Assim, "*para se constatar a relação primariedade-subsidiariedade deve-se analisar o fato* in concreto, *de modo que o art. 274 somente será aplicado quando, no caso, a conduta praticada não for adequada aos tipos do art. 272 e 273*".

Por exemplo, nos termos do art. 4º, *caput*, da Lei nº 6.360/1976, "*os produtos destinados ao uso infantil não poderão conter substâncias* cáusticas *ou irritantes, terão embalagens isentas de partes contundentes e não poderão ser apresentados sob a forma de aerossol*". Ainda, o art. 60-A da Lei nº 6.360/1976 dispõe que "*para conter ou acondicionar droga, medicamento ou produtos correlatos, não será autorizado o emprego de embalagem que possa induzir trocas indesejadas ou erros na dispensação, no uso ou na administração desses produtos*".

Nessa senda, destaca Bitencourt[9] que, seja nas hipóteses em que a norma penal incriminadora é reformada ou revogada, seja naquelas em que a norma complementadora é reformada, deve-se observar a irretroatividade da lei mais severa; contudo, ressalta que "*somente quando a alteração afeta a própria* norma penal incriminadora, *seja seu preceito primário, seja seu preceito secundário, são* válidas *todas as considerações acerca da* retroatividade e ultratividade da lei penal mais benigna". (g.n.)

Demais disso, o tipo penal em comento elenca substâncias que podem não ser permitidas pela legislação sanitária, quais sejam, *revestimento, gaseificação artificial, matéria corante, substância aromática, antisséptica, conservadora*. Note-se que o uso da expressão "*qualquer outra*" indica que se trata de uma enumeração exemplificativa, não de um rol taxativo, *numerus clausus*.

Revestimento diz respeito ao que cobre uma *superfície*, com a finalidade protetiva ou de embelezamento. *Gaseificação artificial* é um processo de conversão termoquímica, operação comumente utilizada em bebidas. *Matéria corante* é aquela destinada a colorir, tingir os produtos; nesse âmbito, nos termos do art. 3º, inciso VI, da Lei nº 6.360/1976, corantes são "*substâncias adicionais aos medicamentos, produtos dietéticos, cosméticos, perfumes, produtos de higiene e similares, saneantes domissanitários e similares, com o efeito de lhes conferir cor e, em determinados tipos de cosméticos, transferi-la para a superfície cutânea e anexos da pele*".

Substância aromática remete àquela de propriedades odoríferas, perfumadas, cheirosas, como aromas artificiais. Esta tanto pode fazer parte do produto destinado a consumo quanto pode ser acrescentada a tal, no intuito de perfumá-lo ou melhorar o paladar. *Substância antisséptica* liga-se àquela destinada a obstar microrganismos. *Substância conservadora* alude àquela que é apta para retardar ou impedir a deterioração de alimentos em face de microrganismos ou enzimas.

Vale mencionar que o art. 274 do *Codex* não se confunde com o art. 2º, inciso III, da Lei nº 1.521/1951, que trata de crimes contra a economia popular, insculpindo o tipo de "*expor à venda ou vender mercadoria ou produto alimentício, cujo fabrico haja desatendido a determinações oficiais, quanto ao peso e composição*".

---

9. BITENCOURT, Cezar Roberto. *Tratado de*..., cit., p. 401.

O *elemento subjetivo do tipo* é o dolo. Não se requer especial fim de agir (*tipo congruente*).

Não há previsão da modalidade culposa.

37.5. CONSUMAÇÃO E *TENTATIVA*

Consuma-se o delito com a utilização de processo ou substância não expressamente permitida pelas normas sanitárias, independentemente da superveniência de efetivos danos (*crime formal*, de consumação antecipada ou de resultado cortado).

Admite-se a tentativa, em face do caráter plurissubsistente da infração.

37.6. RESULTADO DE LESÃO CORPORAL GRAVE OU MORTE

Consoante o art. 285 do Código Penal, o regrame do art. 258 pode ser aplicado ao crime do art. 274, nas situações em que há resultado de *lesão corporal* ou *morte*. Desse modo, se sobrevém resultado de *lesão corporal de natureza grave* (o que abrange também a gravíssima), a pena privativa de liberdade é aumentada em metade; se sobrevém o resultado *morte*, a pena é aplicada em dobro (art. 258, 1ª parte). Apesar de a lei utilizar a expressão "*formas qualificadas*", são hipóteses, na realidade, de *causas de aumento de pena*.

De se notar que é preciso demonstrar o vínculo causal entre a conduta realizada e tais resultados.

Cuidam-se de situações *preterdolosas*, visto que o presente crime somente admite a forma dolosa e os resultados mais gravosos devem ocorrer a título de culpa.

37.7. PENA E AÇÃO PENAL

O delito de *emprego de processo proibido ou de substância* não permitida é sancionado cumulativamente com pena de reclusão, de um a cinco anos, e multa.

Por força do art. 285 do Código Penal, é possível aplicar as hipóteses do art. 258 ao crime do art. 274. São hipóteses de *causas de aumento de pena* em razão de resultados lesivos advindos a título de culpa. Desta feita, se sobrevém resultado de *lesão corporal de natureza grave*, a pena privativa de liberdade é aumentada em metade; se houver o resultado *morte*, a pena é aplicada em dobro (art. 258, 1ª parte).

A *ação penal é pública incondicionada*.

Uma vez que se trata de *infração penal de menor potencial ofensivo*, o crime é de competência do Juizado Especial Criminal (art. 61 da Lei nº 9.099/1995).

Admite-se a *suspensão condicional do processo* (art. 89 da Lei nº 9.099/1995).

Preenchidos os requisitos do art. 28-A do Código de Processo Penal, é cabível o *acordo de não persecução penal*.

38 INVÓLUCRO OU RECIPIENTE COM FALSA INDICAÇÃO (ART. 275)

SUMÁRIO: 38.1. Considerações iniciais – 38.2. Objetividade jurídica – 38.3. Sujeitos do delito – 38.4. Tipicidade objetiva e subjetiva – 38.5. Consumação e tentativa – 38.6. Resultado de lesão corporal grave ou morte – 38.7. Pena e ação penal.

Invólucro ou recipiente com falsa indicação

Art. 275. Inculcar, em invólucro ou recipiente de produtos alimentícios, terapêuticos ou medicinais, a existência de substância que não se encontra em seu conteúdo ou que nele existe em quantidade menor que a mencionada:

Pena - reclusão, de 1 (um) a 5 (cinco) anos, e multa.

38.1. CONSIDERAÇÕES INICIAIS

O delito de *invólucro ou recipiente com falsa indicação* relaciona-se ao esforço de que produtos capazes de afetar a saúde não apenas tenham composição adequada, mas também que a maneira pela qual são apresentados às pessoas seja verdadeira, condizente com a realidade de sua composição, características, entre outros.

Semelhante quadro não é apenas tratado no Direito Penal enquanto proteção do bem jurídico saúde pública, mas também se estende por outras vertentes, como nos aspectos relativos à vigilância sanitária – por isso, *v.g.*, é necessário ater-se aos limites da redação típica.

Nesse diapasão, *e.g.*, a Lei nº 6.360/1976, que, dispõe sobre a vigilância sanitária de medicamentos, insumos farmacêuticos, entre outros, estabelece em seu art. 5º que "*os produtos de que trata esta Lei não poderão ter nomes, designações, rótulos ou embalagens que induzam a erro*".

O art. 275 do Código Penal foi modificado pela Lei nº 9.677/1998, também chamada de Lei dos Remédios. Assim sendo, além do acréscimo da menção a produtos terapêuticos, houve incisivo endurecimento da pena cominada, que passou de uma sanção alternativa entre detenção de um a três meses ou multa, para a reclusão, de um a cinco anos, cumulada com a pena de multa.

38.2. OBJETIVIDADE JURÍDICA

Protege-se a incolumidade pública, em relação ao seu prisma concernente à *saúde pública*.

38.3. SUJEITOS DO DELITO

Qualquer pessoa pode ser *sujeito ativo* do delito. Trata-se de *crime comum*, ou geral. Normalmente, a conduta é praticada por aquele que fabrica o produto alimentício, terapêutico ou medicinal cujo invólucro ou recipiente possui as informações inverídicas, embora a redação típica não faça menção a respeito.

Sujeito passivo é a coletividade (*crime vago*).

38.4. TIPICIDADE OBJETIVA E SUBJETIVA

O art. 275 do Código Penal tipifica a conduta de "*inculcar, em invólucro ou recipiente de produtos alimentícios, terapêuticos ou medicinais, a existência de substância que não se encontra em seu conteúdo ou que nele existe em quantidade menor que a mencionada*".

Inculcar refere-se a imprimir, gravar, dar a entender, indicar. *Invólucro* liga-se ao objeto voltado a embrulhar, envolver, embalar, revestir o produto, como capas, bulas e rótulos. *Recipiente*, por fim, relaciona-se ao objeto voltado a conter, acondicionar o produto, como frascos, potes e latas.

De se notar que não se trata de qualquer produto que teve seu invólucro ou recipiente atingido pela conduta delitiva, mas somente os *produtos alimentícios, terapêuticos ou medicinais*. *Produto alimentício*[1] remete àquele voltado à nutrição, desenvolvimento humano; *produto terapêutico* relaciona-se àquele voltado a curar ou aliviar doenças; e *produto medicinal* alude àquele destinado a combater enfermidades[2].

Cuidam-se, então, de hipóteses nas quais o invólucro ou recipiente não traz veracidade acerca da *existência de substância no conteúdo* do produto, isto é, afirma-se

---

1. O Decreto-Lei nº 986/1969, o qual cuida de normas básicas sobre alimentos, estabelece em seu art. 2º, inciso I, que alimento é "*toda substância ou mistura de substâncias, no estado sólido, líquido, pastoso ou qualquer outra forma adequada, destinadas a fornecer ao organismo humano os elementos normais à sua formação, manutenção e desenvolvimento*".
2. NUCCI, Guilherme de Souza. *Curso de direito penal*: parte especial. Rio de Janeiro: Forense, 2018, v. 3, p. 291.

que o produto contém certa substância quando, na verdade, não a possui, ou, apesar do produto realmente ter a substância em sua composição, esta se encontra *em quantidade menor* do que é divulgado no invólucro ou recipiente. Não se trata, assim, de casos em que a falta de veracidade diz respeito, *e.g.*, ao peso, prazo de validade ou procedência do produto.

Demais disso, a informação inverídica tem de estar aposta no invólucro ou recipiente do produto, não se perfazendo o crime ora estudado se a informação falsa estiver veiculada em outros objetos, como propagandas, folhetos e anúncios[3].

Há controvérsias acerca de se tratar de crime de forma livre ou de forma vinculada. Neste influxo, um ponto de vista[4] considera ser o caso de crime de forma livre, que poderia ser praticado por qualquer meio eleito pelo agente. Outra corrente[5], por sua vez, com acerto, entende que se trata de *crime de forma vinculada*, na medida em que o art. 275 do *Codex* não incrimina qualquer informação inverídica, mas apenas aquelas que se referem à falsa existência de substância ou à falsa quantidade de substância, que é inferior ao mencionado; além disso, a indicação deve ser feita em invólucro ou recipiente.

Se a redução do teor vitamínico, ou sua inexistência, não alterar a indicação terapêutica específica do produto em questão, se perfaz o crime do art. 275, não o insculpido no art. 273 do *Codex*[6]. Todavia, em caso de produto adulterado por conta da

---

3. Nesses casos, PRADO, Luiz Regis. *Curso de direito penal brasileiro*. São Paulo: Thomson Reuters, 2018, v. II, p. 632, entende que pode restar configurado o art. 175 do Código Penal, relativo ao delito de fraude no comércio: "*art. 175 – Enganar, no exercício de atividade comercial, o adquirente ou consumidor: I – vendendo, como verdadeira ou perfeita, mercadoria falsificada ou deteriorada; II – entregando uma mercadoria por outra: Pena – detenção, de seis meses a dois anos, ou multa. § 1º – Alterar em obra que lhe é encomendada a qualidade ou o peso de metal ou substituir, no mesmo caso, pedra verdadeira por falsa ou por outra de menor valor; vender pedra falsa por verdadeira; vender, como precioso, metal de ou outra qualidade: Pena – reclusão, de um a cinco anos, e multa. § 2º – É aplicável o disposto no art. 155, § 2º*".
4. É o defendido, *e.g.*, por Nucci, cf. NUCCI, Guilherme de Souza. *Curso de*..., cit., p. 292.
5. Neste sentido, *v.g.*, BITENCOURT, Cezar Roberto. *Tratado de direito penal*: parte especial. São Paulo: Saraiva, 2018, v. 4, p. 405.
6. "*Art. 273 – Falsificar, corromper, adulterar ou alterar produto destinado a fins terapêuticos ou medicinais: Pena – reclusão, de 10 (dez) a 15 (quinze) anos, e multa. § 1º – Nas mesmas penas incorre quem importa, vende, expõe à venda, tem em depósito para vender ou, de qualquer forma, distribui ou entrega a consumo o produto falsificado, corrompido, adulterado ou alterado. § 1º-A – Incluem-se entre os produtos a que se refere este artigo os medicamentos, as matérias-primas, os insumos farmacêuticos, os cosméticos, os saneantes e os de uso em diagnóstico. § 1º-B – Está sujeito às penas deste artigo quem pratica as ações previstas no § 1º em relação a produtos em qualquer das seguintes condições: I – sem registro, quando exigível, no órgão de vigilância sanitária competente; II – em desacordo com a fórmula constante do registro previsto no inciso anterior; III – sem as características de identidade e qualidade admitidas para a sua comercialização; IV – com redução de seu valor terapêutico ou de sua atividade; V – de procedência ignorada; VI – adquiridos de estabelecimento sem licença da autoridade sanitária competente. § 2º – Se o crime é culposo: Pena – detenção, de 1 (um) a 3 (três) anos, e multa*".

supressão de elementos de sua fórmula, configura-se o crime de *falsificação, corrupção, adulteração ou alteração de produto destinado a fins terapêuticos ou medicinais* (art. 273).

Vale destacar o art. 66 da Lei nº 8.078/1990 (Código de Defesa do Consumidor), o qual traz como infração penal a conduta de "*fazer afirmação falsa ou enganosa, ou omitir informação relevante sobre a natureza, característica, qualidade, quantidade, segurança, desempenho, durabilidade, preço ou garantia de produtos ou serviços*". Ainda, ressalte-se o art. 7º, inciso VII, da Lei nº 8.137/1990[7], que trata como crime contra as relações de consumo a conduta de "*induzir o consumidor ou usuário a erro, por via de indicação ou afirmação falsa ou enganosa sobre a natureza, qualidade do bem ou serviço, utilizando-se de qualquer meio, inclusive a veiculação ou divulgação publicitária*".

Para solucionar o *conflito aparente de normas* entre o crime de invólucro ou recipiente com falsa indicação e as referidas figuras da legislação extravagante, há que se recorrer ao *princípio da especialidade*. Dessa maneira, a figura do art. 275 se mostra especial em relação aos outros, dada sua especificidade quanto aos objetos abarcados – produtos alimentícios, terapêuticos ou medicinais que tiveram seus invólucros ou recipientes atingidos – e às informações que são falsas – referentes à existência ou quantidade de substância, que não está na composição ou seu teor é menor que o mencionado –, bem como o bem jurídico tutelado, que diz respeito à saúde pública.

O *elemento subjetivo do tipo* é o dolo. Não se requer especial fim de agir (*tipo congruente*).

Não há previsão da modalidade culposa.

38.5. CONSUMAÇÃO E TENTATIVA

Consuma-se o delito no momento em que o produto é embalado ou colocado em recipiente com falsa indicação, sem ser necessário que o produto alimentício, terapêutico ou medicinal deixe o local em que foi fabricado ou embalado[8].

Admite-se a *tentativa*. Exemplo seria o caso em que os rótulos contendo as informações não verdadeiras estão sendo impressos ou colados e o Serviço Sanitário os apreende antes que a tarefa termine.

---

7. "*Art. 7º Constitui crime contra as relações de consumo: [...] VII – induzir o consumidor ou usuário a erro, por via de indicação ou afirmação falsa ou enganosa sobre a natureza, qualidade do bem ou serviço, utilizando-se de qualquer meio, inclusive a veiculação ou divulgação publicitária; [...] Pena – detenção, de 2 (dois) a 5 (cinco) anos, ou multa. Parágrafo único. Nas hipóteses dos incisos II, III e IX pune-se a modalidade culposa, reduzindo-se a pena e a detenção de 1/3 (um terço) ou a de multa à quinta parte*".
8. BITENCOURT, Cezar Roberto. *Tratado de...*, cit., p. 405.

38.6. RESULTADO DE LESÃO CORPORAL GRAVE OU MORTE

Nos termos do art. 285 do *Codex*, as hipóteses insculpidas no art. 258, relativas a *causas de aumento de pena*, podem incidir no crime de invólucro ou recipiente com falsa indicação.

Sendo assim, se da prática do crime sobrevier o resultado de lesão corporal de natureza grave ou morte, a sanção do delito será majorada. Em caso de *lesão grave*, a pena é aumentada em metade; se houver *morte*, aplica-se a sanção em dobro. Pontue-se que é necessário demonstrar o vínculo causal entre a conduta perpetrada e semelhantes resultados.

Cuidam-se de resultados mais gravosos que sobrevieram a título de culpa, caracterizando, então, uma situação *preterdolosa* – tendo em vista que o delito em comento apenas admite a modalidade dolosa.

38.7. PENA E AÇÃO PENAL

O delito de *invólucro ou recipiente com falsa indicação* é sancionado cumulativamente com pena de reclusão, de um a cinco anos, e multa (art. 275).

Conforme o art. 285 do Código Penal, pode-se aplicar o regramento do art. 258 ao crime em destaque. Destarte, se o delito culmina em resultado de lesão corporal de natureza grave, aumenta-se em metade a pena privativa de liberdade; se culmina em resultado morte, aplica-se em dobro a sanção (art. 258, 1ª parte).

A *ação penal é pública incondicionada*.

Admite-se a *suspensão condicional do processo* (art. 89 da Lei nº 9.099/1995).

Preenchidos os requisitos do art. 28-A do Código de Processo Penal, é cabível o *acordo de não persecução penal*.

39 PRODUTO OU SUBSTÂNCIA NAS CONDIÇÕES DOS DOIS ARTIGOS ANTERIORES (ART. 276)

SUMÁRIO: 39.1. Considerações iniciais – 39.2. Objetividade jurídica – 39.3. Sujeitos do delito – 39.4. Tipicidade objetiva e subjetiva – 39.5. Consumação e tentativa – 39.6. Causas de aumento de pena – 39.7. Pena e ação penal.

Produto ou substância nas condições dos dois artigos anteriores

Art. 276. Vender, expor à venda, ter em depósito para vender ou, de qualquer forma, entregar a consumo produto nas condições dos arts. 274 e 275:

Pena – reclusão, de 1 (um) a 5 (cinco) anos, e multa.

39.1. CONSIDERAÇÕES INICIAIS

O tipo penal de *produto ou substância nas condições dos dois artigos anteriores* revela uma continuação da proteção visada nos delitos anteriores. De conseguinte, busca reprimir a venda, a comercialização e a circulação de produtos que, *e.g.*, não observaram em sua composição aquilo que é permitido na legislação sanitária, ou contêm informações inverídicas, para que tais produtos potencialmente nocivos à saúde não cheguem a ser disponibilizados e consumidos por número indeterminado de pessoas.

O art. 276 do Código Penal sofreu alteração pela Lei nº 9.677/1998 (Lei dos Remédios), que endureceu as penas atribuídas à prática delituosa. Desse modo, o crime que antes era alternativamente apenado com detenção de um a três meses ou multa, passou a ser sancionado cumulativamente com reclusão de um a cinco anos e multa.

39.2. OBJETIVIDADE JURÍDICA

Protege-se a incolumidade pública, em especial no que tange à *saúde pública*.

39.3. SUJEITOS DO DELITO

Qualquer pessoa pode ser *sujeito ativo*. Cuida-se de *crime comum*, ou geral. Mesmo que seja mais recorrente o delito ser praticado por comerciante, não há exigência de uma habitualidade na prática comercial, uma reiteração de condutas por parte do agente.

Sujeito passivo é a coletividade (*crime vago*).

39.4. TIPICIDADE OBJETIVA E SUBJETIVA

O art. 276 do Código Penal incrimina as condutas de "*vender, expor à venda, ter em depósito para vender ou, de qualquer forma, entregar a consumo produto nas condições dos arts. 274 e 275*". Cuida-se de *tipo misto alternativo, ou de conteúdo variado*, de maneira que, a prática de diferentes condutas em relação ao mesmo objeto material no mesmo contexto fático, implica em crime único.

Vender se refere à alienação, realizada onerosamente. *Expor à venda* se liga a mostrar, exibir para que se aliene. *Ter em depósito* relaciona-se a guardar, conservar em local certo e seguro. *Entregar* diz respeito a passar para outrem, seja de forma gratuita ou onerosa.

Trata-se de *crime de perigo abstrato*, havendo presunção de que o bem jurídico é colocado em risco.

Demais disso, trata-se de *tipo remetido*, na medida em que é necessário recorrer aos arts. 274 e 275 do *Codex*[1] para vislumbrar quais são as condições dos produtos que constituem o objeto material da infração.

Tratam-se, então, de: a) produtos destinados a consumo em cuja fabricação foi utilizada substância não expressamente permitida pela legislação sanitária (art. 274); ou b) produtos alimentícios, terapêuticos ou medicinais em cujos invólucros ou recipientes há indicação inverídica sobre a existência ou quantidade de certa substância, a qual não está presente na composição, ou seu teor é inferior ao mencionado (art. 275).

Assim, como visto quando da análise dos arts. 274 e 275 do *Codex*[2], cuidam-se de produtos voltados ao consumo humano, que não observaram em sua produção as

---

1. "*Art. 274 – Empregar, no fabrico de produto destinado a consumo, revestimento, gaseificação artificial, matéria corante, substância aromática, antiséptica, conservadora ou qualquer outra não expressamente permitida pela legislação sanitária: Pena – reclusão, de 1 (um) a 5 (cinco) anos, e multa*". "*Art. 275 – Inculcar, em invólucro ou recipiente de produtos alimentícios, terapêuticos ou medicinais, a existência de substância que não se encontra em seu conteúdo ou que nele existe em quantidade menor que a mencionada: Pena – reclusão, de 1 (um) a 5 (cinco) anos, e multa*".
2. *Vide* Capítulos 37 e 38 da presente obra.

substâncias e processos admitidos na legislação sanitária, *e.g.*, desrespeitando determinações da ANVISA, bem como produtos concernentes à nutrição humana ou à cura, prevenção, combate de doenças e enfermidades em cujos invólucros ou recipientes – *v.g.*, bulas, rótulos, frascos – há informação inverídica relacionada à certa substância, a qual não existe, ou se apresenta em quantidade inferior à indicada, na sua composição.

O indivíduo que pratica alguma das condutas tipificadas nos arts. 274 e 275, e logo após, realiza aquelas insculpidas no art. 276, responderá apenas por aquelas, pois as ações abarcadas pelo art. 276 constituem *post factum* impunível[3].

Não obstante, reconhecendo as condutas anteriores como *ante factum* impunível, o Tribunal de Justiça do Estado de São Paulo[4] já se manifestou no sentido de que "*pela expressa previsão do art. 276 da mesma lei, este se caracteriza como crime-fim, cujos crimes-meio, para tanto, são os tipificados pelo arts. 274 ou 275 do Código Penal*".

Vale pontuar que o delito em comento não se confunde com a figura insculpida no art. 7º, inciso IX, da Lei nº 8.137/1990[5] – que cuida das condutas de "*vender, ter em depósito para vender ou expor à venda ou, de qualquer forma, entregar matéria-prima ou mercadoria, em condições impróprias ao consumo*". Apesar da incriminação das mesmas condutas, este último constitui crime contra as relações de consumo, além de possuir objetos materiais diversos – quais sejam, a matéria-prima ou a mercadoria em condições impróprias ao consumo. Ainda, nesse âmbito, há que se observar o princípio da especialidade, na medida em que o art. 276 traz objetos mais específicos, consubstanciando elemento especializante[6].

---

3. Nesse sentido, *e.g.*, PRADO, Luiz Regis. *Curso de direito penal brasileiro*. São Paulo: Thomson Reuters, 2018, v. II, p. 634.
4. TJ-SP, Apelação Criminal nº 0069315-58.2006.8.26.0050, 16ª Câmara de Direito Criminal, rel. Guilherme de Souza Nucci, j. 14/08/2012, DJ 24/08/2012. Assim, "*no caso em que um indivíduo apenas produz substâncias irregulares, atribuindo a tarefa de distribuição e venda a terceiros, deve o primeiro ser condenado nos moldes dos arts. 274 ou 275 do Código Penal e o segundo, nos moldes do art. 276 do mesmo texto. No entanto, quando a conduta de fabricação e venda encontram-se unidas em apenas um indivíduo, necessária a absorção do crime-fim pelo crime-meio, pois a conduta intermediária serviu apenas como instrumentalização para propiciar a consumação da conduta final*". Por outro lado, anteriormente, já houve julgado em que houve condenação como incurso nos arts. 275 e 276 do *Codex*, *vide* TJ-SP, Apelação Criminal nº 9162904-67.2007.8.26.0000, 5ª Câmara de Direito Criminal, rel. José Luiz de Jesus Vieira, j. 28/11/2008.
5. "*Art. 7º Constitui crime contra as relações de consumo: [...] IX – vender, ter em depósito para vender ou expor à venda ou, de qualquer forma, entregar matéria-prima ou mercadoria, em condições impróprias ao consumo; Pena – detenção, de 2 (dois) a 5 (cinco) anos, ou multa. Parágrafo único. Nas hipóteses dos incisos II, III e IX pune-se a modalidade culposa, reduzindo-se a pena e a detenção de 1/3 (um terço) ou a de multa à quinta parte*".
6. BITENCOURT, Cezar Roberto. *Tratado de direito penal*: parte especial. São Paulo: Saraiva, 2018, v. 4, p. 409.

Nesse contexto, também há o crime contra a economia popular previsto no art. 2º, inciso III, da Lei nº 1.521/1951[7], o qual trata das condutas de "*expor à venda ou vender mercadoria ou produto alimentício, cujo fabrico haja desatendido a determinações oficiais, quanto ao peso e composição*". Quanto a semelhante conflito aparente, uma vez mais é preciso observar a especificidade do art. 276 do *Codex*, o qual incidirá caso, na fabricação do produto alimentício, haja o emprego de processo proibido ou substância não permitida[8].

O *elemento subjetivo do tipo* é o dolo. Quanto à conduta de "*ter em depósito*", há *elemento subjetivo especial do tipo*, concernente ao intuito de vender o produto.

Não há previsão da modalidade culposa.

39.5. CONSUMAÇÃO E TENTATIVA

Consuma-se o delito com a efetiva prática das condutas insculpidas no tipo, quais sejam, vender, expor à venda, ter em depósito para vender e entregar a consumo. No tocante aos núcleos de "*expor à venda*" e "*ter em depósito para vender*", estas são caracterizadoras de *crime permanente*.

Admite-se a *tentativa*. Bitencourt[9] pontua que Magalhães Noronha enfrentava dificuldades para admitir a figura tentada, na medida em que sustentava que o fato de ter a coisa para vender, que já é punido, seria pressuposto de outras ações incriminadas. Nessa senda, o professor gaúcho assevera que, *v.g.*, nem sempre o indivíduo que vende é o mesmo que tem em depósito; desta feita, *e.g.*, seria possível que os empregados venham a ser "*punidos por tentativa, na modalidade de* tentar vender, *enquanto somente o proprietário responde pelo crime consumado, na modalidade de* ter em depósito para vender".

7. "*Art. 2º. São crimes desta natureza: [...] III – expor à venda ou vender mercadoria ou produto alimentício, cujo fabrico haja desatendido a determinações oficiais, quanto ao peso e composição; [...] Pena – detenção, de 6 (seis) meses a 2 (dois) anos, e multa, de dois mil a cinquenta mil cruzeiros. Parágrafo único. Na configuração dos crimes previstos nesta Lei, bem como na de qualquer outro de defesa da economia popular, sua guarda e seu emprego considerar-se-ão como de primeira necessidade ou necessários ao consumo do povo, os gêneros, artigos, mercadorias e qualquer outra espécie de coisas ou bens indispensáveis à subsistência do indivíduo em condições higiênicas e ao exercício normal de suas atividades. Estão compreendidos nesta definição os artigos destinados à alimentação, ao vestuário e à iluminação, os terapêuticos ou sanitários, o combustível, a habitação e os materiais de construção*".
8. Cf. BITENCOURT, Cezar Roberto. *Tratado de...*, cit., p. 409.
9. BITENCOURT, Cezar Roberto. *Tratado de...*, cit., p. 410.

39.6. CAUSAS DE AUMENTO DE PENA

De acordo com o art. 285 do *Codex*, o teor do art. 258 pode incidir quando da prática do crime presentemente analisado. Por conseguinte, se a conduta perpetrada resultar em *lesão corporal de natureza grave* (o que inclui a gravíssima), aumenta-se a pena privativa de liberdade em metade; se resultar em *morte*, aplica-se a pena em dobro. Por evidência, há que se demonstrar o vínculo causal entre a conduta realizada e os resultados mais gravosos.

De se notar que os resultados de lesão corporal grave ou morte devem ser alcançados a título de culpa, não dolo. Tendo em vista que o crime do art. 276 somente prevê a forma dolosa, nesse caso, resta caracterizada uma situação *preterdolosa*.

39.7. PENA E AÇÃO PENAL

O delito insculpido no art. 276 do Código Penal é sancionado cumulativamente com a pena de reclusão, de um a cinco anos, e multa.

O art. 285 do Código Penal determina que o disposto no art. 258 seja aplicado ao presente tipo penal. Então, se da prática do crime resultar *lesão corporal de natureza grave*, a pena privativa de liberdade é aumentada em metade; se resultar *morte*, a pena é aplicada em dobro (art. 258, 1ª parte).

A *ação penal é pública incondicionada*.

Admite-se a *suspensão condicional do processo* (art. 89 da Lei nº 9.099/1995).

Preenchidos os requisitos do art. 28-A do Código de Processo Penal, é cabível o *acordo de não persecução penal*.

40 SUBSTÂNCIA DESTINADA À FALSIFICAÇÃO (ART. 277)

SUMÁRIO: 40.1. Considerações iniciais – 40.2. Objetividade jurídica – 40.3. Sujeitos do delito – 40.4. Tipicidade objetiva e subjetiva – 40.5. Consumação e tentativa – 40.6. Causas de aumento de pena – 40.7. Pena e ação penal.

Substância destinada à falsificação

Art. 277. Vender, expor à venda, ter em depósito ou ceder substância destinada à falsificação de produtos alimentícios, terapêuticos ou medicinais:

Pena - reclusão, de 1 (um) a 5 (cinco) anos, e multa.

40.1. CONSIDERAÇÕES INICIAIS

Conforme estudado anteriormente, existe uma preocupação relativa, *v.g.*, a se evitar que haja falsificação, adulteração de produtos que possam se tornar prejudiciais à saúde humana, bem como reprimir que estes cheguem à circulação, sendo acessíveis a número indeterminado de pessoas.

O crime de *substância destinada à falsificação*, por sua vez, alargou a abrangência do campo penal, o que é passível de críticas, na medida em que tentou abarcar condutas ligadas a substâncias não que foram utilizadas em falsificação, mas sim aquelas que podem ser empregadas para que se chegue a falsificar certos produtos.

Há questionamentos acerca da observância ou não do Direito Penal enquanto *ultima ratio*, se há relevância penal das condutas, entre outros aspectos. Nessa senda, pondera-se que a lei alargou em excesso o âmbito punitivo, incriminando condutas de duvidosa relevância penal, consistentes em atos preparatórios ou laterais de outro crime, como o do art. 272[1] ou o do art. 273[2] do Código Penal[3].

---

1. "*Art. 272 – Corromper, adulterar, falsificar ou alterar substância ou produto alimentício destinado a consumo, tornando-o nocivo à saúde ou reduzindo-lhe o valor nutritivo: Pena – reclusão, de 4 (quatro) a 8 (oito) anos, e multa. § 1º-A – Incorre nas penas deste artigo quem fabrica, vende, expõe à venda, importa, tem em depósito para vender ou, de qualquer forma, distribui ou entrega*

O art. 277 do Código Penal sofreu alterações com o advento da Lei nº 9.677/1998 (Lei dos Remédios). Acrescentou-se a menção ao *produto terapêutico*. Além disso, a sanção cominada, que antes era de detenção, de seis meses a um ano, tornou-se mais gravosa, passando para reclusão de um a cinco anos, e multa.

40.2. OBJETIVIDADE JURÍDICA

Protege-se a incolumidade pública, especialmente no que se refere à *saúde pública*.

40.3. SUJEITOS DO DELITO

Qualquer pessoa pode ser *sujeito ativo*. Trata-se de *crime comum*, ou geral.

Sujeito passivo é a coletividade (*crime vago*).

40.4. TIPICIDADE OBJETIVA E SUBJETIVA

O art. 277 do Código Penal tipifica as condutas de "*vender, expor à venda, ter em depósito ou ceder substância destinada à falsificação de produtos alimentícios, terapêuticos ou medicinais*".

---

a consumo a substância alimentícia ou o produto falsificado, corrompido ou adulterado. § 1º – Está sujeito às mesmas penas quem pratica as ações previstas neste artigo em relação a bebidas, com ou sem teor alcoólico. Modalidade culposa § 2º – Se o crime é culposo: Pena – detenção, de 1 (um) a 2 (dois) anos, e multa".

2. "*Art. 273 – Falsificar, corromper, adulterar ou alterar produto destinado a fins terapêuticos ou medicinais: Pena – reclusão, de 10 (dez) a 15 (quinze) anos, e multa. § 1º – Nas mesmas penas incorre quem importa, vende, expõe à venda, tem em depósito para vender ou, de qualquer forma, distribui ou entrega a consumo o produto falsificado, corrompido, adulterado ou alterado. § 1º-A – Incluem-se entre os produtos a que se refere este artigo os medicamentos, as matérias-primas, os insumos farmacêuticos, os cosméticos, os saneantes e os de uso em diagnóstico. § 1º-B – Está sujeito às penas deste artigo quem pratica as ações previstas no § 1º em relação a produtos em qualquer das seguintes condições: I – sem registro, quando exigível, no órgão de vigilância sanitária competente; II – em desacordo com a fórmula constante do registro previsto no inciso anterior; III – sem as características de identidade e qualidade admitidas para a sua comercialização; IV – com redução de seu valor terapêutico ou de sua atividade; V – de procedência ignorada; VI – adquiridos de estabelecimento sem licença da autoridade sanitária competente. Modalidade culposa § 2º – Se o crime é culposo: Pena – detenção, de 1 (um) a 3 (três) anos, e multa*".
3. BITENCOURT, Cezar Roberto. *Tratado de direito penal*: parte especial. São Paulo: Saraiva, 2018, v. 4, p. 412.

Vender remete a alienar. *Expor à venda* diz respeito a exibir, mostrar, para que haja alienação posteriormente. *Ter em depósito* alude a conservar, guardar em lugar certo e seguro. *Ceder* se liga a colocar à disposição de outrem.

O *objeto material* do crime diz respeito à *substância destinada à falsificação de produtos alimentícios, terapêuticos ou medicinais*. Não há exigência de que a substância seja empregada somente na falsificação, podendo ter múltiplas funções, inclusive estar presente no comércio licitamente; por exemplo, farinha pode ser comercializada normalmente para consumo, mas, por outro lado, pode ser empregada na falsificação de medicamentos.

Sendo assim, diante dessa diversidade de utilizações que uma substância possa ter, como a circulação permitida em contextos de normalidade, existe a necessidade de que, no caso concreto, demonstre-se a finalidade específica, a destinação para a falsificação que a substância teria.

Bitencourt[4] pondera que, em casos envolvendo substâncias de comercialização permitida, seria praticamente impossível haver enquadramento na conduta de "*expor à venda*". Ademais, nas outras condutas, "*a relevância típica estará, em muitos casos, vinculada à constatação da posterior falsificação dos produtos, pois somente quando a falsificação entrar, pelo menos, na fase executória (que pode ser interrompida), ter-se-á por certo e inconteste que a substância vendida, depositada para a venda ou cedida estava, realmente, destinada à falsificação*"[5].

O tipo apenas se refere a "*substâncias*", de tal sorte que não abrange aparelhos, utensílios, instrumentos, máquinas, apetrechos que são utilizados na falsificação[6].

Demais disso, não se trata de destinação para a falsificação de qualquer produto, mas sim de *produtos alimentícios, terapêuticos ou medicinais*. Conforme já explanado quando da análise de crimes anteriores, cuida-se de produtos relacionados, de maneira geral, à nutrição do ser humano, bem como à prevenção, cura e combate de doenças e enfermidades.

Vale pontuar que resta caracterizado o art. 278 do Código Penal[7] nas hipóteses em que a substância, em si mesma, é perigosa ou nociva à saúde.

O *elemento subjetivo do tipo* é o dolo.

---

4. BITENCOURT, Cezar Roberto. *Tratado de*..., cit., p. 414.
5. BITENCOURT, Cezar Roberto. *Tratado de*..., cit., p. 414.
6. PRADO, Luiz Regis. *Curso de direito penal brasileiro*. São Paulo: Thomson Reuters, 2018, v. II, p. 636.
7. "*Art. 278 – Fabricar, vender, expor à venda, ter em depósito para vender ou, de qualquer forma, entregar a consumo coisa ou substância nociva à saúde, ainda que não destinada à alimentação ou a fim medicinal: Pena – detenção, de um a três anos, e multa. Modalidade culposa Parágrafo único – Se o crime é culposo: Pena – detenção, de dois meses a um ano*".

Há *elemento subjetivo especial do tipo*, concernente à necessidade de que haja conhecimento e vontade de que a substância seja destinada à falsificação de produtos alimentícios, terapêuticos ou medicinais.

Não há previsão da modalidade culposa.

40.5. CONSUMAÇÃO E TENTATIVA

Consuma-se o delito com a efetiva prática das condutas insculpidas no tipo, quais sejam, vender, expor à venda, ter em depósito ou ceder, independentemente do efetivo emprego da substância na falsificação de produtos alimentícios, terapêuticos ou medicinais (*crime formal*, de consumação antecipada, ou de resultado cortado). As condutas de "*expor à venda*" e "*ter em depósito*" caracterizam *crime permanente*, em que a consumação se prolonga no tempo.

Há controvérsias quanto à possibilidade de se admitir a figura *tentada*. Em realidade, não se admite o *conatus*, na medida em que se trata de uma figura que, em verdade, atinge atos preparatórios dos arts. 272 e 273 do Código Penal[8].

40.6. CAUSAS DE AUMENTO DE PENA

Por força do art. 285 do Código Penal, pode-se aplicar o disposto no art. 258 ao crime de substância destinada à falsificação. Então, se a conduta realizada culminar em *lesão corporal de natureza grave* (o que abraça a gravíssima), aumenta-se em metade a pena privativa de liberdade, e se culminar em *morte*, aplica-se em dobro a pena. De se notar, que é preciso que se demonstre o vínculo causal entre a conduta e semelhantes resultados.

Sendo assim, tratam-se de hipóteses nas quais esses resultados mais gravosos de lesão corporal grave ou morte sobrevieram a título de *culpa*, isto é, não eram abarcados pelo dolo do agente. Aliás, dado que o tipo em comento prevê apenas modalidade dolosa, nesses casos restam caracterizadas situações *preterdolosas*.

40.7. PENA E AÇÃO PENAL

O delito de *substância destinada à falsificação* é sancionado cumulativamente com pena de reclusão, de um a cinco anos, e multa (art. 277).

8. NORONHA, E. Magalhães. *Direito penal*. São Paulo: Saraiva, 1995, v. 4, p. 41.

Nos termos do art. 285 do *Codex*, o disposto no art. 258 pode ser aplicado ao tipo em comento. Dessa maneira, se houver resultado de *lesão corporal de natureza grave*, é aumentada em metade a pena privativa de liberdade; se houver resultado *morte*, é aplicada em dobro a pena (art. 258, 1ª parte).

A *ação penal é pública incondicionada*.

Admite-se a *suspensão condicional do processo* (art. 89 da Lei nº 9.099/1995).

Preenchidos os requisitos do art. 28-A do Código de Processo Penal, é cabível o *acordo de não persecução penal*.

41 OUTRAS SUBSTÂNCIAS NOCIVAS À SAÚDE PÚBLICA (ART. 278)

SUMÁRIO: 41.1. Considerações iniciais – 41.2. Objetividade jurídica – 41.3. Sujeitos do delito – 41.4. Tipicidade objetiva e subjetiva – 41.5. Consumação e tentativa – 41.6. Crime culposo – 41.7. Causas de aumento de pena – 41.8. Pena e ação penal.

Outras substâncias nocivas à saúde pública

Art. 278. Fabricar, vender, expor à venda, ter em depósito para vender ou, de qualquer forma, entregar a consumo coisa ou substância nociva à saúde, ainda que não destinada à alimentação ou a fim medicinal:

Pena - detenção, de 1 (um) a 3 (três) anos, e multa.

Modalidade culposa

Parágrafo único. Se o crime é culposo:

Pena - detenção, de 2 (dois) meses a 1 (um) ano.

41.1. CONSIDERAÇÕES INICIAIS

As condutas tipificadas sob o *nomen iuris* de *outras substâncias nocivas à saúde pública* podem ser tidas como complemento do disposto nos arts. 270 a 277 do *Codex*, somando a proteção da saúde pública relativa à, *v.g.*, evitar que produtos alterados sejam fabricados e entrem em circulação, àquela que visa coibir que coisas e substâncias em si mesmas nocivas à saúde possam chegar ao acesso de número indeterminado de pessoas.

Não obstante, é cediço que muitas substâncias que, em si mesmas, podem ser nocivas à saúde, podem ser produzidas e comercializadas licitamente, o que denota incompletude na redação legal.

O art. 278 do Código Penal não sofreu alterações, mantendo-se a redação original de 1940.

41.2. OBJETIVIDADE JURÍDICA

Protege-se a incolumidade pública, em especial no tocante à *saúde pública*.

41.3. SUJEITOS DO DELITO

Qualquer pessoa pode ser *sujeito ativo* da figura em análise. Cuida-se de *crime comum*, ou geral.

Sujeito passivo é a coletividade (*crime vago*).

41.4. TIPICIDADE OBJETIVA E SUBJETIVA

O art. 278 do Código Penal incrimina as condutas de "*fabricar, vender, expor à venda, ter em depósito para vender ou, de qualquer forma, entregar a consumo coisa ou substância nociva à saúde, ainda que não destinada à alimentação ou a fim medicinal*".

Entende-se comumente que se trata de *crime de perigo abstrato*, havendo presunção de que o bem jurídico tutelado é posto em risco. Contudo, a figura mostra-se como de crime de *perigo concreto*, uma vez que a redação legal menciona a nocividade do objeto material.

Fabricar diz respeito a produzir, confeccionar. *Vender* se liga a alienar; *expor à venda* se refere a mostrar, exibir, colocar à vista para que se aliene. *Ter em depósito para vender* relaciona-se a conservar, guardar em local certo e seguro, com o objetivo de negociação futura. *Entregar a consumo* remete a passar para outrem, seja de forma onerosa ou gratuita. Cuida-se de *tipo misto alternativo ou de conteúdo variado*, de tal sorte que a prática de diferentes condutas em relação ao mesmo objeto, no mesmo contexto fático, implica em crime único.

O *objeto material* do crime refere-se à *coisa ou substância nociva à saúde, ainda que não destinada à alimentação ou a fim medicinal*. Assim, refere-se a coisas ou substâncias que, em si mesmas, podem ser prejudiciais à saúde, às funções físicas, mentais e orgânicas do ser humano, mesmo que não sejam voltadas à alimentação, nutrição humana, nem a fins medicinais, relacionados ao combate de enfermidades. Aliás, conforme Hungria[1], "*certos objetos ou substâncias, embora não destinados à ingestão, podem, em virtude de sua má ou irregular composição, prejudicar, e às vezes seriamente, a saúde de quem deles se utiliza*", com utensílios domésticos, mamadeiras, cosméticos, cigarros, entre outros.

---

1. HUNGRIA, Nélson. *Comentários ao código penal*. Rio de Janeiro: Forense, 1958, v. IX, p. 121.

Existem controvérsias acerca da interpretação e consequente abrangência do objeto do crime. Nucci[2], *v.g.*, entende que o artigo 278 do *Codex* abarcaria outras coisas ou substâncias nocivas à saúde que não aquelas alimentícias ou medicinais, pois, nesse caso, o agente poderia incorrer nos crimes dos arts. 272 e 273 do Código Penal[3], sancionados mais gravemente.

Bitencourt[4], *e.g.*, por sua vez, entende que, nos termos da redação típica, pode-se abarcar tanto as coisas ou substâncias nocivas à saúde que sejam voltadas à alimentação e a fins medicinais, quanto aquelas que não possuam tais destinações. Por outro lado, também aduz que semelhante abrangência pode culminar em conflito aparente de normas em relação a outros crimes contra a saúde pública, sendo necessário então, que haja uma interpretação sistemática entre as figuras típicas, atentando-se não só às condutas incriminadas por cada qual, mas também aos objetos materiais respectivos.

Assim, o professor gaúcho, acertadamente, considera que quando as ações incriminadas pelo artigo 278 "*incidirem sobre coisa ou substância destinada à alimentação ou a fins terapêuticos e medicinais, inclusive cosméticos e saneantes, o agente não responderá pelos tipos dos arts. 272 e 273, respectivamente, mas somente pelo art. 278, considerando-se a diversidade de condutas tipificadas*"[5].

Demais disso, quanto à análise do art. 274 do *Codex* conjuntamente com o art. 278, entende-se que o art. 274 incidiria nos casos de fabricação, em que há o uso de processo proibido ou substância não permitida, de produtos alimentícios, medicinais, enquanto que o art. 278 trataria da fabricação de produtos nocivos à saúde que não são destinados à alimentação nem a fins medicinais.

---

2. NUCCI, Guilherme de Souza. *Curso de direito penal*: parte especial. Rio de Janeiro: Forense, 2018, v. 3, p. 297. No mesmo sentido, PRADO, Luiz Regis. *Curso de direito penal brasileiro*. São Paulo: Thomson Reuters, 2018, v. II, p. 639.
3. "*Art. 272 – Corromper, adulterar, falsificar ou alterar substância ou produto alimentício destinado a consumo, tornando-o nocivo à saúde ou reduzindo-lhe o valor nutritivo: Pena – reclusão, de 4 (quatro) a 8 (oito) anos, e multa. § 1º-A – Incorre nas penas deste artigo quem fabrica, vende, expõe à venda, importa, tem em depósito para vender ou, de qualquer forma, distribui ou entrega a consumo a substância alimentícia ou o produto falsificado, corrompido ou adulterado. § 1º – Está sujeito às mesmas penas quem pratica as ações previstas neste artigo em relação a bebidas, com ou sem teor alcoólico. [...]*". "*Art. 273 – Falsificar, corromper, adulterar ou alterar produto destinado a fins terapêuticos ou medicinais: Pena – reclusão, de 10 (dez) a 15 (quinze) anos, e multa. § 1º – Nas mesmas penas incorre quem importa, vende, expõe à venda, tem em depósito para vender ou, de qualquer forma, distribui ou entrega a consumo o produto falsificado, corrompido, adulterado ou alterado. § 1º-A – Incluem-se entre os produtos a que se refere este artigo os medicamentos, as matérias-primas, os insumos farmacêuticos, os cosméticos, os saneantes e os de uso em diagnóstico. [...]*".
4. BITENCOURT, Cezar Roberto. *Tratado de direito penal*: parte especial. São Paulo: Saraiva, 2018, v. 4, p. 418.
5. BITENCOURT, Cezar Roberto. *Tratado de...*, cit., p. 418.

Ainda, cumpre salientar que, em hipóteses envolvendo drogas, o entendimento é de que não incide o art. 278 do Código Penal, mas sim o artigo 33 da Lei nº 11.343/2006 (Lei de Drogas), aplicando-se o princípio da especialidade[6].

Vale destacar o art. 56 da Lei nº 9.605/1998 (Lei de Crimes Ambientais)[7], que, dentre outras, tipifica as condutas de "*produzir, processar, embalar, importar, exportar, comercializar, fornecer, transportar, armazenar, guardar, ter em depósito ou usar produto ou substância tóxica, perigosa ou nociva à saúde humana ou ao meio ambiente, em desacordo com as exigências estabelecidas em leis ou nos seus regulamentos*".

Tal figura não revogou tacitamente o art. 278 do Código Penal. O art. 56 da Lei de Crimes Ambientais adota uma técnica de norma penal em branco, em um modelo incriminador de assessoriedade administrativa, já o art. 278 não apresenta norma penal em branco, usando sim um modelo incriminador independente da regra administrativa[8]. Dessa forma, é preciso analisar o caso concreto para averiguar qual tipo deve ser aplicado.

O *elemento subjetivo do tipo* é o dolo. Ressalte-se que o sujeito ativo tem de estar ciente que a coisa ou substância apresenta nocividade, pois isso integra o tipo. A conduta de "*ter em depósito*" exige *elemento subjetivo especial do tipo*, concernente ao intuito de vender (neste caso, o tipo é *incongruente*).

Há previsão da *modalidade culposa*, conforme o artigo 278, parágrafo único.

41.5. CONSUMAÇÃO E TENTATIVA

Consuma-se o delito com o perfazimento das condutas insculpidas no tipo, ou seja, fabricar, vender, expor à venda, ter em depósito para vender e entregar a consumo

---

6. Nesse sentido, *e.g.*, TJ-SP, Apelação Criminal nº 0075676-76.2015.8.26.0050, rel. Des. Euvaldo Chaib, 4ª Câmara de Direito Criminal, j. 14/11/2017, DJ 16/11/2017. Na mesma seara, não admitindo argumento de desclassificação do art. 33 da Lei de Drogas para o art. 278 do *Codex*, *v.g.*, TJ-SP, Apelação Criminal nº 0005297-40.2012.8.26.0366, rel. Desª. Ely Amioka, 8ª Câmara de Direito Criminal, j. 06/12/2018, DJ 07/12/2018.
7. "Art. 56. *Produzir, processar, embalar, importar, exportar, comercializar, fornecer, transportar, armazenar, guardar, ter em depósito ou usar produto ou substância tóxica, perigosa ou nociva à saúde humana ou ao meio ambiente, em desacordo com as exigências estabelecidas em leis ou nos seus regulamentos: Pena – reclusão, de um a quatro anos, e multa. § 1º Nas mesmas penas incorre quem: I – abandona os produtos ou substâncias referidos no* caput *ou os utiliza em desacordo com as normas ambientais ou de segurança; II – manipula, acondiciona, armazena, coleta, transporta, reutiliza, recicla ou dá destinação final a resíduos perigosos de forma diversa da estabelecida em lei ou regulamento. § 2º Se o produto ou a substância for nuclear ou radioativa, a pena é aumentada de um sexto a um terço. § 3º Se o crime é culposo: Pena – detenção, de seis meses a um ano, e multa*".
8. PRADO, Luiz Regis. *Curso de...*, cit., p. 639.

(*crime formal*, ou de consumação antecipada). As ações de "*expor à venda*", "*ter em depósito para vender*" consubstanciam *crime permanente*, cuja consumação se prolonga no tempo.

Admite-se a *tentativa*.

41.6. CRIME CULPOSO

Conforme o parágrafo único do art. 278, é possível que o crime ocorra na *modalidade culposa*. Assim, por imprudência, negligência ou imperícia, não se observa o dever objetivo de cuidado, do que decorre a conduta.

Em tal hipótese, *e.g.*, "*o agente não sabe sobre a nocividade da coisa ou substância, em razão da falta de diligência devida e exigida pelas circunstâncias*"[9].

41.7. CAUSAS DE AUMENTO DE PENA

Em face do art. 285 do Código Penal, pode-se aplicar o disposto no art. 258 ao crime em análise. Então, se a conduta realizada culminar em *lesão corporal de natureza grave* (o que abraça a gravíssima), aumenta-se em metade a pena privativa de liberdade, e se culminar em *morte*, aplica-se em dobro a pena. De se notar que é preciso que se demonstre o vínculo causal entre a conduta e semelhantes resultados.

Sendo assim, tratam-se de hipóteses nas quais esses resultados mais gravosos de lesão corporal grave ou morte sobrevieram a título de *culpa*, isto é, não eram abarcados pelo dolo do agente. Aliás, dado que o tipo em comento prevê apenas modalidade dolosa, nesses casos restam caracterizadas situações *preterdolosas*.

41.8. PENA E AÇÃO PENAL

O delito de *outras substâncias nocivas à saúde pública* é sancionado cumulativamente com pena de detenção, de um a três anos, e multa (art. 278, *caput*).

Na *modalidade culposa*, a pena é de detenção, de dois meses a um ano (art. 278, parágrafo único).

9. PRADO, Luiz Regis. *Curso de...*, cit., p. 639.

Consoante o art. 285 do *Codex*, as hipóteses do art. 258 podem ser aplicadas ao crime em destaque. Destarte, se o delito é perpetrado dolosamente, sobrevindo o resultado de *lesão corporal de natureza grave*, aumenta-se em metade a pena privativa de liberdade; sobrevindo o resultado *morte*, aplica-se em dobro a pena (art. 258, 1ª parte).

Na forma culposa, sobrevindo resultado de *lesão corporal*, aumenta-se em metade a pena; sobrevindo o resultado *morte*, aplica-se a pena do *homicídio culposo*, aumentada de um terço (art. 258, *in fine*).

A *ação penal é pública incondicionada*.

A forma culposa é processada e julgada pelo Juizado Especial Criminal, uma vez que se consubstancia em *infração penal de menor potencial ofensivo* (art. 61 da Lei nº 9.099/1995).

Tanto a figura dolosa, como a culposa, admitem a *suspensão condicional do processo* (art. 89 da Lei nº 9.099/1995).

Preenchidos os requisitos do art. 28-A do Código de Processo Penal, é cabível o *acordo de não persecução penal* exclusivamente na forma básica do delito (art. 278, *caput*). A modalidade culposa admite transação penal, o que impede a celebração do acordo.

42 MEDICAMENTO EM DESACORDO COM RECEITA MÉDICA (ART. 280)

SUMÁRIO: 42.1. Considerações iniciais – 42.2. Objetividade jurídica – 42.3. Sujeitos do delito – 42.4. Tipicidade objetiva e subjetiva – 42.5. Consumação e tentativa – 42.6. Crime culposo – 42.7. Causas de aumento de pena – 42.8. Pena e ação penal.

Medicamento em desacordo com receita médica

Art. 280. Fornecer substância medicinal em desacordo com receita médica:

Pena - detenção, de 1 (um) a 3 (três) anos, ou multa.

Modalidade culposa

Parágrafo único. Se o crime é culposo:

Pena - detenção, de 2 (dois) meses a 1 (um) ano.

42.1. CONSIDERAÇÕES INICIAIS

O delito de *medicamento em desacordo com receita médica* surge no Brasil com o Código Penal Republicano, de 1890, em seu art. 160[1], inspirado no Código português de 1848. Posteriormente, o texto foi mantido na essência pela Consolidação das Leis Penais (1932).

O Código Penal de 1940 tornou a redação legal mais simples, insculpindo a figura em seu art. 280, cujo teor se mantém o original.

---

1. "*Art. 160. Substituir, o pharmaceutico ou boticario, um medicamento por outro, alterar o receituario do facultativo, ou empregar medicamentos alterados: Penas – de multa de 100$ a 200$ e de privação do exercicio da profissão por seis mezes a um anno. § 1º Si por qualquer destes actos for comprommettida a saude da pessoa: Penas – de prisão cellular por quinze dias a seis mezes, multa de 200$ a 500$ e privação do exercicio da profissão por um a dous annos. § 2º Si de qualquer delles resultar morte: Penas – de prisão cellular por dous mezes a dous annos, multa de 500$ a 1:000$ e privação do exercicio da profissão. § 3º Si qualquer destes factos for praticado, não por imprudencia, negligencia ou impericia na propria arte, e sim com vontade criminosa; Penas – as mesmas impostas ao crime que resultar do facto praticado*".

42.2. OBJETIVIDADE JURÍDICA

O bem jurídico tutelado é a *saúde pública*.

42.3. SUJEITOS DO DELITO

Qualquer pessoa pode ser *sujeito ativo*. Trata-se de *crime comum*, ou geral. Normalmente, o agente é farmacêutico ou balconista de farmácia, porém a Lei não faz restrição.

Sujeito passivo é a coletividade (*crime vago*), bem como as pessoas afetadas pelo medicamento irregular.

42.4. TIPICIDADE OBJETIVA E SUBJETIVA

O tipo incriminador insculpido no art. 280, *caput*, estabelece: "*fornecer substância medicinal em desacordo com receita médica*".

O núcleo do tipo, "*fornecer*", significa entregar, ceder a alguém alguma coisa, a título oneroso ou gratuito. No caso, *substância medicinal* (*objeto material* da infração), que consiste em produto destinado a servir de medicamento, isto é, matéria voltada à prevenção e cura de moléstias (remédios em geral).

A expressão "*em desacordo com receita médica*" denota um *elemento normativo do tipo* que deve ser interpretado no sentido de contrariedade à prescrição médica. Em outras palavras, o tipo pressupõe a divergência entre o medicamento descrito na receita médica e o entregue à vítima. A distorção pode dizer respeito à espécie, quantidade ou qualidade da substância.

Receita médica consiste nos apontamentos indicativos técnicos, reduzidos a escrito, constantes de documento elaborado por profissional da medicina, com o escopo de prevenção ou tratamento de doenças.

Caso a receita tenha sido elaborada por alguém que não pertença aos quadros médicos (*e.g.*, dentista, veterinário), a elaboração de substância em desacordo com o prescrito será atípica, sob pena de conformação de analogia *in malam partem*.

O crime é de *perigo abstrato*, o que significa que o legislador presumiu a situação potencialmente maléfica à saúde das pessoas com o simples comportamento delitivo de entrega de medicação em desacordo com o prescrito. Dogmaticamente, isso ostenta cunho antecipatório (ou seja, cerceamento anterior a qualquer lesão ou mesmo perigo concreto ao bem jurídico).

Contudo, tal característica não autoriza a concluir que haja crime quando se constata que o descompasso com a receita foi *benéfico* àquele que sofre a ação[2]. Nesse caso, mais do que a verificação de inidoneidade de lesão ao bem jurídico, está-se diante de uma conduta de colaboração com o interesse tutelado, isto é, de seu reforço. Conclui-se pela incriminação significaria, então, situação absurda[3].

Se o farmacêutico discordar do constante da receita – por exemplo, quando percebe que a dose é excessiva, ou que o subscritor da prescrição errou na indicação –, deverá entrar em contato com o médico para proceder à correção do equívoco[4]. Caso não seja possível, ou a entrega deva ser em caráter urgente, o farmacêutico poderá corrigir a receita, caso em que atua em *estado de necessidade*[5], excludente de ilicitude prevista no art. 24 do *Codex*.

O fornecimento de *medicamento genérico*[6] ou de *medicamento similar*[7] não perfaz o presente crime, uma vez que tais produtos contêm o mesmo princípio ativo do medicamento indicado.

O *elemento subjetivo do tipo* é o dolo. Não se requer especial fim de agir (*tipo congruente*). Normalmente, o agente pratica a conduta dolosa para fins de economizar nas substâncias elaboradas.

Há previsão da modalidade culposa no parágrafo único do art. 280.

---

2. Nesse sentindo, entendendo que a punição se escora na arbitrariedade do fornecimento em questão, *e.g.*, FRAGOSO, Heleno Cláudio. *Lições de direito penal*: parte especial. Rio de Janeiro: Forense, 1986, v. II, p. 234.
3. Asseverando a não ocorrência de crime se o resultado é benéfico, *v.g.*, NORONHA, E. Magalhães. *Direito penal*. São Paulo: Saraiva, 1995, v. 4, p. 51.
4. Este era o procedimento estabelecido pelo art. 254 do Regulamento do Departamento Nacional de Saúde, atualmente revogado.
5. PRADO, Luiz Regis. *Curso de direito penal brasileiro*. São Paulo: Thomson Reuters, 2018, v. II, p. 642.
6. De acordo com o art. 3º, inciso XXI, da Lei nº 6.360/1976, *medicamento genérico* consiste no "[...] *medicamento similar a um produto de referência ou inovador, que se pretende ser com este intercambiável, geralmente produzido após a expiração ou renúncia da proteção patentária ou de outros direitos de exclusividade, comprovada a sua eficácia, segurança e qualidade, e designado pela DCB ou, na sua ausência, pela DCI*". "*DCB*" é Denominação Comum Brasileira, enquanto "*DCI*" significa Denominação Comum Internacional.
7. Consoante o art. 3º, inciso XX, da Lei nº 6.360/1976, *medicamento similar* é "[...] *aquele que contém o mesmo ou os mesmos princípios ativos, que apresenta a mesma concentração, forma farmacêutica, via de administração, posologia e indicação terapêutica e que é equivalente ao medicamento registrado no órgão federal responsável pela vigilância sanitária, podendo diferir somente em características relativas ao tamanho e forma do produto, prazo de validade, embalagem, rotulagem, excipientes e veículos, comprovada a sua eficácia, segurança e qualidade, devendo sempre ser identificado por nome comercial ou marca*".

42.5. CONSUMAÇÃO E TENTATIVA

O crime se *consuma* no momento da entrega da substância em desacordo com a receita médica (*delito formal*, de consumação antecipada, ou de resultado cortado). Não é preciso, assim, que o destinatário da medicação faça uso dela.

A *tentativa* é admissível, em razão do caráter plurissubsistente da figura, permitindo o fracionamento do *iter criminis*.

42.6. CRIME CULPOSO

O art. 280, parágrafo único, estabelece a *modalidade culposa* do delito, decorrente da inobservância do cuidado devido e exigido pelas circunstâncias. Normalmente, a conduta se mostra quando o agente – em geral, farmacêutico –, em estabelecimento de manipulação, atua de forma descuidada na análise da receita ou na preparação do medicamento, vindo a fornecer ao cliente remédio em desacordo com o prescrito. De igual modo, a entrega do produto errado na farmácia, fruto de desatenção, perfaz o tipo.

42.7. CAUSAS DE AUMENTO DE PENA

De acordo com o previsto no art. 285 do *Codex*, a disciplina constante do art. 258 pode ser aplicada ao crime de medicamento em desacordo com receita médica, nas situações em que há resultado de *lesão corporal* ou *morte*.

De conseguinte, se da forma dolosa do crime (art. 280, *caput*) advém resultado de *lesão corporal de natureza grave* (o que abrange também a gravíssima), a pena privativa de liberdade é aumentada em metade; se sobrevém o resultado *morte*, a pena é aplicada em dobro (art. 258, 1ª parte). Cuidam-se de situações *preterdolosas*.

Já se da *forma culposa* do delito de medicamento em desacordo com receita médica (art. 280, parágrafo único) resultar *lesão corporal*, a pena aumenta-se de metade; caso o consectário seja a *morte*, aplica-se a pena cominada ao *homicídio culposo*, aumentada de um terço.

De se notar que, por evidência, vez que inexiste responsabilidade objetiva em matéria penal, é preciso demonstrar o vínculo causal entre a conduta realizada e tais resultados.

Apesar de a lei utilizar a expressão "*formas qualificadas*", no art. 258, bem como "*forma qualificada*", no art. 285, são hipóteses, na realidade, de *causas de aumento de pena*.

42.8. PENA E AÇÃO PENAL

O crime de *medicamento em desacordo com receita médica* é sancionado com pena de detenção, de um a três anos, ou multa (art. 280, *caput*).

Há previsão de *forma culposa* no parágrafo único do art. 280, cuja pena é de detenção, de dois meses a um ano.

Por força do art. 285 do Código Penal, é possível aplicar as hipóteses do art. 258 ao crime em análise. São hipóteses de *causas de aumento de pena* em razão de resultados lesivos advindos a título de culpa. Desta feita, se do *crime doloso* (art. 280, *caput*) sobrevém resultado de *lesão corporal de natureza grave*, a pena privativa de liberdade é aumentada em metade; se houver o resultado *morte*, a pena é aplicada em dobro (art. 258, 1ª parte). Já se do *crime culposo* (art. 280, parágrafo único) resultar *lesão corporal*, a pena se aumenta de metade; caso decorra *morte*, aplica-se a pena cominada ao *homicídio culposo*, aumentada de um terço.

A *ação penal é pública incondicionada*.

A modalidade culposa, exclusivamente, trata-se de *infração penal de menor potencial ofensivo*, sendo de competência do Juizado Especial Criminal (art. 61 da Lei nº 9.099/1995).

Nas formas dolosa e culposa se admite a *suspensão condicional do processo* (art. 89 da Lei nº 9.099/1995).

Preenchidos os requisitos do art. 28-A do Código de Processo Penal, é cabível o *acordo de não persecução penal* exclusivamente na forma básica do delito (art. 280, *caput*). A modalidade culposa admite transação penal, o que impede a celebração do acordo.

43 EXERCÍCIO ILEGAL DA MEDICINA, ARTE DENTÁRIA OU FARMACÊUTICA (ART. 282)

SUMÁRIO: 43.1. Considerações iniciais – 43.2. Objetividade jurídica – 43.3. Sujeitos do delito – 43.4. Tipicidade objetiva e subjetiva – 43.5. Consumação e tentativa – 43.6. Forma qualificada – 43.7. Causas de aumento de pena – 43.8. Pena e ação penal.

Exercício ilegal da medicina, arte dentária ou farmacêutica

Art. 282. Exercer, ainda que a título gratuito, a profissão de médico, dentista ou farmacêutico, sem autorização legal ou excedendo-lhe os limites:

Pena - detenção, de 6 (seis) meses a 2 (dois) anos.

Parágrafo único. Se o crime é praticado com o fim de lucro, aplica-se também multa.

43.1. CONSIDERAÇÕES INICIAIS

O delito de *exercício ilegal da medicina, arte dentária ou farmacêutica* remonta à legislação europeia medieval, da Veneza do séc. XII. A partir do séc. XV, não obstante, houve ampla disseminação de sua previsão, nos mais diversos países do Velho Continente[1].

No caso luso-brasileiro, as Ordenações do Reino já exigiam habilitação para a prática médica. O Código Criminal do Império (1830), por sua vez, punia o exercício ilegal da medicina enquanto uso de título suposto, ou seja, uma espécie de falsidade. Demais disso, veja-se que entre meados do séc. XVIII e o final do séc. XIX, diversos alvarás disciplinaram o tema em termos de habilitação profissional no território brasileiro.

O Código Penal Republicano (1890), inovando em face do diploma anterior, insculpiu a previsão de modo assemelhado ao atual. Subsequentemente, a incriminação foi prevista no art. 282 do *Codex* de 1940, cuja redação se mantém original.

O fundamento da tutela se encontra na Constituição Federal de 1988, em seu art. 5º, inciso XIII, o qual estatui que "*é livre o exercício de qualquer trabalho, ofício ou*

1. FRAGOSO, Heleno Cláudio. *Lições de direito penal:* parte especial. Rio de Janeiro: Forense, 1986, v. II

profissão, atendidas as qualificações profissionais que a lei estabelecer", consubstanciando uma *norma constitucional de eficácia contida*. Desta feita, o constituinte admitiu a limitação do exercício de determinadas atividades por parte do legislador ordinário, o que ocorre para a medicina, a odontologia e a atividade farmacêutica, profissões sensíveis em razão da saúde pública envolvida.

A delimitação legal das atividades referidas confere ao tipo penal em destaque o caráter de *norma penal em branco homogênea*[2].

43.2. OBJETIVIDADE JURÍDICA

O *bem jurídico* tutelado consiste na incolumidade pública, no particular aspecto da *saúde pública*.

43.3. SUJEITOS DO DELITO

Sujeito ativo do delito será, quanto à primeira conduta vedada ("*exercer, ainda que a título gratuito, a profissão de médico, dentista ou farmacêutico, sem autorização legal*") qualquer pessoa, não se exigindo característica especial do agente.

Não obstante, o segundo comportamento proibido ("*exercer, ainda que a título gratuito, a profissão de médico, dentista ou farmacêutico,* [...] *excedendo-lhe os limites*"), pressupõe o respectivo profissional habilitado, porém que extrapola de sua especialidade (*v.g.*, dentista que trata de câncer bucal).

Dessa forma, cuida-se de um *crime comum*, ou geral, na primeira parte do dispositivo e *crime próprio*, ou especial, na segunda.

Sujeito passivo é a coletividade (*crime vago*), bem como, mediatamente, as pessoas atendidas pelo falso profissional, ou por aquele que se excede.

43.4. TIPICIDADE OBJETIVA E SUBJETIVA

O tipo incriminador previsto no art. 282, *caput*, do Código Penal, fixa: "*exercer, ainda que a título gratuito, a profissão de médico, dentista ou farmacêutico, sem autorização legal ou excedendo-lhe os limites*".

---

2. A complementação ocorre pelos seguintes diplomas: Lei nº 3.268/1957 (*Conselhos de Medicina*), Lei nº 3.820/1960 (*Conselhos de Farmácia*) e Lei nº 5.081/1966 (*Exercício da Odontologia*).

O núcleo do tipo, "*exercer*", significa desempenhar, praticar ou exercitar, no caso, ainda que gratuitamente, as atividades apontadas. A conduta prevista necessariamente implica uma ideia de repetição, ou seja, é uma *infração habitual*. Por conseguinte, deve ser aferida a reiteração, ou habitualidade, isto é, uma constância de sua prática, não bastando a realização de um único ato.

O *fim de lucro* não é imprescindível. Caso ocorra, incidirá a *qualificadora* do art. 282, parágrafo único, a qual acresce à sanção prisional a pena de multa.

Objeto material da infração é a profissão de médico, dentista ou farmacêutico, as quais demandam os correspondentes diplomas de ensino superior, devidamente reconhecidos pelo Ministério da Educação, além de inscrição no conselho de classe respectivo.

O rol é *taxativo*, não abarcando, *e.g.*, veterinários, enfermeiros ou massagistas, cujo exercício irregular, tal qual para as profissões de uma maneira geral, caracteriza a *contravenção penal* estabelecida no art. 47 da Lei das Contravenções Penais[3].

Não obstante, duas outras situações são abrangidas pelo tipo de *exercício ilegal da medicina, arte dentária ou farmacêutica*.

Por expressa disposição legal, o exercício da *atividade hemoterápica* – relativa a bancos de sangue – sem o respectivo registro, configurará o delito previsto no art. 282 do Código Penal, por conta do disposto no art. 5º do Decreto-lei nº 211/1967.

De igual modo fixa o art. 8º da Lei nº 6.710/1979 para a profissão de *técnico em prótese dentária* ("*protético*"). Dessa maneira, se alguém sem habilitação para tanto exercer a atividade protética, incidirá no crime analisado. De igual modo, *e.g.*, responderá pelo crime o protético que se arvora a condição de dentista, e vice-versa.

O Superior Tribunal de Justiça (STJ) já entendeu que a atividade de *acupuntura* não se encontra abarcada pelo crime de exercício ilegal da medicina, uma vez que carece de regulamentação[4]. Por conseguinte, entender que a acupuntura caracterizaria o crime em análise representaria analogia *in malam partem*.

A infração penal do art. 282 do *Codex* se perfaz não apenas na situação de falta de habilitação do profissional nas atividades de medicina, arte dentária e farmacêutica (elemento normativo "*falta de autorização legal*"), também ocorre o crime se o agente devidamente habilitado exerce a profissão em "*transposição a seus limites*".

Dessa maneira, o também elemento normativo do tipo "*transposição dos limites da profissão*" significa que o agente possui autorização legal para o exercício da medicina,

---

3. "*Art. 47. Exercer profissão ou atividade econômica ou anunciar que a exerce, sem preencher as condições a que por lei está subordinado o seu exercício: Pena – prisão simples, de quinze dias a três meses, ou multa [...]*".
4. STJ, RHC 66.641/SP, 6ª Turma, rel. Min. Nefi Cordeiro, j. 03/03/2016.

arte dentária ou farmacêutica, porém *extrapola seus limites funcionais*, como o médico oftalmologista que passa a realizar cirurgias cardíacas. A expressão "*limites*", constante do tipo, não possui relação com espaço territorial, mas com a aptidão profissional, de modo que, *e.g.*, o médico registrado em um Estado que passa a atender em outro não comete o crime em questão.

Do mesmo modo que ocorre com relação a cada aptidão médica, o dentista ou o farmacêutico que passa a exercer a medicina, ou o contrário disso, comete o crime em foco, por evidente transposição dos limites de sua profissão. Em que pese todos profissionais de saúde, a lei procura assegurar a idoneidade no atendimento das pessoas, conforme a reconhecida especialidade de cada um.

Conforme doutrina[5] e jurisprudência[6] amplamente majoritárias, trata-se de *crime de perigo comum* e *abstrato*, tendo a lei presumido o comportamento nocivo concernente ao atendimento de pessoas nas mais sensíveis atividades de saúde por quem não detém a expertise para tanto[7].

Dessa maneira, a eventual comprovação de que o agente atua com diligência, ou mesmo significativa competência, não possui o condão de afastar o crime. No máximo, pode ser levada em consideração, em termos favoráveis, no momento de aplicação da pena-base, nas circunstâncias judiciais (art. 59 do Código Penal).

Evidentemente, não se configura o delito diante do *estado de necessidade*. Essa causa de exclusão da ilicitude pode se manifestar diante de situações excepcionais, mormente em regiões pobres e longínquas de nosso país, que carecem de profissionais habilitados na área da saúde[8].

Caso o médico, dentista ou farmacêutico exerça a profissão estando *suspenso* de suas atividades, fica afastada a incriminação estabelecida no art. 282 do *Codex*, incidindo em outro delito a depender da *natureza da suspensão*.

Se a suspensão decorrer de ordem *judicial*, o crime será o de *desobediência a decisão judicial sobre perda ou suspensão de direito* (art. 359 do Código Penal[9], que abarca

---

5. Dentre outros, FRAGOSO, Heleno Cláudio. *Lições de...*, cit., p. 263; MIRABETE, Julio Fabbrini; FABBRINI, Renato N. *Manual de direito penal*: parte especial. São Paulo: Atlas, 2019, v. 3, p. 143; PRADO, Luiz Regis. *Curso de direito penal brasileiro*. São Paulo: Thomson Reuters, 2018, v. II, p. 646; BUSATO, Paulo César. *Direito penal*: parte especial. São Paulo: Atlas, 2016, v. 3, p. 259.
6. Neste influxo, *v.g.*, STJ, HC 139.667/RJ, 5ª Turma, rel. Min. Felix Fischer, j. 17.12.2009.
7. Contra, entendendo que se não se colocou em risco o paciente não há crime, ou seja, asseverando ser o tipo de *perigo concreto*, cf. DELMANTO, Celso *et al. Código Penal comentado*. São Paulo: Saraiva, 2010, p. 811. No mesmo sentido, GRECO, Rogério. *Curso de direito penal*: parte especial. Niterói: Impetus, 2019, v. 3, p. 502.
8. PRADO, Luiz Regis. *Curso de...*, cit., p. 645.
9. "*Art. 359 – Exercer função, atividade, direito, autoridade ou múnus, de que foi suspenso ou privado por decisão judicial: Pena – detenção, de três meses a dois anos, ou multa*".

também a hipótese de *perda* do direito de exercer a profissão por via judicial). Por outro lado, se a suspensão for *administrativa*, incidirá o agente na figura de *exercício de atividade com infração de decisão administrativa* (art. 205 do mesmo diploma[10]).

Elemento subjetivo do tipo é o dolo, independentemente de qualquer especial fim de agir (*tipo congruente*).

Não se prevê modalidade culposa.

43.5. CONSUMAÇÃO E TENTATIVA

O delito se *consuma* com a prática reiterada dos atos da profissão médica, dentária ou farmacêutica (*crime habitual*, como apontado). Há necessariamente a ideia de repetição, continuidade de atuação do exercício. Assim, a atuação em um único dia, ainda que voltada a diversos pacientes, não caracteriza a infração penal.

O crime é ainda *formal*, de consumação antecipada, ou de resultado cortado, vez que não causa transformação no mundo exterior, em evento destacado da ação. Caso haja dano, isto será mero *exaurimento* (o qual foi alçado à condição de *causa de aumento de pena* em se tratando de lesão corporal grave ou morte).

Tendo em vista o caráter habitual do crime, é inadmissível a *tentativa*. Ou existe reiteração de atos, consumando-se a figura, ou não existe, sendo o fato atípico.

43.6. FORMA QUALIFICADA

O art. 282, parágrafo único, estabelece que se o crime for praticado com o fim de lucro, aplica-se também multa. Trata-se, desta maneira, de *figura qualificada*, uma vez que possui pena própria, mais gravosa que a da modalidade básica.

A essência da qualificadora consiste no especial fim de agir (*elemento subjetivo especial do tipo*) consistente no objetivo de alcançar vantagem patrimonial (*tipo incongruente*).

Há divergências de interpretação no confronto do crime de *exercício ilegal da medicina, arte dentária ou farmacêutica* com o delito de *estelionato* (art. 171), quando o agente se finge de médico, dentista ou farmacêutico com o escopo de auferir vantagem patrimonial. Para uma corrente, aplica-se o princípio da especialidade, razão

10. "*Art. 205 – Exercer atividade, de que está impedido por decisão administrativa: Pena – detenção, de três meses a dois anos, ou multa*".

pela qual o crime do art. 282 prevaleceria. Para outra compreensão, haveria concurso formal, pois se tutelam bens distintos.

Em realidade, sem habitualidade e com fim de lucro para um único "*golpe*" o crime é de estelionato, restando absorvida a figura de *exercício ilegal da medicina, arte dentária ou farmacêutica*, tendo em conta que o crime-fim absorve o crime-meio. Todavia, se a prática for habitual, conformando o agente uma profissão indevida, de onde aufere seu sustento, o crime será o do art. 282, parágrafo único.

43.7. CAUSAS DE AUMENTO DE PENA

Conforme estabelece o art. 285 do Código Penal, combinado com seu art. 258, se da prática do crime de *exercício ilegal da medicina, arte dentária ou farmacêutica* resultar *lesão corporal de natureza grave* (ou gravíssima) na pessoa atendida pelo agente, a pena será aumentada em metade. Na hipótese de resultado *morte*, a sanção será duplicada.

De se notar que essas situações são exclusivamente *preterdolosas*, isto é, pressupõem dolo na conduta antecedente (o crime de exercício ilegal da profissão de saúde), e culpa em face do consectário de lesão grave ou morte, *e.g.*, o falso médico cirurgião plástico que ocasiona, de forma imprudente, a morte da pessoa que se submete à cirurgia de lipoaspiração.

Caso se verifique que o agente atuou com dolo (*direto ou eventual*) em relação ao evento danoso lesão grave ou morte, responderá pela modalidade básica do crime previsto no art. 282 em *concurso material* com lesão corporal grave ou homicídio.

43.8. PENA E AÇÃO PENAL

O crime de *exercício ilegal da medicina, arte dentária ou farmacêutica*, em sua modalidade *básica*, ou simples, é sancionado com pena de *detenção, de seis meses a dois anos* (art. 282, *caput*).

Se o crime é praticado com o fim de lucro, incide também a pena de multa, conforme a *qualificadora* prevista no art. 282, parágrafo único.

Caso resulte do crime *lesão corporal de natureza grave*, aumenta-se a pena de metade; se a consequência for a *morte*, a sanção é aplicada em dobro (arts. 285 e 258 do Código Penal).

A *ação penal é pública incondicionada*.

Trata-se de *infração penal de menor potencial ofensivo*, sendo de competência do Juizado Especial Criminal (art. 61 da Lei nº 9.099/1995).

Admite-se a *suspensão condicional do processo* (art. 89 da Lei nº 9.099/1995).

Sendo admitida transação penal, é incabível o *acordo de não persecução penal* (art. 28-A, § 2º, I, do Código de Processo Penal).

44 CHARLATANISMO (ART. 283)

SUMÁRIO: 44.1. Considerações iniciais – 44.2. Objetividade jurídica – 44.3. Sujeitos do delito – 44.4. Tipicidade objetiva e subjetiva – 44.5. Consumação e tentativa – 44.6. Causas de aumento de pena – 44.7. Pena e ação penal.

Charlatanismo

Art. 283. Inculcar ou anunciar cura por meio secreto ou infalível:

Pena - detenção, de 3 (três) meses a 1 (um) ano, e multa.

44.1. CONSIDERAÇÕES INICIAIS

O crime de *charlatanismo* surgiu no ordenamento pátrio por meio do Código Penal Republicano (1890), em seu art. 157[1], em face do silêncio do diploma anterior. O Código Penal de 1940, por sua vez, simplificou a construção típica no art. 283, cuja redação permanece a original.

A figura em destaque detém a mesma índole da que envolve o crime de exercício ilegal da medicina[2], no sentido de proteção antecipada da saúde pública de possíveis atos lesivos temerários.

44.2. OBJETIVIDADE JURÍDICA

O bem jurídico tutelado consiste na *saúde pública*. O sugestionamento de cura por meios inidôneos, aparentemente milagrosos, possui o condão de ludibriar pessoas

1. "*Art. 157. Praticar o espiritismo, a magia e seus sortilegios, usar de talismans e cartomancias para despertar sentimentos de odio ou amor, inculcar cura de molestias curaveis ou incuraveis, emfim, para fascinar e subjugar a credulidade publica: Penas – de prisão cellular por um a seis mezes e multa de 100$ a 500$000. § 1º Si por influencia, ou em consequencia de qualquer destes meios, resultar ao paciente privação, ou alteração temporaria ou permanente, das faculdades psychicas: Penas – de prisão cellular por um a seis annos e multa de 200$ a 500$000*".
2. FRAGOSO, Heleno Cláudio. *Lições de direito penal*: parte especial. Rio de Janeiro: Forense, 1986, v. II, p. 267.

ingênuas ou desesperadas, levando-as a não procurar ou a abandonar o tratamento científico necessário a seus males, resultando em riscos ou lesões à saúde ou à vida dos indivíduos.

44.3. SUJEITOS DO DELITO

Quanto ao *sujeito ativo*, o crime de charlatanismo pode ser cometido por qualquer pessoa, inclusive o médico, quando tem conhecimento do aspecto inócuo do tratamento de que anuncia. Cuida-se de *crime comum*, ou geral.

Sujeito passivo é a coletividade (*crime vago*). Secundariamente, as pessoas que tenham sido atendidas pelo agente.

44.4. TIPICIDADE OBJETIVA E SUBJETIVA

A figura incriminadora prevista no art. 283 do Código Penal estabelece: "*inculcar ou anunciar cura por meio secreto ou infalível*". Trata-se de *tipo misto alternativo*, ou de conteúdo variado, revelador de dois núcleos, de modo que a prática de ambos, em face do mesmo objeto material, caracteriza crime único, apenas possibilitando tratamento mais rigoroso no momento de imposição da pena-base, consoante as circunstâncias judiciais (art. 59 do Código Penal).

Inculcar significa recomendar, aconselhar, sugerir ou indicar. *Anunciar* é sinônimo de divulgar, noticiar, propagar, pelos mais variados meios, como cartazes, panfletos, anúncios na *internet*, mensagens de rádio, alto-falantes *etc*.

Objeto material da infração é a propagação de *cura por meio secreto ou infalível*. *Cura por meio secreto* é a promessa de restabelecimento da saúde por intermédio de tratamento oculto, isto é, procedimentos desconhecidos da ciência. *Cura infalível*, a seu turno, consiste no compromisso de tratamento plenamente eficaz, infenso à falha.

A palavra "*charlatão*" – que vem do italiano "*ciarlatano*" –, sinonímia de "*falastrão*", "*embusteiro*", "*trapaceiro*", denota uma pessoa que se apresenta como curador, aproveitando-se da boa-fé de pessoas, em geral, a troco de vantagens por suas falsas promessas. Todavia, o tipo penal brasileiro não exige a demonstração do intuito de obtenção de qualquer benefício, o que facilita sua punição.

Não se faz necessário que qualquer pessoa se submeta à cura anunciada para caracterização do ilícito (o crime é de *perigo comum* e *abstrato*, ou presumido). Tampouco o delito em questão exige habitualidade, perfazendo-se com a perpetração de um único comportamento.

De igual modo, é irrelevante que a recomendação ou anúncio não consiga convencer alguém, bastando a realização dessas práticas[3]. Não obstante, se o método for inalcançável, como na assertiva de que a cura para AIDS ou Covid-19 se encontra no estabelecimento de moradia na Lua ou no Sol, o crime será *impossível*, pois neste caso não há idoneidade para afetação da saúde pública.

Elemento subjetivo do tipo é o dolo, independentemente de qualquer especial fim de agir (*tipo congruente*). Inexiste forma culposa.

O sujeito ativo do charlatanismo deve ter ciência da ineficácia dos meios anunciados, sendo que essa é uma distinção desse crime da figura de *exercício ilegal da medicina* (art. 282)[4], a qual, ademais, mostra-se como *crime habitual*.

O delito de charlatanismo também não se confunde com o de *curandeirismo* (art. 284), figura mais grave em que o agente efetivamente atua de forma falsamente curativa, por exemplo, prescrevendo, ministrando ou aplicando substância falsamente medicamentosa. No charlatanismo há apenas a sugestão ou divulgação de meios de cura ilegítimos.

Se o intuito do agente, ao praticar o charlatanismo, for o de lucro, haverá *concurso formal impróprio* entre o crime de *charlatanismo* e o de *estelionato* (art. 171)[5]. Neste caso, não se poderá falar em absorção daquela figura por esta última, tendo em vista que tutelam bens jurídicos distintos, havendo, nas circunstâncias, uma periclitação da saúde pública, além de um perecimento patrimonial de vítima concreta. De conseguinte, embora a fraude empreendida para se auferir a vantagem patrimonial tenha o caráter de charlatanismo, sua ofensividade trespassa a vítima despojada economicamente. O concurso é *formal impróprio* (art. 70, *caput*, *in fine*, do Código Penal) e não material vez que o comportamento é único, isto é, uma obtenção de vantagem, realizada mediante fraude, a qual também ofende a saúde pública.

No mais das vezes, o sujeito intenciona com o charlatanismo a prática de um estelionato, mas o legislador houve por bem antecipar a tutela penal para se evitar a concreção de danos sociais. Dessa maneira, quando, no caso particular, não se puder demonstrar referido objetivo de lucro do agente, haverá punição exclusiva pelo crime previsto no art. 283.

---

3. FARIA, Antônio Bento de. *Código penal brasileiro* (comentado). Rio de Janeiro: Record, 1961, v. VI, p. 275.
4. Nesse sentido, HUNGRIA, Nélson. *Comentários ao código penal*. Rio de Janeiro: Forense, 1958, v. IX, p. 152.
5. Em sentido oposto ao ora defendido, entendendo ser possível a absorção do crime de charlatanismo pelo delito de estelionato, *e.g.*, cf. TJSC, ApCrim 0000569,23.2017.8.24.0014, 2.ª Câmara Criminal, rel. Des. Volnei Celso Tomazini j. 14/05/2019; TJSC, ApCrim 0002922,71.2017.8.24.0067, 2.ª Câmara Criminal, rel. Des. Sérgio Antônio Rizelo, j. 14/11/2018.

44.5. CONSUMAÇÃO E TENTATIVA

O crime de *consuma* com a conduta de inculcar ou anunciar a cura por meio secreto ou infalível, independentemente de consequências lesivas a quem quer que seja. Cuida-se de *crime formal*, de consumação antecipada, ou de resultado cortado.

O delito é *instantâneo*, e não habitual, como visto. Dessa maneira, é dispensável a reiteração de comportamentos para sua configuração.

Em tese, a *tentativa* é possível, dado o caráter plurissubsistente da figura.

44.6. CAUSAS DE AUMENTO DE PENA

Consoante a regra inscrita no art. 285 do Código Penal, combinado com seu art. 258, se da prática do crime de *charlatanismo* resultar *lesão corporal de natureza grave* (ou gravíssima), a pena será aumentada em metade. Na hipótese de resultado *morte*, a sanção será duplicada.

Essas situações são exclusivamente *preterdolosas*, ou seja, pressupõem dolo na conduta antecedente (o crime de charlatanismo) e culpa em face do consectário de lesão grave ou morte, *e.g.*, charlatão que ocasiona, de forma imprudente, lesão corporal grave em pessoa que se submete à cura secreta.

Caso se verifique que o agente atuou com dolo (*direto ou eventual*) em relação ao evento danoso lesão grave ou morte, responderá pelo crime previsto no art. 283 em *concurso material* com *lesão corporal grave* ou *homicídio*. É o que ocorre, *e.g*, na inculcação de método infalível a pessoa que se sabe com grave câncer em estágio inicial e que podia ser salva caso buscasse a tempo o auxílio médico, que o agente anuncia desnecessário em prol de seu procedimento ilegítimo.

44.7. PENA E AÇÃO PENAL

O crime de *charlatanismo* é sancionado com pena de detenção, de três meses a um ano, e multa (art. 283).

Em decorrência do previsto no art. 285 do Código Penal, é possível aplicar a disciplina do art. 258 ao crime em destaque. São hipóteses de *causas de aumento de pena*, apesar de a lei referir-se a "*formas qualificadas*". Desta feita, se em razão delito decorrer o resultado de *lesão corporal de natureza grave*, a pena privativa de liberdade é aumentada em metade; se sobrevém o resultado *morte*, a pena é aplicada em dobro (art. 258, 1ª parte).

A *ação penal é pública incondicionada*.

O tipo em destaque é *infração penal de menor potencial ofensivo*, de modo que seu processo e julgamento competem ao Juizado Especial Criminal (art. 61 da Lei nº 9.099/1995).

Admite-se a *suspensão condicional do processo* (art. 89 da Lei nº 9.099/1995).

Sendo admitida transação penal, é incabível o *acordo de não persecução penal* (art. 28-A, § 2º, I, do Código de Processo Penal).

45 CURANDEIRISMO (ART. 284)

SUMÁRIO: 45.1. Considerações iniciais – 45.2. Objetividade jurídica – 45.3. Sujeitos do delito – 45.4. Tipicidade objetiva e subjetiva – 45.5. Consumação e tentativa – 45.6. Forma qualificada – 45.7. Causas de aumento de pena – 45.8. Pena e ação penal.

Curandeirismo

Art. 284. Exercer o curandeirismo:

I - prescrevendo, ministrando ou aplicando, habitualmente, qualquer substância;

II - usando gestos, palavras ou qualquer outro meio;

III - fazendo diagnósticos:

Pena - detenção, de 6 (seis) meses a 2 (dois) anos.

Parágrafo único. Se o crime é praticado mediante remuneração, o agente fica também sujeito à multa.

45.1. CONSIDERAÇÕES INICIAIS

O crime de *curandeirismo* foi primeiramente previsto no ordenamento brasileiro no Código Penal Republicano (1890), em seu art. 158[1], não tendo o diploma de 1830, disciplinado o tema. O Código Penal de 1940, a seu turno, com significativa superioridade técnica, trouxe a figura típica no art. 284, cuja redação permanece a original.

---

1. "*Art. 158. Ministrar, ou simplesmente prescrever, como meio curativo para uso interno ou externo, e sob qualquer fórma preparada, substancia de qualquer dos reinos da natureza, fazendo, ou exercendo assim, o officio do denominado curandeiro: Penas – de prisão cellular por um a seis mezes e multa de 100$ a 500$000. Paragrapho unico. Si o emprego de qualquer substancia resultar á pessoa privação, ou alteração temporaria ou permanente de suas faculdades psychicas ou funcções physiologicas, deformidade, ou inhabilitação do exercicio de orgão ou apparelho organico, ou, em summa, alguma enfermidade: Penas – de prisão cellular por um a seis annos e multa de 200$ a 500$000. Si resultar a morte: Pena – de prisão cellular por seis a vinte e quatro annos*".

45.2. OBJETIVIDADE JURÍDICA

O *bem jurídico* tutelado consiste na *saúde pública.*

45.3. SUJEITOS DO DELITO

Sujeito ativo do crime pode ser qualquer pessoa. Cuida-se de *crime comum*, ou geral.

Sujeito passivo é a coletividade (*crime vago*). Secundariamente, as pessoas que tenham sido atendidas pelo agente.

45.4. TIPICIDADE OBJETIVA E SUBJETIVA

O preceito incriminador insculpido no art. 284, *caput*, do *Codex*, estabelece: "*exercer o curandeirismo: I – prescrevendo, ministrando ou aplicando, habitualmente, qualquer substância; II – usando gestos, palavras ou qualquer outro meio; III – fazendo diagnósticos*".

Exercer significa praticar, desempenhar determinada atividade, o que pressupõe necessariamente *habitualidade*. Por conseguinte, o crime de curandeirismo implica a reiteração do comportamento, sendo a conduta isolada atípica.

Objetos materiais da infração consistem em: i) *substâncias prescritas, ministradas ou aplicadas*, que são matérias de origem animal, vegetal ou mineral, inócuas ou não – *e.g.*, tônicos, ervas, compostos *etc.* –, as quais são indicadas, servidas ou administradas, respectivamente; ii) *gestos* (movimentos, como passes), *palavras* (manifestações orais, *e.g.*, rezas, benzedeiras) ou *qualquer outro meio* (fórmula residual, caracterizadora de interpretação analógica, ou *intra legem*, que abarca práticas inócuas e fantasiosas, *v.g.*, simpatias, magias, telepatia); iii) *diagnósticos* (identificação de doenças).

O crime é de *forma vinculada*, tendo em conta que a dicção legal estabelece, nos incisos do *caput*, de forma pormenorizada, as maneiras de realização do delito.

Concretamente, a infração pode se dar para suposta cura de tosse, facilitação de parto ou de gravidez, afastamento de "*mau olhado*", tratamento de AIDS, *etc.*, mediante a ingestão de folhas, águas ou sangue, recebimento de rezas ou passes, sacrifícios de animais, dentre infinitas possibilidades que Noronha[2] chama de "*práticas imbecis*".

---

2. NORONHA, E. Magalhães. *Direito penal*. São Paulo: Saraiva, 1995, v. 4, p. 71.

Curandeiro, também chamado de carimba, mezinheiro ou raizeiro, é o indivíduo sem conhecimentos técnicos de medicina, que se arvora à condição de debelador de males corporais por meios inócuos, inusitados ou esotéricos[3]. É o crime do feiticeiro, cartomante, milagreiro, falso médium.

Não é um tipo penal comum no estrangeiro. Exceção é a Argentina, por exemplo.

Diversas das práticas tradicionalmente tidas como criminosas remontam ao período colonial, com os ensinamentos dos pajés ou a macumba decorrente da cultura africana, trazida pela população escravizada, vistas desde sempre no país com muito preconceito. Hungria[4], por exemplo, nos idos dos anos de 1950, tece considerações bastante intolerantes a respeito.

Todavia, é preciso cuidado. A Constituição Federal de 1988 estabelece, em seu art. 5º, inciso VI, ser "*inviolável a liberdade de consciência e de crença, sendo assegurado o livre exercício dos cultos religiosos e garantida, na forma da lei, a proteção aos locais de culto e a suas liturgias*". Passes, rezas e diversas condutas esotéricas não reconhecidas pela ciência são praticadas nas mais diversas religiões, inclusive por motivos de saúde. Ou seja, quanto à delimitação do aspecto religioso, há dificuldades, como em exorcismos, operações espirituais *etc*.

Neste contexto, doutrina e jurisprudência atuais procuram apartar o crime de curandeirismo da liberdade religiosa, entendendo haver o ilícito quando perpetrada a conduta fora do âmbito religioso ou, quando dentro deste, houver excessos, apontando que o limite estaria na colocação em risco da incolumidade pública. O que se procura coibir é o abandono da busca por tratamento médico e a exploração da credulidade de pessoas desesperadas, vítimas de espoliação patrimonial ou, por vezes, de abusos físicos ou sexuais.

O chá "*do Santo Daime*" (isto é, chá de "*ayahuasca*") não é utilizado, segundo os adeptos da manifestação religiosa correspondente, para qualquer cura, e sim para o autoconhecimento durante rituais. Não pode ser assim entendido como crime de curandeirismo. A utilização do chá, que chegou a ser proibida em 1985, foi disciplinada em 2010.

O delito exige habitualidade, como referido, sendo normalmente praticado por pessoa rude e ignorante, sem conhecimentos científicos, que se dedica à cura de moléstias por meios extravagantes e grosseiros. Isso distingue esse crime do de *exercício ilegal de medicina* (art. 282), pois neste último delito, o sujeito possui certos conhecimentos técnicos, apenas não a autorização para exercitá-los.

A razão de ser dessa incriminação é, reitere-se, evitar que pessoas de boa-fé deixem de procurar o tratamento adequado, razão pela qual o crime é de *perigo abstrato*.

---

3. HUNGRIA, Nélson. *Comentários ao código penal*. Rio de Janeiro: Forense, 1958, v. IX, p. 154.
4. HUNGRIA, Nélson. *Comentários ao...*, cit., pp. 156-157.

Elemento subjetivo do tipo é o dolo, independentemente de qualquer especial fim de agir (*tipo congruente*). O curandeiro pode agir gratuitamente. Se houver intuito de lucro por parte dele, o crime passa a ser qualificado, com acréscimo de multa.

Inexiste forma culposa.

45.5. CONSUMAÇÃO E TENTATIVA

O delito se *consuma* com a prática reiterada de atos de curandeirismo, descritos no tipo (*crime habitual*, como apontado)[5]. Há necessariamente a ideia de repetição, continuidade de atuação da prática. Assim, a atuação em um único dia, ainda que voltada a diversas pessoas, não caracteriza a infração penal.

O crime é *formal*, de consumação antecipada, ou de resultado cortado, uma vez que não causa transformação no mundo exterior, em evento destacado da ação. Caso haja dano, isto será mero *exaurimento* (o qual foi alçado à condição de *causa de aumento de pena* em se tratando de lesão corporal grave ou morte).

Tendo em vista o caráter habitual do crime, é inadmissível a *tentativa*. Ou existe reiteração de atos, consumando-se a figura, ou não existe, sendo o fato atípico.

45.6. FORMA QUALIFICADA

A presença do elemento subjetivo especial do tipo consistente do intuito de obtenção de lucro perfaz a qualificadora insculpida no art. 284, parágrafo único, como citado. Nesse caso, à pena prisional, acresce-se a sanção de multa.

45.7. CAUSAS DE AUMENTO DE PENA

Consoante o art. 285 do Código Penal, o disposto no art. 258 pode incidir sobre o crime do art. 284, nas situações em que há resultado de *lesão corporal* ou *morte*.

Desse modo, se sobrevém resultado de *lesão corporal de natureza grave* (o que abarca a gravíssima), a pena privativa de liberdade é aumentada em metade; se ocorrer o resultado *morte*, a pena é aplicada em dobro (art. 258, 1ª parte). Apesar de a lei

---

5. Nesse sentido, *v.g.*, STJ, REsp 50.426/MG, 5ª Turma, rel. Min. Jesus Costa Silva, j. 10/08/1994.

utilizar a expressão "*formas qualificadas*", são hipóteses, na realidade, de *causas de aumento de pena*.

De se notar que é preciso demonstrar o vínculo causal entre a conduta realizada e tais resultados.

Cuida-se de situações *preterdolosas*, visto que o presente crime somente admite a forma dolosa e os resultados mais gravosos devem decorrer de culpa. Do contrário, haverá concurso de crimes.

45.8. PENA E AÇÃO PENAL

O crime de *curandeirismo* é sancionado com pena de detenção, de seis meses a dois anos (art. 284, *caput*).

É prevista, no parágrafo único do art. 284, *forma qualificada* se o crime for praticado mediante remuneração, caso em que o agente fica também sujeito à multa.

Diante do previsto no art. 285 do Código Penal, é possível aplicar a disciplina do art. 258 ao crime de curandeirismo. São hipóteses de *causas de aumento de pena*, apesar de a lei se referir a "*formas qualificadas*". Dessa forma, se em razão delito decorrer o resultado de *lesão corporal de natureza grave*, a pena privativa de liberdade é aumentada em metade; se sobrevém o resultado *morte*, a pena é aplicada em dobro (art. 258, 1ª parte).

A *ação penal é pública incondicionada*.

O tipo em destaque é *infração penal de menor potencial ofensivo*, de modo que seu processo e julgamento competem ao Juizado Especial Criminal (art. 61 da Lei nº 9.099/1995).

Admite-se a *suspensão condicional do processo* (art. 89 da Lei nº 9.099/1995).

Sendo admitida transação penal, é incabível o *acordo de não persecução penal* (art. 28-A, § 2º, I, do Código de Processo Penal).

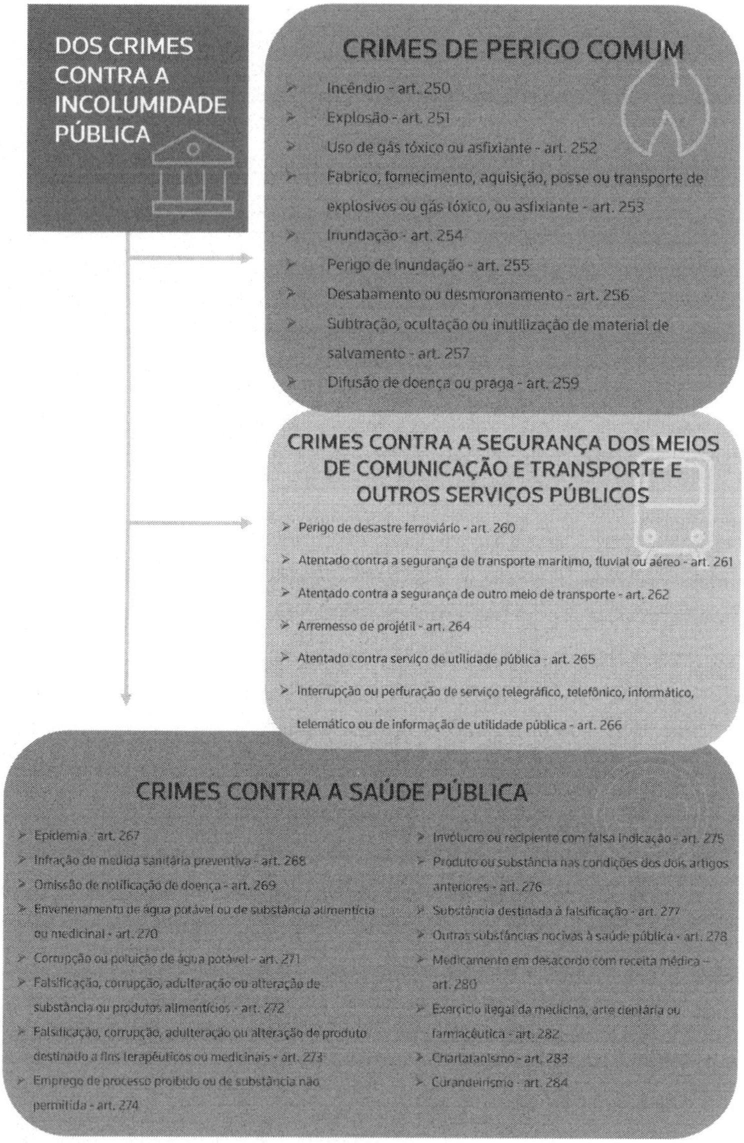

Acesse a versão completa e colorida do Visual Law

Parte III
DOS CRIMES CONTRA A PAZ PÚBLICA

46 INTRODUÇÃO AOS CRIMES CONTRA A PAZ PÚBLICA

SUMÁRIO: 46.1. Considerações iniciais – 46.2. Bem jurídico *"paz pública"* – 46.3. A sistematização dogmática do Título IX da Parte Especial do Código Penal.

46.1. CONSIDERAÇÕES INICIAIS

O Título IX da Parte Especial do Código Penal, cuja epígrafe é "*Dos crimes contra a paz pública*", continha, em sua estrutura original, três delitos, isto é, *incitação ao crime* (art. 286), *apologia de crime ou criminoso* (art. 287) e *quadrilha ou bando* (art. 288). Posteriormente, a Lei nº 12.720/2012 criou o delito de *constituição de milícia privada*, por meio da inserção do art. 288-A. Por fim, a Lei nº 12.850/2013, chamada "*Lei de Organização Criminosa*", modificou a redação e o *nomen iuris* da figura prevista no art. 288, que passou a ser denominada *associação criminosa*.

Há diversas peculiaridades em torno de referidas incriminações. Em primeiro lugar, a doutrina procura delimitar qual seria o melhor alcance para a expressão "*paz pública*", o que significa, em última análise, compreender qual o exato bem jurídico tutelado na hipótese, a despeito da vagueza da expressão.

Além disso, a estrutura dogmática dos quatro tipos previstos em referido título do *Codex* se denota, em alguns aspectos, não usual, sendo necessária uma verificação cuidadosa por parte do intérprete. De qualquer forma, conforme a sistematização levada a efeito pelo legislador revela, podem-se vislumbrar dois grupos distintos de delitos, cada qual abrangendo inúmeras semelhanças entre si.

46.2. BEM JURÍDICO *"PAZ PÚBLICA"*

Consoante o critério de grupamento estabelecido pela técnica codificadora da lei penal brasileira, a objetividade jurídica disciplinada neste "*topos*" do Código Penal é a *paz pública*. Em outras palavras, o bem jurídico protegido pelas incriminações constantes dos arts. 286 a 288-A consiste na paz pública.

Essa expressão – doutrinariamente criticada por sua vagueza[1] – é utilizada em outros países além do Brasil, como Suíça e Uruguai. A maioria dos países, não obstante, *e.g.*, Itália, Espanha, Argentina, utiliza-se do termo "*ordem pública*".

Ordem pública possui sentido objetivo, atrelado à noção de coexistência harmônica dos cidadãos sob a soberania estatal. Por sua vez, *paz pública* denota sentido subjetivo, de tranquilidade pública, ou seja, sentimento coletivo de segurança.

Em realidade, cuida-se de gênero e espécie, como o confirma a estrutura do Código Penal português, no Capítulo V do Título IV de seu Livro II. *Ordem pública* é gênero do qual a *paz pública* é espécie[2], razão pela qual Hungria[3] define essa última como "*sentimento coletivo de paz que a ordem jurídica assegura*".

Por tal motivo, reconhecem-se os crimes contra a paz pública como aptos à provocação de alarma social[4], o que desestabilizaria a convivência pacífica dos indivíduos.

Não obstante, perceba-se que a ideia-força por detrás de qualquer das incriminações protetoras da paz pública – as quais não se encontram exclusivamente no Código Penal, conforme se verifica pela mais grave delas, de *organização criminosa*, prevista na Lei nº 12.850/2013 – é a de *prevenção*. A racionalidade de tais criminalizações é escorada na prevenção de realização de crimes, pelo que a nomenclatura de crimes contra a "*ordem pública*" seria preferível, contrariamente ao apregoado pela doutrina brasileira majoritária.

Em realidade, ao procurar evitar a prática de outros delitos – por isso as figuras em questão são denominadas de *crimes obstáculo* –, sinaliza-se que o caráter objetivo prepondera sobre a subjetividade cidadã. Ou seja, o escopo é a evitabilidade de fatos criminosos concretos, não meramente da disseminação de medo, algo muitas vezes calcado apenas no imaginário.

Fundamentalmente, punem-se *atos preparatórios*, em exceção expressamente possibilitada na regra do art. 31 do Código Penal: "*o ajuste, a determinação ou instigação e o auxílio, salvo disposição expressa em contrário, não são puníveis, se o crime não chega, pelo menos, a ser tentado*". Desse modo, normalmente os atos preparatórios são impuníveis, salvo quando a lei os tipifica, como ocorre em cada um dos delitos contra a paz pública.

Os crimes previstos sob essa rubrica não representam efetiva perturbação da paz pública, apenas a possibilidade disso, isto é, inexiste ofensa material ao interesse

1. NORONHA, E. Magalhães. *Direito penal*. São Paulo: Saraiva, 1995, v. 4, p. 76.
2. NORONHA, E. Magalhães. *Direito penal*..., cit., p. 77.
3. HUNGRIA, Nélson. *Comentários ao código penal*. Rio de Janeiro: Forense, 1958, v. IX, p. 163.
4. HUNGRIA, Nélson. *Comentários ao*..., cit., p. 163; NORONHA, E. Magalhães. *Direito penal*..., cit., p. 76; TELES, Ney Moura. *Direito penal*: parte especial. São Paulo: Atlas, 2004, v. III, p. 285.

protegido. Há nessa categoria, assim, antecipação da tutela penal para momentos anteriores aos comportamentos tendentes à lesão de outros bens jurídicos (*v.g.*, patrimônio, vida, dignidade sexual, *etc.*).

Nas palavras de Noronha[5], haveria uma antecipação da "*impaciência do legislador*".

Caso esteja em jogo a *ordem-político social*, conforme o princípio da especialidade, os crimes se transmutam à categoria de delitos contra a *segurança nacional*, previstos nos arts. 22 a 24 da Lei nº 7.170/1983 (Lei de Segurança Nacional).

46.3. A SISTEMATIZAÇÃO DOGMÁTICA DO TÍTULO IX DA PARTE ESPECIAL DO CÓDIGO PENAL

Os crimes previstos nos arts. 286 a 288-A do Código Penal possuem uma série de semelhanças em sua estruturação típica, para além do bem jurídico. Isso significa um compartilhamento de categorias classificatórias, que traduz formas similares de ofensividade ao mesmo interesse.

Não obstante, algumas particularidades permitem apartá-los em dois grupos, como apontado *infra*.

Quanto aos pontos comuns às quatro figuras infracionais, em primeiro lugar, perceba-se que todas tutelam o mesmo e único bem jurídico, ou seja, a paz pública, conformando cada qual a categoria de *crime simples*. A construção típica permite proteção bastante anterior a eventuais outros interesses atacados pelos crimes incitados ou visados.

Além disso, tratam-se todos de *crimes de perigo abstrato*, ou presumido, critério classificatório que parte do ponto de vista do atingimento do bem jurídico tutelado pela conduta vedada. De conseguinte, nas hipóteses em análise, não é preciso a demonstração de qualquer real afetação do interesse protegido, tendo isso já sido suposto pelo legislador.

Também há um ângulo em comum a todas as figuras relativamente aos *sujeitos do delito*. Cuidam-se de *crimes comuns*, ou gerais, podendo ser perpetrados por qualquer pessoa. Em outros termos, não se exige característica especial, ou peculiar qualidade, do agente. Inclusive, todos os tipos previstos no capítulo admitem coautoria e participação.

Sujeito passivo, por sua vez, em qualquer caso, é a coletividade, razão pela qual as incriminações contra a paz pública se afiguram como *crimes vagos*. Não há necessariamente uma vítima delimitada, sendo o comportamento ofensivo a toda sociedade.

5. NORONHA, E. Magalhães. *Direito penal...*, cit., p. 77.

Demais disso, vê-se que os tipos em destaque são todos *formais*, de consumação antecipada, ou de resultado cortado, não sendo condicionados à ocorrência de um evento naturalístico destacado da ação (comissiva). Em regra, *não admitem tentativa*, pois geralmente são unissubistentes.

Por fim, o caráter de *crime obstáculo*, inerente a cada uma das figuras contra a paz pública, enseja um importante consectário em matéria de *concurso de crimes*. Caso o delito visado com o crime obstáculo se perfaça – havendo a devida demonstração do nexo causal –, o agente responderá por ambas as infrações, em concurso (formal ou material, a depender do delito). Esse é um relevante ponto de similitude de tais infrações penais, com significativos consectários práticos.

Em que pese os aspectos comuns mencionados, os crimes referidos se apartam em certas nuances, todavia, mesmo aí podendo ser identificado dois grupos de aproximação.

Inicialmente, perceba-se que as figuras de *incitação ao crime* (art. 286) e de *apologia de crime ou criminoso* (art. 287) são *unissubjetivas*, ou de concurso *eventual* de pessoas, enquanto os delitos de *associação criminosa* (art. 288) e de *constituição de milícia privada* (art. 288-A) são *crimes associativos*, isto é, plurissubjetivos, ou de concurso *necessário* de agentes. Dessa forma, a pluralidade de sujeitos ativos é uma característica intrínseca dos dois últimos tipos, denotando um acordo de vontades com um mínimo de estabilidade e permanência.

Ainda, em termos de *tipicidade subjetiva*, os crimes descritos nos arts. 286 e 287 são simplesmente *dolosos*, não demandando especial fim de agir, ou seja, são *tipos congruentes*. Por outro lado, os delitos previstos nos arts. 288 e 288-A, mais que apenas dolosos, exigem a verificação de *elemento subjetivo especial do tipo* para seu perfazimento.

Relativamente à *gravidade* dos crimes, de se notar que a *incitação ao crime* e a *apologia de crime ou criminoso* são *infrações penais de menor potencial ofensivo*, de competência do Juizado Especial Criminal. Por sua vez, as figuras de *associação criminosa* e de *constituição de milícia privada*, denotam, respectivamente, infração penal de *médio* e de *elevado* potencial ofensivo, sendo processadas e julgadas pela Justiça comum.

47 INCITAÇÃO AO CRIME (ART. 286)

SUMÁRIO: 47.1. Considerações iniciais – 47.2. Objetividade jurídica – 47.3. Sujeitos do delito – 47.4. Tipicidade objetiva e subjetiva – 47.5. Consumação e tentativa – 47.6. Pena e ação penal.

Incitação ao crime

Art. 286. Incitar, publicamente, a prática de crime:

Pena - detenção, de 3 (três) a 6 (seis) meses, ou multa.

47.1. CONSIDERAÇÕES INICIAIS

A figura penal de *incitação ao crime*, nos moldes atualmente conhecidos, é criação jurídica bastante recente, oriunda do séc. XIX, com os Códigos: Napoleônico (1810), das Duas Sicílias (1819), Sardo (1859) e Zanardelli (1889), fruto de uma série de medidas adotadas pelo Estado para tentativa de controle das aglomerações urbanas então crescentes. Anteriormente, em regra, o simples estímulo a prática delitiva, sem a sua consequente realização, era um indiferente penal.

No caso brasileiro, os Códigos de 1830 e de 1890 não conheceram semelhante incriminação, erigida ineditamente pelo *Codex* de 1940, em seu art. 286, o qual inaugura o Título IX de sua Parte Especial, concernente aos "*crimes contra a paz pública*". O dispositivo não sofreu qualquer alteração desde a origem. Todavia, ao longo dos anos, figuras especiais foram criadas na *legislação extravagante*, as quais prevalecem quando presentes seus respectivos elementos especializantes[1].

Do mesmo modo, o próprio Código Penal estabelece modalidade especial de incitação ao crime, referida *infra*.

1. Dentre as mais relevantes de tais leis especiais, nas quais constava modalidade de incitação ao crime, estiveram nossas sucessivas Leis de Imprensa. Não obstante, a última delas, isto é, a Lei nº 5.250/1967, foi afastada de nosso ordenamento em 2009 em razão da procedência dada pelo Supremo Tribunal Federal em arguição de descumprimento de preceito fundamental (ADPF nº 130), sendo que, desde então, não houve edição de um novo diploma sobre o temário.

Dogmaticamente, a incriminação da conduta de incitamento a delito representa punição a atos preparatórios, conforme exceção possibilitada pela regra constante do art. 31 do Código Penal brasileiro ("*art. 31. O ajuste, a determinação ou instigação e o auxílio, salvo disposição expressa em contrário, não são puníveis, se o crime não chega, pelo menos, a ser tentado*").

47.2. OBJETIVIDADE JURÍDICA

O *bem jurídico* tutelado pelo delito de incitação ao crime é a *paz pública*. A ideia subjacente é a de *prevenção*, ou seja, a racionalidade da criminalização é escorada na evitabilidade de realização de delitos, motivo pelo qual o Direito Penal se antecipa, proibindo seu estímulo público.

Trata-se de crime de *perigo abstrato*, não sendo necessária a demonstração do efetivo perigo para o *bem jurídico* protegido, o que foi presumido pelo legislador.

47.3. SUJEITOS DO DELITO

Sujeito ativo do crime é qualquer pessoa (*delito comum*, ou geral).

Sujeito passivo é a coletividade (*crime vago*). Uma vez que o delito coloca em risco os cidadãos em geral, a incitação ao crime consiste, ademais, em figura de *perigo comum*.

47.4. TIPICIDADE OBJETIVA E SUBJETIVA

Estabelece o preceito incriminador do art. 286 do Código Penal: "*incitar, publicamente, a prática de crime*". A existência de um único núcleo caracteriza o denominado *tipo penal simples*.

Incitar significa estimular, provocar, no sentido de instigar publicamente a prática de crime, a ser realizado de forma imediata ou futura. O tipo penal criminaliza autonomamente o simples incentivo a outras pessoas delinquirem, não reclamando, para sua consumação, que o crime incitado efetivamente ocorra. Ou seja, pune-se a "*instigação em si mesma*"[2].

---

2. SOLER, Sebastián. *Derecho penal argentino*. Buenos Aires: TEA, 1970, v. 4, p. 598.

De conseguinte, observe-se que há uma antecipação da tutela penal para o que normalmente seria ato preparatório do crime visado.

A elementar "*crime*" foi utilizada pelo preceito legal em termos técnicos. Dessa maneira, a incitaçao pública de *contravenção penal* (v.g., incentivo ao "*jogo do bicho*") não caracteriza o presente delito. Do mesmo modo, o estímulo a *atos imorais* (*e.g.*, adultério, ócio, orgias desregradas ou bacanais), não possui relevância para o Direito Penal.

Os crimes incitados devem ser *dolosos*, pois não haveria sentido lógico na incitação de crimes culposos ou preterdolosos, situações em que o resultado naturalístico não é desejado pelo agente. Ademais, a princípio, os delitos estimulados podem ser de *qualquer natureza*, como na incitação à depredação de prédios públicos, à agressão de políticos de determinado partido, ao saque de certo supermercado, à realização de ligações clandestinas de luz em uma comunidade, à morte de certo artista *etc*.

O delito incitado deve se revestir de um *mínimo de delimitação circunstancial*, o que significa que não perfaz o tipo conclamações completamente genéricas (algo como um chamado a que se "*pratiquem crimes*"), ainda que de certa figura penal (como um incentivo "*a que se roube*", "*a que se mate*" *etc*.)[3]. É preciso, assim, que haja um contingente mínimo de particularização, ou determinação fática, sem, contudo, ser imprescindível individualizar um ofendido.

Não perfaz o crime em destaque a simples *opinião* sobre a descriminalização de determinada conduta (*e.g.*, porte de drogas para uso pessoal, aborto *etc*.). Neste influxo, quanto às chamadas "*marchas da maconha*", movimentos pacíficos de cidadãos que clamam pela descriminalização das drogas, já decidiu emblematicamente o Supremo Tribunal Federal: "*Arguição de Descumprimento de Preceito Fundamental – 'Marcha da Maconha' – Decisões judiciais que proíbem a manifestação de cidadãos para a legalização das drogas, com fundamento no art. 287 do CP – Insurgência autônoma contra atos públicos que importem dano efetivo ou potencial aos direitos de reunião e à livre expressão do pensamento, preceitos constitucionais fundamentais – Admissibilidade – Ocorrência de múltiplas interpretações da norma penal pré-constitucional que determina a utilização do instrumento viabilizador da interpretação conforme à Constituição – Observância ao princípio da subsidiariedade que se impõe – Inteligência do art. 4.º, § 1.º, da Lei 9.882/1999. [...] Pretensa interpretação conforme à Constituição do art. 287 do CP, de forma a excluir qualquer exegese que possa criminalizar a defesa da legalização das drogas – Admissibilidade – Proposta de descriminalização de conduta punível que não se confunde com o ato de*

3. HUNGRIA, Nélson. *Comentários ao código penal*. Rio de Janeiro: Forense, 1958, v. IX, p. 169; FRAGOSO, Heleno Cláudio. *Lições de direito penal*: parte especial. Rio de Janeiro: Forense, 1986, v. II, p. 275 NORONHA, E. Magalhães. *Direito penal*. São Paulo: Saraiva, 1995, v. 4, p. 81; BITENCOURT, Cezar Roberto. *Tratado de direito penal*: parte especial. São Paulo: Saraiva, 2011, v. 4, pp. 348-349.

apologia de fato criminoso, constituindo prática legítima do direito à livre manifestação do pensamento, propiciada pelo exercício do direito de reunião" (STF, ADPF nº 187, Tribunal Pleno, v.u., rel. Min. Celso de Mello, j. 15/06/2011, DJe 29/05/2014).

A elementar "*publicamente*" não significa que a conduta deve ser praticada "*em público*", mas *voltada ao público*, isto é, direcionada a número indeterminado de pessoas, esteja o agente em um local público ou não (o fato pode ocorrer, *v.g.*, em uma praça ou com o sujeito ativo utilizando o computador no interior de sua casa). Somente assim se pode atingir a "*paz pública*".

Neste sentido, a indução de *pessoa certa e determinada* à prática de específico crime é, a princípio, impunível (porém, caso o delito venha a ocorrer, o indutor será seu *partícipe*). De igual modo, a preleção feita para *número determinado de pessoas* (*e.g.*, amigos na residência do agente ou fiéis em reunião numa igreja), não é pública, não atendendo ao requisito do tipo de incitação ao crime[4].

Cuida-se a figura em análise de *crime de forma livre*, podendo a incitação ocorrer por qualquer meio, como escritos em panfletos, desenhos em cartazes, discursos na via pública, entrevistas na imprensa, textos publicados em jornais ou na *internet*, gritos ou gestos em público, dentre inúmeras outras possibilidades.

Caso o crime incitado venha a ser *efetivamente praticado* por alguém, uma vez demonstrado que o autor desse último agiu pelo estímulo do incitador, esse responderá, em *concurso formal* – próprio ou impróprio, a depender das circunstâncias –, pela *incitação ao crime* e pelo *crime estimulado perpetrado* pelo terceiro, enquanto *partícipe*[5]. No caso, subsiste a incitação ao crime porque a conduta se voltou para inúmeras outras pessoas, não apenas para aquele que concretizou o chamado delinquencial.

Elemento subjetivo do tipo é o dolo, independentemente de qualquer especial fim de agir (*tipo congruente*).

Inexiste previsão de modalidade culposa.

---

4. FRAGOSO, Heleno Cláudio. *Lições de...*, cit., p. 275; NORONHA, E. Magalhães. *Direito penal...*, cit., p. 81.
5. FRAGOSO, Heleno Cláudio. *Lições de...*, cit., p. 276. O autor, sendo nesse ponto seguido por outros doutrinadores, entende se tratar de *concurso material* (art. 69 do *Codex*). Todavia, a conduta do incitador é uma só, pelo que se revela, na verdade, ser o concurso *formal* (art. 70). Não obstante, a questão de o concurso formal ser *próprio* ou *impróprio* dependerá do demonstrativo dos desígnios do agente. Se, por exemplo, era o seu intuito exclusivo a obtenção da morte de uma pessoa determinada, sendo a incitação o expediente utilizado, será o concurso formal *próprio*. Não obstante, se a conduta afeta a paz pública de modo intencionalmente autônomo, como na incitação à depredação de agências de determinado banco, com isso desejando-se a desordem pública, o concurso formal será *impróprio*, com a consequência mais grave de somatória de penas dos delitos envolvidos.

Note-se que o sujeito ativo da incitação não necessita conhecer a capitulação legal do crime incitado. Não obstante, necessita saber, conforme noções profanas, que se trata de um ilícito de caráter criminal, sob pena de erro de tipo, que exclui o dolo[6].

Existem *modalidades especiais* de incitação ao crime tanto na legislação extravagante como no próprio Código Penal. Uma vez que os fatos desvelem os elementos especializantes da previsão respectiva, essa prevalece sobre a figura fundamental fixada no art. 286 do Código Penal.

Caso a incitação seja ao crime de *genocídio*, incidirá a previsão constante do art. 3º da Lei nº 2.889/1956 (Lei de Genocídio): "*art. 3º Incitar, direta e publicamente alguém a cometer qualquer dos crimes de que trata o art. 1º: Pena: Metade das penas ali cominadas. § 1º A pena pelo crime de incitação será a mesma de crime incitado, se este se consumar. § 2º A pena será aumentada de 1/3 (um terço), quando a incitação for cometida pela imprensa*".

O art. 155 do Código Penal Militar (Decreto-lei nº 1.001/1969), por sua vez, prevê o delito militar denominado *incitamento*: "*art. 155. Incitar à desobediência, à indisciplina ou à prática de crime militar: Pena – reclusão, de dois a quatro anos. Parágrafo único. Na mesma pena incorre quem introduz, afixa ou distribui, em lugar sujeito à administração militar, impressos, manuscritos ou material mimeografado, fotocopiado ou gravado, em que se contenha incitamento à prática dos atos previstos no artigo*".

A incitação atentatória à *segurança nacional* possui previsão específica no art. 23 da Lei nº 7.171/1983 (Lei de Segurança Nacional): "*art. 23 – Incitar: I – à subversão da ordem política ou social; II – à animosidade entre as Forças Armadas ou entre estas e as classes sociais ou as instituições civis; III – à luta com violência entre as classes sociais; IV – à prática de qualquer dos crimes previstos nesta Lei. Pena: reclusão, de 1 a 4 anos*".

Por sua vez, se a incitação é ao *preconceito ou discriminação*, aplica-se o previsto no art. 20 da Lei nº 7.716/1989: "*art. 20. Praticar, induzir ou incitar a discriminação ou preconceito de raça, cor, etnia, religião ou procedência nacional. Pena: reclusão de um a três anos e multa. § 1º Fabricar, comercializar, distribuir ou veicular símbolos, emblemas, ornamentos, distintivos ou propaganda que utilizem a cruz suástica ou gamada, para fins de divulgação do nazismo. Pena: reclusão de dois a cinco anos e multa. § 2º Se qualquer dos crimes previstos no* caput *é cometido por intermédio dos meios de comunicação social ou publicação de qualquer natureza: Pena: reclusão de dois a cinco anos e multa. § 3º No caso do parágrafo anterior, o juiz poderá determinar, ouvido o Ministério Público ou a*

6. Em sentido oposto, com base em Contieri, Prado entende que o agente não precisa saber que o fato é criminoso, cf. PRADO, Luiz Regis. *Curso de direito penal brasileiro*. São Paulo: Thomson Reuters, 2018, v. II, p. 654.

pedido deste, ainda antes do inquérito policial, sob pena de desobediência: I – o recolhimento imediato ou a busca e apreensão dos exemplares do material respectivo; II – a cessação das respectivas transmissões radiofônicas, televisivas, eletrônicas ou da publicação por qualquer meio; III – a interdição das respectivas mensagens ou páginas de informação na rede mundial de computadores [...]".

Caso a incitação seja ao uso indevido de *droga*, perfaz-se o crime fixado no art. 33, § 2º, da Lei nº 11.343/2006: "*art.* 33 [...] § 2º Induzir, instigar ou auxiliar alguém ao uso indevido de droga: Pena – detenção, de 1 (um) a 3 (três) anos, e multa de 100 (cem) a 300 (trezentos) dias-multa"[7]. Nesse caso, o comportamento é voltado à vítima determinada, o que dista da formulação do art. 286 em destaque.

Finalmente, ainda na legislação penal especial, a *contravenção penal* de *anúncio de meio abortivo* (art. 20 do Decreto-lei nº 3.688/1941) também se afigura como forma especial de incitação ao crime: "*art. 20. Anunciar processo, substância ou objeto destinado a provocar aborto: Pena – multa*".

No âmbito do Código Penal, configura-se como modalidade especial de incitação ao crime o comportamento de *divulgação de cena que faça apologia ou induza à prática de estupro ou estupro de vulnerável*, art. 218-C[8].

Os crimes de *induzimento, instigação ou auxílio a suicídio ou a automutilação* (art. 122), de *mediação para servir a lascívia de outrem* (arts. 227) e de *favorecimento da prostituição ou outra forma de exploração sexual* (art. 228) não deixam de ser formas particulares de incitação, porém não ao crime, visto que o convencimento em cada uma das hipóteses é para que vítimas determinadas pratiquem certos comportamentos lesivos a elas próprias.

---

7. Nos autos da Ação Direta de Inconstitucionalidade (ADI) nº 4.274, em novembro de 2011, o STF decidiu que o citado dispositivo da Lei de Tóxicos deve ser interpretado em conformidade com a Constituição Federal, excluindo-se da compreensão do regramento "*qualquer significado que enseje a proibição de manifestação e debates públicos acerca da descriminalização ou legalização de drogas ou de qualquer substância que leve ao entorpecimento episódico ou viciado das faculdades psicofísicas*". Em outros termos, o STF sedimentou a legalidade dos eventos chamados "*marchas da maconha*", que reúnem manifestantes favoráveis à descriminalização da droga. Por unanimidade, os ministros decidiram que a participação em tais eventos não pode ser considerada como crime previsto no art. 33, § 2º, da Lei nº 11.343/2006.
8. "*Art. 218-C. Oferecer, trocar, disponibilizar, transmitir, vender ou expor à venda, distribuir, publicar ou divulgar, por qualquer meio – inclusive por meio de comunicação de massa ou sistema de informática ou telemática –, fotografia, vídeo ou outro registro audiovisual que contenha cena de estupro ou de estupro de vulnerável ou que faça apologia ou induza a sua prática, ou, sem o consentimento da vítima, cena de sexo, nudez ou pornografia: Pena – reclusão, de 1 (um) a 5 (cinco) anos, se o fato não constitui crime mais grave.* [...]".

47.5. CONSUMAÇÃO E TENTATIVA

O crime previsto no art. 286 do *Codex* se *consuma* no momento em que a incitação ao crime chega ao conhecimento de número indeterminado de pessoas. Cuida-se de *crime formal*, de consumação antecipada, ou de resultado cortado.

A *tentativa* somente é possível quando a conduta for plurissubsistente, como na utilização de panfletos ou cartazes, que se extraviam antes da distribuição. A prática oral do delito se revela unissubsistente, motivo pelo qual é incabível o *conatus* na hipótese.

47.6. PENA E AÇÃO PENAL

O delito de *incitação ao crime* é sancionado com pena de detenção, de três a seis meses, ou multa (art. 286).

A *ação penal é pública incondicionada*. Trata-se de infração penal de menor potencial ofensivo, razão pela qual o processo e o julgamento competem ao Juizado Especial Criminal.

Consoante o art. 89 da Lei nº 9.099/1995, é possível a *suspensão condicional do processo*.

Sendo admitida transação penal, é incabível o *acordo de não persecução penal* (art. 28-A, § 2º, I, do Código de Processo Penal).

48 APOLOGIA DE CRIME OU CRIMINOSO (ART. 287)

SUMÁRIO: 48.1. Considerações iniciais – 48.2. Objetividade jurídica – 48.3. Sujeitos do delito – 48.4. Tipicidade objetiva e subjetiva – 48.5. Consumação e tentativa – 48.6. Pena e ação penal.

Apologia de crime ou criminoso

Art. 287. Fazer, publicamente, apologia de fato criminoso ou de autor de crime:

Pena – detenção, de 3 (três) a 6 (seis) meses, ou multa.

48.1. CONSIDERAÇÕES INICIAIS

A figura penal de *apologia de crime ou criminoso* consiste em um incitamento ao crime feito de modo ardiloso, visto que indireto. Sua criação jurídica é recente, remontando à previsão feita na Itália, com o Código Penal de 1889, posteriormente repetida no Código Rocco, de 1930.

Por influência desse último diploma, o Código Penal de 1940 trouxe a figura ineditamente ao Brasil, em seu art. 287, não tendo havido qualquer alteração em sua redação desde então.

48.2. OBJETIVIDADE JURÍDICA

O *bem jurídico* tutelado no tipo de apologia de crime ou criminoso é a *paz pública*. A ideia subjacente é a de *prevenção*, ou seja, a razão de ser da criminalização é centrada na evitabilidade de realização de delitos, motivo pelo qual o Direito Penal se antecipa, proibindo seu estímulo público, feito de modo indireto pelo elogio a fatos criminosos ou seus autores.

Trata-se de crime de *perigo abstrato*, não sendo necessária a demonstração do efetivo perigo para o bem jurídico protegido, o que foi presumido pelo legislador.

48.3. SUJEITOS DO DELITO

Sujeito ativo do crime é qualquer pessoa (*delito comum*, ou geral).

Sujeito passivo é a coletividade (*crime vago*). Tendo em vista que o delito coloca em risco os cidadãos em geral, a apologia de crime ou criminoso consiste, ademais, em figura de *perigo comum*.

48.4. TIPICIDADE OBJETIVA E SUBJETIVA

Fixa o art. 287, *caput*, do Código Penal: "*fazer, publicamente, apologia de fato criminoso ou de autor de crime*". A existência de um único núcleo na construção típica caracteriza o denominado *tipo penal simples*.

Fazer apologia consiste em realizar elogio, louvor, proceder a um enaltecimento. A exaltação sugestiva se refere, no caso, a fato criminoso ou a autor de crime (*e.g.*, elogiar em programa de televisão o assassinato de alguém, ou glorificar o torturador de um preso).

Fato criminoso é aquele vedado pelo Direito Penal tecnicamente enquanto *crime*, ficando de fora as contravenções penais ou atos meramente imorais. Refere-se a fato passado, isto é, delito já ocorrido, não possuindo maior sentido o entendimento de Hungria[1] segundo o qual também alcançaria *fatos futuros*, ou seja, ainda não cometidos.

A glorificação se refere necessariamente a *crimes dolosos*, visto que no caso de tipos culposos ou preterdolosos, hipóteses em que resultado naturalístico é involuntário, não possuiria lógica o estímulo às suas respectivas práticas.

A exaltação de *autor de crime* diz respeito ao elogio do indivíduo enquanto perpetrador da conduta criminosa, abrangendo a autoria propriamente dita, a coautoria e a participação. Por conseguinte, a manifestação favorável relacionada à condição de pessoa trabalhadora, bom pai de família *etc.*, não perfaz o delito em análise. Tampouco se o agente se manifesta contrariamente à severidade da punição sofrida ou pela inocência do acusado ou condenado.

Não é necessário que haja condenação transitada em julgado contra o criminoso enaltecido. Sequer é preciso persecução penal formal, bastando a notoriedade do fato ou ao menos a crença disseminada acerca da autoria de crime.

---

1. HUNGRIA, Nélson. *Comentários ao código penal*. Rio de Janeiro: Forense, 1958, v. IX, p. 173.

Isso porque o que o tipo penal em análise procura evitar é o *estímulo indireto*, ou oblíquo, à prática delitiva (enquanto na incitação ao crime – art. 286 – o estímulo é direto). Em outras palavras, a paz pública é o interesse em vista.

A elementar "*publicamente*" não significa que a conduta deve ser praticada "*em público*", mas *voltada ao público*, isto é, direcionada a número indeterminado de pessoas, esteja o agente em um local público ou não (o fato pode ocorrer, *v.g.*, em um ponto de ônibus ou com o sujeito ativo utilizando o computador no interior de sua casa).

Cuida-se de *crime de forma livre*, podendo a apologia ocorrer por qualquer meio, como escritos em panfletos, desenhos em cartazes, discursos na via pública, entrevistas na imprensa, textos publicados em jornais ou na *internet*, colocação de flores no túmulo do criminoso no aniversário da morte da vítima *etc.*

Caso o crime enaltecido ocasione a *efetiva prática* de fato similar por alguém, uma vez demonstrado que o autor desse último agiu pelo estímulo do apologista (ou seja, revelado o nexo causal), esse responderá, em *concurso formal* – próprio ou impróprio, a depender das circunstâncias –, pela *apologia ao crime* e pelo *crime estimulado perpetrado* pelo terceiro, enquanto *partícipe*[2]. No caso, subsiste a apologia ao crime porque a conduta se voltou para inúmeras outras pessoas, não apenas para aquele que concretizou o estímulo delinquencial indireto.

Elemento subjetivo do tipo é o dolo, independentemente de qualquer especial fim de agir (*tipo congruente*).

Inexiste previsão de modalidade culposa.

Se, em um mesmo contexto fático, o agente fizer apologia do fato delitivo e também de seu autor, o crime será único, devendo a circunstância ser sopesada no momento de fixação da pena-base. Entretanto, caso na mesma oportunidade sejam enaltecidos dois fatos criminosos diversos, ou dois autores de crime diferentes, haverá *concurso formal impróprio* (art. 71, *caput*, *in fine*, do Código Penal). Isso porque, *in casu*, são dois os resultados jurídicos danosos, fruto de desígnios autônomos por parte do sujeito ativo.

A apologia atentatória à *segurança nacional* possui previsão específica no art. 22[3] da Lei nº 7.171/1983 (Lei de Segurança Nacional).

---

2. Hungria e Fragoso entendem tratar-se de *concurso material*, cf. HUNGRIA, Nélson. *Comentários ao...*, cit. p. 173; FRAGOSO, Heleno Cláudio. *Lições de direito penal:* parte especial. Rio de Janeiro: Forense, 1986, v. II. Contudo, a conduta do apologista é uma só, pelo que se revela, na verdade, ser o concurso *formal* (art. 70). Não obstante, a questão de o concurso formal ser *próprio* ou *impróprio* dependerá do demonstrativo dos desígnios do agente.

3. "Art. 22 – *Fazer, em público, propaganda: I – de processos violentos ou ilegais para alteração da ordem política ou social; II – de discriminação racial, de luta pela violência entre as classes sociais, de perseguição religiosa; III – de guerra; IV – de qualquer dos crimes previstos nesta Lei. Pena: detenção, de 1 a 4 anos. § 1º – A pena é aumentada de um terço quando a propaganda*

Constitui modalidade especial de apologia ao crime o comportamento de *divulgação de cena que faça apologia ou induza à prática de estupro ou estupro de vulnerável*, art. 218-C[4].

Conforme mencionado no capítulo anterior da presente obra, o STF, na ADPF 187 (DOU e DJE 27.06.2011), julgou, por unanimidade, procedente a arguição de descumprimento de preceito fundamental, para dar, ao art. 287 do Código Penal, com efeito vinculante, interpretação conforme à Constituição, "*de forma a excluir qualquer exegese que possa ensejar a criminalização da defesa da legalização das drogas, ou de qualquer substância entorpecente específica, inclusive através de manifestações e eventos públicos*". Entendeu-se, dessa maneira, que a organização ou participação nas chamadas "*marchas da maconha*" não configuram crime.

48.5. CONSUMAÇÃO E TENTATIVA

O crime previsto no art. 287 do Código Penal se *consuma* no momento em que a incitação ao crime chega ao conhecimento de número indeterminado de pessoas. Cuida-se de *crime formal*, de consumação antecipada, ou de resultado cortado.

A *tentativa* somente é possível quando a conduta for plurissubsistente, como na utilização de panfletos ou cartazes, que se extraviam antes da distribuição. A prática oral do delito se revela unissubsistente, motivo pelo qual é incabível o *conatus* na hipótese.

O curioso exemplo de Noronha[5], relativo ao agente que fala por intermédio de um microfone em praça pública, mas não é ouvido por problemas no aparelho, denota *crime impossível* por ineficácia absoluta do meio (art. 17, 1ª parte, do Código Penal) e não tentativa. Se o agente não pode ser ouvido por número indeterminado de pessoas porque a forma levada a efeito para tanto é ineficiente, o delito jamais poderá se consumar.

---

for feita em local de trabalho ou por meio de rádio ou televisão. § 2º – Sujeita-se à mesma pena quem distribui ou redistribui: a) fundos destinados a realizar a propaganda de que trata este artigo; b) ostensiva ou clandestinamente boletins ou panfletos contendo a mesma propaganda. § 3º – Não constitui propaganda criminosa a exposição, a crítica ou o debate de quaisquer doutrinas."

4. "*Art. 218-C. Oferecer, trocar, disponibilizar, transmitir, vender ou expor à venda, distribuir, publicar ou divulgar, por qualquer meio – inclusive por meio de comunicação de massa ou sistema de informática ou telemática –, fotografia, vídeo ou outro registro audiovisual que contenha cena de estupro ou de estupro de vulnerável ou que faça apologia ou induza a sua prática, ou, sem o consentimento da vítima, cena de sexo, nudez ou pornografia: Pena – reclusão, de 1 (um) a 5 (cinco) anos, se o fato não constitui crime mais grave.* [...]".
5. NORONHA, E. Magalhães. *Direito penal*. São Paulo: Saraiva, 1995, v. 4, p. 88.

48.6. PENA E AÇÃO PENAL

O delito de *apologia de crime ou criminoso* é sancionado com pena de detenção, de três a seis meses, ou multa (art. 287).

A *ação penal é pública incondicionada*. Trata-se de *infração penal de menor potencial ofensivo*, razão pela qual o processo e o julgamento competem ao Juizado Especial Criminal.

Consoante o art. 89 da Lei nº 9.099/1995, é possível a *suspensão condicional do processo*.

Sendo admitida transação penal, é incabível o *acordo de não persecução penal* (art. 28-A, § 2º, I, do Código de Processo Penal).

49 ASSOCIAÇÃO CRIMINOSA (ART. 288)

Sumário: 49.1. Considerações iniciais – 49.2. Objetividade jurídica – 49.3. Sujeitos do delito – 49.4. Tipicidade objetiva e subjetiva – 49.5. Distinção com organização criminosa (Lei nº 12.850/2013) – 49.6. Consumação e tentativa – 49.7. Concurso de crimes – 49.8. Causas de aumento de pena – 49.9. Delação premiada – 49.10. Acordo de leniência em crimes econômicos – 49.11. Pena e ação penal.

Associação criminosa

Art. 288. Associarem-se 3 (três) ou mais pessoas, para o fim específico de cometer crimes:

Pena - reclusão, de 1 (um) a 3 (três) anos.

Parágrafo único. A pena aumenta-se até a metade se a associação é armada ou se houver a participação de criança ou adolescente.

49.1. CONSIDERAÇÕES INICIAIS

O tema dos *crimes associativos* está na ordem do dia na pauta midiática criminal, face aos comumente chamados grandes julgamentos ou grandes operações policiais[1]. Notícias jornalísticas se utilizam indistintamente, dentre outras, de expressões como "*associação criminosa*", "*organização criminosa*", "*quadrilha*", "*grupo criminoso*", "*facção criminosa*", "*máfia*" e "*crime organizado*". Assimiladas por leigos como sinalizadoras de conjuntos de pessoas que praticam crimes de modo profissional, tais expressões causam confusão terminológica[2] no universo dogmático penal, vez que denotam, algumas vezes, situações bastante distintas, as quais ensejam consectários muito diversos.

---

1. De acordo com Pavarini, "*o crime saiu dos estreitos limites da crônica negra e conquistou, com prepotência, a primeira página do cotidiano*". PAVARINI, Massimo. *Introduzione a la criminologia*. Firenze: Le Monnier, 1980, p. 6 (tradução livre). Sobre a relação atual da mídia com a repressão criminal, cf. 2012SOUZA, Luciano Anderson de; FERREIRA, Regina Cirino Alves. Discurso midiático penal e exasperação repressiva. *Revista Brasileira de Ciências Criminais*, v. 94, jan./fev. 2012, pp. 363-382.
2. ESTELLITA, Heloisa. *Criminalidade de empresa, quadrilha e organização criminosa*. Porto Alegre: Livraria do Advogado, 2009, p. 44 e ss.

O problema da falta de clareza conceitual assume contornos graves quando ocorrente no universo jurídico, mormente legislativo e judicial. Sob o influxo exasperador penal das últimas décadas, o legislador brasileiro tem cuidado do assunto de modo controverso. Em decorrência disso, o Poder Judiciário reflete tais controvérsias em polêmicas decisões. Diante deste dificultoso quadro, curial uma análise mais apurada acerca do tema.

Em termos de uma precisa gramática jurídico-penal, o assunto em foco remonta à compreensão do instituto do *concurso de pessoas*, avança à tipificação da *quadrilha ou bando* (nome anterior da figura prevista no art. 288 do Código Penal) e desemboca na decantada "*organização criminosa*", hoje regulada pela recente Lei nº 12.850/2013. Muito embora em certa medida seja inegável uma aproximação dos conceitos referidos, atrelados à ideia de pluralidade de pessoas unidas, em menor ou maior medida, para prática delitiva, em realidade, tecnicamente, os fenômenos se distanciam, e muito, conforme veremos.

A compreensão de *concurso de pessoas* remonta ao direito romano e somente recebeu um tratamento mais sistemático durante o período humanitário por conta de estudos de pensadores como Decianus[3] e Covarrubias[4]. Envolta num ideário de modalidades de participação em uma *eventual* empreitada criminosa, o entendimento do concurso de agentes com o aqui estudado somente tem em comum efetivamente a pluralidade subjetiva, não havendo uma dimensão institucional ou de qualquer estabilidade, tal qual se imagina nas demais formas referidas.

Dessa maneira, frise-se, o concurso de agentes constitui a eventual coautoria ou participação em uma infração penal.

Fruto de preocupações governamentais decorrentes da industrialização, a tipificação *autônoma* da pluralidade de indivíduos que se unem com intuito delitivo nasce com o Código Penal francês de 1810. Em outras palavras, o crime de associação criminosa surge com a *association de malfeiteurs* do Código Napoleônico[5].

No Brasil, até por sua industrialização tardia, o crime surge apenas no Código Penal de 1940, com o *nomen iuris* de "*quadrilha ou bando*" (modificado, com alterações em seu conteúdo, para "*associação criminosa*" pela Lei nº 12.850/2013). Antes do *Codex* de 1940, somente se punia no País o concurso eventual de pessoas.

O crime de *associação criminosa* se constitui em *crime de concurso necessário*, ou plurissubjetivo, ou seja, é preciso uma pluralidade de agentes para a configuração

---

3. SCHAFFSTEIN, Federico. *La ciencia europea del derecho penal en la epoca del humanismo*. Trad. Jose Maria Rodriguez Devesa. Madrid: Instituto de Estudios Politicos, 1957, p. 94.
4. SCHAFFSTEIN, Federico. *La ciência..., cit.*, p. 169.
5. HUNGRIA, Nelson. *Comentários ao código penal*. Rio de Janeiro: Forense, 1958, Vol. IX, p. 174.

da infração penal. No caso da atual legislação brasileira, três ou mais pessoas. A Lei nº 12.850/2013, ao modificar o art. 288 do Código Penal, aumentou a incidência penal ao exigir menos integrantes para caracterização do ilícito, visto que originariamente o número mínimo era de quatro pessoas.

Além do concurso de *ao menos três agentes*, é imperiosa a presença de *estabilidade* ou de permanência da associação (ou seja, não se cuida de algo *eventual*, essência do concurso de pessoas). E *intuito de prática de número indeterminado de crimes* (fim especial de agir, ou seja, elemento subjetivo especial do tipo). Se o intuito é a prática de crime específico, ou mesmo de crimes específicos, cuida-se, mais uma vez, de concurso de pessoas.

No ordenamento nacional, posteriormente ao Código de 1940, o tipo penal em destaque – ainda que inicialmente sob a rubrica de quadrilha ou bando – recebeu na legislação extravagante tratamento específico no que diz respeito à prática de *genocídio* (art. 2º[6] da Lei nº 2.889/1956), *atentado à segurança nacional* (arts. 16[7] e 24[8] da Lei nº 7.170/1983), *tráfico de drogas* (atualmente, art. 35[9] da Lei nº 11.343/2006), *constituição de milícia privada* (Lei nº 12.720/2012, que introduziu o art. 288-A[10] no Código Penal) e, finalmente, *organização criminosa* (arts. 1º e 2º[11] da Lei nº 12.850/2013).

---

6. "*Art. 2º Associarem-se mais de 3 (três) pessoas para prática dos crimes mencionados no artigo anterior: Pena: metade da cominada aos crimes ali previstos*".
7. "*Art. 16. Integrar ou manter associação, partido, comitê, entidade de classe ou grupamento que tenha por objetivo a mudança do regime vigente ou do Estado de Direito, por meios violentos ou com o emprego de grave ameaça. Pena: reclusão, de 1 a 5 anos*".
8. "*Art. 24. Constituir, integrar ou manter organização ilegal de tipo militar, de qualquer forma ou natureza armada ou não, com ou sem fardamento, com finalidade combativa. Pena: reclusão, de 2 a 8 anos*".
9. "*Art. 35. Associarem-se duas ou mais pessoas para o fim de praticar, reiteradamente ou não, qualquer dos crimes previstos nos arts. 33,* caput *e § 1º, e 34 desta Lei: Pena – reclusão, de 3 (três) a 10 (dez) anos, e pagamento de 700 (setecentos) a 1.200 (mil e duzentos) dias-multa. Parágrafo único. Nas mesmas penas do* caput *deste artigo incorre quem se associa para a prática reiterada do crime definido no art. 36 desta Lei*".
10. "*Artigo 288-A – Constituir, organizar, integrar, manter ou custear organização paramilitar, milícia particular, grupo ou esquadrão com a finalidade de praticar qualquer dos crimes previstos neste Código: Pena – reclusão, de 4 (quatro) a 8 (oito) anos*".
11. "*Art. 1º Esta Lei define organização criminosa e dispõe sobre a investigação criminal, os meios de obtenção da prova, infrações penais correlatas e o procedimento criminal a ser aplicado. § 1º Considera-se organização criminosa a associação de 4 (quatro) ou mais pessoas estruturalmente ordenada e caracterizada pela divisão de tarefas, ainda que informalmente, com objetivo de obter, direta ou indiretamente, vantagem de qualquer natureza, mediante a prática de infrações penais cujas penas máximas sejam superiores a 4 (quatro) anos, ou que sejam de caráter transnacional.* [...]"; "*Art. 2º Promover, constituir, financiar ou integrar, pessoalmente ou por interposta pessoa, organização criminosa: Pena – reclusão, de 3 (três) a 8 (oito) anos, e multa, sem prejuízo das penas correspondentes às demais infrações penais praticadas.* [...]".

Em tais situações, pelo *princípio da especialidade*, atendidos aos pressupostos estabelecidos em cada caso, afasta-se o delito insculpido no art. 288 do *Codex* para se aplicar a previsão insculpida na legislação extravagante. Ou seja, consoante o objetivo do grupo criminoso, variando-se o número exigido para o concurso necessário consoante a lei em análise, incidirá um ou outro tipo específico.

A nova redação do art. 288, além de alterar o *nomen iuris* do crime e diminuir o número de integrantes exigido para caracterização do grupo criminoso, no parágrafo único acresceu a hipótese de participação de criança ou adolescente como causa de aumento de pena.

Embora não seja novidade legislativa, o crime de associação criminosa ganha hoje nova compreensão fruto da sociedade do risco. Nesse contexto, insere-se o tema da associação criminosa na preocupação social de insegurança fruto do incremento e organização da criminalidade, inclusive em nível global.

Comumente, difere-se a *criminalidade de massas*, ou violenta, da *criminalidade dos poderosos*, assimilada aos crimes econômicos. O tipo de quadrilha ou bando, que vigorou por mais de setenta anos sempre foi, curiosamente, na prática, confundido ou identificado para as duas esferas, ensejando, em qualquer caso, duras respostas punitivas. Esse quadro persiste com a figura de associação criminosa.

Corriqueiramente, denúncias abusam da capitulação da figura, sempre que há ao menos três pessoas envolvidas na prática criminosa, mormente em crimes societários, muitas vezes estabelecendo verdadeira responsabilidade objetiva, bem como ignorando os reais contornos do tipo penal em foco. Quanto a isso, há que se atentar que as associações criminosas possuem fins ilícitos, enquanto empresas regulares que, por exemplo, poluem ou sonegam possuem fim lícito, não havendo que se falar em associação criminosa[12].

Também em nome de uma maior severidade repressiva, muitas vezes o concurso de pessoas é ignorado, interpretando-se como se o delito do art. 288 do Código Penal fosse o mero crime violento perpetrado por diversos agentes sem vínculo subjetivo estável e permanente para outras práticas delitivas.

Por fim, falava-se muitas vezes em quadrilha ou bando como sinônimo de organização criminosa, problema deflagrado a partir da malsinada Lei nº 9.034/1995 (atualmente revogada), que dispunha sobre a utilização de meios operacionais para a prevenção e repressão de ações praticadas por organizações criminosas. Hoje, felizmente, o problema resta equacionado por conta da previsão do delito de *organização criminosa*.

---

12. Daí a grande dificuldade em se falar da criminalidade de empresa. A respeito, cf. ESTELLITA, Heloisa; GRECO, Luís. Empresa, quadrilha (art. 288 do CP) e organização criminosa. *Revista Brasileira de Ciências Criminais*, v. 91, jul./ago. 2011, p. 397.

Além do Código Penal, outros diplomas subsequentes cuidam ou ao menos tangenciam o temário. A mais relevante delas, a Lei nº 12.850/2013 (Lei de Organização Criminosa), criminalizou *organização criminosa* (art. 2º), alterou os arts. 288 e 342 do *Codex*, revogou a citada Lei nº 9.034/1995 e, por fim, disciplinou a investigação criminal e meios de obtenção de prova acerca do tema[13].

Em suma, o assunto é intrincado e possui uma série de regramentos nem sempre erigidos com a melhor técnica legislativa, o que enseja cuidado analítico.

49.2. OBJETIVIDADE JURÍDICA

O bem jurídico tutelado pelo delito de associação criminosa é a *paz pública*.

A expressão "*paz pública*" é utilizada, além do Brasil, em outros países, como França, Suíça e Uruguai. A Itália, por exemplo, utiliza-se do termo "*ordem pública*", preferível por seu sentido objetivo, atrelado à noção de coexistência harmônica dos cidadãos sob a soberania estatal. *Paz pública* denota sentido subjetivo, de tranquilidade pública, ou seja, sentimento coletivo de segurança.

De qualquer modo, a ideia-força por detrás de qualquer das incriminações protetoras da paz pública, na qual se inclui, por evidência, além da *associação criminosa*, a mais grave delas, de *organização criminosa*, é a de *prevenção*. A racionalidade da criminalização é, na hipótese, escorada na prevenção de realização de crimes (significativamente graves, no caso da organização criminosa)[14].

No fundo, punem-se atos preparatórios, em exceção à regra do art. 31 do Código Penal: "*o ajuste, a determinação ou instigação e o auxílio, salvo disposição expressa em contrário, não são puníveis, se o crime não chega, pelo menos, a ser tentado*".

Trata-se a figura de associação criminosa de *crime de perigo abstrato* para o bem jurídico *paz pública*. Em outras palavras, não é preciso se demonstrar qualquer real afetação do interesse protegido, tendo isso já sido suposto pelo legislador.

---

13. Note-se, não obstante, que própria Lei de Organização Criminosa já sofreu alterações em sua redação original, levadas a efeito pelos seguintes diplomas: Lei nº 13.097/2015 (de cunho fiscal e licitatório), Lei nº 13.260/2016 (Lei de Terrorismo) e Lei nº 13.964/2019 (Lei Anticrime).

14. Sobre o correspondente delito espanhol, escreve Faraldo Cabana: "*O que se protege aqui, pois, é um bem jurídico coletivo, a segurança cidadã, entendida em seu sentido material e objetivo de prevenção de cometimento de infrações. A configuração de tipos penais que tratam da predisposição da associação ou organização no cometimento de ilícitos se justifica pela necessidade lógica de utilização do esquema conceitual da antecipação das barreiras de tutela*". FARALDO CABANA, Patricia. *Asociaciones ilícitas y organizaciones criminales en el código penal español*. Valencia: Tirant lo Blanch, 2012, pp. 236-238 (tradução livre).

49.3. SUJEITOS DO DELITO

Qualquer pessoa pode ser *sujeito ativo* do delito. Em outros termos, cuida-se de *delito comum*, com a peculiaridade de se constituir em *crime de concurso necessário* – também denominado *crime coletivo*, *plurissubjetivo* ou *associativo* –, isto é, sendo imprescindível, para o seu perfazimento, a pluralidade de agentes. Há, necessariamente, *condutas paralelas*, tendo em vista que os integrantes da associação prestam auxílio mútuo, com o mesmo objetivo[15].

A lei estabelece *número mínimo de agentes* para a caracterização da associação criminosa, qual seja, o de *três pessoas*. Por conseguinte, somente se poderá cogitar do delito em análise se houver três ou mais indivíduos consorciados, mediante os demais requisitos legais.

Caso sejam quatro ou mais, presentes os demais pressupostos insculpidos na Lei nº 12.850/2013, o crime será o de *organização criminosa*.

Na hipótese de associação de *dois* sujeitos, ainda que presentes os demais elementos descritos pela legislação, o fato constituirá *atos preparatórios* e, desta feita, impuníveis[16]. Apenas se tal dupla perpetrar algum ilícito haverá de ser reconhecido o *concurso de agentes*.

Para a composição do número de agentes requerido pelo tipo em análise pode ser computados *inimputáveis*, tal qual tradicionalmente reconhecido por doutrina e jurisprudência. Inclusive, se houver participação de *criança ou adolescente*, é previsto causa de aumento de pena específica (art. 288, parágrafo único, *in fine*), o que reforça a tese acolhida.

Nada obsta que a peça acusatória que imputa a alguém o crime em foco não consiga identificar todos os integrantes da associação. Aliás, pode inclusive identificar apenas o denunciado, desde que exista *prova* da existência do número mínimo exigido pela lei (*v.g.*, gravações, documentos, testemunhos *etc.*).

O crime de associação criminosa não permite a admissão da figura do "*agente infiltrado*"[17], relativa ao ingresso de policiais no âmbito de *organização criminosa* (art. 10, § 2º, da Lei nº 12.850/2013), enquanto seu integrante, para fins de investigação. Diante disso, não cabe no caso se perquirir se o agente infiltrado serviria para compor o número mínimo de integrantes que o tipo exige (o que, por evidência, não

15. Daí também se classificar a infração em análise como *crime de condutas paralelas*.
16. A associação criminosa também constitui atos preparatórios, porém *puníveis* porque o legislador expressamente previu a possibilidade.
17. Conforme disciplina os arts. 10 a 14 da Lei nº 12.850/2013. A Lei Anticrime (Lei nº 13.964/2019), de forma superveniente, introduziu ainda a figura do "*agente infiltrado virtual*", que atua por meio da *internet* (arts. 10-A a 10-D da Lei de Organização Criminosa).

seria possível, pois não apenas seu escopo real é o de desmantelar o grupo criminoso, e não o promover, como isso consubstanciaria em crime preparado).

O fato de o crime de associação criminosa ser de concurso necessário não impede o *concurso de pessoas* na modalidade de *participação*, cujo exemplo tradicional colacionado pela doutrina é o do indivíduo que, sem pertencer ao grupo criminoso, empresta a seus integrantes o local para sua reunião.

Sujeito passivo do delito em análise é a coletividade (*crime vago*), o que se coaduna em face da proteção do bem jurídico *paz pública*.

49.4. TIPICIDADE OBJETIVA E SUBJETIVA

Estabelece o tipo incriminador previsto no art. 288, *caput*, do Código Penal: "*associarem-se 3 (três) ou mais pessoas, para o fim específico de cometer crimes*".

Cuida-se de tipo penal *simples*, contendo um único núcleo, consistente no verbo "*associarem-se*". *Associar-se* significa ajuntar-se, congregar-se, unir-se, o que denota que a essência da incriminação em destaque consiste em um *acordo de vontades*, no sentido de junção de esforços coletivos para a consecução de crimes.

É despicienda uma constituição formal do grupo criminoso, com hierarquia ou regulamentação de alguma espécie. Basta que três ou mais indivíduos, ainda que rudimentarmente, unam-se de forma estável e permanente (não perpétua) com o propósito de, a partir daquele momento, cometer *crimes de qualquer natureza* (*e.g.*, homicídios, roubos, extorsões mediante sequestro, estupros, ou mesmo delitos em geral, sem especificações[18]).

Caso a associação criminosa vise a prática de *crimes hediondos*, *tortura* ou *terrorismo*, incidirá a *figura qualificadora* prevista no art. 8º[19] da Lei nº 8.072/1990 (Lei dos Crimes Hediondos). Apesar de o dispositivo se referir também a *tráfico de drogas*, atualmente a conduta é disciplinada pelo art. 35 da Lei nº 11.343/2006 (Lei de Drogas).

Não perfaz o delito em destaque a associação para o cometimento de *contravenções penais* (v.g., "*jogo do bicho*") ou *atos imorais* (*e.g.*, adultério, sexo grupal).

Os requisitos de *estabilidade* e *permanência* do grupo *sceleris* se fazem precisos para diferenciar a situação do mero concurso eventual de pessoas, isto é, da mera

---

18. Frisando que os crimes visados não necessitam ser da mesma espécie, cf. STF, HC nº 72.992/SP, 1ª Turma, rel. Min. Celso de Mello, DJ 14.11.1996.

19. "*Art. 8º Será de três a seis anos de reclusão a pena prevista no art. 288 do Código Penal, quando se tratar de crimes hediondos, prática da tortura, tráfico ilícito de entorpecentes e drogas afins ou terrorismo. Parágrafo único. O participante e o associado que denunciar à autoridade o bando ou quadrilha, possibilitando seu desmantelamento, terá a pena reduzida de um a dois terços*".

junção *momentânea* para a prática delitiva. Demais disso, a indeterminação de crimes visados é fundamental, visto que na hipótese de diversas pessoas se reunirem para a perpetração de certa quantidade de crimes, ainda que elevada (*e.g.*, dez furtos a residência em determinada cidade no período de férias), novamente, estar-se-á diante de concurso de agentes.

A associação criminosa se cuida de *crime de forma livre*, podendo a pactuação criminosa ocorrer por qualquer meio, *e.g.*, presencialmente, pela *internet*, por pacto de sangue, por correspondência *etc*. Os membros da associação não precisam se conhecer nem morar no mesmo local, bastam ter consciência em tomar parte do grupo criminoso[20].

O crime, conforme a construção típica estabelecida, é *comissivo*.

Elemento subjetivo do tipo é o dolo, vontade livre e consciente de integrar associação criminosa, isto é, um grupo com três ou mais pessoas voltado à prática de crimes. Esse fim específico de cometimento de crimes denota a presença de um especial fim de agir (*elemento subjetivo especial do tipo*).

Observe-se que os crimes visados necessariamente devem ser *dolosos*. Não revela sentido lógico o *propósito* de realização de crimes culposos ou preterdolosos, os quais detém resultado naturalístico involuntário.

Não há previsão de associação criminosa na modalidade culposa.

A *denúncia* por crimes coletivos, na prática, é bastante dificultosa para o órgão acusador, visto a complexidade em se formular, de modo minucioso, a descrição do comportamento de cada integrante do grupo delitivo. Neste contexto, a jurisprudência do STJ admite certa parcimônia na peça acusatória, de forma a poder não conter a detalhada atuação de cada integrante da *societas sceleris*. Contudo, não admite a *denúncia genérica*, sendo preciso apontar minimamente o liame entre a atuação do denunciado e a prática delituosa, demonstrando a plausibilidade da imputação e garantindo o pleno exercício do direito de defesa[21].

49.5. DISTINÇÃO COM ORGANIZAÇÃO CRIMINOSA (LEI N° 12.850/2013)

Em termos dogmáticos, o tipo penal de *associação criminosa* é mais do que um simples *concurso de pessoas*, porém menos que uma *organização criminosa*. A associação de três ou mais pessoas, para o fim de praticar crimes exige estabilidade (não mero

20. PRADO, Luiz Regis. *Curso de direito penal brasileiro*. São Paulo: Thomson Reuters, 2018, v. II, p. 659.

21. STJ, RHC nº 68.848/RN, 6ª Turma, rel. Min. Antonio Saldanha Palheiro, j. 13.10.2016, *in RSTJ* 245/914.

acordo momentâneo, eventual) e um mínimo de organização, ainda que rudimentar, como visto.

A ideia de *organização criminosa* (art. 1º, § 1º, da Lei nº 12.850/2013), por sua vez, também exige estabilidade e organização, mas esta tem de ser complexa, não meramente rústica. Deve haver, conforme a doutrina, hierarquia e poderio econômico e de intimidação.

Mas observe-se que estas sempre foram noções gerais, pois sua delimitação é bastante difícil[22]. Demais disso, o Brasil teve um traçado tortuoso a respeito do tema até a construção legislativa atual.

Há uma ideia geral trazida pela Convenção das Nações Unidas contra o Crime Organizado Transnacional, "*Convenção de Palermo*", de 2004, promulgada no Brasil por meio do Decreto nº 5.015/2004. Segundo o art. 2 do diploma, "*para efeitos da presente Convenção, entende-se por: a) 'Grupo criminoso organizado' – grupo estruturado de três ou mais pessoas, existente há algum tempo e atuando concertadamente com o propósito de cometer uma ou mais infrações graves ou enunciadas na presente Convenção, com a intenção de obter, direta ou indiretamente, um benefício econômico ou outro benefício material; b) 'Infração grave' – ato que constitua infração punível com uma pena de privação de liberdade, cujo máximo não seja inferior a quatro anos ou com pena superior; c) 'Grupo estruturado' – grupo formado de maneira não fortuita para a prática imediata de uma infração, ainda que os seus membros não tenham funções formalmente definidas, que não haja continuidade na sua composição e que não disponha de uma estrutura elaborada;* [...]".

Note-se que, como não poderia deixar de ser, tal convenção apenas fixa diretivas a serem acolhidas pelos países subscritores, de modo mais ou menos genérico, não servindo referido ideário como definição específica para a legislação brasileira. É fato que o Poder Legislativo brasileiro não havia produzido, ao menos até a edição da Lei nº 12.694/2012, uma lei que definia o instituto[23]. Essa definição vai ser dada, conforme referenciado abaixo pela citada Lei nº 12.850/2013. Antes dessa novel Lei, havia polêmica na doutrina e jurisprudência.

Dessa maneira, entendeu-se que a recomendação trazida pela Convenção de Palermo não integra o Direito brasileiro, conforme consagrado pelo Supremo Tribunal Federal (STF) nos autos de *Habeas Corpus* nº 96.007, rel. Min. Marco Aurélio, j. 10.11.2009. Nestes autos, foi determinado o trancamento da ação penal movida contra os fundadores de igreja neopentecostal, por conta de suposta lavagem de

---

22. A respeito dos elementos configuradores, cf. ZUÑIGA RODRÍGUEZ, Laura. *Criminalidad organizada y sistema de derecho penal*: contribución a la determinación del injusto penal de organización criminal. Granada: Colmares, 2009, p. 58.

23. No mesmo sentido, embora não se referindo à Lei n. 12.694/2012, BADARÓ, Gustavo Henrique; BOTTINI, Pierpaolo Cruz. *Lavagem de dinheiro*: aspectos penais e processuais penais: comentários à lei 9.613/1998 com as alterações da lei 12.686/2012. São Paulo: RT, 2012, p. 158.

dinheiro perpetrada por meio de organização criminosa. Segundo o ministro relator, "*a definição emprestada de organização criminosa seria acrescentar à norma penal elementos inexistentes, o que seria uma intolerável tentativa de substituir o legislador, que não se expressou nesse sentido*".

Posteriormente, em 24 de maio de 2012, o Pleno do Excelso Pretório mais uma vez confirmou tal posicionamento, nos autos da Ação Direita de Inconstitucionalidade nº 4.414/AL. No caso concreto, o Conselho Federal da Ordem dos Advogados do Brasil (OAB) intentou Ação Direta de Inconstitucionalidade em face da Lei Estadual nº 6.806/2007, de Alagoas, que criara vara criminal com competência exclusiva para processar e julgar delitos praticados por organizações criminosas. Os arts. 9º[24] e

---

24. "*Art. 9º – Para os efeitos da competência estabelecida no art. 1º desta Lei, considera-se crime organizado, desde que cometido por mais de dois agentes, estabelecida a divisão de tarefas, ainda que incipiente, com perpetração caracterizada pela vinculação com os poderes constituídos, ou por posição de mando de um agente sobre os demais (hierarquia), praticados através do uso da violência física ou psíquica, fraude, extorsão, com resultados que traduzem significante impacto junto à comunidade local ou regional, nacional ou internacional: I – os crimes de especial gravidade, ou seja, todos aqueles cominados com pena mínima em abstrato igual ou superior a quatro anos de reclusão; II – o constrangimento ilegal (art. 146, parágrafos 001º e 002º do Decreto-Lei nº 2848, de 31 de dezembro de 1940 – Código Penal); III – a ameaça (art. 147 e o sequestro do art. 148, § 001º, itens I, II, III e IV, todos do Decreto-Lei nº 2848/40 – Código Penal – e alterações posteriores); IV – o tráfico de pessoas (arts. 231 e 231-A do Decreto-Lei nº 2848/40 – Código Penal – e alterações posteriores); V – os crimes contra a administração pública previstos no Título XI, Capítulos, I, II, III e IV do Decreto-Lei nº 2848/40 – Código Penal, e alterações posteriores, independente de pena mínima; VI – os delitos tipificados nos arts. 237, 238, 239 e/ou parágrafo único, 241, 242, 243 e 244-A, § 001º, da Lei nº 8069, de 16 de julho de 1990, e alterações posteriores, que dispõe sobre o Estatuto da Criança e do Adolescente, independente de pena mínima; VII – os crimes contra a ordem tributária previstos na Lei nº 8137, de 28 de dezembro de 1990, independente de pena mínima; VIII – os delitos definidos pela Lei nº 8666, de 22 de junho de 1993, e alterações posteriores, que institui normas para licitações e contratos da Administração Pública e dá outras providências, independente de pena mínima; IX – os crimes definidos na Lei nº 9434, de 05 de fevereiro de 1997, e alterações posteriores, que dispõe sobre a remoção de órgãos, tecidos e partes do corpo humano para fins de transplante e tratamento e dá outras providências, independente de pena mínima; e X – os crimes contra a fauna definidos nos arts. 33 e 35, os crimes contra a flora definidos nos arts. 38, 39, 40 e 41,* caput, *o crime de poluição definido no art. 54 e sua combinação com o parágrafo 2º, incisos I, II, III, IV e V, e o parágrafo terceiro, todos da Lei nº 9605, de 13 de fevereiro de 1998, e alterações posteriores, que dispõe sobre as sanções penais e administrativas derivadas de condutas e atividades lesivas ao meio ambiente, e dá outras providências. Parágrafo único – Consideram-se ainda como crime organizado aqueles atos praticados por organizações criminosas, não se observando as características trazidas no caput deste artigo: I – referidos na Convenção das Nações Unidas sobre o Crime Organizado Transnacional, de 15 de novembro de 2000 (Convenção de Palermo), conforme o item 2, a da Recomendação nº 003, de 30 de maio de 2006, do Conselho Nacional de Justiça; e II – conexos por relação teleológica ou consequencial aos previstos nos incisos do caput deste artigo, consideradas as condições estabelecidas nele e no inciso anterior*".

10[25] de referida lei definiam – de modo bastante ampliativo – o que seriam organizações criminosas. Em decisão, o STF afastou do texto normativo o termo "*crime organizado*", pois o conceito somente poderia ser criado por meio de lei federal.

Ademais, nossa legislação não punia à época como figura autônoma a organização criminosa, embora a ela se referisse, de modo bastante desastrado, nas Leis nº 9.034/1995, nº 10.217/2001 e nº 12.694/2012, para o fim de consequências processuais. Outrossim, o termo fora utilizado no art. 1º, inciso VII, e § 4º, da Lei nº 9.613/1998, sobre lavagem de capitais. Alterada esta pela Lei nº 12.683/2012, foi mantido o termo apenas como majorante, tendo em vista que foi suprimido o rol taxativo de crimes antecedentes passíveis de lavagem.

A citada Lei nº 9.034/1995, posteriormente alterada pelas Leis nº 9.303/1996 e, mais significativamente, nº 10.217/2001, dispunha sobre a utilização de meios operacionais para a prevenção e repressão de ações praticadas por organizações criminosas. Possuía, assim, natureza processual penal, disciplinando procedimentos investigatórios e meios de prova em face de ações perpetradas por tais organizações.

Em que pese o Capítulo I da Lei tivesse como título "*Da definição de ação praticada por organizações criminosas e dos meios operacionais de investigação e prova*" jamais houve tal definição, nem na redação original, tampouco na posterior. Em outras palavras, esta legislação não delimitava o que seria uma organização criminosa. Com a redação original do art. 1º ("*Esta lei define e regula meios de prova e procedimentos investigatórios que versarem sobre crime resultante de ações de quadrilha ou bando*"), a Lei parecia querer dizer – já que não o fazia expressamente – que organização criminosa seria sinonímia de quadrilha ou bando[26].

---

25. "*Art. 10 – Também para os efeitos da competência estabelecida no art. 1º, considera-se organização criminosa: I – o grupo de mais de duas pessoas voltadas para atividades ilícitas e clandestinas que possua uma hierarquia própria e capaz de planejamento empresarial, que compreende a divisão do trabalho e o planejamento de lucros. Suas atividades se baseiam no uso da violência e da intimidação, tendo como fonte de lucros a venda de mercadorias ou serviços ilícitos, no que é protegido por setores do Estado. Tem como características distintas de qualquer outro grupo criminoso um sistema de clientela, a imposição da lei do silêncio aos membros ou pessoas próximas e o controle pela força de determinada porção de território; e II – aquela estruturada de três ou mais pessoas, ainda que seus membros não tenham funções formalmente definidas, existente há certo tempo e agindo concertadamente com a finalidade de cometer os crimes referidos nos incisos do caput do art. 9º desta Lei, ou crimes enunciados na Convenção das Nações Unidas sobre o Crime Organizado Transnacional (v.g. Corrupção, Lavagem de Dinheiro, Obstrução à Justiça), com intenção de obter, direta ou indiretamente, benefício econômico, material ou político*".
26. Essa é, inclusive, a compreensão de alguns autores, com a qual não se concorda, mormente diante da alteração trazida pela Lei nº 10.217/2001. A respeito, cf. PITOMBO, Antônio S. Altieri de M. *Organização criminosa*: nova perspectiva do tipo legal. São Paulo: Revista dos Tribunais, 2009, p. 76 e ss.

Já com a dicção posterior do mesmo artigo ("*Esta Lei define e regula meios de prova e procedimentos investigatórios que versem sobre ilícitos decorrentes de ações praticadas por quadrilha ou bando ou organizações ou associações criminosas de qualquer tipo*"), todavia, tal interpretação foi afastada, aumentando-se ainda mais a incerteza já que, além de organizações criminosas, havia a introdução de uma figura tanto genérica quanto desconhecida, de "*associações criminosas de qualquer tipo*".

Observe-se que a perplexidade do exegeta havia de ser ressaltada diante do fato de que norma restritiva deve ser interpretada restritivamente, regrame basilar num Estado Democrático de Direito. Não seria possível assim ao magistrado, diante dessa lei, compreender subjetivamente o que seria uma organização criminosa ou uma associação criminosa de qualquer tipo para fins de estabelecer graves medidas repressivas. Havia significativa insegurança jurídica na hipótese.

Assim é que, finalmente, a Lei nº 12.850/2013 definiu e criminalizou "*organização criminosa*". Afastando-se parcialmente da Convenção de Palermo considerou *organização criminosa a associação de quatro ou mais pessoas estruturalmente ordenada e caracterizada pela divisão de tarefas, ainda que informalmente, com o objetivo de obter, direta ou indiretamente, vantagem de qualquer natureza, mediante a prática de infrações penais cujas penas máximas sejam superiores a 4 anos, ou que sejam de caráter transnacional.*

A definição legal de organização criminosa trazida no bojo desta Lei ainda está longe do ideal. Não se exige estabilidade e permanência do grupo, podendo-se na prática facilmente se confundir a organização criminosa com o mero concurso de pessoas ou a associação criminosa. Ainda, a indicação de necessidade de *estrutura ordenada* e caracterizada pela *divisão de tarefas*, "*ainda que informalmente*", é vaga e, portanto, insegura. Não se sabe o que seria estrutura ordenada, podendo-se abranger as mais rudimentares, e, de outro lado, a informalidade possibilitada abarca qualquer situação, não havendo parâmetros claros.

O objetivo indireto de se obter *vantagem de qualquer natureza* também desvela absoluto descompromisso com uma delimitação séria, fazendo incidir um gravoso tratamento processual penal sobre um partícipe distanciado do núcleo da ação ilícita. Por fim, o *caráter transnacional* (critério alternativo com o da sanção penal) do crime é uma compreensão em aberto, já que não delimitada pela Lei.

O único critério claro, mas não infenso a críticas, é o de *pena máxima igual ou superior a quatro anos*. Diante da realidade das normas penais editadas nas últimas penas, cominando-se sanções prisionais bastante elevadas de modo pouco criterioso e se vilipendiando o princípio da proporcionalidade, entende-se que a quantidade exigida de pena privativa de liberdade é baixa. Assim, no caso concreto, pode-se chegar ao exagero de se considerar que uma pequena empresa em que quatro sócios resolvam, desde sua constituição, sonegar impostos, seja uma organização criminosa, algo bastante distanciado da dimensão científica do fenômeno.

49.6. CONSUMAÇÃO E TENTATIVA

O delito de associação criminosa se *consuma* no momento de convergência de vontades de ao menos três pessoas no sentido de formação de um grupo voltado a praticar número indeterminado de crimes, independentemente da efetiva realização de qualquer deles. Trata-se de *crime formal*, de consumação antecipada, ou de resultado cortado.

Ademais, a associação criminosa se desvela *crime permanente*, porque a partir do momento da constituição do grupo criminoso, a consumação se renova a cada instante, enquanto esse perdurar. Isso enseja duas consequências jurídicas fundamentais.

Primeiramente, é possível a *prisão em flagrante* dos integrantes do grupo a qualquer tempo, enquanto subsistir a associação. Além disso, o *prazo prescricional* apenas começa a correr quando houver a cessação da permanência (art. 111, inciso III[27], do Código Penal).

Uma vez formada a associação criminosa, o *abandono posterior do grupo* por parte de seu integrante não o exime da responsabilidade pelo delito já consumado. Contudo, de se notar que na hipótese do grupo ser constituído por três agentes, a saída de qualquer deles faz cessar a permanência do crime previsto no art. 288, que deixa de ocorrer.

Caso haja a *manutenção* do grupo criminoso *após o recebimento da denúncia*, configurar-se-á novo delito de associação criminosa, sendo incabível se cogitar de *bis in idem* na hipótese.

O crime de associação criminosa, que representa punição a atos preparatórios, não admite *tentativa*. Trata-se de um *delito obstáculo*, isto é, uma incriminação que antecipa a intervenção penal a momentos anteriores à realização do perigo imediato. Por essa razão, tal categoria é também conhecida como de "*delitos de perigo de perigo*", não comportando o *conatus*.

49.7. CONCURSO DE CRIMES

Caso os crimes visados pela associação criminosa sejam praticados, haverá *concurso material* entre o delito previsto no art. 288 do *Codex* e cada um dos crimes efetivamente realizados (*v.g.*, roubo, homicídio, receptação *etc.*). O delito de associação criminosa é *autônomo* em relação aos crimes perpetrados pelo grupo.

---

27. "*Art. 111 – A prescrição, antes de transitar em julgado a sentença final, começa a correr: [...] III – nos crimes permanentes, do dia em que cessou a permanência; [...]*".

Há dúvidas, tanto na doutrina quanto na jurisprudência, quando o crime efetivado por associação criminosa já possuir *qualificadora* ou *causa de aumento de pena* pelo envolvimento de *concurso de agentes* (por exemplo, *roubo*, art. 157, § 2º, inciso II). Para uma corrente, não se aplicaria a majoração no caso, enquanto para outra sim, em concurso material[28].

Embora seja inegável que um delito praticado por associação criminosa é mais grave do que o praticado fora desse aparato, a constituição da *societas sceleris* já é algo por si punido, aliás, reitere-se, em exceção ao regrame da não punição de atos preparatórios. Utilizar-se dessa mesma circunstância para fins de apenar mais gravemente a prática de qualquer outro delito representa efetivamente uma duplicidade.

Desse modo, tal representa um *bis in idem*, a ser afastado pelo aplicador da lei.

Nada obsta o reconhecimento do *crime continuado* (art. 71 do Código Penal) perpetrado por associação criminosa, conforme a compreensão dominante. De conseguinte, se os integrantes do grupo criminoso praticarem, mediante mais de uma ação ou omissão, dois ou mais crimes da mesma espécie e, pelas condições de tempo, lugar, maneira de execução e outras semelhantes, puderem os subsequentes ser havidos como continuação do primeiro, os agentes responderão pela prática de associação criminosa (*crime autônomo*) e, simultaneamente (isto é, em *concurso material*), pelos crimes cometidos em continuidade delitiva, ficção legal criada em benefício dos imputados.

49.8. CAUSAS DE AUMENTO DE PENA

O art. 288, parágrafo único, estabelece duas *causas de aumento de pena*, com *quantum* de aumento até a metade: i) se a associação é armada; ou ii) se houver a participação de criança ou adolescente.

As majorantes incidem na terceira fase do sistema trifásico de aplicação de pena, podendo levar a sanção concreta a patamar superior ao máximo abstratamente previsto no tipo penal. Perceba-se, com isso, que o aumento de pena decorrente desse último cálculo imposto por uma majorante é bastante significativo.

Como não se estabelece na hipótese o limite mínimo de incremento punitivo, doutrina e jurisprudência dominantes reconhecem como a menor fração possível a de 1/6 (um sexto), equivalente ao menor patamar de majorante fixado no Código Penal[29].

---

28. É o posicionamento da jurisprudência dominante (exemplificativamente, STJ, HC nº 547.945, 5ª Turma, rel. Min. Marcelo Navarro Ribeiro Dantas, j. 04/02/2020, DJe 12/02/2020) e, na doutrina, *e.g.*, de PRADO, Luiz Regis. *Curso de*..., cit., p. 660.
29. *E.g.*, GRECO, Rogério. *Curso de direito penal*: parte especial. Niterói: Impetus, 2019, v. 3, p. 539.

Nada obsta que o aplicador da lei penal aplique o percentual de um terço, um quarto *etc.*, desde que fundamente as razões para cada situação, em face da maior ou menor gravidade das circunstâncias concretas.

Com relação à *associação armada*, como a lei não faz distinção, *v.g.*, não limitando o reconhecimento da causa de aumento às armas de fogo, abarcam-se armas de quaisquer espécies, *próprias* (isto é, produzidas para defesa ou ataque, como revólver, pistola, espada, punhal *etc.*) ou *impróprias* (ou seja, confeccionadas para fins diversos, porém desvirtuadas para defesa ou ataque, *e.g.*, faca de cozinha, navalha, tesoura, taco de beisebol, chave de fenda, barra de ferro).

O fundamento da majoração se encontra no maior potencial lesivo do grupo criminoso armado, detentor de maior temibilidade e possibilidade de êxito em suas empreitadas delinquenciais.

A lei *não* exige o *emprego* da arma ou seu *porte ostensivo*[30]. A dicção legal não se utiliza da expressão "*emprego de arma*" ou equivalente, mesmo porque o delito de associação criminosa se aperfeiçoa independentemente da prática de qualquer dos crimes visados.

Por conseguinte, a associação será armada desde que um de seus membros porte consigo armamento[31], fato que guarde relação com os fins criminosos do grupo e sendo tal circunstância conhecida de ao menos mais um integrante, pois, do contrário, não há que se falar em "*associação armada*", mas de indivíduo armado[32]. Somente incide a majoração àqueles membros da associação que estejam armados ou ao menos saibam da existência de integrante armado, visto que não existe responsabilidade objetiva em Direito Penal.

Embora existam entendimentos em sentido diverso, inclusive, de forma majoritária, no âmbito do Superior Tribunal de Justiça (STJ)[33], configura *bis in idem* o reconhecimento de associação armada e crime majorado pelo emprego de arma (*e.g.*, *roubo majorado pelo emprego de arma de fogo*, art. 157, § 2º-A, inciso I, do Código

30. Em sentido oposto, entendendo necessária a utilização do armamento, *v.g.*, BITENCOURT, Cezar Roberto. *Tratado de direito penal*: parte especial. São Paulo: Saraiva, 2014, v. 4, p. 465.

31. STF, HC 72.992/SP, rel. Min. Celso de Mello, DJ 14.11.1996.

32. Bento de Faria, *e.g.*, entende que a maioria dos integrantes do grupo criminoso deve estar armada, dissenso que tem origem na doutrina italiana, cf. FARIA, Antônio Bento de. *Código penal brasileiro* (comentado). Rio de Janeiro: Record, 1961, v. VII, p. 14.

33. Neste influxo, *v.g.*, veja-se o trecho o seguinte julgado: "*inexiste* bis in idem *em razão da condenação concomitante pelos delitos de roubo majorado pelo emprego de arma de fogo e concurso de pessoas e de associação criminosa armada, antigo quadrilha ou bando armado, porquanto os delitos são independentes entre si e tutelam bens jurídicos distintos*" (STJ, HC nº 288.929/SP, 6ª Turma, rel. Min. Ericson Maranho (Des. convocado do TJ/SP), j. 16.04.2015). No mesmo sentido, *e.g.*, STJ, RHC nº 49.719, 5ª Turma, rel. Min. Reynaldo Soares da Fonseca, j. 25/08/2015, DJe 01/09/2015.

Penal). Dogmaticamente, admitir-se a hipótese significaria permitir que uma mesma circunstância ensejasse duas punições, concomitantemente.

Quanto à *participação de criança ou adolescente*, para a configuração da majoração basta o envolvimento de alguém menor de 18 anos com a associação criminosa. Isso significa que a criança ou adolescente deve integrar o grupo, o qual deve ter ao menos uma pessoa maior de idade, não sendo necessário que o menor participe em qualquer medida dos delitos eventualmente praticados.

A razão de ser da causa de aumento em destaque reside na maior censurabilidade no desvirtuamento de infantes e jovens, cooptados para a senda do crime, bem como na maior facilidade de prática de certos delitos visada com a utilização de inimputáveis, os quais, em atos infracionais cometidos sem violência, em regra, sequer têm sua liberdade cerceada. Em outras palavras acerca desse último aspecto, evitar a instrumentalização de crianças e adolescente para a prática criminosa[34].

O reconhecimento da *associação criminosa qualificada* pela participação de menor de 18 anos afasta a possibilidade de imputação ao integrante do grupo de prática do crime de *corrupção de menores*, previsto no art. 244-B[35] da Lei nº 8.069/1990 (Estatuto da Criança ou do Adolescente), sob pena de – evidente – *bis in idem*. O argumento que admite a dupla punição pelo mesmo fato em face da existência de "*bens jurídicos distintos*" se mostra falacioso porque ignora a ínsita pluriofensividade constante no art. 288, parágrafo único, *in fine*, do Código Penal[36].

49.9. DELAÇÃO PREMIADA

Como visto, o art. 8º, *caput*, da Lei dos Crimes Hediondos, erige figura de *associação criminosa qualificada*, quando os delitos visados pelo grupo são hediondos, tortura ou terrorismo. O parágrafo único do dispositivo, por sua vez, fixa: "*o participante e o associado que denunciar à autoridade o bando ou quadrilha, possibilitando seu desmantelamento, terá a pena reduzida de um a dois terços*".

---

34. PRADO, Luiz Regis. *Curso de...*, cit., p. 662.

35. "*Art. 244-B. Corromper ou facilitar a corrupção de menor de 18 (dezoito) anos, com ele praticando infração penal ou induzindo-o a praticá-la: Pena – reclusão, de 1 (um) a 4 (quatro) anos. § 1º – Incorre nas penas previstas no* caput *deste artigo quem pratica as condutas ali tipificadas utilizando-se de quaisquer meios eletrônicos, inclusive salas de bate-papo da internet. § 2º As penas previstas no* caput *deste artigo são aumentadas de um terço no caso de a infração cometida ou induzida estar incluída no rol do art. 1º da Lei nº 8.072, de 25 de julho de 1990*".

36. Note-se, não obstante, que a jurisprudência do STJ se assentou no sentido oposto ao defendido no texto, acolhendo a tese da possibilidade de punição pelas duas figuras, *e.g.*, STJ, REsp 1.714.810, 5ª Turma, rel. Min. Jorge Mussi, j. 25/09/2018, DJe 03/10/2018; STJ, HC 237.782/SP, 5ª Turma, rel. Minª. Laurita Vaz, j. 05/08/2014, DJe 21/08/2014.

Estabelece-se, dessa maneira, hipótese de *delação premiada*, ou *colaboração premiada*, consistente no benefício de redução da punição (*causa de diminuição de pena*), de um a dois terços, quando o partícipe ou associado colaborarem com as autoridades (Polícia, Ministério Público e Poder Judiciário), permitindo o efetivo desmantelamento do grupo.

Há divergências quanto à previsão valer apenas para as hipóteses de *associação criminosa qualificada* ou também ser aplicável para a *figura simples* prevista no art. 288, *caput*, do Código Penal. Nesse âmbito, o argumento formalista de que a previsão em lei especial faz com que se restrinja o benefício a este espectro é equivocado. Como regra benéfica, permite-se sua aplicação analógica ao previsto no *Codex*.

49.10. ACORDO DE LENIÊNCIA EM CRIMES ECONÔMICOS

No caso dos crimes visados pela associação criminosa serem contra a ordem econômica ou relacionados à prática de cartel, a celebração de *acordo de leniência* com a Superintendência-Geral do Conselho Administrativo de Defesa Econômica (*CADE*) determina a suspensão do curso do prazo prescricional e impede o oferecimento de denúncia com relação ao beneficiário. Cumprido o acordo, *extingue-se a punibilidade* do agente (arts. 86, incisos I e II, e 87, da Lei nº 12.529/2011 – Lei do Sistema Brasileiro de Defesa da Concorrência).

O *acordo de leniência* é um pacto firmado entre Administração Pública e pessoas físicas e jurídicas autoras de infração à ordem econômica (em termos penais e administrativos), desde que essas últimas colaborem efetivamente com as investigações e o processo administrativo e que dessa colaboração resulte na identificação dos demais envolvidos na infração e na obtenção de informações e documentos que comprovem os fatos ilícitos. Em troca, a pessoa envolvida é beneficiada com o abrandamento de sanções[37].

49.11. PENA E AÇÃO PENAL

O crime de *associação criminosa* é sancionado com pena de reclusão, de um a três anos (art. 288, *caput*).

37. SANTOS, Kleber Bispo dos. *Acordo de leniência na Lei de Improbidade Administrativa e na Lei Anticorrupção*. Rio de Janeiro: Lumen Juris, 2018, p. 85.

Há previsão de *causa de aumento de pena* em patamar até a metade se a associação é armada ou se houver a participação de criança ou adolescente (art. 288, parágrafo único).

A *ação penal é pública incondicionada*.

Admite-se, na hipótese do *caput*, a *suspensão condicional do processo*, conforme o art. 89 da Lei nº 9.099/1995.

Preenchidos os requisitos do art. 28-A do Código de Processo Penal, é cabível o *acordo de não persecução penal*.

50 CONSTITUIÇÃO DE MILÍCIA PRIVADA (ART. 288-A)

SUMÁRIO: 50.1. Considerações iniciais – 50.2. Objetividade jurídica – 50.3. Sujeitos do delito – 50.4. Tipicidade objetiva e subjetiva – 50.5. Consumação e tentativa – 50.6. Pena e ação penal.

Constituição de milícia privada

Art. 288-A. Constituir, organizar, integrar, manter ou custear organização paramilitar, milícia particular, grupo ou esquadrão com a finalidade de praticar qualquer dos crimes previstos neste Código:

Pena – reclusão, de 4 (quatro) a 8 (oito) anos.

50.1. CONSIDERAÇÕES INICIAIS

O crime de *constituição de milícia privada* foi incluído no Código Penal pela Lei nº 12.720, de 27 de setembro de 2012, que intencionou dispor, conforme aponta expressamente sua epígrafe, "*sobre o crime de extermínio de seres humanos*". Essa Lei, no entanto, estabelece duas *causas de aumento de pena*, uma para o homicídio (art. 121, § 6º do Código Penal) e outra para lesões corporais (art. 129, § 7º, do mesmo diploma), quando "[...] *o crime for praticado por milícia privada, sob o pretexto de prestação de serviço de segurança, ou por grupo de extermínio*", e cria um crime, presentemente estudado, cuja rubrica lateral é "*constituição de milícia privada*", no art. 288-A do *Codex*.

Cuida-se essa Lei de enorme desastre legislativo, fruto do absoluto descompromisso do Poder Legislativo brasileiro para com a melhor técnica tipificadora jurídico-penal, às escâncaras vilipendiadora do princípio da taxatividade. Não foi criado qualquer crime de *extermínio de seres humanos*, conforme a redação do tipo em destaque o demonstra.

Além disso, não se sabe o que seria milícia privada, pretexto de prestação de serviço de segurança ou grupo de extermínio, para os fins de graves causas de aumento de pena. Por outro lado, tampouco há balizas mínimas para se identificar o que seria uma *organização paramilitar*, *milícia particular*, *grupo ou esquadrão*, essência da incriminação prevista no art. 288-A. Ou seja, não existe qualquer parâmetro para se aclarar os elementos normativos utilizados, não podendo tal mister ser transferido ao aplicador da lei penal sob pena de violação da separação de poderes.

De se notar, ademais, que o ato de integrar grupo com o fito de "*praticar qualquer dos crimes previstos neste Código*" é uma aberração que nada tem a ver com extermínio de seres humanos e inclusive, rigorosamente, afasta parcialmente a incidência do tipo de *associação criminosa* (art. 288), cominando pena extremamente mais grave, quando a finalidade dos agentes (independentemente do número) for a de praticar crimes previstos no Código Penal. Dessa maneira, numa leitura rigorosa, o delito de associação criminosa só incidiria, em casos de mais de duas pessoas, quando o fim fosse o de praticar crimes previstos na legislação extravagante.

Destarte, o legislador nacional teve por intenção criminalizar a constituição dos popularmente conhecidos "*grupos de extermínio*"[1], mas por grave despreparo técnico não o fez claramente, criando uma modalidade anômala de associação criminosa claramente inconstitucional. É inadmissível que o Poder Judiciário tenha de proceder a uma "*ginástica interpretativa*" para fins de tentar conferir legitimidade ao tipo em foco.

O tema merece especial atenção do legislador nacional para fins de uma disciplina legítima, válida e eficaz, razão pela qual o dispositivo deveria ser alterado. Até o momento, não obstante, não há qualquer sinalização disso, e a postura doutrinária e jurisprudencial tem sido a de fixar os parâmetros que não foram dados pela Lei, abstraindo-se dos problemas fundamentais do tipo.

50.2. OBJETIVIDADE JURÍDICA

O *bem jurídico* tutelado pelo delito de associação criminosa é a *paz pública*.

50.3. SUJEITOS DO DELITO

Sujeito ativo do delito é qualquer pessoa. Cuida-se de *delito comum*, ou geral, com a peculiaridade de se constituir em *crime de concurso necessário* – também denominado *crime coletivo*, *plurissubjetivo* ou *associativo* –, isto é, sendo imprescindível, para o seu perfazimento, a pluralidade de agentes. Há, necessariamente, *condutas paralelas*, tendo em vista que os integrantes da associação prestam auxílio mútuo, com o mesmo objetivo (*crime de condutas paralelas*).

1. Nesse sentido, cf. Dilma sanciona lei que torna crime formação de milícias. *In*: <http://exame.abril.com.br/>, 28/09/2012.

Contrariamente ao que ocorre com os delitos de *associação criminosa* (art. 288 do Código Penal) e de *organização criminosa* (art. 1º, § 1º, da Lei nº 12.850/2013), a lei não estabeleceu *número mínimo de agentes*. Essa ausência viola o princípio da taxatividade penal, uma vez que transfere ao julgador tarefa essencial de completude da norma penal[2]. De toda forma, a doutrina dominante entende que deve haver a associação de *ao menos três indivíduos*, sem o que não se pode cogitar de organização, milícia, grupo ou esquadrão.

De fato, nominar uma dupla de agentes de grupamento criminoso mostrar-se-ia excessivo.

Sujeito passivo do delito em análise é a coletividade (*crime vago*), o que condiz com a proteção do bem jurídico *paz pública*.

50.4. TIPICIDADE OBJETIVA E SUBJETIVA

O preceito incriminador do art. 288-A do Código Penal estabelece: "*constituir, organizar, integrar, manter ou custear organização paramilitar, milícia particular, grupo ou esquadrão com a finalidade de praticar qualquer dos crimes previstos neste Código*".

Cuida-se de *tipo misto alternativo* ou de conteúdo variado, também denominado crime de ação múltipla. A descrição de quatro núcleos do tipo, interligados pela conjunção alternativa "*ou*", significa que a prática de mais de um comportamento, em um mesmo contexto factual, será considerada crime único, apenas ensejando a fixação da pena-base em patamar superior ao mínimo (conforme a disciplina do art. 59 do Código Penal).

Constituir significa criar, formar algo que inexiste. *Organizar* consiste em ordenar o já existente, isto é, estruturar alguma coisa desordenada. *Integrar* é sinônimo de fazer parte, inserir-se, passar a pertencer. *Manter* representa sustentar, conservar. Por fim, *custear* se afigura como o comportamento de patrocinar, financiar, arcar com despesas.

Objetos materiais da infração são os seguintes *elementos normativos do tipo*: organização paramilitar, milícia particular, grupo ou esquadrão. A legislação não fornece parâmetros para compreensão de tais elementares, que são dados pela doutrina.

Organização paramilitar é a associação particular de pessoas, feita de modo informal e ilegal, segundo uma estrutura paralela à militar, isto é, com hierarquia, disciplina, utilização de armamentos e lógica voltada à defesa e ao ataque. Como se cuida de uma estrutura criminosa, ao contrário das Forças Armadas, que tem por

2. PRADO, Luiz Regis. *Curso de direito penal brasileiro*. São Paulo: Thomson Reuters, 2018, v. II. p. 663.

escopo a defesa do Estado e dos cidadãos, a organização paramilitar visa à própria sobrevivência mediante a prática de delitos, em detrimento do Estado e da cidadania.

Milícia particular é um corpo organizativo de pessoas as quais, em uma determinada região, aproveitam-se das deficiências do poder público na prestação de serviços essenciais, procurando se substituir a ele, mediante o controle coativo da localidade. Não se confunde com grupo militar ou prática de crimes militares, podendo, não obstante, ser integrado por policiais militares da ativa[3] ou expulsos da corporação.

São comportamentos criminosos normalmente identificados pela jurisprudência como cometidos por milícias particulares, *e.g.*, a cobrança coativa de "*taxas de proteção*" de comerciantes, o fornecimento exclusivo de botijões de gás em comunidades carentes, o oferecimento ilegal de sinal de TV a cabo e *internet*, além de extorsões de moradores de regiões carentes da presença do Estado[4].

Grupo ou esquadrão é expressão que deve ser entendida como sinônimo de *grupo de extermínio*, isto é, associação criminosa voltada ao objetivo principal – não necessariamente exclusivo – de prática de homicídios, tais como os famigerados "*esquadrões da morte*" das décadas de 70 e 80 do séc. XX, atuantes em grandes capitais brasileiras. Essa interpretação decorre das justificativas legislativas dadas ao Projeto de Lei nº 370/2007, que redundou na Lei nº 12.720/2012, assim como na epígrafe desse diploma.

O crime, conforme a construção típica estabelecida pela lei, é *comissivo*.

Elemento subjetivo do tipo é o dolo, vontade livre e consciente de praticar a conduta típica. Há o fim específico de cometimento de crimes previstos no Código Penal (*e.g.*, homicídios, extorsões), o que denota a presença de um especial fim de agir (*elemento subjetivo especial do tipo*).

Note-se que os crimes visados necessariamente devem ser *dolosos*. Não deteria sentido lógico o *propósito* de realização de crimes culposos ou preterdolosos, os quais revelam resultado naturalístico involuntário.

Não há previsão de constituição de milícia privada na modalidade culposa.

A *denúncia* por crimes coletivos, na prática, é bastante dificultosa para o órgão acusador, visto a complexidade em se formular, de modo minucioso, a descrição do comportamento de cada integrante do grupo delitivo. Neste contexto, a jurisprudência

---

3. STJ, RHC 71.174, 6.ª Turma, rel. Min. Antonio Saldanha Palheiro, j. 04/04/2017, DJe 17/04/2017.

4. Exemplos extraídos dos seguintes julgados: STJ, RHC 66.600, 5ª Turma, rel. Min. Felix Fischer, j. 21/09/2017, DJe 11/10/2017; STJ, HC 374.718, 5.ª Turma, rel. Min. Reynaldo Soares da Fonseca, j. 09/03/2017, DJe 14/03/2017; STJ, HC 359.996/RJ, rel. Min. Felix Fischer, 5ª Turma, j.16/08/2016, DJe 05/09/2016; STJ, REsp 1.497.490, 6.ª Turma, relª. Minª. Maria Thereza de Assis Moura, j. 09/06/2015, DJe 18/6/2015.

do STJ admite certa parcimônia na peça acusatória, de forma a poder não conter a detalhada atuação de cada integrante da *societas sceleris*[5]. Contudo, não admite a *denúncia genérica*, sendo preciso apontar minimamente o liame entre a atuação do denunciado e a prática delituosa, demonstrando a plausibilidade da imputação, e garantindo o pleno exercício do direito de defesa.

50.5. CONSUMAÇÃO E TENTATIVA

O delito de constituição de milícia privada se *consuma* no momento de convergência de vontades de ao menos três indivíduos (com ao menos um imputável) no sentido de formação de um dos grupos criminosos previstos no tipo (organização paramilitar, milícia particular, grupo ou esquadrão) voltado a praticar número indeterminado de crimes previstos no Código Penal, independentemente da efetiva realização de qualquer deles. Trata-se de *crime formal*, de consumação antecipada, ou de resultado cortado.

Além disso, a constituição de milícia privada se desvela *crime permanente*, porque a partir do momento da constituição do grupo criminoso, a consumação se renova a cada instante, enquanto esse perdurar. Isso enseja duas consequências jurídicas fundamentais.

Em primeiro lugar, é possível a *prisão em flagrante* dos integrantes do grupo a qualquer tempo, enquanto subsistir a organização paramilitar, a milícia particular e o grupo ou esquadrão. Além disso, o *prazo prescricional* apenas começa a correr quando houver a cessação da permanência (art. 111, inciso III[6], do Código Penal).

Ademais, uma vez formado o grupamento criminoso, o *abandono posterior* por parte de seu integrante não o exime da responsabilidade pelo delito de constituição de milícia privada, já consumado. Todavia, na hipótese do grupo ser constituído por três agentes, a saída de qualquer deles faz cessar a permanência do crime previsto no art. 288-A, que deixa de ocorrer.

Caso haja a *manutenção* do grupo criminoso *após o recebimento da denúncia*, configurar-se-á novo delito de constituição de milícia privada, sendo incabível se cogitar de *bis in idem* na hipótese.

O crime de constituição de milícia privada, que representa punição a atos preparatórios, não admite *tentativa*. Trata-se de um *delito obstáculo*, isto é, uma incriminação

5. *E.g.*, STJ, REsp 1.497.490, 6.ª Turma, relª. Minª. Maria Thereza de Assis Moura, j. 09/06/2015, DJe 18/6/2015.
6. "*Art. 111 – A prescrição, antes de transitar em julgado a sentença final, começa a correr:* [...] *III – nos crimes permanentes, do dia em que cessou a permanência;* [...]".

que antecipa a intervenção penal a momentos anteriores à realização do perigo imediato. Por isso, tal categoria é também conhecida como de "*delitos de perigo de perigo*", não comportando o *conatus*.

Caso os crimes visados pela organização paramilitar, milícia particular e grupo ou esquadrão sejam praticados, haverá *concurso material* entre o delito previsto no art. 288-A do *Codex* e cada um dos crimes efetivamente realizados (v.g., roubo, homicídio, receptação *etc.*). O delito em questão é *autônomo* em relação aos crimes perpetrados pelo grupo, valendo aqui, em matéria de *concurso de crimes*, todas as observações feitas quanto ao delito de associação criminosa (art. 288).

Por fim, importa observar que na hipótese de membro de milícia privada praticar homicídio ou lesão corporal, não poderá incidir a *causa de aumento de pena* respectiva (art. 121, § 6º, e art. 129, § 7º, ambos do Código Penal, quando "[...] *o crime for praticado por milícia privada, sob o pretexto de prestação de serviço de segurança, ou por grupo de extermínio*"), sob pena de *bis in idem*. O argumento de que os dispositivos tutelariam bens jurídicos distintos é falacioso, tendo em vista que as majorantes revelam pluriofensividade.

50.6. PENA E AÇÃO PENAL

O crime de *constituição de milícia privada* é sancionado com pena de reclusão, de 4 (quatro) a 8 (oito) anos (art. 288-A).

A *ação penal é pública incondicionada.*

Conforme a dicção do art. 112, inciso VI, "c", da Lei nº 7.210/1984 (Lei de Execução Penal)[7], o lapso de cumprimento de pena para *progressão de regime* de condenado pelo crime de constituição de milícia privada é de 50% (cinquenta por cento).

Mostra-se incabível o *acordo de não persecução penal* (art. 28-A do Código de Processo Penal), uma vez que a pena mínima cominada não é inferior a quatro anos.

7. Em redação dada pela Lei nº 13.964/2019 (Lei Anticrime). Sobre o tema, cf. DEZEM, Guilherme Madeira; SOUZA, Luciano Anderson de. *Comentários ao pacote anticrime*. São Paulo: Thomson Reuters Brasil, 2019, p. 160 e ss.

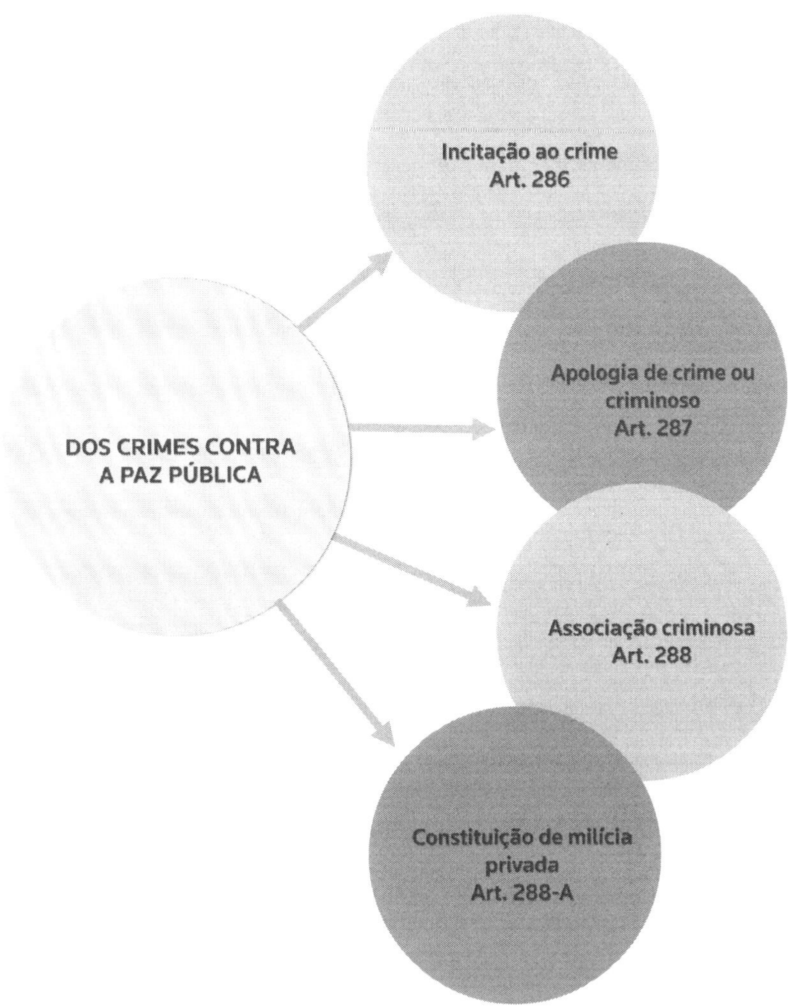

Acesse a versão completa e
colorida do Visual Law

Parte IV
DOS CRIMES CONTRA A FÉ PÚBLICA

51 INTRODUÇÃO AOS CRIMES CONTRA A FÉ PÚBLICA

SUMÁRIO: 51.1. Considerações iniciais; 51.2. Bem jurídico *"fé pública"*.

51.1. CONSIDERAÇÕES INICIAIS

O Código Penal, no Título X de sua Parte Especial, traz os *crimes contra a fé pública*, em cinco capítulos: i) *moeda falsa* (arts. 289 a 292); ii) *falsidade de títulos e outros papéis públicos* (arts. 293 a 295); iii) *falsidade documental* (arts. 296 a 305); iv) *outras falsidades* (arts. 306 a 311, *e.g.*, *falsa identidade* e *falsidade em sinal identificador de veículo automotor*); v) *fraudes em certames de interesse público* (art. 311-A, inserido por alteração legislativa promovida pela **Lei nº 12.550, de 15 de dezembro de 2011**).

Desde a entrada em vigor do *Codex*, em 1942, cinco leis modificaram o título[1], que atualmente apresenta vinte e quatro figuras delitivas fundamentais.

A questão dogmática mais relevante em torno do temário, diz respeito à escorreita identificação do significado do bem jurídico *"fé pública"*, comum a todas as incriminações, que representam formas diferenciadas de ataques a esse interesse jurídico-penal.

51.2. BEM JURÍDICO *"FÉ PÚBLICA"*

Muito embora possua origem na Roma Antiga, com a *Lex Cornelia*, o tema dos crimes contra a fé pública se desenvolveu dogmaticamente no século XVIII, por autores da península itálica. Neste sentido, há destaque para Filangieri[2], o qual ressaltava a ideia de *confiança* depositada em certas pessoas em razão do cargo ou função, e, posteriormente, já no séc. XIX, Carrara, em sua famosa obra.

1. Leis nºs 9.426/1996, 9.983/2000, 11.035/2004, 12.550/2011 e 12.737/2012.
2. *FILANGERI*, Gaetano. *Scienza della legislazione*. Milano: Giovanni Silvestri Editore, *1817*, libro III, vol. IV, p. 109. Apesar de a edição citada ser do séc. XIX, a obra foi publicada originariamente na década de 80 do século anterior.

Para Carrara[3], fé pública pode, então, ser entendida como "*fé na autoridade*". Nessa linha de pensamento, há de se considerar que, para um desenvolvimento regular das atividades estatais e da vida social no geral, é preciso credulidade dos cidadãos para com documentos e outros papéis emanados da autoridade pública (papel-moeda, selos, notas fiscais, certidões *etc.*).

Um clima de ampla desconfiança geraria instabilidade social. Por esta razão, o Direito Penal tutela a fé pública, que se revela efetivamente como um caro interesse social imprescindível para a convivência pacífica dos indivíduos.

A fé pública, por conseguinte, abrange: a) o falso numerário; b) o "*falsum*" em documento público; e c) o "*falsum*" em selos. A falsidade em documentos particulares, rigorosamente falando, não diz respeito à fé pública, embora, no caso brasileiro, componha um dos capítulos do título dos crimes contra a fé pública (referido Título X da Parte Especial do Código Penal). A opção do legislador brasileiro se denota, em realidade, como pragmática, já que há proximidade de disciplina.

Doutrinariamente, os crimes contra a fé pública são ainda alcunhados de crimes de "*falso*" ("*falsum*"). Entende-se que se consubstanciam em *infrações ao dever da verdade* (lesão da "*fides publica*"). Em uma singela palavra, engodo. Referido ideário, todavia, não se confunde com a simples fraude patrimonial, que é um locupletamento ilícito, isto é, não são expressões sinônimas, em que pese a fraude patrimonial poder ocorrer com a utilização de um documento público ou privado falso[4].

Pessina[5] ampliou o conceito de fé pública delimitando-a como a expressão da certeza jurídica, a confiança geral na verdade de certos atos, símbolos ou formas a que a lei atribui valor jurídico (como moeda, documento, testemunho). Desse modo, consiste na *força probante* atribuída pelo Estado a alguns objetos, símbolos ou formas exteriores.

A expressão "*crimes contra a fé pública*", legislativamente, surge com o Código Penal da Baviera, de 1813. Mas foi sua previsão no primeiro Código Penal da Itália unida, o Código Zanardelli, de 1889, que gerou repercussão nas legislações latino-americanas posteriores.

Advirta-se, todavia, que o conceito de fé pública não é doutrinariamente pacífico. Von Liszt[6] o chamava de "*pretenso bem jurídico*", vez que seria mera abstração. Também

3. CARRARA, Francesco. *Programa del curso de derecho criminal*: dictado en la real Universidad de Pisa: parte especial. Buenos Aires: DEPALMA, 1948, v. VII, pp. 2-3.
4. O que deveria ensejar o automático reconhecimento de que o crime-fim absorve o crime-meio, não fossem os problemas de desproporcionalidades sancionatórias revelados pela legislação brasileira, que geram interpretações divergentes, conforme se analisará nos próximos capítulos.
5. PESSINA, Enrico. *Elementos del delito*. Bogotá: Temis, 1956, v. 3, p. 126.
6. LISZT, Franz von. *Tratado de direito penal*. Trad. José Higino Duarte Pereira. Campinas: Russell, 2013, v. I, p. 384.

o entendendo como uma abstração, Binding[7] asseverava que bem jurídico não seria a fé pública, mas a genuinidade e veracidade dos meios de prova ou sinais de certificação.

Na doutrina brasileira, Hungria[8] divergiu desse pensamento. Para o antigo Ministro do Supremo Tribunal Federal[9], fé pública é uma realidade da vida coletiva, provocada pela necessidade do curso normal dos negócios. No mesmo sentido, Noronha[10] acrescia não haver problema algum no bem jurídico ser uma abstração, haja vista o mesmo se dar com a "*honra*", por exemplo.

É o pensamento que prevalece.

A violação da fé pública, assim, constitui o *crime de falso*, caracterizando-se como a contraposição ao real, ao legítimo, ao verdadeiro. São requisitos do crime de falso: i) a *imitação da verdade* ("*imitatio veri*"); ii) o *dano potencial* (não precisa ser nem efetivo, nem necessariamente patrimonial), possível pela capacidade de iludir do numerário, documento ou selo; e iii) o *dolo*, visto que não existe crime de falso na modalidade culposa.

A "*imitatio veri*" pode se dar por *alteração* de algo verdadeiro ou, ainda por meio de uma *contrafação*, isto é, criação material de coisa falsa.

Na prática, é muito difícil surpreender o agente que falsifica ou acaba de falsificar o numerário, documento ou selo. Em geral, tal ocorre quando o agente *usa* a coisa falsificada de alguma forma (aliás, o seu real intento desde o início).

Nesse ponto, há que se observar que o uso só forma unidade jurídica com a antecedente falsificação quando praticado pelo próprio autor desta, como no exemplo daquele que falsifica e, a seguir, põe em circulação numerário falso. Do contrário, há tipos autônomos, cada qual de responsabilidade de um agente diverso.

Fundamentalmente, os crimes de falso, são, em realidade, de três espécies: a) *falsidade material*, também chamada falsidade externa (ou seja, o exterior da coisa é falso); b) *falsidade ideológica* (isto é, o conteúdo do documento é falso); e c) *falsidade pessoal* (isto é, a qualificação ofertada a terceiros é falsa, como ocorre na *falsa identidade*).

Estes os contornos dogmáticos que devem auxiliar o intérprete no estudo das figuras previstas nos arts. 289 a 311-A do Código Penal.

Por fim, importa salientar que há decisões do Supremo Tribunal Federal (STF)[11] e do Superior Tribunal de Justiça (STJ)[12] rechaçando a possibilidade de aplicação do *princípio da insignificância* aos crimes contra a fé pública.

---

7. BINDING, Karl. *Lehrbuch des Gemeinen Deutschen Strafrechts*, Besonderer Teil. Band II, 2ª Aufl, 1904, p. 120.
8. HUNGRIA, Nélson. *Comentários ao código penal*. Rio de Janeiro: Forense, 1958, v. IX, p. 188.
9. HUNGRIA, Nélson. *Comentários ao...*, cit., pp. 188-189.
10. NORONHA, E. Magalhães. *Direito penal*. São Paulo: Saraiva, 1995, v. 4, p. 99.
11. STF, HC 117.638/RJ, 2ª Turma, rel. Min. Gilmar Mendes, j. 11/03/2014.
12. STJ, AgRg no REsp 1.644.250/RS, 6ª Turma, rel. Min. Sebastião Reis Júnior, j. 23/05/2017.

52 MOEDA FALSA (ART. 289)

SUMÁRIO: 52.1. Considerações iniciais – 52.2. Objetividade jurídica – 52.3. Sujeitos do delito – 52.4. Tipicidade objetiva e subjetiva – 52.5. Consumação e tentativa – 52.6. Figuras equiparadas, privilegiada e qualificadas – 52.6.1. Circulação de moeda falsa (art. 289, § 1º) – 52.6.2. Forma privilegiada (art. 289, § 2º) – 52.6.3. Forma qualificada (art. 289, § 3º) – 52.6.4. Desvio e circulação não autorizada (art. 289, § 4º) – 52.7. Pena e ação penal.

Moeda Falsa

Art. 289. Falsificar, fabricando-a ou alterando-a, moeda metálica ou papel-moeda de curso legal no país ou no estrangeiro:

Pena - reclusão, de 3 (três) a 12 (doze) anos, e multa.

§ 1°- Nas mesmas penas incorre quem, por conta própria ou alheia, importa ou exporta, adquire, vende, troca, cede, empresta, guarda ou introduz na circulação moeda falsa.

§ 2° - Quem, tendo recebido de boa-fé, como verdadeira, moeda falsa ou alterada, a restitui à circulação, depois de conhecer a falsidade, é punido com detenção, de 6 (seis) meses a 2 (dois) anos, e multa.

§ 3° - É punido com reclusão, de 3 (três) a 15 (quinze) anos, e multa, o funcionário público ou diretor, gerente, ou fiscal de banco de emissão que fabrica, emite ou autoriza a fabricação ou emissão:

I - de moeda com título ou peso inferior ao determinado em lei;

II - de papel-moeda em quantidade superior à autorizada.

§ 4° - Nas mesmas penas incorre quem desvia e faz circular moeda, cuja circulação não estava ainda autorizada.

52.1. CONSIDERAÇÕES INICIAIS

Os delitos de *moeda falsa* (art. 289) e assemelhados (arts. 290 a 292) tutelam a fé pública. Isso porque o dinheiro é baseado eminentemente na *confiança* depositada na moeda. Se isso já seria claro em moedas com valor intrínseco (*v.g.*, moeda de ouro, que tem o valor exato correspondente ao material de que é feito, em quantidade e qualidade), tal caráter sobrepuja com relação ao papel-moeda e moeda metálica, que não apresentam intrinsecamente o valor que apresentam marcados em sua face.

Só é possível um sistema monetário dessa natureza porque há um acordo social sobre a aceitação de que aquela cédula ou moeda metálica, emitidas pelo Estado, servem de meio de troca no valor correspondente ao que está inscrito, bem como porque há confiança tanto na regularidade da emissão por parte do Estado como na expectativa positiva da circulação cotidiana, por ele fiscalizada.

Prova cabal do exposto se dá com o extraordinário exemplo histórico trazido por Milton Friedman em *A ilha da pedra-moeda*[1]. Cuida-se do caso da Ilha de Yap, localizada no Pacífico (Micronésia). No final do séc. XIX e início do séc. XX havia cerca de cinco mil habitantes nesta ilha, que revelava um curioso sistema monetário, formado por pedras gigantes de calcário, encontradas em ilha próxima.

Eram enormes, sendo que algumas chegavam a pesar até toneladas, sendo, em sua maioria, praticamente inamovíveis. Cada qual tinha seu proprietário, de forma que havia trocas econômicas intensas sem que as pedras saíssem do lugar. Aliás, sequer precisavam ser vistas.

Em uma oportunidade, uma das famílias mais ricas, proprietária de uma enorme pedra, resolveu levá-la para Yap, sendo que a embarcação afundou com ela dentro, sendo impossível recuperá-la. Não obstante, tal família manteve sua riqueza, sendo a pedra negociada no fundo do oceano, porque as pessoas sabiam que lá se encontrava.

Tudo isso pode soar bastante estranho aos dias atuais, mas é a prova cabal oferecida por Friedman de que moeda existe baseada exclusivamente na confiança nela depositada, essência da fé pública. A confiabilidade no sistema de emissão e circulação de moedas é o que marca o limite de racionalidade da infração penal correspondente.

A falsificação de moedas já era punida na Antiguidade. Os gregos, que conheceram as moedas antes dos romanos, puniam sua falsificação com a morte. Mas os fundamentos de tal punição eram diversos dos que se delineiam nos dias atuais. Na realidade, nos momentos históricos de pré-iluministas, com os Estados fortes, a ideia subjacente era a de um crime de lesa-majestade.

Por tal razão é que, por exemplo, as Ordenações Filipinas reprimiam criminalmente mesmo as cunhagens não autorizadas de moedas idênticas de valor intrínseco, como ouro. Ou seja, o que se vedava era mais propriamente a lesão aos interesses da coroa portuguesa no monopólio e controle da função.

No caso genuinamente brasileiro, a primeira incriminação a respeito se deu com o Código Criminal do Império, que disciplinava a falsificação de moedas dentre os "*crimes contra o tesouro e a propriedade pública*". Cuidava-se de uma visão meramente patrimonialista estatal do delito em foco.

1. Capítulo da obra: FRIEDMAN, Milton. *Episódios da História Monetária*. Trad. Luis Carlos do Nascimento Silva. São Paulo: Record, 1994, pp. 17-20.

O Código de 1890, por influência do Código Zanardelli, da Itália, trouxe pela primeira vez dentre nós a expressão "*crimes contra a fé pública*", nesta seara disciplinando o crime de moeda falsa. Partes das figuras equiparadas, por sua vez, foram insculpidas pela Consolidação das Leis Penais, de 1932.

O tema ganhará destaque com a Convenção de Genebra, de 1929, especificamente quanto à prevenção e repressão de falsificação de moedas. Já naquele momento se apercebeu que, com a internacionalização da economia, a falsificação de moedas não se mostra como um problema local, mesmo porque em cada país se pode falsificar moedas estrangeiras, o que abala o interesse de outras nações.

Nesse sentido, citado documento internacional – chamado "*Convenção Internacional para Repressão da Moeda Falsa*" – é um protocolo com vistas à harmonização e alargamento das legislações nacionais no sentido de cercear penalmente tais práticas. O Brasil introduziu-a por meio do Decreto nº 3.074, de 1938, subscrito por Getúlio Vargas.

Nessa senda, o Código Penal de 1940 reflete tal ampliação, trazendo tipos penais quanto ao temário dos arts. 289 a 292, no Capítulo I ("*da moeda falsa*") do Título X ("*dos crimes contra a fé pública*") da Parte Especial. São quatro tipos, a saber: a) *moeda falsa* (art. 289); b) *crimes assimilados ao de moeda falsa* (art. 290); c) *petrechos para falsificação de moedas* (art. 291); e d) *emissão de título ao portador sem permissão legal* (art. 292).

Referidos dispositivos não sofreram qualquer alteração desde a entrada em vigor do *Codex*.

As condutas de aquisição, produção ou utilização das chamadas "*criptomoedas*", como "*bitcoins*", não perfazem qualquer dos delitos previstos nos arts. 289 a 291 do *Codex*. Embora possa haver alguma pontual controvérsia econômica quanto a tais mecanismos representarem verdadeiras moedas – o que, em geral, é negado[2] –, fato é que sua possível compreensão enquanto "*moedas falsas*" pode ser feita apenas em termos coloquiais.

Tecnicamente, referido manejo não se subsome a nenhuma das figuras vedadas no Capítulo II do Título X da Parte Especial do Código Penal, isto é, de *moeda falsa*, *crimes assimilados a moeda falsa*, *petrechos para falsificação de moeda* ou *emissão de título ao portador sem permissão legal*. Não há contrafação de dinheiro, brasileiro ou estrangeiro, nem a emissão de título de crédito ilegal.

Em termos jurídico-penais, aliás, o tema das "*criptomoedas*" vincula-se, precipuamente, à sua eventual utilização para fins de *lavagem de dinheiro*, não se relacionando com a presente análise.

---

2. *Bitcoins* seriam análogas a uma *commodity*, sendo um *bem*, não uma moeda, cf. SILVEIRA, Renato de Mello Jorge. *Bitcoin e suas fronteiras penais*: em busca do marco penal das criptomoedas. Belo Horizonte: Editora D'Plácido, 2018, p. 116.

52.2. OBJETIVIDADE JURÍDICA

O *bem jurídico* tutelado nos delitos em questão é, como visto, a *fé pública*, no que diz respeito à *confiança* na autenticidade e regularidade da emissão e circulação da moeda.

Tanto isso é verdade que, *v.g.*, a Alemanha nazista promoveu, por meio de seu regime de horror, a ampla falsificação de libras esterlinas e dólares, com o intuito de abalar a confiança nestas respectivas moedas, de seus países inimigos (utilizaram gráficas de empresários judeus, coagidos a tanto).

52.3. SUJEITOS DO DELITO

Quanto ao *sujeito ativo* do delito, afora o caso do art. 289, § 3º (que veda a conduta daquele que emite mais moedas que o autorizado), as demais hipóteses do art. 289 revelam *crimes comuns*, ou seja, podem ser perpetrados por qualquer pessoa.

Sujeito passivo é sempre o Estado.

52.4. TIPICIDADE OBJETIVA E SUBJETIVA

A conduta prevista no *caput* do art. 289 consiste em falsificar papel-moeda ou moeda metálica de curso legal no Brasil ou no exterior. Cuida-se da modalidade *simples*, ou básica, de moeda falsa: "*falsificar, fabricando-a ou alterando-a, moeda metálica ou papel-moeda de curso legal no país ou no estrangeiro*". Quanto ao núcleo do tipo, *falsificar* significa reproduzir fraudulentamente ou modificar algo.

Já com relação ao termo *moeda*, entende-se que esta, em sentido amplo, é medida comum de valores. Em sentido estrito, é o papel-moeda (cédula) ou moeda metálica. O tipo se refere a estas últimas, que nada mais são do que os *objetos materiais* da infração.

Muito embora a incriminação em foco nada diga a respeito, predomina o entendimento de que só há o delito se a modificação na moeda resulta em aparência de maior valor (*v.g.*, Fragoso[3], Bento de Faria[4] e Hungria[5]). Hungria[6], inclusive, asseverou que

3. FRAGOSO, Heleno Cláudio. *Lições de direito penal*: parte especial. Rio de Janeiro: Forense, 1986, v. II.
4. FARIA, Bento de. *Código penal brasileiro*. Rio de Janeiro: Record, 1958, v. III, p. 18.
5. HUNGRIA, Nélson. *Comentários ao código penal*. Rio de Janeiro: Forense, 1958, v. IX, p. 208.

se alguém assim age, o caso não é de processo penal, mas de interdição por evidentes problemas mentais.

Como essência de um crime de falso, é indispensável que a falsidade seja capaz de ludibriar número indeterminado de pessoas. A falsificação não precisa ser perfeita, mas se for grosseira, o fato é atípico[7]. Observar, no entanto, que a utilização de moeda grosseiramente falsa pode caracterizar crime de *estelionato*, caso tenha ludibriado a vítima, que teve prejuízo patrimonial. Nesse sentido é a Súmula 73 do Superior Tribunal de Justiça ("*a utilização de papel moeda grosseiramente falsificado configura, em tese, o crime de estelionato, da competência da Justiça Estadual*").

Na prática, lamentavelmente, constatam-se casos em que cédulas falsas de boa qualidade são substituídas misteriosamente em inquéritos policiais ou processos por cédulas de falsificação grosseira (como cópias reprográficas coloridas daquelas) ou que simplesmente desapareçam. É preciso que autoridades policiais e magistrados tomem cautelas para que nada disso não ocorra.

De qualquer forma, a jurisprudência do Superior Tribunal de Justiça entende que a materialidade do crime de moeda falsa pode ser demonstrada por específico laudo pericial, mesmo ante o extravio das cédulas[8].

Reitera-se que a moeda falsificada pode ser nacional (real) ou estrangeira (dólar, euro, libra esterlina, pesos *etc.*). Neste último caso, a previsão ocorre em razão da citada Convenção de Genebra, de 1929. Não se abarca, dessa maneira, vale-refeição ou cheque de viagem, que não são moedas.

Diante dos contornos da sociedade atual, países como a Espanha e o Brasil passaram a incriminar também a falsificação de outros meios de pagamento, como cartões de crédito e débito. É o que consta do art. 298, parágrafo único, do nosso Código Penal, introduzido pela Lei nº 12.737/2012.

Segundo o entendimento que prevalece, é irrelevante o número de moedas falsificadas para caracterização do crime em comento. Em outras palavras, a falsificação de uma só cédula já caracterizaria a infração. Quantidades superiores são sopesadas na análise do art. 59 do Código Penal.

A jurisprudência dominante oferece muita resistência para o reconhecimento do princípio da insignificância, no geral e, particularmente, na hipótese. No mais das vezes, simplesmente assevera que o delito de moeda falsa não exprimiria valor

---

6. HUNGRIA, Nélson. *Comentários ao...*, cit., p.209.
7. O Superior Tribunal de Justiça firmou entendimento no sentido de que a realização do laudo pericial é suficiente para comprovar a materialidade do delito de moeda falsa, v.g., STJ, AgRg no REsp 1.719.430, 5ª Turma, rel. Min. Jorge Mussi, j. 17/05/2018, DJe 25/05/2018.
8. Neste diapasão, *e.g.*, STJ, AgRg no REsp 1.719.430, 5ª Turma, rel. Min. Jorge Mussi, j. 17/05/2018, DJe 25/5/2018.

econômico, não sendo quantificável a fé pública[9]. Lamentável e curioso, visto que as mesmas Cortes se utilizam da quantidade de moeda falsa para fins de exasperação de pena[10]. O princípio da insignificância, que remonta à construção desenvolvida por Von Liszt e, posteriormente, Roxin, pode ser aplicável perfeitamente à maioria dos delitos, não apenas aos que possuam viés exclusivamente patrimonial.

Qual o grau de abalo potencial da confiança monetária na falsificação de uma ou poucas notas? O custo social de um processo criminal nestes moldes é infinitamente superior à suposta violência que se pretende coibir. O tema da insignificância urge ser repensado por nossa jurisprudência, a qual, aliás, não demonstra qualquer dificuldade em seu reconhecimento em caos de sonegação fiscal de até R$ 20.000,00.

O *elemento subjetivo do tipo* é o dolo, independentemente de qualquer especial fim de agir (*tipo congruente*). A construção típica não exige intenção de lucro do agente (*animus lucrandi*), o qual pode atuar movido por qualquer motivação.

Inexiste modalidade culposa.

52.5. CONSUMAÇÃO E TENTATIVA

O delito se *consuma* com a efetiva falsificação, alcançada pela contrafação ou alteração.

Doutrina e jurisprudência admitem a possibilidade de *tentativa* no delito em questão, muito embora nos pareça estranho presumir a idoneidade da falsificação antes de sua finalização. Nesse sentido, a interpretação mais realista é aquela que reconhece o *conatus* apenas nas hipóteses concretas em que os atos de contrafação ou alteração se encontram em estágios bastante avançados.

52.6. FIGURAS EQUIPARADAS, PRIVILEGIADA E QUALIFICADAS

O crime em destaque revela *figuras equiparadas* (art. 289, § 1º), *privilegiada* (art. 289, § 2º) e *qualificadas* (art. 289, §§ 3º e 4º). Com relação às formas qualificadas, houve falta de técnica legislativa em sua previsão no presente dispositivo, vez que em tais casos, como se verá, as moedas são *verdadeiras*.

---

9. *E.g.*, STF, 1.ª Turma, HC 126.285, rel. Min. Marco Aurélio, j. 13/09/2016; STF, 1ª Turma, HC 105.829, rel. Min. Dias Toffoli, j. 06/09/2011, DJe 06/09/2011; STF, 2ª Turma, HC 112.708, rel. Min. Ricardo Lewandowski, j. 26/06/2012, DJe 26/6/2012; STJ, 6.ª Turma, AgRg no REsp 1.395.016, j. 16/05/2017, rel. Min. Rogério Schietti Cruz, DJe 24/05/2017.

10. Nesse sentido, *v.g.*, STF, AgRg no HC 177.081, 1ª Turma, rel. Min. Alexandre de Moraes, j. 29/11/2019, DJe 11/12/2019; STF, HC 125.586, 2.ª Turma, rel. Min. Dias Toffoli, j. 30/06/2015.

52.6.1. Circulação de moeda falsa (art. 289, § 1°)

No § 1º do art. 289 há condutas subsequentes à falsificação de moedas, a ela equiparadas. São as ações de: importar, exportar, adquirir, vender, trocar, ceder, emprestar, guardar ou introduzir em circulação moeda falsa.

O *elemento subjetivo* é o dolo, direto ou eventual.

Nesse sentido, pagar dolosamente algo ou alguém com uma nota falsa caracteriza o crime do art. 289, § 1º, do Código Penal. Mas se a pessoa efetua o pagamento com uma nota "*vencida*", ou seja, que não possui mais validade (o que pode ocorrer em face de uma vítima estrangeira, por exemplo, que desconhece tal fato), seja verdadeira ou falsa, o crime será o de *estelionato* (figura menos grave que o de moeda falsa). Isso porque o tipo do art. 289 se refere a "*curso legal*", ou seja, moeda de circulação corrente.

Diante dessa última problematização, pode subsistir a dúvida dogmática quanto à possibilidade ou não de *concurso* do crime em questão com o de estelionato. Noronha[11] entendia ser possível, dando o exemplo daquele que exibe o pacote de dinheiro verdadeiro a sua vítima, para quem efetuará um pagamento, e, de forma escamoteada, acaba por trocar por dinheiro falso.

52.6.2. Forma privilegiada (art. 289, § 2°)

Na presente hipótese, o agente recebe o numerário falso de boa-fé, percebe a falsidade e o repassa mesmo assim. Há crime, mas a pena é menor (detenção de 6 meses a 2 anos, e multa). Entende-se que há menor censurabilidade na ação, porque o agente, na hipótese, somente quis se livrar do prejuízo, não tendo iniciado a circulação[12].

Quanto a essa figura, não se admite o dolo eventual, visto que redação legal se refere à circunstância de "*depois de conhecer a falsidade*".

É plenamente possível a tentativa no caso. Exemplo: deu o dinheiro no caixa do banco e o funcionário percebeu.

52.6.3. Forma qualificada (art. 289, § 3°)

O art. 289, § 3º, prevê uma qualificadora, vez que comina pena de reclusão, de 3 a 15 anos, e multa, o funcionário público ou diretor, gerente, ou fiscal de banco de

---

11. NORONHA, E. Magalhães. *Direito penal*. São Paulo: Saraiva, 1995, v. 4, pp. 112-113.

12. A jurisprudência do STJ firmou o entendimento pacífico de que o dispositivo legal em destaque respeita o princípio da proporcionalidade ao apenar mais severamente aquele que promove a circulação de moeda falsa para obter vantagem financeira indevida e aplicar pena mais branda ao agente que, após receber uma cédula falsa de boa-fé, repassa-a para não sofrer prejuízo. Assim, *e.g.*, STJ, AgRg no HC 345.352, 5ª Turma, rel. Min. Felix Fischer, j. 02/08/2016, DJe 23/08/2016.

emissão que fabrica, emite ou autoriza a fabricação ou emissão: I – de moeda com título ou peso inferior ao determinado em lei; ou II – de papel-moeda em quantidade superior à autorizada.

Título é o texto veiculado na moeda, *v.g.*, "*1 real*". *Peso* representa a quantidade de metal usado na confecção da moeda. A *quantidade de papel-moeda* a ser produzida é tema fixado em lei (art. 1º da Lei nº 8.891/1994), de modo que se está diante de *norma penal em branco homogênea*.

Cuida-se de um *delito funcional*, voltado àquele que emitiu mais do que autorizado, ou ainda que tenha economizado no material de moeda (*crime próprio*, ou especial). Há de se atentar pelo equívoco do legislador quanto ao *topos* da incriminação, vez que na hipótese a moeda não é falsa.

Demais disso, salta aos olhos a *desproporcionalidade* sancionatória de um delito que pode não revelar qualquer consectário prático. A pena é, por exemplo, superior à do aborto provocado sem o consentimento da gestante (art. 125 do Código Penal).

52.6.4. Desvio e circulação não autorizada (art. 289, § 4º)

Nas mesmas penas do parágrafo anterior incorre aquele que desvia e faz circular moeda, cuja circulação não estava ainda autorizada. Ocorre, no caso, a alteração do destino da moeda, colocada em circulação sem autorização da autoridade competente. Mais uma vez, note-se que não se trata de moeda falsa e que a pena é exagerada.

52.7. PENA E AÇÃO PENAL

A modalidade básica de *moeda falsa* (art. 289, *caput*) é punida com pena de reclusão, de três a doze anos, e multa, mesma sanção cominadas às *figuras equiparadas* (art. 289, § 1º).

À *forma privilegiada*, por sua vez, comina-se pena de detenção, de seis meses a dois anos, e multa (art. 289, § 2º). Por fim, as *qualificadoras* possuem pena de reclusão, de três a quinze anos (art. 289, §§ 3º e 4º).

Em qualquer caso, o delito é apurável mediante *ação penal pública incondicionada*. A competência para processo e julgamento é da Justiça Federal, visto que há interesse da União no caso (art. 109, IV, da Constituição de 1988).

A *figura privilegiada*, exclusivamente, é de competência do Juizado Especial Criminal Federal, admitindo a *suspensão condicional do processo*, prevista no art. 89 da Lei nº 9.099/1995.

Preenchidos os requisitos do art. 28-A do Código de Processo Penal, é cabível o *acordo de não persecução penal*.

53 CRIMES ASSIMILADOS AO DE MOEDA FALSA (ART. 290)

SUMÁRIO: 53.1. Considerações iniciais – 53.2. Objetividade jurídica – 53.3. Sujeitos do delito – 53.4. Tipicidade objetiva e subjetiva – 53.5. Consumação e tentativa – 53.6. Qualificadora – 53.7. Pena e ação penal.

Crimes assimilados ao de moeda falsa

Art. 290. Formar cédula, nota ou bilhete representativo de moeda com fragmentos de cédulas, notas ou bilhetes verdadeiros; suprimir, em nota, cédula ou bilhete recolhidos, para o fim de restituí-los à circulação, sinal indicativo de sua inutilização; restituir à circulação cédula, nota ou bilhete em tais condições, ou já recolhidos para o fim de inutilização:

Pena - reclusão, de 2 (dois) a 8 (oito) anos, e multa.

Parágrafo único. O máximo da reclusão é elevado a 12 (doze) anos e o da multa a Cr$ 40.000 (quarenta mil cruzeiros), se o crime é cometido por funcionário que trabalha na repartição onde o dinheiro se achava recolhido, ou nela tem fácil ingresso, em razão do cargo.

53.1. CONSIDERAÇÕES INICIAIS

Com o *nomen iuris* de *crimes assimilados ao de moeda falsa*, o art. 290 do Código Penal agrupa sob uma única disposição *três tipificações* distintas em torno da falsificação monetária.

Referidas condutas inexistiam no Código Criminal do Império (1830), tendo sido previstas parte delas, de modo similar, no art. 243[1] do Código Penal Republicano (1890) e nos Decretos nºs 2.110/1909 e 4.780/1923, por meio dos quais foram replicados na Consolidação das Leis Penais, de 1932.

1. "*Art. 243. Supprimir, ou fazer desapparecer, por processo chimico, ou qualquer outro meio, os carimbos com que forem inutilisadas as notas ou circulação e nella introduzil-as de novo; Formar cedulas, ou bilhetes, do thesouro Nacional ou dos bancos, com fragmentos e pedaços de outras verdadeiras: Penas – de prisão cellular por seis mezes a um anno*".

Em síntese, são os casos de revalidação de cédula já retirada de circulação ou de formação de cédula com pedaços de cédulas verdadeiras fragmentadas, ou de colocação de tais objetos em circulação.

53.2. OBJETIVIDADE JURÍDICA

O *bem jurídico* tutelado é a *fé pública*, no que diz respeito à *confiança* na autenticidade e regularidade da emissão e circulação da moeda. Nesse mesmo sentido, Prado[2] afirma: "*o bem jurídico vem a ser a fé pública, representada pela confiança na autenticidade ou na regularidade da emissão ou da circulação da moeda, enquanto símbolo a que o direito atribui um valor representativo, e na boa-fé geral das relações de vida*".

53.3. SUJEITOS DO DELITO

Sujeito ativo do delito é qualquer pessoa (*crime comum*, ou geral). Exclusivamente a figura prevista no parágrafo único é *delito próprio*, ou especial, conforme apontado *infra*.

Tendo em vista que o legislador não previu modalidade equiparada em termos similares ao efetivado no art. 289, § 1º, aquele que adquire ou recebe o papel-moeda fraudado nas condições descritas no *caput* responderá por *receptação* (art. 180) ou *favorecimento real* (art. 349), a depender das circunstâncias concretas.

Sujeito passivo é o Estado.

53.4. TIPICIDADE OBJETIVA E SUBJETIVA

O preceito incriminador do art. 290, *caput*, do Código Penal, estabelece: "*formar cédula, nota ou bilhete representativo de moeda com fragmentos de cédulas, notas ou bilhetes verdadeiros; suprimir, em nota, cédula ou bilhete recolhidos, para o fim de restituí-los à circulação, sinal indicativo de sua inutilização; restituir à circulação cédula, nota ou bilhete em tais condições, ou já recolhidos para o fim de inutilização*".

---

2. PRADO, Luiz Regis. *Curso de direito penal brasileiro*. São Paulo: Thomson Reuters, 2018, v. II, p. 679.

São três comportamentos delitivos, relativos às fraudulentas *recomposição* ou *revalidação* de cédulas, para o fim de *utilização*, a saber: i) formação de cédulas com fragmentos; ii) supressão de sinal indicativo de inutilização e iii) restituição à circulação[3].

A primeira conduta vedada consiste em *formar cédula, nota ou bilhete representativo de moeda com fragmentos de cédulas, notas ou bilhetes verdadeiros*. *Formar* significa compor, dar corpo, montar. No caso, o *objeto material* consiste em fragmentos de cédula, nota ou bilhete verdadeiro.

De conseguinte, cria-se um papel-moeda, a partir da junção de pedaços de cédulas, notas ou bilhetes verdadeiros. Evidentemente, esse novo papel-moeda é falso, pois quem o pode criar são exclusivamente as autoridades monetárias, conforme a legislação.

O segundo comportamento delitivo previsto é aquele de *suprimir, em nota, cédula ou bilhete recolhidos, para o fim de restituí-los à circulação, sinal indicativo de sua inutilização*. *Suprimir* é sinônimo de retirar, apagar, fazer desaparecer. *Objeto material* nesta hipótese é o papel-moeda recolhido com sinal indicativo de inutilização.

Dessa forma, incrimina-se a conduta de retirada do papel-moeda da informação de que foi retirada sua circulação (*e.g.*, carimbo ou picote).

Finalmente, a terceira figura é a de *restituir à circulação cédula, nota ou bilhete nas condições anteriores, ou já recolhidos para o fim de inutilização*. *Restituir* à circulação significa colocar novamente em fluxo público cédula, nota ou bilhete objeto das condutas anteriores (isto é, formadas ou com supressão de sinal de inutilização), ou já recolhidas.

Quanto a essa última circunstância, consoante o art. 14 da Lei nº 4.511/1964: "*a cédula de papel-moeda que contenha marcas, símbolos, desenhos ou quaisquer caracteres a ela estranhos, perderá o poder de circulação, devendo ser substituída por seu valor na Caixa de Amortização, ou em outros órgãos, a critério da Junta Administrativa e de acordo com instruções que esta expedirá*".

A construção típica levada a efeito pelo legislador é peculiar, visto que, a depender da manutenção ou não de ataque ao *mesmo objeto material* da infração, o tipo será *misto alternativo* ou *misto cumulativo*.

Dessa maneira, se o agente primeiramente forma o papel-moeda e, a seguir, o coloca em circulação, ou ainda, se vem preliminarmente a suprimir o seu sinal indicativo e, posteriormente, o introduz em circulação, em qualquer caso, deverá ser reconhecido *crime único*, tendo em vista que, em cada uma das duas hipóteses, há

3. FRAGOSO, Heleno Cláudio. *Lições de direito penal*: parte especial. Rio de Janeiro: Forense, 1986, v. II, p. 307 e ss.

crime progressivo. Isso porque o objeto material atingido foi o mesmo, sendo o escopo de utilização do numerário o que moveu o agende desde o início.

Nos dois conjuntos de situações, dessarte, verifica-se a presença de um *tipo misto alternativo*, ou crime de ação múltipla, conformado pelo *crime progressivo*, ou de passagem, que consiste na prática de atos de crescente gravidade contra um mesmo bem jurídico[4].

Não obstante, entre as condutas de *formação* de cédulas com fragmentos e de *supressão* de sinal indicativo de inutilização não é possível reconhecer qualquer progressão, tendo em vista que necessariamente os objetos materiais são distintos. Dessa maneira, na hipótese, ocorre *tipo misto cumulativo*, respondendo o agente em concurso de crimes caso perpetre as duas condutas distintas.

Como infração penal que deixa vestígios (*crime não transeunte*), a prova da *materialidade* delitiva demanda *exame de corpo de delito*, direto ou indireto (art. 158 do Código de Processo Penal). A falsificação grosseira caracteriza *crime impossível* (art. 17 do Código Penal).

A infração em destaque se cuida de *crime de perigo concreto*, sendo preciso demonstrar a aptidão da conduta respectiva para afetar a fé pública.

O *elemento subjetivo do tipo* é o dolo, independentemente de qualquer especial fim de agir (*tipo congruente*), à exceção do núcleo "*suprimir*", que demanda a finalidade especial de restituição à circulação.

Inexiste modalidade culposa.

53.5. CONSUMAÇÃO E TENTATIVA

A primeira conduta criminosa prevista *se consuma* com a formação da cédula, nota ou bilhete, isto é, com a completude de suas partes. O segundo comportamento delitivo, por sua vez, *consuma-se* com a supressão do sinal indicativo de inutilização da cédula, nota ou bilhete. Por fim, a terceira incriminação prevista é *consumada* com a restituição à circulação do objeto material do delito, ou seja, com qualquer comportamento que devolva ao fluxo social a moeda fruto de uma das situações previstas.

Cuidam-se de *crimes formais*, de consumação antecipada, ou de resultado cortado, não demandando o ocasionamento de prejuízo econômico a terceiros.

A *tentativa* é admissível, em face do caráter plurissubsistente das condutas vedadas.

4. Sobre o tema, cf. SOUZA, Luciano Anderson de. *Direito penal*: parte geral. São Paulo: Thomson Reuters Brasil, 2019, v. 1, p. 198.

53.6. QUALIFICADORA

O art. 290, parágrafo único, inculpe qualificadora nos seguintes moldes: "*o máximo da reclusão é elevado a doze anos e o da multa a Cr$ 40.000 (quarenta mil cruzeiros), se o crime é cometido por funcionário que trabalha na repartição onde o dinheiro se achava recolhido, ou nela tem fácil ingresso, em razão do cargo*".

Trata-se de *crime próprio*, ou especial, uma vez que somente pode ser praticado pelo funcionário que trabalha na repartição onde o dinheiro se acha recolhido ou que nela tem fácil ingresso, em razão do cargo. A quebra da confiança inerente às funções exercidas e a maior facilidade de perpetração do ilícito são as razões justificadoras do tratamento penal mais severo.

53.7. PENA E AÇÃO PENAL

Os *crimes assimilados ao de moeda falsa* possuem pena de reclusão, de dois a oito anos, e multa (art. 290, *caput*).

A *qualificadora*, consistente na hipótese de o crime ser cometido por funcionário que trabalha na repartição onde o dinheiro se achava recolhido, ou nela tem fácil ingresso, em razão do cargo, possui pena de reclusão de dois a doze anos, e multa (art. 290, parágrafo único).

Os crimes são apuráveis mediante *ação penal pública incondicionada*. A competência para processo e julgamento é da Justiça Federal, visto que há interesse da União no caso (art. 109, IV, da Constituição de 1988).

As figuras tipificadas no art. 290 do *Codex* são incompatíveis com os benefícios constantes da Lei nº 9.099/1995.

Preenchidos os requisitos do art. 28-A do Código de Processo Penal, é cabível o *acordo de não persecução penal*.

54 PETRECHOS PARA FALSIFICAÇÃO DE MOEDA (ART. 291)

Sumário: 54.1. Considerações iniciais – 54.2. Objetividade jurídica – 54.3. Sujeitos do delito – 54.4. Tipicidade objetiva e subjetiva – 54.5. Consumação e tentativa – 54.6. Pena e ação penal.

Petrechos para falsificação de moeda

Art. 291. Fabricar, adquirir, fornecer, a título oneroso ou gratuito, possuir ou guardar maquinismo, aparelho, instrumento ou qualquer objeto especialmente destinado à falsificação de moeda:

Pena - reclusão, de 2 (dois) a 6 (seis) anos, e multa.

54.1. CONSIDERAÇÕES INICIAIS

O crime de *petrechos para falsificação de moeda* surge nas codificações europeias do séc. XIX (*e.g.*, Códigos toscano, de 1853, e alemão, de 1870). No caso brasileiro, surge apenas por meio de decreto, em 1909. Subsequentemente, foi disciplinado pelo Decreto nº 4.780/1923, incorporado à Consolidação das Leis Penais (1932). Por fim, o Código Penal de 1940 incluiu a previsão, de forma mais abrangente, em seu art. 291, não modificado desde então.

A presente incriminação atende à Convenção de Genebra, de 1929.

Há, na hipótese, uma antecipação da tutela penal, punindo-se atos preparatórios (constituindo *crime obstáculo*). É o caso, *v.g.*, da posse do aparelho conhecido na subcultura delinquente como "*guitarra*", isto é, maquinário clandestino de falsificação de moedas.

Importa desde já observar que, se a pessoa possui a máquina e falsifica a moeda, responde apenas pela falsificação, vez que o crime-fim absorve o crime-meio[1].

1. HUNGRIA, Nélson. *Comentários ao código penal*. Rio de Janeiro: Forense, 1958, v. IX, p. 231.

54.2. OBJETIVIDADE JURÍDICA

O *bem jurídico* protegido consiste na *fé pública*, particularmente quanto à *confiança* na autenticidade e regularidade da emissão e circulação da moeda.

54.3. SUJEITOS DO DELITO

Sujeito ativo do delito é qualquer pessoa, não se exigindo qualquer característica ou qualidade específica do agente (*crime comum*, ou geral).

Sujeito passivo é o Estado.

54.4. TIPICIDADE OBJETIVA E SUBJETIVA

O tipo incriminador previsto no art. 291 estabelece: "*fabricar, adquirir, fornecer, a título oneroso ou gratuito, possuir ou guardar maquinismo, aparelho, instrumento ou qualquer objeto especialmente destinado à falsificação de moeda*".

Cuida-se de *tipo misto alternativo*, ou de conteúdo variado, em que são punidas cinco condutas. Dessa maneira, a prática de mais de uma delas caracteriza crime único, devendo a maior ofensividade ser sopesada no momento de fixação da pena-base pelo aplicador da lei penal (art. 59 do *Codex*).

Fabricar significa produzir, montar, construir. *Adquirir* é sinônimo de obter. *Fornecer, a título oneroso ou gratuito*, consiste em entregar, ceder, mediante contraprestação ou não. *Possuir* representa ter a posse, isto é, exercer o poder de disposição da coisa. Por fim, *guardar* é dar abrigo, manter ou conservar.

O *objeto material* sobre o qual recai qualquer das condutas delitivas previstas é o *maquinismo, aparelho, instrumento ou qualquer objeto especialmente destinado à falsificação de moeda*.

Maquinismo é o conjunto de peças ou mecanismos de um aparelho. *Aparelho* é o dispositivo necessário à execução de uma tarefa. *Instrumento* é uma ferramenta de consecução de um labor. A dicção legal emprega interpretação analógica (*intra legem*), utilizando formulação genérica após previsões casuísticas. Isso significa na hipótese que não apenas os objetos exclusivamente elaborados para a confecção de moedas falsas estão abrangidos, mas quaisquer outros que sejam desviados a tal prática (prensas, matrizes, moldes, impressoras *etc.*).

O elemento normativo do tipo "*especialmente*" significa que o objeto pode deter outras funções, mas no caso concreto há de utilizado prioritariamente para o fim de contrafação de moedas. Já decidiu o Superior Tribunal de Justiça que "*o petrecho apto para configurar o delito em comento não precisa ser exclusivamente destinado à falsificação do papel moeda, mas necessariamente, tem que ter por finalidade precípua a contrafação*" (STJ, REsp 1.758.958, 6.ª Turma, rel. Min. Sebastião Reis Júnior, j. 11/09/2018, DJe 25/09/2018).

No geral, os objetos empregados para a prática delitiva são eles próprios contrafeitos, isto é, montados de maneira informal e clandestina. Todavia, nada obsta que o maquinário oficial seja desviado por criminosos (*e.g.*, aparelho de impressão de cédulas furtado da Casa da Moeda) e empregado para a prática de falsificação de moedas (as quais, inclusive, deterão aparência idêntica às legitimamente produzidas). Nessa circunstância, mantém-se o reconhecimento do crime previsto no art. 291.

Como infração que deixa vestígios (*delito não transeunte*), exige-se *exame pericial* para constatação de idoneidade dos objetos apreendidos para a produção de moedas falsas aptas a iludir terceiros. De conseguinte, se o maquinário produzir moedas grosseiramente falsificadas, não haverá crime.

O *elemento subjetivo do tipo* é o dolo, independentemente de qualquer especial fim de agir (*tipo congruente*). Em outras palavras, é indiferente se o agente atua com escopo de lucro ou não.

Inexiste modalidade culposa.

O crime em destaque é *subsidiário* (*subsidiariedade implícita*), restando absorvido quando o mesmo agente coloca em circulação a moeda falsa fabricada, conforme apontado *supra*.

54.5. CONSUMAÇÃO E TENTATIVA

O delito *se consuma* com a simples prática de qualquer dos comportamentos vedados. Cuida-se de *crime formal*, de consumação antecipada, ou de resultado cortado, não demandando o ocasionamento de prejuízo econômico ou qualquer outro consectário a terceiros.

À exceção das condutas de "*possuir*" e "*guardar*", a *tentativa* é admissível, em face do caráter plurissubsistente dos comportamentos vedados.

54.6. PENA E AÇÃO PENAL

O delito de *petrechos para falsificação de moeda* é sancionado com pena de reclusão, de dois a seis anos, e multa (art. 291).

O crime é apurável mediante *ação penal pública incondicionada*. A competência para processo e julgamento é da Justiça Federal, visto que há interesse da União no caso (art. 109, IV, da Constituição de 1988).

A figura tipificada no art. 291 do *Codex* é incompatível com os benefícios constantes da Lei nº 9.099/1995.

Preenchidos os requisitos do art. 28-A do Código de Processo Penal, é cabível o *acordo de não persecução penal*.

55 EMISSÃO DE TÍTULO AO PORTADOR SEM PERMISSÃO LEGAL (ART. 292)

SUMÁRIO: 55.1. Considerações iniciais – 55.2. Objetividade jurídica – 55.3. Sujeitos do delito – 55.4. Tipicidade objetiva e subjetiva – 55.5. Consumação e tentativa – 55.6. Figura privilegiada – 55.7. Pena e ação penal.

Emissão de título ao portador sem permissão legal

Art. 292. Emitir, sem permissão legal, nota, bilhete, ficha, vale ou título que contenha promessa de pagamento em dinheiro ao portador ou a que falte indicação do nome da pessoa a quem deva ser pago:

Pena – detenção, de 1 (um) a 6 (seis) meses, ou multa.

Parágrafo único. Quem recebe ou utiliza como dinheiro qualquer dos documentos referidos neste artigo incorre na pena de detenção, de 15 (quinze) dias a 3 (três) meses, ou multa.

55.1. CONSIDERAÇÕES INICIAIS

A figura penal de *emissão de título ao portador sem permissão legal* surge no Brasil por meio do Decreto legislativo nº 177-A, de 1893, posteriormente incorporado pela Consolidação das Leis Penais (1932). O tratamento recebido era o de *contravenção penal*.

O erigimento da conduta enquanto crime foi levado a efeito pelo art. 292 do Código Penal de 1940, não modificado em sua redação desde então. Sucintamente, o delito visa coibir a circulação de papéis informais que concorram com a moeda ou os títulos de créditos legítimos.

55.2. OBJETIVIDADE JURÍDICA

O *bem jurídico* tutelado é a *fé pública*, particularmente quanto à *confiança* na autenticidade e regularidade da emissão e circulação da moeda.

55.3. SUJEITOS DO DELITO

Sujeito ativo do delito é qualquer pessoa, não se exigindo qualquer característica ou qualidade específica do agente (*crime comum*, ou geral).

Sujeito passivo é o Estado.

55.4. TIPICIDADE OBJETIVA E SUBJETIVA

A conduta incriminada pelo art. 292 do Código Penal consiste em "*emitir, sem permissão legal, nota, bilhete, ficha, vale ou título que contenha promessa de pagamento em dinheiro ao portador ou a que falte indicação do nome da pessoa a quem deva ser pago*".

Emitir significa colocar em circulação, não bastando a simples produção ou formação do título. A mera formação do objeto, não colocado em circulação, é um indiferente penal[1].

Objeto material da infração são títulos de crédito: *nota, bilhete, ficha, vale ou título que contenha promessa de pagamento em dinheiro ao portador ou a que falte indicação do nome da pessoa a quem deva ser pago*. A respeito, estabelece o art. 887 do Código Civil: "*o título de crédito, documento necessário ao exercício do direito literal e autônomo nele contido, somente produz efeito quando preencha os requisitos da lei*".

Dessa maneira, percebe-se que os documentos creditícios necessitam estar regulados em lei (razão pela qual o tipo prevê o elemento normativo "*sem previsão legal*"), não podendo os particulares elaborar ilegítimas formas de promessa de pagamento para livre circulação.

O *elemento subjetivo do tipo* é o dolo, independentemente de qualquer especial fim de agir (*tipo congruente*). Em outras palavras, é indiferente se o agente atua com escopo de lucro ou não.

Inexiste modalidade culposa.

55.5. CONSUMAÇÃO E TENTATIVA

O delito se *consuma* crime no momento em que o título é introduzido na circulação, isto é, quando o agente o entrega ou o envia ao tomador. A mera criação do documento representa ato preparatório.

---

1. PRADO, Luiz Regis. *Curso de direito penal brasileiro*. São Paulo: Thomson Reuters, 2018, v. II, p. 687.

A *tentativa* é possível, em face do caráter plurissubsistente da conduta (*e.g.*, o agente é preso no momento em que entregaria o título a terceiro, isto é, no instante em que esse entraria em circulação).

55.6. FIGURA PRIVILEGIADA

O art. 292, parágrafo único, estabelece forma privilegiada para aquele que recebe ou utiliza como dinheiro qualquer dos documentos referidos no artigo, a quem se impõe pena de detenção, de quinze dias a três meses, ou multa. Pune-se de modo menos gravoso, assim, a conduta do *tomador* do título, ou seja, daquele que o recebe, contribuindo para sua circulação.

55.7. PENA E AÇÃO PENAL

O crime de *emissão de título ao portador sem permissão legal* é sancionado com pena de detenção, de um a seis meses, ou multa (art. 292).

Há previsão de *figura privilegiada* para quem recebe ou utiliza como dinheiro qualquer dos documentos referidos no artigo, sancionado com pena de detenção, de quinze dias a três meses, ou multa (art. 292, parágrafo único).

O crime é apurável mediante *ação penal pública incondicionada*. A competência para processo e julgamento é do Juizado Especial Criminal Federal, visto que há interesse da União no caso (art. 109, IV, da Constituição de 1988). Trata-se de infração penal de menor potencial ofensivo.

Admite-se a *suspensão condicional do processo* (art. 89 da Lei nº 9.099/1995).

Sendo admitida transação penal, é incabível o *acordo de não persecução penal* (art. 28-A, § 2º, I, do Código de Processo Penal).

56 FALSIFICAÇÃO DE PAPÉIS PÚBLICOS (ART. 293)

SUMÁRIO: 56.1. Considerações iniciais – 56.2. Objetividade jurídica – 56.3. Sujeitos do delito – 56.4. Tipicidade objetiva e subjetiva – 56.5. Consumação e tentativa – 56.6. Figuras equiparadas – 56.7. Figuras privilegiadas – 56.8. Causa de aumento de pena – 56.9. Pena e ação penal.

Falsificação de papéis públicos

Art. 293. Falsificar, fabricando-os ou alterando-os:

I - selo destinado a controle tributário, papel selado ou qualquer papel de emissão legal destinado à arrecadação de tributo;

II - papel de crédito público que não seja moeda de curso legal;

III - vale postal;

IV - cautela de penhor, caderneta de depósito de caixa econômica ou de outro estabelecimento mantido por entidade de direito público;

V - talão, recibo, guia, alvará ou qualquer outro documento relativo a arrecadação de rendas públicas ou a depósito ou caução por que o poder público seja responsável;

VI - bilhete, passe ou conhecimento de empresa de transporte administrada pela União, por Estado ou por Município:

Pena - reclusão, de 2 (dois) a 8 (oito) anos, e multa.

§ 1° Incorre na mesma pena quem:

I - usa, guarda, possui ou detém qualquer dos papéis falsificados a que se refere este artigo;

II - importa, exporta, adquire, vende, troca, cede, empresta, guarda, fornece ou restitui à circulação selo falsificado destinado a controle tributário;

III - importa, exporta, adquire, vende, expõe à venda, mantém em depósito, guarda, troca, cede, empresta, fornece, porta ou, de qualquer forma, utiliza em proveito próprio ou alheio, no exercício de atividade comercial ou industrial, produto ou mercadoria:

a) em que tenha sido aplicado selo que se destine a controle tributário, falsificado;

b) sem selo oficial, nos casos em que a legislação tributária determina a obrigatoriedade de sua aplicação.

§ 2° Suprimir, em qualquer desses papéis, quando legítimos, com o fim de torná-los novamente utilizáveis, carimbo ou sinal indicativo de sua inutilização:

Pena – reclusão, de 1 (um) a 4 (quatro) anos, e multa.

§ 3º Incorre na mesma pena quem usa, depois de alterado, qualquer dos papéis a que se refere o parágrafo anterior.

§ 4º Quem usa ou restitui à circulação, embora recibo de boa-fé, qualquer dos papéis falsificados ou alterados, a que se referem este artigo e o seu § 2º, depois de conhecer a falsidade ou alteração, incorre na pena de detenção, de 6 (seis) meses a 2 (dois) anos, ou multa.

§ 5º Equipara-se a atividade comercial, para os fins do inciso III do § 1º, qualquer forma de comércio irregular ou clandestino, inclusive o exercido em vias, praças ou outros logradouros públicos e em residências.

56.1. CONSIDERAÇÕES INICIAIS

O crime de "*falsum*", como analisado anteriormente[1], consiste numa infração do dever da verdade, uma lesão da "*fides pública*". Atingir a fé pública significa vulnerar a força probante atribuída pelo Estado a alguns objetos, símbolos ou formas exteriores.

Esse atingimento incide sobre moeda, documentos públicos ou selos. De acordo com o pensamento da doutrina clássica italiana, circunscrevia-se a fé pública na *fé na autoridade*, razão pela qual, rigorosamente, estaria excluído do falso o *documento privado*.

Ocorre que foi havendo o alargamento dessa compreensão, porque, em realidade, diversos documentos privados possuem consequências jurídicas essenciais na vida coletiva. Assim é que se passou a incluir sob esta rubrica inclusive documentos particulares. Nesse sentido, no Título X da Parte Especial do Código Penal, dentro do espectro dos crimes contra a fé pública, tem-se, sequencialmente, o capítulo da moeda falsa, o da falsidade de títulos e outros papéis públicos e o da falsidade documental.

Especificamente, o Capítulo II trata da falsidade de títulos e outros papéis *públicos*, contendo dois crimes: *falsificação de papéis públicos* (art. 293) e *petrechos de falsificação* desses papéis oriundos do Estado (art. 294), além de uma *causa de aumento de pena* comum a tais figuras (art. 295).

A incriminação de *falsificação de papéis públicos* se cuida, então, da tutela da confiabilidade social depositada em determinados documentos produzidos pelo Poder Público – referente a valores os quais o Estado se responsabiliza ou às rendas públicas –, como selos tributários, papel de crédito público, bilhete ou passe de transporte público (ônibus e metrô) *etc*.

1. Capítulo 51 da presente obra.

As condutas proibidas consistem em fabricar ou alterar (que são as modalidades de falsificação), assim como guardar, usar, possuir, dentre outras, conforme a equiparação prevista no art. 293, § 1º. Há, então, uma antecipação de tutela penal, equiparando-se o uso de tais documentos falsos com sua falsificação ou simples posse.

O delito em destaque não possuía previsão no Código Criminal do Império (1830), em face da inexistência da maior parte dos objetos materiais da infração. Parte das falsificações atualmente insculpidas constou, originariamente, no Código Penal Republicano (1890)[2] e, subsequentemente, na Consolidação das Leis Penais[3].

A redação do art. 293 do Código Penal de 1940 foi alterada pela Lei nº 11.035/2004, para fins de seu aperfeiçoamento diante da evolução do Direito Tributário, bem como ampliação da responsabilidade penal para fins de atingimento também de comerciantes irregulares (art. 293, § 5º).

56.2. OBJETIVIDADE JURÍDICA

O *bem jurídico* tutelado é a *fé pública*, particularmente quanto à *confiança* na autenticidade e regularidade de títulos e outros papéis emitidos pelo Estado. Os objetos materiais da infração de falsificação de papéis públicos se vinculam a valores de responsabilidade estatal ou à arrecadação de receitas.

56.3. SUJEITOS DO DELITO

Sujeito ativo do delito é qualquer pessoa, não se exigindo qualquer característica ou qualidade específica do agente (*crime comum*, ou geral).

Todavia, na figura equiparada fixada no art. 293, § 1º, inciso III, apenas o *comerciante* ou o *industrial* poderá ser sujeito ativo (*crime próprio*, ou especial). De igual modo, a majorante estabelecida no art. 295 exige a qualidade de *funcionário público* do agente.

Sujeito passivo é o Estado.

2. Nos arts. 245 e ss., referentes à "*falsidade dos títulos e papéis de crédito do governo federal, dos estados e dos bancos*".

3. Arts. 245 a 248.

56.4. TIPICIDADE OBJETIVA E SUBJETIVA

A figura básica, ou simples, de *falsificação de papéis públicos*, prevista no art. 293, *caput*, do Código Penal, estabelece: "*falsificar, fabricando-os ou alterando-os: I – selo destinado a controle tributário, papel selado ou qualquer papel de emissão legal destinado à arrecadação de tributo; II – papel de crédito público que não seja moeda de curso legal; III – vale postal; IV – cautela de penhor, caderneta de depósito de caixa econômica ou de outro estabelecimento mantido por entidade de direito público; V – talão, recibo, guia, alvará ou qualquer outro documento relativo a arrecadação de rendas públicas ou a depósito ou caução por que o poder público seja responsável; VI – bilhete, passe ou conhecimento de empresa de transporte administrada pela União, por Estado ou por Município*".

Falsificar, núcleo do tipo, consiste em fabricar ou alterar qualquer dos documentos públicos que podem ser objeto material da infração.

Fabricação, ou reprodução, significa a *contrafação total* do papel público, que é criado a partir da falsificação. *Alteração*, ou modificação, por sua vez, é a transformação do papel verdadeiro, isto é, sua *contrafação parcial*, com o fim de aparentar valor superior ao real.

Os seis incisos trazidos pelo art. 293, *caput*, como apontado, elencam os documentos públicos que podem ser objeto material do delito.

Selo destinado a controle tributário, papel selado ou qualquer papel de emissão legal destinado à arrecadação de tributo (inciso I), referem-se a documentos destinados à arrecadação tributária.

Selo destinado a controle tributário é o sinal exarado por órgão de fiscalização tributária, como a estampilha. *Papel selado* é documento comprobatório do pagamento tributário (art. 162, inciso II, do Código Tributário Nacional), atualmente em desuso. A expressão "*ou qualquer papel de emissão legal destinado à arrecadação de tributo*" insculpe interpretação analógica permissiva da abrangência de outros documentos relacionados ao pagamento tributário.

Papel de crédito público que não seja moeda de curso legal (inciso II) são os chamados títulos da dívida pública, os quais podem ser de cunho federal, estadual ou municipal.

Vale postal (inciso III) é título emitido por unidade postal. Não obstante, observe-se que o presente inciso foi revogado, sendo referida falsificação disciplinada pelo art. 36[4] da Lei nº 6.538/1976 (Lei dos Serviços Postais).

---

4. "*Art. 36 – Falsificar, fabricando ou adulterando, selo, outra fórmula de franqueamento ou vale-postal: Pena: reclusão, até oito anos, e pagamento de cinco a quinze dias-multa. Uso de Selo, Fórmula de Franqueamento ou Vale-Postal Falsificados. Parágrafo único – Incorre nas mesmas*

Cautela de penhor, caderneta de depósito de caixa econômica ou de outro estabelecimento mantido por entidade de direito público (inciso IV) asseguram hipóteses de garantia.

Cautela de penhor é o título de crédito representativo do direito real de garantia firmado em contrato de penhor (art. 1.432 do Código Civil: "*o instrumento do penhor deverá ser levado a registro, por qualquer dos contratantes; o do penhor comum será registrado no Cartório de Títulos e Documentos*"). Já *caderneta de depósito de caixa econômica ou de outro estabelecimento mantido por entidade de direito público* é o livreto no qual se assinalam as movimentações bancárias dos correntistas, atualmente em desuso.

Note-se que a falsificação de *cadernetas de entidades financeiras privadas* conforma o crime previsto no art. 298 do *Codex*.

O inciso V se refere a *talão, recibo, guia, alvará ou qualquer outro documento relativo a arrecadação de rendas públicas ou a depósito ou caução por que o poder público seja responsável*. *Talão* consiste na parte destacável de caderno, o qual apresenta um canhoto. *Recibo* é a declaração de recebimento ou quitação de valores. *Guia* é o formulário utilizado para pagamento de tributos. *Alvará* é o documento destinado à autorização de recolhimento de rendas públicas, a título de pagamento, depósito ou caução, de responsabilidade do Estado.

Perfaz o delito nesse dispositivo a falsificação autenticação bancária em guias de arrecadação da Receita Federal (DARFs).

Por fim, a inciso VI elenca *bilhete, passe ou conhecimento de empresa de transporte administrada pela União, por Estado ou por Município*. *Bilhete* é o papel que confere o direito à utilização de determinado transporte público. *Passe* é modalidade de bilhete, concedido a título gratuito ou oneroso – normalmente com desconto – por empresa de transporte coletivo. *Conhecimento de empresa de transporte* consiste em documento comprobatório de mercadoria entregue para transporte, legitimando o recebimento por quem detenha sua posse. Em qualquer caso, o documento deve advir do Estado, não de empresas particulares.

Em qualquer caso, como *crime não transeunte*, deve haver sua comprovação mediante *exame pericial* (art. 158 do Código de Processo Penal). A falsificação grosseira caracteriza *crime impossível*.

O *elemento subjetivo do tipo* é o dolo, independentemente de qualquer especial fim de agir (*tipo congruente*). Por conseguinte, é indiferente se o agente atua com escopo de lucro ou não.

A falsificação de diversos papéis, em um mesmo contexto fático, caracteriza crime único, devendo a maior ofensividade ser sopesada no momento de aplicação da pena-base pelo julgador.

---

penas quem importa ou exporta, adquire, vende, troca, cede, empresta, guarda, fornece, utiliza ou restitui à circulação, selo, outra fórmula de franqueamento ou vale-postal falsificados".

56.5. CONSUMAÇÃO E TENTATIVA

Cuida-se de *delito formal*, de consumação antecipada, ou de resultado cortado. A simples prática de qualquer dos comportamentos previstos *consuma* a infração, independentemente de colocação do documento em circulação ou de efetivação de prejuízos a terceiros.

A *tentativa* é possível, dado o caráter plurissubsistente da figura delitiva.

56.6. FIGURAS EQUIPARADAS

O art. 293, § 1º, insculpe figuras equiparadas nos seguintes termos: "*incorre na mesma pena quem: I – usa, guarda, possui ou detém qualquer dos papéis falsificados a que se refere este artigo; II – importa, exporta, adquire, vende, troca, cede, empresta, guarda, fornece ou restitui à circulação selo falsificado destinado a controle tributário; III – importa, exporta, adquire, vende, expõe à venda, mantém em depósito, guarda, troca, cede, empresta, fornece, porta ou, de qualquer forma, utiliza em proveito próprio ou alheio, no exercício de atividade comercial ou industrial, produto ou mercadoria: a) em que tenha sido aplicado selo que se destine a controle tributário, falsificado; b) sem selo oficial, nos casos em que a legislação tributária determina a obrigatoriedade de sua aplicação*".

Com o dispositivo, incriminam-se comportamentos de pessoas envolvidas com a falsificação de papéis públicos. Caso perpetradas pelo autor da falsificação, representará mero *exaurimento* do crime.

Em termos práticos, não obstante, quando não se consegue provar que o detentor do papel falso foi seu falsário, normalmente, o agente será responsabilizado por uma das condutas equiparadas (*e.g.*, guardar ou possuir).

No caso do inciso III, como referido, o crime é *próprio*, demandando-se qualidade de *comerciante* ou *industrial* do agente. Note-se, contudo, que a regra de extensão constante do § 5º do artigo em análise amplia a abrangência da responsabilização penal, vez que alcança o comerciante informal (popularmente chamado "*camelô*").

Ademais, o inciso III em referência traz a única hipótese criminosa do artigo que demanda um especial fim de agir do agente (*elemento subjetivo especial do tipo*), representado pela expressão "*em proveito próprio ou alheio*".

56.7. FIGURAS PRIVILEGIADAS

O art. 293, § 2º, traz a previsão de *figura privilegiada*: "*suprimir, em qualquer desses papéis, quando legítimos, com o fim de torná-los novamente utilizáveis, carimbo ou sinal indicativo de sua inutilização: Pena – reclusão, de um a quatro anos, e multa*". A razão de ser da menor punição se funda na menor ofensividade da ação. No caso, os papéis são verdadeiros e não foram falsificados, tendo o agente apenas retirado a sinalização de sua inutilização.

A utilização de qualquer dos papéis nestas condições enseja o reconhecimento da *figura privilegiada equiparada* do art. 293, § 3º (uso de papéis públicos com carimbo ou sinal de inutilização suprimidos).

O art. 293, § 4º, insculpe mais uma *forma privilegiada*, nos seguintes termos: "*quem usa ou restitui à circulação, embora recibo de boa-fé, qualquer dos papéis falsificados ou alterados, a que se referem este artigo e o seu § 2º, depois de conhecer a falsidade ou alteração, incorre na pena de detenção, de seis meses a dois anos, ou multa*". A razão de ser da disposição é a menor censurabilidade na ação, porque o agente, na hipótese, recebeu o documento falsificado de boa-fé e somente quis se livrar dele, usando-o ou restituindo-o à circulação.

Caso uma das condutas previstas em qualquer das formas privilegiadas recaia sobre selo, outra forma de franqueamento ou vale postal, deverá ser reconhecido o crime previsto no art. 37 da Lei nº 6.538/1976: "*art. 37 – Suprimir, em selo, outra fórmula de franqueamento ou vale- postal, quando legítimos, com o fim de torná-los novamente utilizáveis; carimbo ou sinal indicativo de sua utilização: Pena: reclusão, até quatro anos, e pagamento de cinco a quinze dias-multa. Forma assimilada: § 1º – Incorre nas mesmas penas quem usa, vende, fornece ou guarda, depois de alterado, selo, outra fórmula de franqueamento ou vale-postal. § 2º – Quem usa ou restitui a circulação, embora recebido de boa fé, selo, outra fórmula de franqueamento ou vale-postal, depois de conhecer a falsidade ou alteração, incorre na pena de detenção, de três meses a um ano, ou pagamento de três a dez dias-multa*".

56.8. CAUSA DE AUMENTO DE PENA

O art. 295 do *Codex* estabelece que a pena seja aumentada da sexta parte se o agente for funcionário público, o qual comete o crime se prevalecendo do cargo. A regra se aplica aos crimes de *falsificação de papéis públicos* (art. 293) e de *petrechos de falsificação* (art. 294).

56.9. PENA E AÇÃO PENAL

O crime de *falsificação de papéis públicos*, em sua forma básica, é sancionado com pena de reclusão, de dois a oito anos, e multa (art. 293, *caput*), mesma punição fixada às *figuras equiparadas* previstas no art. 293, § 1º.

Há fixação de *formas privilegiadas* nos §§ 2º e 3º do art. 293, com sanção de reclusão, de um a quatro anos, e multa. Ademais, insculpe-se *forma privilegiada* no § 4º, esta com pena de detenção de seis meses a dois anos, ou multa.

A pena aumenta-se (*majorante*) da sexta parte se o agente for funcionário público, o qual comete o crime se prevalecendo do cargo (art. 295).

A *ação penal é pública incondicionada*. Em regra, a competência para processo e julgamento é da Justiça Estadual, a menos que o objeto falsificado seja de cunho federal, hipótese em que a competência será da Justiça Federal (art. 109, inciso IV, da Constituição Federal).

Exclusivamente a figura privilegiada fixada no art. 293, § 4º, é *infração penal de menor potencial ofensivo*, sendo competente para sua apreciação o Juizado Especial Criminal (Estadual ou Federal, conforme a ausência ou a presença de interesse da União).

É cabível *suspensão condicional do processo* (art. 89 da Lei nº 9.099/1995) para as hipóteses constantes do art. 293, §§ 2º, 3º e 4º.

Preenchidos os requisitos do art. 28-A do Código de Processo Penal, é cabível o *acordo de não persecução penal*.

57 PETRECHOS DE FALSIFICAÇÃO (ART. 294)

Sumário: 57.1. Considerações iniciais – 57.2. Objetividade jurídica – 57.3. Sujeitos do delito – 57.4. Tipicidade objetiva e subjetiva – 57.5. Consumação e tentativa – 57.6. Causa de aumento de pena: funcionário público (art. 295) – 57.7. Pena e ação penal.

Petrechos de falsificação

Art. 294. Fabricar, adquirir, fornecer, possuir ou guardar objeto especialmente destinado à falsificação de qualquer dos papéis referidos no artigo anterior:

Pena – reclusão, de 1 (um) a 3 (três) anos, e multa.

57.1. CONSIDERAÇÕES INICIAIS

O art. 294 do Código Penal prevê o crime de *petrechos de falsificação* dos papéis públicos elencados no dispositivo precedente.

Na hipótese, antecipa-se mais ainda a tutela penal a qualquer lesão concreta, proibindo-se criminalmente o fabrico, aquisição, fornecimento, posse e guarda de objetos destinados à falsificação dos documentos anteriores. Desse modo, cuida-se de uma exceção à não punibilidade de atos preparatórios[1].

Se de posse dos petrechos o agente vier a efetivar a falsificação, o presente crime resta absorvido, vez que o crime-fim absorve o crime-meio.

57.2. OBJETIVIDADE JURÍDICA

O *bem jurídico* tutelado é a *fé pública*, particularmente quanto à *confiança* na autenticidade e regularidade de títulos e outros papéis emitidos pelo Estado, vinculados a valores de responsabilidade estatal ou à arrecadação de receitas. No caso do crime de

1. HUNGRIA, Nélson. *Comentários ao código penal*. Rio de Janeiro: Forense, 1958, v. IX, p. 244.

petrechos de falsificação desses papéis públicos a antecipação de proteção penal procura evitar a concretização de qualquer falsificação, punindo-se atos preparatórios, como referido, constituindo a figura em *crime obstáculo*.

57.3. SUJEITOS DO DELITO

Sujeito ativo do delito é qualquer pessoa, não se exigindo qualquer característica ou qualidade específica do agente (*crime comum*, ou geral).

Contudo, o reconhecimento da majorante, ou causa de aumento de pena, estabelecida no art. 295 exige a qualidade de *funcionário público* do agente.

Sujeito passivo é o Estado.

57.4. TIPICIDADE OBJETIVA E SUBJETIVA

O preceito primário do art. 294 do *Codex* estabelece: "*fabricar, adquirir, fornecer, possuir ou guardar objeto especialmente destinado à falsificação de qualquer dos papéis referidos no artigo anterior*".

Cuida-se de *tipo misto alternativo*, ou de conteúdo variado, em que são punidas cinco condutas. Dessa maneira, a prática de mais de uma delas caracteriza crime único, devendo a maior ofensividade ser sopesada no momento de fixação da pena-base pelo aplicador da lei penal (art. 59 do Código Penal).

Fabricar significa produzir, montar, construir. *Adquirir* é sinônimo de obter. *Fornecer consiste* em entregar, ceder, mediante contraprestação ou não, já que o tipo não faz ressalva. *Possuir* representa ter a posse, ou seja, exercer o poder de disposição da coisa. Finalmente, *guardar* é dar abrigo, manter ou conservar.

O *objeto material* sobre o qual recai qualquer das condutas delitivas previstas é o *objeto especialmente destinado à falsificação de qualquer dos papéis referidos no artigo anterior*, isto é, qualquer artefato reservado para a contrafação dos papéis elencados no art. 293 do Código Penal (selo destinado a controle tributário, papel selado ou qualquer papel de emissão legal destinado à arrecadação de tributo; papel de crédito público que não seja moeda de curso legal; vale postal *etc*.).

O elemento normativo do tipo "*especialmente*" significa que o objeto pode deter outras funções, mas no caso concreto há de utilizado prioritariamente para o fim de contrafação dos papéis referidos.

Caso o petrecho seja para falsificação de selo, fórmula de franqueamento ou vale postal, o crime será o previsto no art. 38 da Lei nº 6.538/1978 (Lei dos Serviços

Postais): "*art. 38 – Fabricar, adquirir, fornecer, ainda que gratuitamente, possuir, guardar, ou colocar em circulação objeto especialmente destinado à falsificação de selo, outra fórmula de franqueamento ou vale-postal. Pena: reclusão, até três anos, e pagamento de cinco a quinze dias-multa*".

Como infração que deixa vestígios (*delito não transeunte*), exige-se *exame pericial* para constatação de idoneidade dos objetos apreendidos para a produção de papéis aptos a iludir terceiros. De conseguinte, se o maquinário produzir documentos grosseiramente falsificados, não haverá crime.

O *elemento subjetivo do tipo* é o dolo, independentemente de qualquer especial fim de agir (*tipo congruente*). Dessa maneira, é indiferente se o agente atua com escopo de lucro ou não.

Normalmente, na prática, o elemento subjetivo do delito em destaque é aferido a partir do encontro de diversos documentos (em branco ou já preenchidos), vales, carimbos, selos, juntamente com os petrechos aptos à falsificação, indicativos convergentes da intenção do agente.

O crime em destaque é *subsidiário* (*subsidiariedade implícita*), restando absorvido quando o agente, utilizando-se do maquinismo, comete a falsificação descrita no art. 293 do Código Penal. Nesse sentido, já decidiu o Superior Tribunal de Justiça: "*Crime contra a fé pública – Falsificação de papéis públicos e petrechos de falsificação – Concurso material – Inocorrência – Agente que fabrica, adquire, fornece, possui ou guarda petrechos de falsificação consubstanciando mero ato preparatório para se chegar ao fim de usar os papéis públicos falsos – Delito do art. 294 que resta absorvido pelo art. 293, § 1.º, ambos do CP.*" (STJ, HC 11.799, 6.ª Turma, j. 16/05/2000, rel. Min. Vicente Leal, DJU 29/05/2000)

57.5. CONSUMAÇÃO E TENTATIVA

O delito *se consuma* com a simples prática de qualquer dos comportamentos vedados. Cuida-se de *crime formal*, de consumação antecipada, ou de resultado cortado, não demandando o ocasionamento de prejuízo econômico ou qualquer outro consectário a terceiros.

À exceção das condutas de "*possuir*" e "*guardar*", a *tentativa* é admissível, em face do caráter plurissubsistente dos comportamentos vedados.

57.6. CAUSA DE AUMENTO DE PENA: FUNCIONÁRIO PÚBLICO (ART. 295)

O art. 295 do *Codex* estabelece majorante da sexta parte se o agente for funcionário público, o qual comete o crime se prevalecendo do cargo.

57.7. PENA E AÇÃO PENAL

O crime de *petrechos de falsificação desses papéis públicos* é sancionado com pena de reclusão, de 1 (um) a 3 (três) anos, e multa (art. 294).

A *ação penal é pública incondicionada*. Em regra, a competência para processo e julgamento é da Justiça Estadual, a menos que o petrecho seja para falsificação de papel de interesse da União, hipótese em que a competência será da Justiça Federal (art. 109, inciso IV, da Constituição Federal).

É cabível *suspensão condicional do processo* (art. 89 da Lei nº 9.099/1995).

Preenchidos os requisitos do art. 28-A do Código de Processo Penal, é cabível o *acordo de não persecução penal*.

58 FALSIFICAÇÃO DE SELO OU SINAL PÚBLICO (ART. 296)

SUMÁRIO: 58.1. Considerações iniciais – 58.2. Objetividade jurídica – 58.3. Sujeitos do delito – 58.4. Tipicidade objetiva e subjetiva – 58.5. Consumação e tentativa – 58.6. Figuras equiparadas – 58.7. Causa de aumento de pena – 58.8. Pena e ação penal.

Falsificação de selo ou sinal público

Art. 296. Falsificar, fabricando-os ou alterando-os:

I - selo público destinado a autenticar atos oficiais da União, de Estado ou de Município;

II - selo ou sinal atribuído por lei a entidade de direito público, ou a autoridade, ou sinal público de tabelião:

Pena - reclusão, de 2 (dois) a 6 (seis) anos, e multa.

§ 1° - Incorre nas mesmas penas:

I - quem faz uso do selo ou sinal falsificado;

II - quem utiliza indevidamente o selo ou sinal verdadeiro em prejuízo de outrem ou em proveito próprio ou alheio;

III - quem altera, falsifica ou faz uso indevido de marcas, logotipos, siglas ou quaisquer outros símbolos utilizados ou identificadores de órgãos ou entidades da Administração Pública.

§ 2° - Se o agente é funcionário público, e comete o crime prevalecendo-se do cargo, aumenta-se a pena de sexta parte.

58.1. CONSIDERAÇÕES INICIAIS

O Capítulo III do Título X da Parte Especial do Código Penal traz os crimes de *falsidade documental*, com as seguintes figuras delitivas: *falsificação de selo ou sinal público* (art. 296); *falsificação de documento público* (art. 297); *falsificação de documento particular* (art. 298, *caput*); *falsificação de cartão* (art. 298, parágrafo único); *falsidade ideológica* (art. 299); *falso reconhecimento de firma ou letra* (art. 300); *certidão ou atestado ideologicamente falso* (art. 301, *caput*); *falsidade material de atestado ou certidão* (art. 301, § 1º); *falsidade de atestado médico* (art. 302); *reprodução ou adulteração de selo ou peça filatélica* (art. 303); *uso de documento falso* (art. 304) e *supressão de documento* (art. 305).

As incriminações elencadas possuem como objeto material *documentos*, públicos ou particulares. Entende-se majoritariamente que *documento* é um escrito com exposição de fatos, dados ou declarações de vontade, dotado de relevância jurídica e que, por si só, faz prova de seu conteúdo.

Por esse motivo, Binding[1] cunhou que os delitos em foco seriam *crimes contra os meios de prova*, não se podendo falar de um direito à verdade de caráter geral. Ele equiparava, *e.g.*, falsidade documental e falso testemunho.

Acerca do tema, contemporaneamente, Jakobs[2] formula uma construção em que se pergunta se haveria um direito à verdade, concluindo que a mentira a ser tratada como ilícito penal somente pode ser aquela que produz efeitos jurídicos. De conseguinte, o autor diferencia testemunho de documento, compreendendo que no caso do testemunho não se está diante de um meio de prova originário, mas derivativo, pois não contém o que há de ser provado, mas apenas a isso se refere.

O autor alemão erige, então, uma teorização que assevera que em documentos se protege apenas a autenticidade, enquanto nos testemunhos a autenticidade e a veracidade[3]. Dessa forma, a falsidade documental e a testemunhal não poderiam se submeter ao mesmo tratamento jurídico, com o que, segundo nos parece, somente se pode concordar em parte, visto que se a falsidade documental possuir o mesmo escopo de vilipêndio à administração da Justiça, não há porque não ser equiparada ao falso testemunho.

De qualquer modo, o ordenamento brasileiro trata do falso testemunho nos crimes contra a administração da Justiça e a falsidade documental dentre os crimes contra a *fé pública*, contemplando a falsidade de forma (*material*) e de conteúdo (*ideológica*, ou narrativa) dos documentos[4]. Também a utilização de documentos falsos ou a destruição, supressão ou ocultação de documentos verdadeiros são cerceadas, por se tratarem de outras formas de ataque ao mesmo objeto material, atingindo-se o bem jurídico igualmente protegido em todos os casos.

O cerceamento à falsificação documental remonta à Antiguidade. A mais remota lei quanto ao tema foi a romana *Lex Cornelia testamentaria nummaria* – ao depois chamada *Lex Cornelia de falsis* – de 78 a.C., que punia a falsificação monetária e de testamentos, incluindo-se posteriormente outros documentos. No final do período intermédio, a crise do sistema econômico feudal, com o incremento comercial e a

1. BINDING, Karl. *Lehrbuch des Gemeinen Deutschen Strafrechts*, II, 1, 2.ª ed. Leipzig: Verlag von Wilhelm Engelmann, 1904, p. 120 e ss.
2. JAKOBS, Günther. *Falsedad documental*: revisión de um delito de engaño. Madrid: Marcial Pons, 2011, *passim*.
3. JAKOBS, Günther. *Falsedad documental*..., cit., p. 204.
4. Note-se que, para além da previsão constante do art. 299 do *Codex*, são ainda modalidades de falsidade ideológica as figuras delitivas estabelecidas nos arts. 300, 301, *caput*, e 302.

crescente revalorização do poder central, ressaltou a importância da categoria delitiva, entendida como fraude, aliás, levando à confusão entre o *falsum* e outros crimes, como estelionato.

A clara distinção entre as falsidades e o estelionato coube ao Código Penal francês, de 1810, o qual culminou por influenciar outras legislações ocidentais.

No caso luso-brasileiro, as Ordenações Filipinas já previam a os delitos em foco, em seus Títulos XII, LII e LIII. O Código Criminal do Império (1830), por sua vez, contemplava a *falsidade* dentre os *crimes contra a boa ordem e a administração pública*. Já o Código Penal Republicano, de 1890, disciplinou o tema sob a rubrica "*Dos crimes contra a fé pública*".

O art. 296 do Código Penal de 1940, finalmente, sofreu apenas uma alteração desde sua entrada em vigor, com a inclusão, levada a efeito pela Lei nº 9.983/2000, de um inciso III em seu § 1º, erigindo-se como *figura equiparada* de falsificação de selo ou sinal público o comportamento de quem altera, falsifica ou faz uso indevido de marcas, logotipos, siglas ou quaisquer outros símbolos utilizados ou identificadores de órgãos ou entidades da Administração Pública.

58.2. OBJETIVIDADE JURÍDICA

O crime de falsificação de selo ou sinal público tutela a *fé pública*, isto é, a confiabilidade da veracidade dos selos e sinais públicos de autenticação.

58.3. SUJEITOS DO DELITO

Sujeito ativo do delito é qualquer pessoa, não se exigindo qualquer característica especial do agente. Trata-se de *crime comum*, ou geral.

Se o sujeito ativo for *funcionário público*, o qual atua prevalecendo-se do cargo, incide *causa de aumento de pena* de sexta parte (art. 296, § 2º), de modo que, nesta hipótese, a figura será própria.

Sujeito passivo é o Estado e, eventualmente, alguém prejudicado.

58.4. TIPICIDADE OBJETIVA E SUBJETIVA

A figura incriminadora básica de falsidade de selo ou sinal público, insculpida no art. 296, *caput*, do Código Penal, estabelece: "*falsificar, fabricando-os ou alterando-os:*

I – selo público destinado a autenticar atos oficiais da União, de Estado ou de Município; II – selo ou sinal atribuído por lei a entidade de direito público, ou a autoridade, ou sinal público de tabelião".

O núcleo do tipo consiste no verbo "*falsificar*", que significa imitar ou alterar fraudulentamente, reproduzindo ou modificando selo ou sinal público. A concretização da falsificação, assim, ocorre pela fabricação (contrafação total) ou alteração (contrafação parcial).

Em seguida, o tipo penal descreve o *objeto material* do delito: *selo público destinado a autenticar atos oficiais da União, de Estado ou de Município*, bem como o *selo ou sinal atribuído por lei a entidade de direito público, ou a autoridade, ou sinal público de tabelião.*

Selo público destinado a autenticar atos oficiais da União, de Estado ou de Município é o objeto, emitido pelo Poder Público, com a finalidade de conferir autenticidade a certos documentos emanados pela administração. Rigorosamente, os selos de autenticação não são documentos, mas meios de garantia da autenticidade de documentos.

Selo ou sinal atribuído por lei a entidade de direito público, ou a autoridade, ou sinal público de tabelião, de igual modo, são objetos utilizados para gravar determinada marca em documentos emitidos por entidade de direito público, autoridade estatal ou tabelionato.

Concretamente, tais selos ou sinais podem ser de várias espécies, como metal, lacre, adesivo, gravação impressa, com ou sem relevo *etc.*

A redação legal não prevê a falsificação de selos públicos destinados à autenticação de atos do *Distrito Federal*, ou de selos ou sinais públicos *estrangeiros*, de forma que a ocorrência desses comportamentos, em si mesmos, são fatos atípicos, vez que vedada é a analogia *in malam partem* em matéria penal. Por evidência, se essas falsificações servirem como meio à prática de outro delito (*e.g.*, estelionato), responderá o agente pelo respectivo comportamento criminoso.

Elemento subjetivo do tipo é o dolo, sem qualquer especial fim de agir (*tipo congruente*).

Não se admite modalidade culposa.

58.5. CONSUMAÇÃO E TENTATIVA

A figura de falsidade de selo ou sinal público consiste em *crime formal*, de consumação antecipada, ou de resultado cortado. Dessa maneira, independe de qualquer resultado material posterior, *consumando-se* com a simples falsificação, mediante fabricação ou alteração dos selos ou sinais descritos no tipo.

Admite-se a *tentativa*, dado o caráter plurissubsistente da infração.

58.6. FIGURAS EQUIPARADAS

O art. 296, § 1º, prevê três figuras equiparadas, estabelecendo que "*incorre nas mesmas penas: I – quem faz uso do selo ou sinal falsificado; II – quem utiliza indevidamente o selo ou sinal verdadeiro em prejuízo de outrem ou em proveito próprio ou alheio; III – quem altera, falsifica ou faz uso indevido de marcas, logotipos, siglas ou quaisquer outros símbolos utilizados ou identificadores de órgãos ou entidades da Administração Pública*". São situações de equivalente ofensividade ao bem jurídico fé pública no que diz respeito ao mesmo objeto material da infração, ou a objetos similares.

A primeira hipótese se refere ao *uso de selo ou sinal público falsificado*. Incrimina-se a efetiva utilização de selo ou sinal público falsificado, preocupando-se o legislador com a circulação de tais objetos.

Se for o próprio falsificador quem fizer uso do selo ou sinal, isso representará um *post factum* impunível, respondendo o agente apenas pela falsificação.

O segundo caso concerne ao *uso indevido de selo ou sinal público verdadeiros*. A conduta aqui se volta para a utilização desviada de selo ou sinal autênticos. Perceba-se que o objeto material da infração *in casu* é distinto do de todas as demais descritas no art. 296.

Ademais, essa figura equiparada revela-se como *crime material*, uma vez que demanda a ocorrência de um dos seguintes resultados: prejuízo de outrem ou proveito próprio ou alheio[5].

Por fim, insculpe-se como figura equiparada a *falsificação ou uso de símbolos da administração pública*. Como referido, essa previsão foi insculpida pela Lei nº 9.983/2000, tendo como foco – principal, porém não único – os crimes contra a seguridade social.

O dispositivo conforma um *tipo misto alternativo*, contendo três núcleos: *alterar* (modificar), *falsificar* (reproduzir por imitação ou adulterar) e *fazer uso indevido* (utilizar-se de modo não permitido).

As ações vedadas recaem sobre um dos seguintes objetos materiais: *marcas, logotipos, siglas ou quaisquer outros símbolos utilizados ou identificadores de órgãos ou entidades da Administração Pública*. *Marca* é o sinal distintivo de algo. *Logotipo* é o sinal ou marca formado por conjunto de letras e imagens. *Sigla* consiste em um agrupamento de letras ou sílabas, formando um monograma indicativo. "*Ou quaisquer outros símbolos*

---

5. Nesse influxo, *v.g.*, HUNGRIA, Nélson. *Comentários ao código penal*. Rio de Janeiro: Forense, 1958, v. IX, p. 260; FRAGOSO, Heleno Cláudio. *Lições de direito penal*: parte especial. Rio de Janeiro: Forense, 1986, v. II; NORONHA, E. Magalhães. *Direito penal*. São Paulo: Saraiva, 1995, v. 4, p. 140; PRADO, Luiz Regis. *Curso de direito penal brasileiro*. São Paulo: Thomson Reuters, 2018, v. II, p. 710. Na jurisprudência, *e.g.*, STJ, APn 567/GO, Corte Especial, rel. Min. João Otávio Noronha, v.u., j. 02/09/2009.

utilizados ou identificadores de órgãos ou entidades da Administração Pública" é fórmula genérica permissiva de interpretação analógica para abarcar-se quaisquer outros sinais identificadores semelhantes aos mencionados nas previsões casuísticas anteriores.

A forma e a apresentação dos *símbolos nacionais* são disciplinas pela Lei nº 5.700/1971, constituindo *contravenção penal* a violação de qualquer dispositivo dessa lei especial[6].

58.7. CAUSA DE AUMENTO DE PENA

O art. 296, § 2º, traz *causa de aumento de pena* em patamar fixo de um sexto se o agente é funcionário público e pratica o delito prevalecendo-se do cargo. Trata-se de *crime funcional*.

Justifica-se o aumento de pena em face da maior censurabilidade da ação, perpetrada por quem possui o dever de ofício de cumprimento da legislação, bem como pela maior facilidade na prática delinquencial.

58.8. PENA E AÇÃO PENAL

O crime de *falsificação de selo ou sinal público*, em sua forma simples, é sancionado com pena de reclusão, de dois a seis anos, e multa (art. 296, *caput*).

São previstas *figuras equiparadas* no art. 296, § 1º, as quais recebem a mesma punição.

O art. 296, § 2º, fixa *majorante* de sexta parte se o agente é funcionário público, e comete o crime prevalecendo-se do cargo.

A *ação penal é pública incondicionada.*

Em regra, a competência para processo e julgamento é da Justiça Estadual. Não obstante, se o objeto material do crime referir-se a selo ou sinal da União, de órgão, de entidade ou de autoridade federal, será competente a Justiça Federal, *ratione materiae*.

Preenchidos os requisitos do art. 28-A do Código de Processo Penal, é cabível o *acordo de não persecução penal*.

---

6. "*Art. 35 – A violação de qualquer disposição desta Lei, excluídos os casos previstos no art. 44 do Decreto-lei nº 898, de 29 de setembro de 1969, é considerada contravenção, sujeito o infrator à pena de multa de uma a quatro vezes o maior valor de referência vigente no País, elevada ao dobro nos casos de reincidência*".

59 FALSIFICAÇÃO DE DOCUMENTO PÚBLICO (ART. 297)

SUMÁRIO: 59.1. Considerações iniciais – 59.2. Objetividade jurídica – 59.3. Sujeitos do delito – 59.4. Tipicidade objetiva e subjetiva – 59.5. Consumação e tentativa – 59.6. Figuras equiparadas – 59.7. Causa de aumento de pena – 59.8. Pena e ação penal.

Falsificação de documento público

Art. 297. Falsificar, no todo ou em parte, documento público, ou alterar documento público verdadeiro:

Pena - reclusão, de 2 (dois) a 6 (seis) anos, e multa.

§ 1° - Se o agente é funcionário público, e comete o crime prevalecendo-se do cargo, aumenta-se a pena de sexta parte.

§ 2° - Para os efeitos penais, equiparam-se a documento público o emanado de entidade paraestatal, o título ao portador ou transmissível por endosso, as ações de sociedade comercial, os livros mercantis e o testamento particular.

§ 3° - Nas mesmas penas incorre quem insere ou faz inserir:

I - na folha de pagamento ou em documento de informações que seja destinado a fazer prova perante a previdência social, pessoa que não possua a qualidade de segurado obrigatório;

II - na Carteira de Trabalho e Previdência Social do empregado ou em documento que deva produzir efeito perante a previdência social, declaração falsa ou diversa da que deveria ter sido escrita;

III - em documento contábil ou em qualquer outro documento relacionado com as obrigações da empresa perante a previdência social, declaração falsa ou diversa da que deveria ter constado.

§ 4° - Nas mesmas penas incorre quem omite, nos documentos mencionados no § 3° , nome do segurado e seus dados pessoais, a remuneração, a vigência do contrato de trabalho ou de prestação de serviços.

59.1. CONSIDERAÇÕES INICIAIS

Com relação ao tema da falsificação de documentos públicos na história legislativa luso-brasileira, vê-se que as Ordenações Filipinas, no Título LIII de seu Livro V, sancionavam a falsificação de escrituras e o seu uso, cominando pena capital aos tabeliães ou escrivães que lavrassem atos falsos.

O Código Criminal do Império (1830), por sua vez, cerceava a falsidade de documentos públicos ou privados, sem distinção, em seu art. 167. Já o Código Penal de 1890, tutelando a fé pública, incriminava no Capítulo II de seu Título VI a falsidade de certificados, documentos e atos públicos (nos arts. 251 e ss., posteriormente substituídos pelos arts. 21 a 29 do Decreto nº 4.780/1923).

O Código Penal de 1940, finalmente, fixou no art. 297 o delito de *falsificação de documento público*, e no art. 298 o de *falsificação de documento particular*, espécies de falsidade material. Não há uma definição de cada qual, erigindo-se elementos normativos do tipo a serem aclarados pela doutrina e jurisprudência. Certos documentos públicos, no entanto, recebem disciplina específica em tipos autônomos, quais sejam, *falsificação de papéis públicos* (art. 293) e *falsificação de selo ou sinal público* (art. 296).

As *figuras equiparadas* previstas nos §§ 3º e 4º do art. 297 foram incluídas pela Lei nº 9.983/2000, voltada ao cerceamento de fraudes no âmbito da seguridade social. Em realidade, houve erro técnico por parte do legislador, tendo em vista que não se cuidam de modalidades de falsificação material, mas de falsidade ideológica. O tópico legal adequado deveria ter sido no art. 299, referente a esse último crime.

59.2. OBJETIVIDADE JURÍDICA

O crime de falsificação de documento público tutela a *fé pública*, isto é, a confiabilidade depositada nos documentos públicos.

Trata-se de *crime de perigo abstrato*, ou presumido, visto que sua punição independe do efetivo uso do documento falso. O tipo penal presume o perigo ao bem jurídico protegido, antecipando a tutela penal.

59.3. SUJEITOS DO DELITO

Sujeito ativo do delito é qualquer pessoa, não se exigindo qualquer característica especial do agente. Desse modo, cuida-se de *crime comum*, ou geral.

Se o sujeito ativo for *funcionário público*, o qual atua se prevalecendo do cargo, incide *causa de aumento de pena* de sexta parte (art. 297, § 1º), de modo que, nessa hipótese, a figura será própria.

Sujeito passivo é o Estado e, eventualmente, o particular prejudicado, pessoa física ou jurídica.

59.4. TIPICIDADE OBJETIVA E SUBJETIVA

A *figura básica*, ou simples, do tipo penal de falsificação de documento público, insculpida no art. 297, *caput*, estabelece: "*falsificar, no todo ou em parte, documento público, ou alterar documento público verdadeiro*".

O núcleo do tipo consiste no verbo "*falsificar*", que significa imitar ou alterar fraudulentamente, reproduzindo ou modificando, total ou parcialmente, documento público. A concretização da falsificação ocorre pela *fabricação* (contrafação total) ou *alteração* (contrafação parcial).

Objeto material do delito é documento público.

Documento é um escrito com exposição de fatos, dados ou declarações de vontade, dotado de relevância jurídica e que, por si só, faz prova de seu conteúdo.

Dessa maneira, o documento possui como características: i) *forma escrita*, gravada sobre coisa móvel, transportável e transmissível – como papel, tela, pergaminho *etc.* – razão pela qual estão excluídos do conceito, dentre outras coisas, fotografias isoladas[1], desenhos, pinturas, podendo ser objeto material de outro delito; ii) *autoria determinada*, isto é, origem identificada, não sendo documento o escrito apócrifo (*v.g.*, carta anônima); iii) *conteúdo dotado de relevância jurídica*, o que significa a expressão de uma manifestação de vontade ou a exposição de fato juridicamente relevante (por exemplo, a qualificação de alguém, um testamento, um contrato de compra e venda de imóvel *etc.*); e iv) *eficácia probatória*, ou seja, aptidão para gerar consequências jurídicas isoladamente, o que ocorre por força do reconhecimento que o Direito lhe atribui.

Documento público é aquele elaborado por funcionário público – nacional ou estrangeiro –, no exercício de suas funções, conforme as formalidades legais[2]. Os documentos públicos podem ser *formal e substancialmente públicos* ou *formalmente públicos e substancialmente privados*[3], sendo ambas as situações abarcadas pelo tipo penal em análise.

Documentos formal e substancialmente públicos são aqueles oriundos do Estado, com conteúdo e relevância de direito público, como os atos do Poder Executivo, Poder Judiciário *etc.* (*e.g.*, cédulas de identidade, decretos, circulares, sentenças, despachos, entre outros).

Documentos formalmente públicos e substancialmente privados são os documentos elaborados por funcionários públicos, no desempenho de suas funções, mas com

---

1. A troca de fotografia em documento que o contenha – *e.g.*, cédula de identidade – configura o presente crime.
2. Nesse sentido, *v.g.*, STF, Inq 2.593/DF, Tribunal Pleno, rel. Min. Edson Fachin, j. 01/12/2016.
3. HUNGRIA, Nélson. *Comentários ao código penal*. Rio de Janeiro: Forense, 1958, v. IX, p. 261.

conteúdo privado. O escopo da atuação estatal a respeito é o de trazer-lhes autenticidade ou fé pública (*v.g.*, escritura de compra e venda de imóvel, reconhecimento de firma pelo tabelião *etc.*).

De qualquer forma, a figura de falsificação de documento público, insta ressaltar, cuida-se da incriminação de uma *falsidade material* de documentos como cédula de identidade (RG), cadastro de pessoa física (CPF), carteira nacional de habilitação (CNH), carteira funcional, escritura pública, decisão judicial, alvará *etc.*

Há previsão expressa de *documentos públicos por equiparação*, constante do art. 297 § 2º: "*para os efeitos penais, equiparam-se a documento público o emanado de entidade paraestatal, o título ao portador ou transmissível por endosso, as ações de sociedade comercial, os livros mercantis e o testamento particular*".

Documento emanado de entidade paraestatal é linguagem que o legislador de 1940 se utilizou para referência às entidades da administração pública indireta (autarquias, empresas públicas, sociedades de economia mista e fundações públicas). Não obstante, o termo hoje alcança os integrantes do chamado terceiro setor, pessoas jurídicas de direito privado que atuam em colaboração com o Estado, como Serviço Social do Comércio (SESC), Serviço Social da Indústria (SESI), Serviço Nacional de Aprendizado Industrial (SENAI) e organizações não governamentais (ONGs).

Título ao portador ou transmissível por endosso são títulos de crédito como o cheque, a nota promissória, a duplicata, a letra de câmbio *etc.*

Ações de sociedade comercial são os papéis representativos de sociedade anônima (Lei nº 6.404/1976) ou de sociedade em comandita por ações (arts. 1.090 a 1.092 do Código Civil).

Livros mercantis são aqueles utilizados pelos empresários para o registro de suas atividades. São obrigatórios (*e.g.*, Livro-Diário) ou facultativos (*v.g.*, Livro-Caixa).

Testamento particular, ou hológrafo, é aquele escrito pelo próprio testador (arts. 1.876 a 1.880 do Código Civil). O chamado *codicilo* (arts. 1.881 a 1.885 do Código Civil) não é considerado documento por equiparação, tendo em vista a não admissibilidade de analogia *in malam partem* em Direito Penal.

Como infração que deixa vestígios, consoante o teor do art. 158 do Código de Processo Penal, mostra-se imprescindível a realização de *perícia* para a comprovação do crime de falsificação de documento público. Cuida-se do *exame documentoscópico*.

A *falsificação grosseira* não possui potencialidade de dano, razão pela qual denota um crime impossível.

A *falsificação* pode ser total ou parcial. A *falsificação total* ocorre quando o documento é integralmente forjado, ou seja, criado por quem não possui legitimidade a tanto (*e.g.*, o agente imprime espelhos de CNH, bem como os preenche e coloca as fotografias). Já a *falsificação parcial* se dá quando a forma do documento é verdadeira, mas seu preenchimento, total ou parcial, é efetivado por quem não poderia fazê-lo (*v.g.*, o agente furta espelhos verdadeiros de CNH e os completa).

A *alteração*, a seu turno, é a modificação de documento verdadeiro, pela substituição de números, palavras ou frases, como na hipótese do agente modificar a data de validade de sua CNH.

Essa disciplina ressalta que, se o documento foi fabricado ou alterado, é necessária referida perícia para a comprovação do presente crime, enquanto que, se o documento foi expedido por quem possui legitimidade a fazê-lo, porém com dados inverídicos, tal é despiciendo, sendo o crime o fixado no art. 299 do Código Penal (*falsidade ideológica*).

O documento a ser falsificado necessita ser verdadeiro e de conteúdo lícito. Por conseguinte, inexiste crime se a falsificação é de *documento falso*. Do mesmo modo, se o seu *conteúdo não é reconhecido* pelo ordenamento jurídico (*e.g.*, contrato de fundação de uma organização criminosa), sua falsificação é irrelevante.

Se a conduta se limita a cancelar ou rasurar números, palavras ou frases de um documento, sem a inserção de dados ou modificação de seu conteúdo, o crime será o de *supressão de documento*, previsto no art. 305 do *Codex*.

As *reproduções* de documentos somente são consideradas documentos se autenticadas. Se tal se der, são passíveis de falsificação de interesse jurídico-penal.

Contrariamente ao caso da *moeda falsa*, não se pune quem possui os *petrechos* para a falsificação de documento público.

Elemento subjetivo do tipo é o dolo, vontade livre e consciente de fabricar ou adulterar documento, sem qualquer especial fim de agir (*tipo congruente*). O caráter público do documento faz parte da construção típica, devendo ser alçado pelo dolo. Contudo, a figura admite o *dolo eventual*, *e.g.*, quando o agente possui dúvida se o documento é público ou particular e mesmo assim age.

Não se admite modalidade culposa.

Existe controvérsia, decorrente das distorções do sistema sancionatório brasileiro, quanto ao *concurso de crimes* entre o *estelionato* e a *falsidade documental*, quando aquele é perpetrado mediante o uso de documento falso, discussão cabível na presente análise vez que o estelionato pode ser praticado pelo uso do documento por parte do próprio falsificador. Existem quatro correntes jurisprudenciais a respeito do tema.

Para a compreensão majoritária, se o estelionato é praticado com documento falso, não havendo possibilidade de ulteriores consectários (*e.g.*, o documento só pode ser utilizado uma vez), há absorção da falsidade. Referida compreensão foi sumulada. Por conseguinte, fixa a Súmula nº 17 do STJ: "*quando o falso se exaure no estelionato, sem maior potencialidade lesiva, é por este absorvido*".

Minoritariamente, ainda, são verificadas mais três compreensões, todas imbuídas de viés ideológico punitivista: a) a de que haveria no caso concurso material; b) a de que seria concurso formal; e, por fim, c) a de que o falso prevaleceria (na hipótese do documento ser público, eis que pena do art. 297 do Código Penal é maior que a do estelionato).

Em que pese as divergências, possui razão o entendimento dominante, pois o crime fim absorve o crime meio. Ressalte-se que a problemática só existe por conta da falta de técnica do legislador nacional. O problema, que poderia ser solucionado mediante reforma legislativa, por meio de previsão legal específica no tipo de estelionato ou, ainda, de racionalização de penas.

Da forma que no momento se encontra o regramento legal, o princípio da consunção equaciona a questão. Evidentemente, o fato de o agente ter falsificado o documento e o utilizado para a prática do estelionato há de ser sopesado no momento de aplicação da pena-base, para sua exasperação.

Ademais, se o autor do estelionato e da falsificação fica com o documento falso, que pode ser utilizado outras vezes, responde em *concurso material* pelas infrações.

A falsificação de documento público com *fins eleitorais* caracteriza figura especial, prevista no art. 348 do Código Eleitoral (Lei nº 4.737/1965): "*art. 348. Falsificar, no todo ou em parte, documento público, ou alterar documento público verdadeiro, para fins eleitorais: Pena – reclusão de dois a seis anos e pagamento de 15 a 30 dias-multa. § 1º Se o agente é funcionário público e comete o crime prevalecendo-se do cargo, a pena é agravada. § 2º Para os efeitos penais, equipara-se a documento público o emanado de entidade paraestatal inclusive Fundação do Estado*".

59.5. CONSUMAÇÃO E TENTATIVA

O delito se *consuma* com a efetiva contrafação ou adulteração do documento público, independentemente de seu uso ou de qualquer consectário posterior. Neste influxo, o crime é *formal*, de consumação antecipada ou de resultado cortado.

Dessa forma, exemplificativamente, caso o agente falsifique o documento e o guarde consigo, sem qualquer utilização, o delito estará configurado de qualquer modo[4].

Admite-se a *tentativa*, dado o caráter plurissubsistente da infração (*v.g.*, o agente é surpreendido quando acaba de preencher os espelhos e está prestes a colocar as fotografias no documento de identidade forjado)[5]. Perceba-se, não obstante, que o

4. Nesse sentido, *e.g.*, STJ, HC 216.605, 6.ª Turma, rel. Min. Sebastião Reis Júnior, j. 23/08/2016, DJe 08/09/2016; STF, RHC 91.189/PR, 2ª Turma, rel. Min. Cezar Peluso, j. 09.03.2010.

5. Representando posicionamento minoritário, Hungria entende não ser possível o *conatus* na hipótese, vez que a apresentação de perigo de dano no *falsum* já significara consumação delitiva, cf. HUNGRIA, Nélson. *Comentários ao...*, cit., p. 264.

reconhecimento do *conatus* demanda que os atos de contrafação ou alteração se encontrem em estágios avançados, a ponto de poder ser vislumbrada uma falsificação apta ao engano, não grosseira.

59.6. FIGURAS EQUIPARADAS

O art. 297, §§ 3º e 4º, preveem *figuras equiparadas*, incluídas pela Lei nº 9.983/2000, que procurou proteger a Seguridade Social. Em realidade, como afirmado, são modalidades de *falsidade ideológica*, não de falsificação de documento (que é sinônimo de *falsidade material*).

O art. 297, § 3º, pune com as mesmas penas do *caput*: "*quem insere ou faz inserir: I – na folha de pagamento ou em documento de informações que seja destinado a fazer prova perante a previdência social, pessoa que não possua a qualidade de segurado obrigatório; II – na Carteira de Trabalho e Previdência Social do empregado ou em documento que deva produzir efeito perante a previdência social, declaração falsa ou diversa da que deveria ter sido escrita; III – em documento contábil ou em qualquer outro documento relacionado com as obrigações da empresa perante a previdência social, declaração falsa ou diversa da que deveria ter constado*".

Os núcleos do tipo são dois, isto é, *inserir* (colocar, incluir) ou *fazer inserir* (atuar para que terceiro introduza). Aqui o documento é materialmente verdadeiro, produzido por quem possui legitimidade a tanto, porém seu conteúdo declarativo é falso, razão pela qual se cuida de espécie de falsidade ideológica. Os incisos I a III fixam os *objetos materiais* da infração.

A fixação de pessoa que não possua a qualidade de segurado obrigatório em folha de pagamento ou documento de informações que seja destinado a fazer prova perante a previdência social se refere ao descumprimento da regulação sobre segurados obrigatórios elencados no art. 11 da Lei nº 8.213/1991 (Plano de Benefícios da Previdência Social) nas informações prestadas em documento de vencimentos ou demais papéis de interesse previdenciário.

Carteira de Trabalho e Previdência Social do empregado é o documento obrigatório para todo trabalhador que venha a prestar algum tipo de serviço. A expressão "*documento que deva produzir efeito perante a previdência social*" é *elemento normativo do tipo*, referindo-se a quaisquer documentos de interesse previdenciário. Em qualquer caso, pune-se a aposição, ou atuação para que assim se proceda, de declaração falsa ou diversa da que deveria ter sido escrita em tais documentos.

Documento contábil ou em qualquer outro documento relacionado com as obrigações da empresa perante a previdência social se atrelam aos registros financeiros empresariais.

De igual modo que a previsão anterior, veda-se o lançamento de declaração falsa ou diversa da que deveria ter constado.

Perceba-se que todas as condutas descritas – figuras de perigo abstrato – voltam-se a interesses *previdenciários*, não trabalhistas. Ou seja, a potencialidade de dano é relacionada aos interesses do Instituto Nacional do Seguro Social (INSS), não exatamente do trabalhador. Caso a falsidade lançada na Carteira de Trabalho e Previdência Social atinja *direito trabalhista*, o crime será o previsto no art. 49 da Consolidação das Leis do Trabalho (Decreto-lei nº 5.452/1943): "*Art. 49 – Para os efeitos da emissão, substituição ou anotação de Carteiras de Trabalho e Previdência Social, considerar-se-á, crime de falsidade, com as penalidades previstas no art. 299 do Código Penal: I – Fazer, no todo ou em parte, qualquer documento falso ou alterar o verdadeiro; II – Afirmar falsamente a sua própria identidade, filiação, lugar de nascimento, residência, profissão ou estado civil e beneficiários, ou atestar os de outra pessoa; III – Servir-se de documentos, por qualquer forma falsificados; IV – falsificar, fabricando ou alterando, ou vender, usar ou possuir Carteira de Trabalho e Previdência Social assim alteradas; V – Anotar dolosamente em Carteira de Trabalho e Previdência Social ou registro de empregado, ou confessar ou declarar em juízo ou fora dele, data de admissão em emprego diversa da verdadeira*".

Por sua vez, o art. 297, § 4º, fixa como figura equiparada a conduta de "*quem omite, nos documentos mencionados no § 3º, nome do segurado e seus dados pessoais, a remuneração, a vigência do contrato de trabalho ou de prestação de serviços*". Cuida-se de *crime omissivo próprio*, ou puro, que pune aquele que, tendo a obrigação a tanto, deixa de inserir nos documentos apontados no § 3º as informações laborativas devidas[6].

Como figura omissiva pura, *não* se admite a *tentativa* na hipótese.

59.7. CAUSA DE AUMENTO DE PENA

O art. 297, § 1º, traz *causa de aumento de pena* em patamar fixo de um sexto se o agente é funcionário público e pratica o delito se prevalecendo do cargo. Trata-se de *crime funcional* (*delito próprio*).

Justifica-se o aumento de pena em razão da maior censurabilidade da ação, perpetrada por quem possui o dever de ofício de cumprimento da legislação, bem como pela maior facilidade na prática delinquencial.

---

6. O STJ já reconheceu o *princípio da insignificância* na hipótese, em conduta relacionada a contrato de trabalho de duração de pouco mais de um mês, cf. HC 107.572/SP, 6ª Turma, rel. Min. Celso Limongi (Des. convocado do TJ/SP), j. 14.04.2009.

Em face da disposição tópica da majorante no § 1º, sua aplicação se limita à conduta constante do *caput* do art. 297, ou seja, à forma básica de falsidade documental[7]. Por conseguinte, não incide a causa de aumento sobre as figuras equiparadas (§§ 3º e 4º).

No art. 296 (*falsificação de selo ou sinal público*), por exemplo, o legislador fixou similar majoração após insculpir as formas equiparadas, alcançando-as em sua eventual incidência, contrariamente ao que se deu no presente dispositivo. O fato de não se ter procedido a uma readequação quando da inserção dos §§ 3º e 4º pela Lei nº 9.983/2000 possui consequências jurídicas.

59.8. PENA E AÇÃO PENAL

O crime de *falsificação de documento público*, em sua forma básica, ou simples, recebe pena de reclusão, de dois a seis anos, e multa (art. 297, *caput*).

O art. 297, § 1º, fixa *majorante* de sexta parte se o agente é funcionário público, e comete o crime se prevalecendo do cargo.

Recebem as mesmas punições estabelecidas para a modalidade básica as figuras equiparadas, previstas nos §§ 3º e 4º do art. 297.

A *ação penal é pública incondicionada*.

Em regra, a *competência* para processo e julgamento é dada conforme o ente responsável pela *emissão* do documento, se federal ou não. Se o objeto material do crime se referir a documento de atribuição quanto à emissão da União, de órgão, de entidade ou de autoridade federal, será competente a Justiça Federal, *ratione materiae*.

Sobre o tema, há três súmulas pertinentes.

De acordo com a Súmula Vinculante 36 do STF: "*Compete à Justiça Federal comum processar e julgar civil denunciado pelos crimes de falsificação e de uso de documento falso quando se tratar de falsificação da Caderneta de Inscrição e Registro (CIR) ou de Carteira de Habilitação de Amador (CHA), ainda que expedidas pela Marinha do Brasil*". Os documentos referidos são licenças para conduzir embarcações, atividade fiscalizada pela Marinha.

A seu turno, fixa Súmula 62 do STJ: "*Compete à Justiça Estadual processar e julgar o crime de falsa anotação na Carteira de Trabalho e Previdência Social, atribuído à empresa privada*". Observe-se, contudo, que há decisões contrárias à súmula no próprio STJ.

7. PRADO, Luiz Regis. *Curso de direito penal brasileiro*. São Paulo: Thomson Reuters, 2018, v. II, p. 720.

Por fim, estabelece a Súmula 104 do STJ: "*Compete à Justiça Estadual o processo e julgamento dos crimes de falsificação e uso de documento falso relativo a estabelecimento particular de ensino*".

O *uso de documento falso*, por sua vez, tem sua competência dada em razão da pessoa jurídica prejudicada. Nesse influxo, a Súmula 546 do STJ insculpe: "*A competência para processar e julgar o crime de uso de documento falso é firmada em razão da entidade ou órgão ao qual foi apresentado o documento público, não importando a qualificação do órgão expedidor*".

Insta observar que, se o próprio agente falsifica e usa o documento, responde apenas pela falsificação, sendo a utilização *post factum* impunível. Por isso, no caso, a competência *in casu* é aferida consoante o órgão emissor.

Porém, se o falsificador utiliza o documento para a prática de *estelionato*, responde apenas pelo crime-fim, como visto. Por conta disso, nesta hipótese, a competência é verificada conforme a *pessoa prejudicada*.

Preenchidos os requisitos do art. 28-A do Código de Processo Penal, é cabível o *acordo de não persecução penal*.

60 FALSIFICAÇÃO DE DOCUMENTO PARTICULAR (ART. 298)

Sumário: 60.1. Considerações iniciais – 60.2. Objetividade jurídica – 60.3. Sujeitos do delito – 60.4. Tipicidade objetiva e subjetiva – 60.5. Consumação e tentativa – 60.6. Pena e ação penal.

Falsificação de documento particular

Art. 298. Falsificar, no todo ou em parte, documento particular ou alterar documento particular verdadeiro:

Pena - reclusão, de 1(um) a 5 (cinco) anos, e multa.

Falsificação de cartão

Parágrafo único. Para fins do disposto no caput, equipara-se a documento particular o cartão de crédito ou débito.

60.1. CONSIDERAÇÕES INICIAIS

O delito de *falsificação de documento particular*, previsto no art. 298, *caput*, do Código Penal, possui a mesma construção tipológica da incriminação básica prevista no artigo antecedente, apenas variando seu objeto material, isto é, a natureza do documento sobre o qual recai a conduta infracional. A evolução dogmática das duas figuras está imbricada, conforme descrito nos capítulos anteriores.

Frise-se, não obstante, que a falsificação de documento particular é considerada pelo legislador como menos grave do que a falsificação de documento público, o que é natural, em face da maior ofensividade à fé pública envolvida neste último caso.

O dispositivo legal em análise sofreu uma alteração por meio da Lei nº 12.737/2012, a qual lhe inseriu um parágrafo único com o fim de equiparar a documento particular o *cartão de crédito ou débito*.

60.2. OBJETIVIDADE JURÍDICA

O crime de falsificação de documento particular tutela a *fé pública*, isto é, a confiabilidade depositada nos instrumentos e papéis privados.

Trata-se de *crime de perigo abstrato*, ou presumido, visto que sua punição independe do efetivo uso do documento falso. O tipo penal presume o perigo ao bem jurídico protegido, antecipando a tutela penal.

60.3. SUJEITOS DO DELITO

Sujeito ativo do delito é qualquer pessoa, não se exigindo qualquer característica especial do agente. Cuida-se de *crime comum*, ou geral.

Sujeito passivo é o Estado e, eventualmente, o particular prejudicado, pessoa física ou jurídica.

60.4. TIPICIDADE OBJETIVA E SUBJETIVA

O preceito primário do tipo incriminador constante do art. 298 do *Codex* estabelece: "*falsificar, no todo ou em parte, documento particular ou alterar documento particular verdadeiro*".

O núcleo do tipo consiste no verbo "*falsificar*", que significa imitar ou alterar fraudulentamente, reproduzindo ou modificando, total ou parcialmente, documento público. A concretização da falsificação ocorre pela *fabricação* (contrafação total) ou *alteração* (contrafação parcial).

Objeto material do delito é documento particular. O documento é considerado particular por exclusão, ou seja, é particular o documento que não é público em si mesmo ou por equiparação, *e.g.*, contrato de locação, contrato de compra e venda, notas fiscais, certificado de matrícula em escola *etc.*

O documento privado, apesar de não se revestir do manto oficial, não deixa de ser documento, ou seja, é um escrito com exposição de fatos, dados ou declarações de vontade, dotado de relevância jurídica e que, por si só, faz prova de seu conteúdo.

Dessa forma, assim como no caso do documento público, o documento particular possui como características: i) *forma escrita*, gravada sobre coisa móvel, transportável e transmissível – como papel, tela, pergaminho *etc.* – razão pela qual estão excluídos do conceito, dentre outras coisas, fotografias isoladas, desenhos, pinturas, podendo ser objeto material de outro delito; ii) *autoria determinada*, isto é, origem identificada, não sendo documento o escrito apócrifo (*v.g.*, carta anônima); iii) *conteúdo dotado de relevância jurídica*, o que significa a expressão de uma manifestação de vontade ou a exposição de fato juridicamente relevante (por exemplo, um contrato de compra e venda de locação); e iv) *eficácia probatória*, ou seja, aptidão para gerar consequências jurídicas isoladamente, o que ocorre por força do reconhecimento que o Direito lhe atribui.

Rascunhos, lembretes pessoais, como listas de tarefas *etc.*, não detêm relevância jurídica, não sendo documentos.

O documento particular *registrado em cartório* não se torna público, por essa razão. De conseguinte, entende-se que o fato não altera a natureza do documento.

No mesmo sentido, a cópia autenticada de documento particular adulterado permanece como documento particular. Mas se o *falsum* é do selo de autenticação, o crime é aquele previsto no art. 296 (*falsificação de selo ou sinal público*).

Como infração que deixa vestígios (*crime não transeunte*), consoante o teor do art. 158 do Código de Processo Penal, mostra-se imprescindível a realização de *perícia* para a comprovação do crime de falsificação de documento particular. Cuida-se do *exame documentoscópico*.

A *falsificação grosseira* não possui potencialidade de dano, razão pela qual denota um crime impossível.

A Lei nº 12.737/2012 (chamada "*Lei Carolina Dieckmann*") inseriu um parágrafo equiparando a documento particular o cartão de crédito ou débito[1]. Se o falsário usa o cartão de crédito clonado entende-se, majoritariamente, que há incidência do art. 298 e do art. 171, pois no caso persistiria a potencialidade lesiva do *falsum*.

Aliás, a respeito do tema, do mesmo modo que ocorre com o documento público, aplica-se a Súmula nº 17 do STJ: "*quando o falso se exaure no estelionato, sem mais potencialidade lesiva, é por este absorvido*".

Assim, em casos nos quais o uso do documento inquinado de falsidade é realizado pelos próprios responsáveis por sua confecção, não podendo ser reutilizado, não há que se falar em concurso de crimes, consistindo o uso em mera etapa, exaurimento ou *post factum* impunível, do crime de falsificação[2].

Elemento subjetivo do tipo é o dolo, vontade livre e consciente de fabricar ou adulterar documento, sem qualquer especial fim de agir (*tipo congruente*).

Não se admite modalidade culposa.

---

1. O tema era objeto de divergências jurisprudenciais, com o Superior Tribunal de Justiça entendendo que referidos cartões faziam parte do elemento normativo do tipo documento particular. Não obstante, o Supremo Tribunal Federal já decidiu que não retroage a inclusão feita pela Lei nº 12.737/2012, cf. STF, AgRg no HC 138.019, 1ª Turma, j. 29/11/2019, rel. Min. Rosa Maria Weber, DJe 11/12/2019.
2. Nesse sentido, *v.g.*, STJ, HC 359.739, 6.ª Turma, relª. Minª. Maria Thereza de Assis Moura, j. 28/06/2016, DJe 01/08/2016.

60.5. CONSUMAÇÃO E TENTATIVA

O delito se *consuma* com a efetiva contrafação ou adulteração do documento particular, independentemente de seu uso ou de qualquer consectário posterior. Neste influxo, o crime é *formal*, de consumação antecipada ou de resultado cortado.

Nesse influxo, exemplificativamente, caso o agente falsifique o documento e o guarde consigo, sem qualquer utilização, o delito estará configurado de qualquer modo.

Admite-se a *tentativa*, dado o caráter plurissubsistente da infração (*v.g.*, o agente é surpreendido quando está prestes a confeccionar a última folha do contrato forjado). Apesar de não se costumar frisar isso, de se notar que o reconhecimento do *conatus* demanda que os atos de contrafação ou alteração se encontrem em estágios avançados, a ponto de poder ser vislumbrada uma falsificação apta ao engano, não grosseira.

60.6. PENA E AÇÃO PENAL

O crime de *falsificação de documento particular* é sancionado com pena de reclusão, de um a cinco anos, e multa (art. 298, *caput*).

A *ação penal é pública incondicionada.*

Admite-se a *suspensão condicional do processo* (art. 89 da Lei nº 9.099/1995).

Preenchidos os requisitos do art. 28-A do Código de Processo Penal, é cabível o *acordo de não persecução penal.*

61 FALSIDADE IDEOLÓGICA (ART. 299)

Sumário: 61.1. Considerações iniciais – 61.2. Objetividade jurídica – 61.3. Sujeitos do delito – 61.4. Tipicidade objetiva e subjetiva – 61.5. Consumação e tentativa – 61.6. Causas de aumento de pena – 61.7. Pena e ação penal.

Falsidade ideológica

Art. 299. Omitir, em documento público ou particular, declaração que dele devia constar, ou nele inserir ou fazer inserir declaração falsa ou diversa da que devia ser escrita, com o fim de prejudicar direito, criar obrigação ou alterar a verdade sobre fato juridicamente relevante:

Pena – reclusão, de 1 (um) a 5 (cinco) anos, e multa, se o documento é público, e reclusão de 1 (um) a 3 (três) anos, e multa, se o documento é particular.

Parágrafo único. Se o agente é funcionário público, e comete o crime prevalecendo-se do cargo, ou se a falsificação ou alteração é de assentamento de registro civil, aumenta-se a pena de sexta parte.

61.1. CONSIDERAÇÕES INICIAIS

O crime de *falsidade ideológica* surge autonomamente apenas no Código Penal francês de 1810 (Código de Napoleão). No Brasil, a primeira previsão se deu apenas com a Consolidação das Leis Penais, de 1932, limitando-se aos documentos públicos. A inclusão dos documentos particulares ocorreu com a edição do Código Penal de 1940, na redação do art. 299, que não sofreu qualquer alteração desde então.

A falsidade ideológica é também chamada de falsidade intelectual, ideal ou moral, para diferenciá-la da *falsidade material*. Cuida-se de uma "*falsidade mental*", isto é, um falso ideal ou moral, o que a diferencia da falsidade objetivamente efetuada, ou seja, a falsidade de documento[1].

1. CARRARA, Francesco. *Programa del curso de derecho criminal*: dictado en la real Universidad de Pisa: parte especial. Trad. Sebastian Soler. Buenos Aires: DEPALMA, 1948, v. VII, p. 280.

No particular caso da falsidade ideológica, o documento é *autêntico*, mas o seu conteúdo é inverídico. O documento *objeto material* da infração é, então, formalmente verdadeiro, porém afirma algo não verdadeiro, ou seja, contém informações divergentes da realidade (*v.g.*, o agente faz constar estado civil de solteiro, ao invés da real condição de casado, em escritura pública lavrada no cartório, com o escopo de assegurar vantagem indevida em caso de eventual divórcio).

Por tal razão, inclusive, não há que se cogitar em exame documentoscópico na hipótese. Em outras palavras, a constatação do crime não demanda a realização de perícia, vez que o documento é genuíno.

Sobre esse ponto, ademais, há que se observar que o Código Penal brasileiro pune mais severamente a falsidade material que a ideológica, o que revela a distinção abstrata quanto à gravidade feita pela lei às duas situações.

O crime de falsidade ideológica pode incidir sobre *documento público* ou *particular*, consoante a disciplina nacional, que neste particular seguiu o *Codex* suíço. Em regra, nas legislações ocidentais, contrariamente, o delito de falsidade ideológica se restringe aos documentos públicos (*e.g.*, Itália, Espanha, Argentina *etc.*).

Demais disso, na nossa legislação, deve-se atentar para o fato de que há formas especiais de falsidade ideológica, previstas em outros dispositivos do Código Penal (*e.g.*, arts. 297, §§ 3º e 4º, relativo a documentos trabalhistas, e art. 301, *caput*, concernente a cargos públicos), ou na legislação extravagante (cf. minuciosa referência *infra*).

61.2. OBJETIVIDADE JURÍDICA

Consoante o já visto nos capítulos precedentes, o crime de "*falsum*" consiste numa infração do dever da verdade, uma lesão da "*fides pública*". Atingir a fé pública significa vulnerar a força probante atribuída pelo Estado a alguns objetos, símbolos ou formas exteriores.

Esse atingimento incide sobre a moeda, documentos públicos ou selos. De acordo com o pensamento clássico, circunscrevia-se a fé pública na credibilidade na autoridade, motivo pelo qual estaria excluído do falso o documento privado.

Ocorre que foi havendo um alargamento dessa compreensão, porque em realidade os documentos privados possuem consequências jurídicas na vida coletiva. Assim é que se passou a incluir sob esta rubrica inclusive documentos particulares. E tanto na forma como no conteúdo.

Nesse sentido, no Título X da Parte Especial do Código Penal, dentro "*Dos crimes contra a fé pública*", tem-se, sequencialmente, o Capítulo I, "Da moeda falsa", o Capítulo II, "Da falsidade de títulos e outros papéis públicos", e o Capítulo III, "Da falsidade documental". É dentro desse último que se encontra a falsidade ideológica.

O crime em análise tutela, portanto, a *fé pública*, isto é, a confiabilidade da veracidade dos documentos públicos ou particulares, especialmente quanto a seu teor.

61.3. SUJEITOS DO DELITO

Sujeito ativo do delito de falsidade ideológica é qualquer pessoa, não se exigindo qualquer característica especial do agente. Trata-se de *crime comum*, ou geral.

Se o sujeito ativo for *funcionário público*, o qual atua no exercício das funções, incide *causa de aumento de pena* (art. 299, parágrafo único), de modo que, nesta hipótese, a figura será própria.

O art. 64 da Lei no 8.383/1991 estabelece que responderão como coautores do crime de falsidade ideológica o gerente e o administrador de instituição financeira ou assemelhadas que concorrerem para que seja aberta conta ou movimentados recursos sob nome falso, de pessoa física ou de pessoa jurídica inexistente ou de pessoa jurídica liquidada de fato ou sem representação regular.

Sujeito passivo é o Estado e, eventualmente, alguém prejudicado.

61.4. TIPICIDADE OBJETIVA E SUBJETIVA

O preceito incriminador constante do art. 299, *caput*, estabelece: "*omitir, em documento público ou particular, declaração que dele devia constar, ou nele inserir ou fazer inserir declaração falsa ou diversa da que devia ser escrita, com o fim de prejudicar direito, criar obrigação ou alterar a verdade sobre fato juridicamente relevante*".

Cuida-se de *tipo misto alternativo*, de conteúdo variado, também chamado *crime de ação múltipla*, o qual contempla uma forma delitiva omissiva e duas outras, ambas comissivas (a prática de mais de um comportamento delitivo em um mesmo contexto fático caracteriza crime único, devendo a circunstância ser sopesada na fixação da pena-base). De conseguinte, há três possibilidades de falsidade ideológica: i) omitir declaração que deveria constar em documento público ou particular; ii) inserir nele declaração falsa; e iii) fazer inserir declaração falsa ou diversa da que devia ser escrita no documento.

Omitir declaração que deveria constar significa deixar de mencionar, ocultar informação relevante, a qual necessariamente haveria de ser declinada em determinado documento. Por exemplo, não apontar a necessidade de uso de lentes obrigatórias na Carteira Nacional de Habilitação (CNH).

Inserir declaração falsa consiste em fazer incluir manifestação inverídica no documento. São exemplos, o delegado de polícia que emite CNH para quem foi reprovado, o particular que faz declaração de dívida inexistente para fugir de divisão de bens em divórcio ou o indivíduo que insere uma contraprestação a mais para a outra parte em um contrato de compra e venda.

Fazer inserir declaração falsa é a conduta de levar terceiro à inclusão de assertiva mendaz em documento público ou particular, ou seja, induzir outrem à introdução de dado falso em documento. É o que ocorre, *v.g.*, por parte daquele que declara que é solteiro no Cartório de Imóveis, com vistas a prejudicar o cônjuge, ou ainda, que faz constar a transação como compra e venda, quando em realidade se trata de uma doação.

Omitir declaração que deveria constar e *inserir declaração falsa* são *falsidades imediatas*, ou diretas, uma vez que é o próprio agente que confecciona o documento quem omite o que devia ou insere o não devido. Já *fazer inserir declaração falsa* é uma *falsidade mediata*, isto é, indireta, visto que na hipótese o agente se vale de um terceiro para a realização do ilícito.

Nesse último caso, evidentemente, o terceiro apenas responde pelo crime se estiver mancomunado com o agente, pois não se admite responsabilidade objetiva em Direito Penal. Se o terceiro for funcionário público que atua em conluio com o particular, ambos responderão em concurso de agentes.

Em qualquer das modalidades previstas, é imprescindível que a falsidade seja *apta ao engano* – sob pena de *crime impossível*, *e.g.*, declarar-se proprietário do sistema solar, detentor da idade de cento e oitenta anos ou imortal *etc.* –, bem como que diga respeito a *fato juridicamente relevante*, ou seja, volte-se a uma relação jurídica com potencial lesivo a outrem. Dessa forma, *v.g.*, não possui significado jurídico-penal o ato de mentir a idade em uma pesquisa de opinião ou na ficha de cadastro da academia de ginástica.

Objeto material do crime é o documento, público ou particular, como referido. No âmbito do presente delito, considera-se *documento* o escrito por meio do qual se reconhece fato, direito ou obrigação. Perceba-se que, além de objeto material da infração, o termo se consubstancia também em *elemento normativo do tipo*.

A jurisprudência, inclusive dos tribunais superiores, entende que *petições de advogados* com eventuais mentiras, juntadas em processos judiciais ou administrativos, não se amoldam à definição de documento, razão pela qual não se perfaz o crime de falsidade ideológica. Entende-se que o fato é atípico porque não há valor probante nestas petições.

Pela mesma motivação, o Superior Tribunal de Justiça (STJ) já entendeu que a inserção de dados falsos no "*currículo Lattes*" – sistema de currículos virtual criado e mantido pelo Conselho Nacional de Desenvolvimento Científico e Tecnológico –, ou mesmo em currículos comuns, não caracteriza o delito em análise[2]. Nesses casos, frisa-se que os dados lançados, ademais de em regra desacompanhados de assinatura, são passíveis de aferição por quem detenha interesse.

De igual modo, o Supremo Tribunal Federal (STF) já entendeu que declaração de insuficiência de recursos para fins de obtenção de gratuidade de justiça ("*declaração de pobreza*") não caracteriza falsidade ideológica[3]. Segundo a corte, nessas hipóteses, "*a declaração passível de averiguação ulterior não constitui documento para fins penais*".

Quando um *papel – total ou parcialmente – em branco* é preenchido por pessoa diversa do signatário, com conteúdo diverso do por esse último desejado, prejudicando direito, criando obrigação ou alterando a verdade sobre fato juridicamente relevante, quatro situações podem se dar[4].

Se o agente detém o papel de *forma legítima*, isto é, se o documento lacunoso lhe foi confiado pelo signatário para que o preenchesse em determinado sentido (o que pode ocorrer, *e.g.*, na relação entre mandante e mandatário, como cliente e advogado), vindo a fazê-lo de modo diverso do pactuado, haverá *falsidade ideológica*.

Já no caso da folha assinada total ou parcialmente em branco ter sido obtida de *forma ilícita* (*v.g.*, furto, extorsão, apropriação indébita *etc.*), o seu preenchimento representará a criação de um documento, isto é, uma contrafação, pelo que o crime perpetrado será o de falsidade material. A depender da natureza do documento, o delito será o de *falsificação de documento público* (art. 297) ou *falsificação de documento particular* (art. 298).

Na hipótese de o agente ter recebido legitimamente a folha para regular preenchimento, mas posteriormente o signatário haver *revogado os poderes conferidos* para tanto, ou tiver *cessado a obrigação ou faculdade de preencher o papel* (*v.g.*, a incumbência detinha prazo certo), o preenchimento indevido caracterizará, igualmente à última situação descrita, uma falsidade material, com os mesmos consectários.

Por fim, se o agente recebe legitimamente o papel, mas com a finalidade de preenchê-lo com conteúdo falso, vindo, contudo, a fazê-lo de acordo com a verdade, não se dará crime algum, tendo havido apenas atos preparatórios, impuníveis. Em outros termos, a não compactuação com o ilícito descrita nas circunstâncias é *fato atípico*, nada respondendo o mandatário nem o mandante eivado de malícia.

---

2. STJ, RHC 81.451/RJ, 6ª Turma, relª. Minª. Maria Thereza de Assis Moura, j. 22/08/2017.
3. STF, HC 85.976/MT, 2ª Turma, relª. Minª. Ellen Gracie, j. 13/12/2005.
4. FRAGOSO, Heleno Cláudio. *Lições de direito penal*: parte especial. Rio de Janeiro: Forense, 1986, v. II.

No âmbito do Direito Civil, existe o instituto da *simulação*, causa de nulidade dos negócios jurídicos, conforme o art. 167, § 1º, do Código Civil ("*Art. 167.* [...] § 1º *Haverá simulação nos negócios jurídicos quando: I – aparentarem conferir ou transmitir direitos a pessoas diversas daquelas às quais realmente se conferem, ou transmitem; II – contiverem declaração, confissão, condição ou cláusula não verdadeira; III – os instrumentos particulares forem antedatados, ou pós-datados.* [...]").

Dessa maneira, simulação é a aparência contrária à realidade de um negócio jurídico, com o escopo ilusório, seja por não existir de fato o negócio, seja por existir negócio diverso do aparente[5]. Em geral, a simulação configura o crime de falsidade ideológica, a menos que o fato simulado não detenha relevância jurídica.

Não obstante, duas outras ressalvas dogmáticas são necessárias: i) caso a *pretensão* do agente que pratica a simulação seja *legítima*, não tendo havido socorro ao Poder Judiciário, o crime será o de *exercício arbitrário das próprias razões* (art. 345 do Código Penal), restando absorvida a falsidade ideológica; ii) se a simulação almeja *vantagem patrimonial*, o crime de falsidade ideológica é simples meio para crime-fim patrimonial (neste influxo, *v.g.*, a Súmula 17 do STJ estabelece: "*Quando o falso se exaure no estelionato, sem mais potencialidade lesiva, é por este absorvido*").

Quanto a esse último aspecto, aliás, há de se atentar para o fato de que o crime pode ser outro que não exatamente o de *estelionato* (art. 171), como *duplicata simulada* (art. 172), *fraude à execução* (art. 179) *etc.*, a depender da presença ou não dos elementos especializantes em cada caso concreto.

Importa observar, ademais, que o crime-fim pode ser diverso do de cunho patrimonial, restando absorvida a falsidade ideológica de qualquer forma. É o que ocorre, *v.g.*, com a falsidade no curso de procedimento licitatório (incidindo apenas o fixado no art. 93 da Lei nº 8.666/1993)[6] ou para a prática de bigamia (respondendo o agente tão somente pelo insculpido no art. 235 do Código Penal).

Relativamente à *tipicidade subjetiva*, vê-se que o crime de falsidade ideológica é doloso. Além disso, há um especial fim de agir (*elemento subjetivo especial do tipo*), consistente no escopo de *prejudicar direito*, *criar obrigação* ou *alterar a verdade sobre fato juridicamente relevante*[7].

---

5. FERRARA, Francesco. *Della simulazione dei negozi giuridici*. Roma: Athenaeum, 1926, p. 36.
6. Neste sentido, *e.g.*, STJ, HC 482.549, 3ª Seção, rel. Min. Rogério Schietti Cruz, j. 11/03/2020, DJe 03/04/2020.
7. Analisando o elemento subjetivo do tipo de falsidade ideológica, veja-se o seguinte caso concreto julgado pelo STJ: "*Conforme se verifica a partir da leitura do acórdão recorrido, a acusada Marta não poderia afastar-se do trabalho por cinco dias sem sofrer consequências na seara administrativa, relativamente à obtenção de férias e licença-prêmio. Desse modo, assinou, com aquiescência de sua Diretora – Maria do Carmo –, o livro-ponto como se houvesse ministrado as aulas naquele período, criando para a Prefeitura a obrigação legal de remunerá-la, sendo*

Não há previsão de modalidade culposa.

De conseguinte, se a pessoa se equivoca ao preencher um documento ou ao prestar declaração a um funcionário público que o confecciona, inexiste crime. Quanto a esse último, contudo, caso tenha se apercebido da erronia e mesmo assim venha a elaborar o documento com base nos dados falsos, será responsabilizado, de modo exclusivo, pelo delito.

A jurisprudência já entendeu que não há o crime de falsidade ideológica quando presente "*animus jocandi*", alteração para parecer mais jovem perante os outros, por vaidade, declaração falsa sobre a idade do filho para que pudesse ir a baile de Carnaval *etc.*

Há inúmeras *figuras especiais* de falsidade ideológica, as quais prevalecem conforme o princípio da especialidade.

Caso a falsidade ideológica seja praticada com *fim eleitoral*, incide o previsto no art. 350 da Lei nº 4.737/1965 (Código Eleitoral): "*Art. 350. Omitir, em documento público ou particular, declaração que dele devia constar, ou nele inserir ou fazer inserir declaração falsa ou diversa da que devia ser escrita, para fins eleitorais: Pena – reclusão até cinco anos e pagamento de 5 a 15 dias-multa, se o documento é público, e reclusão até três anos e pagamento de 3 a 10 dias-multa se o documento é particular. Parágrafo único. Se o agente da falsidade documental é funcionário público e comete o crime prevalecendo-se do cargo ou se a falsificação ou alteração é de assentamentos de registro civil, a pena é agravada*".

Se dados falsos são lançados em documentos fiscais, com escopo de sonegação, reconhece-se o crime do art. 1º, incisos I e II, da Lei nº 8.137/1990 (Lei dos Crimes contra a Ordem Tributária): "*Art. 1º Constitui crime contra a ordem tributária suprimir ou reduzir tributo, ou contribuição social e qualquer acessório, mediante as seguintes condutas: I – omitir informação, ou prestar declaração falsa às autoridades fazendárias; II – fraudar a fiscalização tributária, inserindo elementos inexatos, ou omitindo operação de qualquer natureza, em documento ou livro exigido pela lei fiscal; [...] Pena – reclusão de 2 (dois) a 5 (cinco) anos, e multa*".

---

certo que o crime de falsidade ideológica configura-se com a mera inserção de dados falsos na declaração. [...] Consoante se verifica da leitura do trecho transcrito, o animus fraudandi *está explícito na conduta perpetrada pelas rés, que agiram livre e conscientemente com vontade de burlar as informações constantes do livro-ponto, com objetivo de evitar que a ré Marta sofresse consequências na seara administrativa, relativamente à obtenção de férias e licença-prêmio, bem como criando para a Prefeitura a obrigação legal de remunerá-la, durante o período em que não trabalhou. Nesse contexto, está clara a presença do dolo específico, consistente na vontade livre e consciente de criar obrigações e alterar a verdade sobre fato juridicamente relevante, estando pois caracterizado o crime do art. 299 do Código Penal*" (STJ, EDcl no AgRg no Ag em REsp 1.608.953, 5ª Turma, rel. Min. Marcelo Navarro Ribeiro Dantas, j. 05/03/2020, DJe 23/03/2020).

Nesse específico caso, trata-se de *crime material*, que se consuma com a efetiva sonegação fiscal. Se a falsidade levada a efeito é descoberta, impedindo a efetiva sonegação, haverá *tentativa* do crime especial, restando, de qualquer modo, absorvida a falsidade ideológica.

Ainda, a Lei nº 7.492/1986 (Lei dos Crimes contra o Sistema Financeiro Nacional) possui duas previsões especiais de falsidade ideológica, nos arts. 9º ("*art. 9º Fraudar a fiscalização ou o investidor, inserindo ou fazendo inserir, em documento comprobatório de investimento em títulos ou valores mobiliários, declaração falsa ou diversa da que dele deveria constar: Pena – Reclusão, de 1 (um) a 5 (cinco) anos, e multa*") e 10 ("*art. 10. Fazer inserir elemento falso ou omitir elemento exigido pela legislação, em demonstrativos contábeis de instituição financeira, seguradora ou instituição integrante do sistema de distribuição de títulos de valores mobiliários: Pena – Reclusão, de 1 (um) a 5 (cinco) anos, e multa*").

A Consolidação das Leis do Trabalho (Decreto nº 5.452/1943), por sua vez, possui duas figuras particulares de falsidade ideológica, em seu art. 49, incisos II e V: "*art. 49 – Para os efeitos da emissão, substituição ou anotação de Carteiras de Trabalho e Previdência Social, considerar-se-á, crime de falsidade, com as penalidades previstas no art. 299 do Código Penal: [...] II – Afirmar falsamente a sua própria identidade, filiação, lugar de nascimento, residência, profissão ou estado civil e beneficiários, ou atestar os de outra pessoa; [...] V – Anotar dolosamente em Carteira de Trabalho e Previdência Social ou registro de empregado, ou confessar ou declarar em juízo ou fora dele, data de admissão em emprego diversa da verdadeira*".

Finalmente, com o *nomen iuris* de "*indução a erro*", a Lei de Falências (Lei nº 11.101/2005) estabelece forma específica de falsidade ideológica ocorrente no procedimento falimentar: "*art. 171. Sonegar ou omitir informações ou prestar informações falsas no processo de falência, de recuperação judicial ou de recuperação extrajudicial, com o fim de induzir a erro o juiz, o Ministério Público, os credores, a assembleia-geral de credores, o Comitê ou o administrador judicial: Pena – reclusão, de 2 (dois) a 4 (quatro) anos, e multa*".

61.5. CONSUMAÇÃO E TENTATIVA

A figura de falsidade ideológica consiste em *crime formal*, de consumação antecipada, ou de resultado cortado. Dessa maneira, independe de qualquer resultado material posterior, *consumando-se* com as simples omissão, inserção ou indução de inserção indevidas, descritas no tipo.

Admite-se a *tentativa* nas modalidades comissivas ("*inserir*" e "*fazer inserir*"), visto que plurissubsistentes. Não é possível, todavia, o *conatus* na forma omissiva pura ("*omitir*"), em razão de se cuidar de categoria unissubsistente.

61.6. CAUSAS DE AUMENTO DE PENA

O parágrafo único do art. 299 traz duas causas de aumento de pena: i) se o agente é funcionário público e pratica o delito se prevalecendo do cargo; ii) se a falsidade é de assento de registro civil. Em qualquer caso, aumenta-se a pena em um sexto.

Quanto à majoração em razão da atuação de *funcionário público*, que realiza a falsidade no âmbito de suas funções ou se aproveitando dela, trata-se de *crime funcional*. Justifica-se o aumento de pena em face da maior censurabilidade da ação, perpetrada por quem possui o dever de ofício de cumprimento da legislação, bem como pela maior facilidade na prática delinquencial em destaque.

Com relação à falsidade de *assento de registro civil*, duas questões se mostram importantes.

Primeiramente, a falsidade deve se dar no *assento*, ou seja, nos livros, e não em atestados ou certidões. Por derradeiro, existem dúvidas quanto à aplicabilidade em relação ao assento de *registro de pessoas jurídicas*, visto que a Lei nº 6.015/1973 (Lei de Registros Públicos), disciplina o tema juntamente com o *registro civil de pessoas naturais* (nascimentos, casamentos, óbitos, emancipações *etc.*). Nesse particular, assiste razão a Prado[8], quando nega a possibilidade, eis que a interpretação há de ser restritiva e não existia registro civil de pessoas jurídicas quando da edição do Código Penal de 1940.

Caso a conduta de falsificação de registro civil seja a de *inscrição de nascimento inexistente*, incide a figura especial prevista no art. 241 do Código Penal: "*art. 241 – Promover no registro civil a inscrição de nascimento inexistente: Pena – reclusão, de dois a seis anos*". Por sua vez, se o comportamento for o de *registro de filho alheio como próprio*, chamada de "*adoção à brasileira*", o crime será o do artigo subsequente: "*art. 242 – Dar parto alheio como próprio; registrar como seu o filho de outrem; ocultar recém-nascido ou substituí-lo, suprimindo ou alterando direito inerente ao estado civil: Pena – reclusão, de dois a seis anos. Parágrafo único – Se o crime é praticado por motivo de reconhecida nobreza: Pena – detenção, de um a dois anos, podendo o juiz deixar de aplicar a pena*".

61.7. PENA E AÇÃO PENAL

O crime de *falsidade ideológica* é sancionado com pena de reclusão, de um a cinco anos, e multa, se o documento é público, e de um a três anos, e multa, se o documento é particular (art. 299, *caput*).

---

8. PRADO, Luiz Regis. *Curso de direito penal brasileiro*. São Paulo: Thomson Reuters, 2018, v. II, p. 727.

Há previsão de *causa de aumento de pena* em patamar fixo de sexta parte se o agente é funcionário público, e comete o crime se prevalecendo do cargo, ou se a falsificação ou alteração é de assentamento de registro civil (art. 299, parágrafo único).

A *ação penal é pública incondicionada.*

Admite-se a *suspensão condicional do processo*, conforme o art. 89 da Lei nº 9.099/1995, à exceção da hipótese prevista no art. 299, parágrafo único.

Preenchidos os requisitos do art. 28-A do Código de Processo Penal, é cabível *o acordo de não persecução penal*.

62 FALSO RECONHECIMENTO DE FIRMA OU LETRA (ART. 300)

Sumário: 62.1. Considerações iniciais – 62.2. Objetividade jurídica – 62.3. Sujeitos do delito – 62.4. Tipicidade objetiva e subjetiva – 62.5. Consumação e tentativa – 62.6. Pena e ação penal.

Falso reconhecimento de firma ou letra

Art. 300. Reconhecer, como verdadeira, no exercício de função pública, firma ou letra que o não seja:

Pena – reclusão, de 1 (um) a 5 (cinco) anos, e multa, se o documento é público; e de 1 (um) a 3 (três) anos, e multa, se o documento é particular.

62.1. CONSIDERAÇÕES INICIAIS

O crime de *falso reconhecimento de firma ou letra* (art. 300) nada mais é do que modalidade especial de falsidade ideológica, com nuances diferenciadas na construção típica, voltada ao exercício da função pública de autenticação de documentos. Sua origem no ordenamento brasileiro ocorre enquanto modalidade de *prevaricação* no Código Penal Republicano (1890). Como delito autônomo, sua previsão é fruto do Decreto nº 4.780/1923, posteriormente incluído na Consolidação das Leis Penais, de 1932.

O Código Penal de 1940, em seu art. 300 – cuja redação mantém-se a original –, incrimina não uma falsidade material, mas um *falso intelectual*, consistente no chancelamento indevido de documento, público ou particular, realizado com o objetivo de atestar a veracidade de dois aspectos de seu conteúdo, isto é, firma ou letra, os quais não correspondem à realidade.

62.2. OBJETIVIDADE JURÍDICA

O crime em análise tutela a *fé pública*, isto é, a confiabilidade da autenticação de firma ou letra de documentos públicos ou particulares.

62.3. SUJEITOS DO DELITO

Sujeito ativo do delito previsto no art. 300 do Código Penal é o funcionário público que detém a função ("*ratione offici*") de atestar com fé pública a autenticidade de firma ou letra (como tabelião, escrevente de tabelionato, oficial do cartório de registro civil, agentes consulares *etc.*). Trata-se de *crime próprio*, de caráter funcional.

Como em todos os crimes funcionais, diante da dicção do art. 30 do Código Penal, uma vez que a condição de funcionário público é elementar do tipo, admite-se o *concurso de agentes*, tanto na modalidade de participação como coautoria.

Sujeito passivo é o Estado, bem como, eventualmente, o particular, pessoa física ou jurídica, prejudicada pela conduta.

62.4. TIPICIDADE OBJETIVA E SUBJETIVA

O tipo incriminador insculpido no art. 300 do *Codex* estabelece: "*reconhecer, como verdadeira, no exercício de função pública, firma ou letra que o não seja*".

Reconhecer significa declarar, afirmar, proclamar autêntica a firma ou a letra que não o sejam. O reconhecimento dado pelo funcionário implica em uma certificação, dotada de fé pública, de que a assinatura ou a letra constante do documento são verídicas.

Não se trata de reconhecimento do conteúdo integral do documento, apenas de sua firma ou letra, que são os *objetos materiais* da infração. *Firma* é a assinatura de alguém, enquanto *letra* é o manuscrito da pessoa.

O reconhecimento possui diversas espécies, sendo que o tipo penal em destaque abarca qualquer delas: por autenticidade, por semiautenticidade, por semelhança ou indireto.

Reconhecimento *por autenticidade*, também chamado *por certeza*, é aquele em que a letra ou firma é aposta no documento na presença do funcionário. A *semiautenticidade*, que denota o reconhecimento dito semiautêntico, resulta da situação em que o signatário ou autor do escrito comparece à presença do funcionário com o documento já completo, afirmando ser sua a assinatura ou letra.

Por semelhança, hipótese mais comum, é a autenticação levada a efeito mediante a comparação com um modelo de assinatura contido em ficha arquivada em cartório, denominada "*cartão de firma*". Reconhecimento *indireto*, finalmente, decorre do comparecimento de testemunhas que declaram ser a letra ou a assinatura constantes do documento de determinada pessoa.

O *reconhecimento de letra* mostra-se, na prática, como algo pouco usual, normalmente voltado à verificação de autenticidade de testamento lavrado de próprio punho pelo autor da herança.

Embora se cuide de modalidade de falsidade ideológica, não material, parece-nos ser imperiosa a realização de exame pericial *in casu*. Isso porque há uma questão prejudicial de imprescindível necessidade de superação, consistente na veracidade ou não da assinatura ou letra.

Elemento subjetivo do tipo é o dolo, vontade livre e consciente de reconhecer, como verdadeira, no exercício de função pública, firma ou letra que não o sejam, independentemente de qualquer finalidade especial (*tipo congruente*). De se notar que esse é um traço diferencial da presente figura em face do delito de falsidade ideológica, o qual, contrariamente, demanda um especial fim de agir (*elemento subjetivo especial do tipo*).

Não existe modalidade culposa.

Se o comportamento delitivo for dotado de fins eleitorais, restará caracterizado delito especial previsto no art. 352 do Código Eleitoral: "art. 352. Reconhecer, como verdadeira, no exercício da função pública, firma ou letra que o não seja, para fins eleitorais: Pena – reclusão até cinco anos e pagamento de 5 a 15 dias-multa se o documento é público, e reclusão até três anos e pagamento de 3 a 10 dias-multa se o documento é particular".

62.5. CONSUMAÇÃO E TENTATIVA

A figura de *falso reconhecimento de firma ou letra* consiste em *crime formal*, de consumação antecipada, ou de resultado cortado. Dessa maneira, independe de qualquer resultado material posterior, *consumando-se* com o simples reconhecimento indevido.

Admite-se a *tentativa*, dado a possibilidade de fracionamento do *iter criminis* (*e.g.*, o tabelião é impedido no momento em que está procedendo à autenticação irregular).

62.6. PENA E AÇÃO PENAL

O crime de *falso reconhecimento de firma ou letra* é sancionado com pena de reclusão, de um a cinco anos, e multa, se o documento é público; e de um a três anos, e multa, se o documento é particular (art. 300).

O crime é apurável mediante *ação penal pública incondicionada*.

Admite-se a *suspensão condicional do processo* (art. 89 da Lei nº 9.099/1995).

Preenchidos os requisitos do art. 28-A do Código de Processo Penal, é cabível o *acordo de não persecução penal*.

63 CERTIDÃO OU ATESTADO IDEOLOGICAMENTE FALSO (ART. 301)

SUMÁRIO: 63.1. Considerações iniciais – 63.2. Objetividade jurídica – 63.3. Sujeitos do delito – 63.4. Tipicidade objetiva e subjetiva – 63.5. Consumação e tentativa – 63.6. Falsidade material de atestado ou certidão – 63.7. Figura qualificada – 63.8. Pena e ação penal.

Certidão ou atestado ideologicamente falso

Art. 301. Atestar ou certificar falsamente, em razão de função pública, fato ou circunstância que habilite alguém a obter cargo público, isenção de ônus ou de serviço de caráter público, ou qualquer outra vantagem:

Pena - detenção, de 2 (dois) meses a 1 (um) ano.

Falsidade material de atestado ou certidão

§ 1° - Falsificar, no todo ou em parte, atestado ou certidão, ou alterar o teor de certidão ou atestado verdadeiro, para prova de fato ou circunstância que habilite alguém a obter cargo público, isenção de ônus ou de serviço de caráter público, ou qualquer outra vantagem:

Pena - detenção, de 3 (três) meses a 2 (dois) anos.

§ 2° - Se o crime é praticado com o fim de lucro, aplica-se, além da pena privativa de liberdade, a de multa.

63.1. CONSIDERAÇÕES INICIAIS

Na sistemática brasileira, a origem do *delito de certidão ou atestado ideologicamente falso* se encontra no Código de 1890, com formulação bastante genérica. Posteriormente, os contornos do tipo foram alterados pelo Decreto nº 4.780/1923, tornando a figura básica crime próprio, o que foi incorporado pela Consolidação das Leis Penais (1932).

O Código Penal de 1940 disciplinou a questão no art. 301, o qual se mantém com a redação original.

Nesse último dispositivo, foram insculpidas duas figuras penais completamente distintas[1]. No *caput* se encontra prevista modalidade especial de *falsidade*

1. O que denota má técnica, segundo NORONHA, E. Magalhães. *Direito penal*. São Paulo: Saraiva, 1995, v. 4, p. 176.

ideológica, relativa a certidões ou atestados emitidos por funcionários públicos. Por outro lado, no § 1º do artigo, incrimina-se de forma especial a *falsidade material* de referidos objetos.

Como as penas cominadas se mostram sensivelmente inferiores às da *falsidade ideológica* (art. 299) e da *falsificação de documento público* (art. 297), fórmulas gerais de cada uma das condutas vedadas, no fundo, foram criadas duas *figuras privilegiadas*. Tendo em vista que o bem jurídico é o mesmo, assim como a forma e grau de seu ataque, político-criminalmente, mostra-se injustificada a distinção legislativa.

Nesse contexto, inclusive, salta aos olhos a *figura equiparada* estabelecida pelo art. 301, § 2º, isto é, quando o crime é perpetrado com o *fim de lucro*, a qual, pelo princípio da especialidade, impede o reconhecimento do delito de *corrupção passiva* (art. 317) para a conduta perpetrada pelo funcionário público. Em outras palavras, o que haveria de receber sanção de *reclusão de dois a doze anos, e multa, com aumento de pena de um terço* (art. 317, § 1º), é punido com *detenção, de dois meses a um ano, e multa*.

63.2. OBJETIVIDADE JURÍDICA

O crime em análise tutela a *fé pública*, isto é, a confiabilidade de certidões e atestados emitidos pelo poder público.

63.3. SUJEITOS DO DELITO

Sujeito ativo do delito é o funcionário público que detém a função ("*ratione offici*") de emitir atestados e certidões. Trata-se de *crime próprio*, de caráter funcional. Aplica-se aqui, como ademais em quaisquer outros delitos com previsão similar, o *conceito penal de funcionário público*, previsto no art. 327 do Código Penal, que não se confunde com a noção de servidor público, do Direito Administrativo. A noção penal é, assim, mais abrangente.

Como em qualquer crime funcional, diante da dicção do art. 30 do *Codex*, tendo em vista que a condição de funcionário público é elementar do tipo, admite-se o *concurso de agentes*, tanto na modalidade de participação como coautoria.

Sujeito passivo é o Estado.

63.4. TIPICIDADE OBJETIVA E SUBJETIVA

O tipo incriminador previsto no art. 301, *caput*, possui a seguinte formulação: "*atestar ou certificar falsamente, em razão de função pública, fato ou circunstância que habilite alguém a obter cargo público, isenção de ônus ou de serviço de caráter público, ou qualquer outra vantagem*".

Trata-se de *tipo misto alternativo*, ou de conteúdo variado, contendo dois núcleos, isto é, "*atestar*" e "*certificar*". *Atestar* significa afirmar fato ou circunstância cuja ciência decorre de observação direta (*e.g.*, atestado de boa conduta carcerária, dado pelo diretor do estabelecimento prisional). Por sua vez, *certificar* consiste em declarar a existência ou não de registro ou documento confiado ao Estado (*v.g.*, certidão de antecedentes criminais).

De conseguinte, *objeto material* da infração é o atestado ou a certidão emitida pelo funcionário público. A redação legal condiciona referidos documentos a que o teor do atestado ou certificado possua aptidão a *habilitar alguém a cargo público* (como a certidão de antecedentes criminais, quando negativa), a *isentar de ônus ou de serviço de caráter obrigatório* (*e.g.*, certidão de participação no Tribunal do Júri, com vistas à liberação de prestação futura[2]) ou a *obter qualquer outra vantagem* (*v.g.*, atestado de pobreza para obtenção de justiça gratuita).

A doutrina majoritária[3] entende que essa última locução, reveladora de interpretação analógica (ou *intra legem*), volta-se a *vantagem de natureza pública*, visto que esse é o sentido das hipóteses anteriormente elencadas. Por conseguinte, por exemplo, um atestado falso para fins de obtenção de emprego na iniciativa privada não perfaria o delito.

Parte da jurisprudência[4], não obstante, estende o alcance do tipo a qualquer tipo de vantagem, inclusive de natureza privada, tendo em vista a ausência de ressalva no texto legal. Essa é, de fato, a melhor interpretação para a disciplina, mesmo porque a compreensão limitativa à vantagem de natureza pública gera a aberração de sanção de *detenção de dois meses a um ano* para, *e.g.*, o atestado ideologicamente falso emitido com vistas à utilização em concurso do Ministério Público, enquanto a mesma conduta, para obtenção de emprego em um comércio receberia pena de *reclusão de um a*

---

2. Com escora no previsto no art. 437, inciso X, do Código de Processo Penal.
3. Dentre outros, HUNGRIA, Nélson. *Comentários ao código penal*. Rio de Janeiro: Forense, 1958, v. IX, p. 292; FRAGOSO, Heleno Cláudio. *Lições de direito penal*: parte especial. Rio de Janeiro: Forense, 1986, v. II, p. 356; PRADO, Luiz Regis. *Curso de direito penal brasileiro*. São Paulo: Thomson Reuters, 2018, v. II, p. 734.
4. PRADO, Luiz Regis. *Curso de...*, cit., p. 734.

cinco anos (por conta da incidência do estabelecido no art. 299, o qual haveria de ser aplicado em face da impossibilidade de reconhecimento do crime especial)[5].

Se o atestado ou a certidão forem inaptos a habilitar alguém a cargo público, a isentar de ônus ou de serviço de caráter obrigatório ou a obter qualquer outra vantagem perseguida, o crime será *impossível* por ineficácia absoluta do meio.

Elemento subjetivo do tipo é o dolo, vontade livre e consciente de atestar ou certificar, no exercício de função pública, fato ou circunstância nas condições descritas no tipo, independentemente de qualquer finalidade especial (*tipo congruente*). A aptidão a habilitar alguém a cargo público, a isentar de ônus ou de serviço de caráter obrigatório ou a obter qualquer outra vantagem perseguida não denota um especial fim de agir, ou seja, não se caracteriza como *elemento subjetivo especial do tipo*, apenas condiciona, ou delimita, o objeto material da infração.

Não existe modalidade culposa.

63.5. CONSUMAÇÃO E TENTATIVA

A figura em destaque consiste em *crime formal*, de consumação antecipada, ou de resultado cortado. Dessa forma, independe de qualquer resultado material posterior, *consumando-se* com a simples confecção do atestado ou certidão, pouco importando se serão utilizados ou não.

Não obstante, mostra-se imprescindível que haja a entrega do objeto material a alguém, por parte do funcionário público, tendo em vista que o bem jurídico protegido é a fé pública. Se o agente mantém consigo o documento, há inidoneidade de lesão ao interesse tutelado.

Admite-se a *tentativa*, devido à possibilidade de fracionamento do *iter criminis* (*e.g.*, o funcionário público é preso no momento em que está procedendo à entrega da certidão ou atestado a outrem).

63.6. FALSIDADE MATERIAL DE ATESTADO OU CERTIDÃO

O art. 301, § 1º, erige modalidade criminosa especial de *falsidade material*, com o seguinte teor: "*falsificar, no todo ou em parte, atestado ou certidão, ou alterar o teor de*

5. Contrariamente, Noronha entende que a ausência de limitação à natureza de vantagem pública subtrairia a incidência da falsidade ideológica (art. 299) a casos mais graves, os quais, todavia, não exemplifica, cf. NORONHA, E. Magalhães. *Direito penal*..., cit., p. 176.

certidão ou atestado verdadeiro, para prova de fato ou circunstância que habilite alguém a obter cargo público, isenção de ônus ou de serviço de caráter público, ou qualquer outra vantagem".

O ponto em comum com a figura do *caput* é o objeto material da infração. No tipo de *certidão ou atestado ideologicamente falso* o documento é formalmente verdadeiro – produzido em meio às atividades públicas –, porém seu conteúdo é inverídico. No presente caso, cuida-se de atestado ou certidão contrafeitos, total ou parcialmente.

Por essa razão, inclusive, contrariamente à figura do art. 301, *caput*, quanto à falsidade material de atestado ou certidão se mostra imprescindível a realização de *exame pericial*, nos termos do art. 158 do Código de Processo Penal.

O tipo em análise consiste em *crime comum*, podendo ser perpetrado por qualquer pessoa[6]. Quanto ao momento consumativo, é delito *formal*, ou de consumação antecipada, admitindo-se o *conatus*.

Se o agente que falsifica o documento vier a utilizá-lo, esse último comportamento consistirá em *post factum* impunível. Ou seja, o agente responderá apenas pela falsificação.

63.7. FIGURA QUALIFICADA

O art. 301, § 2º, estabelece que se o crime for praticado com o *fim de lucro*, aplica-se, além da pena privativa de liberdade, a de multa. Em face de sua posição tópica, cuida-se de figura qualificada que abrange tanto a de *certidão ou atestado ideologicamente falso* (art. 301, *caput*), como a de *falsidade material de atestado ou certidão* (art. 301, § 1º).

Reitere-se que, com relação ao crime funcional descrito no *caput*, a formulação levada a efeito pelo legislador impossibilita o reconhecimento do crime de corrupção passiva, o que se mostra político-criminalmente desarrazoado.

63.8. PENA E AÇÃO PENAL

O crime de *certidão ou atestado ideologicamente falso* é sancionado com pena de detenção, de dois meses a um ano (art. 301, *caput*).

A figura de *falsidade material de atestado ou certidão* é punida com detenção, de três meses a dois anos (art. 301, § 1º).

---

6. STJ, REsp 210.379, 6.ª Turma, rel. Min. Fernando Gonçalves, j. 12/09/2000, DJU 02/10/2000.

Caso o agente pratique qualquer dos crimes com o intuito de lucro, aplica-se também a pena de multa (art. 301, § 2º).

Os delitos são apuráveis mediante *ação penal pública incondicionada,* de competência do Juizado Especial Criminal, uma vez que se tratam de infrações penais de menor potencial ofensivo.

Admite-se a *suspensão condicional do processo* (art. 89 da Lei nº 9.099/1995).

Sendo admitida transação penal, é incabível o *acordo de não persecução penal* (art. 28-A, § 2º, I, do Código de Processo Penal).

64 FALSIDADE DE ATESTADO MÉDICO (ART. 302)

SUMÁRIO: 64.1. Considerações iniciais – 64.2. Objetividade jurídica – 64.3. Sujeitos do delito – 64.4. Tipicidade objetiva e subjetiva – 64.5. Consumação e tentativa – 64.6. Pena e ação penal.

Falsidade de atestado médico

Art. 302. Dar o médico, no exercício da sua profissão, atestado falso:

Pena – detenção, de 1 (um) mês a 1 (um) ano.

Parágrafo único. Se o crime é cometido com o fim de lucro, aplica-se também multa.

64.1. CONSIDERAÇÕES INICIAIS

O delito de *falsidade de atestado médico* se cuida de mais uma modalidade especial de falsidade ideológica, praticada por profissional da medicina quanto a seu mister. Em razão da pena sensivelmente inferior àquela atribuída ao crime descrito no art. 299 do *Codex*, trata-se, no fundo, de *forma privilegiada* de falsidade ideológica.

A origem da incriminação enquanto categoria autônoma é do Código Penal francês de 1.810, erigida com vistas a se punir o intuito de dispensa de serviço público.

No caso brasileiro, a figura surge apenas com o Decreto nº 4.780/1923, ao depois incorporado pela Consolidação das Leis Penais (1932). O Código Penal de 1940 inculpe-a no art. 302, o qual mantém a redação original.

64.2. OBJETIVIDADE JURÍDICA

O crime em análise tutela a *fé pública*, particularmente quanto à confiabilidade depositada em atestados médicos.

64.3. SUJEITOS DO DELITO

Sujeito ativo do delito previsto no art. 302 do Código Penal é o médico, isto é, profissional devidamente registrado no Conselho de Medicina. Trata-se de *crime próprio*, ou especial.

Diante do teor do art. 30 do Código Penal, tendo em vista que a condição de médico é elementar do tipo, admite-se o *concurso de agentes*, tanto na modalidade de participação como coautoria.

O legislador se olvidou de incluir no tipo os profissionais de áreas afins à medicina, como dentistas, psicólogos, fisioterapeutas, dentre outros, de forma que o atestado com conteúdo falso emitido por tais especialistas configura a forma fundamental de *falsidade ideológica* (art. 299), de modo que a punição é significativamente mais gravosa.

Se o médico for *funcionário público*, o qual solicita ou recebe vantagem indevida para fins de fornecimento do atestado falso, o crime será o de *corrupção passiva* (art. 317 do Código Penal).

Sujeito passivo é o Estado, bem como, eventualmente, o particular, pessoa física ou jurídica, prejudicado pela conduta (*e.g.*, empregador, diretor de escola *etc.*).

64.4. TIPICIDADE OBJETIVA E SUBJETIVA

A conduta criminosa consiste em "*dar o médico, no exercício da sua profissão, atestado falso*", o que significa o fornecimento, ou emissão, por parte de profissional de medicina, de atestado com teor inverídico quanto a aspectos essenciais de cunho médico.

O atestado médico (*objeto material do crime*) é, assim, verdadeiro na forma, porém, falso no conteúdo. A falsidade pode ser *total* ou *parcial* e deve se referir a *fato juridicamente relevante*. Isso quer dizer que a mentira acerca de circunstâncias secundárias (*e.g.*, local exato do exame, se no consultório ou fora dele) não possui dignidade penal.

Não é necessário que o falso atestado se atrele necessariamente à área de especialidade do médico. Por conseguinte, *e.g.*, não afasta o crime o cardiologista emitir manifestação inverídica sobre uma moléstia oftalmológica.

Elemento subjetivo do tipo é o dolo, vontade livre e consciente de atestar algo falso no exercício da medicina, independentemente de qualquer finalidade especial (*tipo congruente*). Observe-se que essa é uma característica diferencial do presente crime em face do delito de falsidade ideológica, o qual, contrariamente, demanda um especial fim de agir (*elemento subjetivo especial do tipo*).

Não existe modalidade culposa.

Caso o fato seja praticado com *intuito de lucro*, aplica-se também a pena de multa, nos termos do art. 302, parágrafo único, conformando tal *especial fim de agir* uma *figura qualificada*. Ressalte-se que, nesse caso, o médico não pode ser funcionário público (*e.g.*, atuante pelo SUS), o que afasta a incidência do dispositivo para reconhecimento da prática de corrupção passiva, como apontado.

64.5. CONSUMAÇÃO E TENTATIVA

O crime de *falsidade de atestado médico* consiste em *crime formal*, de consumação antecipada, ou de resultado cortado. Dessa forma, independe de qualquer resultado material posterior, *consumando-se* com a simples emissão do documento pelo médico.

Admite-se a *tentativa*, dado a possibilidade de fracionamento do *iter criminis* (*e.g.*, o médico é impedido no momento em que está elaborando o atestado).

64.6. PENA E AÇÃO PENAL

O crime de *falsidade de atestado médico* é sancionado com pena de detenção, de um mês a um ano (art. 302, *caput*).

Caso haja intuito de lucro, incide a *figura equiparada*, a qual acresce a pena de multa (art. 302, parágrafo único).

O crime é apurável mediante *ação penal pública incondicionada.*

Trata-se de *infração penal de menor potencial ofensivo*, pelo que o processo e o julgamento competem ao Juizado Especial Criminal.

Admite-se a *suspensão condicional do processo* (art. 89 da Lei nº 9.099/1995).

Sendo admitida transação penal, é incabível o *acordo de não persecução penal* (art. 28-A, § 2º, I, do Código de Processo Penal).

65 REPRODUÇÃO OU ADULTERAÇÃO DE SELO OU PEÇA FILATÉLICA (ART. 303)

Reprodução ou adulteração de selo ou peça filatélica

Art. 303. Reproduzir ou alterar selo ou peça filatélica que tenha valor para coleção, salvo quando a reprodução ou a alteração está visivelmente anotada na face ou no verso do selo ou peça:

Pena - detenção, de 1 (um) a 3 (três) anos, e multa.

Parágrafo único. Na mesma pena incorre quem, para fins de comércio, faz uso do selo ou peça filatélica.

O art. 303 do Código Penal foi *revogado tacitamente* pela Lei nº 6.538/1978, que disciplinou os serviços postais.

Atualmente, o assunto encontra-se tutelado pelo art. 39 de referida Lei especial, que erige figura nominada *reprodução e adulteração de peça filatélica*: "*Art. 39 – Reproduzir ou alterar selo ou peça filatélica de valor para coleção, salvo quando a reprodução ou a alteração estiver visivelmente anotada na face ou no verso do selo ou peça: Pena: detenção, até dois anos, e pagamento de três a dez dias-multa. Forma assimilada: Parágrafo único – Incorre nas mesmas penas, quem, para fins de comércio, faz uso de selo ou peça filatélica de valor para coleção, ilegalmente reproduzidos ou alterados*".

66 USO DE DOCUMENTO FALSO (ART. 304)

SUMÁRIO: 66.1. Considerações iniciais – 66.2. Objetividade jurídica – 66.3. Sujeitos do delito – 66.4. Tipicidade objetiva e subjetiva – 66.5. Consumação e tentativa – 66.6. Pena e ação penal.

Uso de documento falso

Art. 304. Fazer uso de qualquer dos papéis falsificados ou alterados, a que se referem os arts. 297 a 302:

Pena – a cominada à falsificação ou à alteração.

66.1. CONSIDERAÇÕES INICIAIS

A punição criminal da falsificação de documento – tanto material como ideológica – ocorre, justamente, porque se procura cercear a sua utilização. De conseguinte, o Direito Penal desvalora negativamente a conduta de *uso de documento falso*, insculpida enquanto incriminação autônoma.

Isso significa, desde já, duas consequências dogmáticas fundamentais. Em primeiro lugar, se aquele que falsifica o documento o utiliza, responderá apenas pela falsificação, sendo a conduta subsequente *post factum* impunível. De outra sorte, logicamente, se o agente que faz uso de documento falso difere do falsário, haverá dois delitos distintos, com cada indivíduo respondendo por sua respectiva ação criminosa.

O delito em foco remonta à antiguidade romana (*Lex Cornelia de falsis*, de 81 a.C.[1]), tendo sido o tema precisamente resgatado pelos praxistas no período intermédio[2]. Por conta de sua previsão no Código Penal de Napoleão Bonaparte (1810), a figura se espraiou pelas legislações.

No caso luso-brasileiro, as Ordenações Filipinas já continham formulação assemelhada, de *uso de escrituras falsas*. O Código Criminal do Império (1830), por sua vez, equiparava à falsificação o uso de escritura ou papel falso ou falsificado, cominando as

---

1. Sobre o tema, cf. CROOK, John A. *Lex Cornelia "de falsis"*, *Athenaeum* 65 (1987), pp. 163-171.
2. FRAGOSO, Heleno Cláudio. *Lições de direito penal*: parte especial. Rio de Janeiro: Forense, 1986, v. II.

mesmas sanções a qualquer hipótese. Já o Código de 1890 punia o uso de documentos falsificados, públicos e particulares, previsão seguida pelo Decreto nº 4.780/1923, bem como pela Consolidação das Leis Penais (1932).

O Código Penal de 1940 fixou o crime de *uso de documento falso* em seu art. 304, estabelecendo idêntica punição dada à falsificação. Em outros países, a sanção pelo uso se mostra como menos gravosa que pela falsificação, tido como comportamento mais ofensivo (*e.g.*, Itália e Espanha).

66.2. OBJETIVIDADE JURÍDICA

O *bem jurídico* protegido consiste na *fé pública*, particularmente quanto à confiabilidade dos documentos públicos e particulares utilizados nos tratos da vida social.

66.3. SUJEITOS DO DELITO

Sujeito ativo do delito de uso de documento falso é qualquer pessoa (*crime comum*, ou geral), exceto o autor da falsificação, em relação ao qual o eventual uso consiste em *post factum* impunível, como visto.

Dessa maneira, perceba-se que somente se perfará o presente crime se alguém usar um documento falsificado por outrem.

Sujeito passivo é o Estado e, eventualmente, a pessoa física ou jurídica prejudicada pela apresentação do documento público ou particular falso.

66.4. TIPICIDADE OBJETIVA E SUBJETIVA

Fazer uso de um documento falso é fazê-lo ou tentar fazê-lo passar como autêntico ou verídico[3]. Cuida-se da utilização de qualquer dos papéis falsificados ou alterados referidos nos arts. 297 a 302 (isto é, documentos públicos ou particulares, como cédula de identidade, Carteira Nacional de Habilitação, carteira da OAB, contrato de compra e venda, contrato de locação *etc.*).

Essa referência feita pelo tipo incriminador a outros dispositivos legais caracteriza o chamado *crime remetido*. Também se consubstancia em *delito acessório* (de

3. HUNGRIA, Nélson. *Comentários ao código penal*. Rio de Janeiro: Forense, 1958, v. IX, p. 297.

fusão ou, ainda, parasitário), vez que demanda a prática de crime anterior para sua existência, ou seja, somente se pode cogitar de uso de documento falso se tiver havido falsificação anterior.

Não há necessidade de identificação do falsário para a punição do agente pelo uso do documento falso. Ademais, a eventual *prescrição* da falsificação anterior não impacta em qualquer medida o crime relativo ao uso do documento, em face do previsto no art. 108, 1ª parte, do Código Penal: "*a extinção da punibilidade de crime que é pressuposto, elemento constitutivo ou circunstância agravante de outro não se estende a este* [...]". Excepcionalmente, a extinção da punibilidade do crime antecedente retira o pressuposto fundamental do uso de documento falso, gerando atipicidade, em casos de anistia e *abolitio criminis*.

A *posse ou o porte* de documentos falsos é fato atípico. Mostra-se imperioso que o documento contrafeito saia da esfera pessoal do agente, iniciando uma relação jurídica qualquer com terceiro, visto que somente assim se perfaz o núcleo do tipo. O simples exibicionismo a amigos ou conhecidos, *e.g.*, não configura o crime, pois se trata de fato sem relevância jurídica.

Curiosamente, a jurisprudência majoritária entende que se o documento é Carteira Nacional de Habilitação (CNH), o simples porte já configuraria o delito porque o art. 159, § 1º, da Lei nº 9.503/1997 (Código de Trânsito Brasileiro), estabelece ser o porte obrigatório. Segundo esse pensamento, ao dirigir o veículo, como o agente estaria necessariamente portando o documento, isso configuraria o uso.

Trata-se de interpretação bastante forçada, com cunho meramente punitivista. Efetivamente, só haverá uso na hipótese em que, por exemplo, uma vez abordado, o agente apresente a CNH aos policiais ou agentes de trânsito[4]. Os simples porte do documento, no corpo do agente, ou a posse, no interior do veículo, não significam necessariamente utilização. A previsão do Código de Trânsito apenas emite uma determinação administrativa, não tendo o condão de modificar o significado da expressão "*fazer uso*".

A jurisprudência dominante entende que o uso, em si, de *cópia não autenticada adulterada* não é crime porque a cópia simples não é documento. Assim, falta no caso a configuração de um dos elementos exigidos pelo tipo penal. Nada obsta, no entanto, que a utilização de tais objetos se dê para o perfazimento do crime de *estelionato*, pois pode ser meio de levar a vítima ao engano.

Quando o documento falso utilizado detiver tal característica em decorrência de *falsidade material*, será imprescindível a realização *de exame de corpo de delito* (art. 158 do Código de Processo Penal).

4. No mesmo sentido, v.g., PRADO, Luiz Regis. *Curso de direito penal brasileiro*. São Paulo: Thomson Reuters, 2018, v. II, p. 747.

Se a falsificação é grosseira, há *crime impossível* em face da inidoneidade de lesão à fé pública do comportamento delitivo. Todavia, ressalte-se, também aqui essa circunstância não afasta eventual prática de *estelionato*.

Quem usa o documento verdadeiro de outrem pratica o crime do art. 308 (modalidade de falsa identidade): "*art. 308 – Usar, como próprio, passaporte, título de eleitor, caderneta de reservista ou qualquer documento de identidade alheia ou ceder a outrem, para que dele se utilize, documento dessa natureza, próprio ou de terceiro: Pena – detenção, de quatro meses a dois anos, e multa, se o fato não constitui elemento de crime mais grave*".

Há divergências quanto ao reconhecimento do crime em destaque se a apresentação do documento falso ocorre fruto de *solicitação da autoridade*, isto é, sem que tenha havido espontaneidade do agente. Para um ponto de vista minoritário, destacadamente doutrinário, a conduta perpetrada não seria delito, visto que impossível.

A jurisprudência amplamente majoritária[5], não obstante, reconhece o crime, uma vez que o agente poderia ter simplesmente silenciado, mas preferiu valer-se do documento falso, configurando todos os elementos do tipo do art. 304 do Código Penal, sendo que a falta de êxito no intuito mostra-se como algo acidental.

A mesma sorte de discussão ocorre se o agente apresenta, mediante solicitação ou não, documento falso para fins de *escapar de ação persecutória* (ou seja, esconder a condição de foragido, de reincidente, de portador de maus antecedentes *etc.*), que significaria o exercício de um *direito à autodefesa* para uma corrente, e a plena realização do crime para outra, que prevalece na jurisprudência[6]. Essa última entende haver limites ao direito de autodefesa, sendo o delito sua fronteira.

Elemento subjetivo do tipo é o dolo, direto ou eventual, não se exigindo qualquer especial fim de agir.

Não há previsão de modalidade culposa.

Por evidência, o dolo abrange a ciência, ou ao menos a *desconfiança*, de o documento ser falso. Se, todavia, o agente não tem ideia da falsidade do documento, uma vez que, por exemplo, houve troca realizada por membro de uma associação criminosa – por conduta de agente público do órgão de expedição, de funcionário de hotel que reteve o documento *etc.* – a qual replica e vende os documentos verdadeiros, não ocorre o crime previsto no art. 304.

Quanto ao *concurso de delitos*, entende-se que na hipótese de *utilização de vários documentos falsos em um mesmo contexto fático* (v.g., apresenta cédula de identidade

---

5. STJ, AgRg no REsp 1.758.686/SP, 5ª Turma, rel. Min. Reynaldo Soares da Fonseca, j. 25/09/2018; STJ, HC 144.733/SP, 5ª Turma, rel. Min. Napoleão Nunes Maia Filho, j. 19.11.2009 *etc.*

6. E.g., STF, ARE 870.572 AgR/DF, 1ª Turma, rel. Min. Roberto Barroso, j. 23.06.2015.

e carteira da OAB falsas em uma abordagem policial), o crime será único, devendo a maior gravidade do comportamento ser sopesada quando da fixação da pena-base.

Nada obsta o reconhecimento do *crime continuado*, quando o agente faz uso reiterado do documento falso, atendidas as condições descritas no art. 71 do Código Penal.

Existem controvérsias, ademais, decorrente das distorções do sistema sancionatório brasileiro, quanto ao concurso de crimes entre o *estelionato* e a falsidade documental, quando aquele é perpetrado mediante o uso de documento falso. Em tais situações, existem quatro correntes jurisprudenciais.

Para a compreensão majoritária, se o estelionato é praticado com documento falso, não havendo possibilidade de ulteriores consectários (isto é, o documento só pode ser utilizado uma vez), há absorção da falsidade. Referida compreensão foi sumulada (Súmula 17 do Superior Tribunal de Justiça: "*Quando o falso se exaure no estelionato, sem mais potencialidade lesiva, é por este absorvido*").

Minoritariamente, ainda, são verificadas mais três compreensões, todas imbuídas de substrato ideológico punitivista: i) a de que haveria no caso concurso material; ii) a de que seria concurso formal; e, por fim, iii) a de que o falso prevaleceria (na hipótese do documento ser público, eis que pena do art. 297 do *Codex* é maior que a do estelionato).

Efetivamente, assiste razão ao entendimento dominante, tendo em vista que o crime-fim absorve o crime-meio. Reitere-se que essa controvérsia só existe por conta da falta de técnica do legislador nacional. O problema poderia ser solucionado por reforma legislativa, por previsão legal específica no tipo de estelionato ou pela racionalização de penas.

O uso dos documentos referidos no arts. 296 (*falsificação de selo ou sinal público*) possui previsão especial no art. 296, § 1º, inciso I. Já o *uso de selo ou peça filatélica de valor para coleção* encontra cerceamento no art. 39, parágrafo único, da Lei nº 6.538/1978 (Lei de Serviços Postais), tendo o art. 303 do Código Penal sofrido revogação tácita.

Na legislação extravagante, há previsões específicas de uso de documento falso dentre os crimes contra o Sistema Financeiro Nacional (art. 14 da Lei nº 7.492/1986[7]), contra a ordem tributária (art. 1º, inciso IV, da Lei nº 8.137/1990[8]) e falimentares (art. 175 da Lei nº 11.101/2005[9]).

---

7. *"Art. 14. Apresentar, em liquidação extrajudicial, ou em falência de instituição financeira, declaração de crédito ou reclamação falsa, ou juntar a elas título falso ou simulado: Pena – Reclusão, de 2 (dois) a 8 (oito) anos, e multa".*
8. *"Art. 1º Constitui crime contra a ordem tributária suprimir ou reduzir tributo, ou contribuição social e qualquer acessório, mediante as seguintes condutas: [...] IV – elaborar, distribuir, fornecer, emitir ou utilizar documento que saiba ou deva saber falso ou inexato; [...] Pena – reclusão de 2 (dois) a 5 (cinco) anos, e multa [...]".*
9. *"Art. 175. Apresentar, em falência, recuperação judicial ou recuperação extrajudicial, relação de créditos, habilitação de créditos ou reclamação falsas, ou juntar a elas título falso ou simulado: Pena – reclusão, de 2 (dois) a 4 (quatro) anos, e multa".*

66.5. CONSUMAÇÃO E TENTATIVA

O crime se *consuma* com a simples utilização do documento falso, independentemente de qualquer resultado posterior. Cuida-se de *crime formal*, de consumação antecipada, ou de resultado cortado.

O uso de documento falso não admite *tentativa*, dado seu caráter unissubsistente. Ou o agente efetivamente se utiliza do documento, e o crime se consuma, ou não, ficando nos atos preparatórios.

66.6. PENA E AÇÃO PENAL

O crime de *uso de documento falso* (art. 304) é sancionado com a pena correspondente ao respectivo objeto material falsificado, conforme os arts. 297 a 302 do Código Penal. Essa técnica remissiva de pena se chama doutrinariamente "*norma penal em branco ao avesso*", "*norma penal em branco ao revés*", "*norma penal incompleta*" ou "*norma penal imperfeita*".

A depender do documento falso utilizado, o uso de documento falso será ou não infração penal de menor potencial ofensivo. De igual modo, haverá ou não possibilidade de *suspensão condicional do processo* (art. 89 da Lei nº 9.099/1995).

A *ação penal é pública incondicionada.*

A competência para processo e julgamento do crime de uso de documento falso é, em regra, da Justiça Estadual. A respeito, existem três súmulas pertinentes.

De acordo com a Súmula 546 do Superior Tribunal de Justiça (STJ): "*A competência para processar e julgar o crime de uso de documento falso é firmada em razão da entidade ou órgão ao qual foi apresentado o documento público, não importando a qualificação do órgão expedidor*".

Ainda, conforme a Súmula 104 da mesma Corte: "*Compete à Justiça Estadual o processo e julgamento dos crimes de falsificação e uso de documento falso relativo a estabelecimento particular de ensino*".

Finalmente, a Súmula 200 do STJ estabelece: "*O Juízo Federal competente para processar e julgar acusado de crime de uso de passaporte falso é o do lugar onde o delito se consumou*".

Preenchidos os requisitos do art. 28-A do Código de Processo Penal, é cabível o *acordo de não persecução penal.*

67 SUPRESSÃO DE DOCUMENTO (ART. 305)

SUMÁRIO: 67.1. Considerações iniciais – 67.2. Objetividade jurídica – 67.3. Sujeitos do delito – 67.4. Tipicidade objetiva e subjetiva – 67.5. Consumação e tentativa – 67.6. Pena e ação penal.

Supressão de documento

Art. 305 - Destruir, suprimir ou ocultar, em benefício próprio ou de outrem, ou em prejuízo alheio, documento público ou particular verdadeiro, de que não podia dispor:

Pena - reclusão, de 2 (dois) a 6 (seis) anos, e multa, se o documento é público, e reclusão, de 1 (um) a 5 (cinco) anos, e multa, se o documento é particular.

67.1. CONSIDERAÇÕES INICIAIS

De origem remota antiga, durante largo período o delito de *supressão de documento* foi entendido enquanto modalidade de *dano*. Coube ao Código Penal italiano de 1889 a sua previsão dentro de uma ideia maior de atingimento da fé pública.

No caso brasileiro, os diplomas de 1830 e 1890 apenas tangenciaram a conduta, prevista de forma genérica e autônoma apenas pelo Código Penal de 1940.

A inserção da figura penal de supressão de documento dentre os crimes "*Da falsidade documental*" (Capítulo III, do Título X, da Parte Especial do Código Penal), contudo, mostra-se tecnicamente equivocada, uma vez que não se trata de modalidade de contrafação total ou parcial de documento, público ou particular. Em outros termos, não há qualquer falsidade na hipótese, sendo o documento verídico. Melhor teria sido sua previsão legislativa em capítulo próprio, nominado "*supressão de documento*".

67.2. OBJETIVIDADE JURÍDICA

O *bem jurídico* tutelado é a *fé pública*, obliterada pela exclusão de documentos que possuem aptidão para demonstrar dados ou circunstâncias juridicamente relevantes.

67.3. SUJEITOS DO DELITO

Sujeito ativo do delito é qualquer pessoa (*crime comum*, ou geral), inclusive o titular do documento, caso dele não possa dispor (*e.g.*, determinação judicial em face de litígio envolvendo única via de documento).

Sujeito passivo é o Estado, bem como, eventualmente, a pessoa física ou jurídica prejudicada pela conduta delitiva.

67.4. TIPICIDADE OBJETIVA E SUBJETIVA

A conduta criminosa vedada consiste em destruir, suprimir ou ocultar documento público ou particular de que não podia dispor. Trata-se de *tipo misto alternativo*, ou de conteúdo variado, contendo três núcleos, de modo que a prática de mais de um comportamento em relação ao mesmo objeto material caracteriza crime único, devendo a maior ofensividade ser sopesada no momento de fixação da pena-base, consoante o art. 59 do Código Penal.

Destruir significa eliminar, extinguir, perecer algo. Concretamente, a ação pode ser, dentre outras, a de queimar, rasgar, molhar, pisotear, ingerir o documento, de modo que sua utilização não seja mais possível.

Suprimir traduz a ideia de fazer desaparecer o documento, sem que tenha havido a sua destruição ou ocultação, como na hipótese de cobri-lo de tinta.

Por fim, *ocultar* é sinônimo de esconder o documento, subtraí-lo à vista, como no caso de enterrá-lo intacto, tomando cautelas para que não pereça.

Objeto material da infração é o *documento público ou particular, verdadeiro*, de que não podia o agente dispor.

Como a veracidade documental é imprescindível para perfazimento da tipicidade, a supressão de documento falso, por si só, não revela dignidade jurídico-penal (a menos que o objeto seja de interesse processual, o que caracteriza o crime de *fraude processual*, art. 347 do Código Penal, ou que tenha valor probatório, vindo a ser inutilizado por advogado ou procurador, hipótese do delito de *sonegação de papel ou valor probatório*, art. 356).

A expressão "*de que não podia dispor*" é *elemento normativo do tipo* que traduz a noção de ser imprescindível para caracterização do delito que o documento não esteja na esfera de disposição do agente. Como se cuida de pressuposto lógico da vedação penal, no fundo, a previsão é desnecessária[1].

1. PRADO, Luiz Regis. *Curso de direito penal brasileiro*. São Paulo: Thomson Reuters, 2018, v. II, p. 749.

Elemento subjetivo do tipo é o dolo, vontade livre e consciente de destruir, suprimir ou ocultar documento público ou particular verdadeiro, de que não se podia dispor. Há fixação de *elemento subjetivo especial do tipo* (especial fim de agir), consistente no intuito de auferir benefício de qualquer natureza para si ou para outrem, ou, ainda, de causar prejuízo alheio.

O especial fim de agir que o tipo de supressão de documento exige pode gerar certa confusão quanto ao reconhecimento de outros delitos, como furto e dano. Na realidade, para correta solução, não se pode olvidar que o crime previsto no art. 305 do *Codex* ofende precipuamente a *fé pública*.

Por conseguinte, se o escopo de auferir vantagem ou causar prejuízo necessariamente decorrer da necessidade de *atingir prova de fato ou circunstância relevante* (*e.g.*, destruição de um testamento para se beneficiar com valor maior da herança ou ocultação de um contrato de seguro para que a vítima não receba a indenização), o crime será o de *supressão de documento*[2].

Já se o alcance da vantagem ou o ocasionamento de prejuízo não perpassar pelo exato atingimento da fé pública, apenas a conduta recaindo sobre um documento de forma circunstancial, o crime será outro, *v.g.*, subtração de um selo valioso, reveladora de *furto* (art. 155) ou destruição de um documento histórico, caracterizadora de *dano* (art. 163).

Se o fato for perpetrado em face de documentos de cunho *eleitoral*, será reconhecido o crime previsto no art. 339 do Código Eleitoral (Lei nº 4.737/1965): "*art. 339 – Destruir, suprimir ou ocultar urna contendo votos, ou documentos relativos à eleição: Pena – reclusão de dois a seis anos e pagamento de 5 a 15 dias-multa. Parágrafo único. Se o agente é membro ou funcionário da Justiça Eleitoral e comete o crime prevalecendo-se do cargo, a pena é agravada*".

67.5. CONSUMAÇÃO E TENTATIVA

O crime se *consuma* com a simples realização de qualquer dos núcleos do tipo, independentemente de qualquer resultado posterior (*crime formal*, de consumação antecipada, ou de resultado cortado). Isso significa que o auferimento da vantagem ou o ocasionamento do prejuízo visados representam mero exaurimento.

Trata-se de *crime instantâneo de efeitos permanentes*.

A *tentativa* é possível, dado o caráter plurissubsistente da infração. Ocorre o *conatus*, por exemplo, quando ao agente é impedido no momento em que ateia fogo

2. FRAGOSO, Heleno Cláudio. *Lições de direito penal*: parte especial. Rio de Janeiro: Forense, 1986, v. II.

no documento, sendo o foco imediatamente apagado por pessoas próximas. A recomposição do documento rasgado, *v.g.*, também enseja o reconhecimento da tentativa, pois, em que pese a ação do agente, o documento não se viu inutilizado.

67.6. PENA E AÇÃO PENAL

O crime de *supressão de documento* é sancionado com pena de reclusão, de dois a seis anos, e multa, se o documento é público, e de reclusão, de um a cinco anos, e multa, se o documento é particular (art. 305).

A *ação penal é pública incondicionada.*

Caso o documento atingido seja *particular*, é possível a *suspensão condicional do processo* (art. 89 da Lei nº 9.099/1995).

Preenchidos os requisitos do art. 28-A do Código de Processo Penal, é cabível o *acordo de não persecução penal*.

68 FALSIFICAÇÃO DO SINAL EMPREGADO NO CONTRASTE DE METAL PRECIOSO OU NA FISCALIZAÇÃO ALFANDEGÁRIA, OU PARA OUTROS FINS (ART. 306)

SUMÁRIO: 68.1. Considerações iniciais – 68.2. Objetividade jurídica – 68.3. Sujeitos do delito – 68.4. Tipicidade objetiva e subjetiva – 68.5. Consumação e tentativa – 68.6. Figura privilegiada – 68.7. Pena e ação penal.

Falsificação do sinal empregado no contraste de metal precioso ou na fiscalização alfandegária, ou para outros fins

Art. 306. Falsificar, fabricando-o ou alterando-o, marca ou sinal empregado pelo poder público no contraste de metal precioso ou na fiscalização alfandegária, ou usar marca ou sinal dessa natureza, falsificado por outrem:

Pena - reclusão, de 2 (dois) a 6 (seis) anos, e multa.

Parágrafo único. Se a marca ou sinal falsificado é o que usa a autoridade pública para o fim de fiscalização sanitária, ou para autenticar ou encerrar determinados objetos, ou comprovar o cumprimento de formalidade legal:

Pena - reclusão ou detenção, de 1 (um) a 3 (três) anos, e multa.

68.1. CONSIDERAÇÕES INICIAIS

O Capítulo VI do Título X da Parte Especial do Código Penal prevê figuras delitivas contra a fé pública as quais não se enquadram na classificação dos capítulos anteriores, de modo que o legislador reuniu os seguintes sete delitos sob a nomenclatura de "*outras falsidades*": i) *falsificação do sinal empregado no contraste de metal precioso ou na fiscalização alfandegária, ou para outros fins* (art. 306); ii) *falsa identidade* (art. 307); iii) *uso de documento alheio ou sua cessão* (art. 308); iv) *fraude de lei sobre estrangeiro* (art. 309, *caput*); v) *falsa atribuição de qualidade a estrangeiro* (art. 309, parágrafo único); vi) *falsidade em prejuízo da nacionalização de sociedade* (art. 310); e vii) *adulteração de sinal identificador de veículo automotor* (art. 311).

Basicamente, são casos de *falsidade material* e de *falsidade pessoal*[1].

1. NORONHA, E. Magalhães. *Direito penal*. São Paulo: Saraiva, 1995, v. 4, p. 181.

O crime de *falsificação do sinal empregado no contraste de metal precioso ou na fiscalização alfandegária, ou para outros fins* remonta a previsão similar constante do Código Penal napoleônico, de 1810, a qual influenciou outras legislações.

68.2. OBJETIVIDADE JURÍDICA

O *bem jurídico* tutelado consiste na *fé pública*, particularmente no que concerne à confiança depositada em marcas ou sinais empregados pelo poder público no contraste de metal precioso ou na fiscalização aduaneira ou sanitária, ou, ainda, para autenticar ou encerrar determinados objetos, ou comprovar o cumprimento de formalidade legal.

68.3. SUJEITOS DO DELITO

Sujeito ativo do delito é qualquer pessoa, não se exigindo qualquer característica especial do agente. Desse modo, cuida-se de *crime comum*, ou geral.

Na conduta de "*usar*", mostra-se imprescindível que o agente não seja o falsificador, tendo em vista que, para esse, a utilização representa *post factum* impunível.

Sujeito passivo é o Estado e, eventualmente, o particular prejudicado, pessoa física ou jurídica.

68.4. TIPICIDADE OBJETIVA E SUBJETIVA

O tipo incriminador previsto no art. 306, *caput*, do Código Penal, estabelece: "*falsificar, fabricando-o ou alterando-o, marca ou sinal empregado pelo poder público no contraste de metal precioso ou na fiscalização alfandegária, ou usar marca ou sinal dessa natureza, falsificado por outrem*".

O tipo penal contém dois núcleos. O núcleo consistente no verbo "*falsificar*" significa imitar ou alterar fraudulentamente, reproduzindo ou modificando, total ou parcialmente, qualquer dos objetos materiais da infração. A concretização da falsificação ocorre pela *fabricação* (contrafação total) ou *alteração* (contrafação parcial).

Já o comportamento de "*usar*" é sinônimo de empregar a marca ou sinal falsificado por outrem.

Objeto material do delito é a *marca ou o sinal empregado pelo poder público no contraste de metal precioso ou na fiscalização alfandegária*.

Marca ou sinal é selo, chancela ou outro elemento gráfico destinado a reconhecer ou autenticar algo.

Marca de contraste de metal precioso consiste na certificação feita em metal precioso para fins de indicar suas características de pureza, peso e quilate.

Marca de fiscalização alfandegária significa a representação aposta pela autoridade aduaneira para fins de demonstrar que determinado produto foi inspecionado e liberado.

A enumeração legal é *taxativa*, não sendo admissível o reconhecimento do crime em destaque para nenhuma outra espécie de marca ou sinal[2]. A inclusão de qualquer outra hipótese consubstanciar-se-ia em analogia *in malam partem*, o que é vedado em Direito Penal.

A simples *posse* da marca ou sinal falsificado é fato atípico, visto que não perfaz o uso, comportamento que demanda uma relação com terceiro, isto é, o encaminhamento do objeto material à destinação correspondente à do verdadeiro.

Como infração penal que deixa vestígios (*crime transeunte*), mostra-se necessária a realização de *exame pericial* para comprovação dos fatos (art. 158 do Código de Processo Penal).

A *falsificação grosseira* enseja o reconhecimento de *crime impossível*. Não se pode olvidar que o crime é contra a fé pública, de modo que se houver inidoneidade para seu atingimento, não se pode cogitar de crime.

Elemento subjetivo do tipo é o dolo, vontade livre e consciente de fabricar ou usar o objeto material do crime, sem qualquer especial fim de agir (*tipo congruente*).

Não se admite modalidade culposa.

68.5. CONSUMAÇÃO E TENTATIVA

Quanto ao primeiro comportamento vedado ("*falsificar*"), o delito se *consuma* com a efetiva contrafação ou adulteração da marca ou sinal, independentemente de seu uso ou de algum consectário posterior. Relativamente à modalidade de "*uso*", a *consumação* ocorre com a concreta utilização da marca ou sinal por outrem, sendo indiferente a obtenção de lucro ou prejuízo a alguém. Em qualquer caso, o crime é *formal*, de consumação antecipada ou de resultado cortado.

O núcleo "*falsificar*" admite a *tentativa*, dado o caráter plurissubsistente da infração (*v.g.*, o agente é surpreendido quando está terminando de contrafazer a marca

2. PRADO, Luiz Regis. *Curso de direito penal brasileiro*. São Paulo: Thomson Reuters, 2018, v. II, p. 753.

ou sinal). Perceba-se, não obstante, que o reconhecimento do *conatus* demanda que os atos de contrafação ou alteração se encontrem em estágios avançados, a ponto de poder ser vislumbrada uma falsificação apta ao engano, não grosseira.

O comportamento de *uso* não admite o *conatus*. Ou o agente utiliza a marca ou o sinal falso e o delito estará consumado, ou não, restando os fatos em atos preparatórios.

68.6. FIGURA PRIVILEGIADA

O art. 306, parágrafo único, estabelece *figura privilegiada*, nos seguintes termos: "*se a marca ou sinal falsificado é o que usa a autoridade pública para o fim de fiscalização sanitária, ou para autenticar ou encerrar determinados objetos, ou comprovar o cumprimento de formalidade legal*".

De conseguinte, o legislador entendeu serem situações menos gravosas a conduta delitiva em face de serviço de *fiscalização sanitária* (isto é, relativa à higiene e saúde públicas), para *autenticar ou encerrar determinados objetos* (a depender de normativa extrapenal, como lacração de estabelecimento comercial) ou para *comprovar o cumprimento de formalidade legal* (fórmula genérica dependente de regra legal específica).

68.7. PENA E AÇÃO PENAL

A forma básica, ou simples, do crime de *falsificação do sinal empregado no contraste de metal precioso ou na fiscalização alfandegária, ou para outros fins* possui pena de reclusão, de dois a seis anos, e multa (art. 306, *caput*).

Há previsão de figura privilegiada (art. 306, parágrafo único) a qual possui pena de reclusão ou detenção, de um a três anos, e multa. Referida previsão alternativa entre reclusão e detenção, fixada pela norma secundária de um tipo penal, é pouco usual. O Código Penal assim procede em apenas mais um caso, de bigamia (art. 235, § 1º).

A *ação penal é pública incondicionada.*

A *modalidade privilegiada* admite a *suspensão condicional do processo* (art. 89 da Lei nº 9.099/1995).

Preenchidos os requisitos do art. 28-A do Código de Processo Penal, é cabível o *acordo de não persecução penal.*

69 FALSA IDENTIDADE (ART. 307)

SUMÁRIO: 69.1. Considerações iniciais – 69.2. Objetividade jurídica – 69.3. Sujeitos do delito – 69.4. Tipicidade objetiva e subjetiva – 69.5. Consumação e tentativa – 69.6. Pena e ação penal.

Falsa identidade

Art. 307. Atribuir-se ou atribuir a terceiro falsa identidade para obter vantagem, em proveito próprio ou alheio, ou para causar dano a outrem:

Pena – detenção, de 3 (três) meses a 1 (um) ano, ou multa, se o fato não constitui elemento de crime mais grave.

69.1. CONSIDERAÇÕES INICIAIS

O crime de *falsa identidade* – do mesmo modo que os delitos insculpidos nos arts. 308 e 309 do Código Penal – trata-se de modalidade de *falsidade pessoal*, não recaindo assim o falso sobre a materialidade de documento ou seu conteúdo. No caso, o inverídico versa acerca da *identificação civil* de alguém, aspecto que também oblitera a fé pública.

A origem remota da infração ocorre na Roma Antiga, com a falsa atribuição da condição de soldado, bem como a assunção de nome ou de qualidade falsos (*Lex Cornelia de falsis*), previsões ao depois insculpidas no Digesto.

Os Códigos brasileiros de 1830 e de 1890 puniam o fato enquanto *contravenção penal*. A tipificação como crime, dessa maneira, decorre da previsão constante do art. 307 do Código Penal, cuja redação se mantém original.

69.2. OBJETIVIDADE JURÍDICA

O *bem jurídico* tutelado é a *fé pública*, particularmente quanto à confiança depositada na identificação das pessoas em geral, fator fundamental para o estabelecimento de relações jurídicas[1].

69.3. SUJEITOS DO DELITO

Sujeito ativo do delito de falsa identidade é qualquer pessoa (*crime comum*, ou geral).

Sujeito passivo é o Estado e, secundariamente, a pessoa física ou jurídica prejudicada pela conduta delitiva.

69.4. TIPICIDADE OBJETIVA E SUBJETIVA

O preceito incriminador previsto art. 307 do Código Penal estabelece: "*atribuir-se ou atribuir a terceiro falsa identidade para obter vantagem, em proveito próprio ou alheio, ou para causar dano a outrem*".

Apesar da peculiar redação legal, perceba-se que o tipo penal é *simples*, e não misto alternativo. Há apenas um núcleo, consistente no verbo "*atribuir*". A dicção legal deve ser entendida como "*atribuir, a si ou a terceiro*". *Atribuir* significa irrogar, imputar, a si mesmo ou a terceiro, identidade inverídica, o que pode se dar por meio oral, escrito ou gestual, em qualquer relação jurídica[2].

Objeto material da infração é, então, a *identidade*, compreendida como o conjunto de características próprias e exclusivas de uma pessoa, aptas ao seu reconhecimento e individualização na vida em sociedade. A identidade não abrange apenas o nome do indivíduo, mas também sua filiação, gênero, idade, estado civil, nacionalidade e profissão, dentre outros dados.

Informações como endereço, telefone, conta de *e-mail etc.*, não fazem parte da identidade da pessoa. De igual modo, elementos como ideologia, preferências políticas ou sexuais *etc.*, além de estarem dentro do espectro de intimidade que não dizem respeito alheio, não representam a ideia de identidade de interesse jurídico-penal.

A irrogação de identidade falsa pode ocorrer pela criação de informações fictícias, criando-se indivíduo imaginário, ou pela tomada de identidade de pessoa diversa, a qual existe (chamada "*substituição de pessoas*").

Trata-se de crime de *forma livre*, podendo se concretizar pela assunção oral de identidade falsa, pelo preenchimento de formulário com dados inverídicos, pelo ato de levantar a mão quando, em um grupo, alguém pergunta sobre quem seria determinada pessoa, em se apresentar para fazer prova no lugar de outrem na Faculdade *etc.*

1. FRAGOSO, Heleno Cláudio. *Lições de direito penal*: parte especial. Rio de Janeiro: Forense, 1986, v. II.
2. NORONHA, E. Magalhães. *Direito penal*. São Paulo: Saraiva, 1995, v. 4, p. 186.

No crime de falsa identidade *não pode haver a utilização de documento*, falso ou verdadeiro. Caso isso se dê, os fatos caracterizarão o delito de *uso de documento falso* (art. 304 do *Codex*) ou de *uso de documento alheio* (art. 308), respectivamente.

Pode ocorrer *crime impossível*, quando a falsa identidade não possui o condão mínimo de engano, como na irrogação da condição de personagens históricos (*e.g.*, Cleópatra ou D. Pedro I), fictícios (*v.g.*, Mickey Mouse ou Pato Donald) ou notórios, quando de traços completamente diversos do agente (*e.g.*, jogador ou artista famoso) *etc*.

De acordo com os contornos do núcleo do tipo, o delito em destaque é necessariamente *comissivo*, pelo que é atípico o silêncio do agente quando identificado erroneamente por outrem.

Elemento subjetivo do tipo é o dolo, vontade livre e consciente de atribuir a si ou a outrem identidade falsa, presente o especial fim de agir (*elemento subjetivo especial do tipo*) consistente no escopo de obter vantagem, em proveito próprio ou alheio, ou para causar dano a outrem. São exemplos caracterizadores do intuito específico exigido o preso que se faz passar pelo companheiro de cela agraciado com alvará de soltura, o indivíduo que finge ser enfermeiro com o objetivo de ser autorizado a ter acesso ao compartimento com pessoas nuas *etc*.

Ressaltando a subsidiariedade expressa da figura em destaque, veja-se que, para caracterização da falsa identidade, o especial fim de agir não pode ser alcançado. Caso isso ocorra, haverá outro delito, como estelionato, violação sexual mediante fraude, falsidade ideológica *etc*., restando a falsa identidade absorvida pela infração mais grave.

Não há previsão de modalidade culposa.

A jurisprudência dominante das Cortes Superiores entende que a atribuição de falsa identidade perante a autoridade caracteriza o crime em análise, não representando legítima forma de manifestação de *autodefesa*. Nesse influxo, estabelece a Súmula 522 do Superior Tribunal de Justiça, aprovada no ano de 2015: "*A conduta de atribuir-se falsa identidade perante autoridade policial é típica, ainda que em situação de alegada autodefesa*".

A *simulação da qualidade de funcionário público* caracteriza contravenção penal, conforme estabelecido no art. 45[3] do Decreto-lei nº 3.688/1941 (Lei das Contravenções Penais). De igual modo, a *recusa de dados sobre a própria identidade ou qualificação* também é contravenção, prevista no art. 68[4] da mesma Lei especial.

3. "*Art. 45. Fingir-se funcionário público: Pena – prisão simples, de um a três meses, ou multa*".

4. "*Art. 68. Recusar à autoridade, quando por esta justificadamente solicitados ou exigidos, dados ou indicações concernentes à própria identidade, estado, profissão, domicílio e residência: Pena – multa. Parágrafo único. Incorre na pena de prisão simples, de 1 (um) a 6 (seis) meses, e multa, se o fato não constitui infração penal mais grave, quem, nas mesmas circunstâncias, faz declarações inverídicas a respeito de sua identidade pessoal, estado, profissão, domicílio e residência.*"

69.5. CONSUMAÇÃO E TENTATIVA

O crime se *consuma* com a simples atribuição falsa, a si ou a terceiro, independentemente de qualquer resultado posterior. Cuida-se de *crime formal*, de consumação antecipada, ou de resultado cortado.

A admissibilidade da *tentativa* dependerá da conduta concreta, se plurissubsistente. Na forma verbal, por exemplo, não é possível o *conatus*.

69.6. PENA E AÇÃO PENAL

O crime de *falsa identidade* possui pena de detenção, de três meses a um ano, ou multa, se o fato não constitui elemento de crime mais grave (art. 307).

A *ação penal é pública incondicionada.*

A competência para processar e julgar o delito em análise é do Juizado Especial Criminal, tendo em vista se tratar de infração penal de menor potencial ofensivo.

Admite-se a *suspensão condicional do processo* (art. 89 da Lei nº 9.099/1995).

Sendo admitida transação penal, é incabível o *acordo de não persecução penal* (art. 28-A, § 2º, I, do Código de Processo Penal).

70 USO DE DOCUMENTO ALHEIO OU SUA CESSÃO (ART. 308)

SUMÁRIO: 70.1. Considerações iniciais – 70.2. Objetividade jurídica – 70.3. Sujeitos do delito – 70.4. Tipicidade objetiva e subjetiva – 70.5. Consumação e tentativa – 70.6. Pena e ação penal.

Art. 308. Usar, como próprio, passaporte, título de eleitor, caderneta de reservista ou qualquer documento de identidade alheia ou ceder a outrem, para que dele se utilize, documento dessa natureza, próprio ou de terceiro:

Pena – detenção, de 4 (quatro) meses a 2 (dois) anos, e multa, se o fato não constitui elemento de crime mais grave.

70.1. CONSIDERAÇÕES INICIAIS

O crime previsto no art. 308 do Código Penal constitui modalidade mais grave de *falsa identidade*, figura insculpida no artigo precedente. O legislador não lhe atribuiu *nomen iuris*, de modo que, doutrinariamente, o tipo pode ser identificado como *uso de documento alheio ou sua cessão*.

Cuida-se de espécie de *falsidade pessoal*, em que o agente se vale de documento de identificação – verdadeiro – de outra pessoa ou, ainda, empresta seu documento ou de terceiro para que alguém dele se utilize. Do mesmo modo que na *falsa identidade*, o crime em análise apresenta *subsidiariedade expressa* (é um "*soldado de reserva*", segundo Hungria[1]). Na prática, comumente, a conduta é perpetrada para fins de possibilitar o crime de *estelionato*, restando absorvida.

70.2. OBJETIVIDADE JURÍDICA

O *bem jurídico* tutelado consiste na *fé pública*, relativamente à confiança depositada na identificação das pessoas, mormente por meio da utilização de documentos emitidos pelo Estado.

1. HUNGRIA, Nélson. *Comentários ao código penal*. Rio de Janeiro: Forense, 1958, v. IX, p. 308.

70.3. SUJEITOS DO DELITO

Sujeito ativo do delito de uso de documento alheio ou sua cessão é qualquer pessoa (*crime comum*, ou geral).

Sujeito passivo é o Estado e, secundariamente, a pessoa física ou jurídica prejudicada pela conduta delitiva.

70.4. TIPICIDADE OBJETIVA E SUBJETIVA

O tipo incriminador estabelecido no art. 308 do *Codex* prescreve: "*usar, como próprio, passaporte, título de eleitor, caderneta de reservista ou qualquer documento de identidade alheia ou ceder a outrem, para que dele se utilize, documento dessa natureza, próprio ou de terceiro*".

São dois os comportamentos delitivos: a) *usar como próprio documento alheio*, o que significa se fazer passar por outra pessoa, mediante a utilização de documentos dela; b) *ceder a outrem, para que dele se utilize, documento próprio ou de terceiro*, conduta consistente em entregar, ou fornecer, a alguém seu próprio documento ou de terceiro, para que dele se utilize, assumindo identidade inverídica .

Objetos materiais da infração são passaporte, título de eleitor, caderneta de reservista ou qualquer documento de identidade alheia.

Passaporte é o documento pessoal e intransferível, emitido pelo Estado, para fins do controle de trânsito de seus nacionais em outros países, que lhes admite o ingresso em seu território. *Título de eleitor* é o documento que comprova estar o cidadão inscrito na Justiça Eleitoral brasileira, encontrando-se apto a exercer o voto. *Caderneta de reservista* é o certificado expedido pelas Forças Armadas, comprobatório da inclusão do cidadão na categoria de reserva do Exército, da Marinha ou da Aeronáutica, estando quite com as obrigações militares, por prestação de serviço ou dispensa, conforme os termos da Lei nº 4.375/1964.

A expressão "*qualquer documento de identidade alheia*" denota fórmula genérica que abarca qualquer documento *público* de identificação (*interpretação analógica*, ou *intra legem*), como carteiras funcionais, cédula de Cadastro de Pessoas Físicas (CPF) ou Carteira Nacional de Habilitação (CNH).

Em qualquer caso, o documento deve ser *verdadeiro*, sob pena de perfazimento de outra figura delitiva (*uso de documento falso*, previsto no art. 304, caso o agente não seja o falsificador).

O simples *encontro* de documento alheio, ou sua mera *posse*, não configuram crime. É imprescindível o estabelecimento de uma relação com terceiros, espontânea por parte do agente. De conseguinte, a localização de documento de outra pessoa em poder de alguém se mostra como fato que não detém, por si só, interesse jurídico-penal.

Elemento subjetivo do tipo é o dolo, vontade livre e consciente de se utilizar, como se fosse próprio, de documento de identidade de terceiro, independentemente de qualquer finalidade específica (*tipo congruente*). Na modalidade de ceder, contudo, deve estar presente o especial fim de agir (*elemento subjetivo especial do tipo*) consistente no propósito de que o cessionário faça uso do documento como se dele fosse.

Não há previsão de modalidade culposa.

Em qualquer caso, a conduta deve se revestir de potencialidade lesiva à fé pública, não havendo crime, *e.g.*, quando o escopo é jocoso (*animus jocandi*), em brincadeira realizada entre conhecidos, ou quando um jornalista pretende apenas demonstrar a fragilidade do serviço de fiscalização (propósito informativo).

70.5. CONSUMAÇÃO E TENTATIVA

Na modalidade de *usar*, o crime se *consuma* no momento em que o agente emprega o documento verdadeiro de outrem, fingindo se tratar da pessoa nele constante. Quanto à forma de *ceder*, a infração se aperfeiçoa quando o agente faz a tradição do documento a outrem[2].

Em qualquer caso, cuida-se de *crime formal*, de consumação antecipada, ou de resultado cortado.

Não se admite a *tentativa* de uso[3]. Nessa hipótese, ou agente efetivamente lança mão do documento em relação com terceiro, perfazendo o exigido pelo tipo, ou não, não detendo o fato interesse penal. Já a forma de ceder admite o *conatus*, em face da plurissubsistência do comportamento (*e.g.*, o agente é preso no momento que vai entregar o documento).

70.6. PENA E AÇÃO PENAL

O crime de *uso de documento alheio ou sua cessão* é sancionado com pena de detenção, de quatro meses a dois anos, e multa, se o fato não constitui elemento de crime mais grave (art. 308).

---

2. NORONHA, E. Magalhães. *Direito penal*. São Paulo: Saraiva, 1995, v. 4, p. 188.
3. PRADO, Luiz Regis. *Curso de direito penal brasileiro*. São Paulo: Thomson Reuters, 2018, v. II, p. 761.

A ação penal é pública incondicionada.

A competência para processar e julgar o delito em análise é do Juizado Especial Criminal, pois se trata de infração penal de menor potencial ofensivo.

Admite-se a *suspensão condicional do processo* (art. 89 da Lei nº 9.099/1995).

Sendo admitida transação penal, é incabível o *acordo de não persecução penal* (art. 28-A, § 2º, I, do Código de Processo Penal).

71 FRAUDE DE LEI SOBRE ESTRANGEIRO (ART. 309, *CAPUT*)

Sumário: 71.1. Considerações iniciais – 71.2. Objetividade jurídica – 71.3. Sujeitos do delito – 71.4. Tipicidade objetiva e subjetiva – 71.5. Consumação e tentativa – 71.6. Pena e ação penal.

Fraude de lei sobre estrangeiro

Art. 309. Usar o estrangeiro, para entrar ou permanecer no território nacional, nome que não é o seu:

Pena - detenção, de 1 (um) a 3 (três) anos, e multa. [...]

71.1. CONSIDERAÇÕES INICIAIS

A Constituição Federal dispõe que "*é livre a locomoção no território nacional em tempo de paz, podendo qualquer pessoa, nos termos da lei, nele entrar, permanecer ou dele sair com seus bens*" (art. 5º, inciso XV). Dentro de tal espectro, a entrada e a permanência de estrangeiros no Brasil se encontram reguladas pela Lei de Migração (Lei nº 13.445/2017), a qual revogou o antigo Estatuto do Estrangeiro (Lei nº 6.815/1980).

Há uma série de interesses fundamentais envolvidos no controle de entrada no país por parte de cidadãos de outras localidades, como resguardar a segurança nacional, fortalecer a cooperação internacional, garantir a reunião familiar, assegurar a acolhida humanitária *etc*. Neste influxo, por evidência, o Estado necessita identificar o estrangeiro que aqui ingressa e permanece.

Com vistas a evitar que esse monitoramento seja obstado por um expediente malicioso, o Código Penal erige as figuras de *fraude de lei sobre estrangeiro* (art. 309, *caput*) e de *falsa atribuição de qualidade a estrangeiro* (art. 309, parágrafo único), modalidades de *falsidade pessoal*.

71.2. OBJETIVIDADE JURÍDICA

O *bem jurídico* tutelado é a *fé pública*, particularmente quanto à identificação das pessoas oriundas de outros países que adentram o território nacional.

71.3. SUJEITOS DO DELITO

Sujeito ativo do delito é o estrangeiro, isto é, a pessoa que não detém a condição de brasileiro, nato ou naturalizado, seja nacional de outro país ou apátrida[1]. Em que pese o tratamento especial concedido aos portugueses pela Constituição Federal (art. 12, § 1º), não perdem a condição de estrangeiros, pelo que podem responder pelo crime em destaque.

O *sujeito passivo* é o Estado.

71.4. TIPICIDADE OBJETIVA E SUBJETIVA

A conduta criminosa consiste em apresentar-se o estrangeiro, perante as autoridades brasileiras, a fim de ingressar ou permanecer no Brasil, usando nome que não é o seu (fictício ou de outrem). O núcleo do tipo é o verbo "*usar*", que significa empregar, utilizar.

Objeto material da infração é o *nome*, ou seja, expressão indicativa de uma pessoa, composta do prenome e patronímico de família. Estão fora do alcance do tipo penal outros dados individuais, como filiação, data de nascimento, estado civil *etc.*

O elemento normativo do tipo "*território nacional*" representa o espaço geográfico em relação ao qual o país exerce sua soberania. A expressão possui compreensão jurídica, abarcando não apenas o solo dentro das fronteiras, mas também o mar territorial, o espaço aéreo, navios nacionais em alto-mar *etc.*[2]

Cuida-se de *crime de forma livre*, podendo ser realizado, *e.g.*, verbalmente perante as autoridades. Caso o agente, além de empregar nome inverídico, utilizar-se de documento falso, responderá apenas pelo crime previsto no art. 304 (*uso de documento falso*), consubstanciando a utilização de nome falso *ante factum* impunível.

Elemento subjetivo do tipo é o dolo, vontade livre e consciente de utilizar nome que não lhe pertence, presente o especial fim de agir (*elemento subjetivo especial do tipo*) consistente no escopo de ingressar ou permanecer no território nacional.

Não há previsão de modalidade culposa.

A conduta de fraude de lei sobre estrangeiro pode se dar em *concurso formal* com a de *reingresso de estrangeiro expulso* (art. 338), quando o agente se utiliza do nome

1. E.g., FRAGOSO, Heleno Cláudio. *Lições de direito penal:* parte especial. Rio de Janeiro: Forense, 1986, v. II.
2. NORONHA, E. Magalhães. Direito penal. São Paulo: Saraiva, 1995, v. 4, p. 192.

fictício como expediente para se reintroduzir no território nacional. Não há absorção no caso, tendo em vista que os bens jurídicos tutelados são distintos.

71.5. CONSUMAÇÃO E TENTATIVA

O crime se *consuma* com a efetiva apresentação com nome fictício ou de terceiro, independentemente de qualquer resultado posterior. Cuida-se de *crime formal*, de consumação antecipada, ou de resultado cortado.

Não é possível a *tentativa*, uma vez que se trata de delito unissubsistente.

71.6. PENA E AÇÃO PENAL

O crime de *fraude de lei sobre estrangeiro* é sancionado com pena de detenção, de um a três anos, e multa (art. 309, *caput*).

A *ação penal é pública incondicionada*.

A competência para processar e julgar o delito em análise é da Justiça Federal, tendo em vista o teor do art. 109, inciso X, da Constituição Federal.

Admite-se a *suspensão condicional do processo* (art. 89 da Lei nº 9.099/1995).

Preenchidos os requisitos do art. 28-A do Código de Processo Penal, é cabível o *acordo de não persecução penal*.

72 FALSA ATRIBUIÇÃO DE QUALIDADE A ESTRANGEIRO (ART. 309, PARÁGRAFO ÚNICO)

SUMÁRIO: 72.1. Considerações iniciais – 72.2. Objetividade jurídica – 72.3. Sujeitos do delito – 72.4. Tipicidade objetiva e subjetiva – 72.5. Consumação e tentativa – 72.6. Pena e ação penal.

Fraude de lei sobre estrangeiro

Art. 309. [...]

Parágrafo único. Atribuir a estrangeiro falsa qualidade para promover-lhe a entrada em território nacional.

Pena – reclusão, de 1 (um) a 4 (quatro) anos, e multa.

72.1. CONSIDERAÇÕES INICIAIS

A Lei nº 9.426/1996 incluiu um parágrafo único no art. 309 do Código penal, erigindo modalidade mais grave de *fraude de lei sobre estrangeiro*, consistente na conduta de *falsa atribuição de qualidade a estrangeiro*. Na hipótese, o agente atribui a estrangeiro predicados que não detém, para que se passe por terceira pessoa, brasileira ou não, com o escopo de que possa assim ingressar no Brasil.

Em realidade, a infração constava, na redação original do Código Penal de 1940, no art. 310, enquanto figura autônoma, tendo apenas a alteração, promovida em 1996, deslocado o tipo para o dispositivo precedente, conformando-o como *qualificadora*.

72.2. OBJETIVIDADE JURÍDICA

O *bem jurídico* tutelado é a *fé pública*, particularmente quanto à identificação das pessoas oriundas de outros países que procuram adentrar no território nacional.

72.3. SUJEITOS DO DELITO

Sujeito ativo do delito é qualquer pessoa. Ao contrário da figura de fraude de lei sobre estrangeiro (art. 309, *caput*), cuida-se de *crime comum*, ou geral. Apesar disso, o delito costuma ser praticado por funcionário do serviço de imigração[1].

O tipo não demanda concurso necessário, podendo ser perpetrado inclusive, em tese, sem o conhecimento do estrangeiro (*e.g.*, funcionário da imigração que se comove com os fatos e deseja auxiliá-lo a ingressar no país).

O *sujeito passivo* é o Estado.

72.4. TIPICIDADE OBJETIVA E SUBJETIVA

O tipo incriminador previsto no art. 309, parágrafo único, estabelece: "*atribuir a estrangeiro falsa qualidade para promover-lhe a entrada em território nacional*".

Atribuir é sinônimo de imputar, conferir, inculcar, arrogar. No presente delito, o agente confere ao estrangeiro dados identificadores inverídicos, com vistas a que possa adentrar ao Brasil.

Estrangeiro é aquele que não detém a condição de brasileiro, nato ou naturalizado, seja nacional de outro país ou apátrida[2]. Apesar do tratamento especial concedido aos portugueses pela Constituição Federal (art. 12, § 1º), não perdem a condição de estrangeiros.

O elemento normativo do tipo "*falsa qualidade*" abarca não apenas o nome, mas também quaisquer outros atributos que servem à identificação do indivíduo, como estado civil, filiação, idade, profissão, nacionalidade *etc*.

Cuida-se de *crime de forma livre*, podendo ser praticado por qualquer meio (oral, escrito, gestos).

Elemento subjetivo do tipo é o dolo, vontade livre e consciente de atribuir a estrangeiro falsa qualidade, presente o especial fim de agir (*elemento subjetivo especial do tipo*) consistente no escopo de permitir que haja o ingresso no território nacional.

---

1. FRAGOSO, Heleno Cláudio. *Lições de direito penal*: parte especial. Rio de Janeiro: Forense, 1986, v. II.
2. FRAGOSO, Heleno Cláudio. *Lições de*..., cit., p. 377.; PRADO, Luiz Regis. *Curso de direito penal brasileiro*. São Paulo: Thomson Reuters, 2018, v. I, p. 762.

Contrariamente à figura do art. 309, *caput*, na atribuição de falsa qualidade a estrangeiro não se pune a conduta perpetrada com a finalidade de assegurar a *permanência* do estrangeiro no território nacional. Caso isso ocorra, o crime será o insculpido no art. 307 do *Codex* (*falsa identidade*)

Não há previsão de modalidade culposa.

72.5. CONSUMAÇÃO E TENTATIVA

O crime se *consuma* com a simples atribuição falsa de predicados feita a estrangeiro, independentemente de seu exitoso ingresso no país. Trata-se de *crime formal*, de consumação antecipada ou de resultado cortado.

A *tentativa* será possível se a conduta concreta for plurissubsistente, como na modalidade escrita. Na forma verbal ou gestual, não é possível o *conatus*.

72.6. PENA E AÇÃO PENAL

O crime de *falsa atribuição de qualidade a estrangeiro* é sancionado com pena de reclusão, de um a quatro anos, e multa (art. 309, parágrafo único).

A *ação penal é pública incondicionada*.

A competência para processar e julgar o delito em análise é da Justiça Federal, em face do previsto no art. 109, inciso X, da Constituição Federal.

Admite-se a *suspensão condicional do processo* (art. 89 da Lei nº 9.099/1995).

Preenchidos os requisitos do art. 28-A do Código de Processo Penal, é cabível o *acordo de não persecução penal*.

73 FALSIDADE EM PREJUÍZO DA NACIONALIZAÇÃO DE SOCIEDADE (ART. 310)

SUMÁRIO: 73.1. Considerações iniciais – 73.2. Objetividade jurídica – 73.3. Sujeitos do delito – 73.4. Tipicidade objetiva e subjetiva – 73.5. Consumação e tentativa – 73.6. Pena e ação penal.

Art. 310. Prestar-se a figurar como proprietário ou possuidor de ação, título ou valor pertencente a estrangeiro, nos casos em que a este é vedada por lei a propriedade ou a posse de tais bens:

Pena – detenção, de 6 (seis) meses a 3 (três) anos, e multa.

73.1. CONSIDERAÇÕES INICIAIS

Na redação original do Código Penal de 1940, o delito de *falsidade em prejuízo da nacionalização de sociedade* constava do art. 311. A Lei nº 9.426, de 1996, ao erigir a figura penal de *adulteração de sinal identificador de veículo automotor*, promoveu um rearranjo formal nos arts. 309 a 311. Por conseguinte, o delito em destaque passou a figurar no art. 310, sem qualquer alteração de conteúdo, tendo apenas o legislador se olvidado de manter o *nomen iuris* do crime em rubrica lateral.

73.2. OBJETIVIDADE JURÍDICA

O *bem jurídico* tutelado é a *fé pública*, particularmente quanto à identificação das pessoas envolvidas em negócios e aquisições de interesse nacional. De se notar que há certos negócios jurídicos vedados a estrangeiros, sendo que o tipo penal em análise procura cercear a sua celebração realizada de modo indireto, isto é, por interpostas pessoas.

A Constituição Federal estabelece vedações à estrangeiros na exploração de atividades de pesquisa e lavra de recursos minerais e produção de energia hidráulica (art. 176, § 1º). De igual modo, a propriedade de empresa jornalística e de radiodifusão sonora e de sons e imagens é privativa de brasileiros natos, ou naturalizados há mais de dez anos, ou de pessoas jurídicas constituídas sob as leis brasileiras e que tenham sede no Brasil (art. 222, *caput*, da Carta).

73.3. SUJEITOS DO DELITO

Sujeito ativo do delito é qualquer pessoa, desde que brasileiro, nato ou naturalizado, ou português[1]. Neste caso, o tratamento especial concedido aos portugueses pela Constituição Federal (art. 12, § 1º), pode significar a não ocorrência de vedação de certos negócios existente em relação aos demais estrangeiros, pelo que podem responder pelo crime em destaque.

O crime é de *concurso necessário*, pelo que a figuração como interposta pessoa (vulgarmente chamada "*testa de ferro*", "*homem de palha*" ou "*laranja*") de alguém em negócio vedado pressupõe necessariamente a aquiescência desse último[2].

Sujeito passivo é o Estado, bem como, mediatamente a pessoas física ou jurídica prejudicada pela conduta criminosa.

73.4. TIPICIDADE OBJETIVA E SUBJETIVA

A figura delitiva prevista no art. 310 do *Codex* estabelece: "*prestar-se a figurar como proprietário ou possuidor de ação, título ou valor pertencente a estrangeiro, nos casos em que a este é vedada por lei a propriedade ou a posse de tais bens*".

Prestar-se a figurar significa simular determinada condição, no caso, a de proprietário ou possuidor de ação, título ou valor pertencente a estrangeiro.

Objeto material da infração é a *ação, título ou valor* cuja propriedade ou posse são proibidas a estrangeiros. *Ação* é a fração do capital social de uma empresa. *Título* consiste no papel representativo de valor mobiliário, certificador de propriedade. *Valor* é qualquer papel representativo de montante econômico.

O tipo se cuida de *norma penal em branco*, dependente de complementação por lei ou pelo texto constitucional, a exemplo dos dispositivos citados, os quais vedam a participação de estrangeiros em determinados negócios.

---

1. PRADO, Luiz Regis. *Curso de direito penal brasileiro*. São Paulo: Thomson Reuters, 2018, v. I, p. 766.
2. NORONHA, E. Magalhães. *Direito penal*. São Paulo: Saraiva, 1995, v. 4, p. 195.

Nessa seara, mostram-se errôneas as menções ao Estatuto do Estrangeiro (Lei nº 6.815/1980) e à Lei de Imprensa (Lei nº 5.250/1967), diplomas afastados do ordenamento brasileiro, o primeiro por revogação expressa (de acordo com a Lei nº 13.445/2017), enquanto o segundo por decisão do Supremo Tribunal Federal, nos autos da ADPF nº 130-7, em 2009.

Elemento subjetivo do tipo é o dolo, vontade livre e consciente de figurar como proprietário de ação, título ou valor que não lhe pertence, mas sim a estrangeiro, independentemente de qualquer especial fim de agir (*tipo congruente*). É imprescindível que o dolo abarque a ciência de que a propriedade da coisa é vedada à pessoa estrangeira, sem o que haverá erro de tipo, que exclui o dolo[3].

Não há previsão de modalidade culposa.

73.5. CONSUMAÇÃO E TENTATIVA

O crime se *consuma* no momento em que o agente se substitui ao estrangeiro na condição de proprietário ou possuidor da ação, título ou valor, passando a ser o aparente titular da coisa, independentemente de qualquer resultado posterior. Ou seja, pouco importa a ocorrência de lucro ou prejuízo. Cuida-se de *crime formal*, de consumação antecipada, ou de resultado cortado.

Em face do caráter plurissubsistente da conduta, é possível a *tentativa*.

73.6. PENA E AÇÃO PENAL

O delito de *falsidade em prejuízo da nacionalização de sociedade* é sancionado com pena de detenção, de seis meses a três anos, e multa (art. 310).

A *ação penal é pública incondicionada*.

A competência para processar e julgar o delito em análise é da Justiça Federal, tendo em vista o interesse da União envolvido (art. 109, inciso IV, da Constituição Federal).

Admite-se a *suspensão condicional do processo* (art. 89 da Lei nº 9.099/1995).

Preenchidos os requisitos do art. 28-A do Código de Processo Penal, é cabível o *acordo de não persecução penal*.

---

3. PRADO, Luiz Regis. *Curso de...*, cit., p. 768.

74 ADULTERAÇÃO DE SINAL IDENTIFICADOR DE VEÍCULO AUTOMOTOR (ART. 311)

Sumário: 74.1. Considerações iniciais – 74.2. Objetividade jurídica – 74.3. Sujeitos do delito – 74.4. Tipicidade objetiva e subjetiva – 74.5. Consumação e tentativa – 74.6. Causa de aumento de pena – 74.7. Figura equiparada – 74.8. Pena e ação penal.

Adulteração de sinal identificador de veículo automotor

Art. 311. Adulterar ou remarcar número de chassi ou qualquer sinal identificador de veículo automotor, de seu componente ou equipamento:

Pena - reclusão, de 3 (três) a 6 (seis) anos, e multa.

§ 1° - Se o agente comete o crime no exercício da função pública ou em razão dela, a pena é aumentada de 1/3 (um terço).

§ 2° - Incorre nas mesmas penas o funcionário público que contribui para o licenciamento ou registro do veículo remarcado ou adulterado, fornecendo indevidamente material ou informação oficial.

74.1. CONSIDERAÇÕES INICIAIS

O delito de *adulteração de sinal identificador de veículo automotor* foi inserido no Código Penal pela Lei nº 9.426, de 1996. Cuida-se de infração que pune o agente que adultera ou remarca número de chassi ou qualquer outro sinal identificador de veículo automotor, como placas, número do motor ou do câmbio, numeração de chassi gravada nos vidros *etc*.

A Lei nº 9.426/1996 teve por escopo precípuo coibir furtos, roubos e receptação de veículos, de incisiva ocorrência concreta naquele momento. Por conseguinte, a infração em destaque se mostra, no fundo, como antecipação de tutela penal, voltada a evitar tais práticas, facilitando a identificação de automóveis, motos e respectivas peças.

A jurisprudência, não obstante, deu maior alcance prático à figura, entendendo que caracteriza o presente crime a colocação de fita adesiva ou similares em placas, normalmente feita com o objetivo de obstar a concreção de multas de trânsito (velocidade, rodízio *etc*.).

74.2. OBJETIVIDADE JURÍDICA

O *bem jurídico* tutelado é a *fé pública*, particularmente quanto à identificação de veículos automotores, por razões de controle e proteção de sua propriedade. Prado[1] frisa "*a confiança nos sinais ou marcas destinados à indicação de procedência lícita ou de autenticidade de veículo automotor*".

74.3. SUJEITOS DO DELITO

Sujeito ativo do delito é qualquer pessoa (*crime comum*, ou geral). Se o agente for funcionário público, que comete o crime no exercício da função ou em razão dela, incide a causa de aumento de penal prevista no art. 311, § 1º (*crime próprio*, ou especial).

Sujeito passivo é o Estado, bem como, mediatamente, a pessoas física ou jurídica prejudicada pela conduta criminosa.

74.4. TIPICIDADE OBJETIVA E SUBJETIVA

O tipo incriminador previsto no art. 311, *caput*, estabelece: "*adulterar ou remarcar número de chassi ou qualquer sinal identificador de veículo automotor, de seu componente ou equipamento*". Trata-se de *tipo misto alternativo*, ou de conteúdo variado, contendo dois núcleos, de modo que a prática de mais de um comportamento em relação ao mesmo objeto material caracteriza crime único, devendo a maior ofensividade ser sopesada no momento de fixação da pena-base, consoante o art. 59 do Código Penal.

Adulterar significa alterar, modificar, como na conduta de transformação de alguns números do chassi em outros. *Remarcar*, por sua vez, consiste em marcar novamente, *e.g.*, apagar os números de inscrição do motor, vindo a se gravar uma nova inscrição.

Por falha do legislador, os comportamentos de *suprimir* (*e.g.*, apagar o número do chassi) e de *ocultar* (*v.g.*, retirar as placas), de ofensividade equivalente, não foram previstos na redação legal, de modo que são *atípicos*[2]. Já a ação de *regravar*, isto é, apagar

---

1. PRADO, Luiz Regis. *Curso de direito penal brasileiro*. São Paulo: Thomson Reuters, 2018, v. II, p. 769.
2. Nesse sentido, quanto à inexistência do núcleo "*ocultar*" no tipo, cf. STJ, HC 139.199/SP, 5ª Turma, rel. Min. Félix Fischer, j. 23/02/2010.

e colocar novamente os mesmos números ou sinais, apesar de espécie de remarcação, não possui qualquer interesse jurídico-penal, haja vista a falta de ofensividade ao bem jurídico tutelado.

Objeto material da infração é o *número de chassi ou qualquer sinal identificador de veículo automotor, de seu componente ou equipamento*. *Chassi* é a estrutura, feita geralmente de aço, de suporte dos demais componentes do veículo. *Número de chassi*, dessa forma, é a combinação de letras e números que serve para a individualização e identificação do chassi. Internacionalmente é nominado *VIN* ("*Vehicle Identification Number*"), não constando apenas propriamente do chassi, mas sendo gravado em outras partes do veículo, como vidros.

Finalmente, a locução "*qualquer sinal identificador de veículo automotor, de seu componente ou equipamento*" abrange outras formas de identificação e individualização do veículo ou seus componentes, como placas externas, número do motor, número do câmbio *etc*.

O elemento normativo do tipo "*veículo automotor*" é delimitado pelo Anexo I "*Dos conceitos e definições*", constante do Código de Trânsito Brasileiro (Lei nº 9.503/1997): "*VEÍCULO AUTOMOTOR – todo veículo a motor de propulsão que circule por seus próprios meios, e que serve normalmente para o transporte viário de pessoas e coisas, ou para a tração viária de veículos utilizados para o transporte de pessoas e coisas. O termo compreende os veículos conectados a uma linha elétrica e que não circulam sobre trilhos (ônibus elétrico)*".

Por conta disso, entende-se que a adulteração levada a efeito em *reboque ou semirreboque* é atípica[3]. O *reboque* é um veículo de carga independente, sem meio próprio de tração, de modo que sua movimentação é articulada por meio de um veículo automotor (*e.g.*, "*trailer*"). Já o *semirreboque* é uma unidade de carga totalmente independente em relação a seu peso, articulada exclusivamente por trator ou caminhão-trator.

O crime é de *forma livre*, podendo ser perpetrado por qualquer meio, como a modificação dos números ou letras do chassi gravados nos vidros, substituição de placas verdadeiras por falsas, pintura dos números da placa, transformando-os *etc*.

Durante alguns anos, houve polêmica com relação à conduta consistente no emprego de *fita adesiva*, ou similar, para fins de modificação de letras ou números de placas (*e.g.*, transformação de "*O*" em "*8*", de "*L*" em "*U*" *etc*.), burlando-se multas de trânsito. Para um ponto de vista, que acabou isolado, tais fatos não consistiriam em *adulteração*, visto que de caráter provisório, precário, ou mesmo grosseiro, restando apenas enquanto caracterizadores de infração administrativa. Não obstante, a jurisprudência culminou por se pacificar pelo reconhecimento da conduta como típica,

3. STJ, RHC 98.058/MG, 6ª Turma, relª. Minª. Laurita Vaz, j. 24/09/2019.

tanto no âmbito do Superior Tribunal de Justiça (STJ)[4], como no Supremo Tribunal Federal (STF)[5].

A utilização de veículos com *placas reservadas* (vulgarmente chamadas "*placas frias*"), isto é, placas não correspondentes às verdadeiras (por exemplo, para que o uso de veículos policiais em investigações ocorra sem a identificação da correta procedência), existe para determinadas finalidades. Caso haja desvirtuamento em tal uso, todavia, isso não é o bastante para configurar o crime em destaque, conforme já decidiu o STF[6].

Como infração penal que deixa vestígios (*crime transeunte*), mostra-se imprescindível a realização de *exame pericial* para comprovação do delito em análise (art. 158 do Código de Processo Penal).

Elemento subjetivo do tipo é o dolo, vontade livre e consciente de adulterar ou remarcar número de chassi ou qualquer sinal identificador de veículo automotor, independentemente de qualquer especial fim de agir (*tipo congruente*).

Não existe modalidade culposa.

A simples *condução de veículo automotor com sinal adulterado ou remarcado*, sem a presença de prova demonstrativa de envolvimento do agente com a adulteração ou remarcação, é *fato atípico*.

Caso o agente receba o veículo de origem criminosa (*e.g.*, veículo furtado), vindo a proceder à adulteração de seu sinal identificador, entende-se que responderá por *receptação* em *concurso material* com o crime previsto no art. 311, em razão da diversidade de condutas e de bens jurídicos tutelados (*patrimônio* e *fé pública*).

---

4. STJ, AgRg no HC 420.466, 6.ª Turma, j. 02/10/2018, rel. Min. Nefi Cordeiro, DJe 16/10/2018; STJ, AgRg no Ag em REsp 860.012, 6.ª Turma, j. 07/02/2017, rel. Min. Rogério Schietti Machado Cruz , DJe 16/2/2017; STJ , AgRg no Ag em REsp 582.982, 5.ª Turma, j. 04/08/2016, rel. Min. Joel Ilan Paciornik, DJe 15/08/2016; STJ, AgRg no Ag em REsp 289.649, 5ª Turma, j. 06/05/2014, relª. Minª. Regina Helena Costa, DJe 12/05/2014.
5. STF, AgRg no RO em HC 176.189, 1ª Turma, rel. Min. Alexandre de Moraes, j. 06/12/2019, DJe 19/12/2019; STF, RHC 116.371/DF, 1ª Turma, rel. Min. Gilmar Mendes, j. 13/08/2013.
6. "*Habeas Corpus. 1. Crime previsto no art. 331, § 1º, do Código Penal (adulteração de sinal identificador de veículo automotor). 2. Alegações: a) atipicidade da conduta; b) que o paciente não seria o destinatário da norma penal; e c) violação do princípio da proporcionalidade ou da razoabilidade. 3. Na espécie, afigura-se de todo evidente que a conduta imputada ao paciente – substituição de placas particulares de veículo automotor por placas reservadas obtidas junto ao Detran –, não se mostra apta a satisfazer o tipo do art. 311 do Código Penal. 4. Não há qualquer dúvida de que o órgão de controle – Detran – sabia e poderia saber sempre que se cuidava de placas reservadas fornecidas à Polícia Federal. 5. Ordem concedida para que seja trancada a ação penal contra o paciente, por não restarem configurados, nem em longínqua apreciação, os elementos do tipo em tese*" (HC 86.424/SP, 2ª Turma, relª. Minª. Ellen Gracie, relator p/ Acórdão Min. Gilmar Mendes, j. 11/10/2005, DJ 27/10/2006).

74.5. CONSUMAÇÃO E TENTATIVA

O crime se *consoma* com a simples realização da adulteração ou remarcação previstas no tipo, independentemente de qualquer resultado posterior (*crime formal*, de consumação antecipada, ou de resultado cortado). Isso significa que o auferimento da vantagem, por exemplo, representa mero exaurimento do delito.

A *tentativa* é possível, dado o caráter plurissubsistente da infração (*e.g.*, agente é surpreendido, no interior do "*desmanche*", no momento em que inicia a remarcação).

74.6. CAUSA DE AUMENTO DE PENA

O art. 311, § 1º, prevê *majorante* de um terço se o agente comete o crime no exercício da função pública ou em razão dela. Nesse caso, o crime é *próprio*, ou especial, de caráter *funcional*.

Dessa maneira, por exemplo, se o funcionário da repartição de trânsito se vale dessa condição para trocar as placas de seu veículo por placas falsas, a fim de evitar multas, incidirá a causa de aumento em destaque.

74.7. FIGURA EQUIPARADA

O art. 311, § 2º, insculpe figura equiparada, nos seguintes termos: "*incorre nas mesmas penas o funcionário público que contribui para o licenciamento ou registro do veículo remarcado ou adulterado, fornecendo indevidamente material ou informação oficial*". Trata-se de um auxílio para o licenciamento ou registro de veículo com sinal remarcado ou adulterado.

Nessa hipótese, o funcionário público presta auxílio *posteriormente* à adulteração ou remarcação de sinal de veículo automotor, auxiliando *materialmente* (*e.g.*, fornecendo espelhos de documentos, carimbos *etc.*) ou com *informações* (*v.g.*, concedendo dados permissivos a que se proceda à documentação do veículo "*dublê*") para que ocorra um licenciamento ou registro indevido.

A causa de aumento de pena prevista no parágrafo precedente não incide na hipótese, sob pena de *bis in idem*, a despeito de posicionamentos diversos[7]. A condição

7. *V.g.*, PRADO, Luiz Regis. *Curso de...*, cit., p. 775.

funcional é elementar do tipo, não podendo ser novamente considerada para fins de exasperação de pena.

74.8. PENA E AÇÃO PENAL

O crime de *adulteração de sinal identificador de veículo automotor* possui sanção de reclusão, de três a seis anos, e multa (art. 311, *caput*).

Há previsão de *causa de aumento de pena* de um terço se o agente comete o crime no exercício da função pública ou em razão dela (art. 311, § 1º).

O § 2º do art. 311 insculpe *figura equiparada*, com igual sanção à estabelecida no *caput*, ao funcionário público que contribui para o licenciamento ou registro do veículo remarcado ou adulterado, fornecendo indevidamente material ou informação oficial.

A *ação penal é pública incondicionada.*

Preenchidos os requisitos do art. 28-A do Código de Processo Penal, é cabível o *acordo de não persecução penal.*

75 FRAUDES EM CERTAMES DE INTERESSE PÚBLICO (ART. 311-A)

SUMÁRIO: 75.1. Considerações iniciais – 75.2. Objetividade jurídica – 75.3. Sujeitos do delito – 75.4. Tipicidade objetiva e subjetiva – 75.5. A conduta de "*cola eletrônica*" – 75.6. Consumação e tentativa – 75.7. Figura equiparada – 75.8. Qualificadora – 75.9. Causa de aumento de pena – 75.10. Pena e ação penal.

Fraudes em certames de interesse público

Art. 311-A. Utilizar ou divulgar, indevidamente, com o fim de beneficiar a si ou a outrem, ou de comprometer a credibilidade do certame, conteúdo sigiloso de:

I - concurso público;

II - avaliação ou exame públicos;

III - processo seletivo para ingresso no ensino superior; ou

IV - exame ou processo seletivo previstos em lei:

Pena - reclusão, de 1 (um) a 4 (quatro) anos, e multa.

§ 1° Nas mesmas penas incorre quem permite ou facilita, por qualquer meio, o acesso de pessoas não autorizadas às informações mencionadas no *caput*.

§ 2° Se da ação ou omissão resulta dano à administração pública:

Pena - reclusão, de 2 (dois) a 6 (seis) anos, e multa.

§ 3° Aumenta-se a pena de 1/3 (um terço) se o fato é cometido por funcionário público.

75.1. CONSIDERAÇÕES INICIAIS

O crime de *fraudes em certames de interesse público* foi incluído no Código Penal pela Lei nº 12.550/2011, que criou a Empresa Brasileira de Serviços Hospitalares. Trata-se de mais um exemplo do simbolismo penal que assola o Brasil há décadas. Em meio a escândalos envolvendo certames então divulgados pela mídia, o Congresso Nacional, aproveitando-se do trâmite já adiantado na elaboração de referida Lei, incluiu (no jargão popular, "*de carona*") a incriminação em destaque, como forma de denotar a opinião pública uma aparente pronta e firme resposta moralizadora[1]. Com isso, novamente, foram negligenciadas medidas de aperfeiçoamento de controle administrativo, muito mais eficazes contra fraudes em vestibulares, exames e concursos públicos em geral.

Demais disso, vê-se que a redação legal não possui melhor técnica, tendo fixado figura equiparada completamente inútil e deixado de fora a previsão da chamada "*cola eletrônica*", dentre outras problemáticas.

75.2. OBJETIVIDADE JURÍDICA

O *bem jurídico* tutelado é a *fé pública*, particularmente quanto à confiança depositada na lisura de concursos públicos, exames públicos, processos seletivos para ingresso no ensino superior e exames ou processos seletivos previstos em lei. Em síntese, protege-se a credibilidade dos certames de interesse público[2].

75.3. SUJEITOS DO DELITO

Sujeito ativo do delito é qualquer pessoa (*crime comum*, ou geral). A infração penal pode ser praticada pelo candidato, por agente envolvido na elaboração da prova, pelo fiscal de sala, por integrante da banca examinadora *etc.*

Se o agente for *funcionário público*, que comete o crime no exercício da função ou em razão dela, incide a *causa de aumento de pena* prevista no art. 311-A, § 3º (*crime próprio*, ou especial).

Sujeito passivo é o Estado, bem como, mediatamente, a pessoas física ou jurídica prejudicada pela conduta criminosa (*e.g.*, o indivíduo preterido no certame, a empresa organizadora das provas *etc.*).

75.4. TIPICIDADE OBJETIVA E SUBJETIVA

A figura básica, ou simples, de fraudes em certames de interesse público, prevista no art. 311-A, *caput*, do Código penal, estabelece: "*utilizar ou divulgar, indevidamente,*

1. Esse é o resultado da chamada política criminal "*do espetáculo*", forma fácil de aparente solução e que fornece publicidade fugaz, porém imediata, a seus fomentadores, cf. ZAFFARONI, Eugênio Raul; OLIVEIRA, Edmundo. *Criminologia e política criminal*. Rio de Janeiro: GZ, 2010, pp. 174-175.
2. PRADO, Luiz Regis. *Curso de direito penal brasileiro*. São Paulo: Thomson Reuters, 2018, v. II, p. 776.

com o fim de beneficiar a si ou a outrem, ou de comprometer a credibilidade do certame, conteúdo sigiloso de: I – concurso público; II – avaliação ou exame públicos; III – processo seletivo para ingresso no ensino superior; ou IV – exame ou processo seletivo previstos em lei".

Cuida-se de *tipo misto alternativo*, ou de conteúdo variado, contendo dois núcleos, de forma que a prática de mais de um comportamento em relação ao mesmo objeto material caracteriza crime único, devendo a maior ofensividade ser sopesada no momento de fixação da pena-base, consoante o art. 59 do Código Penal.

Utilizar significa fazer uso, valer-se de algo, como na hipótese de um candidato a concurso receber o gabarito com antecedência e se servir dele para fins de sua aprovação. *Divulgar*, por sua vez, é sinônimo de transmitir, propagar, como no adiantamento das questões de um certame por parte de um professor de curso preparatório.

Quanto à conduta de "*divulgar*", o legislador teria sido mais preciso se tivesse lançado mão da palavra "*revelar*", já que divulgação denota a ideia de exteriorização de algo a número indeterminado de pessoas. De qualquer forma, entende-se que a divulgação a um único indivíduo perfaz o crime em destaque.

A ação delitiva recai sobre o *conteúdo sigiloso de concurso público, avaliação ou exame públicos, processo seletivo para ingresso no ensino superior ou exame ou processo seletivo previstos em lei* (*objetos materiais* da infração).

Concurso público é um processo seletivo que permite o acesso a emprego ou a cargo público na administração direta, indireta ou fundacional, conforme o previsto no art. 37, inciso II, da Constituição Federal (*e.g.*, concursos públicos para ingresso nas carreiras de Juiz de Direito, de Delegado de Polícia ou de Defensor Público).

Avaliação ou exame públicos são provas destinadas a selecionar ou credenciar pessoas a determinadas atividades ou obtenção de títulos (*v.g.*, exame para ingresso em curso técnico, exame de qualificação de doutorado, exame para obtenção de Carteira Nacional de Habilitação – CNH).

Processo seletivo para ingresso no ensino superior se refere ao procedimento de seleção universitária, seja de natureza pública ou privada, *e.g.*, vestibular ou Exame Nacional do Ensino Médio (ENEM). Perceba-se que o crime é de fraudes em certames "*de interesse público*", não de fraudes em "*certames públicos*", razão pela qual as formas de acesso às instituições *particulares* de ensino superior também estão abrangidas pelo tipo.

Exame ou processo seletivo previstos em lei se refere a certames exigidos por lei, não abarcados pelas hipóteses anteriores, como o exame de habilitação para o exercício da Advocacia, realizado pela Ordem dos Advogados do Brasil (OAB), fixado no art. 8º, inciso IV, da Lei nº 8.906/1994, ou o processo seletivo simplificado para contratação, por período determinado, para fins de atendimento de necessidade temporária de excepcional interesse público, previsto no art. 37, inciso IX, da Carta, e regulamentado pela Lei nº 8.745/1993.

O *elemento normativo do tipo* trazido pela locução "*conteúdo sigiloso*" consiste nas informações confidenciais que cercam a elaboração de um certame, com vistas a assegurar sua lisura e condições de igualdade entre os candidatos. Diz respeito não apenas às exatas questões de uma prova, mas também a qualquer outro dado que possa ocasionar desigualdade no resultado, como a antecipação dos nomes dos componentes da banca, do número de questões, de critérios de correção *etc*.

A elementar "*indevidamente*", por sua vez, significa injustamente, sem justa causa. A expressão permite o reconhecimento de *causa de justificação*. De conseguinte, se a divulgação for devida (como a entrega, após regular sorteio, do ponto da aula didática, na véspera, ao candidato, para ingresso na carreira docente), o fato será atípico.

Elemento subjetivo do tipo é o dolo, vontade livre e consciente de utilizar ou divulgar, indevidamente, conteúdo sigiloso de certame, presente um especial fim de agir (*tipo incongruente*) relativo a beneficiar a si ou a outrem, ou de comprometer a credibilidade do certame.

Não existe modalidade culposa.

75.5. A CONDUTA DE "*COLA ELETRÔNICA*"

A chamada "*cola eletrônica*" consiste no expediente ilícito de elaboração de certame se utilizando de aparelho de comunicação (celular, *tablet*, ponto eletrônico, dentre outras possibilidades), por meio do qual o candidato recebe as respostas corretas de alguém de posse da folha de perguntas, o qual ou é um especialista na matéria ou alguém que, no ambiente externo à prova, busca as respostas em fontes como livros, *internet etc*.

Isso ocorre, em geral, pelo apossamento das questões de outro candidato, envolvido ou não nos fatos, o qual se retira do local de prova anteriormente ao beneficiário do procedimento irregular. Também pode se dar no próprio local da prova, quando um especialista ou alguém simplesmente mais preparado se apresenta para o certame apenas com intuito de auxiliar eletronicamente outrem.

Anteriormente, à edição da Lei nº 12.550/2011, que insculpiu o art. 311-A no Código Penal, o Supremo Tribunal Federal (STF) reconheceu, em um caso paradigmático, a *atipicidade* da conduta de "*cola eletrônica*"[3]. A dúvida que pode existir é

3. "*EMENTA: Inquérito. 1. Denúncia originariamente oferecida pela Procuradoria-Regional da República da 5ª Região contra deputado estadual. 2. Remessa dos autos ao Supremo Tribunal Federal*

se, com a novel previsão, os fatos estariam ou não abarcados pelo tipo incriminador erigido no art. 311-A.

A resposta é negativa. Em que pese expediente irregular, apto à anulação da prova do candidato, visto que ilícito extrapenal, o comportamento não se amolda ao tipo

---

(STF) em face da eleição do denunciado como deputado federal. 3. Parlamentar denunciado pela suposta prática do crime de estelionato (CP, art. 171, § 3º). Peça acusatória que descreve a suposta conduta de facilitação do uso de 'cola eletrônica' em concurso vestibular (utilização de escuta eletrônica pelo qual alguns candidatos – entre outros, a filha do denunciado – teriam recebido as respostas das questões da prova do vestibular de professores contratados para tal fim). 4. O Ministério Público Federal (MPF) manifestou-se pela configuração da conduta delitiva como falsidade ideológica (CP, art. 299) e não mais como estelionato. 5. A tese vencedora, sistematizada no voto do Min. Gilmar Mendes, apresentou os seguintes elementos: i) impossibilidade de enquadramento da conduta do denunciado no delito de falsidade ideológica, mesmo sob a modalidade de 'inserir declaração falsa ou diversa da que devia ser escrita, com o fim de prejudicar direito, criar obrigação ou alterar a verdade sobre fato juridicamente relevante'; ii) embora seja evidente que a declaração fora obtida por meio reprovável, não há como classificar o ato declaratório como falso; iii) o tipo penal constitui importante mecanismo de garantia do acusado. Não é possível abranger como criminosas condutas que não tenham pertinência em relação à conformação estrita do enunciado penal. Não se pode pretender a aplicação da analogia para abarcar hipótese não mencionada no dispositivo legal (analogia in malam partem*). Deve-se adotar o fundamento constitucional do princípio da legalidade na esfera penal. Por mais reprovável que seja a lamentável prática da 'cola eletrônica', a persecução penal não pode ser legitimamente instaurada sem o atendimento mínimo dos direitos e garantias constitucionais vigentes em nosso Estado Democrático de Direito. 6. A tese vencida, iniciada pelo Min. Carlos Britto, e acompanhada pelos Ministros Ricardo Lewandowski, Joaquim Barbosa e Marco Aurélio, baseou-se nos seguintes argumentos: i) o acusado se defende de fatos, e não da respectiva capitulação jurídica. É indiferente à defesa do acusado a circunstância de a denúncia haver inicialmente falado de estelionato, enquanto sua ratificação, pelo Procurador-Geral da República, redefiniu a questão para focá-la na perspectiva da falsidade ideológica. Para a tese vencida, os fatos narrados não passaram por nenhuma outra versão, permitindo, assim, o desembaraçado manejo das garantias do contraditório e da ampla defesa; ii) o caso tem potencialidade de acarretar prejuízo patrimonial de dupla face: à Universidade Federal da Paraíba, relativamente ao custeio dos estudos de alunos despreparados para o curso a que se habilitariam por modo desonesto, de parelha com o eventual dever de anular provas já realizadas, e, assim instaurar novo certame público; e àqueles alunos que, no número exato dos 'fraudadores', deixariam de ser aprovados no vestibular; iii) incidência de todos os elementos conceituais do crime de estelionato: obtenção de vantagem ilícita, que, diante do silêncio da legislação penal, pode ser de natureza patrimonial, ou pessoal; infligência de prejuízo alheio, que há de ser de índole patrimonial ou por qualquer forma redutível a pecúnia, pois o crime de estelionato insere-se no Título do Código Penal destinado à proteção do patrimônio; utilização de meio fraudulento; e induzimento ou manutenção de alguém em erro; iv) seja no delito de estelionato, ou no de falso, a denúncia parece robusta o suficiente para instaurar a ação penal; e, por fim, v) a tramitação de projeto de lei no Congresso Nacional para instituir um tipo criminal específico para a cola eletrônica não se traduz no reconhecimento da atipicidade da conduta do acusado. 7. Denúncia rejeitada, por maioria, por reconhecimento da atipicidade da conduta descrita nos autos como 'cola eletrônica'"* (Inq. 1.145/PB, Tribunal Pleno, rel. Min. Maurício Corrêa, relator p/ Acórdão Min. Gilmar Mendes, j. 19/12/2006, DJe 03/04/2008).

previsto no art. 311-A do *Codex*[4]. A conduta não consiste na utilização ou divulgação de conteúdo sigiloso de certame. Na "*cola eletrônica*", em regra, a irregularidade está na resolução externa, não atrelada ao acesso prévio das questões da prova. Ou seja, há na hipótese uma utilização irregular de fontes "*no*" certame, não violação de sigilo do conteúdo "*do*" certame, conforme a dicção legal.

O conteúdo sigiloso que o tipo exige diz respeito a informações reservadas prévias, vedadas aos candidatos, envoltas nas provas. A folha de questões, depois de distribuída aos candidatos, deixa de ser sigilosa. A resolução indevida por "*cola*", eletrônica ou não, assim, não está prevista no tipo.

Caso a "*cola eletrônica*", excepcionalmente, dê-se por meio da utilização do gabarito oficial, o qual o agente externo deteve com anterioridade, evidentemente, haverá o crime em análise[5]. Contudo, essa prática não é a mais usual.

75.6. CONSUMAÇÃO E TENTATIVA

O crime se *consuma* com a efetiva utilização ou divulgação das informações sigilosas relativas a certame, total ou parcialmente, independentemente de qualquer resultado posterior. Diante disso, pouco importa se houve algum benefício a quem quer que seja, *e.g.*, vantagem econômica àquele que divulga, ou aprovação no concurso daquele que se utiliza das informações. Cuida-se de *crime formal*, de consumação antecipada, ou de resultado cortado.

É possível a *tentativa*, uma vez que se trata de delito plurissubsistente (*e.g.*, o agente é preso no momento de entrega a um terceiro do pacote com cópia das provas de um concurso).

75.7. FIGURA EQUIPARADA

O art. 311-A, § 1º, traz figura equiparada, nos seguintes termos: "nas mesmas penas incorre quem permite ou facilita, por qualquer meio, o acesso de pessoas não autorizadas às informações mencionadas no caput". Nessa hipótese, o agente não divulga diretamente ou utiliza os dados sigilosos relativos a certame, apenas possibilita

---

4. Nesse sentido, PRADO, Luiz Regis. *Curso de...*, cit., p. 777; GRECO, Rogério. *Curso de direito penal*: parte especial. Niterói: Impetus, 2019, v. 3, p. 724.
5. PRADO, Luiz Regis. *Curso de...*, cit., pp. 777-778; GRECO, Rogério. *Curso de...*, cit., p. 725.

ou contribui de qualquer modo para que alguém tenha acesso a ele (v.g., indica o local ou arquivo onde se encontra a prova a colega de trabalho não autorizado a acessá-la).

A previsão legal beira o inútil, tendo em vista que se cuida de modalidade de participação, abarcada pela regra do art. 29 do Código Penal à generalidade dos delitos. A única diferença em relação ao que já consta da forma básica de fraude em certames de interesse público se encontra no tipo subjetivo, uma vez que a figura equiparada não exige a presença de especial fim de agir. Todavia, a consequência prática é nula, já que o escopo de "*beneficiar a si ou outrem*" ou de "*comprometer a credibilidade do certame*" dificilmente deixará de estar presente na situação fática.

75.8. QUALIFICADORA

O art. 311-A, § 2º, insculpe *qualificadora* se da ação ou omissão resultar dano à administração pública. Neste caso, a pena estabelecida é de reclusão, de dois a seis anos, e multa.

A lesão administrativa referida, atrelada às consequências do crime, pode ser de cunho *patrimonial* ou *moral*. De conseguinte, *e.g.*, restará configurada se em razão da fraude o Estado tiver de refazer a prova, o que implica custos, ou se ficar demonstrada a ocorrência de um abalo na credibilidade do órgão responsável pela realização do certame.

75.9. CAUSA DE AUMENTO DE PENA

A pena do crime de fraude em certames de interesse público é aumentada de um terço se o fato é cometido por *funcionário público*, consoante a *majorante* fixada no § 3º do art. 311-A. O conceito de funcionário público é aquele alargado previsto no art. 327 do Código Penal.

Por falha técnica, o legislador se olvidou de constar expressamente que o fato deve se dar "*no exercício da função ou em razão dela*", tal qual procedido em hipóteses similares. Apesar da falha, como não se admite responsabilidade objetiva em matéria penal, para reconhecimento da causa de aumento em questão, é imprescindível que o funcionário público tenha agido no âmbito de suas atividades ou pela facilidade proporcionada por sua posição (*e.g.*, condição de presidente da banca examinadora do concurso). Em outras palavras, a qualidade funcional se mostra imprescindível para a realização da ação típica[6].

6. Nesse influxo, v.g., BUSATO, Paulo César. *Direito penal*: parte especial. São Paulo: Atlas, 2016, v. 3, p. 435; PRADO, Luiz Regis. *Curso de...*, cit., p. 778.

Nesse caso, o crime é *próprio*, de caráter *funcional*.

Caso o funcionário público perpetre os fatos com intuito de auferir vantagem indevida, responderá pelo crime de *corrupção passiva majorada* (art. 317, § 1º, do *Codex*), restando absorvida a figura do art. 311-A porque justamente o ato de ofício negociado se volta à quebra do sigilo devido. No caso, o crime-fim absorve o crime-meio.

75.10. PENA E AÇÃO PENAL

O crime de *fraudes em certames de interesse público* é sancionado com pena de reclusão, de um a quatro anos, e multa (art. 311-A, *caput*).

Há previsão de *figura equiparada*, com igual resposta punitiva (art. 311-A, § 1º).

Incide *qualificadora*, cuja pena estabelecida é de reclusão, de dois a seis anos, e multa, se da ação ou omissão resultar dano à administração pública (art. 311-A, § 2º).

A pena é aumentada de um terço se o fato for cometido por funcionário público, conforme a *causa de aumento* do art. 311-A, § 3º.

A *ação penal é pública incondicionada*.

A competência para processar e julgar o delito em análise é da Justiça Estadual, salvo quando for cometido em detrimento de interesses, bens ou serviços da União, hipótese em que será competente a Justiça Federal (art. 109, inciso IV, da Constituição Federal). É o que ocorre, *e.g.*, quando se trata de fraude em concurso da Caixa Econômica Federal ou do Instituto Nacional do Seguro Social (INSS).

Exclusivamente a *forma básica* (art. 311, *caput*) admite a *suspensão condicional do processo* (art. 89 da Lei nº 9.099/1995).

Preenchidos os requisitos do art. 28-A do Código de Processo Penal, é cabível o *acordo de não persecução penal*.

DOS CRIMES CONTRA A FÉ PÚBLICA

MOEDA FALSA

- Moeda falsa - art. 289
- Crimes assimilados ao de moeda falsa - art. 290
- Petrechos para falsificação de moeda - art. 291
- Emissão de título ao portador sem permissão legal - art. 292

FALSIDADE DE TÍTULOS E OUTROS PAPÉIS PÚBLICOS

- Falsificação de papéis públicos - art. 293
- Petrechos para falsificação de moeda - arts. 294 e 295

FALSIDADE DOCUMENTAL

- Falsificação do selo ou sinal público - art. 296
- Falsificação de documento público - art. 297
- Falsificação de documento particular - 298, *caput*
- Falsificação do cartão - art. 298, parágrafo único
- Falsidade ideológica - art. 299
- Falso reconhecimento de firma ou letra - art. 300
- Certidão ou atestado ideologicamente falso - art. 301, *caput*
- Falsidade material de atestado ou certidão - art. 301, §§ 1º e 2º
- Falsidade de atestado médico - art. 302
- Reprodução ou adulteração de selo ou peça filatélica - art. 303
- Uso de documento falso - art. 304
- Supressão de documento - art. 305

OUTRAS FALSIDADES

- Falsificação do sinal empregado no contraste de metal precioso ou na fiscalização alfandegária, ou para outros fins - art. 306
- Falsa identidade - art. 307
- Uso de documento alheio ou sua cessão - art. 308
- Fraude de lei sobre estrangeiro - art. 309, *caput*
- Falsa atribuição de qualidade a estrangeiro - art. 309, parágrafo único
- Falsidade em prejuízo da nacionalização de sociedade - art. 310
- Adulteração de sinal identificador de veículo automotor - art. 311

FRAUDES EM CERTAMES DE INTERESSE PÚBLICO

- Fraudes em certames de interesse público - art. 311-A

Acesse a versão completa e colorida do Visual Law

BIBLIOGRAFIA

BADARÓ, Gustavo Henrique; BOTTINI, Pierpaolo Cruz. *Lavagem de dinheiro*: aspectos penais e processuais penais: comentários à Lei 9.613/1998 com as alterações da Lei 12.686/2012. São Paulo: RT, 2012.

BINDING, Karl. *Lehrbuch des Gemeinen Deutschen Strafrechts*, Besonderer Teil. Band II, 2ª Aufl, 1904.

BITENCOURT, Cezar Roberto. *Tratado de direito penal*: parte especial. São Paulo: Saraiva, 2018, v. 4.

BUSATO, Paulo César. *Direito penal*: parte especial. São Paulo: Atlas, 2016, v. 3.

BUSTOS RAMÍREZ, Juan. *Manual de derecho penal*: parte especial. Barcelona: Ariel, 1986.

CARRARA, Francesco. *Programa del curso de derecho criminal*: dictado en la real Universidad de Pisa: parte especial. Trad. Sebastian Soler. Buenos Aires: DEPALMA, 1947, v. VI.

CARRARA, Francesco. *Programa del curso de derecho criminal*: dictado en la real Universidad de Pisa: parte especial. Trad. Sebastian Soler. Buenos Aires: DEPALMA, 1948, v. VII.

COSTA JÚNIOR, Paulo José da. *Curso de direito penal*: parte especial. São Paulo: Saraiva, 1992, v. 3.

CROOK, John A. *Lex Cornelia "de falsis"*, *Athenaeum* 65 (1987).

DELMANTO, Celso *et al*. *Código Penal comentado*. São Paulo: Saraiva, 2010.

DEZEM, Guilherme Madeira; SOUZA, Luciano Anderson de. *Comentários ao pacote anticrime*. São Paulo: Thomson Reuters Brasil, 2019.

ESTELLITA, Heloisa. *Criminalidade de empresa, quadrilha e organização criminosa*. Porto Alegre: Livraria do Advogado, 2009.

ESTELLITA, Heloisa; GRECO, Luís. Empresa, quadrilha (art. 288 do CP) e organização criminosa. *Revista Brasileira de Ciências Criminais*, v. 91, jul./ago. 2011.

FARALDO CABANA, Patricia. *Asociaciones ilícitas y organizaciones criminales en el código penal español*. Valencia: Tirant lo Blanch, 2012.

FARIA, Antônio Bento de. *Código Penal brasileiro* (comentado). Rio de Janeiro: Record, 1958, v. III.

FARIA, Antônio Bento de. *Código Penal brasileiro* (comentado). Rio de Janeiro: Record, 1961, v. VI.

FARIA, Antônio Bento de. *Código Penal brasileiro* (comentado). Rio de Janeiro: Record, 1961, v. VII.

FERRARA, Francesco. *Della simulazione dei negozi giuridici*. Roma: Athenaeum, 1926.

FILANGERI, Gaetano. *Scienza della legislazione*. Milano: Giovanni Silvestri Editore, *1817*, libro III, vol. IV.

FRAGOSO, Heleno Cláudio. *Lições de direito penal*: parte especial. Rio de Janeiro: Forense, 1986, v. II.

FREITAS, Vladimir Passos de; FREITAS, Gilberto Passos de. *Crimes contra a natureza*. São Paulo: Revista dos Tribunais, 2000.

FRIEDMAN, Milton. *Episódios da História Monetária*. Trad. Luis Carlos do Nascimento Silva. São Paulo: Record, 1994.

GRECO, Luís. *Modernização do direito penal, bens jurídicos coletivos e crimes de perigo abstrato*. Rio de Janeiro: Lumen Juris, 2011.

GRECO, Rogério. *Curso de direito penal*: parte especial. Niterói: Impetus, 2019, v. 3.

HUNGRIA, Nélson. *Comentários ao Código Penal*. Rio de Janeiro: Forense, 1955, v. VIII.

HUNGRIA, Nélson. *Comentários ao Código Penal*. Rio de Janeiro: Forense, 1958, v. IX.

JAKOBS, Günther. *Falsedad documental*: revisión de um delito de engaño. Madrid: Marcial Pons, 2011.

LISZT, Franz von. *Die falsche Aussage von Gericht oder öffentlicher Behorde, Graz*, 1877.

LISZT, Franz von. *Tratado de direito penal*. Trad. José Higino Duarte Pereira. Campinas: Russell, 2013, v. I.

MIRABETE, Julio Fabbrini; FABBRINI, Renato N. *Manual de direito penal*: parte especial. São Paulo: Atlas, 2019, v. 3.

NORONHA, E. Magalhães. *Direito penal*. São Paulo: Saraiva, 1995, v. 3.

NORONHA, E. Magalhães. *Direito penal*. São Paulo: Saraiva, 1995, v. 4.

NUCCI, Guilherme de Souza. *Curso de direito penal*: parte especial. Rio de Janeiro: Forense, 2018, v. 3.

PAVARINI, Massimo. *Introduzione a la criminologia*. Firenze: Le Monnier, 1980.

PENTEADO, Jaques de Camargo. *A família e a justiça penal*. São Paulo: Revista dos Tribunais, 1998.

PESSINA, Enrico. *Elementos del delito*. Bogotá: Temis, 1956, v. 3.

PIERANGELI, José Henrique. *Manual de direito penal brasileiro*. São Paulo: Revista dos Tribunais, 2007.

PRADO, Luiz Regis. *Curso de direito penal brasileiro*. São Paulo: Thomson Reuters, 2018, v. II.

SANTANA VEGA, Dulce María. *El concepto de ley penal en blanco*. Buenos Aires: Ad-Hoc, 2000.

SANTOS, Kleber Bispo dos. *Acordo de leniência na Lei de Improbidade Administrativa e na Lei Anticorrupção*. Rio de Janeiro: Lumen Juris, 2018.

SCHAFFSTEIN, Federico. *La ciencia europea del derecho penal en la epoca del humanismo*. Trad. Jose Maria Rodriguez Devesa. Madrid: Instituto de Estudios Politicos, 1957.

SILVEIRA, Renato de Mello Jorge. *Bitcoin e suas fronteiras penais*: em busca do marco penal das criptomoedas. Belo Horizonte: Editora D'Plácido, 2018.

SOLER, Sebastián. *Derecho penal argentino*. Buenos Aires: TEA, 1970, v. IV.

SOLER, Sebastián. *Derecho penal argentino*. Buenos Aires: TEA, 1991, t. VI.

SOUZA, Luciano Anderson de. *Direito penal*: parte geral. São Paulo: Thomson Reuters Brasil, 2019, v. 1.

SOUZA, Luciano Anderson de. *Direito penal*: parte especial. São Paulo: Thomson Reuters Brasil, 2020, v. 3.

SOUZA, Luciano Anderson de; FERREIRA, Regina Cirino Alves. Discurso midiático penal e exasperação repressiva. *Revista Brasileira de Ciências Criminais*, v. 94, jan./fev. 2012, pp. 363-382.

TELES, Ney Moura. *Direito penal*: parte especial. São Paulo: Atlas, 2004, v. III.

ZAFFARONI, Eugênio Raul; OLIVEIRA, Edmundo. *Criminologia e política criminal*. Rio de Janeiro: GZ, 2010.

ZUÑIGA RODRÍGUEZ, Laura. *Criminalidad organizada y sistema de derecho penal*: contribución a la determinación del injusto penal de organización criminal. Granada: Colmares, 2009.

Diagramação eletrônica:
Linotec Fotocomposição e Fotolito Ltda., CNPJ 60.442.175/0001-80
Impressão e encadernação:
DEK Comércio e Serviços Ltda., CNPJ 01.036.332/0001-99

A.S. L10159